한반도화교사전

이 저서는 2009년도 정부(교육과학기술부)의 재원으로
한국연구재단의 지원을 받아 수행된 연구임(NRF-2009-362-A00002).

한반도화교사전

인천대 중국학술원 중국·화교문화연구소 기획

이정희 · 송승석 · 송우창末伍强 · 정은주 편저

ⓑ인터북스

한국의 중국연구 심화를 위해서는 중국사회에 강하게 지속되고 있는 역사와 전통의 무게에 대한 학문적·실증적 연구로부터 출발해야 한다. 역사의 무게가 현재의 삶을 무겁게 규정하고 있고, '현재'를 역사의 일부로 인식하는 한편 자신의 존재를 역사의 연속선상에서 발견하고자 하는 경향이 그 어떤 역사체보다 강한 중국이고 보면, 역사와 분리된 오늘의 중국은 상상하기 어렵다. 따라서 중국문화의 중층성에 대한 이해로부터 현대 중국을 이해하고 중국연구의 지평을 심화·확대하는 연구방향을 모색해야 할 것이다.

이러한 문제의식에서 우리 인천대 중국·화교문화연구소는 지난 10년간 근현대 중국 사회·경제관행에 대한 조사와 연구를 수행해 왔다. 추상적 담론이 아니라 중국인의 일상생활을 지속적이고 안정적으로 제어하는 무형의 사회운영시스템인 관행을 통하여 중국사회의 통시적 변화와 지속을 조망함으로써, 인문학적 중국연구와 사회과학적 중국연구의 독자성과 통합성을 조화시켜 중국연구의 새로운 지평을 열고자 했다. 중국사회의 다원성과 장기 안정성의 기반이라 할 수 있는 다양한 민간공동체 그리고 그 공동체의 광범위하고 직접적인 운영원리로서 작동했던 관행에 주목하는 우리의 연구는, 역사적으로 축적한 사회, 경제, 문화적 자원을 활용하여 만들어가고 있는 중국식 발전 모델의 실체와 그 가능성을 해명하는 데 기여할 것이다.

특히 우리 연구소는 중국적 관행과 타 사회의 관행이 만날 때 어떤 절합과 변형이 이루어지는지, 그것이 중국적 모델의 재구성으로 이어지는지 아니면 새로운 모델이 만들어지는지를 보고자 화교사회의 관행을 오랫동안 연구해 왔고, 인천화교협회와 공동으로 발굴한 협회소장자료를 바탕으로『인천에 잠든 중국인들: 인천화교협회소장자료를 중심으로』,『근대 인천화교의 사회와 경제: 인천화교협회소장자료를 중심으로』등의 저서를 출간하였다. 그리고 송승석 교수의 역서『제국일본과 화교: 일본·타이완·조선』,『동아시아 현대사 속의 한국화교』,『그래도 살아야 했다: 悲慘回憶』에 이어 최근 이정희 교수의『한반도 화교사』와『화교가 없는 나라』가 출간되었다.

이제 그동안 축적해온 자료와 연구성과를 모아『한반도화교사전』을 펴내게 되었다. 이 작업은 국내에 출간된 화교사전이 없고 국외에서 출간된 것도 한반도화교 관련 오류가 많아 이를 바로잡으려는 생각에서 시작되었고, 북한화교 전문가이자 북한화교 출신인 송우창 교수의 참여로 북한화교 내용을 포함하여 출간할 수 있게 되었다. 이번 편찬작업이 화교 관련 국내 연구자들이 모두 함께 참여하는 폭넓은 작업이 되는 것이 가장 이상적이지만, 재정과 시간 등 여러 사정으로 이번에는 모든 연구자와 모든 연구성과를 포함하기는 어렵다고 판단하여 일단 우리 학술원이 축적해온 성과를 중심으로 편찬하게 되었다. 이는 의미 있는 출발이지만 '출발점'으로서 의미를 가진다. 앞으로 국내외의 많은 연구자들과 함께 협력하며 더 발전된 증보판을 낼 수 있기를 충심으로 바라며, 이 사전이 더 발전된 사전의 편찬을 위한 연구자들의 협력이 이뤄지는 촉발점이 되어 국내외 화교연구와 중국연구에 기여할 수 있기를 기대한다.

2019년 5월
인천대학교 중국학술원 중국·화교문화연구소
(HK중국관행연구사업단)
소장 (단장) 장정아

『한반도화교사전』 편찬 과정은 여러 '좁은 문'을 통과하는 긴 여정이 었다. 화교사전 편찬은 중국은 물론이고 싱가포르, 일본, 대만에서 이미 이뤄졌다. 모두 꽤 두터운 화교사전으로 훌륭한 작품들이다. 그런데 이 들 화교사전에 게재된 한반도화교 관련 내용은 매우 빈약할 뿐 아니라 일부 내용에는 잘못된 사실이 기재되어 있었다. 그 원인을 검토해 보니, 이들 화교사전이 한반도화교 관련 참고한 연구서가 중국에서 1991년 간 행된 『조선화교사(朝鮮華僑史)』라는 공통점이 발견되었다. 이 연구서는 기존의 한반도화교 관련 연구성과를 뛰어넘는 역작임에는 의심의 여지 가 없지만, 이 연구서 출판 이후 한국, 일본, 중국, 대만에서 한반도화교 관련 훌륭한 연구서 및 논문이 다수 간행되었다. 기존의 화교사전은 이 러한 한반도화교 관련 새로운 연구성과를 담아내지 못한 것이다.

『한반도화교사전』 편찬은 기존의 화교사전에 수록된 한반도화교 관 련 내용을 확충하고 잘못된 사실을 바로잡자는 동기에서 출발했다. 처 음에는 근대의 조선화교와 해방 이후의 한국화교만을 대상으로 한 내용 으로 사전을 편찬하려 했지만, 작업을 진행하면 할수록 북한화교가 들 어가지 않으면 불완전하다는 느낌을 지울 수 없었다. 이때 떠오른 얼굴 이 중국 광동외어외무대학(廣東外語外貿大學)의 송우창(宋伍强) 교수 였다. 송 교수는 북한화교 출신이자 북한화교 연구로 일본의 대학에서 박사학위를 취득한, 북한화교 연구의 제1인자이다. 20여 년 알고 지내던 사이라 주저하지 않고 『한반도화교사전』의 북한화교 부문 담당을 요청 했고, 송 교수는 흔쾌히 수용해 주었다.

이리하여 북한화교를 포괄하는 『한반도화교사전』 편찬 작업이 본격적으로 시작됐다. '한반도화교'라는 용어를 처음 접하는 독자가 많을 것이다. 학계에 정착된 용어가 아니기 때문이다. 이 용어를 사용한 데는 한반도의 근현대사와 직접적인 관련이 있다. 조선화교, 한국화교, 북한화교 어느 하나의 용어로도 지난 140여년간의 한반도 거주 중국인의 역사를 담아낼 수 없는 한계가 있다. '한반도화교'의 용어는 작년 발간한 졸저 『한반도 화교사』에 이미 사용한 바가 있다.

　『한반도화교사전』 편찬은 원래 국내외 한반도화교 관련 연구자들을 모두 참가시켜 추진하려 했지만, 재정과 시간적인 제약으로 여의치 않았다. 그래서 중국학술원이 지난 10년간 조사, 연구활동을 통해 축적해 온 한반도화교 관련 '지식'과 각 연구자의 연구성과를 충분히 활용하기로 방침을 정했다. 『한반도화교사전』은 기본적으로 중국학술원 간행의 각종 연구서, 번역서, 논문에다 송우창 교수의 기존 연구성과 및 새로 발굴한 자료를 저본으로 했다. 그러나 이것만으로 한반도화교 140여년의 역사를 담아내는 사전을 만들기에는 부족한 점이 많기 때문에 일부의 내용은 국내외 학자의 연구성과를 참고하지 않을 수 없었다. 참고한 일부 내용은 각 주제어 내용 말미에 참고문헌을 달아 출처를 밝혀두었다. 원래 직접 집필을 의뢰하여 게재하는 것이 마땅하지만 사정으로 인해 그렇게 하지 못했음을 죄송스럽게 생각한다. 이번 사전 내용에는 송우창 교수가 작성한 원고의 일부를 싣지 못했다. 곧 『한반도화교사전』의 증보판을 낼 계획인데 그때는 국내외 한반도화교 연구자들을 참가시키려 한다.

　이 사전의 내용 구성은 이러하다. 주제어는 총 1,648개로 이 가운데 조선화교 관련 주제어는 1,063개(전체의 64.6%), 한국화교 관련 주제어는 271개(16.4%), 북한화교 관련 주제어는 241개(14.6%), 화교 일반의 주제어는 73개(4.4%)이다. 조선화교의 주제어가 상대적으로 많은 것은 비교적 연구가 진척된 반면, 한국화교와 북한화교 관련 연구는 그렇지 못하기 때문이다. 주제어를 내용별로 분류하면, 화교 인물 및 중국 외교관이 전체의 30%, 화교 상점·회사·중화요리점이 전체의 31%, 화교 사회단체 11.1%, 화교학교 6.9%의 순이었다. 그 외에 한반도화교 관련 사건, 조약, 법률, 법령 등이 포함되어 있다. 한반도화교는 우리 안의 타자로서 지난 140여년간 한반도의 역사, 더 나아가 동아시아의 역사와 함께 해왔다. 따라서 한반도화교의 역사는 화교사뿐 아니라 근현대 동아시아사, 이민사, 중국사, 한국사, 북한사와 직간접적으로 연관되어 있다. 한반도화교의 시각에서 바라본 근현대 동아시아사, 한국사, 북한사는 어떠할까? 이 사전은 일국사와 자국민 중심주의에 근거한 역사상과 다른 모습을 제공해 줄 것이다. 그래서 이 사전은 단순히 한반도화교를 담은 사전이 아니다. 특히, 북한 핵문제로 미궁에 빠진 한반도 평화통일의 현국면에서 이 사전은 북한과 중국을 올바르게 그리고 심도깊게 이해하는데 큰 도움을 줄 것이다.

이 사전 편찬에 실로 많은 분들의 은덕을 입었다. 무엇보다 이 사전은 한반도화교 여러분의 협조와 도움이 없었다면 편찬할 수 없었기에 이분들에게 심심한 감사의 말씀을 드리고 싶다. 이 사전 편찬이 한반도화교의 정체성 찾기와 행복 증진에 도움이 된다면 이보다 더 큰 기쁨은 없을 것이다. 중국·화교문화연구소의 장정아 소장과 안치영 자료센터장은 이 사전 편찬이 리스크를 동반한 장기 프로젝트인데도 불구하고 아낌없는 지원과 성원을 해주셨다. 강은지 인천대 초빙교수(현 부산대 언어정보학과 교수)는 송우창 교수의 중국어 원고를 한국어로 정확하게 번역해 주셨다. 중국학술원의 근로학생으로 근무한 인천대 중어중국학과의 김에스더씨, 이재훈씨, 황강수씨, 최동기씨는 어려운 작업을 장기간에 걸쳐 헌신적으로 도와주었다. 이 사전 편찬을 위해 사진을 제공해 준 선생님들의 고마움도 잊을 수 없다. 인터북스 출판사의 명지현 편집자는 제약된 시간 속에서도 최선을 다해 수고해 주셨다. 이외에도 이 사전이 편찬될 때까지 수 많은 분들의 격려와 도움이 있었지만, 일일이 성함을 거론하지 못함을 죄송하게 생각한다. 모든 분들에게 고개 숙여 감사의 말씀을 드린다.

2019년 5월
필자를 대표하여 이정희 씀

차례

일러두기

- 한반도화교는 조선화교, 한국화교, 북한화교를 모두 포괄한다. 조선화교는 조선의 개항기와 일제강점기의 조선 거주 화교, 한국화교는 해방 이후 한국 거주 화교, 북한화교는 해방 이후 북한 거주 화교를 각각 가리킨다. 한반도에 거주하지는 않지만, 한국에서 대만, 미국, 일본 등지로 재이주한 한국화교, 북한에서 중국으로 귀국한 북한화교도 한반도화교의 범주에 포함시킨다.

- 1945년 8월 15일 이전의 국명, 지명, 민족명으로서 조선으로 통일하도록 한다. 조선 개항기는 1876년 개항 때부터 1910년 8월 일제에 의해 강점되는 시기까지를 가리킨다. 일제강점기는 1910년 8월부터 1945년 8월 해방까지의 시기를 가리킨다.

- 중국 청조의 국명은 청국(淸國)으로 통일했다. 중화민국 건국 이후의 중국정부의 명칭은 중화민국북경정부, 중화민국남경국민정부, 중일전쟁 이후 수립된 지방정권은 중화민국임시정부, 중화민국유신정부, 중화민국 왕정위 남경국민정부로, 그리고 수도를 중경(重慶)으로 이전한 장개석 국민정부는 중화민국중경국민정부로 각각 표기했다. 1949년 12월 대만으로 이전한 장개석 국민정부의 국명은 원래 중화민국이었지만, 근대 시기와 구분을 위해 '대만'으로 통일했다. 1949년 10월 중국 대륙에서 중국공신당에 의해 건국된 국가는 중화인민공화국으로 표기했다.

- 서울은 일제강점기 이전은 한성(漢城), 그 이후는 경성(京城), 해방 이후는 서울로 각각 표기한다.

- 내용 중에서 중국 인명은 우리나라 한자음으로 표기하고 한자를 병기한다. 중국 지명은 현재 우리나라 한자음으로 우선 표기하고, 그 옆에 괄호에 넣어 한자를 병기한다.

- 일제강점기 각 화교 상점의 연간판매액이 기재되어 있다. 당시 노동자 1인당 임금이 1원에 훨씬 미치지 못한 것을 감안하여 판매액의 정도를 가늠하기 바란다.

- 본문에서 단행본은 『 』, 잡지와 신문은 《 》, 논문, 보고서 등은 「 」로 구분한다.

- 각 주제어 별로 참고문헌을 달았다. 참고문헌 뒤의 【 】안의 성명은 각 주제어의 집필자이다.

가광발賈廣發, 생졸년불상

일제강점기 및 한국의 화교 주물공장 경영자. 하북성 교하현 가가장(賈
家庄, 현재의 가점촌(賈店村) 출신. 1910년대 초반 안동(安東, 현재의 단
동(丹東))의 쌍합리(雙合利) 주물공장 직원으로 입사했다. 이 주물공장
이 조선에 진출, 평양에 쌍화리(雙和利), 경성에 쌍화상(雙和祥), 대구에
쌍화영(雙和永) 등의 주물공장을 설립했는데, 이들 공장에서 경영자로
활동했다. 해방 후에는 대구 쌍화영 주물공장의 경영자로 오랫동안 활동
하다 1960년대 타계했다.(이정희(2018a), 『한반도 화교사』, 동아시아, 382-383)【이정희】

가광발의 고향인 하북성 가점촌

가네코세타로金子政太郎, 생졸년불상

일본의 건축시공업자. 1907-1908년 건축된 경성YMCA회관의 공사 주임
감독으로 활동했다. 당시 경성에서 발행되던 건축전문잡지인 ≪건축세

계(建築世界)≫에 1908년 화교 건축시공업자와 화교 직공의 장점에 관해 두 차례에 걸쳐 글을 기고했다. 그가 지적한 장점은 다음과 같다. 첫째는 화교 건축시공업자와 직공 간은 주종의 관계로 가족적인 경영이 이뤄지고 있다는 점. 둘째는 화교 청부업자와 직공의 작업 태도가 매우 성실하다는 점. 셋째는 직공은 공사 감독자의 지시에 순종하고 공사를 빨리 마무리한다는 점. 넷째는 화교 직공의 임금이 조선인과 일본인에 비해 저렴하여 공사 수주 가격이 싸다는 점.(이정희(2018a), 『한반도 화교사』, 동아시아, 594-598)【이정희】

가오리빵즈高麗棒子

중국인이 한국인 및 조선족을 비하하여 부르는 속어. 과거 일부의 고려인처럼 중국인이 하는 행동이라면 모두 따라 하려는 한국인을 빗대어 놀리는 말로, 한편으로는 중국 대륙을 침략한 일제의 앞잡이 구실을 했던 몽둥이 든 조선인을 지칭한 용어이기도 하다. 한국화교 간에도 한 때 화교학교에 다니며 중국어와 중국 문화를 학습하던 한국 학생을 지칭하며 가오리빵즈라는 놀림말을 썼는데, 이는 자신의 정체성을 분명히 알지 못하고 행동하는 한국인들을 낮추어 부르는 말이었다. 한국 내 화교학교는 전일제 중국식 교육프로그램을 운영하며 교내에서 중국어만을 사용하도록 권장하고 있고, 대만식 커리큘럼에 따라 교육하고 있다. 1980년대 한국 정부가 한국인의 외국인학교 입학 규정을 강화하기 전에는 화교학교에 다녔던 한국 학생의 수가 상당수 있었고, 당시만 해도 한국어를 잘 구사하지 못하던 화교 학생이 많은 가운데 중국어와 중국의 관습을 따라하고자 한 한국학생들을 가오리빵즈라 칭했던 것이다.(정은주(2013a), 「디아스포라와 민족교육의 신화: 한국의 중국인 디아스포라 교육실천에 대한 민족지적 연구」, 『한국문화인류학』제46집1호, 155)【정은주】

가유균賈維均, 1883-?

일제강점기 전주 거주 화교 호떡집 경영자. 1938년 조선총독부의 조언비어법(造言飛語罪) 위반으로 금고 10개월의 처분을 받았다.(이정희(2017.6), 「중일전쟁시기 조선화교의 항일활동」, 『동양사학연구』139, 344)【이정희】

가이드업guide業

관광 안내와 보따리 상인의 안내를 담당하는 한국화교의 직업. 일반적인 관광 가이드와 조금 다른 의미를 내포하고 있는 화교들 간의 통용어이다. 때에 따라 관광 안내를 부수적으로 하기도 하지만, 주 업무는 대만, 중국, 홍콩, 또는 동남아시아 화교 보따리 상인을 새벽 도매 시장으로 안내하고 통역하는 일이다. 1980년대 초중반부터 거래하기 시작한 대만 상인들에 더해 1990년대 한중 국교 수립 이후에는 중국 및 홍콩과의 거래량도 많아졌다. 이들을 남대문시장 및 동대문시장에 동행하여 통역하고 안내하는 일은 더 이상 중화요리점을 가업으로 계속하고 싶어 하지 않는 많은 화교 청년과 화교 인구 전반의 용돈벌이 및 직업이 되었다. 가이드업은 포장업과 연계되어 있어 해외 상인들이 구매한 물품을 포장해서 운송하는 데에까지 서비스를 제공하고, 포장업체는 남대문시장이 있는 회현동과 김포공항과 가까운 연남동 일대에 들어섰다. 한동안 많은 화교의 생업이었던 가이드업 및 포장업은 대만, 홍콩 등지로의 수출을 꾀하는 한국 상인들이 해외 상인을 유치하기 위해 접촉하는 중개역 역할도 하여, 도매시장 상인이 화교 가이드와의 '친분 쌓기 경쟁'을 한다는 보도가 나오기도 했다. 외국 보따리 상인의 안내자 역할을 하며 수출 길을 터주는 화교의 환심을 사기 위해 동대문 시장 일부 도매상가는 주기적으로 상가설명회를 겸해 접대하는 자리를 마련하기도 했다.(정은주(2013), 「차이나타운 아닌 중국인 집거지: 근현대 동아시아 역학 속에 주조된 서울 화교 집단거주지의 지형」, 『서울학연구』 53집, 158; 정은주(2018), 「'이방인'에 대한 시선: 해방 이후 한국 언론 담론에 재현된 화교」, 『인문과학』, 126-127)【정은주】

각종학교各種學校

한국의 교육법 제149조에 근거하여 현행 교육의 기간 학제인 6-3-3-4 제도의 규정 밖에서 학교 교육과 유사한 교육을 실시하는 교육기관. 한국 내의 화교학교는 한국 교육부의 규제와 감독 하에 있지 않기 때문에 오랫동안 출입국관리법 제38조에 따라 '외국인단체'로 등록되어 있었고 외국인단체에 관한 지방자치 정부의 관할 하에 놓여있었다. 이는 결과적으로 화교학교가 여타 외국인학교와 같이 한국법 규정상 학교로서 인정받지 못하는 현상을 초래했다. 1999년 화교학교는 각종학교로 인가받음으로써 학교로서의 정체성을 찾았을 뿐 아니라, 외국인단체로 분류되었을 때에 배제되었던 세제 상의 혜택을 누리게 되었다. 각종학교로 인가된 화교학교는 초중등 교육법 상 학교의 지위를 갖게 되어 양도세, 부가가치세, 재산세 등의 조세 감면 혜택을 받게 된다. 이는 화교학교가 대만과 한국 어느 쪽에서도 국가적 보조를 받지 못하는 상태에서 인구 감소로 인해 가중되었던 화교학교의 재정난을 일정 정도 해소할 수 있게 된 제도적 변화라 할 수 있다.(정은주(2013a), 「디아스포라와 민족교육의 신화: 한국의 중국인 디아스포라 교육실천에 대한 민족지적 연구」, 『한국문화인류학』제46집1호, 154; 정은주(2015), 「국민과 외국인의 경계: 한국 내 화교의 시민권적 지위에 대한 성격 분석」, 『한국문화인류학』제48집1호, 149-150)【정은주】

간이귀화簡易歸化

한국의 국적법 제6조에 따라 한국과 특별한 혈연 및 지연 관계가 있는 외국인에게 일반귀화의 요건보다 간편한 방법으로 한국 국적을 취득할 수 있게 한 귀화의 방식. 자신과 자신의 부(父) 또는 모(母)가 한국에서 출생한 자이거나 자신의 배우자가 한국 국민인 경우에는 간이귀화의 요건을 충족하므로, 대다수의 화교는 현재 간이귀화 방식을 통해 국적을 취득할 수 있다. 구체적으로 간이귀화는 3년 이상 계속 한국에 체류하고 있는 자(즉, 주소가 있는 자) 중 다음의 요건을 갖추면 된다. 첫째, 부 또는 모가 한국 국민이었던 자(부 또는 모가 사망했을 시 사망 당시 한국 국민이거나, 부 또는 모가 현재 외국 국적이어도 과거에 한국 국민이었거나, 부 또는 모가 사망 당시에는 외국국적이었지만 과거에 한국 국민이었던 경우), 둘째, 한국에서 출생한 자로서 부 또는 모가 한국에서 출생한 자. 셋째, 한국 국민의 양자로서 입양 당시 한국 민법상 성년이었던 자, 넷째, 그 외 배우자가 한국 국민인 외국인.(정은주(2015), 「국민과 외국인의 경계: 한국 내 화교의 시민권적 지위에 대한 성격 분석」, 『한국문화인류학』제48집1호, 138) 【정은주】

감정재이발소闞庭財理髮所

일제강점기 경성 종로 소재의 화교 이발소. 경영자는 감정재(闞庭財)였다. 1923년의 연간 매상액은 6천원이었다.(이정희(2018a), 『한반도 화교사』, 동아시아, 349)【이정희】

강개태姜開泰, 1911-?

일제강점기 군산의 화상(華商). 산동성 황현 출신. 소학 4년 졸업. 상점의 점원. 1942년 군산중화상회의 이사로 활동하고 있었다.(釜山領事館(1942), 「群山中華商會職員履歷表」, 『汪僞僑務委員會檔案』)【이정희】

강경중화신민회江景中華新民會

일제강점기 충청남도 강경지역의 화교 사회단체. 이전에는 강경중화상회였지만, 중화민국임시정부 설립 이후 명칭을 바꾸었다. 1942년 여선중화상회연합회(旅鮮中華商會聯合會)의 회원이었고, 당시의 회장은 손진록(孫振祿)이었다.(이정희·송승석(2015), 『근대시기 인천화교의 사회와 경제』, 학고방, 232)【이정희】

강경화교소학江景華僑小學

충청남도 강경 소재의 화교소학. 1947년 설립. 손진록(孫振祿)이 중심이 되어 설립하였고, 초대 교장으로 근무했다. 이어 초세방(初世汸)이 교장이 되었다. 마진청(馬振淸)이 1951년 학교 교동회의 이사장으로 임명된 후 새로운 교사 건축을 주도했다. 1957년의 학생수는 49명. 2001년 초등부 학생수는 18명, 유치부는 10명, 교사는 1명이었다. 2009년의 학생 수는 12명이었다. 1982년까지 200여명의 졸업생을 배출했다. 학생수 감소로 2000년대 후반 폐교되었다. 교사와 사택은 2007년 7월 3일 등록문화재 제337호로 지정되어 보존되고 있다.(華僑志編纂委員會編(1958), 157; 왕언메이 (2015), 「한국 화교학교의 법률적 지위변화와 생존전략」, 『동남아화교와 동북아화교 마주보기』, 123-124)【이정희】

폐교된 강경화교소학

강경화농퇴거명령사건江景華農退去命令事件

일제강점기 강경경찰서가 1928년 거주 화농(華農)의 일부 체류 허가를 불허하고 퇴거 명령을 내린 사건. 당시 강경에는 화교 농경업주 10호가 화교 농부를 고용하여 채소재배를 하고 있었다. 강경경찰서는 1928년 6월 1일 갑자기 화교 농경업주에게 호당 2명의 화교 농부 이외는 전원 퇴거하도록 명령했다. 강경중화상회(江景中華商會)는 이 사실을 경성중화총상회를 통해 중화민국주경성총영사관에 진정을 넣어 조선총독부와 협상이 벌어졌다. 결국, 퇴거 명령을 당한 화교 농부는 계속 거주 및 노동의 허가가 부여되었다. 이 사건은 강경경찰서가 강경의 채소시장을 독점한 화농을 경계한 데서 비롯되었다.(이정희(2018a), 『한반도 화교사』, 동아시아, 478-479)【이정희】

강계중국인고등중학교江界中國人高等中學校

북한 강계 소재의 화교중학. 북한의 4개 화교중학의 하나. 북한정부가 1972년 가을 고등 의무교육을 실시하면서 1974년경 강계중국인중학교의 교명은 강계중국인고등중학교로 바뀌었다. 1980년의 교무처장은 신계승(이전 중국조선족), 교원은 김옥임(이전 중국조선족), 학생수는 150명이었다. 이중 기숙사 거주 학생은 50여명이었다. 하루에 한 시간씩 중국어 수업을 실시했다. 1970년대부터 2003년까지 주경도(周鏡濤)가 교장을 맡았다. 2002년 교명은 강계중국인중학교(江界中國人中學校)로 바뀌었다. 2003년 중등부와 소학부의 학생수는 84명이었다. 교원은 23명, 이 가운데 화교 교사는 9명이었다. 2005년까지 배출한 졸업생은 1,200여명. 이들 졸업생 가운데 자강도 내의 대학 진학생은 19명, 강계사범대학 진학생은 28명, 그 외 북한의 대학과 전문대학 진학생은 97명, 중국의 화교대학(華僑大學)과 기남대학(暨南大學) 진학생은 37명이었다. 2013년 교명은 강계중국인고급중학교(江界中國人高級中學校)로 개칭되었다.(楊昭全·孫玉梅(1991), 『朝鮮華僑史』, 中國華僑出版公司, 314-317; 陳香林·王桂敏 主編(2018), 『吉林文史資料選輯 第46輯: 朝鮮歸來 中』, 220; 기타 자료)【송우창】

강계중국인인민학교江界中國人人民學校

북한 강계 소재의 화교소학. 1939년 3월 강계중화상회의 왕청련(王淸連)과 필서역(畢庶懌) 등이 사숙(私塾)의 형태로 설립했다. 1942년 4월 20일 화교소학으로 명칭이 바뀌었다. 1943년의 학생수는 50명, 교사는 2명이었다. 1949년 1월의 학생수는 73명, 교사는 2명이었다. 교장은 허진장(許珍璋)이었다. 북한정부가 1949년 4월 학교를 인수관리하면서 교명은 강계중국인인민학교로 바뀌었다. 1950년 초 교원은 4명이었다. 1950년 4월 학교는 자강도모범학교의 칭호를 받았다. 1957년 학교와 현지 북한의 학교가 친목 교류회를 가졌다. 1959년 겨울 도내 11개교의 중국인학교가 강계중국인인민학교 등 3개교에 합병되었다. 타 지역의 화교 학생도 강계중국인인민학교로 전입, 기숙사의 학생은 67명에 달했다. 1960년 9월 강계중국인중학교(江界中國人中學校)가 설립되었다. 1961년의 교장은 주경도(周鏡濤)가 맡았다.(朝鮮華僑聯合總會機關報《民主華僑》; 朝鮮華僑聯合會機關報《華訊》; 기타 자료)【송우창】

강계중국인중학교江界中國人中學校

북한 강계 소재의 화교중학. 북한 4개 화교중학의 하나이다. 자강도, 황해남북도, 강원도 소재 화교소학 졸업생이 입학했다. 1960년 9월 1일 설립. 교사는 2층 건물이었다. 교육 시설은 교실, 숙직실, 당사연구실(黨史研究室), 도서실, 의무실이 있었다. 교장은 주경도(周鏡濤), 학교의 당위원장(黨委員長)은 이덕초(李德初, 이전 중국조선족, 이후 화교연합회중앙위원회로 이동), 부교장은 가광명(賈廣明), 교원은 유운도(劉雲濤), 조계복(曹桂福), 소인상(邵仁祥), 유길란(劉吉蘭), 주옥형(周玉馨), 왕인춘(王仁春), 이성규(李成奎), 최세준(崔世俊), 진상지(陳祥志), 정인정(丁仁亭), 상옥쟁(相玉琤) 등 20여명이었다. 학생수는 소학과 중학을 합해 300여명. 재직 화교 교사는 1960년 평양중국인고급중학교 졸업생 출신이었다. 학교는 민청(民靑)을 설치하였다. 화교 이성규(李成奎)가 소년단의 지도원으로 일했다. 1961년 하반기 소학과 중학의 학생수는 228명, 교사는 16명이었다. 학교 교원은 수업 이외에 화교연합회의 선전업무를 분담했다. 1962년 학교 교사와 학생은 대대적으로 조선어를 배웠다. 1962년 7월 소학 소속 교원이 단체로 천리마작업반(千里馬作業班) 칭호를 받았다. 문화대혁명 초기『모주석어록(毛主席語錄)』을 공부하고 모택동 배지를 달았다. 일부 교사와 학생은 감옥에 투옥되기도 했다. 그후 화교 교원은 식량배급과 월급이 끊어졌다. 학교는 마비 상태에 빠져 3년간 문을 닫았다. 주은래 총리가 1970년 북한을 방문한 후 다시 문을 열었다. 1974년경 북한정부의 학제개혁(學制改革)에 따라 교명은 강계중국인고등중학교(江界中國人高等中學校)로 바뀌었다.(朝鮮華僑聯合總會機關報《民主華僑》; 朝鮮華僑聯合會機關報《華訊》; 陳香林·王桂敏 主編(2018),『吉林文史資料選輯 第46輯: 朝鮮歸來 中·下』, 中 143-148·220, 下 28)【송우창】

강계중화상회江界中華商會

일제강점기 평안북도 강계지역의 화교 사회단체. 1942년 여선중화상회 연합회의 회원으로 활동했다.(이정희·송승석(2015), 『근대시기 인천화교의 사회와 경제』, 학고방, 234)【이정희】

강계화교江界華僑

북한 자강도 강계시 거주 화교. 자강도는 1949년 새로 설치된 도(道)로 강계는 자강도의 도청소재지이다. 이 지역은 목재가 많이 생산되었기 때문에 초창기 이주 화교는 대부분 뗏목이꾼과 행상이었다. 이들 화교는 이동성이 강했다. 그뒤 화농이 이곳에서 채소를 재배했다. 1930년 864명이던 강계화교는 1943년에 3,634명으로 증가했다. 이 시기 강계화교는 대부분 채소재배에 종사했으며, 그 이외에 목수, 요리점과 잡화점을 경영했다. 강계화교는 1949년 9월 화교소학을 재건하고, 1950년에는 화농이 화교연합회의 주도 하에 생산호조조(生産互助組)를 조직했다. 한국전쟁 때는 항공기탱크제조기금의 모금운동을 수차례 벌였다. 1956년과 1957년 사이 화농은 인풍(仁風), 삼강(三江), 신성(新成)의 세 곳에 농업협동조합을 조직했다. 1957년 9월 강계화교는 철 생산을 위한 협동조합도 만들었다. 1958년 10월 17일 3개의 농업협동조합은 강계 시내 북한사람 경영의 대풍(大豐)협동조합과 토포(土埔)협동조합에 통폐합되었다. 화교 경영의 상점과 철 생산을 위한 협동조합도 국영으로 넘어갔다. 1960년 9월 강계중국인중학교가 설립되었다. 1960년대 중반 강계화교는 대거 귀국했다. 1985년 이후 화교는 북중 간의 소규모 개인무역업을 시작했다. 2000년의 화교 인구는 340명, 2003년은 84호, 2017년은 30-40호였다.(朝鮮總督府統計資料; 朝鮮華僑聯合總會機關報《民主華僑》; 朝鮮華僑聯合會機關報《華訊》; 기타 자료)【송우창】

강계화교소학江界華僑小學

일제강점기 평안북도 강계 소재의 화교소학. 1939년 설립. 1942년의 학생수는 50명, 교사는 2명이었다.(이정희(2007), 「중일전쟁과 조선화교」, 『중국근현대사연구』35, 112)【이정희】

강급姜級, 1893-?

일제강점기 인천의 화농(華農). 산동성 출신. 인천중화농업회(仁川中華農業會)의 임원으로 1930년에 활동했다.(이정희(2018a), 『한반도 화교사』, 동아시아, 458)【이정희】

강두鋼頭

중국식 빵의 일종. 이스트를 넣지 않은 굉장히 딱딱한 밀가루 반죽을 화로 안에 넣어 구워낸 동그랗고 납작한 모양의 빵이다. 옆에 칼집을 내서 모양을 내며 손바닥 정도의 크기이다. 화교 호떡집에서 주로 판매했다.
(진유광 저·이용재 역(2012), 125; 이정희(2018a), 277)【이정희】

강릉화교소학江陵華僑小學

강원도 강릉 소재 화교소학. 1949년 설립. 왕가모(王嘉謨), 두비석(杜丕石), 곡흠붕(曲欽朋), 장용천(張湧泉) 등이 중심이 되어 학교를 설립했다. 1957년의 교장은 곡흠붕이었다. 1956년의 학생수는 32명이었다. 2001년 초등부 학생수는 42명, 유치부는 10명, 교사는 3명이었다. 2009년의 학생수는 27명이었다.(華僑志編纂委員會編(1958), 157; 왕언메이(2015), 「한국 화교학교의 법률적 지위변화와 생존전략」, 『동남아화교와 동북아화교 마주보기』, 123-124)【이정희】

강립산江立山, 1911-?

중화민국의 외교관. 1942년 중화민국주경성총영사관의 서기로 근무하고 있었다.(朝鮮總督府外務課(1942), 『昭和17年 領事館表關係』)【이정희】

강매전姜梅田, 1910–?

일제강점기 함경남도 원산의 화상(華商). 산동성 복산현 출신. 주단포목 상점 복생덕(福生德)의 경영자. 1942년 원산중화상회의 후보집행위원으로 활동하고 있었다.(元山領事館(1942),「元山中華商會章程職員履歷表」,『汪僞僑務委員會檔案』)【이정희】

강무정姜茂禎, 생졸년불상

인천의 화상(華商). 산동성 문등(文登) 출신. 해방초기 한국 최대의 무역 회사인 인천 소재 만취동(萬聚東)의 경영자로 활동했다. 여한중화상회 연합회(旅韓中華商會聯合會)의 회장, 인천중화상회와 인천화교자치구 공소(仁川華僑自治區公所)의 회장을 역임했다. 1.4후퇴 때 부산으로 피난 한 후, 일본으로 밀항하여 동경에서 중화요리점을 경영했다.(이정희(2018a),『한반도 화교사』, 동아시아, 258)【이정희】

강문환姜文煥, 1896–?

일제강점기 경기도 수원군 일형면(日荊面) 영화리(迎華里) 거주 화농(華農). 산동성 모평현(牟平縣) 출신. 1920년대 중반부터 7년간 900평의 경지에서 화교 농부 6명을 고용하여 채소를 재배했다.(이정희(2018a),『한반도 화교사』, 동아시아, 478-479)【이정희】

강소학姜小學, 1900–?

일제강점기 인천의 화농(華農). 산동성 출신. 1930년 인천중화농업회(仁川中華農業會)의 임원으로 활동했다.(이정희(2018a),『한반도 화교사』, 동아시아, 458)【이정희】

강수겸姜樹謙, 1882–?

일제강점기 경상남도 통영의 화상(華商). 산동성 황현 출신. 사숙(私塾)

졸업. 상점의 직원. 1942년 통영중화상회의 이사장으로 활동하고 있었
다.(釜山領事館(1942), 〈統營中華商會職員履歷表〉, 『汪僞僑務委員會檔案』)【이정희】

강요동姜耀東, 1908-?

일제강점기 전라북도 정읍의 화상(華商). 산동성 모평현 출신. 소학 졸
업. 주단포목상점 경영자. 1942년 정읍중화상회의 부회장으로 활동하고
있었다.(釜山領事館(1942), 〈井邑中華商會職員履歷表〉, 『汪僞僑務委員會檔案』)【이정희】

강원도화교연합회江原道華僑聯合會

강원도 지역 북한화교의 대표적인 사회단체. 1946년 말 설립. 연합회의
소재지는 원산시에 두었다. 위원장은 유세공(劉世恭)이며 부위원장은
최전방(崔殿芳, 원산시화교연합회의 위원장 겸임)이었다. 1949년 5월에
는 최전방이 위원장을 맡았으며, 선전교육과장은 손범오(孫範五)였다.
1961년의 부위원장은 조원례(趙元禮), 2016년의 위원장은 김신희(金晨
曦)였다. 1948년부터 1950년 6월 사이 원산시 이외에 장전, 철원, 안변
등지에 화교연합회가 설립되었다. 이 가운데 장전군화교연합회의 위원
장은 조원례(趙元禮), 철원군의 위원장은 장경화(張景和)였다.(朝鮮華僑聯
合總會機關報《民主華僑》; 朝鮮華僑聯合會機關報《華訊》; 기타 자료)【송우창】

강원도화교협회연의회江原道華僑協會聯誼會

한국 강원도 소재 각 화교협회가 1993년 설립한 도 화교협회의 연합단
체. 강원도 소재 각 지역 화교협회가 화교인구의 감소로 문을 닫거나 제
대로 운영되지 못함에 따라 이 단체를 설립하여 활동하고 있다.(이정희
(2018b), 『화교가 없는 나라』, 동아시아, 144)【이정희】

강의관姜義寬, 생졸년불상

일제강점기 대구의 화상(華商)이자 화교 지도자. 산동성 황현(黃縣) 성동

구(城東殿) 두우가촌(頭于家村) 출신. 가톨릭신자로 세례명은 강방지거(姜方濟角)로 프란치스코였다. 1910년대 대구로 이주하여 건축시공회사인 쌍흥호(雙興號)의 경영자로서 대구대목구 관할의 각종 가톨릭건축 시공을 도맡아 했다. 그가 시공에 참가한 건축물은 전주 전동성당(1908-1914), 대구대목구 주교관(1912-1913), 대구성유스티노신학교성당(1914-1915·1919), 대구 샬트르성바오로수녀원 코미넷관(1914-1915), 대구 성모당(1918) 등이 있다. 1920년대에는 화교 모문금(慕文錦)과 함께 칠곡 가실성당(1920-1924), 대구 샬트르성바오로수녀원 성당(1927), 대구화교협회건물(1929) 등을 시공했다. 대구화상공회(大邱華商公會)의 설립에 큰 기여를 했으며, 화상공회의 초대 의원을 지냈다. 1931년 화교배척사건 때 고향으로 돌아갔다.(이정희(2018a), 『한반도 화교사』, 동아시아, 607-608)【이정희】

강자운姜子雲, 생졸년불상

일제강점기 군산의 화상(華商). 주단포목상점 동화창(東和昌)의 경영자로 활동했다. 1923년에 군산중화상회의 부회장을 맡고 있었다.(이정희(2018a), 『한반도 화교사』, 동아시아, 64)【이정희】

강절사주기직연합회江浙絲綢機織聯合會

중국 강소성과 절강성 소재 견직물 제조 및 판매 회사의 연합 동업단체. 상해의 견직물수출업자를 통해 조선에 소주산 견직물을 주로 수출했다. 조선총독부가 1920년대 중국산 견직물에 대한 수입관세를 인상할 때 중국에서 반대운동에 적극 참가했다.(이정희(2018a), 『한반도 화교사』, 동아시아, 97)【이정희】

강해창姜海昌, 1892-?

일제강점기 대구의 화상(華商). 산동성 황현 출신. 사숙(私塾) 졸업. 중화요리점 부흥루(復興樓)의 경영자. 1942년 대구중화상회의 상무위원으

로 활동하고 있었다.(釜山領事館(1942), 〈大邱中華商會職員履歷表〉, 『汪僞僑務委員會
檔案』)【이정희】

강환성姜煥成, 1898-?

일제강점기 인천부 송판정(松坂町) 거주의 화농(華農). 1916년 지부(芝
罘, 현재의 연태) 소재의 상점 인대호(仁大號)에서 4년간 점원으로 종사
했다. 1920년 인천으로 이주하여 채소재배를 했다. 1930년 인천중화농업
회(仁川中華農業會)의 임원으로 활동했다.(이정희(2018a), 『한반도 화교사』, 동
아시아, 458)【이정희】

개성화교공회開城華僑公會

일제강점기 경기도 개성지역 화교의 사회단체. 1938년 2월 10일 개성지
역 화교에 의해 개성화교회(開城華僑會)의 명칭으로 설립되었다. 1942
년 여선중화상회연합회(旅鮮中華商會聯合會)의 회원이었고, 당시의 회
장은 조여해(趙如海)였다.(이정희·송승석(2015), 『근대시기 인천화교의 사회와 경제』,
학고방, 232)【이정희】

개항기 화공문제開港期 華工問題

조선 개항기 광산, 제조업, 잡업 등에 종사하는 화공은 1906-1910년 사이
에 연평균 약 3,100명에 달했다. 전체 조선화교 인구 가운데 3-4할을 차
지하여 상업 종사자에 이어 두 번째로 많았다. 농업 종사자를 노동자로
포함시키면 상업 종사자를 상회했다. 미국인 경영의 운산금광에는 1902
년 7월 화공 268명이 일하고 있었다. 1903년 10월에는 133명으로 감소했
지만, 1908년 7월에는 700명으로 증가했다. 러시아가 1903년 4월 군항으
로 만들기 위해 점령한 평안북도 용암포 개발공사에는 화공 600-700명
이 일했다. 함경북도 나남의 벽돌공장에는 700명의 화공이 일하고 있었
는데, 공사 현장의 조선인 노동자 800명과 충돌하면서 사망 3명, 부상자

60여 명이 발생, 일본군의 발포에 의해 겨우 진압되는 큰 사건이 발생했다.(이정희(2018a), 『한반도 화교사』, 동아시아, 535-586; 기타 자료)【이정희】

거선당居善堂

서울시 중구 명동2가 89번지 소재의 중국식 사원. 이 사원 부지는 화교 정도덕(丁道德)과 이보산(李寶山)이 증여한 땅이다. 1907년경 이 부지에 기와집 형태의 사원이 건축되었다. 이 사원은 한국전쟁 때 피해를 입어 1954년 사합원

서울 명동 2가 소재의 거선당 사원

(四合院) 양식의 새로운 건축물로 개축되었다. 이 사원 건축은 1982년 철거되고, 1983년 그 자리에 현재의 사원 건물이 건축되었다. 현대식 건축물 5층에 사원이 설치되어 있으며, 거선당문화회(居善堂文化會)가 관리하고 있다. 이 사원이 모시고 있는 신은 18위이다. 관우(關羽), 호삼태야(胡三太爺), 해신낭낭(海神娘娘, 마조), 자손낭낭(子孫娘娘), 왕모낭낭(王母娘娘), 송생낭낭(送生娘娘), 안광노야(眼光老爺), 불조노야(佛祖老爺), 달마조사(達磨祖師), 옥황대제(玉皇大帝), 삼청노조(三淸老爺), 천지삼계진재(天地三界眞宰), 조왕노야(灶王老爺), 복덕정신(福德正神), 노반사조(魯班師祖), 그리고 기타 3위의 신. 이 사원은 원래 중국 민간종교의 재리교(在理敎)의 영향을 받아 설립되었으며, 술, 담배, 아편을 금하는 계연주공소(戒煙酒公所)로 불리기도 했다. 사원의 관리는 법사가 담당했으며, 현재는 법사가 없는 상태이다. 사원에는 10여개의 편액, 도자기, 도교식 제사용 도구 등의 유물이 남아있다.(이정희(2018.12a), 「조선화교의 민간신앙과 비밀결사」, 『사회와 역사』120, 41-68; 박현규(2009), 「인천화교 의선당의 모습과 민간신앙 조사」, 『역사민속학』29, 한국역사민속학회; 박현규(2011), 「서울 거선당의 화교 신앙과 현황조사」, 『동북아문화연구』27, 동북아시아문화학회)【이정희】

거선당문화회居善堂文化會

서울시 중구 명동 2가 58번지 소재 중국식 사원 거선당(居善堂)의 관리 단체. 사원은 원래 거선당계연주공소(居善堂戒煙酒公所)로 불리었다. 1983년 새로운 사원 건물을 준공한 후 한국의 행정당국에 이 단체를 등기등록을 할 때, 당국이 이 명칭을 잘 이해하지 못해 거선당문화회로 등록했다. 이 단체는 자손낭낭(子孫娘娘)의 탄신일인 음력 3월 20일, 호삼태야(胡三太爺)의 탄신일인 음력 10월 11일 사원에서 제향제배의 행사를 거행한다. 한국의 화교학교 학생을 위한 장학사업을 펼쳤다. 2006년 4월 5일 단체의 소식지인 《거선당문화회월간(居善堂文化會月刊)》을 창간, 월간으로 발행했다.(이정희(2018.12a), 「조선화교의 민간신앙과 비밀결사」, 『사회와 역사』120, 49)【이정희】

거선당문화회월간居善堂文化會月刊

서울 소재 거선당문화회의 기관지. 2006년 4월경 창간. 매월 발간. 발행처는 거선당문화회로 중구 명동 2가 89번지. 발행부수는 약 1,800부. 현재는 발행 중단 상태.(필가신(畢可信)인터뷰)【이정희】

건생잔乾生棧

근대 일본 오사카(大阪) 소재의 화교 행잔(行棧). 1895년 오사카 가와구치(川口, 뒤에 혼덴초(本田町)로 바뀜)에 설립되었다. 1927년말 건생잔 체류의 중국인 무역상인은 52명으로 오사카의 행잔 가운데 규모가 2번째로 컸다. 1937년 6월의 점원은 35명, 무역상인은 45명이었다. 경영자는 이요신(李堯臣)으로 산동성 출신이었다. 건생잔 건물 내에 산동성 연태와 조선 소재의 주단포목상점인 유풍덕(裕豊德)의 지점이 개설되어 있었다.(이정희(2018a), 『한반도 화교사』, 동아시아, 118)【이정희】

건영상사建永商事

해방 후 서울 소재 화교의 무역회사. 서대문구 순화동 109번지에 소재했다. 1954년의 경영자는 이자건(李子建)이었다.(華僑志編纂委員會編(1958), 『華僑志-韓國-』, 85)【이정희】

겸예성謙豫誠

일제강점기 강원도 양양군 소재의 화교 주단포목상점. 1931년 화교배척 사건 직후 거래가 잘 이뤄지지 않아 폐점했다.(이정희(2018a), 『한반도 화교사』, 동아시아, 198)【이정희】

겸이포중화신민회兼二浦中華新民會

일제강점기 황해도 겸이포지역의 화교 사회단체. 1937년 12월 중화민국 임시정부 수립 직후 설립됐다. 1942년 여선중화상회연합회(旅鮮中華商會聯合會)의 회원이었고, 당시의 회장은 왕무림(王茂林)이었다.(이정희·송승석(2015), 『근대시기 인천화교의 사회와 경제』, 학고방, 233)【이정희】

겸이포화교소학兼二浦華僑小學

일제강점기 황해도 겸이포 소재의 화교소학. 중일전쟁 시기에 설립되었다. 1942년의 학생수는 35명, 교사는 2명이었다.(이정희(2007), 「중일전쟁과 조선화교」, 『중국근현대사연구』35, 112)【이정희】

겸지복謙知福

일제강점기 강원도 양양(襄陽) 소재의 화교 잡화상점. 1942년 여선중화상회연합회(旅鮮中華商會聯合會)의 회원 기관으로 경영자는 두배석(杜丕石)이었다.(이정희·송승석(2015), 『근대시기 인천화교의 사회와 경제』, 학고방, 233)【이정희】

겸합성(진남포)謙合盛(鎭南浦)

일제강점기 진남포 소재 화교의 주단포목 도매상점. 1923년의 연간매상액은 7.4만원이었다.(이정희(2018a), 『한반도 화교사』, 동아시아, 69)【이정희】

겸합성(평양)謙合盛(平壤)

일제강점기 평양 소재 화교의 주단포목상점. 1923년의 연간매상액은 44만원이었다. 1929년의 경영자는 왕옥(王鈺)이었다. 1931년 평양 화교배척사건 때 큰 피해를 입고 문을 닫았다.(이정희(2018a), 『한반도 화교사』, 동아시아, 69·204)【이정희】

겸화성謙和盛

일제강점기 원산 소재 화교의 주단포목상점. 1942년의 경영자는 왕귀중(王貴中)이었다. 자본금은 5천원, 연간매상액은 64,000원이었다.(이정희(2018a), 『한반도 화교사』, 동아시아, 233)【이정희】

경성광방회관京城廣幇會館

1888년경 한성에 설립된 광동성 출신의 동향단체. 동순태 경영자인 담걸생(譚傑生)이 회장을 맡았다. 동순태가 노구교사건 직후 완전히 철수하면서 회관의 운영은 거의 이뤄지지 않았다. 해방 직후, 무역회사 천덕양행(天德洋行)을 경영하는 정가현(鄭家賢)을 중심으로 운영되었다. 천덕양행은 현재의 플라자호텔 옆 한화빌딩 자리에 있었으며 이곳이 광방회관 사무실 역할을 했다. 정가현이 1970년대 초 미국으로 이민을 떠난 후 그의 아들 정귀문(鄭貴文)이 광방회관을 운영했다. 정귀문도 1970년대 후반 미국으로 이민가면서 일체의 회관 재산을 한성화교협회(漢城華僑協會)에 위임함으로써 회관은 문을 닫았다.(김희신(2010), 「청말(1882~1894년) 한성 화상조직과 그 위상」, 『중국근현대사연구』46, 한국중국근현대사학회, 66-68; 이정희(2018b), 『화교가 없는 나라』, 동아시아, 135; 국백령(鞠柏嶺)인터뷰)【이정희】

경성남대문시장京城南大門市場

일제강점기 경성의 시장. 경성부, 고양군, 시흥군 지역에서 채소재배를 하는 화농은 이 시장에 채소를 내다 판매했다. 1923년경 성수기에는 매일 약 50명, 비성수기에는 약 20명이 연간 5만여원의 채소를 판매했다. 이 금액에는 경성식량품시장(京城食糧品市場) 화농 판매액도 포함되어 있다.(이정희(2018a), 『한반도 화교사』, 동아시아, 473)【이정희】

경성남방회관京城南幇會館

1885년경 한성에서 안휘성, 절강성, 강소성, 복건성 출신 화상에 의해 설립된 동향단체. 절강성 출신의 양복점 경영자가 회관 운영을 주도했다. 해방 후에도 남방회관은 계속 운영되었다. 1973년 서울 명동2가 105번지에 한성화교협회 건물을 건축할 때 1,100만원을 출자, 중정도서관빌딩관리위원회에 참가하고 있다.(김희신(2010), 「청말(1882~1894年) 한성 화상조직과 그 위상」, 『중국근현대사연구』46, 한국중국근현대사학회, 66-68; 이정희(2018b), 『화교가 없는 나라』, 동아시아, 135)【이정희】

경성북방회관京城北幇會館

1885년경 한성에 설립된 산동성을 비롯하여 하북성, 북경, 천진, 동북3성 출신자의 동향회관. 경성부 수표정 49번지에 자리했다. 1937년 3월 제정의 북방회관의 규칙에 따르면, 회원 자격은 만 20세 이상의 동향인으로 한정하고 회원 2명의 소개와 이사회를 통과해야 정식 회원이 될 수 있었다. 임원의 임기는 2년이었고 매년 1차례의 정기 회원대회를 개최했다. 동향인의 병자와 망자(亡子)를 위한 시설과 간병인을 두도록 되어있고 회관의 경비는 북방 소속 화상의 기부금으로 충당하도록 되어 있었다. 회관은 200-300평의 부지에 건축된 벽돌건물이었다. 한국전쟁 때 폭격을 맞아 큰 피해를 입었다. 휴전 후 한성화교소학의 기숙사로 사용되다 1960년대 외환은행에 매도되었다. 북방회관은 2004년 화교 설영복(薛榮福) 회장이 회관 명의 예금 9억5,000만원 가운데 3억원을 한성화교협회에, 3억원을 중국교민협회(中國僑民協會)와 중국천지잡지사(中國天地雜誌社)에 기부하고 해산했다.(이정희·송승석(2015), 『근대 인천화교의 사회와 경제: 인천화교협회소장자료를 중심으로』, 학고방, 335; 김희신(2010), 63-70; 국백령(鞠柏嶺)인터뷰)【이정희】

경성북방회관장정京城北幇會館章程

1937년 3월 제정된 경성 북방회관의 장정으로 총 15개조로 이뤄져 있다. 제1조는 북방회관의 명칭, 제2조는 설치의 목적을 규정했다. 설치 목적은 동향인 간 친목을 도모하고 공공의 복리를 도모하는 데 두었다. 제3조는 북방회관을 경성부 수표정 49번지지에 둔다고 규정했다. 제4조는 입회는 20세 이상의 화상으로 회원 2명의 추천과 이사회를 통과해야 입회가 가능하도록 했다. 제5조는 회원에게 규정 준수와 회비 납부의 의무를 부과했다. 제6조는 회원의 선거 및 피선거권의 권리를 규정했다. 제7조는 이사회는 회원대회에서 이사 3명, 후보이사 2명을 선출하여 이사회를 조직하고, 이사의 호선으로 1명을 상무이사로 선출, 일상의 사무를 담당하도록 했다. 제8조는 이사 및 감사의 임기를 2년으로 하고 연임을 가능하도록 했다. 제9조는 이사회에게 회관을 대외적으로 대표하며, 회관의 대내 일체의 회무(會務)를 처리하고 집행하는 권리를 부여했다. 제10조는 감사에게 재정수지를 조사하고 기율 등의 직권을 감찰하는 직권을 부여했다. 제11조는 회관의 회원대회는 매년 1차례, 이사회는 매월 1차례 개최하도록 규정했다. 제12조는 회관의 운영 경비가 부족할 시는 북방 출신 화상의 기부를 통해 조달하도록 했다. 제13조는 동향인이 병으로 인한 요양 혹은 사망의 일로 회관을 방문할 경우를 대비하여 그에 상응하는 시설을 구비하고 주야로 간병인을 두도록 규정했다. 제14조는 규정의 개정은 회원대회에서 할 수 있도록 규정했다. 제15조는 규정은 회원대회의 승인을 받아야 효력이 발생한다고 규정했다.(이정희·송승석(2015), 『근대시기 인천화교의 사회와 경제』, 학고방, 335·378-379)【이정희】

경성식량품시장京城食糧品市場

일제강점기 경성부 욱정(旭町) 소재의 식료품 시장. 경성부, 고양군, 시흥군 거주 화농은 이 시장에 재배한 채소를 판매했다. 1923년경 성수기에는 매일 약 50명, 비성수기에는 약 20명이 연간 5만여 원의 채소를 판매했다. 여기에는 남대문시장도 포함되어 있다.(이정희(2018a), 『한반도 화교사』, 동아시아, 473)【이정희】

경성이발동업조합京城理髮同業組合

일제강점기 경성 소재 이발업자의 동업단체. 1920년대 초반 설립. 조선인, 일본인, 화교의 이발업자는 1910년대 각각 이발조합을 결성하고 있었다. 각 민족 업자간의 가격경쟁 등이 문제로 대두되자 행정 당국이 이들을 하나로 통폐합하도록 지시, 탄생했다.(이정희(2018a), 『한반도 화교사』, 동아시아, 347)【이정희】

경성장慶盛長

일제강점기 대구 소재 화교의 주단포목상점. 경영자는 장인암(張仁庵)이었다. 1923년의 연간매상액은 20만원이었다. 인천에 지점을 개설하여 영업했다.(이정희(2018a), 『한반도 화교사』, 동아시아, 69)【이정희】

경성중화민국요리점조합京城中華民國料理店組合

일제강점기 경성부에 조직된 화교 중화요리점의 동업단체. 1915년 설립. 1922년 이 조합에 가입된 화교 중화요리점은 119개였다. 호떡집을 제외한 화교 중화요리점은 거의 가입되어 있었다. 이 조합의 규정은 총 43조로 구성되어 있었다. 임원은 이사장 1명, 부이사장 1명, 평의원 8명, 서기 1명으로 구성되었다. 각 임원은 무기명 투표를 통해 선출되고 임원의 임기는 1년이었다. 이 조합의 가입 대상은 경성부내 중화요리점 및 음식점의 업주이고, "영업상 및 대금의 통일을 기하여 동업자의 친목을 돈독히

하고 서로 풍기, 위생을 주의하며 영업상의 편익을 증진하는 것"을 목적으로 했다. 각 조합원은 조합 재산으로 각 5원을 출자하도록 하고 새로 가입하는 요리점은 3원, 음식점은 2원을 출자하도록 했다. 각 조합원의 매월 조합비는 요리점의 규모에 따라 1원, 60전, 40전의 세 등급으로 분류하여 징수됐다. 각 가입 요리점은 손님에 대해 술 혹은 기생의 초빙을 강요하거나 부당한 요리대금을 청구하지 말도록 규정하고 손님으로서 신분에 상응하지 않는 유흥을 하거나 또는 의심스러운 거동을 하는 것으로 인정될 때는 곧바로 관할 경찰서에 연락하도록 규정했다. 1922년의 임원진은 이사장에 양본현(楊本賢), 부이사장에 손대성(孫大成), 평의원에 유부갑(劉富甲), 서광빈(徐廣賓), 곽유여(郭有餘), 소수전(蕭樹田), 마진림(馬振林), 유상오(劉祥五), 담자주(譚子舟), 모진기(牟進基)였고, 서기는 손화분(孫華芬)이었다. 1927년의 조합 이사장은 아서원의 경영자인 서광빈이었다.(이정희(2018a), 『한반도 화교사』, 동아시아, 301-303)【이정희】

경성중화상회京城中華商會

청국 상부(商部)의 상회간명장정(商會簡明章程)에 근거하여 조직된 경성화교의 사회단체. 1904년 화상총회(華商總會)의 명칭으로 설립된 후, 본국 상회법의 개정에 따라 1915년에는 중화총상회(中華總商會), 1929년에는 중화상회 등의 명칭으로 바뀌었다. 이 단체는 원래 화상 간의 친목 도모와 화교경제의 발전을 위한 것이 목적이었지만, 중국의 최말단 행정기관의 역할을 담당하면서 경성총영사관과 긴밀하게 연계되어 있었다. 경성화교 관련 각종 업무를 담당했다. 역대 회장은 다음과 같다. 장시영(張時英, 1913·1915-1921), 송금명(宋金銘, 1914년), 이서명(李書奠, 1921-1923), 담걸생(譚傑生, 1921-1925), 마수신(馬秀臣, 1925-1929), 그 다음은 궁학정(宮鶴汀), 왕공온(王公溫), 주신구(周愼九), 사자명(司子明)이 뒤를 이었다. 해방 후에는 순전한 화교 경제단체의 역할만 담당하다 한국전쟁 발발 이후 실질적으로 기능이 정지됐다. 기존의 중화상회의 업무는 화교자치구공소, 화교협회로 이관되었다.(김희신(2017), 「在朝鮮中華商會의 설립과정과 존재양태: 1912-1931년 경성지역을 중심으로」, 『중국근현대사연구』 73, 한국중국근현대사학회, 27-59; 이정희(2018b), 『화교가 없는 나라』, 동아시아, 139)【이정희】

경성중화총상회상거래중지선언京城中華總商會去來中止宣言

일제강점기 1931년 화교배척사건 이후 경성중화총상회가 화상의 모든 상거래를 중지한 사건. 경성중화총상회는 그해 7월 5일 경성 화상이 조선인 상인으로부터 미수금 회수가 곤란하다는 이유를 들어 거래 금융기관과 조달처에 기간 도래의 차입금과 외상대금의 지불을 일방적으로 중지했다. 경성상공회의소가 이러한 중지선언에 크게 반발하고 나서자, 경성중화총상회는 2-3일 내에 돌아오는 수표는 결재하는 것으로 바꾸었다. 화교배척사건과 이번의 중지선언은 경성 화상의 대외 신용을 크게 하락시켰다. 각 은행은 이전에 무담보로 화교 주단포목상점에게 대출을 해주었지만, 이 사건 이후 담보대출로 바꾸었다.(이정희(2018a), 『한반도 화교사』, 동아시아, 189-191)【이정희】

경성포목상조합京城布木商組合

일제강점기 경성 소재 조선인 주단포목상점의 동업단체. 1918년 2월 설립. 회원은 1929년 56개 상점이었으며, 조합장은 박승직(朴承稷)이 맡고 있었다. 조선인 주단포목상점은 화교 주단포목상점과 거래가 많았기 때문에 양자 간 문제가 발생할 때 이 조합이 나서 문제해결을 하는 경우가 많았다.(이정희(2018a), 『한반도 화교사』, 동아시아, 132)【이정희】

경성호북동향회京城湖北同鄉會

일제강점기 경성에서 조직된 호북성 출신의 동향단체. 호북성 출신은 이발업 종사자가 많았기 때문에 동향회도 그들을 중심으로 운영되었다. 노구교사건 이후 동향 출신 화교가 본국으로 귀국, 동향회의 활동은 거의 이뤄지지 못했다.(이정희(2018a), 『한반도 화교사』, 동아시아, 350)【이정희】

경성화교민회鏡城華僑民會

일제강점기 함경북도 경성지역의 화교 사회단체. 1942년 여선중화상회연합회(旅鮮中華商會聯合會)의 회원이었고, 당시의 회장은 왕신(王信)이었다.(이정희·송승석(2015), 『근대시기 인천화교의 사회와 경제』, 학고방, 234)【이정희】

경순화慶順和

개항기 진남포 소재 화교의 주단포목도매상점. 1904년의 직원은 5명이었다.(이정희(2018a), 『한반도 화교사』, 동아시아, 73)【이정희】

경운당慶雲堂

일제강점기 인천 소재 화교의 이발소. 외리 167번지에 소재했다. 경영자는 조고등(曺高登)으로 산동성 제성현(諸城縣) 출신이었다. 1927년 12월 화교배척사건 때 습격을 받아 1,545.15원의 물적 피해를 입었다.(이정희(2018a), 『한반도 화교사』, 동아시아, 350)【이정희】

경원중화민회慶源中華民會

일제강점기 함경북도 경원지역 화교의 사회단체. 1938년 1월 6일 설립. 중화민국임시정부를 지지하는 단체였다.(이정희(2018.12b), 「중일전쟁시기 범한생(范漢生) 경성총영사의 친일활동과 조선화교 사회의 변동」, 『중앙사론』48, 197)【이정희】

경인주포상연합회京仁紬布商聯合會

일제강점기 경성과 인천지역 화교의 주단포목상점 24개(경성 소재 14개, 인천 소재 10개)에 의해 설립된 동업단체. 1929년 3월 설립. 경인지역 화교 주단포목상점 간의 친목강화와 권익보호가 목적이었다.(이정희(2018a), 『한반도 화교사』, 동아시아, 128-129)【이정희】

경주화교소학慶州華僑小學

경상북도 경주 소재의 화교소학. 1951년 설립. 원경겸(袁經謙), 우정삼 (于靜三) 등이 중심이 되어 학교를 설립했다. 1956년에 새로운 교사를 건축했다. 1957년의 학생인원은 15명. 2001년 초등부 학생인원은 3명, 유치부는 2명이었다. 교사는 1명이었다. 학생수 감소로 2000년대 폐교되었다.(왕언메이 저·송승석 역(2013), 『동아시아 현대사 속의 한국화교』, 학고방, 376)【송승석】

경화반점慶華飯店

해방초기 북한 평양 소재 화교 중화요리점. 경영자는 국경량(鞠慶良, 1942년 평양중화상회 회원)은 1948년 12월 중공의 국공내전 승전을 위해 4천원을 기부했다. 1949년 12월에는 북한의 항공기탱크제조기금으로 2만원을 헌납했다.(中華民國國民政府(汪政權)駐日大使館檔案: 朝鮮華僑聯合總會機關報《民主華僑》)【송우창】

경흥공창慶興工廠

일제강점기 평양 소재 화교의 양말공장. 평양의 주단포목상점인 경흥덕 (慶興德)이 조선인 양말공장인 공신상회(共信商會)를 매입하여 설립했다. 이 공장이 화교 직공 10명을 고용한 것이 1925년 4월 평양양말쟁의의 하나의 원인이 되었다. 경영자는 맹헌시(孟憲詩)였다.(이정희(2018a), 『한반도 화교사』, 동아시아, 436)【이정희】

경흥덕慶興德

일제강점기 평양부 이향리(履鄕里) 소재 화교의 주단포목 및 서양잡화 도매상점. 1923년의 연간매상액은 평양의 화교 상점 가운데 최고인 33만 9,500원, 20명의 종업원을 고용했다. 1928년도의 연간매상액은 27만원, 162원의 영업세를 납부했다. 경영자는 맹헌시(孟憲詩)였다. 1931년 7월 화교배척사건 때 큰 피해를 입고 문을 닫았다.(이정희(2018a), 『한반도 화교사』,

동아시아, 414-418)【이정희】

계란빵鷄蛋餠

중국시 빵의 일종. 빵 안쪽에 계란 흰자와 팥을 넣고 겉에는 계란 노른
자를 발라 구워낸 빵이다. 화교 호떡집에서 주로 판매했다.(진유광 저·이용재
역(2012), 125; 이정희(2018a), 277)【이정희】

계중무역啓中貿易

미군정기 인천 소재 화교의 무역회사. 경영자는 하자범(夏子範)이었다.
1948년의 연간무역액은 3억8,753만원으로 화교 무역회사 가운데서는 4
번째로 규모가 컸다. 한국전쟁 발발 전후 문을 닫았다.(이정희(2008.8), 「해방
초기 인천화교의 경제활동에 관한 연구」, 『인천학연구』9, 110)【이정희】

고성중화상회固城中華商會

일제강점기 강원도 고성지역의 화교 사회단체. 1942년 여선중화상회연합
회(旅鮮中華商會聯合會)의 회원이었고, 당시의 회장은 모문빈(牟文浜)
이었다.(이정희·송승석(2015), 『근대시기 인천화교의 사회와 경제』, 학고방, 233)【이정희】

고소탁高昭鐸, 1886-?

일제강점기 목포의 화상(華商). 산동성 봉래현 출신. 현립(縣立) 소학 졸업.
중화요리음식점의 경영자. 1942년 목포중화상회의 이사로 활동하고 있었
다.(釜山領事館(1942), 〈木浦中華商會職員履歷表〉, 『汪僞僑務委員會檔案』)【이정희】

고홍경高洪慶, 1926-?

북한의 신의주 화교. 산동성 출신. 1933년 부모를 따라 신의주로 이주.
1947년 신의주화교소학의 교원으로 일했으며, 평안북도화교연합회(平安
北道華僑聯合會) 주최의 정치보습반(政治補習班)에 참가했다. 한국전

쟁 기간 신의주시화교연합회 제2분회 위원장을 맡았다. 1955년 농업합작사(農業合作社) 결성을 주도했으며, 합작사의 사장(社長)을 맡았다. 1958년 합작사가 현지 북한의 협동조합과 합병한 뒤에는 신의주시남하협동조합관리위원회(新義州市南下協同組合管理委員會)의 부위원장으로 임명되어 농장의 채소생산을 담당했다. 1959년 신의주시화교연합회 부위원장으로 일하면서 1960년부터 신의주화교노동자학교의 교장을 겸임했다. 같은 해 북한국적을 취득하고 북한 노동당에 가입했다. 1961년 평양농업대학에 입학하여 공부했다. 1961년 12월 신의주중국인학교의 학부형회의 대표를 맡았다. 1963년 12월 3일 신의주시의 대의원으로 선출되었다. 1968년 여름부터 1971년 봄 사이 신의주중국인중학교의 북한사람 교사가 학교를 떠날 때 현지의 화교교사를 이끌고 수업을 계속 진행했다.(朝鮮華僑聯合會機關報《華訊》; 기타 자료)【송우창】

곡만빈曲萬彬, 1899-?

일제강점기 부산의 화상(華商). 산동성 모평현 출신. 초급소학 졸업. 주단포목상점의 경영자. 1942년 부산중화상회의 회장으로 근무하고 있었다.(釜山領事館(1942), 「釜山中華商會職員履歷表」, 『汪僞僑務委員會檔案』)【이정희】

곡숙진曲淑珍, 1900-?

일제강점기 전라남도 광주의 화상(華農). 산동성 일조현 출신. 사숙(私塾) 3년 졸업. 채소재배 경력 26년. 1942년 광주중화상회의 이사로 활동하고 있었다.(釜山領事館(1942), 「光州中華商會職員履歷表」, 『汪僞僑務委員會檔案』)【이정희】

곡유동曲維東, 생졸년불상

북한화교. 함경북도 무산 화교로 한국전쟁 시기 자동차 3대를 기부했다.(山東省地方史誌編纂委員會 編(1998), 『山東省誌: 第79卷 僑務誌』, 山東人民出版社, 92)【송우창】

곡유례曲維禮, 1906-?

일제강점기 대구의 화상(華商). 산동성 모평현 출신. 사숙(私塾) 졸업. 중화요리점 동성장(同盛長)의 경영자. 1942년 대구중화상회의 후보 집행위원으로 활동하고 있었다.(釜山領事館(1942),「大邱中華商會職員履歷表」,『汪僞僑務委員會檔案』)【이정희】

곡종원상점曲宗源商店

일제강점기 경상북도 영일군 소재 화교의 주단포목상점. 1931년 7월 화교배척사건 때 습격을 받아 큰 피해를 입고 폐점했다.(이정희(2018a),『한반도화교사』, 동아시아, 209)【이정희】

곡홍완曲鴻緩, 생졸년불상

북한화교. 청진의 화상(華商)으로 1949년 11월 북한의 조국보위후원회(祖國保衛後援會)에 항공기탱크제조기금으로 1만원을 기부했다.(朝鮮華僑聯合總會機關報《民主華僑》)【송우창】

공갈빵糖鼓子

중국식 빵의 일종. 화덕에서 구워내지만 속이 텅 비어 있으며, 당화소와 달리 먹을 때 바삭바삭 소리가 난다. 인천차이나타운의 특산물로 많이 판매되고 있다.(진유광 저·이용재 역(2012), 127;이정희(2018a), 277)【이정희】

인천 신포시장의 화교 공갈빵 판매상점

공농간부훈련반工農幹部訓練班

북한의 화교연합회가 해방초기 화교 간부의 양성을 위해 조직한 교육반. 1947년 봄 개설되어 1949년까지 모두 세 차례에 걸쳐 개설되었다. 훈련반의 교사는 주임에 최승지(崔承誌), 대대장(大隊長)에 주자방(朱子芳), 지도원에 정암(丁巖)이 맡았다. 수강생은 모두 각 지역 화교연합회가 추천한 모범 화교청년이었다. 수강생은 주로 빈농, 점원, 노동자였다. 수강생은 훈련반 종료 후 각 지역 화교연합회의 위원장, 조직과장, 선전교육과장 등의 직책을 맡았다.(宋達(1988.5), 「旅居平壤的幾件事」, 《遼寧僑史》創刊號, 遼寧省華僑歷史學會, 89)【송우창】

공동환共同丸

일제강점기 조선총독부 명령의 인천과 중국 화북(華北)을 왕복하는 1,997톤의 기선. 월 4회 왕복운항을 했다. 일본 도쿠시마시(德島市)에 본사를 둔 아와국공동기선주식회사(阿波國共同汽船株式會社)의 소유 선박이었다. 인천과 연태, 대련 그리고 청도 및 위해위(威海衛, 현재의 위해(威海))에 임시기항을 했다. 조선 화상 공동 소유의 이통호(利通號)와 함께 조선화교의 주요한 교통수단의 하나였다. 항로가 같았기 때문에 이통호와 경쟁관계에 있었다.(朝鮮總督府(1929.3), 「朝鮮に於ける外國人の經濟力」, 『朝鮮經濟雜誌』, 京城商工會議所, 22)【이정희】

공래公來

개항기 부산 소재 화교의 주단포목 도매상점. 1906년의 직원은 7명이었다.(이정희(2018a), 『한반도 화교사』, 동아시아, 73)【이정희】

공원후公源厚

개항기 인천 소재 화교의 주단포목 도매상점. 1906년의 직원은 7명이었다.(이정희(2018a), 『한반도 화교사』, 동아시아, 73)【이정희】

공주중화공회公州中華公會

일제강점기 충청남도 공주지역의 화교 사회단체. 1937년 12월 중화민국

임시정부 수립 후 설립되었다. 1942년 여선중화상회연합회(旅鮮中華商會聯合會)의 회원으로 당시의 회장은 관석련(官錫璉)이었다.(이정희·송승석(2015), 『근대시기 인천화교의 사회와 경제』, 학고방, 232)【이정희】

공태복公泰福

일제강점기 강원도 양양군 소재 화교의 주단포목상점. 1931년 화교배척사건 직후 거래가 잘 이뤄지지 않아 폐점했다.(이정희(2018a), 『한반도 화교사』, 동아시아, 198)【이정희】

공태인公泰仁

일제강점기 마산 소재 화교의 주단포목 도매상점. 1923년의 연간매상액은 13.3만원이었다.(이정희(2018a), 『한반도 화교사』, 동아시아, 69)【이정희】

공화창公和昌

개항기 원산 소재 화교의 주단포목 도매상점. 1906년의 직원은 8명이었다.(이정희(2018a), 『한반도 화교사』, 동아시아, 73)【이정희】

공화춘共和春

일제강점기 및 해방 후 인천의 대표적인 중화요리점. 우희광(于希光) 등이 1912년 설립. 1935년의 경영자는 우희광이었으며, 자본금은 5천원이었다. 여러 명의 화상이 주주로 참가하여 설립된 합과(合夥)였다. 1922년 1월 15일 발행된 주권을 보면, 사장은 왕심보(王心甫), 부사장은 필명향(畢明香), 경영자는 우희광이었다. 지나정(支那町) 38번지에서 영업을 하고 있었으며, 이곳은 원래 행잔인 원화잔(元和棧)의 소유였다. 72.5평의 대지에 2층 벽돌건축물로 48칸이었다. 1935년 당시의 부동산 가격은 12,000원이었다. 1942년의 경영자는 우희광의 아들인 우홍장(于鴻章)이었다. 당시 우희광은 미생정(彌生町) 33번지에서 부인, 딸과 같이 거주하고 있었다. 1942년의 종업원은 14명이었다. 1926년 12월 28일 경성 소재 동양척식주식회사에 폭탄을 투척한 의열단 단원이자 독립운동가인 나석주(1892-1926)가 같은 달 26일 인천항 입항 시 중국인으로 가장하고 식사를 한 곳이었다. 해방 이후 우희광이 계속 경영하다 영업부진으로 1983년 문을 닫았다.(仁川華商商會(1942.8-9), 『仁川華僑世代別名簿』, 인천시립박물관 소장; 한동수(2009), 「인천 청국조계지 내 공화춘의 역사변천에 관한 연구」, 『중국학보』60, 한국중국학회, 371-383; 이정희(2018a), 『한반도 화교사』, 동아시아, 296-297, 301【이정희】

공화춘의 간판(짜장면박물관 소장)

곽고영郭古榮, 1883-?

일제강점기 인천의 화상(華商). 산동성 액현(掖縣) 출신. 1942년 주단포목 도매상점인 덕생상(德生祥)의 경영자로 활동했다.(이정희(2018a), 『한반도 화교사』, 동아시아, 239【이정희】

곽붕소郭鵬昭, 1869-?

일제강점기 인천의 화상(華商). 산동성 복산현(福山縣) 출신. 복취잔(復聚棧) 행잔의 경영자로 1913년 인천중화상회의 의원으로 선출되어 활동했다.(이정희·송승석(2015), 『근대시기 인천화교의 사회와 경제』, 학고방, 97【이정희】

곽옥당이발소郭玉堂理髮所

일제강점기 경성 소재 화교의 이발소. 남대문통(南大門通)에 소재했고, 경영자는 곽옥당이었다. 1923년의 연간매상액은 6천원이었다.(이정희(2018a), 『한반도 화교사』, 동아시아, 349【이정희】

곽홍동郭鴻童, 1914~?

일제강점기 인천의 화상((華商). 산동성 액현(掖縣) 출신. 1942년 덕성흥 (德盛興) 주단포목 도매상점의 경영자로 활동했다.(이정희(2018a), 『한반도 화교사』, 동아시아, 239)【이정희】

곽화정郭華亭, 1884~?

일제강점기 인천의 화상(華商). 산동성 액현(掖縣) 출신. 인천의 덕생상 (德生祥) 주단포목 수입상점의 경영자로 근무하면서 인천화상상회 상무이사, 여선중화상회연합회 부회장, 인천화교소학 이사, 그리고 왕정위 남경국민정부 교무위원회 고문으로 활동했다.(이정희·송승석(2015), 『근대시기 인천화교의 사회와 경제』, 학고방, 217)【이정희】

관전가館前街

한국화교 간에 통용되었던, 서울 명동의 중국대사관 앞 거리의 별칭. 중국인이 한반도의 주요 도시에 집단적으로 이주하기 시작한 것은 1882년 10월 체결된 조청상민수륙무역장정 이후이다. 서울과 인천의 청국 공관이 자리한 화교 거주지는 청관거리라 불렸다. 서울의 경우, 진수당(陳樹棠) 상무위원이 지금의 중화인민공화국주한대사관 자리의 부지를 매입하여 상무공서관(商務公署館)을 건축했고, 화상의 수가 증가함에 따라 상무공서관 옆 조선인 주택을 사들여 중화회관을 설치했다. 중화회관 부지의 매입을 둘러싸고 매각하지 않으려는 조선의 고위 관료 이범진이 화상에게 납치되어 몰매를 맞은 사건은 당시 화상의 기세와 토지 잠식이 어느 정도였는지를 짐작하게 한다. 현재의 대사관 자리와 한성화교협회가 위치한 중앙우체국 옆자리, 그리고 한성화교소학을 잇는 삼각형의 지형을 화교는 한동안 '관전가(館前街)'라 불렀다. 청관(淸館) 앞 거리라 명명될 정도로 이 일대는 당시 화교가 이국인 한반도의 수도에서 국가적 보호를 받으면서 활발한 활동을 펼칠 수 있었던 지역이었다. 화교들간에는, 과거 원세개의 기세에 눌려 조선인은 낮에도 그 앞을 감히 지나다니지 못했다는 이야기가 전해지고 회자되었다. 해방 후에도 화교는 한동안 대사관 앞 일대를 관전가라 불렀다.(정은주(2013), 「차이나타운 아닌 중국인 집거지: 근현대 동아시아 역학 속에 주조된 서울 화교 집단거주지의 지형」, 『서울학연구』53집, 136-138 · 147)【정은주】

관홍거關鴻琚, 1846-?

일제강점기 인천의 화상(華商). 광동성 출신. 1913년 인천중화상회의 의원으로 선출되어 활동했다.(이정희 · 송승석(2015), 『근대시기 인천화교의 사회와 경제』, 학고방, 97)【이정희】

광량만염전廣梁灣鹽田

평안남도 삼화부(三和府) 광량만에 축조된 조선 최대의 천일염전. 현재도 북한 최대 염전의 하나이다. 한국정부 탁지부 및 통감부가 광량만에 천일염전의 축조계획을 대외에 공포한 것은 1908년 3월이다. 축조의 이유는 청국산 저렴한 천일염의 대량수입에 의해 조선의 제

일제강점기 진남포의 광량만염전
(仲摩照久 편(1930), 278)

염업이 타격을 받고 있었기 때문에 청국산 소금 수입방지의 필요성이 있었다는 점과, 광량만이 천일염에 적합한 지질적, 자연환경적, 기후적 호조건을 갖추고 있었다는 데 있었다. 염전축조 공사의 예산은 1909년도 22만9,587원, 1910년도 50만5,047원, 1911년도 42만5,366원으로 당시로는 막대한 금액이었다. 이 염전 축조 공사에 동원된 화공은 1909년도 808명, 1910년도 3,000명 이상에 달했다. 화공은 대부분 산동성 출신이며 저임금과 염전축조 기술을 가진 것이 고려되어 동원되었다. 일본인 기사와 조

선인 노동자도 대량으로 동원되었다. 1909년 시작된 공사는 총 7개 공구로 나눠져 공사가 진행되었으며, 염전과 저수지 및 제방을 포함한 총면적은 346만평에 달했다. 염전 축조공사가 완료된 것은 1914년 3월이었다.(李正熙(2009.10),「朝鮮開港期における中國人勞動者問題: '大韓帝国'末期廣梁灣鹽田築造工事の苦力を中心に」,『朝鮮史研究會論文集』46, 朝鮮史研究會, 107-135; 이정희(2018a), 537-543)【이정희】

광량만염전축조의 화공문제廣梁灣鹽田築造의 華工事件

1909년부터 1911년 광량만염전 축조공사에 동원된 화공과 관련된 통감부 및 조선총독부와 주경성중화민국총영사관 간의 외교 문제. 1909년도에 동원된 화공은 808명인데 이 가운데 상당수가 공사현장에 도착하자마자 도주했다. 원인은 토목회사인 니시야마구미(西山組)와 화공 모집 총책임자인 초공두(招工頭) 사이에 체결된 계약서가 화공에게 일방적으로 불리했다는 점, 초공두 측이 계약서의 내용을 화공에게 충분히 설명하지 않고 속였다는 점, 곤란한 작업환경과 공사현장 감독의 학대 등이 복합적으로 작용했다. 청국 주한총영사관 및 진남포영사관은 이 문제해결을 위해 도주 화공의 송환, 작업환경의 개선에 중점을 두고 통감부 및 진남포 이사청(理事廳)과 외교교섭을 전개, 도주 화공의 송환과 작업현장의 환경개선과 임금인상의 획득하여 문제는 해결됐다. 통감부는 1910년도에 1909년도와 같은 문제가 발생하지 않도록 총영사관에 미리 1909년도의 계약서를 상당부분 개선한 화공 모집의 각서(覺書)를 송부했다. 이 각서는 공사현장에 영사관 순사의 파견 및 주재를 인정했기 때문에 일부 화공이 척박한 작업환경을 견디다 못해 도주했지만, 1909년도보다는 심각한 문제는 발생하지 않았다. 1910년 8월 한일강제병합 이후 청국의 영사재판권 및 영사경찰권이 철폐되자, 작업현장의 경찰은 모두 철수됐다.(李正熙(2009.10),「朝鮮開港期における中國人勞動者問題: '大韓帝国'末期廣梁灣鹽田築造工事の苦力を中心に」,『朝鮮史研究會論文集』46, 朝鮮史研究會, 107-135; 이정희(2018a), 543-571)【이정희】

광승호廣昇號

일제강점기 경성 소재의 화교 건축시공회사. 1915년의 경영자는 임희정(林喜亭)으로 연간매상액은 1-2만원이었다.(이정희(2018a), 『한반도 화교사』, 동아시아, 600)【이정희】

광신호廣信號

일제강점기 경성의 화교 주단포목 수입상점이 마직물 및 면직물을 조선인 소매상점에게 판매하기 위해 설립한 중개조합(仲介組合). 이 조합 소속 직원은 조선인 소매상점을 직접 방문하여 영업을 했으며, 판매액의 5%를 수수료로 수입상점으로부터 수취했다.(이정희(2018a), 『한반도 화교사』, 동아시아, 129)【이정희】

광영태(경성)廣榮泰(京城)

일제강점기 경성 소재 화교의 한약재 수입 및 판매 상점. 1925년의 경영자는 담성시(譚盛市)였다.(이정희(2018a), 『한반도 화교사』, 동아시아, 180)【이정희】

광영태(원산)廣榮泰(元山)

일제강점기 원산 소재 화교의 주단포목 도매상점. 1923년의 연간매상액은 4만원이었다.(이정희(2018a), 『한반도 화교사』, 동아시아, 69)【이정희】

광제호廣濟號

개항기 상해 초상국 소유의 기선. 조선과 청국 간에 체결된 윤선왕래상해조선공도합약장정(輪船往來上海朝鮮公道合約章程)에 따라 1888년 3월부터 인천과 상해 간을 운항했다. 연태 경유의 항로였다. 이 기선을 시작으로 초상국 소유 기선이 인천-상해 항로를 청일전쟁 직전까지 운항했다.(이정희(2018a), 『한반도 화교사』, 동아시아, 22)【이정희】

광주화교소학光州華僑小學

전라남도 광주 소재 화교소학. 1946년 설립. 필서기(畢序琪), 강진재(江進財), 강휘선(姜輝善) 등이 중심이 되어 설립했다. 1957년 학교 교동회의 이사장은 강휘선, 교장은 도역명(陶亦明)이었다. 1957년의 학생수는 134명. 2001년 초등부 학생인원은 86명, 유치부는 31명, 교사는 6명이었다. 2009년은 156명이었다. 2010년대 들어 학생수 감소로 문을 닫았다.(華僑志編纂委員會編(1958), 156; 왕언메이 저·송승석 역(2013), 『동아시아 현대사 속의 한국화교』, 학고방, 376)【송승석】

광주화교중학光州華僑中學

전라남도 광주 소재의 화교중학. 1965년 설립. 중등부는 1965년, 고등부는 1967년에 설치되었다. 학생수 감소로 폐교되었다.(왕언메이 저·송승석 역(2013), 『동아시아 현대사 속의 한국화교』, 학고방, 376)【송승석】

광천화교소학廣川華僑小學

충청남도 홍성군 소재 화교소학. 1953년 설립. 1957년 학교 교동회의 이사장은 수자경(隋子鏡), 교장은 조여해(趙如海)였다. 2001년 초등부 학생인원은 9명, 유치부는 1명, 총 10명. 교사 인원은 2명. 학생 감소로 2000년대에 폐교되었다.(왕언메이 저·송승석 역(2013), 『동아시아 현대사 속의 한국화교』, 학고방, 376)【송승석】

광태성廣泰成

미군정기 인천 소재 화교의 무역회사. 경영자는 손경삼(孫景三)이었다. 1948년의 연간무역액은 4,200만원으로 화교 무역회사 가운데서는 10번째로 규모가 컸다. 한국전쟁 발발 전후 문을 닫았다.(이정희(2008.8), 「해방초기 인천화교의 경제활동에 관한 연구」, 『인천학연구』9, 110)【이정희】

광태향廣泰享

개항기 한성 소재 화교의 상점. 1889년 한성에서 영업하고 있었으며, 광동방의 상점이었다.(이정희(2018a), 『한반도 화교사』, 동아시아, 71)【이정희】

광화순(경성)廣和順(京城)

개항기 및 일제강점기 경성 소재 화교의 주단포목 수입상점. 1891년 설립. 1906년의 직원은 7명이었다. 1923년의 연간매상액은 60만원이었다. 1920년대의 경영자는 마수신(馬秀臣)이며, 1925년부터 1929년까지 경성중화총상회의 회장을 역임한 인물이었다.(이정희(2018a), 『한반도 화교사』, 동아시아, 69·73-74)【이정희】

광화순(군산)廣和順(群山)

일제강점기 군산 소재 화교의 주단포목 및 잡화 도매상점. 1929년 군산의 덕생동(德生東) 화교 주단포목상점으로부터 직물을 조달하고 있었다.(이정희(2018a), 『한반도 화교사』, 동아시아, 142)【이정희】

광화중학光華中學

일제강점기 경성 소재 화교중학. 광화학교라고도 했다. 1942년 9월 한성화교학교고급부(漢城華僑學校高級部)의 명칭으로 개교, 입학생은 24명이었다. 중일전쟁 시기 조선과 조선화교의 고향인 중국 대륙 간의 이동이 제약당하면서 중국의 중학에 진학하지 못하는 인원이 증가하자, 조선화교사회가 적극 추진하여 설립됐다. 화교소학 부지 내에 2동의 건물을 지어 교사로 사용했다. 1944년 3월 사자명(司子明) 여선중화상회연합회장이 조선총독에게 한성화교학교고급부를 개조한 광화중학 설립인가를 신청, 허가되었다. 1944년도의 교직원은 교장 1명, 부교장 1명, 학감(學監) 1명, 서기 1명, 전임교원 5명, 겸임교원 5명, 총 14명이었다.(菊池一隆(2011), 『戰爭と華僑』, 汲古書院, 434-437)【이정희】

굉풍상행宏豊商行

해방초기 중국 안동(安東)의 화상이 신의주에 설립한 무역회사. 1949년 12월 북한의 항공기탱크제조기금으로 3만원을 헌납했다.(朝鮮華僑聯合總會 機關報《民主華僑》)【송우창】

교동회校董會

일제강점기 및 한국 화교학교의 이사회 조직. 해방 초기 북한의 화교학교에도 교동회가 설치되어 있었으며, 학동회(學董會)라고도 했다. 이 조직은 학교의 일체 사무를 지도하고 감독하는 권한, 경비의 조달, 모집, 보관의 권한, 학교의 재산을 보관하는 권한, 교장을 선발하여 초빙하는 권한, 예산 및 결산을 심사하는 권한 등 학교 전반에 걸쳐 절대적인 권한을 가지고 있다. 한성화교소학은 1930년 처음으로 교동회를 개설했다. 교동회의 규칙에 의하면, 교동회의 인원은 9명으로 하고 총영사관에서는 총영사와 영사 2명이 참가하며 그 이외는 경성 화교사회의 지도자급으로 기부금을 낼 경제력이 있는 화교 7명이 참가했다. 총영사가 회장을 맡고 영사는 교동회의 실무를 담당했다. 이 조직은 한국의 화교학교에 그대로 이어져 각 학교에 조직되어 있다. 교동회의 이사는 대부분 지역 화교 유력자로 화교협회의 임원을 겸임하고 있다.(이정희(2018b), 『화교가 없는 나라』, 동아시아, 155)【이정희】

교사삼보僑社三寶

화교사회의 세 가지 보배라는 뜻으로 사회단체, 화교학교, 화교 언론기관을 말한다. 세 가지 모두 화교사회의 유지 및 발전에 절대적으로 필요한 요소이다. 한반도화교는 사회단체, 화교학교, 화교 언론기관 모두 갖추고 있었다.(이정희(2018b), 『화교가 없는 나라』, 동아시아, 150)【이정희】

교사훈련반敎師訓練班

북한의 화교연합회가 해방초기 화교학교의 교사를 양성하기 위해 개설한 교육반. 1947년 7월 개설. 수강생은 북한 각지의 화교학교 교사 50여 명이었다. 교사 가운데에는 송달(宋達), 여흔(呂欣), 서원천(徐源泉), 이 승상(李承祥), 임성구(林聖久), 유청(劉倩) 등이 있었다. 훈련반의 주임은 최승지(崔承誌), 대대장(大隊長)은 주자방(朱子芳), 지도원(指導員)은 정암(丁巖)이었다. 학습 기간은 3개월이었다. 설치 목적은 교사 양성 뿐 아니라 수강생의 사상 수준을 제고하기 위해서였다. 중공의 국공내전 지원과 지지, 마르크스레닌사상과 모택동사상의 주입이 주요한 내용이었다. 1948년 7월에는 제2차 교사훈련반이 개최되었으며, 학습 기간은 40일로 수강생은 120명이었다. 두 차례의 훈련반을 이수한 교사는 각지의 화교연합회와 화교학교에서 중요한 직책을 담당했다.(宋達(1988.5),「旅居平壤的幾件事」,《遼寧僑史》創刊號, 遼寧省華僑歷史學會, 89)【송우창】

교성월간僑聲月刊

한성화교협회 발행의 월간 잡지. 1990년 5월 창간. 발행인은 강수동(姜樹棟), 사장은 유국흥(劉國興), 부사장은 당건화(唐建華), 편집자는 교성월간편집위원회, 총편집은 두서부(杜書溥), 부총편집은 왕우삼(王友三)이었다. 발행처의 소재지는 서울 중구 명동2가 105번지였다. 1992년 8월까지 총 28호가 발행되었다.(국백령((鞠柏嶺)인터뷰)【이정희】

《교성월간》의 표지

교종회喬宗淮, 1944-현재

중화인민공화국의 외교관. 강소성(江蘇省) 염성(鹽城) 출신. 1968-1983년 중국 국방과학기술위원회(國防科技委員會) 우주의학공학연구소(航天醫學工程研究所) 조리연구원(助理研究員)으로 근무했다. 1984-1991년 신화통신사(新華通訊社)의 주홍콩지사 부비서장(副秘書長), 부사장을 역임했다. 1991년 이후 주핀란드, 주에스토니아 대사를 역임한 후, 1993년 9월부터 1997년 3월까지 주북한대사를 지냈다. 그 후 주스웨덴대사, 유엔제네바판사처(聯合國日內瓦辦事處)와 스위스의 국제조직에서 대표를 역임했다. 2001년 8월 외교부 부부장(副部長), 2002년 9월 외교부당위원회(黨委) 위원, 기율위(紀委) 서기(書記)를 각각 역임했다. 중공 제13기 중앙후보위원, 제16차 전인대(全人大)에서 중앙기율위(中央紀委) 위원으로 선출되었다.(중화인민공화국주북한대사관 홈페이지; 바이두)【송우창】

교풍공사僑豊公司

서울 소재 화교의 무역회사. 중구 남대문로 1가 25번지에 소재했다. 1954년의 사장은 오업흥(吳業興)이었다. 오업흥은 해방 직전까지 중화민국주원산영사관의 수습영사로 근무하다 한국으로 월남했다. 한국전쟁 휴전 이후 화교 최대의 무역회사였다.(華僑志編纂委員會編(1958), 『華僑志-韓國-』, 85)【이정희】

교하현交河縣

중국 하북성 동남부에 위치한 현. 현재는 박두시(泊頭市)로 명칭이 바뀌었다. 이 지역은 명대(明代)부터 점차 주물업이 발전, 청대(淸代)에는 '주조(鑄造)의 고향'으로 알려졌다. 1931년 발행된 『교하현지료(交河縣志料)』에 "주물공장에 종사하는 현민(縣民)의 호수는 약 600호, 공장은

하북성 박두시의 주물공장

52

약 200개, 직공은 4천-5천명을 하회하지 않았다. 하북성에서 주물업을 독점하고 있었다."고 기록되어 있을 정도로 주물업이 번성했다. 교하현은 1983년 박두시(泊頭市)로 명칭이 변경되었지만, 주물업은 현재도 이 도시의 주요한 산업이다. 2017년 7월 13일 박두시를 방문하여 조사한 결과 시의 주물공장은 500개에 달했다.(이정희(2018a), 『한반도 화교사』, 동아시아, 382)【이정희】

교효광喬曉光, 1918-2003

중화인민공화국의 외교관. 하북성(河北省) 광종(廣宗) 출신. 1934년 3월 중국공산당에 입당. 1937년 중공 광종현위원회(廣宗縣委) 서기에 임명된 후, 1943년부터 1949년까지 중공 기남제4지위원회(冀南第四地委) 서기, 호남상덕지위원회(湖南常德地委) 서기를 각각 역임했다. 1951년부터 1952년까지 중국공산당 광서성(廣西省) 위원회 상무위원 겸 조직부장, 사무총장, 부서기를 지냈다. 1955년 12월부터 1961년 7월까지 주북한 대사를 지냈다. 귀국 후 1961년부터 1983년까지 중국공산당 광서장족자치구(廣西壯族自治區)위원회 상무서기, 당위원회(黨委) 서기, 혁명위원회 부주임, 주임 등을 역임했다. 제4차 정협(政協)위원장, 중공(中共) 제11, 12기 중앙위원, 제13기 중앙고문위원회 위원을 역임했다.(中共中央組織部·中共中央黨史研究室 編(2004), 『中國共産黨歷屆中央委員大辭典: 1921-2003』, 中共黨史出版社, 589-590; 중화인민공화국주북한대사관 홈페이지)【송우창】

구국홍邱國洪, 1957-현재

중화인민공화국의 외교관. 상해 출신. 상해외국어대학 졸업. 주로 주일대사관에서 근무했다. 2001년 주일대사관 공사, 2003년 8월 주오사카총영사에 임명되어 각각 근무했다. 2006년 2월 외교부 아주사(亞洲司) 부사장(副司長), 2008년 11월 주네팔대사로 각각 임명되어 근무했다. 2014년 1월 제7대 주한대사로 임명되어 현재 근무 중이다.(바이두·이정희(2018b), 화교가 없는 나라』, 동아시아, 238)【이정희】

구비소邱조昭, 1934-?

대구의 화상(華商). 산동성 내양(萊陽) 출신. 일제강점기 강원도 철원으로 이주하여 생활하다 1949년경 인천으로 월남했다. 1949년부터 1951년 1·4후퇴 이전까지 인천 소재 만취동 무역회사에서 직원으로 근무했다. 부산으로 피난을 간 후, 대 홍콩 무역을 했다. 한국전쟁 휴전 이후 대구로 이주, 1970년대 장생양조합자회사(長生釀造合資會社)를 설립하여 크게 성공했다. 그러나 중국산 맥주 수입 증가로 문을 닫았다. 1990-1994년에 대구화교협회장을 지냈다. 2000년대 미국으로 이주한 후 이주지에서 타계했다.(이정희·송승석(2015), 『근대시기 인천화교의 사회와 경제』, 학고방, 246)【이정희】

9·18정지령9·18停止令

조선총독부가 1939년 9월 18일 각종 물가를 동결한 조치. 이 조치로 인해 화교 주단포목상점, 잡화상점의 영업이익은 일정 한도로 제한되어 일본인, 조선인의 상점과 마찬가지로 경영에 큰 타격을 받았다. 이 조치 때 채소는 가격의 변동이 심하고 지방과 시기에 따라 현격한 차이가 나기 때문에 대상에서 제외됐다. 채소 부족이 심각해지자 1940년 11월 15일 근량(斤量) 본위의 채소의 공정가격제(公定價格制)를 도입하여 시행했다. 화농(華農)은 채소를 주로 재배했기 때문에 공정가격제의 영향을 많이 받았다. 화농 가운데 공정가격보다 높게 판매하여 가격등통제령(價格等統制令) 위반으로 처벌받은 화농이 많았다.(이정희(2018a), 『한반도 화교사』, 동아시아, 524-525)【이정희】

국가총동원법國家總動員法

일본정부가 1938년 4월 전쟁 수행을 위해 인적·물적 자원을 통제할 목적으로 공포한 법률. 그해 5월 5일부터 조선에도 시행되었다. 물자는 군수, 관수(官需), 수출수요, 민수(民需)로 분류되어 민수보다는 군수, 관수, 수출수요 등에 우선적으로 배분되도록 통제되었다. 화교 주물공장

솥 제조의 주요한 원료인 선철은 군수용의 중요한 물자였기 때문에 국가총동원법에 의해 통제되어 배급제가 실시되었다. 일본의 패전이 임박해지자 배급량이 감소, 화교 주물공장의 가동률은 떨어져 문을 닫는 공장이 증가했다.(이정희(2018a), 『한반도 화교사』, 동아시아, 400)【이정희】

국서정鞠瑞亭, 1902-?

일제강점기 평양의 화상(華商). 산동성 영성현 출신. 중화요리점의 경영자. 1942년 평양중화상회의 이사로 활동하고 있었다.(京城總領事館(1942),「平壤中華商會職員略歷表」,『汪僞僑務委員會檔案』)【이정희】

국신관鞠新寬, 1930-1948

북한의 용암포화교(龍岩浦華僑). 1930년 평안북도용천군 용암포에서 출생했다. 1944년 용암포화교소학을 졸업했다. 1947년 9월 중국 안동시(安東市) 소재 중국인민해방군(中國人民解放軍)에 입대, 제4야전군 2대대 4중대에서 통신병으로 근무했다. 1948년 12월 국공내전 전투에서 전사했다. 1983년 중국정부 민정부(民政部)로부터 열사증(烈士證)을 수여했다.(북한귀국화교홈페이지)【송우창】

국화빵菊花餅

중국빵의 일종. 겉에 참깨를 뿌리고 안에 두부로 만든 소를 넣고 주위에 칼로 꽃 모양을 조형해 넣은 빵이다. 화교 호떡집에서 주로 판매했다.(진유광 저·이용재 역(2012), 127; 이정희(2018a), 277)【이정희】

군방각群芳閣

대구의 대표적인 중화요리점. 대구 종로에 소재했다. 1920년대 설립. 대구중화상회장인 모문금(慕文錦)이 자본주로 1942년의 경영자는 모지소

(牟志昭)였다. 해방 이후에도 영업을 계속하여 1950년대와 60년대 대구 지역 화교와 한국인 지역민의 결혼식, 회갑연, 칠순잔치가 이곳에서 열렸다. 군방각은 요리사를 포함하여 직원이 총 20명에 달했다. 2층 건물에 큰 연회장을 갖추었다. 1960년대 기린원 등 보다 시설이 뛰어난 새로운 중화요리점이 등장하면서 점차 쇠퇴, 모문금이 1968년경 대만으로 이주하면서 문을 닫았다. 군방각 건물은 철거된 후 종로호텔(뒤에는 쎈추럴관광호텔)이 들어섰다.(이정희(2005), 「20세기 전반기 대구지역 화교의 경제활동 (1905-1955년)」, 『대구사학』80, 89)【이정희】

대구·경북을 대표한 군방각 중화요리점

군산동신회群山東新會

일제강점기 전라북도 군산지역의 화교 사회단체. 1938년 2월 2일 설립. 중화민국임시정부 지지를 선언했다.(이정희(2018.12b), 「중일전쟁시기 범한생(范漢 生) 경성총영사의 친일활동과 조선화교 사회의 변동」, 『중앙사론』48, 197)【이정희】

군산중화기독교회群山中華基督敎會

군산 소재 화교 교회. 1959년 맥클레인(Helen McClain, 梅凱蘭) 선교사 등이 전도하여 설립. 1963년 1월 대만에서 이문빈(李文彬) 전도사를 초청하여 포교활동을 했다. 그해 8월 영화동의 작은 방을 개조하여 교회로 사용했다. 1966년 이문빈 전도사가 대구중화기독교회에서 목사 안수를 받았다. 1967년 교인의 증가로 기존의 교회로 수용이 어려워 새로운 교

회를 건축하였으며, 1986년 보수공
사를 거쳐 지금에 이르고 있다.
1971년 이문빈 목사가 대만으로 귀
국한 후, 여러 목사와 전도사의 교
체가 있었다. 현재는 왕보옥(王寶
玉) 목사가 시무하고 있다.(旅韓中華
基督敎聯合會(2012), 『旅韓中華基督敎創立
百年紀念特刊』, 128-135)【이정희】

군산중화기독교회

군산중화상회群山中華商會

일제강점기 전라북도 군산의 화교 사회단체. 1913년 인천 중화상회의
분회로 설립되었다. 설립 당시의 회장은 양여눌(楊汝訥), 이사는 추배
시(鄒培時)였다. 1923년의 회장은 추배시, 부회장은 강자운(姜子雲)이
었다. 1928년의 회원수는 107명이었다. 1942년 여선중화상회연합회의
회원으로 당시의 회장은 우강의(于江義)였다.(이정희·송승석(2015), 『근대 인
천화교의 사회와 경제: 인천화교협회소장자료를 중심으로』, 학고방, 97; 이정희(2018a), 138)
【이정희】

군산철공창郡山鐵工廠

일제강점기 군산 소재 화교의 주물공장. 1923년 설립. 1920년대의 경영
자는 장전신(張殿臣)으로 1930년의 종업원은 38명이었다. 1928년의 연
간생산액은 28,000원이었다.(이정희(2018a), 『한반도 화교사』, 동아시아, 380)【이정희】

군산화교소학群山華僑小學

일제강점기 및 해방 후 군산 소재의 화교소학. 1941년 설립. 1942년의 학
생수는 64명, 교사는 3명이었다. 1949년 화재로 교사가 불타는 사고가
발생했다. 한국전쟁 때도 피해를 입었다. 1957년의 학교 교동회의 이사

장은 손경정(孫慶禎), 교장은 우계청(于桂淸)이었다. 1956년의 학생수는 119명이었다. 1999년 외국인학교로 지정되었다. 2011년의 학생수는 38명, 교사는 3명이었다. 현재 운영되고 있지만 학생수 감소로 큰 어려움을 겪고 있다.(김중규(2010), 「화교학교의 역사를 통해서 본 화교문화의 형성과 변화」, 『지방사와 지방문화』13-1, 역사문화학회; 華僑志編纂委員會編(1958), 161; 왕언메이 저·송승석 역(2013), 『동아시아 현대사 속의 한국화교』, 학고방, 376)【송승석】

1941년 설립의 군산화교소학

군산화교역사관群山華僑歷史館

군산 소재 군산화교 관련 역사 전시관. 2017년 11월 21일 개관. 역사관 건물은 이전 군산화교 여건방(呂建芳)이 경영하던 중화요리점 용문각(龍門閣)을 리모델링한 것이다. 군산화교 및 군산화교소학의 역사, 군산화교의 중화요리와 문화 등을 전시하고 있다.(김중규 인터뷰)【이정희】

군산화교역사관(김중규 제공)

군영각群英閣

일제강점기 인천 소재 화교의 중화요리점. 본정(本町)에 소재했다. 1927
년 12월 화교배척사건 때 습격을 당해 직접피해를 입었다.(이정희(2018a),
『한반도 화교사』, 동아시아, 310)【이정희】

군자염전공두폭행사건君子鹽田工頭暴行事件

일제강점기 경기도 시흥군 소재 군자염전에서 노동하던 화공이 자신들
의 인솔자인 공두(工頭)를 폭행한 사건. 공두(工頭) 송옥산(宋玉山)은
1924년 8-9월분의 화공 임금 600원을 가지고 도주했다. 이에 분노한 화
공은 공두의 사무소로 달려가 임금을 청구했지만 지불받지 못하자, 사
무소의 회계담당 직원을 폭행했다.(이정희(2018a), 『한반도 화교사』, 동아시아, 579)
【이정희】

궁죽정宮竹汀, 1895-?

일제강점기 경성의 화상(華商). 산동성 봉래현 출신. 중일전쟁 시기 한
약재 수입상점을 경영하면서 경성중화상회 상무이사, 한성화교소학 이
사로 활동했다. 1942년 11월 조선화교 귀국 관광단의 일원으로 중국의
상해, 남경 등지를 방문했다.(京城總領事館(1942.11.), 「朝鮮僑民回國觀光團問題的
往來文書」, 『汪僞僑務委員會檔案』)【이정희】

궁학정宮鶴汀, 1883-?

일제강점기 경성의 화상이자 화교 지도자. 산동성 봉래현 출신. 복원동
(福源東) 잡화상점의 경영자. 1929년에 경성중화상회의 회장으로 선출
되어 활동했으며, 한성화교소학 교동회의 이사로 활동했다.(김희신(2017), 「
在朝鮮 中華商會의 설립과정과 존재양태: 1912-1931년 경성지역을 중심으로」, 『중국근현대사
연구』 73, 한국중국근현대사학회, 44; 李正熙(2010), 「南京國民政府期の朝鮮における華僑小
學校の實態: 朝鮮總督府の'排日'教科書取り締まりを中心に」, 『現代中國硏究』第26號, 中
國現代史硏究會)【이정희】

궁화헌宮和軒, 1918-1991

해방초기 중공이 북한에 파견한 중요 간부. 산동성 위해(威海) 출신. 농민 가정에서 태어나 소학을 졸업한 뒤, 마을에서 장사를 했다. 1942년 팔로군에 참가, 중공 교동군구(膠東軍區) 후근부(後勤部) 생산과합자포창(生産科合資布廠)에 배치되어 구매업무에 종사했다. 1943년 하반기 모해행서(牟海行署) 공상국(工商局) 소속 상점의 경리(經理)를 역임했다. 1945년 12월 초 교동공서(膠東公署)의 파견으로 대련(大連)을 거쳐 북한 남포에 도착했다. 대외적으로는 홍리공사(洪利公司)라 부르는 교동공상국 및 여순대련재무위원회(膠東工商局和旅大財委) 주남포판사처(駐南浦辦事處)를 설립하고, 판사처 주임과 남포시화교연합회의 위원장을 겸임했다. 1945년 12월 중순 평양에서 김일성을 만났다. 1946년 2월 중국공산당에 입당했다. 1948년 10월 중공중앙동북국주평양판사처가 철수한 뒤 동북행정위원회주조선상업대표단의 지도업무에 참여, 경제무역협상과 계약체결 등의 외교 업무를 담당했다. 1950년 7월 귀국하여 1951년 1월 중국인민해방군 동북군구(東北軍區)로 자리를 옮겼다. 1964년 심양군구(沈陽軍區) 후근부(後勤部) 부참모장(副參謀長), 1979년 심양군구 후근 연구실 군사과학 연구원으로 임명되어 일했다. 1983년 은퇴했다. 1991년 1월 7일 심양에서 병사했다.(山東省乳山市地方史誌編纂委員會 編(1998),『乳山市誌』, 齊魯書社, 873)【송우창】

권지수權芝修, 1898-?

일제강점기 전라북도 정읍의 화상(華商). 산동성 복산현 출신. 소학 졸업. 주단포목상점 경영자. 1942년 정읍중화상회의 이사로 활동하고 있었다.(釜山領事館(1942),「井邑中華商會職員履歷表」,『汪僞僑務委員會檔案』)【이정희】

귀국화교의 북한 재입국에 관한 결정歸國華僑의 北韓再入國에 關한 決定

중국정부가 한국전쟁 휴전 직후 중국에 귀국한 이전 북한화교의 재입국에 관한 결정. 1953년 7월 휴전 후 중국으로 귀국한 화교의 일부가 북한 재입국을 희망했다. 주요한 목적은 한국전쟁 시기 북한에 남겨둔 재산 처리와 북한에서 다시 생활하기 위해서였다. 중국정부는 재산처리를 목적으로 한 귀국화교의 출국을 허가했지만, 북한에서 다시 생활 터전을 꾸리려는 귀국화교에 대해서는 소극적인 태도를 취했다. 이에 따라 한국전쟁 시기 중국으로 귀국한 북한화교는 거의 모두 중국 국내에서 생활했다.(中國外交部檔案資料) 【송우창】

귀화歸化

한국 국적법 제5조-7조는 귀화에 의한 국적 취득을 일반귀화, 간이귀화, 특별귀화의 세 종류로 나눈다. 현재 대다수의 한국화교는 간이귀화의 요건에 부합하지만, 이 항목이 생기기 전에는 모두 일반귀화의 요건을 만족시켜야 한국 국적을 취득할 수 있었다. 일반귀화의 요건 중 가장 어려웠던 것으로 꼽히는 것은 3천만원 이상의 예금 잔고증명이나 3천만원 이상에 해당하는 부동산 등기부등본, 부동산 전세계약서 사본, 재직증명서, 취업예정증명서, 혹은 기타 이에 상당하다고 법무부 장관이 인정

한국화교의 화교등기증

하는 서류로서, 본인 또는 생계를 같이하는 가족이 생계유지 능력을 갖추고 있음을 증명하는 서류가 있어야 한다는 것과 국회의원이나 법조인 등 사회 저명인사 2명 이상의 추천을 받을 것을 요구하는 것이었다. 일반귀화를 위해 충족해야 하는 재산증명 요구사항과 특히 '국회의원급

한국 저명인사 2인의 추천'이라는 요건은 서민 화교에게는 귀화의 문이 닫힌 것으로 여겨지는 높은 장벽이었으며 국적법 자체가 차별의 징표로 받아들여진 요인이었다.(정은주(2015)「국민과 외국인의 경계: 한국 내 화교의 시민권적 지위에 대한 성격 분석」, 『한국문화인류학』제48집1호, 137-138.)【정은주】

금곡원金谷園

일제강점기 경성 소재 화교의 고급 중화요리점. 광동화교가 설립. 200명 이상을 수용할 수 있는 대형 연회장을 갖추고 가족 고객을 위한 온돌방도 겸비하고 있었다. 1922년의 경영자는 주상하(周常賀), 1925년은 주세현(周世顯)이었다. 1923년의 연간매상액은 6만이었다. 서정시인 리하윤(異河潤, 1906-1974)의 번역시집 출판기념회가 금곡원에서 1933년 12월 15일 개최되었다.(이정희(2018a), 『한반도 화교사』, 동아시아, 279)【이정희】

금생동錦生東

일제강점기 군산 소재 화교의 주단포목 도매상점. 1923년의 연간매상액은 20만원이었다. 경영자는 군산중화상회장인 추배시(鄒培詩)로 1928년의 연간판매액은 263,900원이었다.(이정희(2018a), 『한반도 화교사』, 동아시아, 69·139)【이정희】

금성동(경성)錦成東(京城)

일제강점기 경성 소재 화교의 주단포목 수입상점. 1906년의 직원은 6명이었다. 1923년의 연간매상액은 279,000원이었다.(이정희(2018a), 『한반도 화교사』, 동아시아, 69·73)【이정희】

금성동(인천)錦成東(仁川)

일제강점기 인천 소재 화교의 주단포목 수입상점. 지나정(支那町)에 소재했다. 1928년의 경영자는 이석당(李石堂)이며, 연간매상액은 36만원이었다. 1935년의 경영자는 산동성 출신의 곡인서(曲仁瑞)였다. 자본금은 3만원이었다.(이정희·송승석(2015), 『근대시기 인천화교의 사회와 경제』, 학고방, 69-73)【이정희】

금성철공소金城鐵工所

일제강점기 청주 소재의 화교 주물공장. 1925년 설립. 경영자는 왕문륜(王文倫)이었다. 화상 유풍덕(裕豊德)이 주주로 참가했다. 1930년의 종업원은 15명, 1928년의 연간생산액은 49,300원이었다.(이정희(2018a), 『한반도 화교사』, 동아시아, 380)【이정희】

금취성金聚成

해방초기 북한 강원도 소재 화교 상점. 1949년 12월 북한의 항공기탱크 제조기금으로 1만원을 헌납했다.(朝鮮華僑聯合總會機關報《民主華僑》)【송우창】

금해원錦海園

일제강점기 인천 소재 화교의 중화요리점. 서경정(西京町, 현재의 내동) 198번지에 자리했다. 1942년의 경영자는 임여하(林汝夏)였다. 종업원은 13명이었다.(이정희(2018a), 『한반도 화교사』, 동아시아, 335)【이정희】

기류직물동업조합桐生織物同業組合

근대 일본 군마현(群馬縣) 기류지역 일본인 견직물 생산 및 판매의 동업단체. 이 단체는 1927년 6월 말과 7월 초 경성과 인천을 방문하여 화교 주단포목 수입상점과 기류산 견직물 수출입과 관련한 거래 협의를 진행했다. 이 조합의 대표단은 경성 북방회관(北幇會館)과 인천 산동동향회관 소속의 화교 주단포목 수입상점의 경영자, 조선견포상조합(朝鮮

絹布商組合)을 포함시킨 4자 간에 10개조의 매매약정서(賣買約定書)를 체결했다. 이 약정서에는 상품의 정확한 정보, 가격과 수도(受渡)의 장소, 기일 및 대금지불방법 등이 기재되어 있었다. 4자 간에는 추가로 각서(覺書)를 교환했다. 화교 주단포목 수입상점은 기류산 제품을 조합이 인정한 동업자 이외의 업자와 거래하지 못하도록 했다. 경성과 인천 소재 화교 주단포목 수입상점은 1924년 7월 사치품관세 실시 이후 일본에서 주로 견직물을 수입하여 판매했다.(홍성찬(2009.3),「일제하 한일 무역 네트워크 형성의 한 양상」,『동방학지』145, 연세대국학연구원, 146-179; 이정희(2018a), 104)【이정희】

기발당起發堂

일제강점기 신의주 소재 화교의 이발소. 진사정(眞砂町) 6정목 7번지에 소재했다. 1927년 7월 22일 이발하던 조선인 김효빈(金孝彬)이 화교 이발사 유대해(劉大海)가 면도를 잘 못한다 하여 이발사를 교체해달라고 하자, 이에 앙심을 품은 유대해가 면도칼로 그의 코를 베어버린 사건이 발생했다. 이 사건을 접한 조선인 군중 500여명이 기발당으로 쇄도하여 이발도구를 부수는 등 난동을 부렸다. 결국 경찰이 출동하여 진압됐다. 당시 신의주에는 화교 이발소 10여개소가 영업하고 있어 조선인 이발소가 큰 타격을 받고 있던 터라 이것이 사태를 보다 악화시킨 측면이 있었다.(이정희(2018a),『한반도 화교사』, 동아시아, 351)【이정희】

길리당吉利堂

일제강점기 인천 소재 화교의 이발소. 신정(新町) 13번지에 소재했다. 경영자는 정길리(丁吉利)로 산동성 일조현(日照縣) 출신이었다.(이정희(2018a),『한반도 화교사』, 동아시아, 350)【이정희】

길주중국인인민학교吉州中國人人民學校

북한 길주 소재의 화교소학. 1948년 12월의 학생수는 37명. 교사는 초준

영(初俊榮)이었다. 북한정부가 1949년 4월 학교를 인수관리하면서 교명은 이전의 화교소학에서 길주중국인인민학교로 바뀌었다. 이때 학부형회(學父兄會)와 소년단(少年團)이 조직되었다. 1960년의 교장은 하방택(賀方澤)이 맡았다. 학교는 학생을 조직하여 농업생산에 참여했으며, 소년위생대(少年衛生隊)를 조직하여 화교 가정의 청소를 도왔다. 1961년 봄에는 학생이 나무를 심었다.(朝鮮華僑聯合總會機關報《民主華僑》; 朝鮮華僑聯合會機關報《華訊》)【송우창】

길창호吉昌號

일제강점기 원산 소재 화교의 주단포목 도매상점. 1942년의 경영자는 왕보련(王宝錬)이었다. 자본금은 2만원, 연간판매액은 214,000원이었다.(이정희(2018a), 『한반도 화교사』, 동아시아, 233)【이정희】

김동경金同慶, 1860-?

일제강점기 인천의 화상(華商). 원태(源泰)양복점의 경영자. 절강성 출신. 1913년 인천중화상회의 의원으로 선출되어 활동했다.(이정희(2018a), 『한반도 화교사』, 동아시아, 359)【이정희】

김수기金樹基

대만의 외교관. 절강성 출신. 1990년 9월 제11대 주한대만대사로 임명되어 1992년 8월 24일까지 근무했다. 한중 수교와 동시에 한국과 대만이 단교하면서 대만대사관은 폐쇄되었다. 마지막 주한대만대사였다.(대만위키피디아·이정희(2018b), 화교가 없는 나라」, 동아시아, 238)【이정희】

김조혜金祖惠, 생졸년불상

중화민국의 외교관. 노구교사건 당시 중화민국주신의주영사관의 영사로 근무했다. 범한생(范漢生) 경성총영사의 중화민국임시정부 지지선언에 반대하고 신의주 지역 일본군의 군사동향을 본국에 전달하여 조선총독부 당국으로부터 철저한 감시를 당했다. 1938년 1월 4일 부산 경유로 도쿄를 거쳐 중국으로 귀국했다.(이정희(2018.12b), 「중일전쟁시기 범한생(范漢生) 경성 총영사의 친일활동과 조선화교 사회의 변동」, 『중앙사론』48·179·185-186)【이정희】

김천화교소학金泉華僑小學

경상북도 김천 소재 화교소학. 1952년 설립. 1956년의 학생수는 26명. 학생수 감소로 폐교되었다.(왕언메이 저·송승석 역(2013), 『동아시아 현대사 속의 한국화교』, 학고방, 376)【송승석】

나가사키짬뽕長崎炒碼麵

복건성 출신의 일본화교 진평순(陳平順)이 개발한 중국음식. 그는 1899년 일본 나가사키(長崎)에서 중화요리점 사해루(四海樓)를 개업하고 1900년대 초 나가사키짬뽕을 개발하여 판매했다. 처음 등장할 당시의 명칭은 지나우동(支那饂飩)이었다. 사해루는 지금도 영업하고 있다.(이정희(2018a), 『한반도 화교사』, 동아시아, 278)【이정희】

나가사키짬뽕을 개발한 사해루 중화요리점

나남화교민회羅南華僑民會

일제강점기 함경북도 나남지역의 화교 사회단체. 1937년 12월 중화민국 임시정부 수립 후 설립되었다. 1942년 여선중화상회연합회의 회원이었고, 당시의 회장은 총진정(鼗振亭)이었다.(이정희·송승석(2015), 『근대시기 인천 화교의 사회와 경제』, 학고방, 234)【이정희】

나남화교소학羅南華僑小學

일제강점기 함경북도 나남 소재의 화교소학. 중일전쟁시기 설립됐다. 1942년의 학생수는 72명, 교사는 3명이었다.(이정희(2007), 「중일전쟁과 조선화교」, 『중국근현대사연구』35, 112)【이정희】

나영덕羅英德, 1912-1989

중화민국과 대만의 군인 겸 외교관. 광동성 출신. 공군참모대학에서 수학한 후, 미국 육군참모대학, 해군작전학원 등에서 유학했다. 중일전쟁 기간 중 공군 조종사로 280여 차례 출전하여 무공을 세웠다. 대만의 공군제3군구참모장을 지냈다. 1970년 9월 제6대 주한대만대사로 임명되어 1975년 2월까지 근무했다.(대만위키피디아; 이정희(2018b), 238)【이정희】

난사금欒思錦, 1909-?

일제강점기 부산의 화상(華商). 산동성 봉래현 출신. 초급소학 졸업. 중화요리점의 경영자. 1942년 부산중화상회의 이사로 활동하고 있었다.(釜山領事館(1942), 「釜山中華商會職員履歷表」, 『汪僞僑務委員會檔案』)【이정희】

난인후欒仁厚, 1889-?

일제강점기 부산의 화상(華商). 산동성 봉래현 출신. 사숙 3년 졸업. 중화요리점의 경영자. 1942년 부산중화상회의 이사로 활동하고 있었다.(釜山領事館(1942), 「釜山中華商會職員履歷表」, 『汪僞僑務委員會檔案』)【이정희】

난일시欒日諟, 1913-?

일제강점기 전라북도 정읍의 화상(華商). 산동성 복산현 출신. 주단포목상점 경영자. 1942년 정읍중화상회의 이사로 활동하고 있었다.(釜山領事館(1942), 「井邑中華商會職員履歷表」, 『汪僞僑務委員會檔案』)【이정희】

남가주한화연의회南加州韓華聯誼會

한국에서 미국 캘리포니아 남부지역으로 재이주한 한국화교의 사회단체. 1983년 설립. 이 지역에는 한국에서 이주한 한국화교와 그 자손이 8천명이 거주하고 있다. 미국 이주 한국화교의 약 4할이 이 지역에 거주하고 있다. 연의회는 뉴스레터를 발행하여 1천호의 화교 가정에 보내고

있다. 연의회 소속 한국화교는 대부분 산동성 출신이기 때문에 캘리포
니아 남부지역에 산동동향회관을 조직하여 활동하고 있다.(李正熙(2010),
「韓國華僑社會組織硏究: 以同鄕組織和華僑協會爲中心」,『近30年來東亞華人社團的新變
化』, 廈門大學出版社, 330-334)【이정희】

남경단업상회南京緞業商會

중국 남경 소재 견직물 제조 및 판매의 동업단체. 상해의 견직물수출업
자를 통해 조선에 소주산(蘇州産) 견직물을 수출했다. 조선총독부가 중
국산견직물에 대한 수입관세를 인상할 때 중국에서 반대운동에 적극 참
가했다.(이정희(2018a),『한반도 화교사』, 동아시아, 97)【이정희】

남관왕묘南關王廟

임진왜란 때 명나라 장수 진인(陳寅)이 한성 남대문 밖에 세운 관우의
묘(廟)이다. 현재의 서울역 맞은편에 위치해 있었다. 통감부가 1908년 항
일 유적이라고 폐묘(廢廟)시킨 후, 유물은 동관왕묘로 모두 이전되었다.
민간단체가 낙찰을 받아 오랫동안 관리하다 지금은 사당동으로 옮겨 존
속하고 있다.(유홍준(2017),『나의 문화유산답사기10』, 창비, 315-317)【이정희】

남방화교南方華僑

미군정기 인천 소재 화교의 무역회사. 1948년의 연간 매상액은 572만원
으로 화교 무역회사 가운데서는 13번째로 규모가 큰 회사였다. 한국전쟁
발발 전후 문을 닫았다.(이정희(2008.8),「해방초기 인천화교의 경제활동에 관한 연구」,
『인천학연구』9, 110)【이정희】

남숙수藍淑樹, 1908-?

일제강점기 조선의 화농(華農). 1938년 조선총독부의 조언비어법(造言

飛語罪) 위반으로 금고 4개월의 처분을 받았다.(이정희(2017.6), 「중일전쟁시기 조선화교의 항일활동」, 『동양사학연구』139, 344)【이정희】

남여신南汝信, 1901-?

일제강점기 대구의 화상(華商). 하북성 하간(河間) 출신. 사숙(私塾) 졸업. 호떡집 동흥관(東興館)의 경영자. 1942년 대구중화상회의 후보 집행위원으로 활동하고 있었다.(釜山領事館(1942), 「大邱中華商會職員履歷表」, 『汪僞僑務委員會檔案』)【이정희】

남창호南昌號

미군정기 태고양행(太古洋行) 소속의 기선으로 한국과 홍콩을 왕래했다. 한국전쟁 발발로 운항이 정지되었다.(이정희(2008.8), 「해방초기 인천화교의 경제활동에 관한 연구」, 『인천학연구』9, 111·116)【이정희】

남천중화신민회南川中華新民會

일제강점기 황해도 남천지역의 화교 사회단체. 1937년 12월 중화민국임시정부 수립 후 설립되었다. 1942년 여선중화상회연합회의 회원으로 활동했다.(이정희·송승석(2015), 『근대시기 인천화교의 사회와 경제』, 학고방, 233)【이정희】

남포시화교연합회南浦市華僑聯合會

북한 남포시 지역의 대표적인 화교 사회단체. 1946년 말 결성. 초대 위원장은 궁화헌(宮和軒), 비서장은 안무(安武)로 모두 중공이 파견한 간부이다. 부위원장은 현지의 화교가 맡았다. 1950년 2월 북한군 창군일을 축하하기 위해 현지 화교를 조직하여 기부활동을 펼쳤다.(朝鮮華僑聯合總會機關報《民主華僑》)【송우창】

남포중국인인민학교南浦中國人人民學校

북한 남포 소재의 학교소학. 1919년 2월 설립된 진남포화교소학(鎭南浦華僑小學)이 전신. 학교 소재지는 진남포 욱정(旭町) 23번지였다. 1930년의 학생수는 23명, 교사는 2명이었다. 교장은 왕조장(王兆章)이었다. 1943년의 학생수는 83명, 교원은 2명이었다. 1948년 12월의 학생수는 110명이었다. 재학생의 연령은 10세에서 35세로 다양했다. 북한정부가 1949년 4월 학교를 인수관리하면서 교명은 남포중국인인민학교로 바뀌었다. 한국전쟁 초기의 교장은 새종항(賽宗恒)이었다. 학생수는 80여명이었다. 전쟁 후반기는 휴교했다. 휴전 후의 교장은 이상옥(李尙玉)이 맡았으며, 교원은 왕계신(王桂新), 마옥복(馬玉福)이 담당했다.(朝鮮華僑聯合總會機關報《民主華僑》)【송우창】

남한화교자치구南韓華僑自治區

해방초기 중화민국주한성총영사관이 1947년 한국화교의 체계적인 관리와 보호를 위해 각 지역에 설치한 자치구. 화교 거주지를 48개 지역구로 분할하여 각 자치구에 '구공소(區公所)', 서울에는 구공소를 총괄하는 '남한화교자치구총구공소'를 설립했다. 자치구 조직은 화교 간의 분쟁 조정, 화교등기증의 등록, 결혼등록, 출생신고 등의 행정 업무를 처리했다. 기존 중화상회가 담당하던 행정기능이 자치구 조직으로 이양되었다. 1960년 화교협회 조직으로 바뀔 때까지 자치구 조직은 유지됐다.

남한화교자치총구공소의 광고
(조선은행조사부(1949), Ⅱ-76)

(왕언메이 저·송승석 역(2013), 『동아시아 현대사 속의 한국화교』, 학고방, 189-192)【송승석】

내무대신훈령제728호內務大臣訓令第728號

일본정부가 외국인 노동자 단속을 위해 1899년 8월 4일 공포한 훈령. 잡역에 종사하는 단순 육체노동자는 내무대신의 허가를 받도록 하면서 실질적으로 중국인 노동자의 일본 입국을 제한했다.(야스이 산기치 저·송승석 역(2013), 『제국일본과 화교: 일본·타이완·조선』, 학고방, 95)【송승석】

내무성훈제192호內務省訓第192號

일본정부가 1912년 11월 16일 외국인 노동자 관리에 관해 공포한 훈령. 이 훈령으로 화교 노동자 가운데서도 이발사와 요리사에 한해 내무대신(內務大臣)이 아니라 지방장관에게 허가권을 부여함으로써 이들의 인구가 증가하는 계기가 되었다.(이정희(2018a), 『한반도 화교사』, 동아시아, 342)【이정희】

내영흥萊永興

일제강점기 부산 소재 화교의 주단포목 도매상점. 1923년의 연간매상액은 2.8만원이었다.(이정희(2018a), 『한반도 화교사』, 동아시아, 69)【이정희】

노간청盧澗淸, 1898-?

일제강점기 대구의 화상(華商). 산동성 영성현 출신. 사숙(私塾) 졸업. 중화요리점 신화각(新和閣)의 경영자. 1942년 대구중화상회의 상무위원으로 활동하고 있었다.(釜山領事館(1942), 「大邱中華商會職員履歷表」, 『汪僞僑務委員會檔案』)【이정희】

노교소학魯僑小學

일제강점기 인천 소재 화교소학. 1930년 산동동향회관 내에 설립. 인천화교소학의 교장이 안휘성 출신의 남방(南幇) 소속 왕성홍(王成鴻)이 선출되자, 산동성 출신 교동회(校董會) 이사들이 반발하여 산동동향회관 내에 새롭게 설치한 학교이다. 이로 인해 인천에는 2개의 화교소학이 존재했다. 설립 당시의 학생수는 30명이었지만, 1935년에는 115명으로 증가했다. 인천화교소학 재학생 가운데 산동성 출신 화교 학생이 노교소학으로 전학했기 때문이었다. 노구교사건 이후 학생의 중국 귀국으로 학교의 재정상황이 악화되자, 1938년초 노교소학과 인천화교소학은 통합되었다.(이정희·송승석(2015), 『근대시기 인천화교의 사회와 경제』, 학고방, 108-109)【이정희】

노교소학교과서사건魯僑小學敎科書事件

조선총독부가 인천 소재 노교소학이 사용할 일부 교과서의 수입을 금지한 사건. 인천 소재 화상인 동화창(東和昌)이 1932년 3월 4일 지부(芝罘)의 연태서국(煙台書局)에서 수입한 남경국민정부 검인의 소학 교과서 546책에 대해, 인천세관이 같은 달 22일 수입 교과서 가운데, 삼민주의, 지리, 상식, 역사 교과서 총 80책에 대해 수입 금지 처분을 내리면서 사건이 시작됐다. 중화민국주경성총영사관이 중화민국 정부가 검인한 교과서를 수입 금지 처분하는 것은 부당하다며 강력히 항의했지만, 조선총독부는 '공안을 침해하는 서적'으로 관세정률법 위반을 적용했다며 수용하지 않았다. 조선총독부는 이들 교과서가 일본을 제국주의 국가로 규정하고 시모노세키조약(下關條約)과 21개조조약 체결, 조선과 대만의 식민지화를 강압에 의해 이뤄졌다고 하는 서술을 문제 삼았다. 남경국민정부 주일본공사관이 같은 해 8월 일본정부에 강력히 항의했지만 조선총독부는 교과서 수입 금지 조치를 끝내 풀어주지 않았다.(李正熙(2010), 「南京國民政府期の朝鮮における華僑小學校の實態」, 『現代中國硏究』26, 19-40)【이정희】

노구교사건과 조선화교蘆溝橋事件과 朝鮮華僑

1937년 7월 7일 북경 외곽의 노구교에서 발생한 중일 양국군의 충돌 사건. 이 사건이 전면전으로 확대되어 중일전쟁에 돌입했다. 이 사건 직후 조선화교는 일본의 '적국의 국민'이 되어 본국으로 귀국하려는 움직임이 있었지만, 중화민국주경성총영사관이 귀국 자제를 지시하여 귀국하는 화교는 많지 않았다. 그러나 7월 29일 통주사건(通州事件)으로 전면전으로 치닫자 8월부터 귀국하는 화교가 급증했다.(이정희(2018a), 『한반도 화교사』, 동아시아, 218-219)【이정희】

노군위원회勞軍委員會

북조선화교연합회가 해방초기 북한화교의 중공 국공내전 지원을 위해 설립한 조직. 북한화교는 1948년 5월과 11월, 그리고 1949년 9월 세 차례에 걸쳐 대규모 노군지전운동(勞軍支前運動)을 전개했다. 1948년 11월 제2차 노군지전운동이 시작되면서 각지의 화교연합회 간부를 중심으로 노군위원회가 결성되었다. 특히, 평양화교의 노군위원회에는 왕정의(王正義) 등 11명, 청진화교의 노군위원회에는 우방림(于芳林), 장진기(張晉基) 등 17명이 참가했다. 1948년 11월 중순부터 12월말까지 북한화교는 200만원의 물품과 현금을 기부했다.(朝鮮華僑聯合總會機關報《民主華僑》; 기타 자료)【송우창】

노우구盧禹玖, 1904-?

중화민국의 외교관. 1942년 원산영사관의 서기로 근무하고 있었으며, 1943년 2월부터 신의주영사관의 수습영사로 근무했다.(朝鮮總督府外務課(1942), 『昭和17年 領事館表關係』)【이정희】

노춘방盧春芳, 생졸년불상

중화민국의 외교관. 1931년 주경성중화민국총영사로 임명되어, 1934년까지 근무했다. 재임 기간 중 1931년 화교배척사건의 해결을 위한 외교적 노력, 만주사변과 만주국 건국 등으로 중일관계가 극도로 악화되면서 조선화교의 보호활동에 노력했다.(이정희(2018b), 「한반도 화교사」, 동아시아, 44)【이정희】

누원임樓元任, 1882-?

일제강점기 경성의 화상(華商). 절강성 출신. 정동 소재의 양복점 원태(源泰)의 경영자로 일하면서 1938년 경성중화상회 상무위원과 남방회관 대표로 활동했다.(이정희(2018.12a), 「조선화교의 민간신앙과 비밀결사」, 『사회와 역사』 120, 58)【이정희】

능만수凌曼壽, 생졸년불상

중화민국의 외교관. 1927년 화교배척사건 때 경성총영사관의 부영사로 근무하면서 사건 해결에 노력했다. 경성중화총상회, 인천중화총상회의 대표단과 함께 전라도와 충청도의 사건현장을 조사했다. 그 후 일본 하코다테(函館)영사관의 영사로 옮겼다가 1936년 6월 경성총영사관의 영사로 돌아왔다. '친일'적인 범한생(范漢生) 경성총영사를 견제하다 양자 간의 의견 충돌로 1937년 8월 외교부로 귀임조치 됐다.(이정희(2018.12b), 「중일전쟁시기 범한생(范漢生) 경성총영사의 친일활동과 조선화교 사회의 변동」, 『중앙사론』48, 201)【이정희】

다가와쓰네지로田川常治郎, 생졸년불상

일제강점기 경성 용산 소재의 용산공작주식회사(龍山工作株式會社)의 사장. 일본 돗토리현(鳥取縣) 출신. 1905년 조선에 이주하여 용산공작주식회사를 설립했다. 이 회사는 용산에 본사 공장, 영등포에 지사 공장을 두고 직원은 534명을 고용했다. 주요한 생산품은 철도 교량 및 차량, 보안기구 등이었다. 2개 공장의 1927년 생산액은 100만원에 달했다. 그는 화교 주물업자의 솥 제조 능력을 매우 높게 평가했다.(이정희(2018a), 『한반도 화교사』, 동아시아, 394-395)【이정희】

다카기병원高木病院

일제강점기 인천 소재의 병원. 일본인 의사 다카기 스케이치(高木助市)가 원장으로 일했다. 이 병원은 1910년대 인천중화상회의 주치의 역할을 했다. 양자는 계약을 체결하여 상회는 매월 당좌수표로 병원에 비용을 지불했다.(이정희·송승석(2015), 『근대시기 인천화교의 사회와 경제』, 학고방, 38)【이정희】

단발령斷髮令

조선정부가 1895년 12월 30일 내부고시(內部告示)로 공포한 단발 허가의 고시. 단발이 위생에 이롭고 일 하는 데 편하기 때문이라고 밝혔다. 이 고시 이후 서양식 이발이 허용되었지만 상투를 자르는 데 대한 일반 민중의 반감이 의병운동으로 나타나 이발이 곧바로 정착되지는 못했다.

1900년대 초반 한성과 인천을 중심으로 일본인, 조선인, 화교 이발소가 본격적으로 설립되기 시작했다. 일본의 단발령은 조선보다 빠른 1871년 8월 9일 태정관(太政官) 제399호로 공포되었고, 메이지(明治)천황이 1873년 3월 20일 자신이 직접 단발을 하여 모범을 보임으로써 전국으로 확산되었다. 중국의 단발령은 일본, 조선보다 훨씬 늦은 1912년 1월 중화민국정부에 의해 공포되었다.(이정희(2017.12), 「이발소와 양복점으로 본 조선화교의 실태: 1890년대-1940년대를 중심으로」, 『사회와 역사』116, 한국사회사학회, 22-23)【이정희】

달마불교회達摩佛教會

조선화교 및 한국화교의 비밀결사 단체. 청방(青幇) 계열의 비밀결사 재가리(在家裡, 裡 혹은 禮)가 1916년 중국 동북에서 조선으로 이주한 화교 왕유곤(王維堃)에 의해 조선에 분회가 설치되었다. 그 자신이 초대 회장으로 취임했다. 재가리는 회원 상호 간의 상부상조를 목적으로 한 비밀결사로 청조 때 생성되었으며 노조(老祖)는 3명으로 반안당(潘安堂), 전덕정(錢德正), 옹덕회(翁德會)였다. 재가리는 회원 상호 간의 생명과 재산을 지켜주며 관혼상제의 호조, 빈곤질병 구휼

서울 거선당 내
달마불교회의 향당

등을 목적으로 했다. 방(幇) 내부의 정보는 절대 비밀로 부쳐지며, 회원 간에는 구호와 암호로 서로를 인식할 수 있도록 되어 있었다. 방의 입회 절차와 계율이 매우 엄격했다. 인천 재가리는 의선당 사원 내에 설치되어 있었지만 1934년 1월 조선총독부에 의해 강제로 해산 당했다. 그 후 재가리는 달마불교회로 개칭되어 지금에 이르고 있다. 경성 달마불교회의 회당(會堂)은 서소문동에 있었지만, 1970년대 도시개발로 인해 명동 거선당으로 이전됐다. 현재는 거선당 건물 4층에 향당(鄉堂)이 설치되어 있다. 1961년 5·16군사혁명 때 달마불교회의 활동이 일시 정지당했지만,

그해 11월 한국정부의 승인으로 달마불교회의 명칭으로 사회단체 등록이 되었다. 1960년대초 전국의 달마불교회 회원은 1,200여명에 달했으며, 특히 세력이 강한 지역은 서울과 대구였다. 최근 신입 회원의 감소와 회원의 노령화로 조직력이 많이 쇠퇴한 상태이다.(이정희(2018.12a), 「조선화교의 민간신앙과 비밀결사」, 『사회와 역사』120, 64-68)【이정희】

담건호譚建瑚, 1883-?

일제강점기 인천의 화상(華商). 광동성 고요현(高要縣) 출신. 서양잡화상점인 동순태(同順泰)의 경영자로 1913년 인천중화상회의 의원으로 선출되어 활동했다.(이정희·송승석(2015), 『근대시기 인천화교의 사회와 경제』, 학고방, 97)【이정희】

담걸생譚傑生, 1853-1929

조선 화상(華商)을 대표하는 동순태(同順泰)의 경영자. 광동성 고요현(高要縣) 금리촌(金利村) 출신. 담걸생은 조선 화상 최고의 갑부로 경성중화총상회 회장을 지냈다. 1886년경부터 동순태 한성본호의 경영을 맡았다. 1923년 경성의 화상 납세자 150여명 가운데, 시가지세(市街地稅), 가옥세(家屋稅), 호별세(戶別稅), 영업세 등 모든 부문에서 최고의 납세자였다. 경성광동동향회관, 경성중화총상회의 회장을 역임했다. 1929년 10월 20일 타계했다. 시신은 1930년 고향으로 운구되어 안장되었다.(강진아(2018), 『이주와 유통으로 본 근대 동아시아 경제사: 동순태호 담걸생 이야기』, 아연출판부; 朝鮮總督府(1924), 『朝鮮に於ける支那人』, 朝鮮總督府, 51-53)【이정희】

담철곤譚哲坤, 1955-현재

한국화교 출신 기업가. 대구 출생. 현재 오리온그룹의 회장으로 활동하고 있다. 서울 소재 외국인학교인 SFS(Seoul Foreign School) 재학 시 동창이던 동양그룹 창업주 이양구의 차녀 이화경과 결혼했다. 1980년 장인의 회사인 동양그룹에 입사해 동양시멘트 구매부서에서 업무를 시작하여, 동양제과로 옮겨 근무하다가 창업주가 타계하자 동양제과 대표이사 사장을 맡아 경영권을 물려받았다. 그 뒤 동양제과를 동양그룹과 계열 분리하고 사명을 오리온그룹으로 바꾸면서 오리온그룹 회장에 올랐다. '초코파이신화'를 만드는 등 오리온의 중국시장 진출에 공로가 크다는 평가를 받는 한편, 회사 재정과 관련한 각종 분쟁과 사위출신 총수, 화교 출신 재계 인물로 신문지상에 자주 오르내렸다.(정은주(2018), 「'이방인'에 대한 시선: 해방 이후 한국 언론 담론에 재현된 화교」, 『인문과학』, 127-128)【정은주】

당소의唐紹儀, 1860-1938

청국과 중화민국의 외교관 및 정치가. 광동성 향산현(香山縣) 출신. 용산상무분서의 분판(分辦, 영사)으로 1889년 8월부터 1894년 6월까지 근무했다. 청일전쟁 때 일시 귀국한 후, 다시 총상동과 총영사로 조선에 돌아와 1898년까지 근무했다. 1896년 8월 화교 보호를 위해 화상규조를 제정했다. 당시의 조선화교로부터 좋은 평가를 받았다. 귀국 후, 1912년 중화민국 내각 총리에 임명되었다.(이은자(2013), 「한·중 근대외교의 실험, 1895-1905년」, 『중국근현대사연구』58, 중국근현대사학회, 2-7; 李正熙(2012), 『朝鮮華僑と近代東アジア』, 京都大學學術出版社, 23; 기타 자료)【이정희】

당전문唐殿文, 생졸년불상

대만의 외교관. 2018년 9월 제7대 주한대북대표부 대표로 임명되어 현재 근무하고 있다.(「韓華僑界歡迎駐韓代表唐殿文」, 『韓華通訊』, 2018년10월호)【이정희】

당종唐縱, 1905-1981

중화민국과 대만의 군인 겸 외교관. 다른 이름은 내건(乃建). 호남성 출신. 황포군관학교 제6기 출신. 국민당중앙군에서 군인으로 활동하다 1936년 독일대사관 부무관(副武官)으로 임명되어 활동했으며, 1938년 육군 소장으로 국민정부 군사위원회 비서실 조장에 임명되어 8년간 군사 정보 분야에서 활동했다. 일본 패전 후 내정부(內政部) 차장 겸 경찰총서(警察總署) 서장을 역임했다. 1967년 2월 제5대 주한대만대사로 임명되어 1970년 9월 18일까지 근무했다.(바이두; 이정희(2018b), 238)【이정희】

당진화교소학唐津華僑小學

충청남도 당진 소재의 화교소학. 1953년 설립. 이동덕(李同德), 왕정창(王廷昌), 왕지의(王志義), 왕일순(王日純) 등이 중심이 되어 학교를 설립했다. 1957년 학교 이사회의 이사장은 왕일순, 교장은 왕병우(王秉祐)였다. 1957년의 학생인원은 25명. 학생수 감소로 폐교되었다.(華僑志編纂委員會編(1958), 『華僑志-韓國-』, 158)【이정희】

당화소糖火燒

중국빵의 일종. 밀가루 반죽에 검은 설탕을 넣은 것으로 한국에서 일반적으로 '호떡'이라 한다. 화교 호떡집에서 주로 판매했다.(진유광 저·이용재 역(2012), 125; 이정희(2018a), 277)【이정희】

대관원大觀園

일제강점기 경성 소재 화교의 고급 중화요리점. 1922년의 경영자는 왕비균(王丕均)이며, 자본금은 1-2만원이었다. 1923년의 연간매상액은 37,000원이었다. 북경요리 전문점이었다. 1919년 1월 27일 대관원에서 중앙기독청년회(YMCA) 학생부 간사 박희도가 주도하여 경성 시내 전문학교 학생대표 8명이 회합을 갖고 3·1독립운동에 참가하기로 결정했다. 여운형이 고문으로 있는 조선유도유단자 창립대회가 1935년 1월 21일 대관원에서 개최되었다.(이정희(2018a), 『한반도 화교사』, 동아시아, 279)【이정희】

대구중화기독교회大邱中華基督教會

대구 소재의 화교 교회. 1957년 설립. 삼덕교회의 홍대위(洪大衛) 목사가

동 교회 내에 화교 대상으로 예배를 하면서 설립됐다. 1959년 7월 삼덕동의 작은 방을 빌려 교회가 성립되었다. 1960년 5월 계산동의 작은 집을 구매하여 교회를 이전하고, 홍대위 목사, 박부옥(朴富玉) 전도사가 전도활동을 했다. 화교 정신(丁信) 목사가 1962년 착임한 후 화교 교인이 증가하고 발전했다. 1964년 6월 중구 수동 62번지의 부지를 구입한 후, 1967년에 교회 1층, 1968년에 교회 2층 건물을 건축하여 지금에 이르고 있다. 정신 목사가 1974년 12월 한성중화기독교회로 부임한 후, 서국훈(徐國勳) 장로, 양춘상(楊春祥) 장로 등이 교회의 발전에 큰 공헌을 했다. 서국훈 장로가 1980년대 중반 미국으로 이민을 떠나면서 양춘상 장로가 교회 유지에 기여를 했다. 화교 목회자와 한국인 목회자가 목사와 전도사로 활동했으며, 2013년 1월부터 화교 장여혜(張汝蕙) 전도사가 시무하고 있다. 2017년 교회 성립 60주년 기념행사를 가졌고, 《여한중화기독교회창립60주년기념특간(旅韓大邱中華基督教會創立六十週年紀念特刊)》을 발행했다. 화교 인구의 감소로 주일 예배 참석인원은 10여명이다.(旅韓大邱中華基督教會(2017), 『旅韓大邱中華基督教會創立六十週年紀念特刊』, 4-8)【이정희】

대구중화기독교회 60주년 기념행사

대구중화요리음식점조합大邱中華料理飲食店組合

일제강점기 대구화교 경영 중화요리점의 동업단체. 1936년 설립. 조합은 전시통제기 식료배급을 실시하는 말단기관, 행정 당국의 각 중화요리점에 대한 영업허가서의 사무 처리도 담당했기 때문에 권한이 상당했다. 이 조합이 대구중화상회의 역할을 대체할 정도로 권한이 대단했다. 조합장은 중화상회장인 모문금(慕文錦)이 맡았다.(이정희(2018a), 『한반도 화교

사』, 동아시아, 330)【이정희】

대구포목상공조회大邱布木商共助會

일제강점기 대구 소재 조선인 주단포목상점의 동업단체. 1922년 10월 9일
개최된 임원회의에서 대구의 화교 주단포목상점이 소매업에 진출하려는
움직임이 보이자 항의하는 결의를 했다. 공조회 회원 상점이 화교의 주단
포목상점과의 거래관계를 단절한다고 압박하자, 화교 상점은 한 발 물러서
소매업 진출에 나서지 않았다.(이정희(2018a), 『한반도 화교사』, 동아시아, 148)【이정희】

대구화교소학大邱華僑小學

대구 소재 화교소학. 1941년 설립. 모문금(慕文錦) 등이 중심이 되어 대
구중화상회 내에 설립했다. 1942년의 학생수는 60명, 교사는 1명이었다.
학생수가 증가하자 1948년부터 모문금, 연보주(連寶珠) 등이 중심이 되
어 새로운 교사 마련에 나섰다. 대구 화교뿐 아니라 인천, 서울 등지의
화상의 기부금으로 마련한 568만3,400원으로 현재의 대구화교소학 부지
를 매입하고 교사를 건축했다. 1950년 4월 학교를 이전했다. 1957년의
학생수는 329명이었다. 학교는 운영되고 있지만, 학생수 감소로 현재 큰
어려움을 겪고 있다.(이정희(2005), 「20세기 전반기 대구지역 화교의 경제활동(1905-1955
년)」, 『대구사학』80, 82)【이정희】

대구화교중학大邱華僑中學

대구 소재 화교 중학. 화교소학의 졸업생이 증가하자 1958년 9월 화교소
학 2층 건물에 중등부가 설치되었다. 설립 당시의 초대 교장은 연보주
(連寶珠)이며 학생수는 35명이었다. 1960년대 들어 학생수가 더욱 증가
하자 1965년 화교중학 설립을 위한 건교위원회를 조직하여 모금운동을
전개했다. 모금한 금액으로 봉덕동에 부지 2,890평을 매입하여 교사를
건축했다. 1965년 12월 24일 중등부 학생이 새로운 교사로 이전했다.

1968년 고등부를 설립했다. 당시의 학생수는 262명이었다. 학생수 증가로 기존의 교사로 수용이 어렵게 되자, 담연성(譚連成) 등이 중심이 되어 1968년 3월 건교위원회를 조직하여 모금활동을 펼쳤다. 모금한 금액으로 1970년 3월 현재의 화교중학 건물과 기숙사를 건축했다. 1983년 대구화교중학 동창회가 설립되었다. 2001년 중등부 학생수는 41명, 고등부는 56명, 교사는 14명이었다. 현재의 학생수는 21명이다. 학교는 운영되고 있지만 학생수 감소로 큰 어려움을 겪고 있다.(이정희(2006), 「대구화교 100년의 역사」, 『대구화교정착100주년기념자료집』, 62-63)【이정희】

1961년 화교소학 중등부 첫 졸업 사진

대구화교중화문화축제大邱華僑中華文化祝祭

대구화교협회 주최의 축제. 2005년 10월 대구화교정착100주년 기념행사가 계기가 되어 매년 개최되고 있다. 대구화교협회 및 대구화교소학 부근에서 이틀간에 걸쳐 개최된다. 2018년에 12회 축제를 개최했다.【이정희】

대구화교중화문화축제

대구화교학교발기급성립大邱華僑學校發起及成立

일제강점기 대구 화교소학의 설립 경위와 기부자 및 금액을 기록한 편액. 1943년 2월 21일 제작. 대구화교협회가 소장하고 있다. 중일전쟁 시기 화교소학의 설립 배경과 절차 등의 파악, 당시의 대구화교의 실태를 파악할 수 있는 1차 자료이다.(이정희(2018a), 『한반도 화교사』, 동아시아, 46)【이정희】

대구화교협회大邱華僑協會

대구지역의 화교 사회단체. 1921년 설립된 대구화상동향회가 전신. 대구 화상의 경제가 발전하면서 1927년에 대구화상공회(大垢華商公會)를 설립했다. 공회의 회관을 설립하기 위해 대구뿐 아니라 경성, 인천 등지의 화상으로부터 기부금 모금활동을 펼쳤다.

대구화교협회 건물

모금한 금액 12,705.36원으로 1928년 회관을 건축하고 회관 개소식을 가졌다. 개소 당시 화상공회의 회장은 공점홍(孔漸鴻)이었다. 1930년대 명칭이 대구중화상회로 바뀌었으며, 회장은 모문금(慕文錦)이 해방 직후까지 맡았다. 1948년 중화민국주한성총영사관의 지시에 따라 대구화교자치구공소로 바뀌었고, 대만대사관의 지시에 따라 1960년초 다시 대구화교협회의 명칭으로 바뀌어 현재에 이르고 있다. 대구화교협회의 건물은 모문금이 경영자로 있던 쌍흥호(雙興號)가 1929년 시공한 건축물로 서병국주택으로 사용되었다. 모문금 등이 중심이 되어 이전의 중화상회 건물에서 1949년 서병국주택을 매입하여 현재에 이르고 있다.(이정희(2006), 「대구화교 100년의 역사」, 『대구화교정착100주년기념자료집』, 대구화교정착100주년기념사업회, 61-62)【이정희】

85

대구화상공회성립건축급연관일람표大邱華商公會成立建築及捐款一覽表

대구화상공회의 성립과 회관 건축의 경위 및 기부자를 기록한 편액. 1930년 1월 제작. 대구화교협회가 소장하고 있다. 화상공회가 1927년 설립되고 회관을 건축할 때 대구와 경북의 군 지역 화교뿐 아니라 경성, 인천, 부산 등지의 주단포목 수입상점이 기부를 했다. 이 편액에 기부 상점 및 기부자의 금액이 상세히 기재되어 있어, 당시 대구화교의 실태를 파악할 수 있는 중요한 1차 자료이다.(이정희(2018a), 『한반도 화교사』, 동아시아, 145-154)【이정희】

대륙공창大陸工廠

일제강점기 인천 소재 화교의 당면공장. 1932년 설립. 송암리(松岩里) 14번지에 소재했다. 1935년의 경영자는 공번모(孔繁謨)로 산동성 출신이었다. 자본금은 5천원이었다.(이정희·송승석(2015), 『근대시기 인천화교의 사회와 경제』, 학고방, 70)【이정희】

대림차이나타운大林中華街

서울 영등포구 대림동 소재 차이나타운. 재한조선족을 중심으로 형성된 차이나타운이기 때문에 '조선족동포타운'이라고도 한다. 이 차이나타운이 형성되기 시작한 것은 2000년대 초반이었다. 구로구 가리봉동에서 체류하던 재한조선족이 가리봉동의 재개발로 지역 산업쇠퇴와 인구감소

서울 대림차이나타운

로 빈공간이 생겨 상대적으로 거주비가 저렴한 대림동으로 대거 이동했다. 그리고 2004년 재외동포법 개정 이후 재한조선족의 법적지위가 개선됨에 따라 중국 대륙에서 가족 단위 이주자가 늘어났다. 대림동은 아파트보다 단독주택이 중심이고 주거비가 저렴하여 이러한 이주 재한조선족에게 안성맞춤의 거주지였다. 대림차이나타운과 그 주변에 거주하는 재한조선족은 2015년 26,652명에 달한다. 현재 대림차이나타운은 거대한 상권을 형성하고 있다. 대림1, 2, 3동의 상점 및 회사는 688개에 달한다. 중화요리점이 전체의 52%로 가장 많고, 여행사, 노래방, 환전소, 물류회사, 휴대폰가게, 식료품점의 순으로 많다.(김용선(2017), 「대림동 중국동포타운 지역활성화 연구」, 한국외국어대학교 박사학위논문; 이정희(2018b), 『화교가 없는 나라』, 동아시아, 127-130)【이정희】

대만주부산대북대표부판사처臺灣駐釜山臺北代表部辦事處

1992년 8월 한국과 대만의 국교 단절로 부산영사관이 폐쇄된 후, 2005년 부산에 새롭게 설치된 대만의 화교 담당 기관. 관할 지역은 경상도, 전라도, 제주도 등이 포함된다.(조세현(2013), 『부산화교의 역사』, 산지니, 153)【이정희】

대만주부산영사관臺灣駐釜山領事館

대만정부가 부산에 개설한 영사관. 1974년 설립. 중화민국주부산영사관이 해방과 동시에 폐쇄되어 부산에는 대만의 영사관이 재개설되어 있지 않았다. 대만정부는 1974년 부산에 영사관을 새롭게 개설했다. 관할지역은 경상도, 전라남도, 제주도였다. 1992년 8월 한국과 대만의 국교 단절로 폐쇄되었다.【이정희】

대만주한대북대표부臺灣駐韓臺北代表部

대만의 주한 외교기관. 공식 명칭은 주한대북대표부(駐韓臺北代表部, Taipei Representative Offices)이다. 한국화교 사이에는 '대만대표부'라 통한다. 한국처럼 대만과 단교했거나 공식 외교관계를 맺지 않은 나라에 설치된 기관으로 실질적으로 대사관과 영사관이 행하는 업무에 준하는 업무를 처리한다. 그러나, 정식 외교 공관으로 인정되지 않기 때문에 면책 특권과 같은 외교관의 특혜가 주어지지 않는다. 한국은 1992년 중화인민공화국과 수교하기 위해 대만과 단교한 이래, 대표부를 통해 주로 경제교류와 관련된 업무에 한정된 제한된 외교를 행하고 있다. 주한대북대표부는 1994년 1월 25일 정식으로 설립되었다. 관할지역은 서울, 경기도, 강원도, 충청남북도, 전라북도이다. 2005년 3월 25일 부산에 설치된 부산판사처는 부산, 울산, 대구, 광주, 전라남도, 경상남북도, 제주도를 관할하고 있다. 부서는 경제조, 문화조, 언론조, 관광조, 업무조로 구성되어 있다. 한국과 대만 간의 정식 외교관계가 단절됨에 대만의 국적을 보유한 한국화교는 대표부로부터 한국에서 혹은 해외에서 외교적 보호 혹은 법적 보호기능을 받을 수 없다.(정은주(2013a), 「디아스포라와 민족교육의 신화: 한국의 중국인 디아스포라 교육실천에 대한 민족지적 연구」, 『한국문화인류학』제46집1호, 157; 정은주(2015) 「국민과 외국인의 경계: 한국 내 화교의 시민권적 지위에 대한 성격 분석」, 『한국문화인류학』제48집1호, 127·130)【정은주】

대유동화교소학大榆洞華僑小學

일제강점기 평안북도 대유동 소재의 화교소학. 1943년 설립. 1944년의 학생수는 32명, 교사는 1명이었다.(이정희(2007), 「중일전쟁과 조선화교」, 『중국근현대사연구』35·112)【이정희】

대익삼戴益三, 1858-?

일제강점기 경성의 화상(華商). 절강성 영파부(寧波府) 봉화현(奉化縣) 출신. 1894년 한성으로 이주하여 원태양복점(源泰洋服店)을 창업했다.
(이정희(2018a), 『한반도 화교사』, 동아시아, 357)【이정희】

대전중화상무신민회大田中華商務新民會

일제강점기 충청남도 대전지역의 화교 사회단체. 1937년 12월 중화민국 임시정부 수립 이후 설립됐다. 1942년 여선중화상회연합회의 회원이었고, 당시의 회장은 손경우(孫境友)였다.(이정희·송승석(2015), 『근대시기 인천화교의 사회와 경제』, 학고방, 232)【이정희】

대전화교소학大田華僑小學

충청남도 대전 소재의 화교소학. 1947년 설립. 유수충(劉守忠) 등이 중심이 되어 학교를 설립하여 교장으로 활동했다. 한국전쟁 때 교사가 큰 피해를 입었다. 1957년 학교 교동회의 이사장은 곽보기(郭寶琦), 교장은 여진지(呂進之)였다. 1957년의 학생수는 89명. 2001년 초등부 학생수는 36명. 교사는 3명이었다. 학생수 감소로 문을 닫았다.(華僑志編纂委員會編(1958), 『華僑志-韓國-』, 157)【이정희】

대학특례입학大學特例入學

한국의 대학입학 전형 중 외국에서 일정 기간 이상 수학한 재외국민의 자녀와 해외주재원 자녀 및 외국인 자녀에 대해 대학의 일반 전형과 심사 기준을 달리하여 학생을 선발하는 전형. 해외여행이 자유화되기 이전에는 이 전형에 응모할 재외국민 및 해외 주재 경험이 있는 한국인의 자녀가 적어 외교관 자녀에 국한되어 있었고, 국내에 장기 체류하는 외국인 또한 적었기 때문에 특례입학의 전형에는 대체로 큰 경쟁 없이 화교 학생이 응모할 수 있었다. 또한 그 자격요건이 느슨하여 외국인 자녀에 대한 상세 조항, 즉 현재와 같이 부모가 모두 외국인이어야 한다는 조항이 따로 존재하지 않아 한국화교 가운데 점차 그 수가 늘어난 한국인 모친을 둔 화교중학 고등부 졸업생도 모두 지원할 수 있었다. 1980년대 중반 이후 해외 주재원과 재외국민의 수가 증가하면서 약간의 변화가 발생했다. 1995년 12월 19일 교육부 고시 제1995-8호의 자격요건에 따르면, 한국인에 대해서는 그 대상이 외교관 자녀 외 해외주재원 및 교포자녀, 북한이탈자 자녀 등으로 확대되었다. 외국인의 경우, 부모가 모두 외국인이어야 한다는 조항이 생기게 된다. 대학마다 요구하는 학력요건은 각각 다르지만, 특례입학 전형은 학력고사나 수학능력시험의 점수를 요구하지 않고 각 대학이 요구하는 몇 가지 요건을 갖추면 되었으므로, 혹독한 경쟁적 전형과정을 거치지 않고도 한국의 유수 대학에 입학할 수 있는 길이었다. 대학특례입학은 한동안 한국사회에서 화교에게 주어지는 거의 유일한 혜택으로 간주되어, 많은 화교가 한국 국적을 취득하지 않고 대만 국적을 유지하게 하는 하나의 요인으로 작용했다. 그런데 부모가 모두 외국인이어야 한다는 외국인 특례입학 자격 규정으로 인해, 부모 중 1인이 한국인인 화교 가족의 경우에는 문서상 이혼을 선택하는 등의 파행적 수단을 강구하는 사례가 많았으며, 그 과정에서 실제로 가정이 파괴되는 사례도 발생했다.(정은주(2013a), 「디아스포라와 민족교육의 신화: 한국의 중국인 디아스포라 교육실천에 대한 민족지적 연구」, 『한국문화인류학』제46집1호, 156)【정은주】

대흥주물공장大興鑄物工場

전라남도 광주 소재의 화교의 주물공장. 현재 운영되고 있다.(이정희(2018b), 『화교가 없는 나라』, 동아시아, 83)【이정희】

덕발상德發祥

일제강점기 경성 소재의 주단포목 및 잡화 도매상점. 1923년의 연간매상액은 16만원이었다. 1928년의 경영자는 손수봉(孫秀峰)이며, 연간매상액은 12만원이었다. 주단포목 수입상점인 덕순복(德順福)에서 주단포목을 조달했다.(이정희(2018a), 『한반도 화교사』, 동아시아, 127)【이정희】

덕생동德生東

일제강점기 군산 소재 화교의 주단포목 도매상점. 경영자는 녹덕규(鹿

德奎)로 1928년의 연간 판매액은 22.6만원이었다.(이정희(2018a), 『한반도 화교사』, 동아시아, 139)【이정희】

덕생리德生利

일제강점기 함경북도 길주군 소재 화교의 주물공장. 1942년의 경영자는 주형박(朱荊璞)이었다. 주요한 생산품은 농기구와 솥이고 자본금은 4만원이었다.(이정희(2018a), 『한반도 화교사』, 동아시아, 400)【이정희】

덕생상德生祥

일제강점기 인천 소재 화교의 주단포목 수입상점. 1927년 설립. 1935년의 경영자는 곽점영(郭占榮)으로 산동성 출신이었다. 자본금은 6만원이었다. 1942년의 경영자는 곽고영(郭古榮)이며, 종업원은 17명이었다.(이정희·송승석(2015), 『근대시기 인천화교의 사회와 경제』, 학고방, 70)【이정희】

덕생항德生恒

일제강점기 경성 소재 한약재 수입 및 주단포목 도매상점. 1921년의 경영자는 왕혜정(王惠庭)이었다. 1923년의 연간매상액은 13만원이었다.(이정희(2018a), 『한반도 화교사』, 동아시아, 69·180)【이정희】

덕성호德盛號

일제강점기 평양 소재 화교의 주단포목 및 잡화 도매상점. 1923년의 연간매상액은 13.4만원이었다. 1929년의 경영자는 왕정원(王鼎元)이었다. 1931년 평양 화교배척사건 때 큰 피해를 입고 문을 닫았다.(이정희(2018a), 『한반도 화교사』, 동아시아, 69·204)【이정희】

덕성흥(인천)德盛興(仁川)

일제강점기 인천 소재 화교의 주단포목 도매상점. 중정(仲町) 3정목 2번지에 소재했다. 1942년의 경영자는 곽홍동(郭鴻童)이며, 종업원은 11명이었다.(이정희(2018a), 『한반도 화교사』, 동아시아, 239)【이정희】

덕성흥(진남포)德盛興(鎮南浦)

개항기 진남포 소재 화교의 주단포목 도매상점. 1904년의 직원은 6명이었다.(이정희(2018a), 『한반도 화교사』, 동아시아, 73)【이정희】

덕순복(경성)德順福(京城)

일제강점기 경성 소재 화교의 주단포목 수입상점. 1906년의 직원은 10명. 1923년의 연간매상액은 60만원이었다.(이정희(2018a), 『한반도 화교사』, 동아시아, 69·73)【이정희】

덕순복(인천)德順福(仁川)

일제강점기 인천 소재 화교의 주단포목 수입상점. 지나정(支那町)에 소재했다. 1906년의 직원은 10명. 1923년의 연간매상액은 90만원이었다. 1928년의 경영자는 우수산(于壽山)이며 연간매상액은 95만원이었다.(이정희(2018a), 『한반도 화교사』, 동아시아, 69)【이정희】

덕순영(대구)德順永(大邱)

일제강점기 대구 소재 화교의 주단포목 도매상점. 경영자는 장옥당(張玉堂)이며, 1923년의 연간매상액은 30만원이었다.(이정희(2018a), 『한반도 화교사』, 동아시아, 69)【이정희】

덕순영(마산)德順永(馬山)

일제강점기 마산 소재 화교의 주단포목 도매상점. 1923년의 연간매상액은 18.4만원이었다.(이정희(2018a), 『한반도 화교사』, 동아시아, 69)【이정희】

덕순화德順和

근대 일본 오사카 가와구치(川口, 뒤에 혼덴초(本田町) 소재의 화교의 행잔(行棧). 1906년 설립. 1927년말 덕순화 체류중의 중국인 무역상인은 57명으로 오사카의 행잔 가운데 규모가 가장 컸다. 1937년 6월의 점원 인원은 38명, 무역상인은 50명이었다. 경영주는 왕박구(王搏九)로 산동성 연태(煙台) 출신이었다. 덕순화 건물 내에 산동성 연태와 경성 및 인천에 개설된 영래성(永來盛)이 설치되어 있었다.(이정희(2018a), 『한반도 화교사』, 동아시아, 118)【이정희】

덕여항德餘恆

일제강점기 황해도 재령 소재 화교의 주단포목상점. 산동성 황현(黃縣) 출신인 왕유중(王維重), 왕극형(王克亨), 왕극태(王克泰), 왕흔당(王欣堂), 왕연형(王延亨) 등이 합과(合夥)로 설립했다. 1930년 경성 소재의 화교 주단포목 수입상점인 금성동(錦成東), 유풍덕(裕豊德), 덕순복(德順福) 그리고 인천의 금성동, 복성잔(復盛棧), 화취공(和聚公), 영래성(永來盛), 덕순복(德順福), 협흥유(協興裕)로부터 주단포목을 조달했다. 1931년 화교배척사건 이후의 영업부진과 자금부족으로 문을 닫고 귀국했다.(이정희(2018a), 『한반도 화교사』, 동아시아, 81·130·200-201)【이정희】

덕원루德源樓

일제강점기 진남포 소재 화교의 중화요리점. 1923년의 연간매상액은 6,100원이었다.(이정희(2018a), 『한반도 화교사』, 동아시아, 291)【이정희】

덕유德裕

근대 상해 소재 중국인의 마직물 수출 상점. 1920-1930년대 조선에 중국산 마직물을 많이 수출했다.(이정희(2018a), 『한반도 화교사』, 동아시아, 111)【이정희】

덕증상德增祥

개항기 인천 소재 화교의 주단포목 도매상점. 1906년의 직원은 8명이었다.(이정희(2018a), 『한반도 화교사』, 동아시아, 73)【이정희】

덕취상德聚祥

일제강점기 경상북도 영천군 소재 화교의 주단포목 도매상점. 경영자는 손일신(孫日新))이었다. 1931년 7월 화교배척사건 때 습격을 받아 큰 피해를 입고 폐점했다.(이정희(2018a), 『한반도 화교사』, 동아시아, 209)【이정희】

덕취성德聚成

일제강점기 경성 소재 화교의 주단포목 도매상점. 1923년의 연간매상액은 13만원이었다.(이정희(2018a), 『한반도 화교사』, 동아시아, 69)【이정희】

덕취영德聚永

일제강점기 전라북도 금산(錦山) 소재 화교의 잡화상점. 1942년 여선중화상회연합회의 회원 기관이었고, 경영자는 목보기(木寶琪)였다.(이정희·송승석(2015), 『근대시기 인천화교의 사회와 경제』, 학고방, 233)【이정희】

덕취창德聚昌

일제강점기 인천 소재 화교의 소금 수입 및 판매상점. 1923년 설립. 지나정(支那町) 38번지에 소재했다. 1935년의 경영자는 왕찬신(王贊臣)으로 산동성 출신이었다. 자본금은 1.8만원이었다.(이정희·송승석(2015), 『근대시기 인천화교의 사회와 경제』, 학고방, 70)【이정희】

덕취화德聚和

일제강점기 부산 소재 화교의 주단포목 수입상점. 1932년의 경영자는 임역농(林亦農)이었다. 1923년 및 1928년의 연간매상액은 각각 30만원과 50만원이었다. 1906년에 영업하고 있는 것이 확인되므로 개설 시기는 이보다 빨랐다. 대구화상공회 회관 건축 시 200원을 기부했다.(이정희(2018a), 『한반도 화교사』, 동아시아, 147)【이정희】

덕태동德泰東

일제강점기 진남포 소재 화교의 주단포목 도매상점. 1923년의 연간매상액은 41,000원이었다.(이정희(2018a), 『한반도 화교사』, 동아시아, 69)【이정희】

덕태원德泰源

개항기 및 일제강점기 원산 소재 화교의 주단포목 도매상점. 1906년의 직원은 8명이었다. 1923년의 연간매상액은 24만원, 1928년의 연간매상액은 35만원이었다. 1928년 당시의 경영자는 공광장(孔廣璋)이며, 1931년 화교배척사건의 영향으로 상당한 타격을 받았지만 영업을 계속했다.(이정희(2018a), 『한반도 화교사』, 동아시아, 69·73·213)【이정희】

덕태창德泰昌

일제강점기 대구 소재 화교의 주단포목 도매상점. 경영자는 대구화상공회장인 공점홍(孔漸鴻)이었다. 1923년의 연간매상액은 12만원이었다.(이정희(2018a), 『한반도 화교사』, 동아시아, 69)【이정희】

덕태호德泰號

일제강점기 경성 정동 소재 화교의 양복점. 1910년의 직원은 5명이었다.(이정희(2018a), 『한반도 화교사』, 동아시아, 358-359)【이정희】

덕태흥德泰興

일제강점기 원산 소재 화교의 주단포목 도매상점. 1942년의 경영자는 축

소안(祝紹顏)이었다. 자본금은 2만원, 연간매상액은 214,000원이었다.(이
정희(2018a), 『한반도 화교사』, 동아시아, 233)【이정희】

덕풍상德豊祥

개항기 한성 소재 화교의 주단포목 도매상점. 1906년의 직원은 7명이었
다.(이정희(2018a), 『한반도 화교사』, 동아시아, 73)【이정희】

덕화성德和成

일제강점기 인천 소재 화교의 잡화상점. 1931년 설립. 내리 215번지에
자리했다. 1935년의 경영자는 우본해(于本海)로 산동성 출신이었다. 그
는 인천중화농회(仁川中華農會)의 회장으로도 근무했다. 자본금은 4천
원이었다.(이정희·송승석(2015), 『근대시기 인천화교의 사회와 경제』, 학고방, 71)【이정희】

덕화성德和盛

일제강점기 전라북도 무주(茂朱) 소재 화교의 잡화상점. 1942년 여선중
화상회연합회의 회원 기관으로 경영자는 손매(孫梅)였다.(이정희·송승석
(2015), 『근대시기 인천화교의 사회와 경제』, 학고방, 233)【이정희】

덕흥륭德興隆

개항기 원산 소재 화교의 주단포목상점. 1906년의 직원은 7명이었다.(이
정희(2018a), 『한반도 화교사』, 동아시아, 73)【이정희】

덕흥영德興永

일제강점기 원산 소재 화교의 주단포목 도매상점. 1923년의 연간매상액
은 23만원, 1928년의 연간매상액은 30만원이었다. 1928년 당시의 경영자
는 손예천(孫豫川)이었다. 1931년 화교배척사건의 영향으로 폐점했다.
(이정희(2018a), 『한반도 화교사』, 동아시아, 69·213)【이정희】

덕흥영(신의주)德興永(新義州)

일제강점기 신의주 소재 화교의 주단포목 도매상점. 1923년의 연간매상액은 4.8만원이었다.(이정희(2018a), 『한반도 화교사』, 동아시아, 69)【이정희】

덕흥원德興源

개항기 한성 소재 화교의 주단포목 도매상점. 1906년의 직원은 8명이었다.(이정희(2018a), 『한반도 화교사』, 동아시아, 73)【이정희】

덕흥유德興裕

일제강점기 평양 소재 화교의 주단포목 및 잡화 도매상점. 1924년의 경영자는 정숙태(程肅泰)였다. 1931년 평양 화교배척사건 때 큰 피해를 입고 문을 닫았다.(이정희(2018a), 『한반도 화교사』, 동아시아, 206)【이정희】

덕흥호(인천)德興號(仁川)

개항기 인천 소재 화교의 서양잡화 수입상점. 1906년의 직원은 10명이었다.(이정희(2018a), 『한반도 화교사』, 동아시아, 73)【이정희】

덕흥호(평양)德興號(平壤)

일제강점기 평양 소재 화교의 주단포목 도매상점. 1923년의 연간매상액은 134,000원이었다.(이정희(2018a), 『한반도 화교사』, 동아시아, 69)【이정희】

동래성기東萊盛記

일제강점기 부산 소재 화교의 주단포목 도매상점. 1923년의 연간매상액은 5만원이었다.(이정희(2018a), 『한반도 화교사』, 동아시아, 69)【이정희】

동묘東廟

동관왕묘(東關王廟)의 준말. 임진왜란 직후 명나라의 요청을 받아들여 조선정부가 1601년 동대문 밖에 건립한 관우의 묘(廟). 통감부가 1908년 남관왕묘, 북관왕묘, 서관왕묘를 항일 유적이라 하여 폐묘시킨 후 각 왕묘의 신상과 유물은 동관왕묘로 이전되어 지금에 전하고 있다. 조선총독부는 1936년 보물 제237호로 지정하고, 명칭을 '동묘'로 명명했다. 한국정부는 1963년 보물 제142호로 지정하고 1973년 공원화 사업이 추진되면서 '동묘공원'이라는 명칭이 생겨 지금도 사용되고 있다. 동묘의 명칭은

서울 소재 동묘

2010년 '서울 동관왕묘'로 바뀌었다. 동묘에는 구리 300여근을 녹여 만든 무게 2.5t, 높이 2.5m의 관우상이 있고, 숙종과 영조가 지은 비문, 정조가 세운 비석이 남아있다.(유홍준(2017), 『나의 문화유산답사기10』, 창비, 317-331)【이정희】

동문루東文樓

일제강점기 경성 소재 화교의 중화요리점. 경영자는 장태서(張泰瑞)로 노구교사건 직후 폐점하고 고향으로 귀국한 후, 1938년 8월 다시 돌아와 재개점 하려 했지만, 조선총독부가 폐점 후 6개월이 지난 후에는 재개점을 하지 못한다는 방침을 세워, 재개점하지 못했다.(이정희(2018a), 『한반도 화교사』, 동아시아, 325)【이정희】

동발장東發長

일제강점기 신의주 소재 화교의 주단포목 도매상점. 1923년의 연간매상액은 2.4만원이었다.(이정희(2018a), 『한반도 화교사』, 동아시아, 69)【이정희】

동복공同福公

일제강점기 인천 소재 화교의 서양재봉바늘판매점. 1918년 설립. 지나정(支那町) 23번지에 소재했다. 1935년의 경영자는 왕자헌(王子獻)으로 안휘성 출신이었다. 실제의 소유자는 왕성홍(王成鴻)이었다. 자본금은 16,000원이었다.(이정희·송승석(2015), 『근대시기 인천화교의 사회와 경제』, 학고방, 71)【이정희】

동빈루東濱樓

일제강점기 및 해방초기 북한 원산 소재의 고급 중화요리점. 경영자는 왕계귀(王継貴)였다. 1936년의 영업세는 60원, 소득세는 11원을 납부했다. 왕계귀는 해방초기 원산화교연합회의 부위원장을 역임했다.(日本商工興信所(1936), 『日本商工興信要録』, 69; 崔殿芳(1986), 「旅朝僑胞話今昔」, 中國人民政治協商會議遼寧省委員會文史資料研究委員會 編, 『遼寧文史資料: 第十一輯 遼寧歸僑回憶録』, 遼寧人民出版社, 173)【송우창】

동빈산업東賓産業

서울 소재 화교 무역회사. 중구 명동에 소재했다. 1954년의 사장은 임봉산(林鳳山)이었다.(華僑志編纂委員會編(1958), 『華僑志-韓國-』, 85)【이정희】

동상복同祥福

일제강점기 평안북도 운산군 북진면 소재의 화교 양말공장. 1920년 설립. 경영자는 장파신(張波臣)이었다.(이정희(2018a), 『한반도 화교사』, 동아시아, 409)【이정희】

동생덕東生德

일제강점기 원산 소재 화교의 주단포목 도매상점. 1942년의 경영자는 범세삼(范世森)이었다. 자본금은 15,000원, 연간매상액은 179,000원이었다.(이정희(2018a), 『한반도 화교사』, 동아시아, 233)【이정희】

동생상同生祥

일제강점기 청진 소재 화교의 주단포목 도매상점. 1923년의 연간매상액은 34,000원이었다.(이정희(2018a), 『한반도 화교사』, 동아시아, 69)【이정희】

동생태同生泰

일제강점기 인천 소재 화교의 주단포목 도매상점. 1922년 설립. 1935년의 경영자는 허수신(許壽臣)으로 산동성 출신이었다. 자본금은 2만원. 1942년의 경영자는 이문진(李文珍)으로 종업원은 11명이었다(이정희·송승석(2015), 『근대시기 인천화교의 사회와 경제』, 학고방, 70)【이정희】

동성同成

일제강점기 인천 소재 화교의 식료잡화점. 지나정(支那町)에 소재했다. 1928년의 경영자는 성서조(省書藻)였다. 1928년의 연간매상액은 6.7만원이었다.(이정희·송승석(2015), 『근대시기 인천화교의 사회와 경제』, 학고방, 170)【이정희】

동성상同盛祥

일제강점기 인천 소재 화교의 성의점(成衣店). 1930년 설립. 지나정(支那町) 37번지에 소재했다. 1935년의 경영자는 장성(張盛)으로 산동성 출신이었다. 자본금은 300원.(이정희·송승석(2015), 『근대시기 인천화교의 사회와 경제』, 학고방, 71)【이정희】

동성영同盛永

개항기 및 일제강점기 인천 소재 화교의 주단포목 및 미곡 도매상점. 1903년 설립. 1928년의 경영자는 왕서당(王棲堂), 연간매상액은 26만원이었다. 1923년의 연간매상액은 10만원이었다. 1935년의 경영자는 사숙당(沙肅堂)으로 산동성 출신이었다. 1942년의 경영자는 왕동당(王棟堂)이며 종업원은 16명이었다. 자본금은 5만원.(이정희·송승석(2015), 70·170; 이정

희(2018a), 239)【이정희】

동성장同盛長

일제강점기 목포 소재 화교의 주단포목 도매상점. 1923년의 연간매상액
은 158,000원이었다.(이정희(2018a), 『한반도 화교사』, 동아시아, 69)【이정희】

동성태東盛泰

일제강점기 인천 소재 화교의 석유판매상점. 내리(內里)에 소재했다. 1928
년의 경영자는 주옥전(周玉田)이었다. 1928년의 연간매상액은 11,000원
이었다.(이정희·송승석(2015), 『근대시기 인천화교의 사회와 경제』, 학고방, 169)【이정희】

동성호東成號

일제강점기 경성 소재 화교의 건축시공회사. 1917년의 경영자는 장시영
(張時英)이었다. 연간 매상액은 10-15만원으로 당시 화교 건축시공회사
가운데서는 최대의 규모였다.(이정희(2018a), 『한반도 화교사』, 동아시아, 600)【이정희】

동성호同成號

일제강점기 인천 소재 화교의 해산물무역 및 잡화상점. 1918년 설립.
1935년의 경영자는 최서조(崔書藻)로 산동성 출신이었다. 자본금은 2만
원이었다.(이정희·송승석(2015), 『근대시기 인천화교의 사회와 경제』, 학고방, 70)【이정희】

동성후同盛厚

일제강점기 경상북도 소재 화교의 주물공장. 1925년 설립. 경영자는 이옥
진(李玉珍)이었다. 1928년의 종업원은 28명이었다. 연간생산액은 15,300
원이었다. 1931년 7월 화교배척사건 후 문을 닫았다.(이정희(2018a), 『한반도
화교사』, 동아시아, 380)【이정희】

동순덕同順德

함경남도 신포(新浦) 소재 화교의 잡화상점. 1942년 여선중화상회연합회의 회원으로 활동했다.(이정희·송승석(2015), 『근대시기 인천화교의 사회와 경제』, 학고방, 234)【이정희】

동순동同順東

일제강점기 및 해방초기 인천 소재 화교의 잡화상점 및 무역회사. 1932년 설립. 지나정 41번지에 소재했다. 1935년의 경영자는 장여해(張如海)로 산동성 출신이었다. 자본금은 3천원. 해방초기의 경영자는 한봉명(韓鳳鳴)과 한성전(韓聖典)이며 직원은 40명이었다. 단순한 무역회사가 아니라 행잔(行棧)으로 홍콩에서 빗, 양복, 여자 머리핀 등을 수입하여 판매했다. 1951년 1·4후퇴 때 문을 닫고 직원은 모두 미군의 엘에스티(L·S·T)선을 타고 인천 해상으로 나가 대형 선박으로 갈아타고 제주도로 피난 가서 6개월간 생활했다. 한성전 가족이 인천으로 다시 돌아온 것은 1953년이었다. 한성전이 풍미(豐美) 중화요리점을 개설한 것은 1957년이며, 지금도 영업을 계속하고 있다.(이정희·송승석(2015), 『근대시기 인천화교의 사회와 경제』, 학고방, 71·248)【이정희】

동순성東順盛

일제강점기 원산 소재 화교의 주단포목 도매상점. 1942년의 경영자는 정의경(鄭儀敬)이었다. 자본금은 1만원, 연간매상액은 143,000원이었다.(이정희(2018a), 『한반도 화교사』, 동아시아, 233)【이정희】

동순태同順泰

근대 조선 화상(華商)을 대표하는 회사. 상해 소재 동태호(同泰號)의 연호(聯號)로 1885년 인천에, 1886년 한성에 동순태를 설립했다. 설립 초기 상해 동태호를 통해 직물류, 서양잡화류를 주로 수입하고, 조선산 홍삼,

금, 은 등을 수출했다. 요코하마, 고베, 연태, 블라디보스토크에 광동 화상 네트워크를 구축하고 있었다. 1892년 두 차례에 걸쳐 조선정부에 동순태 명의로 차관을 제공하고, 그 대가로 한강을 운항하는 선박회사인 통혜공사(通惠公司)를 설립하는 특혜를 누렸다. 청일전쟁 발발로 조선의 화상 대부분은 본국으로 귀국하고 그곳에서 전황의 추이를 주시하고 있었지만, 동순태는 재빠르게 영업을 재개하여 큰 수입을 획득했다. 1910년대 들어 직물 수입에서 철수하여 사업 다각화를 도모했다. 1920년대 미카도 택시회사를 설립하여 서울 택시의 7할을 차지했고, 서울 시내 400-500채의 주택을 보유하여 일반인에게 임대하여 막대한 수입을 올렸다. 동순태 한성본호가 자리한 서울 을지로 2가의 1,508평 부동산은 3층 붉은 벽돌건물로 엄청난 시가를 호가했다. 동순태는 경영자 담걸생의 2남 담정곤(譚廷琨)과 3남 담정림(譚廷琳)이 유흥에 빠져 소유 부동산을 은행과 고리대 업자에게 담보로 맡기고 거액을 빌려 미두거래서(米豆去來所)에 투기, 140여만 원의 부채를 지면서 경영이 기울기 시작했다. 1936년 한성본점 이외의 부동산을 모두 처분하여 은행의 채무를 모두 청산했다. 담걸생의 9남인 담정택(譚廷澤)이 1937년 9월 일가와 함께 상해로 철수, 사실상 동순태는 문을 닫았다.(강진아(2018), 『이주와 유통으로 본 근대 동아시아 경제사: 동순태호 담걸생 이야기』, 아연출판부; 石川亮太(2017), 『近代アジア市場と朝鮮: 開港・華商・帝國』, 名古屋大學出版會)【이정희】

동순태(인천)同順泰(仁川)

개항기 및 일제강점기 인천 소재 화교 부동산회사. 1885년 설립. 지나정 29번지에 자리했다. 1935년의 경영자는 담정택(譚廷澤)으로 광동성 출신이었다. 소유 부동산의 시가는 120,000원이었다.(이정희・송승석(2015), 『근대시기 인천화교의 사회와 경제』, 학고방, 71)【이정희】

동순화東順和

일제강점기 경상북도 영일군 소재 화교의 주단포목상점. 1931년 7월 화교배척사건 때 습격을 받아 큰 피해를 입고 폐점했다.(이정희(2018a), 『한반도 화교사』, 동아시아, 209)【이정희】

동순흥東順興

일제강점기 부산 소재 화교의 주단포목 도매상점. 1923년의 연간매상액은 7만원이었다.(이정희(2018a), 『한반도 화교사』, 동아시아, 69)【이정희】

동승덕同勝德

일제강점기 충청북도 음성(陰城) 소재 화교의 잡화상점. 1942년 여선중화상회연합회의 회원 기관으로 활동했으며, 경영자는 손수서(孫守緒)였다.(이정희·송승석(2015), 『근대시기 인천화교의 사회와 경제』, 학고방, 232)【이정희】

동승루東陞樓

일제강점기 경성 소재 화교의 중화요리점. 경영자는 재홍선(載鴻先)으로 노구교사건 직후 폐점하고 고향으로 귀국한 후, 1938년 8월 다시 돌아와 재개점을 하려 했지만, 조선총독부가 폐점 후 6개월이 지난 후에는 재개점을 하지 못한다는 방침을 세워 뜻을 이루지 못했다.(이정희(2018a), 『한반도 화교사』, 동아시아, 325)【이정희】

동승루東昇樓

일제강점기 평양 소재 화교 중화요리점. 1923년의 연간매상액은 6,720원이었다. 1931년 7월 화교 배척사건 때 큰 피해를 입었다. (이정희(2018a), 『한반도 화교사』, 동아시아, 206·291)【이정희】

동승루 중화요리점(朝鮮總督府(1932), 사진77)

동신실업東新實業

서울 소재 화교의 무역회사. 중구 명동2가 105번지에 자리했다. 1954년의 사장은 손일승(孫日昇)이었다.(華僑志編纂委員會編(1958),『華僑志-韓國-』, 85)【이정희】

동아루(청진)東亜樓(清津)

북한 청진 소재의 화교 중화요리점. 경영자는 이영춘(李迎春)으로 해방초기 한국으로 이주했다.(慕德政(2003),「旅朝華僑與朝鮮経済」,『韓華學報』第2輯, 韓華學會, 308)【송우창】

동아루(인천)東亞樓(仁川)

일제강점기 인천 소재 화교의 중화요리점. 경정(京町, 현재의 경동) 114번지에 소재했다. 1942년의 경영자는 고영서(高永緒)였다.(이정희(2018a),『한반도 화교사』, 동아시아, 335)【이정희】

동아이발관東亞理髮館

일제강점기 인천 소재 화교의 이발소. 서경정(西京町) 212번지에 소재했다. 경영자는 왕련승(王連陞)으로 산동성 제성현(諸成縣) 출신이었다. 종업원은 5명으로 안영림(安永林, 일조현), 후극상(侯克相, 일조현), 왕영(王榮, 제성현), 수덕용(隋德涌, 봉래현), 임문걸(林文傑, 길림성)이었다.(이정희(2018a),『한반도 화교사』, 동아시아, 354)【이정희】

동양면화주식회사東洋棉花株式會社

미쓰이물산(三井物産)이 산하의 면화부를 독립시켜 1920년 4월 설립한 회사. 본사는 오사카(大阪). 설립 후 미쓰이물산경성출장소가 관할하던 산에이조합(三榮組合)의 일본산 면직물의 조선 내 판매권을 계승했다. 경성 사무실은 경성출장소가 있던 황금정(黃金町) 1정목 63번지에 출장소 건물 내에 있었다. 화교의 주단포목 수입상점인 유풍덕(裕豊德)은 동양면화주식회사로부터 삼영조합의 일본산 면직물을 중일전쟁 직후까지 안정적으로 공급받았다.(이정희(2018a), 『한반도 화교사』, 동아시아, 93)【이정희】

동영루東瀛樓

일제강점기 군산 소재 화교의 중화요리점. 1927년 12월 화교배척사건 때 큰 피해를 입었다.(이정희(2018a), 『한반도 화교사』, 동아시아, 307)【이정희】

동원흥同源興

일제강점기 평양 소재 화교의 주단포목상점. 1925년의 경영자는 왕융빈(王融賓)이었다. 1931년 평양 화교배척사건 때 큰 피해를 입고 문을 닫았다.(이정희(2018a), 『한반도 화교사』, 동아시아, 204)【이정희】

동이문董以文, 생졸년불상

북한 청진의 화상(華商). 1934년부터 주단포목상점을 경영했으며, 1949년과 1950년에는 청진시 소재 화교 주물공장을 인수하여 공장을 가동했다. 이 주물공장은 한국전쟁 기간 중 폭격을 당해 파괴되었다. 휴전 후 청진에서 문화반점(文華飯店)을 개업했다. 1956년 화교협동조합에 가입하여 문화반점은 본점이 되었다. 협동화 이후 다른 화교 식당으로 이동했다. 1958년 이후 모든 식당이 국영체제로 편입되자 청진국영수산물식당에서 요리사로 일했다.(陳香林·王桂敏 主編(2018), 『吉林文史資料選輯第46輯: 朝鮮歸來 上』, 40·45)【송우창】

동일관東一館

해방초기 북한 청진 소재의 화교 중화요리점. 북한의 항공기탱크제조기금으로 12,100원을 헌납했다.(朝鮮華僑聯合總會機關報《民主華僑》)【송우창】

동장인董長印, 생졸년불상

중화민국의 외교관. 노구교사건 당시 인천판사처의 서기로 근무하고 있었다. 인천판사처와 부산영사관에 오색기를 게양하는데 적극 가담했다. (이정희(2018.12b), 「중일전쟁시기 범한생(范漢生) 경성총영사의 친일활동과 조선화교 사회의 변동」, 『중앙사론』48, 184-186)【이정희】

동장지董長志, 생졸년불상

일제강점기 경성제대 중국어강사로 활동한 화교. 경성총영사관 오색기 환기사건 때 반대하다 조선군헌병대사령부에 연행되었으며, 석방된 후에는 임시정부 지지자로 전향했다.(이정희(2018.12b), 「중일전쟁시기 범한생(范漢生) 경성총영사의 친일활동과 조선화교 사회의 변동」, 『중앙사론』48, 183-186)【이정희】

동증화同增和

개항기 진남포 소재 화교의 주단포목 도매상점. 1904년의 직원은 5명이었다.(이정희(2018a), 『한반도 화교사』, 동아시아, 73)【이정희】

동창주조창東昌鑄造廠

부산 소재 화교의 주물공장. 해방 직후 부산에서 왕전장(王殿章) 등에 의해 설립되어 현재까지 운영되고 있다. 현재의 경영자는 왕전장의 장남 왕지성(王志成)이 맡고 있다.(이정희(2018a), 『한반도 화교사』, 동아시아, 386)【이정희】

설립 당시의 동창주조창(왕지성 제공)

동창흥東昌興

개항기 인천 소재 화교의 주단포목 도매상점. 1906년의 직원은 7명이었다.(이정희(2018a), 『한반도 화교사』, 동아시아, 73)【이정희】

동춘복同春福

일제강점기 인천 소재 화교의 주단포목 수입상점. 1923년의 연간매상액은 15만원이었다.(이정희(2018a), 『한반도 화교사』, 동아시아, 69)【이정희】

동춘성同春盛

일제강점기 인천 소재 화교의 잡화상점. 내리(內里)에 소재했다. 1928년의 경영자는 허수신(許壽臣)이며 연간매상액은 149,000원이었다.(이정희·송승석(2015), 『근대시기 인천화교의 사회와 경제』, 학고방, 169)【이정희】

동취공同聚公

일제강점기 인천 소재 화교의 전장(錢莊). 지나정(支那町) 소재 천합잔(天合棧) 상점 내에 개설되었다. 1928년의 경영자는 마범당(馬範堂)이며, 본점은 대련(大連)에 있었다.(이정희·송승석(2015), 『근대시기 인천화교의 사회와 경제』, 학고방, 176)【이정희】

동취복(경성)同聚福(京城)

일제강점기 경성 소재 화교의 주단포목 및 잡화 도매상점. 경영자는 임길경(任吉慶)으로 1928년의 연간매상액은 132,000원이었다. 유풍덕(裕豊德)에서 주단포목을 조달했다.(이정희(2018a), 『한반도 화교사』, 동아시아, 125-126)【이정희】

동취복(영주)同聚福(榮州)

일제강점기 경상북도 영주 소재 화교의 주단포목상점. 이 상점의 직원인 손은화(孫恩華)는 1912년 산동성 모평현(牟平縣) 출생으로 1928년 조선으로 이주했다. 1932년 8월 중화민국주부산영사관 발행의 그의 화교등기증은 중국 광동성 기남대학(暨南大學) 화교화인연구원(華僑華人研究院)에 소장되어 있다.(이정희(2018a), 『한반도 화교사』, 동아시아, 53)【이정희】

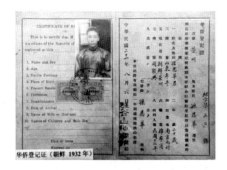

동취복 직원의 화교등기증(중국 기남대학 소장)

동취복(인천)同聚福(仁川)

일제강점기 인천 소재 화교의 양말공장. 1931년 설립. 인천 내리 209번
지에 소재했다. 1935년의 경영자는 손극관(孫克寬)으로 산동성 출신이
었다. 자본금은 2천원이었다.(이정희·송승석(2015), 『근대시기 인천화교의 사회와 경
제』, 학고방, 70)【이정희】

동취성同聚盛

일제강점기 신의주 소재 화교의 주단포목 도매상점. 1923년의 연간매상
액은 32,000원이었다.(이정희(2018a), 『한반도 화교사』, 동아시아, 69)【이정희】

동취성東聚成

일제강점기 인천 소재 화교의 주단포목 도매상점. 1921년 설립. 인천 내
리 213번지에 소재했다. 1928년의 경영자는 왕철경(王哲卿)이며, 연간매
상액은 48,000원이었다. 1935년의 경영자는 우철경(于哲卿)으로 산동성
출신이었다. 자본금은 15,000원이었다.(이정희·송승석(2015), 『근대시기 인천화교
의 사회와 경제』, 학고방, 70·169)【이정희】

동태형同泰亨

일제강점기 경성 영락정(永樂町) 소재 화교의 양복점. 1923년의 연간매상액은 1만원이었다.(이정희(2018a), 『한반도 화교사』, 동아시아, 360)【이정희】

동태호同泰號

일제강점기 경성 정동 소재 화교의 양복점. 1910년의 직원은 6명이었다. (이정희(2018a), 『한반도 화교사』, 동아시아, 358-359)【이정희】

동평양화교소학東平壤華僑小學

일제강점기 평양 소재 화교소학. 1928년 설립. 화교 왕옥(王鈺)이 중심이 되어 설립했다. 1930년의 학생인원은 24명, 교사는 1명이었다. 교동회(校董會)가 조직되어 있었으며, 1930년의 이사장은 유경귀(劉景貴)였다. 1944년의 학생인원은 125명, 교사는 2명이었다.(이정희(2007), 「중일전쟁과 조선화교」, 『중국근현대사연구』35, 112)【이정희】

동풍태同豊泰

개항기 원산 소재 화교의 주단포목 도매상점. 1906년의 직원은 6명이었다.(이정희(2018a), 『한반도 화교사』, 동아시아, 73)【이정희】

동합성同合盛

일제강점기 신의주 소재 화교의 주단포목 도매상점. 1923년의 연간매상액은 29,000원이었다.(이정희(2018a), 『한반도 화교사』, 동아시아, 69)【이정희】

동해루東海樓

일제강점기 군산 소재 화교의 중화요리점. 1927년 12월 화교배척사건 때 큰 피해를 입었다.(이정희(2018a), 『한반도 화교사』, 동아시아, 307)【이정희】

동화동同和東

개항기 및 일제강점기 경성 소재 화교의 주단포목 수입상점. 산동성 지부(芝罘) 소재 공진화(公晉和)의 지점으로 설립되었다. 경영자는 손몽구(孫夢九)였다. 자본주는 산동성 영해주(寧海州) 남항촌(南港村) 출신의 왕의산(王儀山)이었다. 1903-1904년 영국산 면포를 수입하여 조선인 상인 박사선(朴士善), 박정식(朴定植), 김완순(金完淳) 등에게 판매했다. 1906년의 직원은 9명이었다.(이정희(2018a), 『한반도 화교사』, 동아시아, 73·76-80)【이정희】

동화루東華樓

일제강점기 인천 소재 화교의 중화요리점. 금곡정(金谷町, 현재의 금곡동) 6번지에 소재했다. 1942년의 경영자는 필신서(畢信序)로 종업원은 7명이었다.(이정희(2018a), 『한반도 화교사』, 동아시아, 336)【이정희】

동화루同和樓

일제강점기 평양 소재 화교의 중화요리점. 1931년 7월 화교배척사건 때 큰 피해를 입었다.(이정희(2018a), 『한반도 화교사』, 동아시아, 206)【이정희】

동화루(진남포)東華樓(鎭南浦)

일제강점기 진남포 소재 화교의 중화요리점. 1923년의 연간매상액은 5,500원이었다.(이정희(2018a), 『한반도 화교사』, 동아시아, 291)【이정희】

동화영(상해)同和永(上海)

근대 상해 소재 중국인의 마직물 수출 상점. 1920-1930년대 조선에 중국산 마직물을 수출했다.(이정희(2018a), 『한반도 화교사』, 동아시아, 111)【이정희】

동화영(신의주)同和永(新義州)

일제강점기 신의주 소재 화교의 양말공장. 1924년 설립. 경영자는 이안도(李安道)였다. 1926년의 직원은 29명, 연간생산액은 32,400원이었다. 1931년 7월 화교배척사건의 영향으로 문을 닫았다.(이정희(2018a), 『한반도 화교사』, 동아시아, 409)【이정희】

동화원東華園

일제강점기 및 해방초기 평양 소재의 고급 중화요리점. 1917년 설립. 경영자는 우룡생(于龍生)이었다. 1923년의 연간매상액은 6,720원이었다. 1942년의 경영자는 우정해(于定海)로 당시 평양중화상회의 회장이었다. 소재지는 평양시 채관리(釵貫里) 104번지였다. 1942년의 중화요리점 건물은 3층이었다. 1946년 8월부터 중공중앙동북국주평양판사처(中共中央東北局駐平壤辦事處)의 사무실로 사용되었다. 한국전쟁 시기 미군의 폭격 가운데서도 이 건물은 살아남았다.(中華民國國民政府(汪政權)駐日大使館檔案; 吳殿堯·宋霖(2007), 『朱理治傳』, 中共黨史出版社, 458; 기타 자료)【송우창】

동화잔同和棧

일제강점기 인천 소재 화교의 소금수입상점 및 행잔(行棧). 1917년 설립. 인천 지나정 38번지에 소재했다. 1928년과 1935년의 경영자는 왕찬신(王瓚臣)이었다. 1928년의 연간수입은 5천원이었다. 자본금은 18,000원이었다.(이정희·송승석(2015), 『근대시기 인천화교의 사회와 경제』, 학고방, 70·170)【이정희】

동화창(군산)東和昌(群山)

일제강점기 군산 소재 화교의 주단포목 도매상점. 1928년의 경영자는 강자운(姜子雲)이며 연간판매액은 248,800원이었다.(이정희(2018a), 『한반도 화교사』, 동아시아, 139)【이정희】

동화창(인천)東和昌(仁川)

일제강점기 인천 소재 화교의 해산물 무역상점 및 잡화수입상점. 인천 지나정 23번지에 소재했다. 1928년의 경영자는 강자운(姜子雲)이며, 연간매상액은 260,000원이었다. 1935년의 경영자는 손경삼(孫景三)으로 산동성 출신이었다. 자본금은 5만원이었다.(이정희·송승석(2015), 『근대시기 인천화교의 사회와 경제』, 학고방, 70·170)【이정희】

동흥공(원산)同興公(元山)

일제강점기 원산부 본정(本町) 소재 화교의 주물공장. 1942년의 경영자는 전병환(田炳煥)이었다. 주요한 생산품은 농기구, 광산도구, 선박용구, 솥이었다. 자본금은 5만원이었다. 당시 원산중화상회의 회장이었다. 1949년 12월 북한의 항공기탱크제조기금으로 1만원을 헌납했다.(外交部總務司(1942), 『外交公報』第61期, 21; 朝鮮華僑聯合總會機關報《民主華僑》; 이정희(2018a), 400)【송우창·이정희】

동흥공(신의주)同興公(新義州)

일제강점기 신의주 소재 화교의 주물공장. 1919년 설립. 1920년대의 경영자는 한문청(韓文淸)이었다. 1928년의 연간생산액은 21,600원으로 조치원, 원산, 청진에 분공장이 있었다.(이정희(2018a), 『한반도 화교사』, 동아시아, 374·380)【이정희】

동흥공(청진)同興公(淸津)

일제강점기 청진부 포항정(浦項町) 소재 화교의 주물공장. 1942년의 경영자는 왕연길(王延吉)이었다. 주요한 생산품은 농기구, 광산도구, 선박용구, 솥이었다. 자본금은 4만원이었다.(이정희(2018a), 『한반도 화교사』, 동아시아, 400)【이정희】

동흥루同興樓

일제강점기 인천 소재 화교의 중화요리점. 1911년 설립. 인천 지나정(支那町) 2번지에 소재했다. 이 토지와 건물은 광동화상인 이태호(怡台號) 소유로 토지 150평에 3층 건물로 65칸의 대형 건물이었다. 1935년 당시 부동산 가격은 15,000원이었다. 1935년의 경영자는 서문당(徐文堂)이며, 자본금은 5천원이었다. 중일전쟁을 전후하여 송중루(松竹樓) 중화요리점으로 상호명이 바뀌었다. 중화루, 공화춘과 함께 인천을 대표하는 중화요리점이었다.(이정희·송승석(2015), 『근대시기 인천화교의 사회와 경제』, 학고방, 70)【이정희】

동흥륭東興隆

일제강점기 경성 회동(會洞) 소재 화교의 잡화상점. 1910년의 점원은 6명이었다. 자본주는 손조오(孫條五)로 산동성 등주부(登州府) 영해주(寧海州) 양마도(養馬島) 출신이었다. 경영자는 동길당(凍吉堂)으로 출신지는 등주부 복산현(福山縣)이었다.(이정희(2018a), 『한반도 화교사』, 동아시아, 76-80)【이정희】

동흥복同興福

일제강점기 인천 소재 화교의 전장(錢莊). 지나정 인합동(仁合東) 상점 내에 개설되어 있었다. 1928년의 경영자는 양인성(楊仁盛)이며, 본점은 대련(大連)에 있었다.(이정희·송승석(2015), 『근대시기 인천화교의 사회와 경제』, 학고방, 176)【이정희】

동흥성東興成, 주단포목상점

일제강점기 경성 소재 화교의 주단포목 도매상점. 1923년의 연간매상액은 15만원이었다.(이정희(2018a), 『한반도 화교사』, 동아시아, 69)【이정희】

114

동흥성東興成, 한약재수입상점

일제강점기 경성 소재 화교의 한약재 수입 및 판매 도매상점. 1924년의 경영자는 곡위빈(曲渭賓)이며, 1928년의 연간판매액은 20만원이었다.(이정희(2018a), 『한반도 화교사』, 동아시아, 180)【이정희】

동흥성(원산)同興盛(元山)

일제강점기 및 해방초기 북한 원산 소재의 화교 주단포목상점. 경영자는 최전방 (崔殿芳)이었다. 1942년의 자본금은 15,000원, 연간매상액은 179,000원이었다. 최전방은 해방초기 원산화교회의 위원장, 원산화교연합회의 위원장, 강원도화교연합회의 부위원장과 위원장을 지냈다.(中華民國國民政府(汪政権)駐日大使館檔案; 朝鮮華僑聯 合總會機關報《民主華僑》; 이정희(2018a), 233)【송우창·이정희】

동흥성(마산)東興盛(馬山)

일제강점기 마산 소재 화교의 주단포목 도매상점. 1923년의 연간매상액은 203,000원이었다.(이정희(2018a), 『한반도 화교사』, 동아시아, 69)【이정희】

동흥유同興裕

일제강점기 황해도 소재 화교의 주물공장. 1920년대 설립. 1920년대의 경영자는 왕여겸(王汝謙)이었다. 1928년의 연간생산액은 10,500원이었다.(이정희(2018a), 『한반도 화교사』, 동아시아, 380)【이정희】

동흥주물東興鑄物

전라남도 광주 소재 화교의 주물공장. 현재 운영되고 있다.(이정희(2018b), 『화교가 없는 나라』, 동아시아, 83)【이정희】

동흥창同興昶

일제강점기 전라남도 소재 화교의 주물공장. 1924년 설립. 1920년대의 경영자는 왕선주(王仙洲)였다. 1930년의 종업원은 28명, 1928년의 연간 생산액은 18,270원이었다.(이정희(2018a), 『한반도 화교사』, 동아시아, 380)【이정희】

되놈

한국인이 중국인을 비하할 때 쓰는 속어. 큰 대(大)자에 경멸적 한국어 명사 '놈'을 결합한 말이다. '때놈' 혹은 '땟놈'이라고도 한다. 중국을 대국으로 지칭하고 있으나 긍정적인 의미부여 없이 중국인들을 비하하는 말로 쓰였다. 한국어 용례 속에서 남을 잘 믿지 못하고 뭐든지 의심하는 사람을 중국인에 빗대어 비아냥대는 표현을 할 때에도 쓰였다. 의심이 많은 사람을 '땟놈'이라 부르던 용례는 한국에서 국적 취득을 하지 않고 외국인 국적을 유지한 채 경제활동을 하는 과정에서 한국인에게 배신을 당하고 재산 피해를 입는 등의 경우가 많아지면서 쉽사리 한국인을 신뢰할 수 없었던 화교의 처지를 투사하고 있다.(정은주(2013a), 「디아스포라와 민족교육의 신화: 한국의 중국인 디아스포라 교육실천에 대한 민족지적 연구」, 『한국문화인류학』제46집1호, 144)【정은주】

두덕전杜德田, 생졸년불상

북한 청진의 화교 수공업자이자 목공(木工). 해방 후 청진화교철공소(清津華僑鐵工所)의 운영에 참가했다. 1948년 11월 현지에서 열린 중공의 동북해방축첩대회(東北解放祝捷大會)에서 2천원을 기부했다.(朝鮮華僑聯合總會機關報《民主華僑》; 중국 귀국 청진화교 인터뷰)【송우창】

두봉명杜鳳鳴, 1926-?

북한 길주 화교로 화교학교의 교육자. 산동성 고밀현(高密縣) 출신. 북한의 평양 소재 화교중학 제1회 졸업생으로 재학 시절 학교 자치회 주석을 지냈다. 1948년 8월 졸업 후, 신의주화교소학의 교장과 화교연합회 업무를 겸임했다. 1949년 평안북도화교연합회의 선전교육과장을 역임하고, 한국전쟁 때 중국으로 귀국했다.(朝鮮華僑聯合總會機關報《民主華僑》)【송우창】

두영순杜永順, 1899~?
일제강점기 대구의 화상(華商). 산동성 복산현 출신. 사숙(私塾) 졸업. 중화요리점 중화루(中華樓)의 경영자. 1942년 대구중화상회의 후보 집행위원으로 활동하고 있었다.(釜山領事館(1942), 〈大邱中華商會職員履歷表〉, 『汪僞僑務委員會檔案』)【이정희】

두행방杜行方, 1902~?
일제강점기 군산의 화상(華商). 산동성 초원현(招遠縣) 출신. 사숙(私塾) 4년 졸업. 주단포목상점의 경영자. 1942년 군산중화상회의 이사장으로 활동하고 있었다.(釜山領事館(1942), 〈群山中華商會職員履歷表〉, 『汪僞僑務委員會檔案』)【이정희】

드망즈Florian Demage, 安世華, 1875~1938
파리외방전교회로부터 1898년 조선에 파견되어 대구대목구장을 지낸 신부. 1900년 용산 신학교 교수를 지냈고 1906년에는 《경향신문》 사장, 1911년에는 대구대목구장에 취임하여 1938년 대구에서 타계했다. 그의 일기는 대구대목구장 임명 소식을 접한 1911년 4월

드망즈가 주도하여 건축한 성모당

23일부터 시작되어 1937년 12월 6일까지의 기간을 포함한다. 그는 이 기

간 대구대목구의 각종 가톨릭건축물을 주도하여 건축하게 되는데 시공은 대부분 화교 건축시공회사인 쌍흥호(雙興號)에 맡겼다. 그의 일기는 경상도와 전라도를 관할하는 대구대목구의 역사뿐 아니라 화교 건축시공업자의 가톨릭 관련 건축활동을 밝히는데 중요한 사료적 가치가 있다.(이정희(2017.12),「조선 화교의 성당건축 시공 활동(1880년대-1930년대): 서울과 대구를 중심으로」,『교회사연구』51, 한국교회사연구소, 69-75)【이정희】

등준산鄧俊山, 1891-?

중화민국의 외교관. 1942년 중화민국주신의주영사관의 주사로 근무한 후, 1944년 7월부터 인천판사처 주사로 근무했다.(朝鮮總督府外務課(1942),『昭和17年 領事館表關係』)【이정희】

118

로베르Achille Paul Robert, 金保祿, 1853-1922

파리외방전교회로부터 1876년 조선에 파견된 신부. 1886년부터 경상도 지방과 그 인근 지방을 담당했으며 대구 계산성당의 주교로서 오랫동안 근무했다. 계산성당의 건축시공과 증축을 주도했다. 그가 경성의 뮈텔 주교에 보낸 서한 가운데 계산성당 건축과 관련된 내용이 많이 포함되어 있어, 대구지역 화교 건축시공업자의 건축활동을 밝히는데 중요한 단서를 제공해준다.(이정희(2017.12), 「조선 화교의 성당건축 시공 활동(1880년대-1930년대): 서울과 대구를 중심으로」, 『교회사연구』51, 한국교회사연구소, 51·64)【이정희】

로베르가 주도하여 증축한 계산성당

리틀차이나타운Little Chinatown

1970년대 서울 도심재개발의 결과로 새롭게 출현한 연희·연남동 소재의 서울화교 집단 거주지. 1970년대 서울시 도심재개발 사업의 진행 과정에서 도심의 전통적 화교 집단 거주지에서 밀려난 화교는 기존의 거주지 바깥 쪽에 면해 있는 회현동, 연희동, 동대문, 이태원, 영등포 등지로 흩어져 거주하게 되었다. 특히 당시 질척질척한 개천가였고 대부분 밭으로 이루어진 곳이었던 서대문구 연희동과 마포구 연남동, 그리고 회현동 주변으로 1980년대에 거주 인구가 증가하였다. 이는 1980년대 새롭게 생성된 화교의 주요 직업군 및 화교교육과 관련된 지역 이동 현상이다. 1970년대 말부터 1990년대에 이르는 국제 정세 및 한국사회의 변화에 따라 중화요리점의 불황에 시달리던 화교에게 보따리 무역과 포장업이라는 새로운 기회가 등장한 것과 관련이 있다. 즉, 해외 중국인과의 보따리 무역 중개에서 유리한 입지에 있는 화교에게 남대문 도매 시장 근처의 회현동 및 김포공항과 가까운 연희동, 연남동이 제공하는 지리적, 교통상의 편리성이 거주지 선정의 주요 유인 요인으로 작용했다. 대만과 홍콩 등지에서 온 상인이 남대문에서 대량으로 구매한 상품을 운송할 때 김포공항과 차로 15-20분 거리에 있는 연남동 일대는 포장업체가 들어서기 좋은 지역으로 떠올랐다. 1996년경부터 연희동, 연남동은 새롭게 형성된 '차이나타운'으로 언론에 알려지기 시작했다. 연남동 주위에는 이들을 위한 화교 전용 금융기관인 화교신용협동조합도 생겨났고, 회현동과 연남동에는 해외 보따리 상인을 위한 숙박업도 성황을 이루었다. 서울시 통계 기록을 보면, 2003년부터 화교의 최다 거주지는 서대문구와 마포구이고, 그 중에서도 연희동과 연남동에 인구가 집중되어 있다. 화교가 서대문구 연희동 및 인접한 마포구 연남동으로 모이게 된 또 다른 주요 요인은 1969년에 한성화교중학(漢城華僑中學)이 명동에서 연희동으로 이전된 것이다. 한국화교는 초등부터 고등까지 전 과정의 화교학교 교육을 받기 위해 국적 전환을 유보할 정도로 이례적인 화교 민족교육 실천을 지속하고 있다. 따라서 학교가 위치한 지역이 우선적으로 거주 대상이 되는 것은 자연스러운 일이었다. 연희동, 연남동 일대로 이사 온 후 자주 집을 옮기지 않고 이 지역을 떠나지 않는 화교의 습성으로 인해 화교 인구가 적음에도 소수 인구가 축적되어 연희동, 연남동이 화교의 새로운 집단거주지로 인식되고, 언론에 '리틀 차이나타운'으로 주목받게 되었다. 이와 같이 홍제천변에 즐비한 포장업 사무실과 연남동과 연희동을 연결하는 이면도로를 따라 늘어선 중화요리점 및 상점들, 그리고 주변 아파트에서 중국어가 자주 들리며 연희동 주변이 새로운 화교 집단거주지로 가시화되는 시기는 한국사회가 화교의 존재에 주목하는 시기와 맞물린다. 1990년대 말 IMF 금융위기를 겪은 후 한국사회에는 전 세계 화교의 경제적 잠재력에 대한 사회적, 학문적 관심이 대두하기 시작했다. 화교의 성장을 막았던 외국인에 대한 일련의 제도가 개정, 개선되었고, 지자체의 실적주의 요구에 의한 것도 있지만 '차이나타운'의 경제적 가치가 논의되면서 인천, 서울, 부산, 전주, 일산, 영종도, 무안 등 7개 지역에서 차이나타운 건립 계획이 수립되었다. 서울의 경우, 화교의 새로운 집단거주지로 떠오른 연희동, 연남동이 서울 내 차이나타운 건립에 합당한 후보지로 선정되어 '리틀 차이나타운'이라는 별명으로 언론에 거론되었다. 차이나타운 건립 계획은 2002년 및 2006년 두 번에 걸쳐 제기되었으나 모두 무산되었다.(정은주(2013), 「차이나타운 아닌 중국인 집거지: 근현대 동아시아 역학 속에 주조된 서울 화교 집단거주지의 지형」, 『서울학연구』53집, 157-165)【정은주】

마계상馬繼常, 1899-?

중화민국의 외교관. 1942년 주신의주영사관의 서기로 근무하고 있었다.
(朝鮮總督府外務課(1942), 『昭和17年 領事館表關係』)【이정희】

마산화교소학馬山華僑小學

경남 마산 소재의 화교소학. 1951년 설립. 1957년의 교장은 장혜민(張惠
民)이었다. 1956년의 학생인원은 41명. 2001년 초등부 학생인원은 8명,
유치부는 2명, 교사는 1명이었다. 학생수 감소로 2000년대 초반 폐교되
었다.(華僑志編纂委員會編(1958), 159; 마산화교 손영문(孫永文) 인터뷰)【이정희】

폐교된 마산화교소학

마소흔馬紹忻, 생졸년불상

북한화교. 1960년 함흥중국인인민학교의 교장에 임명되어 일했으며, 1961년부터 함경남도화교연합회의 부위원장을 겸직했다.(朝鮮華僑聯合會機關報《華訊》)【송우창】

마수신馬秀臣, 1885-?

일제강점기 경성의 화상이자 화교 지도자. 산동성 황현(黃縣) 출신. 주단포목 수입상점인 광화순(廣和順)의 경영자. 1925년부터 1929년까지 경성중화총상회의 회장을 역임했다.(김희신(2017), 「在朝鮮 中華商會의 설립과정과 존재양태: 1912-1931년 경성지역을 중심으로」, 『중국근현대사연구』73, 한국중국근현대사학회, 44)【이정희】

마영발馬永發, 1876-?

청국 및 중화민국의 외교관. 광동성 출신. 광동수륙사학당(廣東水陸師學堂)에서 수학했다. 주오스트리아공사관과 주독일공사관에서 근무했다. 1906년 청국수인천영사관 대리영사로 부임한 후, 원산영사관의 영사로 1937년 12월까지 근무했다. 1938년 1월부터 신의주영사관 영사로 근무했으며, 1943년 6월 경성총영사관 총영사로 임명됐다. 1944년 5월 왕정위 남경국민정부 외교부 참사로 임명되어 본국으로 귀임했다. 37년간 조선에서 외교관으로 활동했다.(『每日新聞』, 1943.6.2.·1944.5.12.; 이은자(2015), 「중화민국 전기(1912-1927) 駐朝鮮領事館 조직: 인적구성의 측면을 중심으로」, 『중국근현대사연구』66, 한국중국근현대사학회, 18)【이정희】

마옥성馬玉聲, 1917-1976

북한화교. 본명은 마금명(馬金銘). 천진(天津) 당고(塘沽) 출생. 1923년 부모를 따라 안동(安東)으로 이주, 1934년 안동 동변실업고급중학교 부설 직업초급중학(安東東邊實業高等中學附屬職業初級中學)을 졸업했다. 1935년 신의주 동복양행(東福洋行)에 수습공으로 들어가 일했으며,

1944년 신의주샷자리조합에서 일했다. 1946년부터 화교연합회에 참여해 일했다. 1947년 신의주시화교연합회의 위원장, 평안북도화교연합회의 부위원장을 연이어 맡았다. 1948년 4월에는 북한 화교연합총회의 부위원장에 임명되어 일했다. 한국전쟁 시기 화교를 조직하여 전쟁지원 활동에 적극 나섰으며, 3만명의 화교를 중국으로 귀국시키는 사업에도 공헌했다. 1953년 2월 북한 노동당은 화교연합총회(華僑聯合總會)를 화교연합회중앙위원회(華僑聯合會中央委員會)로 개편했는데 이때 중앙위원회의 위원장으로 임명되었다. 1954년 중화인민공화국 제1차 전인대(全人大)의 인민대표로 선출되었다. 1957년 4월 북한정부로부터 2급 국기훈장(國旗勳章)을 수여했다. 1958년 4월 중화인민공화국으로부터 평화만세기념상을 수상했다. 1961년 북한국적을 취득했다. 1976년 9월 급성심장병으로 평양에서 타계했다.(陳香林·王桂敏 主編(2018),『吉林文史資料選輯 第46輯: 朝鮮歸來 下』, 212-213; 楊保筠 主編(2001),『華僑華人百科全書: 人物卷』, 中國華僑出版社, 409: 朝鮮華僑聯合會機關報《華訊》)【송우창】

마정량馬廷亮, 생졸년불상

청국과 중화민국의 외교관. 광주동문관(廣州同文館)과 상해동문관에서 수학한 후, 청국정부 총리아문에서 번역관으로 일했다. 1906년 2월 주한 총영사로 임명되어 1912년까지 근무했다. 재임 기간 중 1910년 3월 통감부와 '인천, 부산 및 원산의 청국조계 장정'을 체결하는 등 일본의 한국 병합 과정에서 조선화교의 각종 권리 보호를 위해 노력했다. 1920년 주경성총영사관의 총영사로 다시 임명되어 1922년까지 근무했다.(이은자(2015),「중화민국 전기(1912-1927) 駐朝鮮領事館 조직: 인적구성의 측면을 중심으로」,『중국근현대사연구』66, 한국중국근현대사학회, 17; 李正熙(2008),「'日韓倂合'と朝鮮華僑: 地位の變化を中心に」,『華僑華人研究』5, 48-68)【이정희】

마조묘媽祖廟

인천시 중구 선린동 49번지 세계미니어처소방차박물관 부근에 있던 해상안전의 신인 마조를 모신 사원. 산동동향회관 건물 옆에 설치되어 있었지만 1960년대 혹은 1970년대 철거되어 현재는 실존하지 않는다. 의선당과 거선당은 마조의 신위를 모시고 제사를 지내고 있다.(이정희(2018.12a), 「조선화교의 민간신앙과 비밀결사」, 『사회와 역사』120, 52)【이정희】

만수배농구대회萬壽杯籠球大會

장개석 총통의 탄신일에 맞춰 개최된 한국화교의 농구대회. 각 지역 화교협회 주도로 진행되었다. 대회 장소는 명동의 한성화교소학에서 개최되었다. 1976년부터 이 대회의 명칭은 만수배가 아닌 중정배(中正杯)로 바뀌었다. 장개석 총통이 1975년 타계한 것과 관계가 있으며, 중정은 장개석의 호이다. 2000년대 들어 서울, 인천지역 화교들을 중심으로 중정배가 아닌 경국배(慶國杯)라는 타이틀의 농구대회가 개최되고 있다.(이민주(2016.9), 「한국화교의 농구대회와 장개석」, 『중국관행웹진』vol.73)【이정희】

만영상萬永祥, 1944-현재

중화인민공화국의 외교관. 하남성 평흥현(平興縣) 출신. 1965년 5월 중국공산당에 입당했다. 같은 해 7월 외교부에 입사. 1978년 3월부터 1982년 7월까지 외교부 신문사(新聞司)의 부처장, 1982년 7월부터 1983년 9월까지 외교부 아프리카사(司) 부처장, 1983년 9월부터 1996년 10월까지 외교부 간부사(幹部司) 처장, 부사장(副司長), 외교부장 보좌관, 외교부 당위원회 위원, 기율검사위원회(紀律檢査委員會) 서기, 중앙비밀위원회(中央保密委員會) 위원 등을 각각 역임했다. 1996년 10월부터 1999년 6월까지 주북한대사를 지냈다. 그 후 주브라질대사를 지냈으며, 2003년 3월부터 주마카오 공위(工委)위원, 주마카오 특파원, 제10차 전국정협(全國政協) 위원, 정협(政協) 외사위원회(外事委員會) 부주임을 각각 지냈다. 현재 중국인민외교학회(中國人民外交學會) 당조직 서기(書記)와 부회장으로 일하고 있다.(중화인민공화국주북한대사관 홈페이지; 바이두)【송우창】

만인갱萬人坑

1931년 7월 평양 화교배척사건의 화교 희생자 묘역. '만 명이 무친 굴'이라는 뜻이다. 중국인민지원군이 한국전쟁 참전 때 중국에서 가지고 온 대리석으로 묘역을 정비했지만, 지원군이 철수한 직후인 1959년 북한 당국이 대리석 등을 모두 부숴버려 지금은 흔적도 남아있지 않다.(이정희 (2018b), 『화교가 없는 나라』, 동아시아, 204)【이정희】

만주국신의주화교소학滿洲國新義州華僑小學

신의주 소재 '만주국' 주신의주영사관이 개설한 화교소학. 1938년 설립. '만주국' 건국 후 신의주에 영사관이 개설되었다. 신의주 화교 가운데 일부의 화교가 '만주국' 국적을 취득, 이른바 만교(滿僑)가 되었다. 만교가 된 화교는 대체로 중국 동북3성과 경제상의 연관이 있거나 동북3성에서 이주해 온 화교였다. '만주국' 국적 취득 화교가 증가하자 영사관이 만교 자제를 위해 1938년 화교소학을 개설했다. 학생은 동북3성 및 동북3성과 경제적 연관이 있는 화교의 자제였다. 교과서는 '만주국' 정부 교육청이 편찬한 것을 사용했다. 교사는 대부분 동북3성에서 초빙됐다. 졸업생은 동북3성의 상급 학교로 진학을 했다. 학생수는 200여명에 달했으며, 학교는 공립이기 때문에 수업료는 받지 않았다. 매 학기 입학생은 60여명이었다. 일본의 패전 직후 학교는 문을 닫았다.(陳國華(1992), 『先驅者的腳印: 海外華人教育三百年 1690-1990』, 273; 顧明遠(1992), 『教育大辭典』, 381)【송우창】

만춘루萬春樓

일제강점기 인천 소재 화교의 중화요리점. 1931년 인천 외리 234번지에 설립. 1935년의 경영자는 진영춘(陳榮春)으로 산동성 출신이었다. 자본금은 15,000원이었다.(이정희·송승석(2015), 『근대시기 인천화교의 사회와 경제』, 학고방, 70) 【이정희】

만춘잔萬春棧

일제강점기 인천 소재 화교의 전장(錢莊). 지나정 인합동(仁合東) 상점 내에 개설되어 있었다. 1928년의 경영자는 양인성(楊仁盛)이며, 본점은 대련(大連)에 있었다.(이정희·송승석(2015), 『근대시기 인천화교의 사회와 경제』, 학고방, 176)【이정희】

만취동萬聚東

일제강점기 및 해방초기 인천 소재 화교의 행잔 겸 무역회사. 1915년 내리 213번지에서 해산물 무역상점 및 잡화상점으로 설립. 1930년대 신정(新町)으로 이전했으며, 1935년의 경영자는 왕승선(王承謁)으로 산동성 출신이었다. 자본금은 4만원으로 규모가 큰 상점이었다. 만취동은 객잔을 경영하면서 산동성과 인천을 왕래하는 화교에게 각종 여행서비스를 제공했다. 미군정기 인천 신포동 24번지에 본사를 두고, 서울 소공동에 지점을 둔 무역회사로 발전했다. 1948년의 연간무역액은 6억6,525만원으로 화교

만취동의 광고사진
(한중문화협회 편(1949.3), 72)

무역회사 뿐 아니라 한국인 무역회사를 포함하여 당시 한국 최대 무역회사였다. 단순한 무역회사를 벗어나 중국과 홍콩 등지서 온 무역상에게 주거와 무역편의를 제공하는 행잔(行棧)으로 기능했다. 중국 대륙, 홍콩, 마카오 등지와 무역을 했으며, 중국 대륙의 국공내전으로 발생한 전쟁수요의 기회를 틈타 밀무역을 활발히 전개했다. 무역뿐 아니라 백주공장, 중화요리점, 당면공장 등도 경영했다. 만취동은 합과(合夥)였다. 만취동 발행 주식은 총 1,138주였다. 총리(總理, 회장)는 왕흥서(王興西), 협리(協理, 부회장)는 곽화정(郭華亭), 하자범(夏子範), 임풍년(林

豊年), 감찰은 한봉명(韓鳳鳴), 조지관(姚志寬), 왕소신(王少臣)이었다. 사장은 강무정(姜茂禎), 부사장은 이경문(李慶文)이었다. 1950년 1·4후퇴 때 직원이 모두 남쪽으로 피난을 떠나면서 문을 닫았다.(이정희(2008.8), 「해방초기 인천화교의 경제활동에 관한 연구」, 『인천학연구』9, 105-125)【이정희】

만취동당면공장萬聚東唐麵工場

일제강점기 및 해방초기 인천 소재 화교의 당면공장. 1930년 도화정(道禾町) 238번지에서 설립. 1935년의 경영자는 이총길(李聰吉)로 산동성 출신이며, 자본금은 3천원이었다.(이정희·송승석(2015), 『근대시기 인천화교의 사회와 경제』, 학고방, 70)【이정희】

만취동중화요리점萬聚東中華料理店

일제강점기 및 해방초기 인천 서경정(西京町, 현재의 내동) 213번지 소재의 중화요리점. 1942년의 경영자는 임수명(林樹明)이며, 종업원은 11명이었다. 해방 이후에도 영업을 계속하다 한국전쟁 때 문을 닫았다.(이정희(2018a), 『한반도 화교사』, 동아시아, 335)【이정희】

만포중국인인민학교滿浦中國人人民學校

북한 만포 소재의 화교소학. 1948년 12월의 학생수는 61명, 교원은 1명이었다. 북한정부가 1949년 4월 학교를 인수관리하면서 교명은 이전의 화교소학에서 만포중국인인민학교로 바뀌었다. 학교는 1949년 여름방학 때 방학 야간학습반(夜間學習班)을 조직했다. 1950년 6월 3일 학교는 6.1국제아동절 경축행사를 개최했다. 1959년 겨울 자강도 내 11개 중국인인민학교가 강계, 중강, 만포중국인인민학교에 통폐합되면서, 만포중국인인민학교의 학생수는 증가했다. 교장은 손보림(孫寶林), 교원은 장귀영(張貴榮), 궁요동(宮耀東)이었다. 학생수는 60여명이었다. 2002년 교명은 만포중국인소학교(滿浦中國人小學校)로 바뀌었다. 2003년의 학생수는 12명, 교사는 7명이었다. 교사 가운데 화교 교사는 2명이었다.(朝鮮華僑聯合總會機關報《民主華僑》; 朝鮮華僑聯合會機關報《華訊》; 기타 자료)【송우창】

만포진중화상회滿浦鎭中華商會

일제강점기 평안북도 만포진지역의 화교 사회단체. 1942년 여선중화상회연합회의 회원으로 활동했다.(이정희·송승석(2015), 『근대시기 인천화교의 사회와 경제』, 학고방, 234)【이정희】

맥클레인Helen McClain, 梅凱蘭

미국 북장로회 소속 화교교회 선교사. 근대 중국에서 선교활동을 하다 중국이 공산화된 후 파키스탄으로 가서 영어교육을 담당했다. 1955년 한국 이주 후, 한성중화기독교회를 비롯하여 대구, 대전, 군산, 영등포중화기독교회에서 사역했다. 자비로 정신(丁信) 목사와 이문빈(李文彬) 목사를 대만에서 초빙하는데 기여했다. 1963년부터 1968년까지 대전중화기독교회에서 목회 활동을 했다. 1968년 한국을 떠나 대만으로 이주, 대만에 유학 온 한국화교 청년을 대상으로 목회활동을 했다. 1975년 미국으로 영구 귀국했다.(旅韓中華基督教聯合會(2012), 『旅韓中華基督教創立百年紀念特刊』, 40-41)【이정희】

맹경복孟慶福, 1912-?

중화민국의 외교관. 산동성 청도(靑島) 출신. 1942년 주경성총영사관의 수습영사로 근무하고 있었다.(朝鮮總督府外務課(1942), 『昭和17年 領事館表關係』)【이정희】

맹란분孟蘭盆

불교 행사의 하나로 조상의 영혼을 사후의 고통 세계에서 구제하기 위해 제사를 지낸다. 보통 음력 7월 15일 전후이다. 조선화교 주물공장은 도제제도(徒弟制度)를 도입하여 도제의 직공에게는 일급을 지급하지 않고 다만 음력 설 및 이 날에 임금 상당의 급여를 지급했다.(이정희(2018a), 『한반도 화교사』, 동아시아, 390)【이정희】

맹헌시孟憲時, 생졸년불상

일제강점기 평양의 대표적인 화상이자 화교 지도자. 1923년 평양의 가옥세와 호별세 납세 부문에서 화교 가운데 최고의 납세자였다. 1931년 7월 평양 화교배척사건 때 평양중화상회의 회장으로 근무하고 있었고, 사건 당시는 중국 출장중이었다. 만주사변 후 중국 안동(安東)으로 피난했다. 경흥덕(慶興德) 주단포목상점 및 양말직조공장인 경흥공창(慶興工廠)의 경영자였다. 배척사건 후 경흥덕의 채무미상환 문제가 불거지자 평양 소재 부동산을 2만원에 매각하여 조선식산은행에 차입금을 갚았지만, 기타의 차입금은 변제하지 못해 다시 영업을 재개하지 못했다.(이정희 (2018a), 『한반도 화교사』, 동아시아, 208·418-419)【이정희】

모덕정慕德政, 1935-2017

북한화교이자 중국 귀국화교. 산동성 영성(榮成) 출신. 1935년 6월 인천 출생. 해방 당시 해주에서 농업에 종사하고 있었다. 1948년 북조선화교중학교(北朝鮮華僑中學校)에 입학하여 수학했으며, 1953년 3월 중국으로 귀국했다. 1956년 동북사범대학(東北師範大學)에 입학하여 1960년 졸업했다. 그 후 연변대학 물리학과에 배치되었다. 문화대혁명 때 조사를 받고 1969년 산간지역으로 하방되어 석재를 채굴했다. 1973년 연변대학으로 전출되어 근무했다. 1985년 중국공산당에 입당했다. 중화전국교련(中華全國僑聯)의 제2기-제5기 위원, 연변 교련의 주석, 길림성화교사학회의 명예회장을 지냈다. 1996년 여름 평양을 방문하여 북한의 화교연합회(華僑聯合會)와 논의해 연변대학에 조선화교학생문화보습반(朝鮮華僑學生文化補習班)을 열기로 결정했다.(林明江 主編(2011), 『報效祖國獻青春: 吉林歸僑口述錄』, 中國華僑出版社, 193-205)【송우창】

모문금慕文錦, 1895–?

대구의 화교건축시공업자 및 중화요리점 경영자. 화교 지도자. 산동성 황현 동마원(東厫院) 모가촌(慕家村) 출생. 1904년 모가촌의 사숙(私塾)에 입학하고 1912년 12월 12일 사숙을 휴학했다. 1913년 3월 15일 경성으로 이주하여 정동 소재의 쌍흥호(雙興號) 건축청부회사의 서기

모문금이 시공한 대구 계성학교 핸더슨관

로 취직했다. 쌍흥호에서 실력을 인정받아 1915년 4월 1일부터 설계사로 승진했다. 약 2년간 설계사로 일한 후 1917년 3월 31일 쌍흥호를 떠났다. 1920년 4월 1일 대구 쌍흥호의 부책임자로 임명됐다. 경영자 강의관(姜義寬)과 같이 1920년대 전라도, 경상도 지역의 가톨릭 관련 건축물을 시공했다. 강의관이 1931년 화교배칙사건 때 고향으로 돌아간 후에는 쌍흥호의 경영자가 되었다. 1933년 12월 14일 대구화상공회에서 바뀐 대구중화상회의 부주석에 피선(被選)되었고, 1936년 7월 17일에는 주석에 피선되어 대구화교 사회의 명실상부한 지도자가 되었다. 1937년 6월 21일에는 지역 최대의 중화요리점인 군방각(群芳閣)의 경영자로서 대구중화요리음식점조합장에 피선되었다. 중일전쟁 이후 대구중화상회의 주석으로서 지역 화교의 염원인 화교소학의 설립에 발 벗고 나서 1941년 8월 21일 경상북도지사로부터 인가를 받아냈다. 대구화교소학의 교장을 지냈으며 대구화교중학의 설립에도 큰 기여를 했다. 1939년 3월 3일 전국 중화상회의 연합체인 여선중화상회연합회(旅鮮中華商會聯合會)의 간사로 피선되었으며, 1942년 3월 20일 여선화교대표대회(旅鮮華僑代表大會)에 초빙되어 경성의 화교중학교 준비위원으로 피선되었다. 해방 후에는 군방각을 계속 경영했다. 1967년 대구중화기독교회의 1층 건물을

시공했다. 1968년경 자녀가 생활하는 대만으로 재이주를 하여 그곳에서 타계했다.(이정희(2017.12),「조선 화교의 성당건축 시공 활동(1880년대-1930년대): 서울과 대구를 중심으로」,『교회사연구』51, 한국교회사연구소, 66-75)【이정희】

모문서慕文序, 생졸년불상

일제강점기 경성의 화교 건축시공업자. 산동성 출신으로 쌍흥호(雙興號) 건축회사의 경영자였다. 서울 승동교회(1913)와 평양 숭실전문학교(1928)를 시공했다.(이정희(2018a),『한반도 화교사』, 동아시아, 588)【이정희】

모배익牟倍益, 1878-?

일제강점기 인천의 화상(華商). 산동성 복산현 출신. 주단포목 수입상점인 인래성(仁來盛)의 경영자로 1913년 인천중화상회의 초대 의원으로 임명되어 활동했다.(이정희·송승석(2015),『근대시기 인천화교의 사회와 경제』, 학고방, 97)【이정희】

모선주牟仙洲, 1893-?

일제강점기 함경남도 원산의 화상(華商). 산동성 복산현 출신. 무역회사 겸태흥(謙泰興)의 경영자. 1942년 원산중화상회의 상무위원으로 활동하고 있었다.(元山領事館(1942),「元山中華商會章程職員履歷表」,『汪僞僑務委員會檔案』)【이정희】

모종신慕宗申, 생졸년불상

북한화교. 해주의 화농으로서 20년간 채소를 재배했다. 해방 초기 해주화교소학의 이사를 지냈으며, 학교를 위해 여러 차례 기부를 했다. 1949년 중국인민해방군을 위해 3만원을 기부했다. 1950년 2월 해주시농민대표대회에서 농업생산 모범상을 수상했다. 1950년 7월 한국전쟁 지원금으로 5천원을 기부했다.(朝鮮華僑聯合總會機關報《民主華僑》)【송우창】

모지소牟志昭, 1898-?

일제강점기 대구의 화상(華商). 산동성 서하현(棲霞縣) 출신. 사숙(私塾) 졸업. 중화요리점 군방각(群芳閣)의 경영자. 1942년 대구중화상회의 집행위원으로 활동하고 있었다.(釜山領事館(1942), 「大邱中華商會職員履歷表」, 『汪僞僑務委員會檔案』)【이정희】

목광전穆廣田, 1913-?

일제강점기 부산 소재 중화요리점의 경영자. 산동성 영성현 출신. 부산에서 허작기(許作棋)와 공모하여 부산 소재 조선중공업주식회사 방화를 감행하다 검거되었다.(이정희(2017.6), 「중일전쟁시기 조선화교의 항일활동」, 『동양사학연구』139, 355-356)【이정희】

목포중화상회木浦中華商會

일제강점기 목포의 화교 사회단체. 1913년 인천 중화상회의 분회로 설치되어 해방 직전까지 활동했다. 1920년대의 회장은 장봉헌(張鳳軒), 부회장은 장한신(張翰臣)이 맡았다. 1942년 여선중화상회연합회의 회원으로 당시의 회장은 손성량(孫盛良)이었다.(이정희·송승석(2015), 『근대시기 인천화교의 사회와 경제』, 학고방, 97·233)【이정희】

목포화교소학木浦華僑小學

목포 소재 화교소학. 1952년 설립. 유종진(柳鍾珍), 이옥화(李玉和), 왕연귀(王連貴) 등이 중심이 되어 학교를 설립했다. 1957년의 교장은 손성검(孫盛儉)이었다. 1956년의 학생인원은 27명. 학생수 감소로 폐교되었다.(華僑志編纂委員會編(1958), 『華僑志-韓國-』, 157)【이정희】

무대위武大偉, 1946-현재

중화인민공화국의 외교관. 흑룡강성 출신. 주일대사관에서 1973년부터

1979년, 1985년부터 1989년까지 근무했다. 1994년부터 1998년까지 주일 대사관 공사를 역임했다. 1998년 4월 제2대 주한대사로 임명되어 2001년 11월까지 근무했다. 그 후 주일대사(2001.7-2004.8)를 역임하고, 2004년 8월 중국 외교부 부부장(副部長)으로 임명되었다. 2007년 4월 북한핵문제 해결을 위한 한반도사무특별대표로 임명되어 활동했다.(바이두; (이정희 (2018b), 「화교가 없는 나라」, 동아시아, 238)【이정희】

무동화武東和, 1940-현재

중화인민공화국의 외교관. 하북성(河北省) 출신. 대학 졸업. 1966년부터 1969년까지 외교부 통역실 직원, 1969년부터 1974년까지 외교부 예빈사(禮 賓司)에서 근무했다. 1983년부터 1989년까지 외교부 아프리카사(司) 부처 장(副處長), 처장, 참찬(參贊)을 지냈다. 1989년부터 1995년까지 주니제르 대사, 주말리 대사를 역임했다. 1995년부터 1998년까지 외교부 판공청(辦公 廳) 주임, 1998년부터 2001년까지 외교부장 보좌관, 외교부 기율검사위원회 (紀律檢査委員會)의 서기(書記)를 역임했다. 2001년부터 2006년까지 주북 한대사를 역임했다. 현재 외교부 외교정책자문위원회(外交政策咨詢委員 會)의 위원으로 일하고 있다.(중화인민공화국주북한대사관 홈페이지; 바이두)【송우창】

무산중국인인민학교茂山中國人人民學校

북한 무산 소재의 화교소학. 1948년 12월의 학생수는 35명, 교원은 4명 이었다. 교장은 이수영(李樹英)이 맡았다. 북한정부가 1949년 4월 인수 관리하면서 교명은 이전의 화교소학에서 무산중국인인민학교로 바뀌었 다. 1950년 6월 3일 학교의 축구팀이 무산군의 6.1국제아동절 운동회에 참가하여 1위를 차지했다. 한국전쟁 기간 중국정부가 파견한 왕리(王莉) 가 교사로 일했다. 한국전쟁 휴전 후 교사를 재건했다. 1960년 4월의 교 장은 필숭발(畢崇發)이었다.(朝鮮華僑聯合總會機關報《民主華僑》; 朝鮮華僑聯合 會機關報《華訊》)【송우창】

무산중화민회茂山中華民會

일제강점기 함경북도 무산지역의 화교 사회단체. 1942년 여선중화상회 연합회의 회원으로 당시의 회장은 손자흠(孫子欽)이었다.(이정희·송승석 (2015),『근대시기 인천화교의 사회와 경제』, 학고방, 234)【이정희】

무역창고 봉쇄사건貿易倉庫 封鎖事件

한국정부가 1949년 12월말부터 1950년 초까지 서울과 인천 소재 화교 무역회사 창고를 봉쇄한 사건. 한국정부는 화교의 밀무역을 방지한다는 목적으로 인천과 서울의 화교 무역창고를 봉쇄했다. 이 봉쇄 조치로 인해 창고에 물건을 쌓아놓고 판매 시기를 조절하여 이익을 극대화했던 화교 무역회사는 큰 타격을 입었다.(정은주(2013),「차이나타운 아닌 중국인 집거지: 근현대 동아시아 역학 속에 주조된 서울 화교 집단거주지의 지형」,『서울학연구』53집, 147; 이 정희(2018a), 261)【정은주】

문사정文士楨, 1900-1981

중공이 해방초기 북한에 파견한 중요 간부. 별칭은 광선(光先). 호남성 익양첨계(益陽沾溪, 현재의 도강현(桃江縣)) 출신. 1924년 무창미술전과 학교(武昌美術專科學校)에 입학하여 1927년 중국공산당에 입당했다. 1927년 10월 모스크바의 중산대학(中山大學)에서 유학을 시작한 후, 1928년 소련공산당(蘇聯共産黨)에 가입했다. 1938년 여름 귀국한 후, 1943년 5월 팔로군주중경판사처(八路軍駐重慶辦事處)에 부임했다. 그 후 연안당교(延安黨校)로 옮겨 공부했다. 중일전쟁 승전 후 동북으로 파견되어 요동성비서주임(遼東省秘書主任)을 역임했다. 1949년 3월 동북 행정위원회주북조선상업대표단수석대표(東北行政委員會駐朝鮮商業 代表團首席代表)를 맡았고, 1950년 귀국 후에는 중공심양시위원회통전 부부부장(中共沈陽市委統戰部副部長)과 중국국제무역촉진위원회부비 서장(中國國際貿易促進委員會副秘書長) 그리고 중국혁명박물관 부관

장 겸 중공박물관당위원회제1부서기(中國革命博物館副館長兼中共博
物館黨委第一副書記)등의 직책을 역임했다. 1963년 호남성정협부주석
(湖南省政協副主席)을 지냈다. 1981년 11월 장사(長沙)에서 병사했다.(湖
南省地方誌編纂委員會 編(1995),『湖南省誌: 第三十卷人物誌』, 湖南出版社, 632-633; 中國人
民政治協商會議益陽縣委員會文史資料研究委員會 編(1986),『益陽文史資料』第3輯, 40-42)
【송우창】

문성동文盛東

일제강점기 강원도 주문진(注文津) 소재 화교의 잡화상점. 1942년 여선
중화상회연합회의 회원 기관으로 경영자는 장명문(張銘文)이었다.(이정
희·송승석(2015),『근대시기 인천화교의 사회와 경제』, 학고방, 233)【이정희】

문영동향연의회文榮同鄕聯誼會

산동성 문등(文登)과 영성(榮成) 출신 한국화교의 동향단체. 1989년 1월
설립. 매년 정기총회를 개최하여 친목활동을 펼치고 있다.(이정희(2018b),
『화교가 없는 나라』, 동아시아, 136-137)【이정희】

문태흥文泰興

일제강점기 군산 소재 화교의 주단포목 도매상점. 경영자는 해천경(解
天慶)으로 1928년의 연간판매액은 192,900원이었다. 1929년 군산의 덕생
동(德生東) 화교 주단포목상점으로부터 직물을 조달하고 있었다.(이정희
(2018a),『한반도 화교사』, 동아시아, 69·139·142)【이정희】

문향루聞香樓

일제강점기 경성 소재 화교의 중화요리점. 경영자는 난수전(蘭樹田)으
로 노구교사건 직후 폐점하고 고향으로 귀국한 후, 1938년 8월 다시 돌
아와 재개점을 하려 했지만, 조선총독부가 폐점 후 6개월이 지난 후에는

재개점을 하지 못한다는 방침을 세워 뜻을 이루지 못했다.(이정희(2018a), 『한반도 화교사』, 동아시아, 325)【이정희】

뮈텔Gustave Charles Marie Mutel, 閔德孝, 1854-1933

파리외방전교회(外邦傳敎會)로부터 1880년 조선에 파견되어 조선대목구장을 지낸 신부. 1890년 제8대 조선대목구장으로 임명된 후 1933년 1월 14일 타계하기 직전까지 대목구장으로 근무했다. 재임 기간 경성에 많은 가톨릭 관련 건축물을 건축했다. 건축 시공은 대부분 화교 건축시공업자에게 맡겼다. 1890년부터 42년간 거의 매일 일기를 썼다. 그의 일기는 프랑스어로 기록되어 오랫동안 국내에 소개되지 못하다가, 한국교회사연구소에 의해 번역되어 1986년부터 2008년까지 총 8권이 출판되었다. 조선어에 능숙했을 뿐 아니라 중국어에도 정통하였으며, 특히 한문을 자유자재로 쓰고 읽을 수 있는 학식 풍부한 학자이기도 했다. 조선 가톨릭 역사의 연구자이자 뮈텔 주교를 1928년과 1931년 직접 방문한 적이 있는 일본인 야마구치 마사유키(山口正之)는 그의 일기의 역사적 의의에 대해 다음과 같이 기록했다. "주교는 매일 극명하게 일기를 썼다. 매년 1권씩 제본된 것은 서가에 비치되었는데 이를 본 적이 있다. 이 일기는 주교 한 명의 신변 기록에 그치지 않는다. 한말부터 조선병합 ─ 일본통치로 이어지는 파란만장의 정교사(政敎史)가 기록된 조선 근대 사료라 할 수 있다." 그의 일기에는 명동성당, 약현성당 등 가톨릭 관련 건축물에 관한 내용이 많이 등장하여 화교 건축시공업자의 활동을 밝히는데 사료적 가치가 높다. 조선에 파견된 청국 및 중국의 외교관과도 친하게 지냈다.(이정희(2017.12), 「조선 화교의 성당건축 시공 활동(1880년대-1930년대): 서울과 대구를 중심으로」, 『교회사연구』51, 한국교회사연구소, 47-51; 이정희(2018a), 590)【이정희】

미국제노한화잡지美國齊魯韓華雜誌

미국에 재이주한 한국화교가 주축이 되어 결성한 미국제노연의협회(美國齊魯聯誼協會)가 발행하는 중국어 잡지. 잡지사의 본사는 캘리포니아에 있다. 재이주 한국화교가 주요한 필진이며, 가끔 한국 거주 화교도 필진으로 참가하고 있다. 주로 미국 재이주 한국화교의 동정을 게재하고 있으며, 한국 거주 시의 추억담을 싣고 있다. 대북 소재의 중화민국한국화교협회(中華民國韓國華僑協會), 중국 연태 소재의 연태한화연의회(煙台韓華聯誼會)의 소식도 게재한다. 2018년 8월 15일 발간된 잡지는 54호였다.(이정희(2018b), 『화교가 없는 나라』, 동아시아, 149)【이정희】

《미국제노한화잡지》의 표지

미군점령 하 조선지역의 민정에 관한 미국육군최고사령관에 대한 기본지령
SWNCC176-8

2차 세계대전 승전 직후, 미국정부 3성조정위원회(SWNCC)의 극동분과위원회가 작성하여 1946년 10월 17일자로 맥아더사령관에게 전달, 미군정청에 하달한 지령. 이 지령의 제8항 '전쟁포로, 국제연합국 국적자, 중립국 국적자 및 기타'에 한국화교를 '연합국국민'으로 대우하여, 귀환을 희망할 경우 각종 편의를 제공할 것과 건강 및 복지를 지켜주고, 화교의 재산을 보관 및 보호해 주도록 했다.(이정희(2008.8), 「해방초기 인천화교의 경제활동에 관한 연구」, 『인천학연구』9, 101)【이정희】

미면교환체제米綿交換體制

일제강점기 조선의 대외무역이 쌀의 수출과 직물의 수입을 기축으로 이뤄지고 있는 것을 나타낸 표현. 미곡이 조선의 수출액에서 차지하는 비중은 1901-1910년 연평균 35%, 섬유류가 조선의 수입액에서 차지하는 비중은 같은 기간 연평균 41%였다. 화교 주단포목 수입상점은 면직물, 마직물, 견직물을 중국, 일본에서 수입하여 조선 내에 판매했기 때문에 이 체제를

지탱하는 주요한 요소로 기능했다.(이정희(2018a), 『한반도 화교사』, 동아시아, 57-58)
【이정희】

미쓰이물산경성지점三井物産京城支店

일본 미쓰이물산이 경성에 설치한 지점. 미쓰이물산이 1899년 한성에 출
장소를 설립한 것에서 시작되었다. 1913년 11월 경성출장소로 승격됐다.
경성지점은 황금정(黃金町) 1정목 63번지에 있었다. 경성지점은 화상
유풍덕을 특약점으로 지정하여 산에이조합(三榮組合)의 면직물을 공급
하고 50-60일 뒤 지불하도록 하는 약정을 맺어 거래했다.(이정희(2018a), 『한
반도 화교사』, 동아시아, 92-93)【이정희】

미아공사美亞公司

서울 중구 태평로 2가 35번지 소재 화교의 무역회사. 1954년의 사장은
손경원(孫鏡遠)이었다.(華僑志編纂委員會編(1958), 『華僑志-韓國-』, 85)【이정희】

민주화교民主華僑

해방초기 북한의 화교연합총회(華僑聯合總會)가 발행한 기관지. 전신
은 화교연합총회 선전교육부가 발행한 《전신(電訊)》이었다. 1948년 6월
화교연합총회는 총회의 선전교육부를 기반으로 민주화교사(民主華僑
社)를 설립했다. 민주화교사는 1948년 10월 5일 기관지 《민주화교(民主
華僑)》 창간호를 주간지로 발행했다. 이봉건(李奉建)이 《민주화교》의
편집장을 맡았다. 1948년 12월 21일 북한의 제3종 우편물의 인가를 받았
다. 1949년 1월부터 1부당 5원, 매월 20원으로 우송·판매했다. 1949년 11
월 23일 제58호부터는 3일에 한번 씩 발행되었다. 부당 4원, 매월 32원이
었다. 한국전쟁 발발 초기 잠시 일간지로 변경되어 발행되다 1950년 8월
28일 제170호를 마지막으로 정간됐다. 《민주화교》는 매 호 4쪽으로 이루

어져 있었다. 1면은 북한, 중국, 소련 등 사회주의 국가의 발전상을 소개하였다. 2면은 북한 국내 및 한국 각 지역의 상황을 소개했다. 3면은 북한화교를 소개했으며, 4면은 자료와 인터뷰 등의 내용이었다. 이 가운데 3면은 각지 북한화교의 통신조(通訊組), 화교학교교사와 학생 그리고 화교연합회 간부 등이 쓴 원고를 게재했다.(朝鮮華僑聯合總會《民主華僑》)【송우창】

민주화교사民主華僑社

북한의 화교연합총회는 선전교육부를 기반으로 1948년 6월 출판사인 민주화교사(民主華僑社)를 설립했다. 소재지는 평양특별시 중성리(中城里) 85번지였다. 출판사가 인쇄 공장을 자체 운영했다. 직원은 화교와 북한사람이 모두 포함되었다. 이봉건(李奉建)이 민주화교사의 사장 겸 편집장을 맡았다. 그 외의 직원은 다음과 같다. 글자 검사공 여봉오(呂鳳梧), 조판공 우인량(于人良), 장지명(張誌明), 기계공 송병호(宋秉浩), 기계조수 최진국(崔鎭國), 조판보조 서형선(徐螢善), 공무과장(工務課長) 나성덕(羅聖德), 기획과장 장흥□(張興□), 제본공 이인실(李仁實), 임순실(林順實), 번역과장 오응호(吳應鎬). 민주화교사의 주요임무는 화교연합총회의 기관지인 《민주화교(民主華僑)》의 발간과 북중의 관련 서적 번역 출판이었다. 출판한 번역서는 《조선민주주의인민공화국헌법(朝鮮民主主義人民共和國憲法)》(1948년9월), 《남조선괴뢰'정부'내막(南朝鮮傀儡'政府'內幕)》(1950년9월)등이 있다. 1950년 9월 북한군이 평양에서 철수할 때 해체되었다.(朝鮮華僑聯合總會《民主華僑》)【송우창】

박승직朴承稷, 1864-1950

경성의 조선인 주단포목상점을 대표하는 실업가. 1897년 자본금 6만원으로 한성 종로에 박승직상점을 설립하고 1905년경 직물을 일본 및 중국에서 직접 수입하기 위해 일본인 니시하라가메지(西原龜三)와 공익사(共益社)를 설립했다. 그 후 공익사의 사장과 만주 공익사의 이사장을 지냈다. 경성포목상조합의 조합장으로 장기간 활동했다. 공익사는 조선상업은행을 통해 화교 주단포목상점인 유풍덕(裕豊德), 금성동(錦成東)과 거래관계에 있었다.(이정희(2018a), 『한반도 화교사』, 동아시아, 132)【이정희】

박신재樸辛哉, 생졸년불상

중공이 해방초기 북한에 파견한 중요 간부. 함경북도화교연합회 초대 위원장을 지냈다.(楊昭全·孫玉梅(1991), 『朝鮮華僑史』, 中國華僑出版公司, 321)【송우창】

박천중화상회博川中華商會

일제강점기 평안북도 박천지역의 화교 사회단체. 1942년 여선중화상회연합회의 회원으로 활동했다.(이정희·송승석(2015), 『근대시기 인천화교의 사회와 경제』, 학고방, 234)【이정희】

반익자潘益慈, 1909-?

중화민국의 외교관. 1942년 주경성총영사관의 서기로 근무하고 있었다.

(朝鮮總督府外務課(1942), 『昭和17年 領事館表關係』)【이정희】

반자력潘自力, 1904-1972

중화인민공화국의 외교관. 본명은 반자려(潘自勵). 섬서성(陝西省) 화주 (華州) 출신. 1920년 화현함림중학(華縣鹹林中學)에 입학. 1923년 여름 중국사회주의청년단(中國社會主義靑年團)에 가입했다. 1925년 11월 모스크바의 중산대학(中山大學)에 입학했다. 1926년 1월 공산당원으로 전환하여 1927년 중국에 귀국, 1928년 중공 섬서성위원회(陝西省委) 서기 (書記)로 임명되었다. 1931년부터 프랑스, 영국, 소련으로 유학, 1933년 5월 귀국했다. 대장정에 참가했다. 1938년 진찰기군구(晉察冀軍區)에 배치된 후, 야전군(野戰軍) 정치부주임, 화북야전군(華北野戰軍) 제2병단(兵團) 정치부주임 등을 지냈다. 1949년 9월 중국공산당 영하성위원회 (寧夏省委) 서기와 인민정부 주석을 역임했다. 1952년 섬서성위원회(陝西省委) 서기, 1955년 1월부터 1956년 2월까지 주북한대사를 역임했다. 1956년에는 인도대사, 1962년에는 소련대사로 각각 임명되었다. 중공 제8차 대표대회에서 중앙후보위원으로 당선되었다. 문화대혁명 기간 중 박해를 받았으며, 1972년 5월 산서성(山西省)에서 타계했다.(西安市地方誌編纂委員會 編(2006), 『西安市誌第七卷: 社會,人物』, 西安出版社, 447-448)【송우창】

발덕당發德堂

일제강점기 경성 소재 화교의 이발소. 대정동(大貞洞)에 소재했다. 1910년 12월 현재 종업원은 4명이었다.(이정희(2018a), 『한반도 화교사』, 동아시아, 341)【이정희】

방세능方世能, 1900-?

일제강점기 인천 거주의 화농(華農). 산동성 영성현 출신. 항일단체 일동회(日東會)에 가입하여 항일활동을 하다 검거되었다.(이정희(2017.6), 「중일

전쟁시기 조선화교의 항일활동」,『동양사학연구』139, 350-352)【이정희】

방세영方世英, 1910-?

일제강점기 인천 거주의 화농(華農). 산동성 영성현 출신. 1936년 주안 (朱安)으로 이주하여 채소재배를 했다. 1941년 항일단체 일동회(日東會)에 가입하여 항일활동을 하다 검거되었다.(이정희(2017.6), 「중일전쟁시기 조선화 교의 항일활동」,『동양사학연구』139, 351)【이정희】

방세현方世賢, 1907-?

일제강점기 인천 거주의 화농(華農). 산동성 영성현 출신. 1934년 경기도 안성으로 이주하여 채소재배를 하다 1937년 인천으로 이주하여 계속 채소 재배를 했다. 항일단체 일동회(日東會)에 가입하여 항일활동을 하다 검거 되었다.(이정희(2017.6), 「중일전쟁시기 조선화교의 항일활동」,『동양사학연구』139, 350-352) 【이정희】

방숭학方崇學, 1910-1944

일제강점기 인천 주안 거주의 화농(華農). 산동성 영성현 출신의 화교. 항일단체 일동회에 가입하여 활동하다 검거되어 재판을 받은 후, 1944년 1월 12일 수감되어 있던 서대문형무소에서 타계했다.(이정희(2017.6), 「중일전 쟁시기 조선화교의 항일활동」,『동양사학연구』139, 351)【이정희】

방육지房毓芝, 1921-?

일제강점기 부산 거주의 화교. 산동성 봉래현 출신. 중화요리점의 회계 로 일했다. 1941년 부산 마키노시마(牧之島) 소재 조선중공업주식회사 (朝鮮重工業株式會社) 및 기타 몇 개의 산업시설에 방화를 한 혐의로 검거되었다.(이정희(2017.6), 「중일전쟁시기 조선화교의 항일활동」,『동양사학연구』139, 354-355)【이정희】

방치원房治元, 1897-?

일제강점기 부산의 화상(華商). 산동성 복산현 출신. 사숙(私塾) 5년 졸업. 중화요리점의 경영자. 1942년 부산중화상회의 이사로 활동하고 있었다.(釜山領事館(1942),「釜山中華商會職員履歷表」,『汪僞僑務委員會檔案』)【이정희】

방현중화상회方峴中華商會

일제강점기 평안북도 구성군(龜城郡) 방현지역의 화교 사회단체. 1942년 여선중화상회연합회의 회원으로 당시의 회장은 왕정필(王廷弼)이었다.(이정희·송승석(2015),『근대시기 인천화교의 사회와 경제』, 학고방, 233)【이정희】

배춘림裴春林, 생졸년불상

북한 강계의 화상(華商). 해방초기 강계화상을 대표하여 각종 행사에 참가했다.(朝鮮華僑聯合總會機關報《民主華僑》)【송우창】

범명요範明耀, 생졸년불상

북한화교. 1948년 운산북진화교소학에서 근무했다. 1949년 3월 원산화교소학의 교장을 맡았으며, 동시에 원산화교연합회의 업무에도 참가했다. 한국전쟁 때 귀국했다.(朝鮮華僑聯合總會機關報《民主華僑》; 기타 자료)【송우창】

범세삼範世森, 1899-?

일제강점기 함경남도 원산의 화상(華商). 산동성 창읍(昌邑) 출신. 주단포목상점 동생덕(東生德)의 경영자. 1942년 원산중화상회의 집행위원으로 활동하고 있었다.(元山領事館(1942),「元山中華商會章程職員履歷表」,『汪僞僑務委員會檔案』)【이정희】

범한생范漢生, 1882-?

중화민국의 외교관. 안휘성 이현(黟縣) 출신. 이름은 후택(厚澤), 자는 한생(漢生). 일본의 법정대학(法政大學) 졸업 후 봉천학무공소편집장(奉天學務公所編輯長), 연길변무공서외교과1등번역관(延吉邊務公署外交課一等繙譯官), 연길교섭사서동문정번역관(吉林交涉使署東文正繙譯官), 호북도독부외교고문(湖北都督府外交顧問)을 거쳐 1918년 길림교섭서고문(吉林交涉署顧問) 겸 일문(日文) 비서로 임명되었다. 그 후 장개석 남경국민정부 수립 후에는 외교부 총무사과장(總務司科長), 정보사제4과장(情報司第四科長)을 지냈다. 1934년 11월부터 1941년 12월까지 중화민국주경성총영사관의 총영사, 1941년 12월부터 1943년 3월까지 고베(神戶)총영사로 근무한 후, 퇴임했다. 퇴임 후, 왕정위 남경국민정부의 화북전력공사(華北電力公司) 이사장을 지냈다. 조선총독부가 1936년 청진영사관의 관원을 구속하고 폐쇄한 때 경성총영사로서 사건 해결에 노력했다. 노구교사건 직후 북경에 수립된 친일 중화민국임시정부 지지선언을 한 후, 각 영사관에 임시정부의 오색기 게양, 조선화교 사회단체의 임시정부 지지선언을 주도했다. 1938년 2월 조선화교의 각 지역 중화상회 조직의 연합체인 여선중화상회연합회(旅鮮中華商會聯合會)를 조직했다. 조선화교의 각종 국방헌금 모금활동 등의 '친일' 행사를 지시했다. 1940년 중화민국주경성총영사관 앞에 있던 경성중화상회의 부지와 수표교 근처의 부지 환지(換地)를 주도했다. 이러한 '친일' 활동을 평가받아 일본정부로부터 1943년 6월 훈3등서보장(勳3等瑞寶章)을 수여했다.(徐友春 主編(2007), 『民國人物大辭典增訂版 上』, 河北人民出版社, 849; 이정희(2018.12b), 171-207)【이정희】

벽동군통신소조碧潼郡通訊小組

북한의 화교연합회가 1949년 9월 9일 조직한 벽동군 통신소조. 이 소조(小組)는 매달 정기회의를 개최하여 원고작성을 위한 주제별 토론을 실시했다. 소조 소속원은 1인당 월 최소 2편의 원고를 작성해야 했다. 완성원고는 조장(組長)이 심사를 한 뒤, 민주화교사(民主華僑社)에 보내어졌다. 최종 게재 여부는 신문사가 내부에서 결정했으며, 채택된 원고는 원고료를 받을 수 있었다.(朝鮮華僑聯合總會《民主華僑》)【송우창】

보령중화상회保寧中華商會

일제강점기 충청남도 보령지역의 화교 사회단체. 1937년 12월 중화민국 임시정부 수립 후 설립됐다. 1942년 여선중화상회연합회의 회원이었고, 당시의 회장은 수작재(隨作材)였다.(이정희·송승석(2015), 『근대시기 인천화교의 사회와 경제』, 학고방, 232)【이정희】

보선당普善堂

일제강점기 원산 지나정(支那町) 소재 중국식 사원. 의선당, 거선당과 같은 계열의 사원으로 의선당과 교류를 한 편액이 의선당에 남아있다. 해방 직후 북한 공산정권의 수립과 한국전쟁으로 사라진 것으로 추정된다.(이정희 (2018.12a), 「조선화교의 민간신앙과 비밀결사」, 『사회와 역사』120, 51)【이정희】

원산 보선당이 1928년 의선당에 보낸 편액

보영루寶英樓

일제강점기 경성 소재 화교의 중화요리점. 경영자는 손광주(孫光珠)로 노구교사건 직후 폐점하고 고향으로 귀국한 후, 1938년 8월 다시 돌아와 재개점을 하려 했지만, 조선총독부가 폐점 후 6개월이 지난 후에는 재개 점을 하지 못한다는 방침을 세워 뜻을 이루지 못했다.(이정희(2018a), 『한반도 화교사』, 동아시아, 325)【이정희】

보천당寶泉堂

일제강점기 인천 소재 화교의 이발소. 지나정 41번지에 소재했다. 경영자는 노양준(盧良俊)으로 호북성(湖北省) 광제현(廣濟縣) 출신이었다.
(이정희(2018a), 『한반도 화교사』, 동아시아, 349)【이정희】

보통교육성령제17호普通敎育省令第17號

북한정부가 1963년 8월 발표한 화교학교의 조선어 교육 전면 추진에 관한 명령. 이 명령의 중요한 내용은 다음과 같다. 학생수가 적은 화교학교는 주변의 북한의 학교에 편입시킬 것, 학생수가 많은 화교학교는 북한 교육성이 편찬한 교재를 조선어로 가르칠 것, 중국어 수업은 매주 10강의로 정할 것, 교장은 북한사람으로 교체할 것. 이 명령에 따라 화교학교는 북한의 학교와 동일한 교육제도 하에서 운영되게 되었다.(華僑華人百科全書·敎育科技卷編集委員會(1999), 『華僑華人百科全書·敎育科技卷』, 中國華僑出版社, 28)【송우창】

복덕당福德堂

일제강점기 경성 석정동(石井洞) 소재 화교의 이발소. 1910년 12월 현재 종업원은 7명이었다.(이정희(2018a), 『한반도 화교사』, 동아시아, 341)【이정희】

복륭상福隆祥

미군정기 인천 소재 화교의 무역회사. 1948년의 연간무역액은 1,162만원으로 화교 무역회사 가운데서는 12번째로 규모가 큰 회사였다. 한국전쟁 발발 전후 문을 닫았다.(이정희(2008.8), 「해방초기 인천화교의 경제활동에 관한 연구」, 『인천학연구』9, 110)【이정희】

복생덕福生德

일제강점기 원산 소재 화교의 주단포목 도매상점. 1942년의 경영자는 강매전(姜梅田)이었다. 자본금은 15,000원, 연간매상액은 179,000원이었다.
(이정희(2018a), 『한반도 화교사』, 동아시아, 233)【이정희】

복성당復成堂

일제강점기 경성 정동(貞洞) 소재 화교의 이발소. 1910년 12월 현재 종업원은 2명이었다.(이정희(2018a), 『한반도 화교사』, 동아시아, 341)【이정희】

복성덕福盛德

일제강점기 신의주 소재 화교의 주물공장. 1912년에 설립된 조선화교 최초의 주물공장이었다.(이정희(2018a), 『한반도 화교사』, 동아시아, 374)【이정희】

복성동(청진)福盛東(淸津)

일제강점기 및 해방초기 북한 청진 소재의 화교 주물공장. 1934년 청진 포항동(浦項)에 설립. 경영자는 조문록(趙文祿)이었다. 본점은 함흥 소재의 복성동(福盛東)이었다. 1930년의 경영자는 송만명(宋萬明)이었다. 1942년의 경영자는 조문록(趙文祿)이었다. 주요한 생산품은 광산용 베어링과 솥이었다. 자본금은 5만원이었다. 1948년 11월 중공의 국공내전 승전을 위해 4천원을 기부했다. 1949년에 청진시주물공장으로 상호명이 바뀌었다. 1949년 말 북한의 조국보위후원회(祖國保衛後援會)에 항공기탱크제조기금으로 1만원을 기부했다. 1951년 6월 북한에 군사무기 기금으로 20만원을 기부했다. 휴전 후 주철관, 솥, 냄비를 생산했다.(日本商工興信所 編(1935), 『日本商工興信要錄: 朝鮮満州 昭和9年版』, 44; 朝鮮華僑聯合總會機關報《民主華僑》; 이정희(2018a), 400)【송우창】

복성동(함흥)福盛東(咸興)

일제강점기 함흥 소재 화교의 주물공장. 1923년 설립. 1920년대의 경영자는 송만명(宋萬明)이었다. 1930년의 종업원은 32명이었다. 1928년의 연간생산액은 76,000원이었다. 1942년의 경영자는 송만명(宋萬明)이었지만, 왕연귀(王連貴)가 대리 경영하고 있었다. 솥, 농기구, 광산도구, 기계부품을 생산했다. 자본금은 5만원이었다.(이정희(2018a), 『한반도 화교사』, 동아시아, 380·400)【이정희】

복성면포방福星麵包房
개항기 한성 소재 화교의 중화요리점. 1889년 설립. 광동 화상이 경영했다.(이정희(2018a), 『한반도 화교사』, 동아시아, 71)【이정희】

복성잔復成棧
일제강점기 인천 소재 화교의 소금 수입상점 및 행잔. 1919년 설립. 지나정 18번지에 소재했다. 1928년의 연간 수입은 8,200원이었다. 1935년의 경영자는 사축삼(史祝三)으로 산동성 출신이었다. 자본금은 3만원으로 규모가 큰 상점이었다.(이정희·송승석(2015), 『근대시기 인천화교의 사회와 경제』, 학고방, 70)【이정희】

복성장(보성)福盛長(寶城)
일제강점기 전북 보성(寶城) 소재 화교의 잡화상점. 1942년 여선중화상회연합회의 회원 기관으로 경영자는 지중산(遲中山)이었다.(이정희·송승석(2015), 『근대시기 인천화교의 사회와 경제』, 학고방, 233)【이정희】

복성장(해주)福盛長(海州)
해방초기 북한 해주 소재의 화교 중화요리점. 경영자는 손학령(孫鶴齡)이었다. 그는 해주화교소학의 교장으로 일하다 1946년 한국으로 이주했다.(慕德政(2003), 「旅朝華僑與朝鮮経済」, 『韓華學報』第2輯, 韓華學會, 308)【송우창】

복성창複盛昌

일제강점기 경성 소재 화교의 식품 및 잡화상점. 1929년의 경영자는 진세용(陳世庸)이었다. 황해도 재령군 소재 화교 상점인 중화의(中和義)와 거래관계에 있었다.(이정희(2018a), 『한반도 화교사』, 동아시아, 200)【이정희】

복성철공장福盛鐵工場

일제강점기 충청남도 소재의 화교 주물공장. 1923년 설립. 1928년의 연간생산액은 17,234원이었다. 1931년을 전후하여 문을 닫았다.(이정희(2018a), 『한반도 화교사』, 동아시아, 380)【이정희】

복승원福昇園

일제강점기 군산 소재 화교의 중화요리점. 종업원은 6명이었다. 1927년 12월 화교배척사건 때 큰 피해를 입었다.(이정희(2018a), 『한반도 화교사』, 동아시아, 307)【이정희】

복음건축창福音建築廠

일제강점기 경성 소재 화교의 건축시공회사. 1920년 설립. 경영자는 왕공온(王公溫)으로 1923년의 연간매상액은 10만원이었다. 시공한 대표적인 건축물로는 경성성서학원(1921), 이화학당 프라이홀(Frey Hall, 1923), 조선기독교서회(1931), 이화여전 신촌교사의 음악당, 체육관, 대강당(1935), 조선일보사옥(1935), 안동교회 석조예배당(1937)등이다.(이혜원(2018.5.12.), 「화교 개신교인 건축청부업자의 한국 근대 미션계 건축시공활동」, 한국기독교역사학회 제367회 학술발표회 논문; 이정희(2018a), 601)【이정희】

복음양복점福音洋服店

일제강점기 인천 소재 화교의 양복점. 1942년의 경영자는 노천작(魯天爵)으로 산동성 액현(掖縣) 출신이었다.(이정희(2017.12), 「이발소와 양복점으로 본 조선화교의 실태: 1890년대~1940년대를 중심으로」, 『사회와 역사』116, 한국사회사학회, 44-45)【이정희】

복장양복점福章洋服店

일제강점기 경성 소재 화교의 양복점. 남대문통(南大門通) 소재로 경영자는 처음에 왕보서(王甫書)였다. 1931년 7월 화교배척사건 때 직접피해를 입었다. 그 후 경영자는 왕보장(王甫章)으로 바뀌었다. 1936년부터 1942년까지 조선총독으로 근무하던 미나미지로(南次郞)의 국민복을 만들었다. 1939년의 연간매상액은 75,000-100,000원이었다.(이정희(2017.12), 「이발소와 양복점으로 본 조선화교의 실태: 1890년대~1940년대를 중심으로」, 『사회와 역사』116, 한국사회사학회, 42-47)【이정희】

복취공福聚公

일제강점기 청진 소재 화교의 주단포목 도매상점. 1923년의 연간매상액은 204,000원이었다.(이정희(2018a), 『한반도 화교사』, 동아시아, 69)【이정희】

복취동複聚東

일제강점기 대구 소재 화교의 주단포목 도매상점. 상호명은 이전에 복취동(福聚東)이었으며, 1922년 당시의 경영자는 이경정(李鏡亭)이었다. 1923년의 연간매상액은 20만원이었다. 인천에 지점을 개설하고 있었다. 1931년 7월 화교배척사건 직후 부산의 다카세합명회사(高瀨合名會社)에 2만원의 채무를 갚지 않고 폐점했다. 당시의 경영자는 손소곤(孫紹崑)이었다.(이정희(2018a), 『한반도 화교사』, 동아시아, 210·661)【이정희】

복취성(안동)福聚成(安東)

근대 중국 안동(安東, 현재의 단동) 소재 중국인의 주물공장. 1919년 설립. 경영자는 하북성 교하현 출신의 송량명(宋亮明)이었다. 이 공장은 안동 최대의 주물공장으로 발전하였으며, 조선에 진출하여 각지에 주물공장을 세워 본점 역할을 했다.(이정희(2018a), 『한반도 화교사』, 동아시아, 382)【이정희】

복취성(경성)福聚盛(京城)

일제강점기 경성 소재 화교의 주물공장. 1923년 설립. 1920년대의 경영자는 송량명(宋亮明)이었다. 1930년의 종업원은 42명, 1928년의 연간생산액은 19,330원이었다.(이정희(2018a), 『한반도 화교사』, 동아시아, 380)【이정희】

복취합福聚合

일제강점기 충청남도 천안 소재 화교의 주물공장. 1924년 설립. 1930년의 종업원은 27명, 1928년의 연간생산액은 34,000원이었다.(이정희(2018a), 『한반도 화교사』, 동아시아, 380)【이정희】

복취흥福聚興

해방초기 북한 길주 소재의 화교 상점. 1949년 말 길주의 화교소학 교사 건축비로 1만원을 기부했다.(朝鮮華僑聯合總會機關報《民主華僑》)【송우창】

복태復泰

일제강점기 인천 소재 화교의 양복점. 1927년의 경영자는 장윤재(張閏財)로 절강성 근현(勤縣) 출신이었다. 그 후 복창(復昌)으로 상호명이 바뀌었고, 1942년의 경영자는 교책발(鄔責發)로 절강성 영파부 봉화현 출신이었다.(이정희(2018a), 『한반도 화교사』, 동아시아, 360·363)【이정희】

복태상점福泰商店

해방초기 중국 공산당의 인원이 신의주에 개점한 상점. 1946년 10월 설립. 책임자는 애덕준(艾德俊)으로 상점 안에 당지부(黨支部)가 개설되어 있었다. 왕군(王軍)이 서기(書記)를 맡았고, 조직위원은 정암(丁巖), 선전위원은 부만(傅曼)이었다.(中共丹東市委黨史研究室(1989), 『中共丹東地方黨史大事記: 1928-1949』, 54)【송우창】

복태호復泰號

일제강점기 인천 소재 화교의 양복점. 1926년 설립. 지나정(支那町) 19번지에 소재했다. 1935년의 경영자는 장윤재(張潤財)로 절강성 출신이었다. 자본금은 7천원이었다.(이정희·송승석(2015), 『근대시기 인천화교의 사회와 경제』, 학고방, 71)【이정희】

복해헌福海軒

일제강점기 경성 소재 화교의 중화요리점. 종로에 소재했다. 1922년의 경영자는 왕문해(王文海)로 1923년의 연간매상액은 27,000원이었다. 1931년 화교배척사건 때 직접적인 피해를 입었다.(이정희(2018a), 『한반도 화교사』, 동아시아, 289)【이정희】

복흥동福興東

해방초기 북한 청진 소재의 화교 주물공장. 1948년 11월 중공의 국공내전 승전을 위해 4천원을 기부했다.(朝鮮華僑聯合總會機關報《民主華僑》)【송우창】

본성인과 외성인本省人과 外省人

본성인(번성런)은 원래 중국의 행정단위인 특정 성(省) 출신 사람이라는 의미지만, 현재는 주로 대만 내 출신 구분을 할 때 사용된다. 본성인과 외성인(와이성런)은 모두 대륙에서 이주해 온 한족(漢族)이나, 시기적으로 1949년 전후 중국국민당의 국공내전 패배 이후 이주해온 사람들과 그 후손들을 외성인이라 칭한다. 중화민국 역사상 오랫동안 외성인들이 실권을 잡고 있었고 국민당에 의한 본성인 탄압의 역사로 인해 양자 간에 대립적인 관계가 존재해왔다. 이는 1980년대 중반부터 불거진 대만 독립 담론 속에서 더 악화되었다. 중화민국을 중국의 일부로서 조국이라 여겼던 과거의 한국화교는 대만에서 대학을 다니거나 사업 용무나 친척 방문 등의 계기로 대만을 왕래하는 과정에서 대만인이 자신들을 같은 국민이 아닌 '산동 방언을 쓰는 한국인' 또는 이방인(와이성런)이라 배타하는 현실을 인식하게 되었다. 이러한 경험이 쌓이고 전해지면서 대만독립 담론의 성장과 함께 대만에 대한 절대적인 연대의식에서 멀어지게 된다.(정은주(2013a), 「디아스포라와 민족교육의 신화: 한국의 중국인 디아스포라 교육실천에 대한 민족지적 연구」,『한국문화인류학』제46집1호, 152; 정은주(2015) 「국민과 외국인의 경계: 한국 내 화교의 시민권적 지위에 대한 성격 분석」,『한국문화인류학』제48집1호, 130)【정은주】

봉래각蓬萊閣

일제강점기 및 해방 초기 부산의 대표적인 중화요리점. 봉래각의 건물은 원래 1922년 벽돌조적으로 건축된 것으로 조선인의 백제병원으로 사용되었다. 1930년대 화상(華商) 양모민(楊牟民)에 의해 인수되어 봉래각 중화요리점으로 바뀌었다. 양모민은 산동성 모평현 출신으로 고향에서 사숙(私塾) 6년을 졸업한 후, 부산으로 이주하여 처음에는 주단포목상점을 경영하다, 봉래각 중화요리점 경영으로 전업했다. 그는 1942년 부산중화상회 부회장으로 활동했다. 봉래각은 한국전쟁 시기 부산으로 피난한 주한내만대사관의 임시 공관으로 사용되었다. 당시의 경영자는 이항련(李恒連)이었다.(釜山領事館(1942), 「釜山中華商會職員履歷表」,『汪僞僑務委員會檔案』; 조세현(2013), 126-128; 이민주(2015), 25)【이정희】

부리호溥利號

일제강점기 경성 소재 주단포목 수입상점. 장시영(張時英)이 1900년 설립했다.(이정희(2018a),『한반도 화교사』, 동아시아, 74)【이정희】

부사영富士英, 1880-1926

청국 및 중화민국의 외교관. 절강성 출신. 일본 와세다대학을 졸업한 후, 청국정부의 총리각국사무아문에서 근무했다. 1913년 경성총영사관의 총영사로 임명되어 1919년까지 근무했다. 재임 기간 중인 1913년 11월 22

일 구 청국조계 철폐와 관련, 조선총독부 외사과장 고마츠 미도리(小松緑)와 '조선의 중화민국 거류지 폐지 협정'을 체결했다.(이은자(2015), 「중화민국 전기(1912-1927) 駐朝鮮領事館 조직: 인적구성의 측면을 중심으로」, 『중국근현대사연구』 66, 한국중국근현대사학회, 17; 중국바이두; 이정희(2018b), 44)【이정희】

부산상해가釜山上海街

부산시 동구 초량동 소재 차이나타운. 1880년대 청국조계로 시작되었으며, 당시의 면적은 2만5,679.41㎡(7,782평)이었다. 1914년 3월 조계가 폐지된 이후는 행정구역인 초량정(草梁町)에 편입되었다. 이 명칭은 해방 직전까지 사용되었다. 해방 후인 1946년 10월 초량동으로 바뀌어 현재에 이르고 있다. 상해가 혹은 상해거리의 명칭은 1998년 지방자치단체에 의해 조성이 계획되어 붙여진 이름이다.(조세현(2013), 『부산화교의 역사』,. 산지니, 162-171; 이정희(2018b), 30)【이정희】

부산상해가

부산중화기독교회釜山中華基督敎會

부산 소재의 화교 교회. 1929년 설립. 유디스 데밍 선교사의 전도로 설립되었다. 설립 후 1940년대까지의 역사는 분명하지 않다. 한국전쟁 이후 대구 삼덕교회의 홍대위 목사가 세례 집전 등의 활동을 했으며, 이명희(李銘喜) 전도사와 이상운(李祥雲) 전도사가 교회 운영에 큰 공헌을 했다. 1954년 손충신(孫忠信) 장로가 산상(山上)의 부지를 구입하고 미군과 한국교회의 협력을 얻어 새로운 교회를 건축했다. 1979년 유요원(柳耀遠) 전도사가 대만에서 부임하여 1983년 목사 안수를 받은 후 새로운 교회 건축을 위해 힘을 쏟았다. 1987년 초량동 585번지의 대지 100여평을 구입한 후 공사를 시작, 1989년 3월 완공했다. 유요원 목사는 1994년 호주 멜버른으로 이주한 후, 몇 명의 전도사와 목사가 대만에서 파견되었다. 현재의 교인수는 10여명이다.(旅韓中華基督教聯合會(2012), 『旅韓中華基督教創立百年紀念特刊』, 104-111)【이정희】

부산중화상회釜山中華商會

일제강점기 부산 소재 화교 사회단체. 1942년의 상회 임원은 총 11명이었다. 회장 1명, 부회장 1명, 이사장 1명, 이사 8명으로 구성되어 있었다. 1942년 여선중화상회연합회의 회원으로 활동했다. 1942년의 회장은 곡만빈(曲萬彬)이었다.(이정희·송승석(2015), 『근대시기 인천화교의 사회와 경제』, 학고방, 233)【이정희】

부산화교성당釜山華僑聖堂

부산 소재 화교 성당. 1962년 중국인 유철쟁(劉鐵錚) 신부에 의해 건립. 로마에 설치된 해외화교교우지원본부의 왕수례(王守禮) 주교의 지원과 대만과 외국 각지의 모금, 한국화교의 성금으로 성당이 건축되었다. 유철쟁 신부가 성당을 떠나 로마로 간 후, 대구화교성당의 위희신(魏希信) 신부가 성당을 관리했다. 1968년 말레이시아에서 온 차덕형(車德馨) 신부가 부임하여 성당을 관리하다 1973년 괌으로 임지를 옮겼

부산화교성당

다. 차 신부는 매년 여름휴가를 이용하여 2011년 타계할 때까지 성당을 방문하여 화교 전도활동을 했다. 미국인 고전춘(高田春) 신부, 중국인 서정오(徐井伍), 정충례(鄭忠禮) 신부 등이 성당을 위해 많은 도움을 주었다. 성당은 최근 공소(公所)로 바뀌면서 초량성당 화교공소가 되었다.

현재는 화교 오경제(吳慶第) 신도가 성당을 관리하고 있다.(釜山華僑聖堂
(2013.3.24.), 「釜山華僑聖堂建堂五十周年」)【이정희】

부산화교소학釜山華僑小學

부산 소재의 화교소학. 1912년 설립. 1942년의 학생수는 24명, 교사는 2
명이었다. 1956년의 학생수는 526명이었다. 2001년 초등부의 학생수는
163명, 유치부는 41명, 교사는 10명이었다. 2007년 8월의 학생수는 유치
부 1개반 11명, 초등부 8개반 203명이었다. 2012년 1월 초등부 학생수는
6개 학급 103명이었다.(華僑志編纂委員會編(1958), 155; 왕언메이 저·송승석 역(2013),
376; 조세현(2013), 158)【송승석】

부산화교중학釜山華僑中學

부산 소재의 화교중학. 중등부는 1954년, 고등부는 1959년에 설치되었다.
1957년 학생수는 352명, 2001년 중등부 인원은 94명, 고등부 108명, 교사
는 17명이었다. 2007년 8월의 학생수는 중등부 6개반 145명, 고등부 5개
반 140명이었다.(華僑志編纂委員會編(1958), 155; 왕언메이 저·송승석 역(2013), 376; 조
세현(2013), 158)【송승석】

부산화교중학 학생들의 체육 시간

부산화교협회釜山華僑協會

부산지역의 화교 사회단체. 일제강점기 중화상회가 전신. 해방 후 자치구

공소로 바뀌었고, 1960년 화교협회로 명칭이 바뀌어 현재에 이르고 있다. 부산화교협회에 의하면, 2009년 6월 현재 총 가구수는 3,642명이며, 거주민 수는 2,345명이었다.(조세현(2013), 157; 이정희(2018b), 144)【이정희】

부산화교협회 건물

부소우傅紹禹, 1880-1954

일제강점기 및 해방초기 인천의 화상(華商)이자 화교 지도자. 산동성 연태 출신. 부배동(傅培桐), 부수정(傅守亭), 부유공(傅維貢)이라는 이름도 사용했다. 1897년 인천에 이주하여 주단포목 수입상점인 영래성(永來盛)의 경영자로 활동했다. 1920년대 인천중화상회의 회장을 역임했다. 인천화교소학의 이사를 지냈으며, 1930년 산동동향회관 내에 노교소학(魯僑小學)을 설립하는데 주도적인 역할을 했다. 1937년 조선 화상의 공동소유인 이통호(利通號) 운영회사인 이통윤선유한공사(利通輪船有限公司)의 책임자로 있었다. 1922년 쓴 인천의 중화요리점 중화루(中華樓)의 자필 간판과 편액은 인천시립박물관에 소장되어 있다.(이정희·송승석(2015), 73; 부극정(傅克正) 인터뷰)【이정희】

부여중화신민회扶餘中華新民會

일제강점기 충청남도 부여지역 화교의 사회단체. 1942년 여선중화상회연합회의 회원이었고, 당시의 회장은 손극평(孫克平)이었다.(이정희·송승석(2015), 『근대시기 인천화교의 사회와 경제』, 학고방, 232)【이정희】

부유호富有號

청국 초상국(招商局) 소속의 기선. 조선과 청국 간 체결된 '윤선왕래상해조선공도합약장정'에 따라 1883년 11월부터 인천과 상해 간을 운항을 개시했다. 초상국의 경영난으로 1884년 1월까지 3회 운항 후 중단되었다.(나애자(1998), 『한국해운업사연구』, 국학자료원, 49-51; 이정희(2018a), 22; 기타 자료)【이정희】

부흥당復興堂, 이발소

일제강점기 인천 소재 화교의 이발소. 외리(外里) 231번지에 소재했다. 경영자는 부곤륜(傅崑崙)으로 산동성 일조현(日照縣) 출신이었다.(이정희(2018a), 『한반도 화교사』, 동아시아, 349-350)【이정희】

부흥당復興堂, 인천화교소학 161

인천화교소학 교사의 명칭. 1955년 건축. 1923년 건축한 벽돌조 교사 건물이 1955년 1월 화재로 인해 훼손되어 새로운 교사가 필요했다. 인천화교자치구공소는 교사 재건 추진을 결정하고 인천뿐 아니라 전국 각지의 화교자치구를 대상으로 모금활동을 전개, 1,500만원을 모금했다. 미군으로부터 5천 달러의 건축 자재를 지원받았다. 교사의 공사는 1955년 8월 6일 시작되어 12월 17일 완공되었다. 왕동원(王東原) 주한대만대사가 공사현장을 방문하여 격려했다. 건물의 공식명칭은 부흥당(復興堂)으로, '복국중흥대업(復國中興大業, 나라를 다시 중흥하는 대업(大業)'의 뜻이 담겨있다.(이민주(2015.12), 「1955년 인천화교소학의 재건」, 『중국관행웹진』vol.64)【이정희】

북가주한화연의회北加州韓華聯誼會

한국에서 미국 캘리포니아 북부로 재이주한 한국화교가 1990년 설립한 사회단체. 미국에 이주한 한국화교 인구의 약 2할이 이 지역에 거주하고 있다.(李正熙(2010), 「韓國華僑社會組織硏究: 以同鄕組織和華僑協會爲中心」, 『近30年來東亞華人社團的新變化』, 廈門大學出版社, 313-338)【이정희】

북관왕묘北關王廟

고종이 1883년 서울 북쪽 숭교방 흥덕사 터에 세운 관우의 묘(廟)이다. 통감부가 1908년 항일 유적이라고 폐묘(廢廟)시킨 후, 유물은 동관왕묘로 모두 이전되었다. 1913년 민간에 매각되었다.(유홍준(2017), 『나의 문화유산답사기10』, 창비, 328)【이정희】

북조선중앙라디오방송국중국어프로그램北朝鮮中央radio放送局program

해방초기 북한 평양 소재의 화교연합총회(華僑聯合總會)가 북한정부와 협의하여 조선중앙라디어방송국에 중국어 방송을 개설했다. 화교연합회 직원이 파견되어 중국어 방송을 실시했다.(楊昭全·孫玉梅(1991), 『朝鮮華僑史』, 中國華僑出版公司, 320)【송우창】

북조선화교연합총회北朝鮮華僑聯合總會

해방 직후 북한 각 지역에서 결성된 화교연합회의 중앙단체. 1946년 10월 경 평양에서 사무를 시작했다. 북한의 각 도, 시, 군, 면 단위에 설치된 화교연합회를 통솔하는 중앙단체이다. 약칭 화교총회(華聯總會). 1953년 2월 조선화교연합회중앙위원회로 개칭되었다. 1947년 2월부터 1953년 2월 사이의 위원장은 왕정야(王靜野), 정설송(丁雪松), 조령덕(趙令德), 왕수정(王守政)으로 모두 중공에서 파견된 간부였다. 1946년 7월 중공동북국의 소경광(蕭勁光)과 주리치(朱理治)가 평양을 방문했다. 방문 목적은 국공내전을 유리하게 전개하기 위해 북한의 주요 도시에 판사처(辦事處)를 설립하는 것이었다. 1946년 9월 주리치 등이 이민공사(利民公司)를 설립하고 북한정부의 제안에 호응하여 북한화교 관리에 협조했다. 1946년 11월경 북한의 화교 관할 기관인 북한 노동당 산하의 중앙교무위원회(中央僑務委員會)가 조직되었다. 초대 주임은 박일우(당시 내무상), 서기장은 정설송(丁雪松)이었다. 그와 비슷한 시기에 북조선화교연합총회가 설립되었다. 초대 위원장은 왕정야(王靜野)이며, 조직부장은 왕배(王裴)였다. 1947년 7월 이후 선전부장은 팽광함(彭光涵)이었다. 신의주에서는 1946년 10월 중국 동북에서 퇴각해 온 중공 간부 가운데 소수 인원이 화교연합회 조직사업에 참여, 신의주에는 5개의 화교연합회 분회(分會)가 조직되었다. 1947년 2월 1일 북조선화교연합총회가 평양에서 정식 설립되었다. 해방 전부터 존재하던 각종 화교 단체는 해산되었다. 평양화교연합총회와 신의주, 남포, 만포, 나진 등 중공 판사처가 소재한 지역의 화교연합회의 요직은 중공 파견 간부가 책임자로 임명되었다. 책임자의 아래 직원은 북한화교로 채워졌다. 1948년 4월 각 도(道) 화교연합회 대표가 평양에 모여 화교연합총회에 참석하여 총회를 결성했다. 총회 위원장은 정설송, 부위원장은 마옥성(馬玉聲)이 맡았다. 이 시기 총회와 각 도·시(道·市) 화교연합회의 중요 직책은 대부분 중공 파견 간부와 북한 측 간부로 구성되었다. 1948년 이후 국공 내전이 중공 측에 유리하게 전개되면서 중공 간부가 귀국했다. 총회는 각 도(道)와 평양특별시에 도화교연합회를 설치하였고, 도화교연합회 산하에는 시·군화교연합회를 설치했다. 화교 인구가 상대적으로 많은 평양, 신의주, 청진, 회령 등의 시·군화교연합회 산하에는 분회(分會)를 따로 설치하고, 분회 아래에는 지부(支部)를 설치했다. 화교 인구가 적은 시·군화교연합회의 산하에는 구(區)나 리(里)를 단위로 지부를 설치했다. 지부 산하에는 소조(小組)를 두었다. 각급 화교연합회는 상무위원회와 직능부문(職能部門)으로 구성되었다. 상무위원회는 위원장, 부위원장, 위원을 두었으며, 직능부문은 조직, 선전교육, 총무 등을 두었다. 위원은 각 직능부문의 책임자를 맡았다. 행정직은 총회 내에 위원장, 부위원장, 위원, 총무부장, 조직부장, 선전교육부장이 있었다. 도위원회(道委員會)는 위원장, 부위원장, 위원, 총무과장, 조직과장, 선전교육과장을 두었다. 분회는 위원장, 부위원장, 위원을 두었다. 지부는 지부장과 선전 간사(宣傳幹事)를 두었다. 소조(小組)는 소조장(小組長)의 직책을 두었다. 1949년 3월 평양특별시를 제외하고 각지에 6개 도회(道會), 87개의 시·군회(市·郡會)와 분회가 설치되어 있었다. 결성 초기의 주요 임무는 북한정부의 정책법령 선전과 화농의 토지개혁 실시, 화교학교 운영, 식자반(識字班) 및 부녀회(婦女會)의 조직, 북한의 경제건설 사업에 화교가 적극 참가하도록 교육하는 것이었다. 그 외에 중공의 주장과 국공내전 상황의 선전, 화교의 중공 지원 독려, 북중우의(北中友誼) 선전, 북한정부에 화교의 요구 반영 등이었다. 한국전쟁 시기에는 화교를 동원해 항미원조(抗美援朝) 활동에 참여했고, 중국인민지원군의 각종 지원 활동을 펼쳤다. 한국전쟁으로 인해 중국으로 귀국하는 화교 관련 업무를 담당했다. 화교연합총회는《전신(電訊)》,《민주화교(民主華僑)》등의 기관지를 발행했다. 1947년 4월 15일 제1차 북조선화교대표자대회를 개최했다. 1948년 10월 29일 화교연합총회의 사무실은 평양특별시 중앙리 22번지로 이전했다. 1953년 2월 화교연합총회는 화교연합회중앙위원회로 개편되었고, 모든 중공 간부는 중국 국내로 소환되어 화교연합회중앙위원회의 위원장, 조직부장, 선전부장 등은 북한화교가 맡았다.(華僑聯合總會機關報《民主華僑》; 楊昭全·孫玉梅(1991), 321-322; 陳香林·王桂敏 主編(2018),『吉林文史資料選輯 第46輯: 朝鮮歸來』)【송우창】

북조선화교중학교北朝鮮華僑中學校

북한 평양에 설립된 북한 최초의 화교중학. 당시 평양화교중학교(平壤華僑中學校)라고도 했다. 1947년 9월 15일 개학하여 같은 해 11월 15일 정식으로 전국에서 학생을 모집했다. 1개 반 33명의 인원으로 수업을 시작했다. 당시 학교는 평양 교외의 대타령(大駝嶺)에 있었다. 북조선화교연합총회가 직접 관리했다. 학생의 학비는 무료이고 생활비는 원칙적으로 자부담이었다. 교내 조직은 교무회의, 교도회의(教導會議), 학과교학연구회(學科教學研究會), 생활검토회(生活檢討會), 학생자치회(學生自治會)등이 있었다. 초대 교장은 왕정야(王靜野), 부교장(副校長)은 최성지(崔成誌, 뒤에 교장), 교도주임은 주자방(朱子芳, 이후 조령덕(趙令德)이 맡음)이었다. 교원은 장한광(張漢光), 총무관리원(總務課管理員)은 왕정건(王正乾)이었다. 설치 과목은 국문(國文, 중국어), 박물(博物),

미술, 공민(公民), 역사, 체육, 수학, 지리였다. 수업은 오전, 오후, 저녁 각 3시간으로 나누어 진행되었다. 교과서는 중공동북인민정부(中共東北人民政府)의 교재를 사용했다. 설립 초기의 학생수는 100명이었다. 교사(校舍)는 교실 6개, 100명을 수용할 수 있는 기숙사와 식당이 있었다. 학교 건설 경비는 북조선인민위원회와 중공동북인민정부가 각각 150만원을 부담하고, 북한화교가 100만원, 개동공사(開東公司)가 물자를 기부했다. 초기의 교사는 상당수 중국인민해방군 요동군구 후근부(人民解放軍遼東軍區後勤部)와 중국 안동(安東)에서 북한으로 철수한 중공의 간부들이 맡았다. 학교의 교학활동(敎學活動)은 중공 해방구(解放區)를 완전히 모방하여 보통반(普通班)과 사범반(師範班) 그리고 문예반(文藝班)을 개설했다. 문예반(文藝班)은 유극기(柳克杞)가 맡았다. 주로 국공내전의 정세를 선전하고, 각지의 화교를 위해 《혈루구(血淚仇)》, 《혈채(血債)》 등을 공연했다. 1948년 7월 제1기 학생이 졸업했다. 졸업생들은 중국인민해방군에 참전하거나, 화교연합회의 간부 및 화교소학의 교원으로 일했다. 1948년 여름 학교는 제2기 신입생을 모집, 전일제 수업 등 정규교육을 실시했다. 북한정부가 1949년 4월 학교를 인수 관리하게 되면서 명칭은 평양중국인중학교(平壤中國人中學校)로 바뀌었다. 1949년 9월 1, 2학년 학생은 130여명이었다. 1950년 한국전쟁 발발 후 유엔군과 한국군이 38도선을 넘어오자, 학교는 수업을 중단했다. 일부 학생은 마옥성(馬玉聲)과 함께 신의주로 피난했고, 다른 학생은 조령덕(趙令德) 인솔로 중강군으로 피난했다.(친필원고자료)【송우창】

북조선화교중학교이동극단北朝鮮華僑中學移動劇團

북한의 북조선화교연합총회(北朝鮮華僑聯合總會)가 1947년 겨울 북조선화교중학교 학생을 주축으로 결성한 극단. 이 극단은 설립 초기 《혈루구(血淚仇)》, 《백모녀(白毛女)》, 《혈채(血債)》 등의 중공 해방구 공연의 명작을 연습했다. 총책임자는 최성지(崔成誌), 감독은 유극기(柳克杞),

음악지도는 유천(劉倩)이 담당했다. 학생의 나이는 13-23세였다. 이 극단에 신의주 청년화교인 사운(史雲), 왕민(王敏), 유국무(劉國武) 등이 참가했다. 극단은 1947년 말과 춘절에 평양(2차례), 남포, 사리원(2차례), 해주, 신의주(3차례) 등지의 도시에서 총 10회의 이동공연을 실시했다. 공연 관람 화교인원은 1만여명에 달했다. 1948년 7월 극단은 제2차 순회공연을 진행했다. 2차 공연에는 36명(그중 교원은 13명)이 참가했다. 극단은 북한 동부지역인 웅기, 나진, 청진, 함흥, 원산 등지에서 6차례의 공연을 진행했다. 관객수는 3천여명이었다. 1948년 9월 단원 가운데 17명이 국공내전 참전을 위해 중국으로 귀국, 극단은 해산되었다.(陳香林·王桂敏 主編(2018), 『吉林文史資料選輯 第45輯: 朝鮮歸來 上』, 202-205)【송우창】

북조선화교중학교학생자치회北朝鮮華僑中學校學生自治會

북한 평양 소재의 북조선화교중학교 내에 설치된 학생자치회 조직. 1947년 말 결성. 설치의 목적은 학습강화, 학생의 문화정치수준의 제고, 자치능력 제고, 화교를 위한 희생정신 발휘 등이었다. 자치회는 주석 1명, 부주석 2명을 두었다. 산하에 총무부, 조직부, 문화오락부, 생활부, 복무부(服務部), 생산부(生産部)가 설치되어 있었다. 정기적으로 상무위원회의, 전체회원대회가 개최되었다. 회원은 회비를 납부해야 했다. 1948년의 주석은 두봉명(杜鳳鳴), 부주석은 서원천(徐源泉)과 이평(李平)이었다.(친필원고자료)【송우창】

북평중화상회판사처北坪中華商會辦事處

일제강점기 강원도 북평지역의 화교 사회단체. 1937년 12월 중화민국임시정부 수립 후 설립됐다. 1942년 여선중화상회연합회의 회원이었고, 당시의 회장은 왕가모(王嘉謨)였다.(이정희·송승석(2015), 『근대시기 인천화교의 사회와 경제』, 학고방, 233)【이정희】

북한 국적법과 북한화교北韓國籍法과 北韓華僑

북한정부는 1963년 10월 국적법을 제정했다. 국적법 제정과 동시에 '국적법을 채택함에 대하여'를 공포했다. 이것은 10조로 구성되어 있는데, 이 가운데 북한화교 관련 부분은 제4조와 제6조이다. 제4조 제2항에는 북한 영내 거주 북한 공민과 외국인 공민 간에 출생한 자녀는 북한국적을 취득한다고 되어 있다. 제6조는 외국인을 민족과 인종에 관계없이 본인의 자유의사에 따라 북한국적을 취득할 수 있다고 규정했다. 단, 북한화교의 북한 국적 취득은 이 국적법이 공포되기 전에 이미 가능했고, 실제로 1962년까지 80%가 북한국적을 취득했다. 그들 대다수는 1970년대 다시 중국국적을 회복했다.(鄭慶謨·崔達坤編(1990), 『北韓法令集』第1卷, 大陸研究所, 174-175; 宋伍强(2010), 「朝鮮戰爭後における朝鮮華僑の現地化について」, 『華僑華人研究』7號, 日本華僑華人學會; 기타 자료)【송우창】

북한 화교상인의 협동조합화北韓華僑商人의 協同組合化

북한정부가 1955년 봄 영내 모든 상업 계통의 개인영업을 폐지하면서 북한 거주 화교상인의 협동조합화가 본격적으로 이뤄지기 시작했다. 당시 북한화교의 21%는 음식점, 잡화상점을 경영하는 상인이었다. 북한정부가 경영을 금지한 화교 상인에 대해 특별한 대책을 수립하지 않았기 때문에 상당한 혼란이 빚어졌다. 북한정부는 1956년부터 후속조치로 개인 상업 경영자에 대한 단속을 강화했다. 구체적으로 세금징수를 보다 철저히 했으며, 이른바 '반(反)낭비'운동에 근거해 음식점 경영에 대해 각종 제한조치를 마련했다. 이러한 정책적 조치는 1955년의 정책과 마찬가지로 화교 상인에게도 동일하게 적용되었다. 이러한 단계를 걸쳐 북한정부는 1957년 11월 3일 내각 결정 제102호로 '식료 판매를 국가의 유일한 체계에 따라 시행할 것'을 공포했다. 이로써 1957년 12월 1일부터 화교 음식점 경영자는 식자재를 조달할 수 없게 되었다. 1957년 11월 현재 북한에는 화교상인 420여호가 있었다. 이 가운데 129호가 화교 상업협동조합 혹은 북한주민의 상업협동조합에 가입되어 있었다. 다른 69호는 농업협동조합이나 노동자로 전직했다. 나머지는 모두 개인 상인이었지만, 1958년 내에 협동조합화가 완료됐다.(中國外交部檔案資料; 朝鮮華僑聯合會機關報《華訊》)【송우창】

북한의 토지개혁 법령과 북한화교 농민의 토지문제
北韓의 土地改革 法令과 北韓華僑農民의 土地問題

북한의 북조선임시인민위원회는 1946년 3월 5일 소련 주둔군의 협조 하에 토지개혁법령을 공포했다. 이어 3월 8일에는 토지개혁법령에 관한 세칙을 공포하고, 3월 8일부터 3월 30일까지 토지개혁을 시행했다. 법령은 전문 17조, 세칙은 전문 6장 24항으로 구성되어 있다. 법령의 내용에는 일본인 지주, 민족 반역자, 종교단체 소유의 토지를 몰수하는 것과, 경작자에게 토지를 무상분배한다는 것, 과수원과 관개시설의 국유화, 지주제와 소작제의 철폐 등이 포함되어 있었다. 세칙의 제2장 제8조에 외국인의 토지를 법령 제2조에 따라 몰수한다고 되어 있다. 제2장 제10조는 화교 소작인의 경작지를 몰수하지만 경작권은 허용한다고 밝혔다. 1946년 3월의 법령과 세칙에 의거하여 북한정부는 회교연합회를 이용하여 1947년 3월부터 1948년 3월까지 화농(華農)을 상대로 토지개혁을 실시했다. 그 결과 화농 6,260세대에게 970만평의 토지 경작권이 부여되었다.(鄭慶謨·崔達坤 編(1990), 『北韓法令集: 第2卷』, 大陸研究所, 273-288; 朝鮮華僑聯合總會機關報《民主華僑》)【송우창】

북한의 헌법과 북한화교의 지위北韓의 憲法과 北韓華僑의 地位

북한의 헌법은 1948년 9월 9일 제정되었다. 헌법 제2장 제31조는 북한 국적을 보유한 소수민족의 모국어 사용과 민족 문화 발전을 보장한다고 규정하고 있다. 이 조항은 동 헌법이 소련 스탈린 헌법을 참조하여 작성한 것에서 그 연유를 찾을 수 있지만, 중국조선족의 권리보장을 염두에 둔 것이었다. 결과적으로 헌법 제31조는 해방초기 북한 화교학교의 중국어 교육 발전의 법적 근거가 되었다. 북한정부는 1949년 4월부터 북한

영내 모든 화교학교를 인수관할하기 시작했다. 다만 중국어의 사용과 민족문화의 발전에 대해서는 1960년을 전후한 시기부터 현지화 정책이 추진되어 조선어가 주요 교육용어가 되었다. 제31조는 1972년 12월 북한 헌법의 전면개정 때 삭제되었다.(鄭慶謨·崔達坤 編(1990), 『北韓法令集·第1卷』, 大陸研究所, 2-40; 宋伍强(2010), 「朝鮮戦争後における朝鮮華僑の現地化について」, 『華僑 華人研究』第7號, 日本華僑華人學會, 11-12)【송우창】

북한의 화교학교北韓의 華僑學校

1943년 경 북한 지역 소재의 화교소학은 22개교로 학생수는 1,685명, 교사는 42명이었다. 해방 초기 북한의 정치적 혼란으로 화교소학은 대부분 수업을 중지했다. 각지의 화교소학은 학교 이사회인 교동회(校董會) 소속 이사의 노력으로 1946년부터 점차 수업을 재개했다. 중공이 북한에 파견한 간부가 학교 재개에 큰 역할을 담당했다. 1946년 8월 중공중앙동 북국주북조선판사처(中共中央東北局駐北朝鮮辦事處)가 설립되고, 이어서 각지에 화교연합회가 설립되었다. 화교연합회 조직은 화교학교의 교육업무를 관리했다. 1946년 10월 중국 국민당군이 안동(安東)을 점령하자, 다수의 중공 간부가 북한 영내로 피난, 그 일부가 화교학교의 교사로 일했다. 1947년부터 북조선화교연합총회는 교원 훈련반을 포함한 3차례의 화교 핵심 훈련반을 개최. 참가인원은 200여명이었다. 2-3개월의 합동훈련을 받은 수료생은 각 도·시·군의 화교연합회 업무에 배치되었으며, 일부는 화교소학의 교원으로 배치되었다. 당시 취학 연령의 화교 학생 20명 이상의 지역에는 화교소학이 설립되었다. 1948년 말 화교소학은 87개교, 화교중학은 1개교로 늘어나 학생수는 6,883명에 달했다. 이 기간의 화교학교는 중공 해방구(解放區) 사용의 교재로 수업을 진행했다. 교사의 급여와 학교 경비는 지역의 화교가 자체 조달했다. 화교소학은 4년제의 보통 소학교와 6년제의 고급 소학교가 있었다. 해방 직후 북한의 화상(華商)이 서울로 월남하면서 학교 운영자금은 부족했다. 1948년 11월 중국의 동북이 완전히 중공에 의해 점령되고, 북한에 파견된 중공 간부도 국내로 복귀하면서 화교학교는 교사 부족과 운영비 부족으로 큰 어려움에 봉착했다. 이러한 상황에서 중공중앙동북국(中共中央東北局)과 북한정부는 화교학교의 관리를 북한정부에 맡기는 데 합의했다. 북한정부는 1949년 4월 1일 화교학교를 인수해 관리, 화교학교는 사립에서 공립으로 전환되었다. 학교의 경비와 교사의 급여 그리고 교사의 배치는 모두 북한정부에 의해 이뤄졌다. 화교소학의 명칭은 중국인인민학교(中國人人民學校), 화교중학은 중국인중학교(中國人中學校)로 바뀌었다. 화교학교 교육제도는 중공 해방구의 방식을 그대로 채용했다. 교과서는 중공 동북인민정부(東北人民政府)가 제공한 것을 사용했다. 조선어 수업 시간을 늘렸다. 1949년 9월 북한정부는 신의주에 화교중학을 새로 설립했으며, 학생수는 56명이었다. 북한화교는 문맹이 많아 소학 졸업 이상의 학력을 가진 화교가 적었다. 1947-1949년 화교연합회는 그들을 위해 동학(冬學), 식자반(識字班), 야학 등의 학습반을 조직했다. 교육대상은 주로 40세 이하의 화교 청년과 중년이었다. 수업은 겨울과 여가시간에 진행되었다. 한국전쟁 발발 후 화교학교 교육은 한때 중단되었다. 1951년 6월 북한정부는 화교학교를 재개하기로 결정하고, 1952년까지 다시 문을 연 화교학교는 37개교를 넘었다. 중국정부는 북한정부의 요청을 받아들여 1951년 9월과 1952년 9월 두 차례에 걸쳐 85명의 청년 교사를 북한 각지의 화교학교에 파견했다. 1952년 4월부터 북한화교의 집단 귀국이 이뤄지면서 화교학교의 학생수는 급감했다. 이 때문에 1953년 2월 중국에서 파견된 청년 교사 대다수는 국내로 소환되었다. 휴전 후, 각지의 화교학교는 수업을 재개했다. 한국전쟁 시기 청진(淸津)과 강계(江界)에 있던 두 곳의 임시 중학교의 교사와 학생은 1953년 12월 평양으로 되돌아와, 평양중국인중학교로 복귀했다. 1954년 중국은 20여명의 교사를 평양중학교에 파견해 학생을 가르쳤다. 같은 해 북한정부는 중국인중학교에 교원 양성반을 설치해 각 지역 화교학교에 교원을 배치하기로 결정했다. 1956년 중국인인민학교는 5년제로부터 6년제로 개편되었다. 1955년 7월 중국인중학교가 제1회 졸업생을 배출했고, 같은 해 9월 중학교를 토대로 평양중국인고급중학교(平壤中國人高級中學校)가 설립되었다. 1956년 8월 고급중학교의 학생수는 300여명에 달했다. 중국 국내에서 파견된 교사는 9명, 현지 교사는 5명이었다. 1956년 겨울 평양중국인고급중학교는 중국인함수사범학교(中國人函授師範學校)를 별도 설치했다. 수강생은 모두 화교소학에 재직중인 교사였다. 화교소학 졸업생이 증가하자 1959-1960년에 청진, 강계, 신의주화교소학을 토대로 3곳의 중국인중학교를 개설했다. 이들 중학교의 학생수는 1,300여명에 달했다. 화교소학은 전국에 43개교, 학생수는 2,500여명이었다. 학제는 소학 6년, 초급중학 3년, 고급중학 3년이었다. 1958년과 1959년 평양중국인고급중학교는 두 차례에 걸쳐 졸업생 가운데 17명을 선발해 중국의 동북사범대와 요녕대학으로 유학시켰다. 졸업생 가운데 일부는 북한의 명문대학에 입학했다. 1961년 북한의 화교소학은 53개교, 초급중학교는 3개교, 고급중학교는 1개교였다. 화교 교사는 500여명, 학생수는 5천여명에 달했다. 북한은 1960년 중등의무교육을 실시, 소학부터 중학교까지의 학생은 학비를 낼 필요가 없었다. 1961년까지 북한의 화교학교는 기본적으로 중국어로 수업을 계속했다. 중국정부는 1957년부터 1961년 8월 사이 북한에 파견한 교사를 계속해서 국내로 소환했다. 북한정부는 1961년부터 화교학교에서 전면적으로 조선어교육을 실시했다. 실시 방법은 화교학교 내에 북한사람 교사 비중을 늘리고, 교장을 북한사람이 맡도록 했다. 교과과정 설치는 일반 북한학교와 동일하게 했고, 중국어 수업을 줄였다. 화교 자녀가 북한의 일반 학교에 다니도록 장려했다. 일부의 화교학교는 합병되거나 폐지됐다. 1963년 8월 시행의 북한의 보통교육법(普通教育法)은 모든 화교학교가 조선어 교과서를 사용하도록 하고, 조선어로 수업을 진행하도록 했다. 중국어 수업은 매주 5-10교시만 하도록 했다. 이 시기 대다수의 북한화교는 북한 국적을 취득했고, 화교가 대량귀국 하면서 화교학교의 학생수는 큰 폭으로 감소했다. 1966년 북한 내의 중국인학교는 16개만 남았다. 이 가운데에는 평양, 신의주, 청진, 강계의 4개 중학교가 포함된다. 문화대혁명 초기 북중관계가 악화되는 가운데 북한정부는 화교학교 관리를 포기, 각지의 화교학교는 무기한 방학을 하는 혼란이 빚어졌다. 1970년 주은래(周恩來)의 북한 방문 뒤, 북한정부가 화교학교 관리를 재개했지만, 다수의 화교가 귀국한 영향으로 교육은 1960년 수준을 회복하지 못했다. 1972년 가을 북한은 고등의무교육(高等義務教育)을 실시했다. 1974년 북한의 학제개혁에 따라 화교학교는 소학 4년, 초중 3년, 고중 2년으로 바뀌었다. 이때 평양중국인고급중학교의 명칭이 평양중국인고등중학교(平壤中國人高等中學校)로 바뀌었다. 같은 시기 신의주, 청진, 강계 세 곳의 초급중학교가 고등중학교로 승격되었다. 1983년 중소학 11년 일관제 교육이 시행되면서 소학은 5년, 중고등은 6년제가 되었다. 중학에 영어과정을 증설했다. 화교학교의 모든 제도는 북한의 일반학교와 똑 같았으며, 중국어 수업만 현지 화교가 담당한 것이 달랐다. 1978년부터 북한의 중국인고등중학교 졸업생은 시험을 통해 중국의 기남대학(暨南大學)과 화교대학(華僑大學)에서 공부할 수 있게 되었다. 학생의 중국어 수준이 낮아 바로 대학 강의를 받기가 어려워 대학의 첫 단계 시험을 통과한 화교 학생은 입학 전 하문(廈門)의 집미교교(集美僑校)에서 학습했다. 초기 집미교교 입학생은 20-30명이있고, 이후 10여명으로 감소했다. 1995년 이후 계속해서 정원을 늘렸다. 연변대학(延邊大學)은 1996년 북한화교 학생을 위한 문화보습반(文化補習班)을 개설, 1년 과정에 3기의 학생을 교육했다. 2000년 중국 국내에서 신입생 모집이 확대되면서 그해 50명의 화교 졸업생이 집미화문학원(集美華文學院, 원래는 집미교교)에 입학했다. 1987년부터 북한의 화교연합회는 길림성교판(吉林省僑辦)과 귀국화교연합회(僑聯)에 의뢰해 길림성 부여화교농장(扶餘華僑農場)과 연변대학에 북한화교 교사양성반을 설치했다. 1997년 평양, 신의주, 청진, 강계의 화교중학 학생은 770여명, 소학은 14개교에 480여명의 학생이 재학하고 있었다. 화교 소학과 중학의 교직원은 186명이며, 이 가운데 화교 교원은 40여명이었다. 2002년 9월 북한정부는 학제를 소학 4년제와 중학 6년제로 개편했다. 이에 따라 중국인고등중학교는 중국인중학교(中國人中學校)로 명칭이 바뀌었고, 중국인인민학교는 중국인소학교(中國人小學校)로 바뀌었다. 2003년 북한의 화교중학은 4개교, 학생은 401명이었다. 화교소학은 9개교로 다음과 같다. 평양사동중국인소학교(平壤寺洞中國人小學校), 평양대성산중국인소학교(平壤大城山中國人小學校), 의주중국인소학교(義州中國人小學校), 염주중국인소학교(鹽州中國人小學校), 용천중국인소학교(龍川中國人小學校), 박천중국인소학교(博川中國人小學校), 만포중국인소학교(滿浦中國人小學校), 원산중국인소학교(元山中國人小學校), 함흥중국인소학교(咸興中國人小學校), 9개 소학의 학생수는 82명이었다. 2013년 북한정부는 학제를 다시 소학 5년제, 초급중학 3년제, 고급중학 3년제로 개편. 평양등 4곳의 중국인중학교는 중국인고급중학교로 명칭이 바뀌었다. 최근 대다수 북한화교의 자제는 소학 때부터 중국 국내로 보내어져 교육을 받고 있다. 북한 내에서 공부하는 학생수는 100여명에 불과하다. 평양중국인고급중학교의 학생수는 30명, 신의주중국인고급중학교는 20명, 청진중국인고급중학교는 15명, 강계중국인고급중학교는 20명, 원산중국인인민학교는 5명, 만포중국인인민학교는 10명이었다.(山東省地方史誌編纂委員會 編(1998), 『山東省誌: 第79卷 僑務誌』, 山東人民出版社, 110-112; 吉林省地方誌編纂委員會 編(2009), 『吉林省誌: 第11卷 政事誌/僑務』, 吉林人民出版社, 21-22)【송우창】

북한토지법과 북한화교北韓土地法과 北韓華僑

북한정부가 1977년 4월 30일 공포한 사회주의 토지소유관계와 이와 관련된 사회관계 규정의 법률. 이 가운데 토지 소유문제는 다음과 같이 규정했다. 토지는 국가와 협동조합의 소유에 속하며, 어느 누구도 매매하거나 사유화 할 수 없다. 국가는 일정한 원칙에 따라 국토건설 계획을 제정하고 국토 등을 합리적으로 개발·이용한다. 단, 제2장 제13조에 협동조합원의 개인 텃밭 이용은 협동농장 규약에 의하여 20-30평으로 한다고 되어있다. 이에 따라 화교의 농장 조합원도 일정한 범위 내에서 텃밭을 가지는 것이 허용되어 있었다.(李靖宇 主編(1989), 『社會主義政治體制大辭典』, 沈陽出版社, 1084)【송우창】

북한화교아동단北韓華僑兒童團

해방초기 북한의 각 화교소학 내에 설치된 학생단체. 북한의 화교연합회가 1947년 각지의 화교소학을 인수해 관리한 후, 학교 내에 아동단(兒童團)을 결성했다. 북한정부가 1949년 4월 1일부터 화교학교를 인수관리하면서 아동단은 해산되고 새로 소년단(少年團)이 조직되었다.(朝鮮華僑聯合總會機關報《民主華僑》)【송우창】

북한화교의 국적문제北韓華僑의 國籍問題

북한의 화교연합회는 1946년 10월 경 설립되었는데, 설립 초기의 상급간부는 모두 중공에서 파견된 당원이었다. 그들은 연합회 사업을 시작하기 전, 중국 국적을 보유함과 동시에 당적은 북한 노동당으로 바뀌었다. 당시 북한 노동당의 당 규약에는 노동당 당원의 자격에 북한 공민이어야 한다는 조건이 붙어 있지 않았다. 그 후 화교연합회 간부를 중심으로 일반 화교도 북한 노동당에 가입했다. 1956년 4월 북한 노동당의 당규약이 개정되었다. 새로운 당 규약 제2조에 북한 노동당원은 북한 공민으로 제한했다. 북한 정부는 1956년부터 새로 입당을 신청하는 화교에 대해 북한 국적의 취득을 필수조건으로 제시했다. 그 결과 40여명의 화교가 화교연합회에 국적 변경을 요구했다. 이에 대해 중국정부는 국적취득과 이탈은 본인의 의사를 존중하되, 엄격하고 신중히 처리한다는 기본 방침을 정해, 사실상 북한화교의 귀화에 대해 소극적인 입장을 취했다. 그러나 북중관계가 우호적으로 바뀌는 1958년에 들어 중국정부는 북한화교의 현지화를 인정하는 입장을 취했다. 북한 노동당은 화교연합회를 이용하여 화교의 북한 국적 취득 선풍을 일으켰다. 그 결과 1959년 이후 귀화 신청자는 증가했다. 1961년 6월경 화교연합회중앙위원회의 위원장인 마옥성(馬玉聲)을 필두로 연합회의 중앙위원도 연이어 북한 국적을 취득했다. 북한화교의 귀화 비율을 보면, 1960년은 전체의 12%, 1961년 8월은 50%, 1962년은 80%로 급증했다. 1963년에는 사실상 귀화

사업이 기본적으로 거의 완료되었다. 1966년 북중관계가 악화되자 북한 정부는 북한 국적을 취득한 북한화교까지 외국인으로 분류하여 북한정부의 외국인 관리기관이 화교를 담당했다. 이에 따라 화교의 중국 국적 회복 신청이 이어져, 1975년까지 대다수는 이전의 화인(華人)에서 화교의 신분을 되찾았다.(宋伍強(2010),「朝鮮戰爭後における朝鮮華僑の現地化について」,『華僑華人研究』第7號, 日本華僑華人學會; 기타 자료)【송우창】

북한화교의 귀국에 관한 건北韓華僑의 歸國에 關한 件

중국정부가 한국전쟁으로 인해 중국으로 귀국하는 화교에 대해 정한 첫 방침. 1950년 8월 평양으로 피난 온 20여명의 한국화교가 중국으로 귀국 신청을 했다. 중화인민공화국주북한대사관은 그들 가운데 불순분자가 포함되어 있을 가능성이 있다고 경계했다. 주은래 총리는 그해 8월 26일 '귀국을 희망하는 화교는 막아서는 안 된다.'고 지시했다. 대사관은 북한 외무성과 협의 후 여권을 발급했다. 20여명의 한국화교는 중국으로 귀국, 한국전쟁 발발 후 첫 귀국화교가 되었다.(中國外交部檔案資料)【송우창】

북한화교의 성인교육北韓華僑의 成人教育

북한의 화교연합회가 화교의 중국어와 조선어 학습 및 사상교육을 강화하기 위해 성인을 대상으로 실시한 교육. 화교연합회는 1947년부터 1949년까지 식자반(識字班)과 동학(冬學)을 조직했다. 식자반은 1947년부터 조직하기 시작했으며, 동학은 1948년 말 시작되었다. 동학 참가자 수는 9천여명에 달했다. 1949년 12월에도 동학이 개설되었다. 1950년 2월에는 동학과 식자반을 합병하여 민교(民校)를 설립했다. 이러한 학습 조직의 설립 목적은 북한화교의 장개석 국민당정부 지지 관념을 없애고, 중공의 국공내전 상황을 제대로 알려 중공을 지지하도록 하려는 의도가 있었다. 한국전쟁 휴전 후 화교연합회는 다시 성인학습반(成人學習班)을 개설했으며, 1955년 2월까지의 수강생은 1천여명이었다. 화교연합회는

1958년 조선어 학습을 강화할 목적으로 식자반을 새롭게 정비하기 시작했다. 1959년 10월부터 각지에 세워진 성인 학습조직은 근로자학교 56곳에 수강생 1,286명, 조선어식자반(朝文識字班) 93곳에 수강생 1,505명이었다.(朝鮮華僑聯合會機關報《華訊》)【송우창】

북한화교의 애국채소헌납운동北韓華僑의 愛國菜蔬獻納運動
북한의 화교농민은 1948년 가을 현물세(現物稅)를 납부함과 동시에 애국채소헌납운동을 펼쳤다. 각지의 화농은 먼저 각지에 애국 채소 전람회를 개최하고, 전람회 종료 후 전시 채소는 북한의 정부기관에 헌납했다. 헌납한 채소는 총 9,100,718kg이었다. 화농은 1949년 5월부터 12월까지 제2차 애국채소헌납운동을 전개하여 15만kg의 채소를 헌납했다.(朝鮮華僑聯合總會機關報《民主華僑》)【송우창】

북한화교의 인구北韓華僑의 人口
해방 직후 북한 지역 거주 화공이 중국으로 귀국하고, 일부 화교가 한국으로 피난을 했지만, 북한 지역 잔류 화교는 4만여명에 달했다. 1947년 북한화교의 인구는 40,863명이었다. 각 지역별 인구 분포는 다음과 같다. 평안북도 20.093명, 평양 3,921명, 평안남도 3,736명, 황해도 3,546명, 함경북도 5,470명, 함경남도 2,753명. 한국전쟁 발발 후 1952년 하반기부터 1953년 상반기까지 약 28,000명의 화교가 집단으로 중국으로 귀국했다. 1953년 말 북한화교의 인구는 11,839명으로 급감했다. 1958년의 인구는 14,345명으로 증가했다. 각 도별 인구 분포는 다음과 같다. 평안북도 2,867명, 평양 2,449명, 평안남도 1,172명, 황해도 736명, 강원도 496명, 함경북도 3,838명, 함경남도 501명이었다. 1959-1961년 사이 중국경제가 악화되면서 15,000명의 중국인이 월경하여 북한으로 넘어와 북한화교의 인구는 3만명에 육박했다. 1960년대 들어 북한 국적을 취득하는 화교가 증가하고, 화교학교에도 북한 현지화 교육이 실시됐다. 중국의 경제가 안정을 되찾으면서 중국으로 되돌아가는 화교가 증가했다. 1968년까지 18,000명의 화교가 중국으로 귀국했다. 1972년의 화교인구는 12,000명으로 줄었다. 이후 10년간 북한의 화교인구는 비교적 안정적으로 추이했다. 1978년의 화교인구는 11,500명이었다. 1980년대 들어 중국의 사회주의시장경제가 본격적으로 추진되면서 북한에서는 중국이 자본주의로 기울었다는 소문이 퍼지자 일부 북한사람은 화교를 멀리했다. 1985년까지 4천여명의 북한화교가 중국으로 귀국했다. 2000년 북한화교의 인구는 5,355명이었다. 각 지역별 인구분포는 다음과 같다. 평양 1,258명, 신의주 704명, 청진 350명, 강계 340명, 용천 283명, 원산 270명, 회령 150명.(國史編纂委員會(1990),

『北韓関係史料集·第21卷』, 436쪽; 華僑問題研究會 編(1956), 『華僑人口參考資料』, 182-183; 楊昭全·孫玉梅(1991), 『朝鮮華僑史』, 中國華僑出版公司, 304; 吉林省地方誌編纂委員會 編 (2009), 『吉林省誌: 第11卷 政事誌/僑務』, 吉林人民出版社, 23; 기타 자료)【송우창】

북한 평양의 보통문(김석주 제공)

북한화교의 한국전쟁 기여北韓華僑의 韓國戰爭 寄與

북한화교는 3년간의 전쟁 기간 중 북한 인민군과 중국인민지원군을 위해 다양한 공헌을 했다. 북한화교 청년 50명은 중국인민지원군에 참전했다. 물자 수송방면에서는 총 4,400여회에 걸쳐 차량을 동원했으며, 하역물자와 축조공사에 모두 5만여 회에 걸쳐 인력을 투입했다. 무기제조를 위한 헌금 제공, 북중 군대 위문방문 등의 활동도 전개했다. 헌금과 위문금은 현금 4,217만원에 달했다. 지원군을 위한 통역과 안내 서비스도 제공했으며, 부상자의 간호, 채소 헌납, 위문편지와 위문품 보내기 활동도 펼쳤다. (孫玉梅(1990),「朝鮮華僑在抗美援朝戰爭中的貢獻」, 吉林省華僑歷史學會 編『吉林省華僑歷史學會 第三次論文討論會資料匯編: 朝鮮華僑在抗美援朝戰爭中的貢獻專集』, 5-7)【송우창】

북한화교의 한국전쟁 피해北韓華僑의 韓國戰爭被害

북한화교는 3년간의 전쟁 기간 중 막대한 인적, 물적 피해를 입었다. 북한화교의 사상자 및 유엔군의 포로로 잡힌 인원은 1,100여명에 달했다. 피폭된 가옥은 6,900채, 의복과 가축의 피해도 심각한 수준이었다. 휴전 후 화교연합회중앙위원회가 추계한 북한화교의 물적손실액은 3억여원에 달했다.(朝鮮華僑華聯會機關報《華訊》)【송우창】

빈민화교실태조사貧困華僑實態調查

한국의 각 화교자치구가 실시한 빈곤 화교의 실태조사. 1952년 3월 전국의 화교자치구에 의해 실시되었다. 실태조사표의 내용은 매우 상세했다. 조사항목은 성명, 성별, 연령, 직업, 호주와의 관계, 원적, 전 주소, 현 주소, 피해 상황 및 피해 장소, 생활상황, 해당 호에 대한 관할 구장의 심사의견 등이 포함되었다.(이민주(2015),「한국전쟁 시기 한국화교의 구제활동 연구: 인천화교협회 소장자료를 중심으로」, 한국방송통신대학교석사학위논문, 47)【이정희】

빈해루濱海樓

일제강점기 인천 소재 화교의 중화요리점. 궁정(宮町) 11번지에 소재했다. 1927년 12월 화교배척사건 때 습격을 당해 163.55원의 직접피해를 입었다. 1935년의 경영자는 우환희(于煥熙)로 산동성 출신이었다. 자본금은 2천원으로 중규모의 중화요리점이었다. 1942년에는 부도정(敷島町) 31번지에 지점을 두고 영업했다. 1942년 본점의 경영자는 우환희(于煥熙), 지점의 경영자는 담지붕(譚之鵬)이었다. 1942년의 종업원은 본점이 12명, 지점이 6명이었다.(이정희·송승석(2015),『근대시기 인천화교의 사회와 경제』, 학고방, 70)【이정희】

사리원중국인인민학교沙里院中國人人民學校

북한 사리원 소재의 화교소학. 1942년경 설립. 설립 초기의 학생수는 45
명, 교원은 2명이었다. 1948년경 아동극단을 조직했다. 1949년의 학생수
는 20명. 북한정부가 1949년 4월 학교를 인수관리하면서 교명은 이전의
화교소학에서 사리원중국인인민학교로 바뀌었다. 학교는 북한의 학생규
칙(學生規則)에 따라 교학관리(敎學管理)를 했다. 교과내용은 정치, 산
술(算術)을 위주로 했으며, 기타 각 과목은 부(副)로 했다. 학교는 소년
단(少年團)을 설치했다. 소년단 단장은 정목영(鄭木瑛)이었다. 간부는
서원봉(徐源鳳), 우영란(于永蘭), 정수영(丁秀英)이었다. 1950년 2월 북
한정부는 풍금, 책상, 걸상 등을 학교에 기증했다. 1958년 10월 교사를
신축했는데, 건축 면적은 242㎡이었다. 시설은 교실, 소년단실, 교도실
(敎導室), 기숙사 등이었다. 1959년 3월 서흥군과 황주군 2곳의 화교소
학이 사리원중국인인민학교에 통폐합되었다. 원거리 거주 학생은 사리
원중국인중학교에서 기숙했다. 당시의 교장은 북한사람 최상돈(崔相焞)
이 맡았다. 1960년 4월 학생은 토지개간운동(土地開墾運動)에 참여했
다. 1960년 여름방학 때는 여름캠프활동에 참가했다. 같은 해 9월 학교
는 천리마학교(千里馬學校) 쟁취 운동을 벌였다. 1961년 12월 교장을 포
함한 일행 6명은 강계중국인중학교(江界中國人中學校)를 참관하고 학
교 운영에 대한 교류회를 가졌다. 문화대혁명 초기 학교경영은 혼란에
빠져, 1971년 이후 재개됐다. 1980년 전반기 북한화교의 집단귀국 이후
학생수가 감소하여 1990년경 폐교됐다. 최근 사리원화교는 중국어 보습

반(補習班)을 개설하여 자녀에게 중국어 교육을 하고 있다.(朝鮮華僑聯合總會機關報《民主華僑》; 朝鮮華僑聯合會機關報《華訊》; 기타자료)【송우창】

사리원중화신민회沙里院中華新民會

일제강점기 황해도 사리원 지역의 화교 사회단체. 1937년 12월 중화민국 임시정부 수립 후 설립됐다. 1942년 여선중화상회연합회의 회원이었고, 당시의 회장은 왕선주(王仙洲)였다.(이정희·송승석(2015), 『근대시기 인천화교의 사회와 경제』, 학고방, 233)【이정희】

사자명司子明, 1888-1945

일제강점기 경성의 화상(華商)이자 화교 지도자. 산동성 봉래현 출신. 1900년경 조선으로 이주하여 중국에서 한약재 및 고춧가루를 수입하는 무역회사 집창호(集昌號)를 경영했다. 노구교사건 당시 경성중화상회의 부회장이었다. 주신구(周愼九) 회장 다음으로 경성중화상회 회장, 여선 중화상회연합회 회장을 지냈으며, 왕정위 남경국민정부 교무위원회 교무위원으로 활동했다. 경성의 화교중학인 광화중학(光華中學) 설립에 큰 기여를 했다.(이정희(2018.12b), 「중일전쟁시기 범한생(范漢生) 경성총영사의 친일활동과 조선화교 사회의 변동」, 『중앙사론』48, 193)【이정희】

사천호四川號

홍콩 태고양행(太古洋行) 소속의 기선. 미군정기 한국과 홍콩을 왕래했다. 한국전쟁 발발로 운항이 정지되었다.(이정희(2008.8), 「해방초기 인천화교의 경제활동에 관한 연구」, 『인천학연구』9, 111)【이정희】

사치품관세奢侈品關稅

조선총독부가 1924년 7월 31일부터 중국산 견직물을 비롯한 사치품을 대상으로 부과한 고율의 관세. 이 관세는 1923년 9월 발생한 관동대지진의 영향으로 인한 일본의 무역수지 적자를 막기 위해 마련되었다. 일본 정부는 약 600개의 사치품에 대해 일률적으로 종가 100%의 수입관세 부과를 결정했다. 사치품관세 안건은 1924년 7월 19일 일본의 제49회 특별의회를 통과하여 정식으로 시행되었다. 같은 달 31일 조선에도 시행되었다. 특히, 중국산 견직물에 대한 100%의 수입관세로 1925년의 연간수입액이 6,600원으로 급락했다. 조선시장에서 일본산 견직물이 중국산 견직물을 완전히 대체하여 조선의 견직물 소비총액에서 차지하는 비중은 1925-1928년 연평균 74%를 차지했다. 중국산 견직물에 대한 사치품관세 부과는 일본의 견직물 생산업자와 판매업자의 정치운동에 힘입은 바가 컸다.(이정희(2018a), 『한반도 화교사』, 동아시아, 100)【이정희】

사치품관세반대운동奢侈品關稅反對運動

조선총독부가 1924년 7월 31일부터 부과한 사치품 관세에 대한 반대운동. 중화민국주경성총영사관은 조선총독부 외사과(外事課)에 사치품 관세의 대상이 된 중국산 상품에 대한 경성중화총상회의 의견서 및 청원서를 전달했다. 조선화교 주단포목상점의 이익을 대변하는 경성중화총상회와 인천중화총상회는 중국의 상해총상회(上海總商會) 및 중화국화유지회(中國國貨維持會)와 협력하여 중국정부에 중국산 견직물을 사치품관세 부과 대상으로 한 것은 부당하다고 진정했다. 같은 해 8월 18일 상해에서 사치품관세를 반대하는 회의가 개최되었는데, 이 회의에 견직물 수출 관련의 이해당사자인 상해의 강서방(江西幇), 조주방(潮州幇), 산서방(山西幇), 사천방(四川幇)과 산동방(山東幇)의 관계자 40명이 참가했다. 이러한 운동에도 불구하고 중국산견직물은 사치품관세 품목에서 제외되지 않았다.(이정희(2018a), 『한반도 화교사』, 동아시아, 97-98)【이정희】

사치품등제조판매제한규칙奢侈品等製造販賣制限規則

일제강점기 경성부청(京城府廳)이 1940년 10월 30일 고급 요리점에 대해 사치스러운 요리를 판매하지 못하도록 제한한 규칙. 이 규칙은 요리의 최고가격을 규정했다. 점심(오전 11-오후 4시)은 일본요리 2.5원, 조선요리 및 중화요리는 1.5원으로 정했다. 저녁(오후 4-오전 0시)은 일본요리 5원, 조선요리 및 중화요리는 3원 이내로 정했다.(이정희(2018a), 『한반도 화교사』, 동아시아, 328)【이정희】

사항락史恒樂, 1910-1944

일제강점기 인천의 화상(華商). 산동성 봉래현 출신. 고향에서 중학교를 졸업. 1936년부터 부친 사축삼(史祝三)의 가업을 이어 인천의 행잔인 복성잔(復成棧)을 경영했다. 항일단체 일동회(日東會)에 가입하여 1940년부터 본격적으로 활동했다. 인천부내 재정경제의 상황에 관한 정보, 식량부족의 정보를 인천과 산동성을 왕복하는 기선 평안환(平安丸)의 선원 장홍유(張鴻兪)를 통해 중공팔로군에 전달했다. 인천세관 구내의 창고에 다이너마이트를 설치하여 방화했다. 일동회 주동자의 한 명으로 검거되어 재판을 받았다. 1944년 2월 20일 수감되어 있던 서대문형무소에서 타계했다.(이정희(2017.6), 「중일전쟁시기 조선화교의 항일활동」, 『동양사학연구』139, 348-352)【이정희】

사해루四海樓

일제강점기 경성 소재 화교의 중화요리점. 광동요리 전문점. 광동화교가 1922년 설립. 200명을 수용할 수 있는 대형 연회장을 갖추고 있었다. 1922년의 경영자는 담정환(譚廷煥, 1891년생)이고, 1923년의 연간매상액은 72,000원으로 당시 조선의 중화요리점 가운데서는 가장 많았다. 초대 국사편찬위원장을 지낸 국사학자 이선근(1905-1983)의 『조선최근세사』의 출판기념회가 1931년 5월 5일 안재홍의 발기로 사해루에서 개최되었다.(이정희(2018a), 『한반도 화교사』, 동아시아, 279)【이정희】

산에이조합三榮組合

일본의 3개 방적회사가 1906년 조선에 설립한 판매조합. 3개 회사는 금 건제직회사(金巾製織會社), 오사카방적회사(大阪紡績會社), 미에방적 회사(三重紡績會社). 이 조합은 3개 회사의 면직물을 미쓰이물산(三井 物産) 경성출장소(京城出張所)에 위탁 판매했다. 이 출장소는 다시 경 인지역(京仁地域)에 20명의 특약 판매인을 지정하여 판매했다. 화교 주 단포목상점인 유풍덕(裕豊德)은 출장소의 특약 판매인의 하나로 지정되 어 일본산 면직물을 안정적으로 조달할 수 있었다.(이정희(2018a), 『한반도 화 교사』, 동아시아, 86)【이정희】

삼리채청국조계三里寨淸國租界

개항기 인천 소재의 청국조계. 현재의 인천시 중구 경동사거리 부근에 있었다. 화교는 선린동 소재의 청국조계를 구계(舊界), 삼리채의 청국 조계를 신계(新界)라 불렀다. 구계가 화교 인구 증가로 더 이상 수용할 수 없게 되자, 인천구화 상지계장정(仁川口華商地界章程)의 규정에 따 라 원세개가 조선정부와 협의하여 1887년 삼리 채확충화계장정(三里寨擴充華界章程)을 체결 했다. '삼리'는 기존의 청국조계에서 새로 마련 된 조계까지의 거리를 말한다. '채'는 중국에서

삼리채 조계에 있던 화상 이태(怡泰)의 지계(地界)

하부의 행정단위를 가리켰다. 신계의 면적은 3,853평이었다. 조선인이 신 계에 무단으로 초가집을 짓고 거주했으며, 청일전쟁 직후 조선정부가 청 국과 체결한 조약을 모두 폐기했기 때문에 신계의 법적 근거가 모호해졌 다. 이때부터 조선인의 신계 거주는 더욱 증가했다. 신계에 부동산을 보 유한 화상(華商)은 조선인 가옥의 철거를 요구하는 소송을 제기했지만 뜻대로 되지 않았다. 이러한 이유로 신계는 구계와 달리 조선인의 거주 자가 많아 차이나타운으로 발전하지 못했다. 1908년 작성의 '삼리채청상

지지세(三里寨淸商地地稅)' 자료에 의하면, 화상 지주 22명이 총 66.22원의 지세를 납부하고 있었다.(이은자(2012), 「인천삼리채 중국조계 한민가옥철거 안건연구」, 『동양사학연구』118, 동양사학회, 153-182; 이정희·송승석(2015), 29)【이정희】

삼성상점三盛商店

일제강점기 인천 소재 화교의 양말공장. 1932년 설립. 지나정(支那町) 15번지에 소재했다. 1935년의 경영자는 이윤고(李潤古)로 산동성 출신이었다. 자본금은 6천원이었다.(이정희·송승석(2015), 『근대시기 인천화교의 사회와 경제』, 학고방, 70)【이정희】

삼장화교민회三長中華民會

일제강점기 함경북도 삼장지역의 화교 사회단체. 1937년 12월 중화민국 임시정부 수립 후 설립됐다. 1942년 여선중화상회연합회의 회원이었고, 당시의 회장은 손익생(孫翼生)이었다.(이정희·송승석(2015), 『근대시기 인천화교의 사회와 경제』, 학고방, 234)【이정희】

삼파도三把刀

세자루의 칼인 식칼(包丁), 면도(剃刀), 가위(鋏)를 가리킨다. 중국인은 본국에서 익힌 삼파도의 기술을 활용하여 해외 이주지에서 중화요리점, 이발소, 양복점에 주로 종사했다. 이들 3개 업종을 삼도업(三刀業)이라

조선화교 사용의 이발도구(짜장면박물관 소장)

고 한다. 조선화교의 삼도업 종사자는 전체 화교 취업자 가운데 1할을 차지했다.(이정희(2018a), 『한반도 화교사』, 동아시아, 272-273)【이정희】

삼합영(원산)三合永(元山)

개항기 및 일제강점기 원산 소재 화교의 주단포목 도매상점. 1906년의 직원은 9명이었다. 1923년의 연간매상액은 25만원, 1928년의 연간매상액은 249,620원이었다. 경영자는 담운정(譚云亭)이었다. 1931년 화교배척 사건의 영향으로 폐점했다.(이정희(2018a), 『한반도 화교사』, 동아시아, 69·73·213)【이정희】

삼합영(인천)三合永(仁川)

일제강점기 인천 소재 화교의 주단포목 도매상점. 1923년의 연간매상액은 22만원이었다.(이정희(2018a), 『한반도 화교사』, 동아시아, 69)【이정희】

상건기常建沂, 1877-?

일제강점기 인천의 화상(華商). 산동성 영해현(寧海縣) 출신. 주단포목 도매상점인 태성동(泰盛東)의 경영자. 1913년 인천중화상회의 초대 의원으로 임명되어 활동했다.(이정희·송승석(2015), 『근대시기 인천화교의 사회와 경제』, 학고방, 97)【이정희】

상공자산신용록商工資産信用錄

일본의 신용평가기관인 상업흥신소(商業興信所)가 발행한 신용평가 기록물. 상업흥신소는 1892년 4월 오사카 소재 4개 은행의 발기로 일본은행을 비롯한 간사이(關西)·간토(關東)지역의 유력 은행 및 회사 등의 찬동을 얻어 창립된 신용조사 전문회사였다. 이 회사는 1941년 당시 일본의 간사이 지역과 호쿠리쿠(北陸) 지역 주요 도시에 지소 및 출장소를 설치했다. 조선의 경성, 부산, 평양에 지소를 두면서 조선 소재 회사의 자산과 부채, 영업상태, 업적 등 상거래에 관한 정보를 이 회사의 회원에게 제공했다. 상업흥신소는 일본의 간사이 지역과 호쿠리쿠, 조선, 대만, 만주, 관동주 등에 있는 상공업자의 주소, 직업, 자산, 신용상태 등을 게재한 상공자산신용록을 매년 1회(1921년은 2회) 발행하고, 희망자에 한해 열람료를 수취하고 정보를 제공했다. 상업흥신소가 1941년 조사하여 신용록에 게재한 상공업자수는 8만여명에 달했다. 신용록은 간사이 지역, 호쿠리쿠 지역과 조선 소재의 구미인 기업, 화교 경영의 기업을 '외국인'부로 별도 분류하여 각 기업의 주소, 종류, 자산, 신용상태를 실었다. 조선화교 회사(상점)도 다수 포함되어 있어 화교의 경제활동을 파악하는 데 기초자료가 되고 있다. 1915년 발행 신용록에 게재된 조선화교의 회사는 94개, 1926년은 250개, 1941년은 41개였다.(이정희(2018a), 『한반도 화교사』, 동아시아, 64-66)【이정희】

상기옥철공장常基玉鐵工場

일제강점기 충청남도 소재 화교의 주물공장. 1922년 설립. 경영자는 상기옥이었다. 1928년의 연간생산액은 2만원이었다. 1931년을 전후하여 문을 닫았다.(이정희(2018a), 『한반도 화교사』, 동아시아, 380)【이정희】

상창평중화민회上倉坪中華民會

일제강점기 함경북도 상창평지역의 화교 사회단체. 1937년 12월 중화민국임시정부 수립 후 설립됐다. 1942년 여선중화상회연합회의 회원이었고, 당시의 회장은 곡유동(曲維東)이었다.(이정희·송승석(2015), 『근대시기 인천화교의 사회와 경제』, 학고방, 234)【이정희】

상해운금공소上海雲錦公所

근대 상해 소재의 견직물 수출 동업단체. 1912-1924년 조선의 견직물 소비총액 가운데 중국산 견직물 수입액이 차지하는 비중은 연평균 41%에 달했다. 조선은 중국의 주요한 견직물 수출지였기 때문에 상해에는 견직물 수출 도매상점이 많았다. 이 공소 소속의 수출 도매상점은 다음과 같다. 영흥합(永興合), 유태풍(裕泰豊), 조재기(曺哉記), 서협기(徐協記), 유풍인정기(裕豊仁正記), 왕의풍화기(王義豊和記), 유풍인태기(裕豊仁泰記), 정태풍(正泰豊), 정유(正裕), 덕여풍(德餘豊), 진태영(震泰永), 생기(生記).(이정희(2018a),『한반도 화교사』, 동아시아, 97)【이정희】

상회간명장정商會簡明章程

청국 상부(商部)가 1903년 11월 상회(商會) 설립을 위해 공포한 장정. 이 장정에 따라 국내외 각 지역에 서구와 일본의 상공회의소와 같은 상회가 연이어 설립됐다. 상무 번성한 지역에는 상무총회, 그 다음으로 중요한 지역에는 상무분회의 설치가 규정되었다. 조선 화상은 이 장정에 따라 경성, 인천을 비롯한 대도시에 상회를 설립했다.(陳來幸(2016),『近代中國の總商會制度: 繁がる華人の世界』, 京都大學學術出版會. 23-24; 이정희(2018b), 138)【이정희】

상흥호祥興號

일제강점기 경성 소재 화교의 양복점. 장곡천정(長谷川町, 현 소공동)에 소재했다. 1910년의 직원은 9명이며, 경영자는 장홍해(張鴻海)였다. 1923년의 연간매상액은 12,000원이었다.(이정희(2017.12),「이발소와 양복점으로 본 조선화교의 실태: 1890년대-1940년대를 중심으로」,『사회와 역사』116, 한국사회사학회, 40-47)【이정희】

새종항賽宗恒, ?-현재

북한화교. 1940년 경 부모를 따라 조선으로 이주했다. 한국전쟁 초기 중국으로 귀국해 공부했다. 부모 등 가족 6명이 전쟁 중 폭격으로 사망했다. 1951년 여름 졸업 후 북한으로 돌아와 중국인인민학교의 교장으로 일했다. 1952년 북한 노동당에 입당했다. 그 후 중국인중학교로 자리를 옮겨 일했다. 1954년 평양사범전문학교에 입학하여 졸업 후 평양사범대학에 진학해 1960년에 졸업했다. 졸업 후, 평양중국인고급중학교의 교사로 일했으며, 1960년경 북한국적을 취득했다. 문화대혁명 기간 중 중국국적을 회복했다. 1983년 5월 북한 화교연합회중앙위원회 제5대 위원장에 임명되어 일했다.(朝鮮華僑聯合會機關報《華訊》; 기타 자료)【송우창】

서공순西公順

개항기 인천 소재 화교의 주단포목 도매상점. 1906년의 직원은 10명이었다. 산동성 연태 소재의 행잔, 전장, 해산물 도매상점을 경영하던 서공순(西公順)에 의해 설립되었다.(이정희(2018a), 『한반도 화교사』, 동아시아, 73·80)【이정희】

서관왕묘西關王廟

고종이 1904년 서울 서대문 밖 천연동에 세운 관우의 묘(廟)로 숭의묘(崇義廟)라고 이름 지었다. 통감부가 1908년 항일 유적이라고 폐묘(廢廟)시킨 후, 유물은 동관왕묘로 모두 이전되었다. 민간에 매각되었다.(유홍준(2017), 『나의 문화유산답사기10』, 창비, 328)【이정희】

서광빈徐廣賓, 1878-?

일제강점기 경성의 화상(華商). 산동성 복산현(福山縣) 출신. 호는 홍주(鴻洲). 1907년 산동화교와 동업으로 중화요리점 아서원을 개업했다. 1920년대 후반 119개소의 중화요리점이 가입한 경성중화민국요리점조합(京城中華民國料理店組合)의 회장을 지냈다. 해방 직전 중국으로 일시 귀국한 후 소식이 끊어져 그때 사망한 것으로 추정된다.(이용재(2012.6), 「재벌과 국가권력에 의한 화교 희생의 한 사례 연구」, 『중앙사론』35, 65-108; 이정희(2018b), 49)【이정희】

서국훈徐國勳, ?-2016

대구의 화교 교육자. 산동성 출신. 1940년대 초반 대구로 이주하여 대구
화교소학의 교원, 교장을 오랫동안 지냈다. 대구중화기독교회의 장로로
활동하다 1986년경 미국으로 이주하여 2016년 2월 28일 미국 미시건주
자택에서 노환으로 타계했다.(이정희(2017.6), 「중일전쟁시기 조선화교의 항일활동」,
『동양사학연구』139, 358)【이정희】

서면분교西面分校

부산화교소학의 분교. 1951년 부산 서면에 설립. 1957년의 학생수는 141
명이었다. 당시의 교장은 송조부(宋滌夫)였다. 학생수 감소로 문을 닫았
다.(華僑志編纂委員會編(1958), 『華僑志-韓國-』, 156)【이정희】

부산화교소학 서면분교 졸업식 사진(왕지성 제공)

서산화교소학瑞山華僑小學

충청남도 서산 소재 화교소학. 1952년 설립. 손진해(孫振海), 양가고(楊
家誥), 이춘훤(李春暄), 조용천(趙湧泉) 등에 의해 설립되었다. 1957년
교동회의 이사장은 양서지(楊瑞之), 교장은 조용천(趙溶泉)이었다. 1957
년의 학생인원은 35명. 학생수 감소로 폐교되었다.(華僑志編纂委員會編(1958),
『華僑志-韓國-』, 158)【이정희】

서생덕(경성)瑞生德(京城)

일제강점기 경성 소재 화교의 잡화 도매상점. 경영자는 구세엽(邱世葉)으로 1928년의 연간매상액은 56,000원이었다. 유풍덕(裕豊德)에서 주단포목을 조달했다.(이정희(2018a), 『한반도 화교사』, 동아시아, 126-127)【이정희】

서생덕(춘천)瑞生德(春川)

일제강점기 강원도 춘천 소재 화교의 잡화상점. 1942년 여선중화상회연합회의 회원기관이었고, 경영자는 위소정(魏紹庭)이었다.(이정희·송승석(2015), 『근대시기 인천화교의 사회와 경제』, 학고방, 233)【이정희】

서성춘(경성)瑞盛春(京城)

개항기 경성 소재 화교의 주단포목 도매상점. 산동성 연태의 전장(錢莊)인 서성춘(瑞盛春)에 의해 설립되었다. 1906년의 직원은 7명이었다.(이정희(2018a), 『한반도 화교사』, 동아시아, 73·80)【이정희】

서성춘(인천)瑞盛春(仁川)

개항기 인천 소재 화교의 주단포목 도매상점. 1906년의 직원은 13명이었다.(이정희(2018a), 『한반도 화교사』, 동아시아, 73)【이정희】

서성춘(진남포)瑞盛春(鎭南浦)

개항기 진남포 소재 화교의 주단포목 도매상점. 1904년의 직원은 5명이었다.(이정희(2018a), 『한반도 화교사』, 동아시아, 69)【이정희】

서성태瑞盛泰

개항기 및 일제강점기 경성 소재 화교의 주단포목 수입상점. 1903년 설립. 1923년의 연간매상액은 20만원이었다.(이정희(2018a), 『한반도 화교사』, 동아시아, 69·74)【이정희】

서수붕徐壽朋, ?-1900

청국의 외교관. 절강성 출신. 1899년 외부대신 박제순과 한청통상조약을 체결하여 청일전쟁 직후 단절됐던 조선과 청국 간의 국교를 정상화 시켰다. 그후 조선에 설치된 청국공사관의 공사로 활동했다. 1900년 외무부 좌시랑으로 근무하면서 의화단운동의 외교적 해결에 힘쓰다 타계했다.(바이두; 이정희(2018a), 「한반도 화교사」, 동아시아, 44)【이정희】

서영량徐永良, 1891-?

일제강점기 대구의 화상(華農). 산동성 문읍(文邑) 출신. 1942년 대구중화상회의 후보 집행위원으로 활동하고 있었다.(釜山領事館(1942), 「大邱中華商會職員履歷表」, 『汪僞僑務委員會檔案』)【이정희】

서울도심재개발사업首爾都心再開發事業

1970년대 한국정부에 의해 시행된 서울도심재개발사업. 1960년대 말 서울의 풍광은 해방과 한국전쟁 후 빈곤을 피해 밀려든 인구로 인해 혼란과 과밀지대를 이루며, 좁고 복잡한 도로와 슬럼 시가지, 노후한 건물이 무질서하게 밀집되어 있었다. 근대화의 기치하에 1970년대 초 박정희 정권이 단행한 서울시 도심재개발은 그와 같이 빈곤국가의 현실을 보여주는 낙후되고 슬럼화한 시가지를 개선한다는 목적 하에 시작되었다. 당시 재개발계획 수행에 참여했던 손정목의 기록에 따르면, 소공동 화교 집단 거주지는 1966년 존슨 미국 대통령 방한 시 시청 앞에서 개최된 대대적인 환영식이 텔레비전을 통해 생생하게 방송되어 주목되면서 재개발의 중점 대상이 되었다. 소공동이 도시근대화의 청사진 아래 서울 재개발 사업의 1호 대상이 되었던 것은 반드시 그 지역의 빈곤상태를 비춰주는 낙후된 상태 뿐 아니라, 그 지역이 서울의 얼굴이라 할 수 있는 시청과 마주하며 서울의 중심으로 인식되었던 까닭이다. 서울시는 1970년 재개발을 통해 화교의 상가와 한국인 소유 토지 일부가 밀집해 있던 자리에 화교회관을 짓겠다는 약속 하에 1971년 시청 앞 광장 정면의 화교 상가를 철거하기 시작하고, 화교 상인을 이주시켰다. 소공동 상가가 연이어 철거되는 동안 화교는 을지로 2가 구 내부무(현 외환은행 본점) 부지에 만두집 등을 경영했으나 장사가 잘 되지 않아 떠난 화교가 많았다. 서울시가 처음 화교조합과 약속한 것은 1972년 10월까지 현대식 화교회관을 짓겠다는 것이었으나 소공동 내 한국인 토지 소유주의 반대에 부딪혀 지연되었다. 결국 기다리다 지친 화교에게 당시 토지가격으로 최고시세를 제시했던 대기업 한국화약에게 화교 토지 소유자 전원의 땅 542.4평이 순식간에 매각되었다. 소공동 재개발 사업은 한국화약이 그 자리에 1976년 플라자 호텔을 짓는 것으로 마무리되었다. 결과적으로 서울 재개발의 첫 과업은 소공동 화교촌을 해체하고 서울 도심부에서 화교 집단거주지를 내치는 것이 되어버린 것이다. 이후의 다른 재개발 사례에서도 드러나듯, 당시 한국정부는 수출 외에 관광산업을 외화획득의 중요한 수단으로 보고 호텔 사업을 육성하기 위해 호텔을 건설할 수 있는 대기업에 정책상 지원과 혜택을 아끼지 않았다. 일례로 화교의 상징적 중화요리점이었던 아서원 자리에 롯데호텔이 건설되는 과정에서 정부는 호텔이 들어설 자리를 '특정가구정비지구'로 지정했다. 특정가구정비지구 내의 토지 소유자들은 서울시에서 지정한 조건에 맞게 건축물을 재건축하거나 그렇지 못할 경우에는 토지나 건물을 제3자에게 매각해야 했다. 그러나 대다수의 토지 소유자들은 서울시에서 지정한 조건에 맞게 건축물을 지어낼 능력을 갖추지 못했다. 이러한 골격과 조건은 법적 분쟁이 아니었어도 아서원을 결국은 사라질 운명에 처하게 하거나, 소공동 화교촌의 소규모 토지 소유주가 결국은 토지를 매각할 수밖에 없었을 것으로 추정된다. 화교가 한국의 수도 서울 도심의 '노른자위 땅'을 잃고 이후 회현동이나 연희동 일대로 흩어지게 한 소공동 재개발은 처음 제시한 청사진과 다른 결과를 초래하면서, 화교에게 '교묘하게 연출된 소공동 화교 축출작전'으로 각인되어, 한국정부의 화교 억압의 대표적인 사례로 기억되고 회자되고 있다.(정은주(2013), 「차이나타운 아닌 중국인 집거지: 근현대 동아시아 역학 속에 주조된 서울 화교 집단거주지의 지형」, 『서울학연구』53집, 152-153; 정은주(2018), 「'이방인'에 대한 시선: 해방 이후 한국 언론 담론에 재현된 화교」, 『인문과학』, 132)【정은주】

서울중국인교회首爾中國人敎會

서울 대림동 소재 한족 신화교의 교회. 2003년 9월 서울 가리봉동에서 설립되어, 2010년 4월 현재의 장소로 이전했다. 교인은 80여명이며, 일요일 예배 참석 인원은 40여명이다. 한국인 최황규 목사가 시무하고 있다. (이정희(2018b), 화교가 없는 나라」, 동아시아, 215-217)【이정희】

서울중국인교회(최황규 제공)

서유인중화요리점余有仁中華料理店

일제강점기 마산 소재 화교의 중화요리점. 1923년의 연간매상액은 8,500원이었다.(이정희(2018a), 『한반도 화교사』, 동아시아, 291)【이정희】

서준舒俊, 1919-?

중화민국의 외교관. 1942년 진남포판사처의 서기로 근무하고 있었다.(朝鮮總督府外務課(1942), 『昭和17年 領事館表關係』)【이정희】

서증명徐增明, 1912-?

일제강점기 대구의 화상(華商). 산동성 위해위(威海衛) 출신. 사숙(私塾) 졸업. 중화요리점 천증상(天增祥)의 경영 부책임자. 1942년 대구중화상회의 후보 감찰위원으로 활동하고 있었다.(釜山領事館(1942),「大邱中華商會職員履歷表」,『汪僞僑務委員會檔案』)【이정희】

서증지徐增智, 1902-?

일제강점기 대구의 화상(華商). 산동성 문읍(文邑) 출신. 사숙(私塾) 졸업. 중화요리점 천증상(天增祥)의 경영자. 1942년 대구중화상회의 집행위원으로 활동하고 있었다.(釜山領事館(1942),「大邱中華商會職員履歷表」,『汪僞僑務委員會檔案』)【이정희】

서태호(경성)瑞泰號(京城)

일제강점기 경성 소재 화교의 주단포목 수입상점. 1923년의 연간매상액은 50만원이었다.(이정희(2018a),『한반도 화교사』, 동아시아, 69)【이정희】

서태호(부산)瑞泰號(釜山)

일제강점기 부산 소재 화교의 주단포목 도매상점. 경성 서태호의 부산지점으로 1923년의 연간매상액은 30만원, 1928년의 연간매상액은 40만원이었다.(이정희(2018a),『한반도 화교사』, 동아시아, 69)【이정희】

서태호장부瑞泰號帳簿

일제강점기 경성 소재 주단포목 수입상점 서태호의 장부. 1930년 경성부청에 제출한 장부는 다음과 같다. 발화유수장(發貨流水帳), 현매장(現賣帳), 잡항장(雜項帳), 수화노장(收貨老帳), 수신화장(收申貨帳), 각부왕복(各埠往復), 은행왕복(銀行往復), 본가왕복(本街往復), 본가일선왕복(本街日鮮往復), 각부일선왕복(各埠日鮮往復), 후쿠이·기류일선왕복(福井·桐生日鮮往復), 오사카왕복(大阪往復), 상해·오사카·연태왕복(申·阪·煙往復), 인천부산왕복(仁釜往復), 차대왕복(借貸往復), 잠

결왕복(暫缺往復), 은행입금통장(銀行入金通帳), 은행감정통장(銀行勘定通帳), 은행할인입금장(銀行割引入金帳). 현재 이들 장부는 발견되지 않고 있다.(이정희(2018a), 『한반도 화교사』, 동아시아, 102)【이정희】

서풍덕瑞豊德

일제강점기 경성 소재 화교의 주단포목 도매상점 및 식료잡화상점. 1923년의 연간매상액은 131,000원이었다.(이정희(2018a), 『한반도 화교사』, 동아시아, 69·130)【이정희】

석정石定. 생졸년불상

대만의 외교관. 대만 국립정치대학을 졸업하고, 미국 조지타운대와 피츠버그대학에서 유학했다. 2013년부터 1년간 외교부 정무차장(政務次長)을 역임한 후, 2014년 7월 제6대 주한대북대표부 대표로 임명되어, 2018년 8월까지 근무했다.(이정희(2018b), 「화교가 없는 나라」, 동아시아, 238)【이정희】

선교리화교소학船橋里華僑小學

일제강점기 평양 선교리 소재 화교소학. 중일전쟁 시기 평양 대동강변 선교리에 설립되었다. 1942년의 학생수는 102명, 교사는 2명이었다.(이정희(2007), 「중일전쟁과 조선화교」, 『중국근현대사연구』35, 112)【이정희】

선방공회鮮幇公會

근대 상해 소재 조선 수출 중국인 직물상의 동업단체. 회원은 중국산 견직물과 마직물 수출의 중국인 상점, 조선 소재 화교 주단포목 수입상점의 지점과 출장원 등이었다. 이 단체는 조선총독부가 중국산 견직물과 마직물의 수입관세를 인상할 때 반대운동에 적극 참가했다. 1927년과 1931년 화교배척사건 때 화교의 피해 상황을 중국의 관련 단체에 적극

알리는 역할을 담당했다. 중일관세협정((中日關稅協定) 협의 때 진척상
황을 경성중화상회에 보고하면서 공동으로 일본정부가 중국산 견직물
의 관세율을 인하하도록 노력했다.(이정희(2018a), 『한반도 화교사』, 동아시아, 113
·163)【이정희】

선천화교소학宣川華僑小學

일제강점기 평안북도 선천군 소재 화교소학. 1920년대 후반 설립. 1930
년의 학생수는 12명, 교사는 1명이었다. 노구교사건 이전에 폐교되었다.
(朝鮮總督府警務局(1931), 『外事關係統計』, 朝鮮總督府, 45-48)【이정희】

설백정薛伯政, 1915-?

중화민국의 외교관. 1942년 주경성총영사관의 주사로 근무하고 있었다.
(朝鮮總督府外務課(1942), 『昭和17年 領事館表關係』)【이정희】

설영흥薛永興, 1945-현재

현대자동차의 중국 진출을 선도한 한국화교 출신 기업가. 서울 출생. 선
친 경영의 중화요리점에서 인연이 닿은 현대자동차 그룹 정몽구 회장과
의 관계를 통해 1999년 현대자동차에 합류했다. 2000년 국내 업계 최초
로 중국에서 자동차 생산 허가증을 획득하고, 2002년 현대차의 중국 진
출을 성사시키는데 큰 공헌을 했다. 2004년부터 2014년 4월까지 현대자
동차 중국사업담당 부회장을 역임했다. 이후 중국사업담당 상임고문으
로 활동하다가 2018년 11월 비상임고문으로 위촉되어 일선에서 물러났
다.(정은주(2018), 「'이방인'에 대한 시선: 해방 이후 한국 언론 담론에 재현된 화교」, 『인문과
학』, 133)【정은주】

설육기薛毓麒, 1917-2001

대만의 외교관. 강소성 출신. 중앙정치학교를 졸업하고 호주 멜버른대학

에서 석사학위를 취득했다. 1940년 중화민국 외교부에 들어간 후 호주, 필리핀대사관에서 근무한 후, 1949년부터 구주사(歐洲司)와 조약사(條約司)의 사장(司長)을 지냈다. 1967년 캐나다대사, 1971년 스페인대사, 1975년 사우디아라비아대사를 역임했다. 1983년 2월 제9대 주한대만대사로 임명되어 1986년 7월까지 근무했다. 재임 시, 1983년 5월 중국민항기가 춘천에 불시착한 사건을 처리했다. 이 사건은 한국과 중국이 국교를 정상화하는 계기가 됐다. 귀임 후, 1986년 외교부 고문, 총통부 국책고문으로 임명되었다.(대만위키피디아·이정희(2018b), 「화교가 없는 나라」, 동아시아, 238)【이정희】

성기호成記號

일제강점기 원산 소재 화교의 주단포목 도매상점. 1923년의 연간매상액은 9만원, 1928년의 연간매상액은 371,040원이었다. 1928년 당시의 경영자는 우배의(宇倍義)였다. 1931년 화교배척사건의 영향으로 폐점했다.(이정희(2018a), 『한반도 화교사』, 동아시아, 69·213)【이정희】

성원의成源義

일제강점기 충남 서산 소재 화교의 잡화상점. 1942년 여선중화상회연합회의 회원 기관이었고, 경영자는 양보충(楊葆忠)이었다.(이정희·송승석(2015), 『근대시기 인천화교의 사회와 경제』, 학고방, 232)【이정희】

성의점成衣店

중국식 의복 봉제 및 수선 상점. 1880년대 한성에 성의점이 개업하여 영업하기 시작했으며, 고객은 주로 화교였다. 1910년 경성에는 4개의 성의점이 영업하고 있었다.(이정희(2018a), 『한반도 화교사』, 동아시아, 357)【이정희】

성지지成之智, 1889-?

일제강점기 함경남도 원산의 화상(華商). 산동성 일조현 출신. 채소판매상점 복성영(復成永)의 경영자. 1942년 원산중화상회의 후보 감찰위원으로 활동하고 있었다.(元山領事館(1942),「元山中華商會章程職員履歷表」,『汪僑僑務委員會檔案』)【이정희】

성진중화상농협회城津華商農協會

일제강점기 함경북도 성진지역의 화교 사회단체. 1937년 12월 중화민국 임시정부 수립 후 화상과 화농이 중심이 되어 설립했다. 1942년 여선중화상회연합회의 회원이었고, 당시의 회장은 허자기(許子沂)였다.(이정희·송승석(2015),『근대시기 인천화교의 사회와 경제』, 학고방, 234)【이정희】

성진화교소학城津華僑小學

일제강점기 함경북도 성진시(현 김책시) 소재 화교소학. 중일전쟁 시기 설립. 1942년의 학생인원은 36명, 교사는 1명이었다.(이정희(2007),「중일전쟁과 조선화교」,『중국근현대사연구』35, 112)【이정희】

성태호成泰號

일제강점기 함경북도 함흥 소재 화교의 주단포목 도매상점. 1931년 6월 당시의 경영자는 왕신오(王愼五)였다. 1931년 경성 소재 화교의 금성동(錦成東) 주단포목 수입상점으로부터 직물을 조달했다.(이정희(2018a),『한반도 화교사』, 동아시아, 194-195)【이정희】

세계화상대회世界華商大會

세계의 화교화인 기업인의 교류와 비즈니스 정보교류의 장. 1991년 싱가포르에서 개최된 것을 시작으로 2017년에 14회 대회가 개최되었다. 2005년 제8회 대회는 서울에서 개최되었다. 제2회 대회의 제안으로 1995년 싱가포르중화총상회가 세계 화인기업의 경영정보를 내용으로 하는 인터넷 사이트를 개설했다. 싱가포르, 홍콩, 방콕의 3개 중화총상회가 대회의 간사 역할을 맡고 있으며, 개최지의 중화총상회가 대회의 주최를 담당한다. 1999년 제5회 멜버른 대회는 세계화상회의 상설기관으로 비서처를 싱가포르중화총상회 내에 설치하는 것이 결정되었다. 개최지는 화인기업이 집중된 아시아지역뿐 아니라 북미, 호주 등 세계에 걸쳐 있다. (양필승·이정희(2004), 『차이나타운 없는 나라』, 삼성경제연구소, 111-112)【이정희】

소경산蕭景山, 1911-?

일제강점기 전라남도 광주의 화농(華農). 산동성 내양현(萊陽縣) 출신. 사숙(私塾) 5년 졸업. 13년 동안 광주에서 채소재배를 했다. 1942년 광주중화상회의 부회장으로 활동하고 있었다.(釜山領事館(1942),「光州中華商會職員履歷表」,『汪僞僑務委員會檔案』)【이정희】

소공동·북창동 화교촌小公洞·北倉洞 華僑村

근대 및 현대 서울 소공동 및 북창동 일대의 화교 집단거주지. 소공동 일대는 오랫동안 서울에서 화교가 집단 거주하여 화교촌이라 불리던 지역으로 그 역사는 19세기 말부터이다. 원세개(袁世凱)가 주찰조선총리교섭통상사의(駐紮朝鮮總理交涉通商事宜)란 직함으로 조선에서 위세를 부리던 1885년부터 1894년까지 한성 내 화교 인구와 경제력이 그의 비호 하에 급성장을 했다. 이에 따라, 서울의 첫 화교 집단거주지였던 수표교 중심의 거주지 외에 시장 및 궁궐과 가까운 덕수궁 동남쪽(현 플라자 호텔 일대)과 서소문으로 화교의 활동공간이 확장되었다. 이 세 지역으로 확장되는 과정에서 화교는 출신지별로 집단화하여 산동방은 수표교 부근, 절강방은 서소문 입구, 광동방은 소공동 일대에 각각 분포, 그 지역에 북방회관, 남방회관, 광동회관을 설립했다. 각 방 출신자는 각 회관을 중심으로 거주지역을 형성했다. 화상은 한성의 전통 상가인 종로에까지 진출하여 상업에 종사하게 됨에 따라 현재의 종로-명동-소공동-서소문을 연결하는 지역이 이후로도 오랫동안 화교의 활동무대가 된다. 일제강점기에 광동성 출신의 화상이 감소하는 가운데 동향별 집단거주지로 흩어져 거주하던 화교가 중화상회(中華商會)를 중심으로 명동과 북창동, 서소문에 이르는 지역에 모이게 되었다. 경성부의 기록에 따르면, 1935년 서소문정 거주 화교의 인구가 경성부 각 정(町)과 동(洞) 가운데 가장 많았다. 특히 서소문정은 조선인과 일본인 거주자 인구보다 화교 거주자가 많아서, '중국인거리'라 불릴 만했다는 기록이 남아있다. 이는 해방 후부터 1970년 서울도심재개발사업으로 화교촌이 해체되기 전까지 북창동과 소공동을 중심으로 남대문로, 서소문로, 태평로, 을지로 등이 만나는 구역이 일명 '화교촌'으로 발전할 수 있는 토대가 되었다. 일제강점기부터 반복된 화교 인구의 감소 및 재편으로 1950년대 이후 수표교 부근과 서소문은 집단거주지로서의 응집력을 잃게 되었다. 화교의 집단거주지 및 중심지는 명동과 북창동, 그리고 서소문 일부를 잇는 소공동 일대로 압축되었다. 정부 수립 후 1970년대까지 명동에는 국가(중화민국) 명의의 토지와 가옥(귀속재산)이 화교의 재량권 하에 남아 있었을 뿐 아니라, 과거 화상이 구매한 소공동 주변의 토지와 가옥이 소유권 변동은 있을지언정 화교 소유로 남아 있었다. 토지와 가옥을 소유한 소상인과 자영업자는 중화요리점 경영에 유리한 도심부 상가 밀집 지역인 소공동 일대 지역으로 집중거주하게 되었다. 이에 따라 소공동과 북창동에는 크고 작은 중화요리점과 음식재료상점 및 잡화상점이 밀집하게 되었다. 1950년대와 1960년대 소공동 일대에는 화교가 경영하는 소규모 및 대규모의 중화요리점, 음식점재료상점, 잡화상점, 양복점, 제화점, 목욕탕, 이발소, 책방, 선술집 등 일상생활에 필요한 각종 상점이 밀집되어 있었다. 인접한 명동에는 대만대사관, 중국국민당주한직속지부, 한성화교협회, 한성화교학교가 위치해, 이 일대는 화교 거주 및 왕래 인구의 밀집도나 생활여건 면에서 '화교촌'이라 불릴 만했다. 종로구 수표동과 관수동 일대를 소공동 다음가는 화교촌이라 하여 이공동이라 불렀다는 것은 소공동이 화교가 모여 사는 동네의 기준이 될 정도로 화교촌으로 통했음을 말해준다. 이처럼 화교 밀집거주지역으로 알려진 소공동과 북창동 일대는 1970년 서울시 도심재개발 계획의 재개발 대상이 되어 해체되었다.(정은주(2013), 「차이나타운

아닌 중국인 집거지: 근현대 동아시아 역학 속에 주조된 서울 화교 집단거주지의 지형」,『서울학연구』53집, 138-139·143·147-152)【정은주】

소금판매인규정鹽賣捌人規程

일제강점기 조선총독부가 1930년 3월 공포한 소금의 수이입관리 규정. 조선총독부가 같은 달 공포한 '소금의 수입과 이입에 관한 건'의 부속 규정이다. 이 규정은 1930년 4월부터 소금의 수입세 철폐로 인한 조선 내 소금산업 피해를 보호하려는 데 목적이 있었지만, 그 배경에는 산동성산(山東省産) 천일염의 조선 수입억제와 화교 천일염 판매상의 상업 활동을 억제하기 위한 의도가 있었다. 이 조치로 소금 수입은 조선총독부가 인가한 업자만이 가능하게 되었고, 수입한 소금은 조선총독부가 매입한 후 전매하는 것으로 바뀌었기 때문에 화교 소금 수입상은 큰 타격을 받았다. 산동성산 소금이 조선 내 소금 소비총액에서 차지하는 비중은 1910년대 3-6할, 1920년대는 1-2할을 차지했지만, 이 조치로 인해 1930년대는 산동성산 소금 수입이 급감했다.(이정희(2018a), 『한반도 화교사』, 동아시아, 175-176)【이정희】

소란정蘇蘭亭, 1910-?

일제강점기 산동성 즉묵현(卽墨縣) 거주의 중국인 선원. 군용 정크선에 승선하여 1944년 울산항의 수심을 조사하다 울산헌병분대(蔚山憲兵分隊)에 발각되어 검거되었다.(이정희(2017.6), 「중일전쟁시기 조선화교의 항일활동」, 『동양사학연구』139, 355-356)【이정희】

소병서蘇炳緖, 생졸년불상

북한화교. 1949년 4월 평안북도화교연합회의 위원장으로 일했다. 한국전쟁 때 귀국했다.(朝鮮華僑聯合總會機關報《民主華僑》)【송우창】

소어군蘇馭群, 생졸년불상

중화민국의 외교관. 노구교사건 당시 주경성총영사관의 부영사로 근무
했다. 경성총영사관 오색기 환기사건 때 반대하다 조선군헌병대사령부
에 연행되었으며, 석방된 후 중국으로 귀국했다. 국공내전 때 대만으로
이주하여 대만 제일상업은행 회장 비서를 지냈다.(이정희(2018.12b), 「중일전쟁
시기 범한생(范漢生) 경성총영사의 친일활동과 조선화교 사회의 변동」, 『중앙사론』48, 182-183)
【이정희】

소옥형蕭玉衡, 1883-?

일제강점기 목포의 화상(華商). 산동성 복산현 출신. 현립(縣立) 소학 졸
업. 중화요리음식점의 경영자. 1942년 목포중화상회의 이사로 활동하고
있었다.(釜山領事館(1942), 「木浦中華商會職員履歷表」, 『汪僞僑務委員會檔案』)【이정희】

소왕용이발소蘇王容理髮所

일제강섬기 경성 소재 화교의 이발소. 고시정(古市町)에 소재했으며, 경
영자는 소왕용이었다. 1931년 7월 화교배척사건 때 군중의 투석으로 유
리 4장이 파손되는 피해를 입었다.(이정희(2017.12), 「이발소와 양복점으로 본 조선
화교의 실태: 1890년대-1940년대를 중심으로」, 『사회와 역사』116, 한국사회사학회, 35)【이정희】

소육린邵毓麟, 1909-1984

중화민국과 대만의 외교관. 절강성 출신. 일본 큐슈제국대학(九州帝國
大學)과 도쿄제국대학(東京帝國大學)에서 유학했다. 사천대학(四川大
學) 교수를 역임한 후, 1935년 남경국민정부 외교부 일본러시아과 과장,
1937년 5월 일본 요코하마총영사, 1941년 중경국민정부 외교부 정보사
(情報司) 사장(司長)에 각각 임명되어 외교관으로 활동했다. 정보사 사
장 재임 시 중경임시정부와 임시정부의 독립운동가를 적극 후원했다.
이러한 인연으로 1949년 7월 초대 주한대만대사로 임명되었으며, 1951

년 9월 4일까지 근무했다. 재임 기간 한국전쟁이 발발하여 한국정부와 함께 대사관을 부산으로 이전했다. 대만으로 귀임한 후, 1951년 9월부터 대만 총통부 국책고문과 총통부 정책연구실 주임을 지냈다. 주요한 저서에 자신의 중한관계를 회고한 《사한회억록: 근대중한관계사화(使韓回憶錄: 近代中韓關係史話》가 있다.(바이두; 이정희(2018b), 화교가 없는 나라」, 동아시아, 238)【이정희】

소은석蕭恩錫, 1906-1982

조치원의 화상. 주단포목상점을 경영하고 한의사로 활동했다. 산동성 복산현 출신으로 부친 소수병(蕭樹屏)과 조치원으로 이주했다. 주단포목상점을 경영하면서 1929년 2월 중국국민당주조선직속지부 조치원분부를 조직했다. 국민당당원으로 지역 고등경찰로부터 요주의 인물로 지목되어 미행을 많이 당했다. 해방 후 조치원화교소학 설립을 주도했다. 중국국민당주한국직속지부 소속 당원으로 활발한 활동을 펼쳤다.(李正熙(2010),「近代朝鮮華僑の社會組織に關する研究」,『京都創成大學紀要』10, 107)【이정희】

소작료통제령小作料統制令

일제강점기 조선총독부가 1939년 12월 공포한 소작료 관련 통제령. 이 통제령은 1939년 9월 18일을 기준으로 소작료의 인상과 이전보다 소작인에게 불리하게 소작 조건이 개정되는 것을 원칙적으로 금지했다. 화농(華農)은 종래 조선인 및 일본인 지주와 계약하여 채소재배 농지의 차지료를 지불해왔지만 지주가 마음대로 차지료를 인상하는 것이 금지되었기 때문에 화농에 유리한 것처럼 보이지만 실상은 그렇지 않았다. 지주는 소작의 만기가 도래되자 소작지를 다시 빌려주지 않거나 만기가 도래하지 않았는데도 소작지를 팔아버리는 지주가 나타나 지주와 화농 사이에 마찰이 발생했다.(이정희(2018a), 『한반도 화교사』, 동아시아, 522)【이정희】

소작지蘇雀芝, 1919-?

일제강점기 산동성 즉묵현(卽墨縣) 거주의 중국인 선원. 군용 정크선에 승선하여 1944년 울산항의 수심을 조사하다 울산헌병분대(蔚山憲兵分隊)에 발각되어 검거되었다.(이정희(2017.6), 「중일전쟁시기 조선화교의 항일활동」, 『동양사학연구』139, 355-356)【이정희】

소주숫자코드蘇州碼子

중국의 상인이 사용하던 전통 숫자 코드. 조선화교 및 한국화교 경영의 주단포목상점의 장부에도 이 숫자 코드가 사용되었다. 예를 들면 숫자 '五'는 '〻'로, 四는 'ㄨ'로 표기했다.(이정희(2018b), 『화교가 없는 나라』, 동아시아, 68)【이정희】

소주운금공소蘇州雲錦公所

근대 중국 소주의 견직물 제조 및 판매의 동업단체. 상해의 견직물수출업자를 통해 조선에 소주산 견직물을 수출했다. 조선총독부가 중국산견직물에 대한 수입관세를 인상할 때 중국에서 반대운동에 적극 참가했다.(이정희(2018a), 『한반도 화교사』, 동아시아, 97)【이정희】

소주호蘇州號

홍콩 태고양행(太古洋行) 소속의 기선. 미군정기 한국과 홍콩을 왕래한 선박. 한국전쟁 발발로 운항이 중지되었다.(이정희(2008.8), 「해방초기 인천화교의 경제활동에 관한 연구」, 『인천학연구』9, 111)【이정희】

소준무邵俊茂, 생졸년불상

북한 원산의 화상(華商). 해방초기 원산 화상을 대표하여 여러 활동에 참가했다. 원산화교소학을 위해 적극적으로 돈을 기부했다.(朝鮮華僑聯合總會機關報《民主華僑》)【송우창】

소휘정蕭輝政, 1944-현재

북한화교이자 중국 귀국화교. 조부(祖父)는 소영발(蕭永發)로 해방 전 용암포 소재 항순영(恒順永)의 경영자로 1940년 용암포화교소학의 교장으로 일했다. 1963년 3월 평양중국인고급중학교를 졸업하고, 같은 해 4월 평양체신대학(平壤遞信大學)에 입학했다. 1967년 12월 중국으로 귀국했다. 1979년 단동전자공업직공대학(丹東電子工業職工大學)에서 교직 생활을 한 뒤, 요동학원(遼東學院)에서 부교수를 역임했다. 2004년 7월 정년퇴임했다.(陳香林·王桂敏 主編(2018), 『吉林文史資料選輯 第47輯: 朝鮮歸來 下』, 134)【송우창】

손건공孫建功, 1912-?

일제강점기 충청북도 단양 소재 화교 호떡집 경영자. 산동성 모평현 출신. 1942년 5월 초순 귀향 시 중공팔로군에 가입했다. 조선으로 돌아온 후, 두소민(杜昭敏, 1912-?), 쇠인충(釗仁忠, 1906-?), 두앙주(杜仰周, 1911-?) 등과 모의하여 같은 해 9월 24일 단양 소재 정미소 1곳을 방화한 혐의로 체포되었다.(이정희(2017.6), 「중일전쟁시기 조선화교의 항일활동」, 『동양사학연구』139, 360)【이정희】

손건례孫建禮, 1894-?

일제강점기 평양의 화상(華商). 산동성 모평현 출신. 중화요리점 동화루(同和樓)의 경영자. 1942년 평양중화상회의 감사로 활동하고 있었다.(京城總領事館(1942), 「平壤中華商會職員略歷表」, 『汪僞僑務委員會檔案』)【이정희】

손건치孫建治, 1919-?

일제강점기 인천 거주 화교의 점원. 산동성 모평현 출신. 인천 화취창(和聚昌) 잡화상점의 점원으로 일했다. 항일단체 일동회(日東會)에 가입하여 항일활동을 하다 검거되었다.(이정희(2017.6), 「중일전쟁시기 조선화교의 항일활동」, 『동양사학연구』139, 350)【이정희】

손경삼孫景三, 1884-?

일제강점기 및 해방초기 인천의 화상이자 화교 지도자. 산동성 모평현(牟平縣) 출신. 동화창(東和昌)의 경영자로 중국산 잡화를 수입하고 조선산 해산물을 중국에 수출했다. 1937년 5월 인천화상해산조합(仁川華商海産組合)을 조직하고 회장에 취임했다. 노구교사건 당시 인천화상상회(仁川華商商會)의 회장으로 근무했다. 여선중화상회연합회 부회장, 인천화교소학 이사로 근무했다. 해방 직후에는 인천에서 광태성(廣泰成) 무역회사를 경영했다.(이정희·송승석(2015), 『근대시기 인천화교의 사회와 경제』, 학고방, 217)【이정희】

손귀옥孫貴玉, 1892-?

일제강점기 평양의 화상(華商). 산동성 영성현 출신. 잡화상점 옥성덕(玉成德)의 경영자. 1942년 평양중화상회의 상무이사로 활동하고 있었다.(京城總領事館(1942), 「平壤中華商會職員略歷表」, 『汪僞僑務委員會檔案』)【이정희】

손등정孫登亭, 1917-?

일제강점기 함경북도 회령 거주 화농(華農). 산동성 내주부(萊州府) 출신. 회령군 포을면(甫乙面) 유선동(遊仙洞))에서 채소재배를 했다. 1941년 12월말 귀향 중 중공팔로군 유격대원에게 만주국 신경(新京) 거주 시 우연히 알게 된 비행장의 개수 및 위치, 군대 막사의 위치 및 병종과 병력 등의 군사상의 비밀사항을 제보한 혐의로 검거됐다.(이정희(2017.6), 「중일전쟁시기 조선화교의 항일활동」, 『동양사학연구』139, 361)【이정희】

손래장孫來章, 생졸년불상

조선화교 기독교 목사. 산동성 유현(濰縣) 출신. 유디스 데밍 선교사와 1918년 인천중화기독교회를 설립했다. 1919년 3월 대구 전도활동을 하다 경찰에 체포되어 조사를 받은 후 석방되었다. 1923년에는 평양중화기독교회를 설립했다. 인천중화기독교회와 한성중화기독교회의 목사로 활동했다. 조선어가 능통하여 윤치호 등 조선인 기독교 지도자와도 친분이 있었다. 노구교사건 직후 중국으로 귀국했지만 다시 경성으로 돌아와 한성중화기독교회의 목사로 근무했다.(旅韓中華基督教聯合會(2012), 『旅韓中華基督教創立百年紀念特刊』, 28-38; 김교철(2017), 「재한 중국인 교회 설립과 발전에 관한 역사적 고찰」, 『복음과 선교』37, 한국복음주의신학선교회, 24-36)【이정희】

손문탄신100주년기념행사孫文誕辰百週年記念行事

한국화교 사회단체가 1965년 손문 탄신 100주년을 기념하여 개최한 기념행사. 인천화교는 주한대만대사관의 지도를 받으면서 기념행사를 준비했다. 행사 당일 인천의 모든 화교단체와 화교학교, 화교상점들은 국기를 게양하고, 오전 10시에 인천화교중산중학 강당에 모였다. 이날 행사에는 인천시장, 인천부시장, 경기도경찰국장, 인천경찰서장, 동인천경찰서장, 부평경찰서장, 인천세무서장, 서울지방법원인천지원장, 법무부 인천출입국관리사무서장 등 많은 한국측 인사들이 참석했다. 기념행사는 경축대회 뿐 아니라 국부사적사진전시회와 조국영화상영회도 진행되었다. 특히 국부사적사진전시회는 대만에서 구입해온 100장의 손문 관련 사진을 게시하여 많은 화교들의 관심을 끌었다.(이민주(2016.7), 「1965년 손문 탄신 100주년 기념행사」, 『중국관행웹진』vol.71)【이정희】

손범오孫範五. 생졸년불상

북한화교. 1948년 11월 평안북도 자성군 중강면 소재 중강화교소학의 교장으로 일했으며, 1949년 강원도화교연합회 선전과장을 역임했다. 한국전쟁 휴전 후 화교연합회중앙위원회로 자리를 옮겨, 1957년까지 평양시화교직맹위원장(平壤市華僑職盟委員長), 평양시화교민청초급위원회위원장(平壤市華僑民青初級委員會委員長), 평양시화교연합회 부위원장, 평안남도화교연합회 부위원장 등을 역임했다. 1959년 화교연합회중앙위

원회의 선전부 부부장으로 일했으며, 1961년 봄 북한 노동당의 요청에
호응하여 신의주시의 마전농업사(麻田農業社)에서 일했다.(朝鮮華僑聯合
總會機關報《民主華僑》; 朝鮮華僑聯合會機關報《華訊》)【송우창】

손사금孫士金, 1894-?
일제강점기 대구의 화상(華商). 산동성 모평현 출신. 사숙(私塾) 졸업.
중화요리점 영화춘(永和春)의 경영자. 1942년 대구중화상회의 상무위원
으로 활동하고 있었다.(釜山領事館(1942), 「大邱中華商會職員履歷表」, 『汪僞僑務委
員會檔案』)【이정희】

손상발孫相發, 1906-?
일제강점기 대구의 화상(華商). 산동성 황현 출신. 사숙(私塾) 졸업. 중
화요리점 경복원(慶福園)의 경영자. 1942년 대구중화상회의 후보 감찰
위원으로 활동하고 있었다.(釜山領事館(1942), 「大邱中華商會職員履歷表」, 『汪僞僑
務委員會檔案』)【이정희】

손서빈孫西濱, 1896-?
일제강점기 대구의 화상(華商). 산동성 모평현 출신. 사숙(私塾) 졸업.
주단포목상점 동취성(同聚盛)의 경영자. 1942년 대구중화상회의 후보
집행위원으로 활동하고 있었다.(釜山領事館(1942), 「大邱中華商會職員履歷表」, 『汪
僞僑務委員會檔案』)【이정희】

손성량孫盛良, 1901-?
일제강점기 목포의 화상(華商). 산동성 복산현 출신. 현립(縣立) 소학 졸
업. 주단포목상점의 경영자. 1942년 목포중화상회의 회장으로 활동하고
있었다.(釜山領事館(1942), 「木浦中華商會職員履歷表」, 『汪僞僑務委員會檔案』)【이정희】

208

손세홍孫世鴻, 1899–?

일제강점기 인천의 화농(華農). 산동성 출신. 1930년 인천중화농업회의 임원으로 활동했다.(이정희(2018a), 『한반도 화교사』, 동아시아, 458)【이정희】

손심오孫深五, 1902–?

일제강점기 평양의 화상(華商). 산동성 복산현 출신. 주단포목상점 익창성(益昌盛)의 경영자. 1942년 평양중화상회의 이사로 활동하고 있었다.(京城總領事館(1942), 「平壤中華商會職員略歷表」, 『汪僞僑務委員會檔案』)【이정희】

손인강孫仁江, 1856–1927

일제강점기 경성 거주의 화교. 봉천성 임강현(臨江縣) 출신. 경성 거선당(居善堂) 사원의 법사(法師)로 근무했다.(이정희(2018.12a), 「조선화교의 민간신앙과 비밀결사」, 『사회와 역사』120, 55)【이정희】

손작주孫作周, 1900–?

일제강점기 전라남도 광주의 화상(華商). 산동성 복산현 출신. 소학 6년 졸업. 16년 동안 광주에서 주단포목상점 동순흥(同順興)을 경영했다. 1942년 광주중화상회의 이사장으로 활동하고 있었다.(釜山領事館(1942), 「光州中華商會職員履歷表」, 『汪僞僑務委員會檔案』)【이정희】

손재신孫財臣, 1900–?

일제강점기 전라북도 정읍의 화상(華商). 산동성 모평현 출신. 소학 졸업. 주단포목상점 경영자. 1942년 정읍중화상회의 이사장으로 활동하고 있었다.(釜山領事館(1942), 「井邑中華商會職員履歷表」, 『汪僞僑務委員會檔案』)【이정희】

손중조孫中朝, 1898–?

일제강점기 평양의 화상(華商). 산동성 모평현 출신. 주단포목상점 유반덕(裕半德)의 경영자. 1942년 평양중화상회의 상무이사로 활동하고 있었다.(京城總領事館(1942),「平壤中華商會職員略歷表」,『汪僞僑務委員會檔案』)【이정희】

손학령孫鶴齡, 생졸년불상

일제강점기 및 해방 직후 해주의 화상. 해방초기 해주화교소학의 교장을 지냈다. 1947년 한국으로 이주했다.(慕德政(2003),「旅朝華僑與朝鮮經済」,『韓華學報』第2輯, 韓華學會, 308)【송우창】

손화영孫華榮, 1908-?

일제강점기 대구의 화상(華商). 산동성 모평현 출신. 사숙(私塾) 졸업. 중화요리점 영화각(永和閣)의 경영자. 1942년 대구중화상회의 후보 감찰위원으로 활동하고 있었다.(釜山領事館(1942),「大邱中華商會職員履歷表」,『汪僞僑務委員會檔案』)【이정희】

송균宋鈞, 1915-?

중화민국의 외교관. 1942년 부산영사관의 주사로 근무하고 있었다.(朝鮮總督府外務課(1942),『昭和17年 領事館表關係』)【이정희】

송달宋達, 생졸년불상

북한화교이자 중국 귀국화교. 다른 이름은 송전원(宋殿元). 해방 후 나진화교소학의 초대 교장을 지냈다. 1947년 여름 북한의 화교연합총회가 개최한 청년교사훈련반(靑年敎師訓練班)에 참가하여 수료했다. 수료 후 화교연합총회에서 일했다. 1949년 2월 화교연합총회 선전부 부부장(副部長)을 지냈으며, 한국전쟁 때 귀국했다. 귀국 후 요양시정협(遼陽市政協)의 상무위원을 역임했다.(朝鮮華僑聯合總會機關報《民主華僑》; 郭洪仁 主編(2003),『遼陽市誌』第4卷, 中央文獻出版社, 267-269)【송우창】

송승민宋升民, 1953-현재

북한화교이자 중국 귀국화교. 본명은 송승량(宋升亮). 1966년 청진중국 인중학교 소학부를 졸업하고, 중학 1학년 때 북한의 학교로 전학한 후, 1967년부터 사회노동을 시작했다. 2000년 경 함경북도화교연합회 근무를 시작, 2004년 이후 동 연합회의 조직위원, 청진시화교연합회의 위원장으로 각각 근무했다. 2009년 제1회 세계화문교육대회(世界華文教育大會)에 참가했다. 2009년 11월 길림성귀국화교연합회 해외고문에 임명되었으며, 2012년 중화인민공화국주청진총영사관으로부터 명예 증서를 수여받았다. 2013년 중국으로 귀국했다.(陳香林·王桂敏 主編(2018), 『吉林文史資料選輯第46輯: 朝鮮歸來 中』, 122-127)【송우창】

송영귀宋永貴, 생졸년불상

북한화교. 1980년경 평양시 결핵병원의 의사로 일했다.(陳松貴 主編(1997), 『丹東市誌: 1876-1985 第7卷 政黨, 群團, 政權, 政事』, 遼寧民族出版社, 334)【송우창】

송옥귀宋玉貴, 생졸년불상

북한화교. 1947년 봄 공농간부훈련반(工農幹部訓練班)에 입학하여 수료했다. 수료 후, 평양시화교연합회 초대 위원장, 1948년 10월 평안남도 화교연합회의 위원장에 각각 임명되어 일했다. 1950년 4월 북한의 화교연합총회 산하 평화위원회의 위원을 겸임했다. 1953년 2월 화교연합총회 개편 후 화교연합회중앙위원회의 부위원장에 임명되었다. 1957년 4월 북한 최고인민회의 상임위원회가 수여하는 3급 국기훈장(國旗勳章)을 수여했다.(朝鮮華僑聯合會機關報《華訊》)【송우창】

송자옥宋子玉, 생졸년불상

북한화교. 청진의 화교 수공업자로 일하다가 해방 초 청진화교철공소(清津華僑鐵工所)를 공동 운영했다. 1949년 11월 북한의 조국보위후원회

(祖國保衛後援會)에 항공기탱크제조기금으로 1만원을 기부했다. 1951년
에는 20만원을 기부했다.(朝鮮華僑聯合總會機關報《民主華僑》; 기타 자료)【송우창】

송죽루松竹樓

인천 소재 화교의 고급 중화요리점. 중일전쟁 전후 미생정(彌生町) 2번
지에 설립되었다. 이전은 동흥루(同興樓) 중화요리점이었다. 본점 이외
에 궁정(宮町) 23번지에 지점을 개설하여 영업했다. 1942년의 경영자는
산동성 복산현 출신의 주례기(周禮基)였다. 지점의 경영자는 모평현 출
신의 진주(陳珠)였다. 본점의 종업원은 1942년에 22명, 지점의 종업원은
7명이었다.(이정희(2018a), 『한반도 화교사』, 동아시아, 333)【이정희】

송중소宋仲素, 1904-?

일제강점기 대구의 화상(華商). 산동성 문읍(文邑) 출신. 사숙(私塾) 졸
업. 중화요리점 공화루(共和樓)의 경영자. 1942년 대구중화상회의 집행
위원으로 활동하고 있있다.(釜山領事館(1942), 「大邱中華商會職員履歷表」, 『汪僞僑
務委員會檔案』)【이정희】

송천복宋天福, 1888-?

일제강점기 함경남도 원산의 화상(華商). 산동성 봉래현 출신. 이발소 복해
동(福海東)의 경영자. 1942년 원산중화상회의 감찰위원으로 활동하고 있었
다.(元山領事館(1942), 「元山中華商會章程職員履歷表」, 『汪僞僑務委員會檔案』)【이정희】

수광동향연의회壽光同鄉聯誼會

산동성 수광현 출신 서울화교가 1972년 설립한 동향단체. 이 연의회는
서울과 인천지역에서 채소재배를 하다 중화요리업으로 업종을 바꾼
수광현 출신 화교가 중심이다. 회원 전용 공동묘지도 갖고 있다.(이정희
(2018b), 『화교가 없는 나라』, 동아시아, 136)【이정희】

수원중화기독교회水原中華基督敎會

수원 소재 화교 교회. 1955년 화교 마세광(馬世光)이 사비를 들여 설립. 1957년 1월에는 장년 15명, 유년 35명이 예배에 참석했다. 2001년 창립 46주년 기념 감사 예배를 드렸다.(旅韓中華基督敎聯合會(2012), 『旅韓中華基督敎 創立百年紀念特刊』, 112-115; 김교철(2017), 「재한 중국인 교회 설립과 발전에 관한 역사적 고찰」, 『복음과 선교』37, 한국복음주의신학선교회, 40-41)【이정희】

설립 초기의 수원중화기독교회(수원중화기독교회 제공)

수원화교공회水原華僑公會

일제강점기 경기도 수원지역 화교의 사회단체. 1937년 12월 중화민국임시정부 수립 후 설립되었다. 1942년 여선중화상회연합회의 회원이었고, 당시의 회장은 장윤오(張倫五)였다.(이정희·송승석(2015), 『근대시기 인천화교의 사회와 경제』, 학고방, 232)【이정희】

수원화교중정소학水原華僑中正小學

경기도 수원 소재 화교소학. 1946년 설립. 1957년 학교 교동회의 이사장은 초봉파(初鳳坡). 교장은 손광안(孫廣安)이었다. 1957년의 학생수는 137명이었다. 2009년의 학생수는 104명이었다. 한국정부로부터 2007년 외국인학교의 인가를 받았다.(華僑志編纂委員會編(1958), 156; 왕언메이(2015), 124·135.)【송승석】

수인회壽仁會

근대 오사카(大阪) 소재 일본인 주단포목상이 설치한 조선지점의 동업 단체. 사무실은 경성에 있었다. 경성 소재 화교 주단포목상점과 선물계 약을 통해 직물을 공급했다.(이정희(2018a), 『한반도 화교사』, 동아시아, 225)【이정희】

수표동·관수동 화교거주지水標洞·觀水洞華僑居住地

서울 수표동과 관수동 일대에 있었던 과거의 화교 집단거주지. 임오군 란 진압을 명목으로 조선에 파견된 청국 군대와 같이 온 화상이 한성에 서 가장 먼저 집중 거주한 지역은 수표교 남북 지역, 즉 현재의 중구 수 표동과 관수동 일대이다. 수표교 부근은 청계로 남쪽 장교동(長橋洞)과 입정동(笠井洞) 사이에 있는 동이며, 행정동으로는 태평로1가동에 속한 다. 『한국지명요람』은 해방 전 이 일대에 중화요리점이 많았고 중국인 거리를 이루었다고 기록한다. 수표동 지역은 종로의 조선인 상가와 가 깝고 창덕궁 근처라 치안이 비교적 양호할 것으로 예상되어 선택된 지 역이었다. 화상의 수가 증가하면서 1885년에는 수표교 일대 외에도 종로 에서 남대문 사이, 단성사에서 돈화문까지 화상의 거주지와 활동 범위 가 확장되었다.(정은주(2013), 「차이나타운 아닌 중국인 집거지: 근현대 동아시아 역학 속 에 주조된 서울 화교 집단거주지의 지형」, 『서울학연구』53집, 137·147·151)【정은주】

순성항順成恒

개항기 인천 소재 화교의 주단포목 도매상점. 1906년의 직원은 5명이었 다.(이정희(2018a), 『한반도 화교사』, 동아시아, 73)【이정희】

순안중국인인민학교順安中國人人民學校

평안남도 대동군 순안면 소재 화교소학. 1948년 10월 설립. 설립 당시의 명칭은 순안화교소학. 설립 초기의 교사는 매우 초라했다. 북한정부가

1949년 인수관리하면서 교명은 순안중국인인민학교로 바뀌었다. 지방정부와 지역 화교가 협의하여 교사를 수리, 1949년 12월 준공되었다. 공사 총비용은 6만원이 들었다. 이 가운데 화교연합회가 1만원을 보조했다. 중국정부는 1951-1952년 하리(何麗)를 교사로 파견했다.(朝鮮華僑聯合總會機關報《民主華僑》; 기타 자료)【송우창】

순천중국인인민학교順川中國人人民學校

북한 순천 소재의 화교소학. 1948년의 학생은 34명. 북한정부가 1949년 4월 학교를 인수관리하면서 교명은 이전의 화교소학에서 순천중국인인민학교로 바뀌었다. 1950년 3월 교내에 야간보습반(夜間補習班)을 설치했다. 한국전쟁 기간 중국정부는 정효상(鄭孝常)을 교사로 파견했다. 학교는 1958년 신정과 춘절 때 합창(合唱), 대창(對唱), 만담(相聲), 연극 등을 공연했다. 1958년의 교장은 이상춘(李相春)이었다. 같은 해 10월 북한의 학교와 학생 교류회를 가졌다. 1958년 11월 2일 현지의 수리관개시설의 공사에 참여했다. 1961년 6월 순천군 소년체육대회에 참가하여 우승, 군민청위원회(郡民青委員會)로부터 표창장을 받았다. 1961년 학교의 후원단체로부터 다양한 악기를 기증받았다. 1964년 소년단(少年團) 산하에 분단(分團)을 설치했다.(朝鮮華僑聯合總會機關報《民主華僑》; 朝鮮華僑聯合會機關報《華訊》)【송우창】

순태順泰

일제강점기 인천 소재 화교의 부동산회사. 지나정(支那町) 3번지에 소재했다. 1935년의 경영자는 전금근(錢金根)으로 절강성 출신이었다. 소유 부동산의 시가는 36,000원이었다.(이정희(2017.12), 「이발소와 양복점으로 본 조선화교의 실태: 1890년대-1940년대를 중심으로」, 『사회와 역사』116, 한국사회사학회, 41-47)【이정희】

순태상順泰祥

일제강점기 인천 소재 화교의 양복점. 경영자는 전금근(錢金根)으로 절강성 출신이었다. 그는 1913년 설립된 인천중화상회의 초대 의원으로 선출되어 일했다. 1923년의 연간매상액은 7천-8천원이었다. 1927년에는 상호명이 순태호(順泰號)로 바뀌었고, 경영자는 전신인(錢信仁)이었다. 절강성 근현(勤縣) 출신이었다. 1942년의 경영자는 고림여(高林如)로 절강성 진해현(鎭海縣) 출신이었다. 직공인 범홍청(范鴻淸)은 절강성 영파현 출신이었다.(이정희(2018a), 『한반도 화교사』, 동아시아, 360·363)【이정희】

순흥의順興義

일제강점기 군산 소재 화교의 주단포목 도매상점. 1923년의 연간매상액은 42,000원이었다.(이정희(2018a), 『한반도 화교사』, 동아시아, 69)【이정희】

스가이시로酉水孜郞, 1904-1985

일본의 지리학자. 동경제국대학 지리학부 지리학과 졸업. 일본정부 기획원 조사관, 내무성 조사관, 유통경제대학 교수 등을 역임하고, 1977년 일본지리학회 명예회원이 되었다. 동경부립제3중학교 교원으로 근무하던 1930년대 중반 부천군 다주면 용정리의 화농(華農)을 조사하여 일본지리학회의 학술지인 『지리학평론(地理學評論)』에 「조선 농촌의 토지이용」의 제목으로 논문을 게재했다. 그는 화농의 채소재배의 특징으로 근면, 자연산 유기비료를 주로 사용한다는 점, 집약적인 채소재배를 한다는 점을 들었다.(李正熙(2011.5), 「近代朝鮮における中國農民の野菜栽培に關する研究: 京畿道を事例として」, 『史林』94-3, 京都大學大學院文學硏究科內史學硏究會, 61-62; 기타 자료)【이정희】

스와인하트Swinehart, 생졸년불상

일제강점기 미국 남장로회 소속 조선 파견 선교사. 1910년대와 1920년대 광주와 순천지역의 개신교 관련 건축물을 거의 모두 설계했다. 그는 15년간 화교 건축시공업자와 같이 벽돌조적 건축물을 시공했다. 그는 화교 건축시공업자를 다음과 같이 평가했다. 첫째는 직공의 선택과 재료의 사용에서부터 완성까지 전반적으로 균형이 잘 잡혀 있고 실행력이 있다는 점, 둘째는 건축 자재를 스스로 지킬 수 있기 때문에 도난을 방지할 수 있다는 점. 셋째는 미국의 일반적인 착실한 건축청부업자의 활동과 비교적 유사하다는 점.(이정희(2017.12),「조선 화교의 성당건축 시공 활동(1880년대-1930년대): 서울과 대구를 중심으로」,『교회사연구』51, 한국교회사연구소, 56)【이정희】

식도원食道園

일제강점기 평양 소재 화교의 중화요리점. 1931년 7월 화교배척사건 때 큰 피해를 입었다.(이정희(2018a),『한반도 화교사』, 동아시아, 206)【이정희】

신가파신교회新嘉坡新僑會

일제강점기 함경남도 신가파 지역의 화교 사회단체. 1937년 12월 중화민국임시정부 수립 후 설립되었다. 1942년 여선중화상회연합회의 회원이었고, 당시의 회장은 곽수운(郭樹雲)이었다.(이정희·송승석(2015),『근대시기 인천화교의 사회와 경제』, 학고방, 234)【이정희】

신륜기新倫記

개항기 및 일제강점기 인천 소재 화교의 양복점. 1906년의 종업원은 12명이었다. 1913년의 경영자는 허희영(許希榮)으로 1923년의 연간매상액은 18,000원이었다.(이정희(2018a),『한반도 화교사』, 동아시아, 359)【이정희】

신륭공사新隆公司

서울 소재 화교의 무역회사. 중구 소공동 105번지에 소재했다. 1954년의 사장은 왕욱초(王旭初)였다.(華僑志編纂委員會編(1958),『華僑志-韓國-』, 85)【이정희】

신막중화신민회新幕中華新民會

황해도 신막지역의 화교 사회단체. 1937년 12월 중화민국임시정부 수립 후 설립되었다. 1942년 여선중화상회연합회의 회원이었고, 당시의 회장은 여금당(呂金堂)이었다.(이정희·송승석(2015), 『근대시기 인천화교의 사회와 경제』, 학고방, 233)【이정희】

신명도申明桃, 1908-?

북한화교. 해방 이전 가난한 농업 노동자였다. 해방 초기 북한의 토지개혁 때 토지를 배분 받았으며, 중국인민해방군의 노군활동(勞軍活動)에 적극 참여했다. 토지개혁 이후 평양시농민동맹위원으로 임명되었으며, 1949년 2월 22일 평안남도농민동맹의 위원으로 선출되었다. 같은 해 3월 8일 북한의 중앙농민동맹대의원(中央農民同盟代議員)으로 선출되었다. 1960년 임흥농업협동조합(林興農業協同組合)의 조합원이 되었다.(朝鮮華僑聯合會機關報《華訊》)【송우창】

신생기업新生企業

서울 소재 화교의 무역회사. 중구 소공동 106번지에 소재했다. 1954년의 사장은 손렴생(孫濂生)이었다.(華僑志編纂委員會編(1958), 『華僑志-韓國-』, 85)【이정희】

신생무역新生貿易

서울 소재 화교의 무역회사. 중구 북창동 101번지에 소재했다. 1954년의 사장은 유영신(劉永新)이었다.(華僑志編纂委員會編(1958), 『華僑志-韓國-』, 85)【이정희】

신성호新盛號

일제강점기 전라남도 목포 소재 화교의 주단포목 도매상점. 1923년의 연간매상액은 308,000원이었다.(이정희(2018a), 『한반도 화교사』, 동아시아, 69)【이정희】

신의주시화교부녀회新義州市華僑婦女會

북한 신의주시화교연합회 산하의 화교 부녀자의 사회단체. 1947년 결성. 1948년 11월까지 4개의 분회(分會)를 설치했다. 1947년부터 1949년까지 1,980켤레의 군화와 15개의 수기(繡旗) 그리고 위문금 1만여원을 중국공산당에 기부했다. 1949년 3월 당시의 부녀회장은 유용(劉湧), 부위원장은 원죽수(袁竹秀), 비서장(秘書長)은 태잠운(邰岑雲), 조직부장은 조자옥(趙子玉), 선전부장은 왕수영(王秀英)이었다. 위원은 손채옥(孫彩玉), 정숙진(井淑珍), 우계향(于桂香), 왕형지(王荊芝)였다. 후보위원은 관금추(管金秋), 양수영(梁秀英), 우전향(于塡香), 이숙진(李淑珍)이었다. 주요 사업은 화교 부녀의 식자반(識字班) 참가 독려, 문화정치 수준의 향상, 북한의 경제건설 적극 참여, 중공의 국공내전 승전 지원, 북한 부녀자와 교류와 협력, 화교연합회의 선전과 교육 업무 협조, 빈곤 화교 자제의 입학보증 등이었다. 1950년의 회장은 왕수매(王秀梅)였다. 한국전쟁 때 화교의 대량 귀국으로 부녀회는 자연스럽게 해체되었다.(朝鮮華僑聯合總會機關報《民主華僑》)【송우창】

신의주시화교연합회新義州市華僑聯合會

북한 신의주 지역 화교의 대표적인 사회단체. 1946년 말 결성, 정식 창립은 1947년 2월. 1946년 10월 중공 간부가 중국 안동(安東)에서 신의주로 철수, 그 가운데 소수의 인원이 신의주화교연합회의 간부를 맡았다. 1947년 2월 신의주화교연합회가 정식으로 창립되었을 때는 마옥성(馬玉聲)이 위원장을 맡았다. 1947년 10월 평안북도화교연합회가 정식으로 창립되고, 마옥성(馬玉聲)이 부위원장에 임명되었다. 1949년의 위원장은 원수원(苑綏遠), 조직부장은 왕문란(王文蘭)이 맡았다. 1959년의 부위원장은 고홍경(高洪慶), 1980년대 초반의 위원장은 향옥항(向玉恒)이 맡았다. 1947년부터 1950년 6월 사이 신의주시화교연합회 산하에 4개의 분회가 설치되었다. 제1 분회장은 이임덕(李林德), 제2 분회장은 조명훈(曹銘訓), 제3 분회장은 왕문란(王文蘭)이었다. 분회 산하에는 지부를 두었다. 제1분회에는 9개 이상의 지부, 제3 분회에는 14개 이상의 지부, 제4분회에는 13개 이상의 지부가 각각 설치되었다. 지부 아래에는 소조(小組)를 두었다. 지부장은 국경신(鞠慶新), 왕옥해(王玉海), 유오국(劉五國) 등이었다. 이외에 별도로 부녀회(婦女會)를 두었다. 부녀회 산하에는 분회가 설치되어 있었다. 한국전쟁 이전의 주요 임무는 토지개혁의 시행, 중공 승전의 동북해방대회(東北解放大會)의 조직, 화교를 동원한 전선지원, 농업호조조(農業互助組) 조직, 동학(冬學), 식자반(識字班) 개최 등이다. 한국전쟁 기간 단동과 연락을 취해 북한화교의 중국 귀국 사업을 도왔다.(朝鮮華僑聯合總會機關報《民主華僑》; 朝鮮華僑聯合會機關報《華訊》; 陳香林·王桂敏 主編(2018), 『吉林文史資料選輯 第46輯: 朝鮮歸來』)【송우창】

신의주중국인고등중학교新義州中國人高等中學校

북한 신의주 소재의 화교중고등학교. 북한정부가 1972년 가을 고등의무교육(高等義務敎育)을 실시하면서 1974년경 신의주중국인중학교가 신의주중국인고등중학교로 승격되었다. 그후 3층 건물의 교사와 2층 건물의 학생 기숙사가 건축되었다. 1980년경교장은 진배기(陳培基)였다. 2002년 교명은 중국인중학교(中國人中學校)로 개칭되었다. 2003년의 학생수는 116명, 교원은 20명이었다. 교원 가운데 화교 교원은 5명이었다. 2013년 교명은 신의주중국인고급중학교(新義州中國人高級中學校)로 개칭되었다.(楊昭全·孫玉梅(1991), 『朝鮮華僑史』, 中國華僑出版公司, 316-317; 慕德政(2001), 「朝鮮華僑敎育的歷史回顧」, 『華僑華人歷史硏究』2001年第4期)【송우창】

신의주중국인인민학교新義州中國人人民學校

북한 신의주 소재의 화교소학. 해방 직전 신의주에는 4개의 화교소학이 있었다. 신의주화교소학(新義州華僑小學)은 1915년 3월 설립되었다. 학교의 소재지는 신의주 진사정(眞砂町) 4정목21번지였다. 1928년 교사를 증축했다. 1930년의 학생수는 120명, 교원은 3명이었다. 교장은 한문청

(韓文淸)이었다. 1943년의 학생수는 215명, 교원은 3명이었다. 교장은 필
자문(畢子文)이었다. 신의주화농소학(新義州華農小學)은 1935년 8월
설립되었다. 1938년의 교장은 마계상(馬繼常)으로 학생수는 270명, 교원
은 5명, 교장은 임지대(林志大)였다. 신의주화공소학(新義州華工小學)
은 1933년 8월 설립되었다. 전신은 화교 유소격(劉紹格)이 설립한 팽성
서숙(彭城私塾)으로 1934년 신축 교사를 매입했다. 1943년의 학생수는
169명, 교원은 왕중화(王中和) 등 3명이었다. '만주국'의 신의주화교소학
은 1938년에 설립되었다. 학교는 '만주국' 주신의주영사관이 관리했다.
학생수는 200여명에 달했다. 1947년부터 1948년 사이 신의주에는 화교
소학이 본교 외에 5개교의 분교가 설립되었다. 이 가운데 본교와 제2·
3·5분교는 시내에, 나머지 2개 분교(제1·4분교)는 교외에 자리했다. 분
교의 교사는 기본적으로 초가집이었다. 본교의 교장은 두봉명(杜鳳鳴),
분교의 교장은 여흔(呂欣)이었다. 북한정부가 1949년 4월 학교를 인수관
리하면서 교명은 중국인인민학교로 바뀌었다. 북한정부가 새로운 교사
를 제공했으며, 제1분교와 제4분교는 문을 닫았다. 본교의 교무주임은
윤병섭(尹炳燮, 북한사람)이 맡았다. 1950년 4월 본교와 분교의 소년단
(少年團)은 한 달에 두 번 오락행사를 개최했다. 한국전쟁 기간 중 중국
정부는 주옥민(朱玉民)과 장옥지(張玉芝) 등을 교사로 파견했다. 1960
년의 교장은 왕병충(王秉忠)이었다. 같은 해 신의주중국인인민학교는
신의주중국인중학교(新義州中國人中學校)에 편입되었다.(朝鮮華僑聯合總
會機關報《民主華僑》; 朝鮮華僑聯合會機關報《華訊》, 기타자료)【송우창】

신의주중국인중학교新義州中國人中學校

북한 신의주 소재의 화교중학. 북한정부는 1949년 3월 11일 '중국인학교
관리에 관한 결정서'를 결정하여 신의주에 별도의 중학교가 개교했다.
1949년 9월 10일 신의주중국인중학교는 정식으로 수업을 시작했다. 학
비는 월 10원이었다. 학생 연령은 12세부터 18세 사이였다. 학제는 3년
이었다. 1949년의 학생수는 62명이었다. 초대 교장은 주자방(朱子芳), 취

임 후 한 달 뒤에 왕신일(王辛逸)이 직무를 이어받았다. 1950년 8월 학교는 교사와 학생의 15개의 선전소조(宣傳小組)를 조직, 화교연합회와 함께 화교에게 전시(戰時) 선전활동을 펼쳤다. 같은 해 9월 학교는 임시 휴강을 했다. 1951년 6월 다시 수업을 재개하였다. 당시의 교장은 장계창(張啓昌)이 맡았다. 1951년 9월 중국정부는 고봉기(高鳳岐), 주성(周誠), 고결문(高潔文), 호패란(胡佩蘭), 팽세보(彭世輔)를 교사로 파견했다. 학생수는 100명에 가까웠다. 당시는 초중(初中) 1, 2학년을 두었다. 1952년 9월 신입생을 모집했지만 학생수는 오히려 감소했다. 같은 해 12월의 학생수는 32명이었다. 1953년 2월 학교는 운영을 중지했다. 장계창 등 중국에서 파견된 교사가 대부분 귀국했다. 휴전 직후 신의주에는 화교소학만이 있었다. 1960년 9월 신의주중국인중학교(新義州中國人中學校)가 다시 문을 열어 평안북도와 황해도의 화교소학 졸업생이 진학했다. 당시의 교장은 손범오(孫範五), 교사는 신영복(申永福), 가광량(賈廣亮), 심옥화(沈玉華), 초창태(初昌泰), 장건충(張建忠), 유금례(劉錦禮), 난홍서(蘭洪瑞), 왕본륜(王本倫) 등이었다. 교과서는 중국정부가 제공한 것이었다. 교과과정은 어문(語文), 수학, 물리, 화학, 중국역사 등이 개설되어 있었다. 1961년의 교무주임은 우수이(于受怡)가 맡았다. 같은 해 북한정부는 1천여평의 토지를 제공하고, 자동차 1대와 우차(牛車) 1대를 배당했다. 학교는 소년단(少年團)을 주축으로 폐품수집과 농사일을 거드는 활동을 했다. 1968년 여름부터 1971년 봄까지 문화대혁명의 영향으로 북한사람 교장과 교사는 학교를 떠났고, 북한정부가 학교에 대한 각종 보조금 지급을 중단하면서 학교는 문을 닫았다. 이때 신의주 화교연합회의 고홍경(高洪慶)이 최국영(崔國榮), 가광량(賈光亮), 장건충(張建忠), 문창화(聞昌和) 등의 교사를 이끌고 수업을 지속했다. 1971년 학교는 정상운영되었다. 1972년 북한정부가 고등의무교육(高等義務敎育)을 실시하면서 1974년 교명은 신의주중국인고등중학교(新義州中國人高等中學校)로 바뀌었다.〈朝鮮華僑聯合總會機關報《民主華僑》; 朝鮮華僑聯合會機關報《華訊》; 기타 자료〉【송우창】

신의주중만선음식점연합조합中滿鮮飮食店聯合組合

일제강점기 1938년 10월 신의주에 설립된 음식점 동업단체. 이 조합에는 음식점을 경영하는 조선인, 화교, 만주인이 조합원으로 참가했다. 밀가루 배급을 둘러싸고 각 민족 조합원 간 내부 갈등이 존재했다.(이정희 (2018a), 『한반도 화교사』, 동아시아, 330)【이정희】

신의주중화농회新義州中華農會

일제강점기 신의주지역 화농(華農)의 동업단체. 1942년 7월의 회원은 118명이었다. 회비는 화농의 경작면적에 따라 정해졌다. 회장은 장붕길 (莊鵬吉), 부회장은 손충신(孫忠信)이었다. 농회는 채소가 절대적으로 부족한 부산에 화농을 파견하여 채소증산에 협력했다.(이정희(2018a), 『한반도 화교사』, 동아시아, 519)【이정희】

신의주중화상회新義州中華商會

일제강점기 신의주 지역의 화교 사회단체. 노구교사건 직후 일시 해산 된 후, 신의주화교민회(新義州華僑民會)가 설립되었다. 그러나 곧 중화 상회로 복원되었다. 1942년 여선중화상회연합회의 회원으로 당시의 회 장은 우자영(于子瑛)이었다.(이정희·송승석(2015), 『근대시기 인천화교의 사회와 경 제』, 학고방, 233)【이정희】

신의주화공소학新義州華工小學

일제강점기 신의주 소재 화교소학. 1933년 설립. 화공의 자제가 학생으로 입학했다. 1942년의 학생인원은 131명, 교사는 3명이었다.(楊韻平(2007), 『汪政權與朝鮮華僑(1940-1945): 東亞秩序之一研究』, 稻鄕, 222-233; 이정희(2007), 112; 기타 자료)【이정희】

신의주화공소학교과서압수사건新義州華工小學敎科書押收事件

일제강점기 평안북도경찰부가 신의주화공소학의 교과서를 강제로 압수

하고 관련자를 검거한 사건. 경찰부는 1935년 11월 27일 밤부터 28일 아침에 걸쳐 신의주화공소학을 급습, 반만항일(反滿抗日) 교육을 실시한 혐의로 교사 등 화교 10명을 검거했다. 경찰부는 평안북도 도내 소재의 용암포 및 운산북진(雲山北鎮) 화교소학도 엄중한 조사를 실시했다. 신의주영사관이 당국의 조치에 강력히 항의함에도 불구하고, 28일 오후부터 제2차 검거를 실시하고 관계자의 가택을 강제 수색하고 서류를 다수 압수했다. 이때 교원 장소각(張紹覺, 1903-?)을 검거했다. 범한생(范漢生) 경성총영사는 항일교과서가 아니라 잡지《소붕우(小朋友)》에 약간의 항일(2010),「南京國民政府期の朝鮮における華僑小學校の實態」,『現代中國研究』26, 19-40)【이정희】

신의주화교新義州華僑

북한 신의주 거주의 화교. 신의주는 평안북도의 도청소재지가 위치한 도시이다. 대안은 중국의 단동시(丹東市, 이전에는 안동(安東))이다. 1904년 경의선의 북쪽 종점이 신의주에 설치되고, 일본은 중국인 노동자를 대량으로 모집해 철도를 건설했다. 그들이 신의주화교(新義州華僑)의 선구자로 여겨진다. 1930년 신의주 거주 조선인은 3만1,445명, 일본인은 7,526명, 화교는 9,071명이었다. 1943년의 화교인구는 1만485명이었다. 1946년 10월 다수의 중공 간부가 안동에서 신의주로 후퇴하여 화교연합회 조직을 만들었다. 신의주화교연합회는 1947년부터 한국전쟁까지 화농의 토지개혁 참가, 중공의 국공내전 지원, 북한의 경제건설을 위한 모금, 물자 기부 등의 활동을 펼쳤다. 1949년 신의주의 화교 인구는 7천여명으로 이 가운데 화농, 화상, 화공이 각각 20-30%를 차지했다. 1947년부터 1949년 3월 사이 신의주에는 모두 6곳에 화교소학이 설립되어 있었다. 신의주화교는 한국전쟁의 영향으로 1952년부터 대량으로 중국으로 귀국했다. 한국전쟁 휴전 이후 신의주화교는 시내의 수로건설 등에 참여했다. 1956년 신의주의 일부 화농은 신로농업협동조합(新路農業協同組合)을 결성했다. 그 후 다른 화농도 협동조합 조직에 나섰다. 이 시기 신의주의 화상인 장존재(張存財), 장옥원(張玉垣), 원수원(苑綏遠), 우화덕(于和德) 등이 농업협동조합에 자금을 빌려주었다. 신의주 거주 화농은 1958년 10월 신의주시 남하(南下) 등의 농업협동조합에 통폐합되었다. 1960년대 들어 화교 청년의 다수는 신의주종합방직공장 등 새로 지어진 공장에서 일했다. 1960년 9월 중국인중학교(中國人中學校)가 설립되었다. 평안북도, 황해도 등지의 화교 자제는 모두 신의주에서 초급중학을 다녔다. 이 시기 화교연합회의 독려로 화교가 북한국적을 취득하기 시작하면서 화교연합회는 침체기로 접어들었다. 화교학교는 조선어교육을 채용했다. 문화대혁명의 영향으로 1966년 북중관계가 악화되면서 신의주화교는 대량으로 중국으로 귀국했다. 당시 신의주에는 화교와 현지 북한의 지방정부 간의 충돌사건이 발생했다. 1985년부터 신의주화교는 대부분 북중간 개인무역업에 종사해 왔다. 이후 신의주화교는 중국 단동(丹東)으로 활동 지역을 확대, 북한에서 온 사업가를 상대로 무역업을 했다. 2000년의 신의주 화교인구는 704명, 2003년은 170호였다.(朝鮮華僑聯合總會機關報《民主華僑》; 朝鮮華僑聯合會機關報《華訊》; 기타 자료)【송우창】

신의주의 대안인 중국 단동의 고려가(高麗街)(홍창진 제공)

신의주화교구락부 新義州華僑俱樂部

해방초기 북한 신의주화교가 화교 간의 친목 도모와 각종 행사 개최를 위해 설립한 시설. 1949년 7월 7일 개관. 실내는 한번에 700여명 수용이 가능하며 시설 밖에 운동장이 딸려 있었다. 구락부는 원래 만주국 주신 의주영사관 운영의 신의주 만주국화교소학의 교사로 해방 후 비어있는 상태였다. 해방 초기 신의주 거주 화교는 7천여 명이었는데 독립적인 모임장소가 없었다. 1949년 7월 7일 중일전쟁 12주년을 맞아 북한의 화교연합총회의 비준을 거쳐 구락부를 건립했다. 건립 후 신의주화교극단(新義州華僑劇團)이 구락부에서 《외계(喂雞)》, 《춘경호조(春耕互助)》, 《상당(上當)》, 《참군(參軍)》, 《입공(立功)》 등의 공연을 했다. 8·15해방, 3·8 부녀절 등의 기념일에 맞춰 구락부에서는 각종 경축행사가 거행되었다. 그 후의 활동상황은 분명하지 않다.(朝鮮華僑聯合總會機關報《民主華僑》)【송우창】

신의주화교민회新義州華僑民會

일제강점기 신의주의 화교 사회단체. 중화민국임시정부 수립 후, 1938년 1월 15일 신의주 화교에 의해 새롭게 조직된 단체. 곧 해체되고 신의주중화상회로 복원되었다.(이정희(2018.12b), 「중일전쟁시기 범한생(范漢生) 경성총영사의 친일활동과 조선화교 사회의 변동」, 『중앙사론』48, 197)【이정희】

신의주화교소학新義州華僑小學

일제강점기 신의주 소재 화교소학. 1915년 진사정(眞砂町)에 설립. 1930년의 학생수는 120명, 교원은 3명. 1942년의 학생수는 141명, 교사는 3명이었다.(楊韻平(2007), 『汪政權與朝鮮華僑(1940-1945): 東亞秩序之一硏究』, 稻鄉, 222-233; 이정희(2007), 112; 기타 자료)【이정희】

신의주화교아동단新義州華僑兒童團

해방초기 북한 신의주화교소학 내에 설립된 아동조직. 1947년 설립. 단원은 신의주화교소학의 본교와 분교 학생이었다. 아동단은 신의주화교연합회의 지도를 받았다. 주요한 임무는 아동이 조국을 사랑하도록 교육하고,

중공의 국공내전 승전지지, 북한 아동과 친하게 지내고, 화교연합회의 방침에 따른 문화 및 오락 활동을 펼치는 것이었다. 1948년부터 1949년 사이 아동 단원은 현지 화교의 문맹퇴치 사업에 참여했다. 1949년에는 극단을 설립, 가극(歌劇)《백모녀(白毛女)》등을 공연했다. 1949년 4월 이후 소년단(少年團)으로 대체되었다.(朝鮮華僑聯合總會機關報《民主華僑》)【송우창】

신의주화농소학新義州華農小學

일제강점기 신의주 소재 화교소학. 1935년 설립. 1942년의 학생수는 232명, 교사는 3명이었다.(楊韻平(2007), 『汪政權與朝鮮華僑(1940-1945): 東亞秩序之一硏究』, 稻鄕, 222-233; 이정희(2007), 112; 기타 자료)【이정희】

신창호愼昌號

일제강점기 인천 소재 화교의 양복점. 1930년 본정(本町) 2번지에 설립. 1935년의 경영자는 응사성(應士成)으로 절강성 출신이었다. 자본금은 7천원이었다.(이정희·송승석(2015), 『근대시기 인천화교의 사회와 경제』, 학고방, 71)【이정희】

신화루新華樓

해방초기 북한 회령 소재의 화교 중화요리점. 1949년 9월 북한 인민군의 가족을 위문하기 위해 1,500원을 헌납했다.(朝鮮華僑聯合總會機關報《民主華僑》)【송우창】

신화통신사평양분사新華通訊社平壤分社

국공내전 시기 중공의 신화통신사(新華通訊社, 약칭 신화사)가 북한 평양에 개설한 분사. 평양 분사 개설 사업은 중공동북행정위원회(中共東北行政委員會)의 주조선상업대표단(駐朝鮮商業代表團)이 담당했다. 1949년 9월 16일 중공중앙선전부(中共中央宣傳部)는 정설송(丁雪松)을 신화사 특파원으로, 유계량(劉桂樑, 연경대학(燕京大學) 신문계 졸업)을 기자로 파견했다. 9월 21일 신화사 평양분사가 정식 설립되어 운영되기 시작했다. 설립 초기 평양분사의 근무 인원은 4명으로 정설송, 유계량, 이분(李芬), 초덕록(焦德祿)이었다. 이후 손념국(孫念國), 오영근(吳永勤), 왕명우(王明友)가 추가되었다. 이들 외에도 몇 명의 화교 청년이 번역을 담당했다. 평양분사는 설립 한 그해 11월 15일까지 총 114건, 38,000여 글자의 기사를 전송했다. 1950년대 초 정설송이 평양분사의 사장으로 정식 임명되었다. 한국전쟁 발발 당일 밤 평양분사는 신의주로 이전하여 전황을 보도했다. 1950년 8월 중화인민공화국주북한대사관이 설립되고, 9월 정설송은 국내로 소환된 후는 유계량이 분사 사장을 맡았다. 현재까지 평양분사의 역대 책임자는 다음과 같다. 왕옥장(王玉章, 1954-1961), 장소계(張紹季, 1969-1971), 양보승(楊步勝, 1978-1982), 장금방(張錦芳) 등이었다. 평양분사의 소재지는 평양시 모란봉구역 장촌동(長村洞)이다.(萬京華(2009.2),『新華社平壤分社創建始末』, '新聞與寫作'新華社新聞研究所, 75; '新華通訊社史'編寫組 編(2010),『新華通訊社史』第1卷, 新華出版社, 470-471)【宋伍強】

신흥잔新興棧

일제강점기 군산 소재 화교의 호떡집. 1927년의 경영자는 장보신(張甫臣)으로 산동성 등주부(登州府)출신이었다. 종업원은 3명을 두었다. 양혜군(梁惠君)은 내양현 출신, 양학공(楊學公)은 모평현 출신. 왕량신(王梁臣)은 수광현(壽光縣) 출신. 1927년 12월 화교배척사건 때 큰 피해를 입었다.(이정희(2018a),『한반도 화교사』, 동아시아, 307)【이정희】

신흥호信興號

일제강점기 경성 소재 화교 주단상점의 중개조합. 경성 소재 화교 주단포목상점이 견직물을 조선 소매상점에 판매하기 위해 설립했다. 이 조합 소속 직원은 조선인 소매상점을 직접 방문하여 영업을 했으며, 판매액의 5%를 화교 주단포목상점으로부터 수수료로 수취했다.(이정희(2018a), 『한반도 화교사』, 동아시아, 129)【이정희】

18은행인천지점十八銀行仁川支店

일본 나가사키(長崎)에 1877년 설립된 18은행의 인천지점. 이 은행의 첫 해외 지점으로 1890년 10월에 개설되었다. 개항장 인천 거주 일본인 상공업자 가운데 상당수가 나가사키현(長崎縣) 출신으로 이들을 금융적으로 지원하기 개설됐

구 18은행인천지점

다. 인천중화회관과 인천중화상회는 이 은행에 당좌예금을 개설, 주거래 은행의 관계에 있었다. 이 은행은 1936년 2월 조선총독부의 금융통제 조치로 조선식산은행에 양도되었다. 이 지점 건물은 현재 인천 개항장 근대건축 전시관으로 활용되고 있다.(이정희·송승석(2015), 『근대시기 인천화교의 사회와 경제』, 학고방, 38)【이정희】

쌍리공雙利公

일제강점기 신의주 소재 화교의 주물공장. 1919년 설립. 1920년대의 경영자는 한문청(韓文清)이었다. 1926년의 종업원은 35명이었다. 1928년의 연간생산액은 25,000원이었다.(이정희(2018a), 『한반도 화교사』, 동아시아, 380)【이정희】

쌍발당雙發堂

일제강점기 인천부 외리(外里) 174번지 소재 화교의 이발소. 1924년 화교 이발사가 조선인 서상준(徐相駿)의 귀를 후비다 귓속에 상처를 내어 병원에서 치료를 받는 일이 벌어져 문제가 되었다.(이정희(2018a), 『한반도 화교사』, 동아시아, 351)【이정희】

쌍성공雙盛公

일제강점기 부산 소재 화교의 주물공장. 1924년 설립. 1920년대의 경영자는 한문원(韓文元)이었다. 1928년의 연간생산액은 17,765원이었다. 1931년을 전후하여 문을 닫았다.(이정희(2018a), 『한반도 화교사』, 동아시아, 380)【이정희】

쌍성동雙盛東

일제강점기 및 해방초기 북한 평양 소재 화교 주물공장. 1922년 설립. 1920년대의 경영자는 주장신(朱莊臣)이었다. 1928년의 연간생산액은 24,000원이었다. 1930년의 경영자는 여전히 주장신이었고, 자본금은 4,500원, 직공은 38명이었다. 소재지는 평양부 황금정(黃金町) 83번지였다. 1948년 12월 중공의 국공내전 승전을 위해 2천원을 기부했다. 주물공장은 북한의 협동조합화 방침에 따라 1958년경 국영공장으로 편입되었다.(日本外交史料館資料; 朝鮮華僑聯合總會機關報《民主華僑》; 이정희(2018a), 380)【송우창】

쌍성루雙盛樓

해방초기 북한 나남 소재의 화교 중화요리점. 1949년 8월 현지 화교소학의 교사 건축을 위해 3,500원을 기부했다.(朝鮮華僑聯合總會機關報《民主華僑》)【송우창】

쌍성발雙成發

일제강점기 인천 소재 화교의 해산물 무역상점 및 잡화 수입상점. 1898년 설립. 내리(內里) 209번지에 소재했다. 1928년의 경영자는 이약림(李若林), 연간매상액은 8만원이었다. 1935년의 경영자는 이발림(李發林)으로 산동성 출신이었다. 자본금은 2만원이었다.(이정희·송승석(2015), 『근대시기 인천화교의 사회와 경제』, 학고방, 70·169)【이정희】

쌍성태雙盛泰

개항기 인천 소재 화교의 주단포목 수입상점. 산동성 연태 소재 잡화상점인 쌍성태에 의해 설립되었다. 1906년의 종업원은 11명이었다.(이정희(2018a),『한반도 화교사』, 동아시아, 73·80)【이정희】

쌍성흥(강경)雙誠興(江景)

일제강점기 충청남도 강경 소재 화교의 주단포목 및 잡화 도매상점. 경영자는 원용무(苑用武)로 군산의 덕생동(德生東) 주단포목상점으로부터 직물을 조달했다.(이정희(2018a),『한반도 화교사』, 동아시아, 143)【이정희】

쌍성흥(인천)雙盛興(仁川)

일제강점기 인천 소재 화교의 주단포목 도매상점. 서경정(西京町) 213번지에 소재했다. 1942년의 경영자는 임풍년(林豊年)이며, 종업원은 15명이었다.(이정희(2018a),『한반도 화교사』, 동아시아, 239)【이정희】

쌍십절경축행사雙十節慶祝行事

쌍십절은 1911년 10월 10일에 발생한 무창봉기에서 기원하며, 중화민국(대만)의 건국기념일이다. 조선화교와 한국화교는 이날을 기념하여 각종 경축행사를 개최해왔다. 한국과 대만이 반공 이념 하에 '형제국'의 유대를 긴밀히 유지하던 대한민국 건국 초기에는 한국의 제1공영방송인 KBS에서 화교 학생들의 축하공연을 방송하기도 했다. 각지의 화교학교는 쌍십절을 기해 지역 화교들이 모이는 장소가 되었던 바, 서울 화교와 인천화교의 경우 화교소학 혹은 화교중학의 운동장에서 운동회와 기념식을 성대하게 거행했다. 서울의 경우, 대만과의 국교 단절 이후에도 학교에서 진행되던 기념행사가 대만과의 거리가 점차 멀어지고, 2000년대 초반 대만대표부 대표와의 갈등이 불거지면서 점차 축소되다가, 현재는 대만대표부 주최로 다른 장소에서 거행된다. 인천의 경우, 예컨대 1953년의 행사에는 1,100여명의 인천화교가 운집하여 자유 연설, 공연 그리고 운동회 등을 개최했다. 지금도 이러한 전통은 이어져 인천화교소학과 화교중산중학은 학부모를 초청하여 운동회를 개최하고 있다. 기타 부산, 대구 등지에서도 이 날 운동회 등 기념행사를 개최하는 곳이 있었으나, 현재 대다수의 지역에서 화교사회 전반이 참여하는 기념일이라는 지위는 사라졌다.(정은주(2013a), 「디아스포라와 민족교육의 신화: 한국의 중국인 디아스포라 교육실천에 대한 민족지적 연구」, 『한국문화인류학』제46집1호, 149; 정은주(2018), 「'이방인'에 대한 시선: 해방 이후 한국 언론 담론에 재현된 화교」, 『인문과학』, 116; 이민주(2016.2), 「1953년 인천화교사회의 쌍십절 행사」, 『중국관행웹진』vol.66)【정은주】

인천화교학교의 쌍십절 행사 장면

쌍합리(안동)雙合利(安東)

근대 중국 안동(安東, 현재의 단동) 소재 중국인의 주물공장. 1913년 5월 설립. 1924년 5월 현재의 경영자는 하북성 교하현(交河縣) 출신의 송선명(宋善明)이었다. 이 공장은 1910년대와 1920년대 조선에 투자하여 각지에 주물공장을 세웠으며, 쌍합리가 이들 주물공장의 본점 역할을 했다.(이정희(2018a), 『한반도 화교사』, 동아시아, 382)【이정희】

쌍화리(평양)雙和利(平壤)

일제강점기 평양 소재 화교의 주물공장. 1922년 설립. 1920년대의 경영자는 가광발(賈廣發)이었고, 1928년의 연간생산액은 25,000원이었다.(이정희(2018a), 『한반도 화교사』, 동아시아, 380)【이정희】

쌍화상雙和祥

서울 효제동 소재 화교 주물공장. 1922년 설립되어 1970년대까지 가동했다. 1920년대의 경영자는 송지명(宋智明)이었다. 1930년의 종업원은 30명, 1928년의 연간생산액은 4만원이었다.(이정희(2018a), 『한반도 화교사』, 동아시아, 380)【이정희】

쌍화성雙華盛

일제강점기 전라남도 소재 화교의 주물공장. 1924년 설립. 1928년의 연간생산액은 20,690원이었다. 1931년을 전후하여 문을 닫았다.(이정희(2018a), 『한반도 화교사』, 동아시아, 380)【이정희】

쌍화영雙和永

대구 소재 화교의 주물공장. 1923년 설립되어 1980년대에 문을 닫았다. 경영자는 가광발(賈廣發)이었다. 1930년의 종업원은 27명, 1928년의 연간생산액은 28.500원이었다. 농민의 도시 이주 증가와 알루미늄의 등장으로 인한 솥 수요의 감소로 경영이 악화, 결국 문을 닫았다.(이정희(2018a), 『한반도 화교사』, 동아시아, 380)【이정희】

쌍화오雙華奧

일제강점기 황해도 소재 화교의 주물공장. 1922년 설립. 1920년대의 경영자는 우덕천(于德泉)이었다. 1928년의 연간생산액은 8만원이었다.(이정희(2018a), 『한반도 화교사』, 동아시아, 380)【이정희】

쌍화흥雙華興

일제강점기 경성 소재 화교의 주물공장. 1925년 설립. 1920년대의 경영자는 우덕천(于德泉)이었다. 1928년의 종업원은 22명, 1928년의 연간생산액은 36,000원이었다. 1930년 공장의 명칭은 태흥(泰興)으로 바뀌었다.(이정희(2018a), 『한반도 화교사』, 동아시아, 380)【이정희】

쌍화흥주조창雙和興鑄造廠

해방 직후 부산에 설립된 화교의 주물공장. 서울의 쌍화상, 대구의 쌍화영과 같은 계열의 공장이었다. 부산의 도시개발로 인해 창원으로 이전된 후 현재도 운영되고 있다.(이정희(2018b), 『화교가 없는 나라』, 동아시아, 83)【이정희】

쌍흥호(경성)雙興號(京城)

일제강점기 경성 소재 화교의 건축시공회사. 1915년의 경영자는 모문서(慕文序)였다. 1915년의 연간매상액은 3천-5천원, 1923년의 연간매상액은 3만원이었다. 그 후 회사 명칭이 쌍흥화기(雙興和記)로 바뀌었고, 경영자는 모문한(慕文翰)이었다.(이정희(2018a), 『한반도 화교사』, 동아시아, 600-601)【이정희】

쌍흥호(대구)雙興號(大邱)

일제강점기 대구부 남산정(南山町) 190번지에 소재한 화교의 건축시공회사. 1910년대와 1920년대의 경영자는 강의관(姜義寬)이었다. 1931년 이후의 경영자는 모문금(慕文錦)이었다. 1923년의 연간매상액은 7천원이었다. 경성 쌍흥호의 대구지점으로 추측된다. 1910년대부터 1930년대까지 전라도, 경상도 지역의 가톨릭 관련 건축물을 시공했다. 미군정기 때는 미군의 공사를 청부하여 시공활동을 했다. 시공한 건축물은 전동성당(1908-1914), 대구대목구 주교관(1912-1913), 성유스티노신학교(1913-1914), 성바오로수녀회 코미넷관(1915), 계산성당 증축공사(1918), 성모당(1917-1918), 가실성당(1920-1922), 하양성당(1930-1931), 김천황금성당(1934), 서병국주택(1929, 현재의 대구화교협회), 계성학교의 핸더슨관(Henderson관, 1931) 등이 있다.(이정희(2018a), 『한반도 화교사』, 동아시아, 610-616)【이정희】

쌍흥호 시공의 전주 전동성당

아말리아 아마도르Amalia Amador C. Woo, 1863-1939

인천화교 오례당의 두 번째 부인. 스페인 출신. 스페인 청국공사관에서
근무하던 오례당과 만나 결혼했다. 오례당이 유럽에서의 근무를 마치고
중국으로 귀환할 때 동행했다. 오례당이 새로운 부임지인 대만을 마다
하고 조선행을 결행한 데에는 그녀의 의지가 강하게 작용했다고 한다.
한때 유럽에서 플라멩코 댄서로 활약하기도 했다는 설도 있는데, 그래
서인지 인천외인구락부인 '제물포구락부'나 자신들의 '오례당저택'에서
크리스마스 파티나 가장무도회가 열릴 경우에는 어김없이 그녀의 춤이
피날레를 장식했다고 한다. 남편인 오례당이 사망하자, 이듬해인 1913년
에는 중국 상하이에 있던 시조카 오로생(吳魯生)과 유산상속을 두고 치
열한 법정다툼을 벌이기도 했다. 이 재산분쟁소송은 결국 양측이 절반
씩 상속받는 것으로 판결이 났지만, 아말리아 자신은 판결에 상당한 불
만을 가지고 있었던 것으로 보인다. 이 소송은 당시 《매일신보》에 4회에
걸쳐 연재될 정도로 세간의 화제였다. 그녀는 1914년까지만 해도 상속재
산을 결코 처분하지 않겠다고 공개적으로 밝히기도 했지만, 결국 자신
이 그토록 사랑하고 아끼던 저택 '오례당(吳禮堂)'을 일본인 사업가 요
시다 히데지로(吉田秀次郎)에게 헐값에 넘겨야 할 만큼 말년은 그리 순
탄하지는 않았던 것으로 보인다. 1939년 사망한 그녀는 인천외국인묘지
(2017년 인천가족공원 내 외국인특화묘역으로 이전)의 남편 곁에 나란
히 안장되었다.【송승석】

아서원雅敍園

서울 소재 화교의 고급 중화요리점. 서광빈(徐廣賓) 등의 산동성 출신 화교가 1907년 합자로 설립했다. 1923년의 자본금은 1-2만원, 연간매상액은 29,000원이었다. 설립 당시의 위치는 현 롯데호텔 옆 주차장 자리의 건평 50평의 2층 건물이었다. 이 자리에 일본인 재벌 노구치(野口)가 반도호텔을 짓게 되자, 1936년 을지로 1가 181-4, 5로 이전, 400여평의 부지에 3층짜리 벽돌 건물을 건축했다. 1950년대 말 공간이 부족하자 4층 건물로 확장했다. 일제강점기 아서원의 고객에 는 조선총독부의 고위 관리가 많았고 해방 후에

아서원의 신문 광고
(《중앙신문》,1946.4.23.)

는 미군 고급장교와 김구, 이승만 그리고 대만의 석학인 임어당, 손문의 아들이자 행정원장을 지낸 손과도 있었다. 1925년 4월 17일 오후 1시 조선공산당 창당대회가 비밀리에 열린 곳도 아서원이었다. 화교는 이곳에서 결혼식과 환갑연을 열었다. 1967년을 전후 한 아서원의 하루 매상은 70만-100만원에 달했다. 아서원은 소송사건에 휘말려 1974년에 문을 닫았다.(이용재(2012.6),「재벌과 국가권력에 의한 화교 희생의 한 사례 연구」,『중앙사론』35, 65-108; 이정희(2017.6), 68-90)【이정희】

아서원소송사건雅敍園訴訟事件

서울 소재 화교의 고급 중화요리점인 아서원의 매각을 둘러싼 소송사건. 아서원 주주측과 아서원 매각자 및 인수자인 롯데그룹 간에 5년간 걸쳐 소송이 벌어졌다 1969년 2월 아서원의 경영자였던 서광빈의 무남독녀 서씨가 롯데 재벌에 아서원을 6천만원에 매각하면서 시작됐다. 아서원의 대지는 424평에 지하 1층, 지상 3층, 연건평 369평으로 당시의 시가로 5억에 달했기 때문에 6천만원은 헐값 매각이라 할 수 있었다. 아서원은 서광빈 개인의 고급 중화요리점이 아니라 중국 전통의 합자회사인 합과(合夥)였

다. 주주에는 한국인 2명을 포함하여 총 26명으로 구성되어 있었고 주식은 대지와 건물 각각 1백주씩 모두 200주였다. 서씨는 전체 부동산 지분 가운데 14%만을 소유했기 때문에 주주측은 서울중앙지방법원에 소송을 제기했지만 패소했다. 이에 불복하여 서울고등법원에 항소하여 2심에선 승소했다. 서씨는 다시 항소하여 대법원의 최종심에서 승소, 결국 아서원은 롯데에 완전히 넘어갔다. 재판에서 쟁점이 된 것은 아서원이 서광빈 개인 소유인지 합과인지를 둘러싼 문제였다. 서씨측은 아서원이 법원 등기상 서광빈 개인의 이름으로 등기되어 있기 때문에 매각에 문제가 없다고 한 반면, 아서원 주주측은 편의상 개인의 이름으로 위탁등기 해 둔 것에 불과하다며 이를 입증할 각종 서류를 제출했다. 대법원은 아서원 주주측의 주장을 받아들이지 않았다. 아서원 주주측과 한국 화교사회는 대법원의 판결에 강한 불만을 표출했다. 그들은 롯데라는 막강한 경제력을 등에 업은 재벌과의 싸움에서 돈 때문에 패소했으며, 화교가 외국인이라는 이유로 불공평하고 불공정한 판결과 대우를 받았다고 받아들였다.(이용재(2012.6), 「재벌과 국가권력에 의한 화교 희생의 한 사례 연구」, 『중앙사론』35, 65-108)【이정희】

아편굴阿片窟

중국인 집단거주 지역을 아편쟁이로 가득 찬 아편굴로 서술하는 것은 소설 및 영화 등의 매체를 통해 서구 담론이 표상했던 차이나타운의 대표적인 이미지 중 하나이다. 한반도에도 일제강점기 시기의 잡지들이 르포 형식의 기사로 아편굴에 대해 다룸으로써, 당시 만연했던 조선화교에 대한 부정적인 인식를 증폭시켰다. 1928년 8월 발행된 잡지 《별건곤》에는 「청요릿집의 이대 비밀」이라는 제하에, 중화요리점에서는 요리만 파는 것이 아니라 아편과 여자를 팔기도 한다는 기사가 실렸다. 1931년 3월 발행의 잡지 《삼천리》에도 중국의 아편굴 탐방 기사가 자극적인 묘사와 함께 실렸고, 1931년 1월 발행의 잡지 《동광》에도 조선의 아편굴을 다루며, 더럽고 퇴폐적이며 동물적인 공간으로 묘사했다.(정은주(2018), 「'이방인'에 대한 시선: 해방 이후 한국 언론 담론에 재현된 화교」, 『인문과학』제113집, 113-114)【정은주】

안동루安東樓

일제강점기 경성 소재 화교의 중화요리점. 황금정(黃金町)에 본점, 종로에 지점을 두었다. 1931년 7월 화교배척사건 때 4차례에 걸쳐 습격을 당해 직접피해를 입었다.(이정희(2018a), 『한반도 화교사』, 동아시아, 320)【이정희】

안동화교소학安東華僑小學

경상북도 안동 소재의 화교소학. 1952년 설립. 최경요(崔慶瑤) 등이 중심이 되어 서울, 부산, 대구 등지를 돌며 모금활동을 펼쳐 설립했다. 1957년 학교 이사회의 이사장은 최경요, 교장은 전병환(田炳煥)이었다. 1956년의 학생인원은 33명. 학생수 감소로 폐교되었다.(華僑志編纂委員會編(1958), 『華僑志-韓國-』, 158)【이정희】

안악중화신민회安岳中華新民會

일제강점기 황해도 안악지역 화교의 사회단체. 1937년 12월 중화민국임시정부 수립 후 설립되었다. 1942년 여선중화상회연합회의 회원이었고, 당시의 회장은 손익정(孫益呈)이었다.(이정희·송승석(2015), 『근대시기 인천화교의 사회와 경제』, 학고방, 233)【이정희】

안창양행安昌洋行

개항기 한성 소재 화교의 서양잡화상점. 광동방에 의해 설립되어 1889년 영업하고 있었다. 직원은 4명이었다.(이정희(2018a), 『한반도 화교사』, 동아시아, 71)【이정희】

안합호安合號

일제강점기 경성 소재 화교의 식료잡화상점. 남대문통(南大門通)에 소재했다. 경영자는 왕지복(王芝福)이며, 1928년의 연간매상액은 8만원.

유풍덕(裕豊德)에서 주단포목을 조달했다.(이정희(2018a), 『한반도 화교사』, 동아 시아, 127)【이정희】

양강도화교연합회兩江道華僑聯合會

양강도 지역 북한화교의 대표적인 사회단체. 1954년 10월 함경남도의 일부 지역이 분리되어 양강도가 설치되었으며, 혜산시(惠山市)에 연합회 사무실이 설치되었다. 1957년의 위원장 대리이자 지도원은 왕우윤(王友潤), 1959년의 부위원장은 손행문(孫杏文)이었다. 같은 해 여지서(呂枝瑞)가 위원장을 맡았으며, 부위원장은 정강홍(鄭江鴻)이었다. 그 후 정강홍이 위원장으로 임명되었다. 1947년부터 1950년 6월 사이에 혜산시 이외에 삼수군, 갑산군, 풍서군, 풍산군, 신파군, 백암군, 후창군 등지에 화교연합회가 조직되었다. 한국전쟁 시기 갑산군 화교연합회의 위원장은 하발상(賀發常), 휴전 후는 이조옥(李趙玉)이었다. 1961년 신파군의 책임자는 노진가(盧振家)였다. 1950년대 후반 양강도화교련합회는 화농을 조직하여 협동조합에 가입시켰는데, 1957년 11월에는 도내 90%의 화농이 협동조합에 가입했다.(朝鮮華僑聯合總會機關報《民主華僑》; 朝鮮華僑聯合會機關報《華訊》)【송우창】

양굉초楊宏超, 1854-?

일제강점기 인천의 화상(華商). 호북성 황강현(黃岡縣) 출신. 1913년 인천중화상회의 초대 의원으로 임명되어 활동했다.(이정희·송승석(2015), 『근대시기 인천화교의 사회와 경제』, 학고방, 97)【이정희】

양기당梁綺堂, 1858-?

일제강점기 인천의 화상(華商). 광동성 향산현(香山縣) 출신. 서양잡화상점인 이태잔(怡泰棧)의 경영자로 1913년 인천중화상회의 초대 이사로 선출되어 활동했다.(이정희·송승석(2015), 『근대시기 인천화교의 사회와 경제』, 학고방, 97)【이정희】

양모민楊牟民, 1893-?

일제강점기 부산의 화상(華商). 산동성 모평현 출신. 사숙(私塾) 6년 졸업. 주단포목상점을 경영하다 중화요리점 경영으로 전업했다. 그가 경영한 봉래각(蓬萊閣) 중화요리점은 부산 최고의 중화요리점이었다. 1942년 부산중화상회 부회장으로 활동한 후, 해방 직전 중국으로 귀국했다. (釜山領事館(1942),「釜山中華商會職員履歷表」,『汪僞僑務委員會檔案』)【이정희】

양복착용허가령洋服着用許可令

조선정부가 1895년 12월 30일 양복 착용을 허가한 내부(內部) 고시(告示). 내부고시는 "의관제도는 좌와 같이 고시함. …… 의복제도는 외국제를 채용하여도 무방함"이라 하여 양복 착용을 공인했다. 이어 조선정부는 1900년 4월 칙령 제14호와 제15호를 공포하여 공포하여 문무복장규칙(文官服裝規則)과 문관대예복제(文官大禮服制)를 허가하여 서양 관복으로 바꾸었다. 이때 반포한 문관복은 영국의 궁중 예복을 모방한 일본의 대례복을 참작했다. 1906년에는 칙령제75호를 공포하여 문무관의 대예복제를 개정하였으며, 제76호로 육군 복장을 더욱 간편하게 개정했다. 일본정부는 1869년 11월 12일 태정관(太政官) 포고 제339호 '대예복 및 통상 예복을 정하고 의관을 제복으로 하는 등의 건' 가운데 "금후 예복으로 양복을 채용한다."고 공포했다. 이에 따라 1870년과 1872년에는 각각 서양식의 해군제복과 육군제복이 제정되고, 군복 이외에도 관리의 제복이 양장으로 정해졌다. 메이지천황이 1871년 양복을 권장하는 칙어를 공포하여 일반인의 양복에 대한 관심이 급속히 확산되었다.(이정희(2017.12),「이발소와 양복점으로 본 조선화교의 실태: 1890년대-1940년대를 중심으로」,『사회와 역사』116, 한국사회사학회, 37-39)【이정희】

양봉파梁鳳坡, 생졸년불상

일제강점기 평양 소재 화교 주단포목 도매상점인 춘성영(春盛永)의 경영자. 1923년 평양중화상회의 회장을 맡고 있었다.(이정희(2018a),『한반도 화교

사」, 동아시아, 64)【이정희】

양서소梁序昭, 1903-1978

중화민국과 대만의 군인 겸 외교관. 복건성 출신. 연태해군학교(煙台海
軍學校)에서 수학. 중화민국의 해군 군인으로 활동한 후, 1954년 대만의
해군총사령관으로 임명되었다. 1964년 4월 제4대 주한대만대사로 임명
되어 1967년 2월 13일까지 근무했다. 그의 재임 기간 중 명동 소재 대만
대사관의 부지 1천평을 매각, 화교사회의 큰 반발을 사 화교로부터 폭행
을 당하는 사건이 발생했다. 귀임 후 1970년 총통부 국책고문으로 임명
되었다.(대만위키피디아; 이정희(2018b), 238)【이정희】

양선정楊仙亭, 1899-?

일제강점기 함경남도 원산의 화상(華商). 산동성 봉래현 출신. 중화요리
점 선화루(仙和樓)의 경영자. 1942년 원산중화상회의 후보 감찰위원으
로 활동하고 있었다.(元山領事館(1942), 「元山中華商會章程職員履歷表」, 『汪僞僑務委
員會檔案』)【이정희】

양소권楊紹權, 1912-?

중화민국의 외교관. 1938년 2월부터 주원산영사관의 주사로 근무했다.
마영발(馬永發) 영사의 추천으로 발탁된 인물. 부임하기 전 홍콩 매방중
학(梅芳中學)의 주임교사로 근무했다. 해방 당시 원산영사관의 주사로
근무하고 있었으며, 1945년 12월 왕영진(王永晉) 영사와 함께 소련군에
체포되어 극동러시아지역으로 끌려갔다. 1949년 이후 중화인민공화국에
인도된 후 전범수용소에서 생활하다 석방되었다. 대만으로 가지 않고
중국에 잔류했다.(이정희(2018.12b), 「중일전쟁시기 범한생(范漢生) 경성총영사의 친일활
동과 조선화교 사회의 변동」, 『중앙사론』48, 188-191)【이정희】

양소봉楊少峰, 1909-?

중화민국의 외교관. 1942년 신의주영사관의 서기로 근무하고 있었다.(朝鮮總督府外務課(1942),『昭和17年 領事館表關係』)【이정희】

양소학楊嘯鶴, 1888-?

중화민국의 외교관. 1942년 경성총영사관 부영사 및 한성화교소학 교동회의 이사로 근무했으며, 1945년 2월부터 해방 때까지 부산영사관의 영사로 근무했다.(朝鮮總督府外務課(1942),『昭和17年 領事館表關係』)【이정희】

양여눌楊汝訥, 1862-?

일제강점기 군산의 화상(華商). 산동성 영해현(寧海縣) 출신. 주단포목상점인 취화상(聚和祥)의 경영자로 1913년 군산중화상회의 초대 회장으로 선출되어 활동했다.(이정희·송승석(2015),『근대시기 인천화교의 사회와 경제』, 학고방, 97)【이정희】

양여호楊汝號

일제강점기 마산 소재 화교의 주단포목 도매상점. 1923년의 연간매상액은 33,000원이었다.(이정희(2018a),『한반도 화교사』, 동아시아, 69)【이정희】

양영빈梁英斌, 생졸년불상

대만의 외교관. 2010년 9월 제5대 주한대북대표부 대표로 임명되어 2014년 5월 24일까지 근무했다.(이정희(2018b),「화교가 없는 나라」, 동아시아, 238)【이정희】

양옥성楊鈺誠, 1913-?

중화민국의 외교관. 산동성 평도현(平度縣) 출신. 1942년 주경성총영사관 서기로 근무하고 있었다. 1942년 11월 조선화교 귀국 관광단의 간사

로 중국의 상해, 남경 등지를 방문했다.(京城總領事館(1942.11.),「朝鮮僑民回國觀
光團問題的往來文書」,『汪僞僑務委員會檔案』)【이정희】

양운구楊雲珦, 1892-?

일제강점기 진남포 거주 화교. 산동성 등주부(登州府) 출신. 노구교사건
발발 직후 일본군 평양비행 제6연대 소속 비행기의 출동상황 및 군대수
송 상황 등을 탐지하여 장의신(張義信) 진남포영사에게 제보한 혐의로
체포되어 징역 5년을 구형받았다.(이정희(2017.6),「중일전쟁시기 조선화교의 항일활
동」,『동양사학연구』139, 343)【이정희】

양익지楊翼之, 1869-1943

일제강점기 인천의 화상(華商). 산동성 모평현(牟平縣) 출신. 인천으로
이주하여 1908년경 유성잔(裕盛棧)을 개설했다. 1920년대는 인합동(仁
合東) 주단포목 수입상점, 1942년은 주단포목상점 화취창(和聚昌)의 경
영자로 활동하다, 1943년 인천에서 타계했다.(楊建民(1966),「楊建民備忘錄: 祖
業事蹟冊」; 이정희(2018a), 239)【이정희】

양자방양말공장揚子芳洋襪工場

일제강점기 인천 소재 화교의 양말공장. 1923년 설립. 경영자는 양자방
(揚子芳)으로 1926년의 연간생산액은 31,000원이었다.(이정희(2018a),『한반도
화교사』, 동아시아, 409)【이정희】

양지붕楊志鵬, 1904-?

일제강점기 대구의 화상(華商). 산동성 액현(掖縣) 출신. 사숙(私塾) 졸
업. 주단포목상점 만성창(萬盛昌)의 경영자. 1942년 대구중화상회의 후
보 집행위원으로 활동하고 있었다.(釜山領事館(1942),「大邱中華商會職員履歷表」,
『汪僞僑務委員會檔案』)【이정희】

양춘정楊春亭, 1906-?

일제강점기 평양 거주의 화공(華工). 산동성 등주부(登州府) 출신. 노구교사건 발발 직후 일본군 평양비행 제6연대 소속 비행기의 출동상황 및 군대수송 상황 등을 탐지하여 장의신(張義信) 진남포영사에게 제보한 혐의로 체포되어 징역 3년을 구형받았다.(이정희(2017.6), 「중일전쟁시기 조선화교의 항일활동」, 『동양사학연구』139, 343)【이정희】

양충신중화요리점楊忠信中華料理店

일제강점기 마산 소재 화교의 중화요리점. 1923년의 연간매상액은 3,500원이었다.(이정희(2018a), 『한반도 화교사』, 동아시아, 291)【이정희】

여계직呂季直, ?-1981

인천의 화상이자 화교 지도자. 만화(萬和) 주물공장의 경영자. 1950년대 인천화교자치구의 구장, 인천화교소학 교동회(校董會)의 이사장, 인천화교중산중학 교동회의 이사장과 교장을 역임했다. 인천화교소학의 새로운 교사인 부흥당(復興堂)의 건립에 큰 기여를 했다. 1974년 중남미 코스타리카로 이주하여 1981년 산요섭에서 타계했다.(국백령(鞠柏嶺)인터뷰; 기타 자료)【이정희】

여선중화상회연합회旅鮮中華商會聯合會

일제강점기 전국 각지 중화상회를 총괄하는 사회단체. 1938년 2월 3일 경성에서 창립된 조선화교 중화상회 및 사회단체의 최초의 연합단체. 범한생(范漢生) 경성총영사 주도로 각 지역 화교단체 대표자 22명을 소집하여 조직됐다. 중화민국임시정부 및 왕정위 남경국민정부 그리고 조선총독부의 정책을 각 지역 화교에 전달하는 역할을 수행했다. 조선총독부가 강요하는 각종 '친일' 행사에 참가하거나, 일본군을 위한 국방헌금과 비행기 헌납운동에 참가했다. 1942년 현재 가입 단체의 총수는 89개에 달했다. 제1대 회장은 주신구(周愼九) 경성중화상회장, 제2대 회장은 사자명(司子明) 경성중화상회장이 맡았다. 사무실은 경성중화상회 건물 내에 두었으며, 각 가입단체의 회비와 기부금으로 운영되었다. 매년 2월 전체 회원대회가 개최되어 임원 선출이 이뤄졌다. 각 지역 화교 사회단체는 반드시 가입하도록 되어 있었고, 탈퇴도 사실상 불가능했다. 1938년 2월 3일 성립된 조직대강(組織大綱), 같은 해 7월 26일 성립된 장정(章程)이 있다. 이 장정은 총 36개조로 이뤄져 있다. 그 외 임원 선거법과 사무회칙의 규정도 마련되어 있었다. 해방과 동시에 자동적으로 해산되었다.(이정희·송승석(2015), 『근대시기 인천화교의 사회와 경제』, 학고방, 228-234)【이정희】

여선중화장회연합회사무세칙旅鮮中華商會聯合會事務細則

일제강점기 여선중화상회연합회의 사무 세칙. 1938년 7월 26일 중화민국임시정부 경성총영사관의 비준을 받아 정식 성립된 여선중화상회연합회의 사무의 세칙. 제2조는 연합회 사무는 회장의 명령에 의거하여 실시하도록 했다. 제3조는 회장이 공석일 경우는 부회장이 직권을 대행하도록 규정했으며, 제4조는 사무원의 문서처리 방법을 규정했다. 제7조부터 제10조까지는 연합회 사무실의 총무과, 회계과, 통계과, 교류과에 대한 사무 내용을 규정했다. 제12조는 세칙은 간사회의 의결에 의해 시행되도록 했다.(이정희·송승석(2015), 『근대시기 인천화교의 사회와 경제』, 학고방, 388)【이정희】

여선중화장회연합회선거법旅鮮中華商會聯合會選擧法

일제강점기 여선중화상회연합회의 임원 선거를 규정한 규칙. 1938년 7월 26일 중화민국임시정부 경성총영사관의 비준을 받아 정식 성립된 여선중화상회연합회의 임원 선거법의 규정. 이 규정은 총 12개조로 이뤄져 있다. 제3조 연합회 임원 임기 만료로 개선할 때는 반드시 회원대회를 개최하여 무기명 투표로 선거하도록 했다. 제4조는 임원의 개선은 과반수 회원대표의 출석이 있어야 실시할 수 있으며 득표가 가장 많은 자가 당선되도록 했다. 제5조는 임원 결원 시 보궐선거를 실시하여 최다 투표자를 당선자로 했다. 제10조는 개선 혹은 보선의 결과는 경성총영사관에 보고하여 임시정부에 전달하도록 규정했다. 제12조는 이 선거법은 간사회가 의결하여 실시하도록 했다.(이정희·송승석(2015), 『근대시기 인천화교의 사회와 경제』, 학고방, 386-387)【이정희】

여선중화상회연합회장정旅鮮中華商會聯合會章程

일제강점기 여선중화상회연합회의 규정. 1938년 7월 26일 중화민국임시정부 경성총영사관의 비준을 받아 정식 성립된 여선중화상회연합회의 규정이다. 이 규정은 총 36개 조로 이뤄져 있다. 제1조는 연합회의 명칭을 여선중화상회연합회로 규정했다. 제2조는 연합회의 목적을 각지의 중화상회 및 각 화교단체에 연락하여 친목을 도모하고 화교의 상공업 및 대외 무역의 발전과 공공복리의 증진에 두었다. 제3조는 연합회의 사무실을 경성중화상회 내에 설치하도록 했다. 제4조는 연합회의 직무를 9가지로 규정했는데, 그 중 하나가 경성총영사관과 조선총독부의 중요 훈령을 화교에게 전달하는데 두었다. 제5조부터 제8조까지는 회원과 회원의 의무에 관한 규정이다. 회원은 각지의 중화상회와 화교단체이며, 회비 납부의 의무가 부여되었다. 제9조와 제10조는 중화상회와 화교단체는 반드시 회원으로 가입해야 하고, 탈퇴의 자유가 부여되어 있지 않았다. 제11조부터 제18조까지는 연합회의 조직구성에 관한 규정으로 회장, 부회장, 평의원, 간사를 두도록 하고 임기는 각 1년으로 했다. 제19조부터 제23조까지는 회장, 부회장, 간사회의 직권을 규정했다. 제24조부터 제26조까지는 1년에 한번 개최하는 회원대회, 임시로 개최하는 간사회회의, 평의원회의에 대해 규정했다. 제27조부터 제30조까지는 회원의 회비에 관한 규정으로 갑종의 연회비는 20원, 을종의 연회비는 10원, 기부금을 받을 수 있도록 했다.(이정희·송승석(2015), 『근대시기 인천화교의 사회와 경제』, 학고방, 381-385)【이정희】

여선중화상회연합회조직대강旅鮮中華商會聯合會組織大綱

일제강점기 여선중화상회연합회의 조직의 규정. 1938년 2월 23일 범한생 경성총영사 주도로 설립된 전국 중화상회 연합단체의 조직 대강. 이 대강은 경성에서 1938년 2월 23일 개최된 조선화교 단체 대표 22명이 참가한 회의에서 가결되어 성립했다. 이 조직 대강은 8개조로 구성되어 있다. 제1조는 화교의 상공업 발전을 도모하고 공공복리 증진을 위해 연합회를 조직했다고 규정했다. 제2조는 법인단체로 할 것을 규정하고, 제3조는 연합회의 장정을 제정하여 북경에 설립된 친일 중화민국임시정부의 비준을 받도록 했다. 제4조는 전국 각지의 중화상회를 회원으로 한다고 규정하고, 제5조와 제6조는 연합회에 회장과 부회장을 각각 1명 두도록 하고, 임기는 1년, 연임은 가능하도록 했다. 제7조는 회원 대회를 소집하도록 하고, 제8조는 중국 상회법의 법률에 따르도록 규정했다.(이정희·송승석(2015), 『근대시기 인천화교의 사회와 경제』, 학고방, 228-229)【이정희】

여정성呂正盛, 1919-?

일제강점기 산동성 즉묵현(卽墨縣) 거주의 중국인 선원. 군용 정크선에 승선하여 1944년 울산항의 수심을 조사하다 울산헌병분대(蔚山憲兵分隊)에 발각되어 검거되었다.(이정희(2017.6), 「중일전쟁시기 조선화교의 항일활동」, 『동양사학연구』139, 355-356)【이정희】

여지서呂枝瑞, 생졸년불상

북한화교. 한국전쟁 휴전 후 황해도화교연합회의 업무에 참가했다. 1958년 10월 황해남도화교연합회의 부위원장, 1959년 양강도화교연합회의 부위원장에 각각 임명되어 일했다. 1961년 화교연합회중앙위원회로 자리를 옮겨 1976년에 조직부 지도원, 1976년부터 1982년 5월까지 위원장 대리를 역임했다. 그 후 중국으로 귀국하여 국무원 교무판공실에서 근무했다.(朝鮮華僑聯合會機關報《華訊》; 楊昭全·孫玉梅(1991), 『朝鮮華僑史』, 中國華僑出版社, 322; 기타 자료)【송우창】

여지선呂志先, 1917~2016

중화인민공화국의 외교관. 본명은 요만청(姚萬淸). 광동성(廣東省) 평원현(平遠縣) 출신. 1936년 10월 중국공산당에 입당했다. 1940년 9월부터 중공(中共) 노남구당위원회(魯南區黨委) 선전부와 조직부의 부부장, 비서장(秘書長), 제령시위원회(濟寧市委)의 부서기, 서주시(徐州市) 인민정부의 부시장 등을 역임했다. 1949년 4월부터 절강지위원회(浙江地委) 서기 겸 위원, 절강성위원회(浙江省委) 상임 비서장(秘書長), 항주대학(杭州大學) 당서기 겸 교장 등을 역임했다. 1965년 1월 이후 주모리타니대사, 주헝가리대사, 주콩고대사를 차례로 역임했다. 1976년 9월부터 1982년 2월까지 주북한대사로 근무했다. 귀국 후 중국 대외문화위원회의 부주임, 중국 문화부의 부부장을 역임했다. 2001년 퇴임, 2016년에 타계했다.(中共濟寧市市中區委黨史研究室 編著(2006), 『中共濟寧市市中區地方史 第1卷』, 中共黨史出版社, 198-200; 중화인민공화국주북한대사관 홈페이지; 바이두)【송우창】

여초呂超, 생졸년불상

북한화교. 1948년 황해도화교연합회의 위원으로 임명되어 일했으며, 1949년 11월 해주중국인인민학교의 교장으로 근무하다 한국전쟁 때 중국으로 귀국했다.(朝鮮華僑聯合總會機關報《民主華僑》)【송우창】

여한전지재교구제위원회旅韓戰地災僑救濟委員會

한국전쟁 때 재난을 당한 화교의 구제와 관리를 전담한 사회단체. 이 위원회는 1951년 12월부터 1956년 4월 말까지 구제업무를 담당했다.(이민주(2015), 「한국전쟁 시기 한국화교의 구제활동 연구: 인천화교협회 소장자료를 중심으로」, 한국방송통신대학교석사학위논문, 34)【이정희】

여한중화상회연합회旅韓中華商會聯合會

1947년 5월 결성된 한국 각지 중화상회의 중앙단체. 인천중화상회장인

강무정(姜茂禎)이 초대회장을 맡았고, 1949년에는 왕공온(王公溫)이 맡았다. 한국전쟁 등으로 인해 제대로 활동하지 못하고 해산됐다.(이정희 (2018b), 『화교가 없는 나라』, 동아시아, 139)【이정희】

여한중화상회연합회의 광고(조선은행조사부(1949), Ⅱ-76)

여한화교단체연합판사처旅韓華僑團體聯合辦事處

한국전쟁 발발 직후인 1950년 9월 주한대만대사관의 주도로 설립된 한국화교 사회단체의 연합체. 이 연합판사처는 자치구총공소와 중화상회 연합회 조직을 통합하여 탄생했다. 연합판사처는 15명의 이사를 선출하여 운영했다. 판사처장은 이항련(李恒連)이 맡았다. 판사처는 화교의 거주등록 및 증명 등의 화교 업무를 총괄했다.(이민주(2015), 26; 왕언메이 저·송승석 역(2013), 359-363)【송승석】

여한화교반공항소운동위원회旅韓華僑反共抗蘇運動委員會

한국화교가 1950년대 설립한 반공, 반소련을 표방한 운동단체. 해방 후 1980년대까지 한국화교는 공적인 장에서 '자유중국'(중화민국)의 국민으로 인식되었다. 한국화교는 대한민국 건국 초기에 냉전 시대 강력한 담론이었던 반공 이데올로기를 매개로 연합국 중화민국의 국민으로 언론과 담론의 장에서 거론되었다. 실제로 화교협회 임원을 비롯한 화교 지도자는 한국에서 진행된 반공 행사를 지지하고 동참했다. 이 위원회는 그러한 연대와 활동의 맥락에서 화교가 결성한 것이다. 1951년 4월 항소 대회, 1956년 11월 8일에는 반공항소 궐기대회를 개최했으며, 1965년 3월 10일에는 '중공'의 핵실험규탄 궐기대회에 참여했다. 이 외에 1972년 5월 9일 화교청년 친우회가 예비군을 편성하는 등 화교는 중화민국의 국민으로서 한국의 반공 동지로 활동한 바 있다.(정은주(2018), 「'이방인'에 대한 시선: 해방 이후 한국 언론 담론에 재현된 화교」, 『인문과학』113집, 115-118)【정은주】

여한화교참전동지승계회旅韓華僑參戰同志承啓會

한국전쟁에 참전한 화교의 단체. 한국 육군은 1950년 10월 '중국인지원군'이 한국전쟁에 참전하면서 그들의 정보를 획득하기 위해 제4863부대 소속으로 SC(Seoul Chinese)지대를 설치했다. 지대의 1개 소대는 40여명으로 구성되었다. 이 부대 소속의 화교 참전 군인은 200여명이었다. 이 부대는 3차례에 걸쳐 화교 청년을 군인으로 모집했다. 주요한 임무는 '중국인민지원군'의 부대에 투입되어 중요한 정보를 빼내는 것이었다. 1953년 7월 휴전 직후 이 부대는 해체되었다. 화교 참전 군인은 1960년

여한화교참전동지승계회의 1969년 명부

대 이 단체를 조직하여 한국정부에게 한국인 참전 군인과 동등한 국가
보훈대상자로 지정해줄 것을 요구했지만, 외국인이라는 이유로 받아들
여지지 않았다. 1969년 승계회의 회원은 46명이었다.(왕언메이 저·송승석 역
(2013), 229-233; 이정희(2018.12), 「북한화교가 겪은 8·15 해방과 한국전쟁」, 『작가들』67, 다인
아트, 269-270)【이정희】

여한화교통신록旅韓華僑通訊錄

서울 소재 한국화교문제연구소(韓國華僑問
題研究所)가 발행하는 한국화교의 주소록.
명동 소재 대한문화예술공사(大漢文化藝術
公司)에서 출판되었다. 한국화교인 국백령
(鞠柏嶺)이 총편집을 맡았다. 각 화교협회의
협조를 얻어 각 지역 화교의 주소록을 만든
것이기 때문에 한국화교 연구의 기초 자료이
다. 1970년대 말부터 비정기적으로 발행되어
왔다.(국백령(鞠柏嶺)인터뷰)【이정희】

《여한화교통신록》의 표지

여한화인여유동업협회旅韓華人旅遊同業協會

서울화교가 경영하는 여행사가 1999년에 설립한 동업단체. 한중 수교 이
후 한국을 찾는 중국 대륙의 여행객인 여우커(遊客)의 증가로 그들을
대상으로 한 화교 경영의 여행사가 1990년대 들어 많이 설립되었다. 협
회의 목적은 화교 경영 여행사 간 정보 공유와 친목도모이다.(이정희
(2018b), 『화교가 없는 나라』, 동아시아, 141)【이정희】

여화민呂和民, 1887-?

일제강점기 평양의 화상(華商). 산동성 모평현 출신. 중화요리점 화성루
(華盛樓)의 경영자. 1942년 평양중화상회의 상무이사로 활동하고 있었

다.(京城總領事館(1942), 「平壤中華商會職員略歷表」, 『汪僞僑務委員會檔案』)【이정희】

연보주連寶珠, 1883-?

대구의 화상. 잡화상점 연성영(連盛永)의 경영자. 산동성 문읍(文邑) 출신. 달마불교회 대구지부의 지도자로 활동했다. 1950년 대구화교소학의 학부형 회장을 지냈다.(이정희(2018.12a), 「조선화교의 민간신앙과 비밀결사」, 『사회와 역사』120, 65)【이정희】

연우상사聯友商事

서울 소재 화교 무역회사. 중구 을지로 1가에 소재했다. 1954년의 사장은 왕섭방(王燮芳)이었다.(華僑志編纂委員會編(1958), 『華僑志-韓國-』, 85)【이정희】

연태한화연의회煙台韓華聯誼會

산농성 연태지역에 재이주한 한국화교가 2001년 설립한 사회단체. 회원은 약 200명. 재이주의 목적은 요리점, 공장 경영과 부동산 투자, 거주 등 다양하다. 연의회의 사무실은 재이주 한국화교의 친목공간의 역할을 하고 있다. 현재의 회장은 양복전(楊福田)이다.(李正熙(2010), 「近代朝鮮華僑の社會組織に關する硏究」, 『京都創成大學紀要』10, 89-109)【이정희】

연태한화연의회의 깃발

연합국국민聯合國國民

미군정기 한국화교는 '미군점령 하 조선지역의 민정에 관한 미국육군최고사령관에 대한 기본지령(SWNCC176-8)에 의해 연합국국민의 대우를 받았다. 제2차 세계대전 때 미국과 중화민국은 연합국으로 일본과 전쟁을 치렀기 때문에 미군 점령 하의 한국 거주 화교도 연합국국민의 대우를 받았다. 한국화교는 연합국국민으로서 각종 우대조치를 받았다. 1948년 말 현재 한국화교 3,296호 가운데 2할에 해당하는 677호가 일본인이 남기고 간 귀속주택에 거주하고 있었다. 무역을 비롯한 각종 경제활동은 내국인과 동등하거나 그 이상의 법적 대우를 받았기 때문에 상당히 자유로웠다. 당시 한국화교는 이러한 자신들을 가리켜 '일등국민'이라 불렀다.(이정희(2008.8), 「해방초기 인천화교의 경제활동에 관한 연구」, 『인천학연구』9, 101)【이정희】

열빈루悅賓樓

일제강점기 경성 소재 화교의 고급 중화요리점. 종로에 소재했다. 1922년의 경영자는 왕선경(王善卿)이며, 1923년의 연간매상액은 42,000원이었다. 소파 방정환(1899-1931)의 저서 전집의 출판기념회가 열빈루에서 1940년 6월 22일에 개최되었다. 1931년 7월 화교배척사건 때 직접적인 피해를 입었다.(이정희(2017.6), 73-78; 이정희(2017.12), 273-305)【이정희】

엽영청葉永靑, 1912-?

중화민국의 외교관. 1938년 1월 경성총영사관 주사로 임명된 후, 1942년 진남포판사처의 주사로 근무하고 있었다.(朝鮮總督府外務課(1942), 『昭和17年領事館表關係』)【이정희】

엽준개葉俊愷, 생졸년불상

중화민국의 외교관. 노구교사건 당시 경성총영사관의 서기였다. 경성총영사관 오색기 환기사건 때 반대하다 조선군헌병대사령부에 연행되었으며, 석방된 후 1938년 1월 경성총영사관의 주사로 근무했다. 그해 5월 홍콩으로 이주하여 장개석 국민정부 외교부의 홍콩영사관의 주사로 임명되었다.(이정희(2018.12b), 「중일전쟁시기 범한생(范漢生) 경성총영사의 친일활동과 조선화교 사회의 변동」, 『중앙사론』48, 183·188-189)【이정희】

영광화교소학靈光華僑小學

전남 영광 소재 화교소학. 1952년 설립. 손전신(孫殿臣), 주경산(朱景山) 등에 의해 설립되었다. 1956년에 새로운 교사가 건축되었다. 1956년의 학생인원은 29명. 학생수 감소로 폐교되었다.(華僑志編纂委員會編(1958),『華僑志-韓國-』, 159)【이정희】

영기호永記號

일제강점기 부산 소재 화교의 중화요리점. 1923년의 연간매상액은 3천 원이었다.(이정희(2018a),『한반도 화교사』, 동아시아, 291)【이정희】

영대차지권永代借地權

일제강점기 조선총독부가 화교를 비롯한 외국인에게 일정한 지대를 지불하고 영구히 토지를 사용할 수 있도록 부여한 권리. 조선총독부와 중화민국주경성총영사관이 1913년 체결한 '조선의 중화민국 거류지 폐지협정'에서 인천, 원산, 부산의 청국조계를 폐지하는 대신, 화교가 조계 내 차지한 토지에 대해 영대차지권(永代借地權) 혹은 소유권을 부여했다. 대부분의 화교는 소유권을 부여받았지만, 일부 화교는 영대차지권을 선택하여 영대차지료를 지불했다.(李正熙(2008.11),「'日韓倂合'と朝鮮華僑: 地位の變化を中心に」,『華僑華人硏究』5, 日本華僑華人學會, 48-68; 이정희(2018b), 31)【이정희】

영동중화상회永同中華商會

일제강점기 충청북도 영동지역 화교의 사회단체. 1942년 여선중화상회 연합회의 회원이었고, 당시의 회장은 손일승(孫日昇)이었다.(이정희·송승석(2015),『근대시기 인천화교의 사회와 경제』, 학고방, 232)【이정희】

영동화교소학永東華僑小學

충청북도 영동 소재 화교소학. 1947년 설립. 한국전쟁 때 교사가 불타 사라졌다. 1952년 왕지원(王志遠), 유조성(劉兆城) 등이 발기하여 새로운 교사를 지었다. 1957년 학교 교동회의 이사장은 왕지원, 교장은 사영명(沙永銘)이었다. 1957년의 학생인원은 24명이었다. 학생수 감소로 폐교됐다.(華僑志編纂委員會編(1958), 158)【이정희】

영등포중화기독교회永登浦中華基督敎會

서울 영등포 소재 화교 교회. 1958년 설립. 한성중화기독교회 주관준(朱寬俊) 목사와 화교 전남당(田南棠) 장로가 영등포화교소학의 교실을 빌려 예배한 것에서 시작됐다. 1960년 김응삼(金應三) 목사가 부임하면서 1961년 문래동 1가 22-13번지의 부지 31.7평을 구입하여 교회를 건축했다. 유소충(劉昭忠) 전도사가 1975년 전도사로 부임하여, 1978년 목사 안수를 받았으며, 2018년까지 근무했다. 1980년 새로운 교회 건축을 하여 지금에 이르고 있다. 2018년 9월 30일 교회 설립 60주년 기념예배를 거행했다. 현재는 박희원(朴羲源) 목사가 시무하고 있다.(旅韓中華基督敎聯合會(2002), 『旅韓中華基督敎創立九十周年紀念特刊』, 94-98)【이정희】

영등포중화기독교회 60주년 행사

영등포화교소학永登浦華僑小學

서울 영등포 소재 화교소학. 1957년의 학생수는 155명. 2001년의 학생수는 94명. 교사 인원은 6명. 2009년의 학생수는 69명이었다. 현재도 운영

되고 있다.(華僑志編纂委員會編(1958), 156; 왕언메이(2015), 124)【송승석】

영등포화교소학

영등포화교친목회永登浦華僑親睦會

일제강점기 경성 영등포지역 화교의 사회단체. 1942년 여선중화상회연합회의 회원이었고, 당시의 회장은 유종진(柳鐘珍)이었다.(이정희·송승석
(2015), 『근대시기 인천화교의 사회와 경제』, 학고방, 232)【이정희】

영래성(경성)永來盛(京城)

일제강점기 경성 소재 화교의 주단포목
수입상점. 선동성 연태 소재 잡화상점인
영래성에 의해 설립되었다. 1923년의 연간
매상액은 50만원이었다.(이정희(2018a), 『한반
도 화교사』, 동아시아, 69·80)【이정희】

영래성 직원의 명함
(『주한사관보존당안』수록)

영래성(오사카)永來盛(大阪)

근대 오사카 가와구치(川口, 뒤에 혼덴초(本田町)로 바뀜) 소재의 주단
포목 및 잡화상점. 연태(煙台)에 본점을 둔 영래성의 일본 지점. 이 상점
은 행잔인 덕순화(德順和) 내에 설치되어 있었다.(이정희(2018a), 『한반도 화교
사』, 동아시아, 117)【이정희】

영래성(인천)永來盛(仁川)

일제강점기 인천 소재 화교의 주단포목 수입상점. 지나정(支那町)에 소재했다. 1906년의 종업원은 12명이었다. 1923년의 연간매상액은 68만원이었다. 1928년의 경영자는 부수정(傅守亭)이며, 연간매상액은 80만원이었다.(이정희·송승석(2015), 『근대시기 인천화교의 사회와 경제』, 학고방, 170)【이정희】

영리화永利和

일제강점기 강원도 철원 소재 화교의 주물공장. 1942년의 경영자는 왕문해(王文海)였다. 주요한 생산품은 농기구와 솥이고 자본금은 2만원이었다.(이정희(2018a), 『한반도 화교사』, 동아시아, 400)【이정희】

영무귀寧賦魁, 1955-현재

중화인민공화국의 외교관. 하북성 출신. 김일성종합대학 유학. 주북한대사관에서 1977년부터 1982년, 1991년부터 1995년까지 근무했다. 귀임 후, 1995년 외교부 아주사(亞洲司) 부사장(副司長)에 임명되어 2000년까지 근무했다. 2003년부터 2005년까지 외교부 조선반도사무대사를 지낸 후, 2005년 9월 제4대 주한대사로 임명되었다. 2008년 10월까지 근무했다.(바이두; 이정희(2018b), 238)【이정희】

영무행永茂行

해방초기 중국 안동(安東)의 화상이 신의주에 설립한 무역회사. 1949년 12월 북한에 항공기탱크제조기금으로 3만원을 헌납했다.(朝鮮華僑聯合總會 機關報《民主華僑》)【송우창】

영발동永發東

개항기 부산 소재 화교의 주단포목 도매상점. 1906년의 직원은 9명이었

다.(이정희(2018a), 『한반도 화교사』, 동아시아, 73)【이정희】

영빈관횡령사건迎賓館橫領事件

일제강점기 수원 소재 중화요리점 영빈관의 소유를 둘러싼 횡령사건. 영빈관은 1936년 경기도 수원읍 영정(榮町, 현 영동시장 부근) 48번지에서 개업한 중화요리점이었다. 이 요리점은 화교 3명, 조선인 1명이 4,500원을 공동출자하여 개업했다. 노구교사건 이후 영빈관의 총리(總理, 사장)인 유랑산(劉朗山)과 경리(經理, 경영자)인 왕현고(王顯誥)가 고향 산동성으로 일시귀국, 1939년 다시 수원으로 되돌아왔지만, 영빈관의 소유권이 타인으로 이전되어 있었다. 유랑산 등이 경성중화상회, 중화민국 주경성총영사관을 통해 조선총독부에게 소유권을 되돌려 달라고 요청했다.(이정희(2017.6),「조선화교의 중화요리점 연구: 1880년대~1920년대를 중심으로」,『사회와 역사』114, 한국사회사학회, 86-89)【이정희】

영빈루瀛濱樓

일제강점기 인천 소재 화교의 호떡집. 화정(花町) 50번지에 소재했다. 경영자는 왕덕신(王德新)으로 1927년 12월 화교배척사건 때 습격을 당해 107.21원의 피해를 입었다.(이정희(2018a), 『한반도 화교사』, 동아시아, 310)【이정희】

영서상永瑞祥

일제강점기 경성 소재 화교의 주단포목 수입상점. 1923년의 연간매상액은 60만원이었다.(이정희(2018a), 『한반도 화교사』, 동아시아, 69)【이정희】

영성공永盛公

일제강점기 평양 소재 화교의 주물공장. 1923년 설립. 1920년대의 경영자는 한문생(韓文生)으로 1928년의 연간생산액은 24,000원이었다. 1931

년 7월 화교배척사건 때 피해를 입고 문을 닫았다.(이정희(2018a), 『한반도 화교사』, 동아시아, 380)【이정희】

영성동(신의주)永成東(新義州)

일제강점기 신의주 소재 화교의 양말공장. 진사정(眞砂町)에 소재했다. 주단포목상점 영성동이 1922년에 설립했다. 경영자는 사만경(史万慶)이며, 1926년의 종업원은 28명, 연간생산액은 13,200원이었다. 1931년 6월 현재의 종업원은 화교 남성 25명, 조선인 여성 10명이었다. 1931년 7월 화교배척사건의 영향으로 문을 닫았다.(이정희(2018a), 『한반도 화교사』, 동아시아, 409)【이정희】

영성동(인천)永盛東(仁川)

일제강점기 인천 소재 화교의 양말공장. 용리(龍里)에 소재했다. 1928년의 경영자는 양자방(楊子芳)이며, 1928년의 연간매상액은 42,000원이었다.(이정희·송승석(2015), 『근대시기 인천화교의 사회와 경제』, 학고방, 169)【이정희】

영성인호永盛仁號

일제강점기 목포 소재 화교의 주단포목 도매상점. 1923년의 연간매상액은 336,000원이었다.(이정희(2018a), 『한반도 화교사』, 동아시아, 69)【이정희】

영성태榮盛泰

일제강점기 원산 소재 화교의 주단포목 도매상점. 1923년의 연간매상액은 33,000원이었다.(이정희(2018a), 『한반도 화교사』, 동아시아, 69)【이정희】

영성흥永盛興

일제강점기 인천 소재 화교의 주단포목 수입상점. 1932년 설립. 신정(新

町) 62번지에 소재했다. 1935년의 경영자는 이선방(李仙舫)으로 산동성 출신이며, 자본금은 5만원이었다. 1942년의 경영자는 이선방(李仙舫)이며 종업원은 17명이었다(이정희·송승석(2015), 『근대시기 인천화교의 사회와 경제』, 학고방, 70)【이정희】

영순상永順祥

일제강점기 신의주 소재 화교의 양말공장. 주단포목상점 영순상이 1923년에 설립했다. 경영자는 조수증(趙壽增)이며, 1926년의 종업원은 15명, 연간생산액은 9,180원이었다. 1931년 7월 화교배척사건의 영향으로 문을 닫았다.(이정희(2018a), 『한반도 화교사』, 동아시아, 409)【이정희】

영순태永順泰

일제강점기 충청북도 옥천군 이원면(伊院面) 소재 화교의 잡화상점. 1942년 여선중화상회연합회의 회원 기관으로 활동했으며, 경영자는 왕성인(王成仁)이었다.(이정희·송승석(2015), 『근대시기 인천화교의 사회와 경제』, 학고방, 232)【이정희】

영업세營業稅

일제강점기 조선총독부가 영업하는 자를 대상으로 부과한 세금의 일종. 1914년 4월 각 부(府)에서 특별세로 설치된 이후, 1927년 3월 31일 공포된 조선총독부 제령(制令) 제6호 조선영업세령(朝鮮營業稅令)에 의해 국세(國稅)로 전환된 세금. 조선에서 영업하는 자는 24개 업종별로 매상금액, 자본금액, 수입액(收入額), 예금액 등으로 과세표준이 정해져, 각각의 평가액에 따라 일정 비율의 세금이 부과되었다. 화교도 세금부과의 대상이었기 때문에 조선인, 일본인과 똑같이 영업세를 납부했다. 화교경제의 중심인 주단포목상점은 24개 업종 가운데 물품판매업에 분류되어 영업세를 납부했다. 물품판매업은 품목마다 도매는 갑·을·병으로,

소매는 갑·을로 분류되었다. 직물류는 면사와 면포(綿布)의 경우는 도매가 을, 소매가 갑, 그 외의 직물은 도매가 병, 소매가 을이었다. 면사와 면포의 세율은 도매가 매상액의 0.04%, 소매가 매상액의 0.08%였고, 면사 및 면포 이외의 직물은 도매가 매상액의 0.06%, 소매는 매상액의 0.12%였다. 1928년 11개 부(府) 소재 화교 주단포목상점 160곳의 매상 총액은 2,187만862원, 영업세액은 13,945.78원이었다.(이정희(2018a), 『한반도 화교사』, 동아시아, 58-59)【이정희】

영업세과다부과사건營業稅過多賦課事件

일제강점기 경성부청이 1930년 경성의 화교 주단포목상점 5개소에 과도한 영업세를 부과하여 양자 간에 충돌이 발생한 사건. 경성부청 세무과는 경성 소재 화교의 주단포목상점인 서태호(瑞泰號), 영래성(永來盛), 화태호(和泰號), 광화순(廣和順), 금성동(錦成東)의 1929년도 연간 매상액 신고액 336만원을 그대로 받아들이지 않고 이보다 약 2배 많은 662만원을 산정, 이에 근거하여 영업세를 부과했다. 5개의 주단포목상점은 이러한 조치에 반발하고 수용하지 않았다. 경성부청은 각 상점의 장부를 정밀하게 조사하여 연간 매상액을 402만원으로 최종 결정, 이 문제는 해결됐다. 이 사건의 배경에는 경성부청이 화교 주단포목상점이 연간 매상액을 과소 신고해 왔다고 판단하고 있었기 때문이었다. 인천부청도 1931년 인천의 화교 주단포목상점 등 20개소에 대해 영업세를 과다하게 부과, 인천 화상이 이에 크게 반발하는 사건이 발생했다.(이정희(2018a), 『한반도 화교사』, 동아시아, 181-185)【이정희】

영원장永源長

일제강점기 함경북도 함흥 소재 화교의 주단포목 도매상점. 1931년 6월 당시의 경영자는 우상정(于翔亭)이었다. 같은 함흥 소재의 영취복(永聚福) 주단포목상점과 거래관계에 있었다.(이정희(2018a), 『한반도 화교사』, 동아시아, 194-195)【이정희】

영원증永源增

개항기 부산 소재 화교의 주단포목 도매상점. 1906년의 직원은 6명이었다.(이정희(2018a), 『한반도 화교사』, 동아시아, 73)【이정희】

영의화永義和

일제강점기 목포 소재 화교의 주단포목 도매상점. 1923년의 연간매상액은 129,000원이었다.(이정희(2018a), 『한반도 화교사』, 동아시아, 69)【이정희】

영주자격永住資格

한국정부가 2002년 국내의 장기거주 외국인을 대상으로 부여한 한국식 영주 거주권. 1990년대 말 한국의 외국인 관련 제반 정책은 거주자로서의 권리와 경제활동 및 사회복지 혜택을 개방하고 확장하는 방식으로 전환되었다. 이러한 정책적 흐름과 더불어 한국에 계속 거주하며 활동할 의사가 있는 장기거주 외국인에 대해 합리적인 지위를 보장해야 한다는 것에 공감하는 민변 소속의 변호사와 법학자, 화교인권운동가 등의 노력에 의해 '장기체류 외국인의 영주권 취득과 그 법적 지위에 관한 법률'이 입안되었고, 2002년 외국인의 영주자격이 신설되었다. 2002년 출입국관리국 기록에 따르면 영주자격을 획득한 외국인 6,022명 중 대만 국적자의 수가 5,958명이었고, 대만국적자의 대다수는 화교였다. 그런데 한국의 영주권은 법률로 제정되지 않고 '출입국관리법' 시행령을 개정한 대통령령으로 발효되어, 5년 이상 국내에 장기거주한 외국인에게 영주자격을 부여하는 규정이다. 즉, 전통적 이민 수용국에서처럼 귀화를 통해 완전한 시민이 되기 직전의 지위를 보장하는 제도적 장치라기보다는 <출입국관리법>을 보완하여 새로이 추가한 체류자격(F-5)인 것이다. 이처럼 영주권이 체류자격의 한 종류로서의 성격을 가지는 것은 독일 및 일본과 같다. 이러한 체계에서는 영주권 신청자를 위한 이민 사증이 따로 있는 것이 아니라, 일정기간 체류할 수 있는 사증을 가지고 입국 후 체류자격을 변경하는 방식으로 영주자격이 발효된다. 한국 내 장기거주 외국인이 점차 증가하면서 한국어능력을 증명해야 하는 등 영주권 취득 요건이 까다로워졌다. 한편, 2008년 8월에는 전문직 종사자 및 연금수혜 동포, 외국인 투자자, 그리고 국내에서 출생한 화교에게 영주권 취득 요건을 완화하는 내용의 출입국관리법 시행령 개정안이 마련되었다.(정은주 (2015), 「국민과 외국인의 경계: 한국 내 화교의 시민권적 지위에 대한 성격 분석」, 『한국문화인류학』제48집1호, 141-144)【정은주】

영창永昌

일제강점기 인천 소재 화교의 가구제조회사. 만석정(萬石町)에 소재했다. 1928년의 경영자는 왕무준(王茂俊)이며, 1928년의 연간매상액은 9,500원이었다.(이정희·송승석(2015), 『근대시기 인천화교의 사회와 경제』, 학고방, 170)【이정희】

영창합永昌合

일제강점기 평안남도 소재 화교의 주물공장. 1925년 설립. 1920년대의 경영자는 포우신(鮑羽臣)이었다. 1928년의 연간생산액은 25,000원이었다. 1931년을 전후하여 문을 닫았다.(이정희(2018a), 『한반도 화교사』, 동아시아, 380)【이정희】

영천화교소학永川華僑小學

경상북도 영천 소재의 화교소학. 1956년 설립. 1956년의 학생수는 21명이었다. 학생수 감소로 폐교되었다.(華僑志編纂委員會編(1958), 『華僑志-韓國-』, 159)【이정희】

영태호榮泰號

일제강점기 경성 소재 화교의 양복점. 태평통(太平通)에 소재했다. 1910년의 직원은 10명이며, 1923년의 연간매상액은 12,000원이었다.(이정희 (2018a), 『한반도 화교사』, 동아시아, 358-359)【이정희】

영풍공사永豊公司

서울 소재 화교 무역회사. 종로구 관수동 158번지에 소재했다. 1954년의 사장은 손성찬(孫盛燦)이었다.(華僑志編纂委員會編(1958), 『華僑志-韓國-』, 85)【이정희】

영풍유永豊裕

일제강점기 경성 소재 화교의 한약재 수입 및 판매 상점. 경영자는 장승삼(張升三)으로 1928년의 연간판매액은 78,000원이었다.(이정희(2018a), 『한반도 화교사』, 동아시아, 180)【이정희】

영풍태永豊泰

일제강점기 원산 소재 화교의 주단포목 도매상점. 1923년의 연간매상액은 31,000원이었다.(이정희(2018a), 『한반도 화교사』, 동아시아, 69)【이정희】

영합장永合長

일제강점기 신의주 소재 화교의 양말공장. 1926년 설립. 경영자는 곽학배(郭學盃)이며, 1926년 현재 종업원은 10명, 연간생산액은 5,526원이었다. 1931년 7월 화교배척사건의 영향으로 문을 닫았다.(이정희(2018a), 『한반도 화교사』, 동아시아, 409)【이정희】

영화성永和盛

일제강점기 인천 소재 화교의 정육점. 1924년 설립. 지나정(支那町) 23번지에 소재했다. 1935년의 경영자는 장본운(張本運)으로 산동성 출신이었다. 자본금은 1천원이었다.(이정희·송승석(2015), 『근대시기 인천화교의 사회와 경제』, 학고방, 71)【이정희】

영화장유永華醬油

서울 영등포구 소재 화교 경영의 춘장 제조 공장. 화교 왕송산(王松山)이 1948년 설립한 이래 사자표 춘장을 대량생산, 중화요리점의 자장면 원료로 사용되고 있다. 회사명은 영화식품주식회사로 바뀌었다.(이정희 (2018b), 『화교가 없는 나라』, 동아시아, 41)【이정희】

영화태永和泰

일제강점기 원산 소재 화교의 주단포목 도매상점. 1923년의 연간매상액 은 25,000원이었다.(이정희(2018a), 『한반도 화교사』, 동아시아, 69)【이정희】

영흥공사榮興公司

서울 소재 화교 무역회사. 중구 다동 77번지에 소재했다. 1954년의 사장 은 난경강(欒景岡)이었다.(華僑志編纂委員會編(1958), 『華僑志-韓國-』, 85)【이정희】

영흥덕永興德

일제강점기 평양 소재 화교의 주단포목 및 잡화상점. 1929년의 경영자는 유자평(劉子平)이었다. 1931년 평양 화교배척사건 때 큰 피해를 입고 다 시 문을 열었지만, 만주사변 후 폐점했다.(이정희(2018a), 『한반도 화교사』, 동아시 아, 204·207)【이정희】

영흥중화상회永興中華商會

일제강점기 함경남도 영흥지역의 화교 사회단체. 1942년 여선중화상회 연합회의 회원으로 활동했다.(이정희·송승석(2015), 『근대시기 인천화교의 사회와 경 제』, 학고방, 234)【이정희】

영흥호榮興號

일제강점기 경성 소재 화교의 건축시공회사. 1915년의 경영자는 사도소

(司徒紹)였다. 1923년의 연간매상액은 1만원이며 1930년대까지 존속했다.(이정희(2018a),『한반도 화교사』, 동아시아, 600)【이정희】

영흥화(대구)永興和(大邱)

일제강점기 대구 소재 화교의 주물공장. 1925년 설립. 경영자는 양심재(楊心齊)였다. 1928년의 종업원은 26명이며, 연간생산액은 23,178원이었다. 1931년 7월 화교배척사건 후 문을 닫았다.(이정희(2018a),『한반도 화교사』, 동아시아, 380)【이정희】

영흥화(철원)永興和(鐵原)

일제강점기 강원도 철원 소재 화교의 주물공장. 1920년대 후반에 설립되어 1931년을 전후하여 문을 닫았다.(이정희(2018a),『한반도 화교사』, 동아시아, 377)【이정희】

예산중화신민회禮山中華新民會

일제강점기 충청남도 예산지역의 화교 사회단체. 1937년 12월 중화민국 임시정부 수립 후 설립되었다. 1942년 여선중화상회연합회의 회원으로 당시의 회장은 해천개(解天愷)였다.(이정희·송승석(2015),『근대시기 인천화교의 사회와 경제』, 학고방, 232)【이정희】

예산화교소학禮山華僑小學

충청남도 예산 소재 화교소학. 1947년 설립. 정소시(丁紹詩), 장유화(張維俐) 등이 중심이 되어 설립했다. 1957년 학교 교동회의 이사장은 장유화, 교장은 왕영화(王永俐)였다. 1957년의 학생수는 37명. 학생수 감소로 폐교되었다.(華僑志編纂委員會編(1958),『華僑志-韓國-』, 157)【이정희】

예울정倪蔚庭, 1912-1956

중국공산당이 해방초기 북한에 파견한 중요 간부. 흑룡강성 영안현(寧安縣) 출신. 1930년 북경의 조양대학(朝陽大學)에서 공부했으며, 1941년 중국공산당에 입당했다. 중일전쟁 승전 후 열하성정부비서처장(熱河省政府秘書處長), 열하요녕행정공서비서장(熱遼行政公署秘書長) 등의 직책을 맡았다. 1948년 북한으로 파견되어 중공중앙동북국주북조선판사처연락처장(中共中央東北局駐北朝鮮辦事處聯絡處長), 동북행정위원회주조선상무대표단대표 겸 비서장(東北行政委員會駐朝鮮商務代表團代表兼秘書長)을 지냈다. 주북한대사관 설립 후에는 상무참찬(商務參贊)의 직책을 맡았으며, 1951년 중국수출입공사부경리(中國進出口公司副經理)로 자리를 옮겼다. 1956년 6월 6일 병사했다.(張承平(1990),『八寶山革命公墓碑文錄』, 改革出版社, 124)【송우창】

예지량倪誌亮, 1900-1965

중화인민공화국의 군인이자 외교관. 중국인민해방군의 중장(中將). 1900년 10월 북경 출생. 1925년 황포군관학교에 입학하여 1926년 중국공산당에 입당했다. 1934년 홍사방면군 참모장(紅四方面軍參謀長) 겸 홍군대학 교장(紅軍大學校長)을 역임했다. 1941년 중공군사위원회(中共軍委) 제4국 부국장(四局副局長)을 맡았다. 중일전쟁 승전 후, 요녕성북부군구(遼北軍區)와 눈강군구(嫩江軍區)의 사령원(司令員), 서만군구 부사령원(西滿軍區副司令員)을 지냈다. 1947년 동북군정대학 부교장(東北軍政大學副校長)을 역임했다. 1949년에는 중남군정대학 부교장(中南軍政大學副校長) 겸 무한경비부 사령원(武漢警備副司令員)을 맡았다. 1950년 8월 주북한대사관의 초대 대사로 임명되었다. 1952년 3월 몸 상태가 좋지 않아 북한에서 귀국했다. 귀국 후 후근학원 교육장(後勤學院教育長)을 역임했다. 1955년 중장 계급을 수여받았다. 1965년 12월 15일 북경에서 타계했다.(星火燎原編輯部 編(2006),『中國人民解放軍將帥名錄』第一卷, 解放軍出版社, 417)【송우창】

오계서이발소吳桂書理髮所

일제강점기 경성 소재 화교의 이발소. 관수동(觀水洞)에 소재했다. 경영자는 오계서로 1923년의 연간 매상액은 7,900원으로 화교 이발소 가운데서는 가장 규모가 컸다. 본정(本町)에 지점을 개설하여 영업했다. 지점의 연간 매상액은 5천원이었다.(이정희(2018a), 『한반도 화교사』, 동아시아, 349)【이정희】

오다우치미치토시小田内通敏, 1875-1954

일본 아키타현(秋田縣) 출신의 지리학자. 일본에서 고등사범학교를 졸업하고 조선총독부의 촉탁으로 근무했다. 촉탁 근무 시 조선부락조사(朝鮮部落調査)를 담당하여 『조선부락조사보고(朝鮮部落調査報告)』(1924)를 펴냈다. 이 내용 가운데 조선화교 관련 내용이 일부 포함되어 있다. 이 조사를 근간으로 『조선 거주 지나인의 경제적 세력(朝鮮に於ける支那人の經濟的勢力)』(1925)을 펴냈다. 1930년 일본 문부성의 촉탁으로 근무하면서 향토교육연맹(鄕土敎育聯盟)을 설립하여 향토지리교육과 향토지리연구에 심혈을 기울였다. 일본 패전 후 일본 구니다치음대(國立音大) 교수를 지냈다.(이정희(2018a), 『한반도 화교사』, 동아시아, 33-34)【이정희】

오례당吳禮堂, 1843-1912

개항기 인천해관의 해관원과 청국의 원산상무위원을 지낸 인천 화상. 중국 강소성(江蘇省) 상주(常州) 출생. 일찍이 미국, 프랑스 등에서 공부했고, 스페인 청국공사관 서기관으로 근무한 이력 탓인지 영어, 프랑스어, 스페인어에 두루 능통했다. 조선에 첫발을 내디딘 것은 묄렌도르프의 조선해관 개설 및 업무 수행을 지원하기 위해서였다. 조선에서의 초임 근무지는 1883년 6월에 설치된 인천해관이었고, 직위는 방판(幇辦, Assistant)이었다. 인천해관에 배속된 지 1개월도 채 안된 시점인 동년 7월에는 견미조선보빙사(譴美朝鮮報聘使)의 통역관으로 발탁되어 사절단을 수행해 미국을 다녀오기도 했다. 미국에서 귀임한 후에는 원래대로 인천해관에서 계속 근무했다. 이후, 용산상무위원으로 전속되는데 이 때부터 그는 해관업무가 아닌 통상업무를 주로 맡게 되었다. 1889년 7월 까지 원산상무위원으로 있다가 인천으로 다시 돌아온 그는 이듬해인 1890년 모든 공직에서 은퇴했다. 은퇴 후에는 귀국하지 않고 인천에 정착했다. 이때부터 그는 주로 부동산업과 고리대금업을 통해 막대한 부를 축적함으로써, 당시 인천 주재 외국인 가운데 제일의 갑부로 군림했다. 그런데 그는 초창기 인천화교가 밀집해있던 청국조계 내에는 한 평의 땅도 소유하고 있지 않았다. 그의 부동산은 대부분 이른바 신계(新界)라고 불리던 삼리채청국조계에 집중되어 있었다. 1908년 <인천삼리채청상지연세표(仁川三里寨淸商地年稅表)>에 따르면, 그는 삼리채청국조계의 거의 절반에 해당하는 약 6,000㎡의 토지를 소유하고 있는 것으로 되어있다. 청국조계 내에 자신의 거처나 부동산을 전혀 소유하고 있지 않다는 사실은 그가 인천화교사회와는 거의 내왕하지 않았다는 것을 방증한다고 볼 수 있다. 반면, 그는 인천의 서양사회(Western Community)와는 비교적 친밀한 관계를 유지했던 것으로 보인다. 당시 인천의 외국인클럽이었던 '제물포구락부'의 회원이었다는 설도 그렇고, 서양인들이 주로 묻혀있는 '인천외국인묘지'에 안장된 유일한 중국인이라는 사실도 이를 간접적으로 뒷받침한다. 폐렴과 신장염으로 고생하던 그는 1912년 인천에서 사망했다.【송승석】

오례당유언장吳禮堂遺囑書

오례당이 남긴 유언장. 1912년 6월 29일 쓴 것이다. 증인은 인천 화상인 정이초(鄭以初), 진복당(陳馥堂), 황흔연(黃欣然), 양기당(梁綺堂), 왕향국(王香國), 왕성홍(王成鴻). 유언장의 전문은 이러하다. "나는 강소성(江蘇省) 상주(常州) 양무현(陽武縣) 출생이다. 젊어서 외국유학을 했고 그런 연유로 스페인 여인 아말리아 아마도르(Amalia Amador)를 아내로 맞이했다. 그녀를 데리고 귀국했지만 다시 곧바로 인천해관에 직을 얻어 조선에 가게 되었다. 당시 난 얼마간의 여유자금과 수년 간 받은 봉급을 모두 모아 토지와 건물을 사들였다. 우리 부부는 지금까지 한마음으로 힘을 합쳐 열심히 일한 끝에 부동산도 늘어 남부럽지 않은 풍족한 가산을 이룰 수 있었으니 이 또한 보람이라면 보람일 게다. 허나 늘그막에 기력이 쇠해 언제 죽을지 알 수 없으니 차제에 유언장을 작성해 후일을 도모코자 한다. 나는 일찍이 고향에 있을 때, 결혼한 적이 있고 여식 둘을 낳았다. 허나 이미 모두 세상을 떠난 고로 괘념할 필요가 없다. 또한 형제 중에 동생은 이미 죽고 유독 나만 남았다. 동생 소생으로는 조카가 여러 명이 있다. 난 오래전부터 개중에 하나를 골라 내 뒤를 잇게 할 생각이었다. 옛날에는 후사가 없으면 조카를 양자로 들여 대를 잇는 것이 예사였고 또한 도리였다. 고로 만일 내가 세상을 떠나면, 내자로 하여금 이 조카들 중에 똑똑한 아이를 택해 정성들여 키우고 교육을 시켜 내 뒤를 잇도록 할 생각이다. 그리되면 자연히 제부(弟婦) 등도 예전처럼 잘 봉양할 수 있을 터이다. 내가 죽고 나면, 이 집안의 부동산 및 현금은 물론 이후 모든 재산의 매출과 매입 또한 내자가 전권을 쥐고 관리한다. 그리고 내자가 죽으면 그 가산은 모두 내 후계자가 승계한다. 지금의 양녀 Lucy가 출가할 시에는 내자가 형편을 잘 헤아려 혼수를 마련한다. 앞서 들인 양자는 그 품행이 단정치 못해 이미 오래전에 쫓아낸 바, 혹여 훗날 그가 다시 찾아와 행패를 부리거나 성가시게 굴어도 절대 받아주어선 안 된다. 간곡히 부탁하건대, 이상의 내용을 내자는 반드시 따랐으면 좋겠다. 그리되면 집안 대대로 영원무궁토록 번성할 것이고 나 또한 지하에서 편히 눈을 감을 수 있을 것이다. 위 유언장을 쓰게 된 것은 내가 11월 하순부터 병을 얻어 심히 중해진 터라 앞으로 어찌될지 모르는 바, 만일의 사태에 대비코자 함이며, 장심오(張心吾), 황흔연(黃欣然), 양기당(梁綺堂) 등 제위가 이 유언장의 증인이다. 지금도 병중이기는 하나 다행히 약간 호전되어 유언장의 세부사항을 작성함에는 크게 무리가 없는 바이다. 훗날 이 유언장대로 집행될 것을 믿고 바라는 바이다."【송승석】

오례당저택吳禮堂邸宅, Woo Li Tang House

1909년 오례당이 건축한 서양식 저택. 일설에는 스페인 출신의 아내 아말리아를 위해 지었다고 한다. 당시로서는 존스턴별장 다음 가는 인천의 호화양관이었다. 지상2층, 지하1층의 벽돌조 건물로 연건평 405평에 달하는 대저택이었다. 1909년 준공 직후, 소실되었다가 1911년 재건축되었다. 해방 후에는 미군장교 독신자 숙소로 이용되기도 했고, 한때는 한국군이 사용했다고 하는데, 1968년 화재로 소실되어 현존하지 않는다.【송승석】

오무장공사吳武壯公祠

고종이 1885년 한성에 오장경(吳長慶)을 추모하여 지은 사당. 원래의 명칭은 정무사(靖武祠)였다. 이 사당이 세워진 곳은 서울시 을지로 7가 3번지로 이전 동대문운동장 바로 옆이었다. 이 자리는 원래 오장경의 군대가 주둔한 하도감(下都監) 자리였다. 조선정부는 매년 춘추에 이곳에서 국사(國祀)로 제사를 지냈다. 대한제국이 1908년 7월 정무사를 폐지하기로 결정하자, 청국주한총영사관은 통감부와 협의하여 정무사의 관리를 총영사관이 맡는 것으로 합의를 보았다. 총영사관은 1909년 정무사를 대대적으로 수리하고 명칭도 오무장공사로 바꾸었다. 무장(武壯)은 오장경의 시호이다. 이때부터 오장경의 제사는 오무장공사에서 서울 주재 대만 외교 관원과 화교사회단체에 의해 지내게 되었다. 이 사당은 1979년 을지로 7가 3번지에서 현재의 서울 마포구 연희동 안산(鞍山) 자락(한성화교중학 뒷산)으로 이전됐다. 한국에서 오무장공사를 '국치의 유적'이라 하여 철거해야 한다는 여론이 일어나, 한국정부가 당시 대만대사관과 협의를 거친 끝에 이전 비용을 제공하는 대신, 대만대사관이 화교중학 뒷산으로 옮기는 것에 동의했다. 1979년 4월 30일 신축 건물이 준공되고 1992년 한 번의 보수공사를 거쳐 지금에 이르고 있다. 매년 음력 5월 23일 이 사당에서는 주한대북대표부의 외교관, 한성화교협회 임원, 한성화교중학의 교사와 학생이 참가한 가운데 엄숙한 제사가 거행된다.(박현규(2011.10),

273

「서울 오무장공사의 역사와 현황 고찰」, 『중국사연구』74, 207-237; 김희신(2015), 「오무장공사의 유래와 한국사회에서의 위상」, 『중국학보』74, 한국중국학회; 梁必承·李正熙(2006), 『韓國, 沒有中國城的國家: 21世紀型中國城的出現背景』, 淸華大學出版社, 7-8)【이정희】

1907년경의 오무장공사(한성화교협회 제공)

오송령吳松齡, 1906-?

일제강점기 평양중화상회의 화교 통역원. 산동성 액현(掖縣) 출신. 노구교사건 발발 직후 일본군 평양비행 제6연대 소속 비행기의 출동상황 및 군대수송 상황 등을 탐지하여 장의신(張義信) 진남포영사에게 제보한 혐의로 체포되어 징역 5년을 구형받았다.(이정희(2017.6), 「중일전쟁시기 조선화교의 항일활동」, 『동양사학연구』139, 343)【이정희】

오언맥폴린Owen McPolin, 생졸년불상

성(聖) 콜롬반 외방선교회(Missionary Society of St. Columban)가 파견한 조선 교구의 책임자. 1934년 10월 교구 책임자로 임명되기 이전인 1933년부터 목포에 본부를 두고 전라도와 제주도 서쪽의 선교를 담당했다. 1938년부터는 강원도의 선교도 담당했다. 순천(1933), 나주(1934), 광주 북동(1934), 장성(1937)에 각각 선교회 소속 성당을 건축했는데, 건축시공은 화교 건축시공업자가 담당했다.(이정희(2017.12), 「조선 화교의 성당건축시공 활동(1880년대-1930년대): 서울과 대구를 중심으로」, 『교회사연구』51, 한국교회사연구소, 50-51)【이정희】

오업흥吳業興, 1914-?

중화민국의 외교관. 안휘성 흡현(歙縣) 출신. 1942년 경성총영사관 서기로 근무하고 있었으며, 1943년 2월부터 원산영사관의 수습영사로 근무했다. 해방 직후 한국으로 이주한 후 서울에서 무역회사 교풍공사(僑豊公司)의 경영자로 일했다.(朝鮮總督府外務課(1942),『昭和17年 領事館表關係』)【이정희】

오장경吳長慶, 1833-1884

청국의 군인. 임오군란 때 민비의 요청으로 파견된 3천명의 병사를 통솔하는 광동수사제독이었다. 조선의 구식군을 진압하고 대원군을 체포하여 중국 천진(天津)으로 압송하고, 민비를 다시 권좌에 오르게 한 인물이다. 고종은 임오군란의 진압에 도움을 준 그를 감사하게 생각, 1884년 7월 중국 금주(金州)에서 사망하자, 그를 추모하기 위해 1885년 4월 정무사(靖武祠)를 세워 제사지내게 했다. 그 후 오무장공사(吳武壯公祠)로 바뀌어 현재에 이르고 있다. 그는 중국인 군역상인과 민간상인을 비호하여 한성에서 활발한 상업 활동을 전개할 수 있도록 하여 조선화교 형성에 큰 기여를 했다. 이러한 이유 때문에 한국화교는 그를 한국화교의 비조라 부른다.(박현규(2011.10),「서울 오무장공사의 역사와 현황 고찰」,『중국사연구』74, 207-237; 김희신(2015),「오무장공사의 유래와 한국사회에서의 위상」,『중국학보』74, 한국중국학회; 梁必承·李正熙(2006), 7-8)【이정희】

연희동 소재 오무장공사

오진매吳振梅, 1900-1944

일제강점기 인천의 화농(華農). 산동성 모평현 출신. 1916년 인천으로 이주하여 채소재배를 했다. 1942년 항일단체 일동회(日東會)에 가입한 후, 항일활동을 하다 검거되었다. 재판을 받은 후, 1944년 수감되어 있던 서대문형무소에서 타계했다.(이정희(2017.6), 「중일전쟁시기 조선화교의 항일활동」, 『동양사학연구』139, 351-352)【이정희】

옥경동玉慶東

일제강점기 강원도 강릉 소재 화교의 주단포목 도매상점. 1931년 화교배척사건 직후 거래가 잘 이뤄지지 않아 폐점했다.(이정희(2018a), 『한반도 화교사』, 동아시아, 198)【이정희】

옥기玉記

일제강점기 신의주 소재 화교의 양말공장. 1925년 설립. 경영자는 주광정(周廣珽)이었다. 1926년 현재 종업원은 15명, 연간생산액은 4,800원이었다. 1931년 7월 화교배척사건의 영향으로 문을 닫았다.(이정희(2018a), 『한반도 화교사』, 동아시아, 409)【이정희】

옥성덕玉盛德

일제강점기 및 해방초기 평양 소재의 화교 상점. 1937년의 경영자는 손귀옥(孫貴玉)으로 잡화상점이었다. 해방 후의 경영자는 국자구(鞠子九)였다. 1948년 12월 중공의 국공내전 승전을 위해 4천원을 기부했다. 1949년 12월 북한의 항공기탱크제조기금으로 2만원을 헌납했다.(商業興信所(1936), 《商工資產信用錄》, 外國人5쪽; 朝鮮華僑聯合總會機關報《民主華僑》)【송우창】

옥원무玉源茂

일제강점기 신의주 소재 화교의 양말공장. 1926년 설립. 경영자는 이윤삼(李潤三)이었다. 1926년 현재 종업원은 12명, 연간생산액은 8,560원이었다. 1931년 7월 화교배척사건의 영향으로 문을 닫았다.(이정희(2018a), 『한반도 화교사』, 동아시아, 409)【이정희】

옥천화교연합회沃川華僑聯合會

일제강점기 충청북도 옥천지역 화교의 사회단체. 1942년 여선중화상회연합회의 회원으로 당시의 회장은 이후인(李厚仁)이었다.(이정희·송승석(2015), 『근대시기 인천화교의 사회와 경제』, 학고방, 232)【이정희】

온성화교민회穩城華僑民會

일제강점기 함경북도 온성지역의 화교 사회단체. 1937년 12월 중화민국 임시정부 수립 후 설립되었다. 1942년 여선중화상회연합회의 회원이었고, 당시의 회장은 우홍모(于鴻謨)였다.(이정희·송승석(2015), 『근대시기 인천화교의 사회와 경제』, 학고방, 234)【이정희】

온양중화신민회溫陽中華新民會

일제강점기 충청남도 온양지역 화교의 사회단체. 1937년 12월 중화민국 임시정부 수립 후 설립되었다. 1942년 여선중화상회연합회의 회원이었고, 당시의 회장은 유운준(柳運浚)이었다.(이정희·송승석(2015), 『근대시기 인천화교의 사회와 경제』, 학고방, 232)【이정희】

온양화교소학溫陽華僑小學

충청남도 온양 소재의 화교소학. 1948년 설립. 1957년의 학교 교동회의 이사장은 유운준(柳運浚), 교장은 조문희(趙文禧)였다. 1957년의 학생수는 31명. 2001년 초등부 학생인원은 15명, 유치부는 7명, 총 22명. 교사인원은 2명. 2009년의 학생수는 11명이었다. 학생수 감소로 폐교되었다.(華僑志編纂委員會編(1958), 157; 왕언메이(2015), 「한국 화교학교의 법률적 지위 변화와 생존

전략」, 『동남아화교와 동북아화교 마주보기』, 학고방, 124)【송승석】

온업담溫業湛, 1928-현재

중화인민공화국의 외교관. 절강성 호주(湖州) 출신. 상해 성요한대학(聖約翰大學)을 졸업했다. 1949년 화북인민혁명대학(華北人民革命大學)에 입학, 1950년 10월 중국인민지원군의 통역팀장으로 북한에 파견되었다. 1951년 6월 외교부에 입사하여, 1972년부터 1982년까지 서아시아와 아프리카사(司)의 처장, 부사장(副司長), 사장(司長)을 역임했다. 1982년 4월부터 1984년 10월까지 외교부 부부장(副外長)을 지냈다. 1985년 이후 주이집트 대사를 지낸 후, 1987년 10월부터 1990년 5월까지 주북한대사, 주캐나다 대사를 각각 역임했다. 제8차 전국정협(全國政協)위원, 외사위원회(外事委員會) 부주임 위원, 제9차 전국정협(全國政協)위원, 외사위원회 위원을 지냈다. 현재 중국국제우호연락회(中國國際友好聯絡會) 고문, 송경령기금회(宋慶齡基金會) 부주석으로 근무하고 있다.(王大良 編著(2015), 『中華姓氏簡史叢書: 溫姓簡史』, 江西人民出版社, 351; 중화인민공화국주북한대사관 홈페이지)【송우창】

왕가전王可田, 1920-?

일제강점기 부산 거주 화교. 1943년 부산 소재 조선화약주식회사 방화활동에 가담한 혐의로 경찰에 체포되었다.(이정희(2017.6), 「중일전쟁시기 조선화교의 항일활동」, 『동양사학연구』139, 355-356)【이정희】

왕건공王建功, 1907-?

중화민국의 외교관. 하북성 심현(深縣) 출신. 중일전쟁시기 주진남포판사처와 주인천판사처의 주임으로 근무했다. 부인은 일본인 왕다키코(王多喜子)였다.(이정희(2018.12b), 「중일전쟁시기 범한생(范漢生) 경성총영사의 친일활동과 조선화교 사회의 변동」, 『중앙사론』48, 188·191)【이정희】

왕경오王敬五, 1889-?

일제강점기 경성의 화상(華商). 산동성 모평현 출신. 중일전쟁시기 주물공장의 경영자로 근무하면서 경성중화상회 이사, 용산화교친목회 회장으로 일했다. 1942년 11월 조선화교 귀국 관광단의 일원으로 중국의 상해, 남경 등지를 방문했다.(京城總領事館(1942.11.),「朝鮮僑民回國觀光團問題的往來文書」,『汪僞僑務委員會檔案』)【이정희】

왕경오王敬五, 1895-?

일제강점기 함경남도 원산의 화상(華商). 산동성 복산현 출신. 무역상점 동증성(同增成)의 경영자. 1942년 원산중화상회의 집행위원으로 활동하고 있었다.(元山領事館(1942),「元山中華商會章程職員履歷表」,『汪僞僑務委員會檔案』)【이정희】

왕경은汪慶恩, 생졸년불상

일제강점기 신의주 화교. 중일전쟁시기 본국으로 귀국하여 팔로군에 참가, 항일전쟁 중 전사했다.(楊昭全·孫玉梅(1991),『朝鮮華僑史』, 中國華僑出版公司, 301)【이정희】

왕경해王景海, 1896-?

일제강점기 경상남도 통영의 화상(華商). 산동성 모평현 출신. 사숙(私塾) 졸업. 호떡집 경영자. 1942년 통영중화상회의 이사로 활동하고 있었다.(釜山領事館(1942),「統營中華商會職員履歷表」,『汪僞僑務委員會檔案』)【이정희】

왕계귀王繼貴, 1905-?

일제강점기 함경남도 원산의 화상(華商). 산동성 봉래현 출신. 중화요리점 동빈루(東濱樓)의 경영자. 1942년 원산중화상회의 집행위원으로 활동하고 있었다.(元山領事館(1942),「元山中華商會章程職員履歷表」,『汪僞僑務委員會檔案』)【이정희】

왕공온王公溫, 1892-1982

경성의 화상이자 화교 지도자. 산동성 봉래현(蓬萊縣) 출신. 1906년경 경성으로 이주. 동향 선배인 장시영(張時英)이 경영하던 동성호(東成號)에 입사하여 건축시공의 기술을 배웠다. 1918년 서양 선교사의 부흥 집회에 참석하여 감동을 받아 기독교에 귀의, 경성중화기독교회의 교인이 되어 세례를 받았다. 경성중화기독교회의 장로로서 이 교회를 재정적으로 지탱하는 후원자였고 각종 구제활동에도 적극 참가했다. 1920년 복음건축창(福音建築廠)을 설립, 서울의 기독교 관련 건축 시공을 도맡았다. 1923년 복음건축창의 연간 매상액은 10만원에 달해 2위의 쌍흥호를 훨씬 능가하는 독보적인 지위를 차지했다. 1930년대 경성중화상회의 주석을 지내며 조선화교사회의 지도자 역할을 했다. 해방 직후 여한중화상회연합회(旅韓中華商會聯合會)와 남한화교자치총구공소(南韓華僑自治總區公所)의 총구장(總區長)을 지냈다. 한국전쟁 때 한국에서 대만으로 이주, 한국화교를 대표하여 국민대표회의의원(國民代表會議議員)을 지냈다.(이혜원(2018.5.12.), 「화교 개신교인 건축청부업자의 한국 근대 미션계 건축시공활동」, 한국기독교역사학회 제367회 학술발표회 논문; 이정희(2018b), 94-95)【이성희】

왕광운王廣運, 1878-?

일제강점기 목포의 화상(華商). 산동성 영해현(寧海縣) 출신. 주단포목 상점인 항성화(恒盛和)의 경영자로 활동했다. 1913년 목포중화상회의 초대 의원으로 선출되어 활동했다.(이정희·송승석(2015), 『근대시기 인천화교의 사회와 경제』, 학고방, 97)【이정희】

왕국장王國章, 1937-현재

중화인민공화국의 외교관. 하북성(河北省) 정현(定縣) 출신. 1960년 하북농업대학(河北農業大學) 졸업. 1962년부터 1965년까지 하북성 정현인민위원회(定縣人委) 판공실(辦公室) 부주임을 지냈다. 1965년부터 1969

년 11월까지 외교학원에서 공부했다. 1969년 11월부터 1980년 8월까지 외교부 정치부(外交部政治部) 부처장, 1984년 6월부터 1991년 7월까지 외교부 기율위원회의 부서기와 상임부서기(常務副書記)를 각각 역임했다. 1991년 8월부터 1994년 5월까지 마카오 주재 신화사(新華社) 지사 부사장, 마카오공위(工委) 부서기(副書記)를 각각 역임했다. 1994년 5월부터 1999년 5월까지 외교부 부장 보좌관, 외교부 기율위원회 서기, 당위원회 위원 등을 지냈다. 1999년 6월부터 2001년 12월까지 주북한대사를 역임했다. 2004년 정년퇴임했다.(중화인민공화국주북한대사관 홈페이지; 바이두)【송우창】

왕귀정王貴貞. 생졸년불상

일제강점기 범한생(范漢生) 주경성중화민국총영사의 부인. 남편을 도와 각종 '친일'활동을 했다.(이정희(2018.12b), 「중일전쟁시기 범한생(范漢生) 경성총영사의 친일활동과 조선화교 사회의 변동」, 『중앙사론』48, 178·204【이정희】

왕귀충王貴忠, 1910-?

일제강점기 함경남도 원산의 화상(華商). 산동성 복산현 출신. 주단포목상점 겸화성(謙和盛)의 경영자. 1942년 원산중화상회의 후보 집행위원 및 감찰위원으로 활동하고 있었다.(元山領事館(1942), 「元山中華商會章程職員履歷表」, 『汪僞僑務委員會檔案』)【이정희】

왕규빈王奎賓, 1921-?

일제강점기 전라남도 광주의 화상(華商). 산동성 서하현(棲霞縣) 출신. 소학 7년 졸업. 주단포목상점 유성륭(裕盛隆)의 경영자. 상업 경력 17년. 1942년 광주중화상회의 이사로 활동하고 있었다.(釜山領事館(1942), 「光州中華商會職員履歷表」, 『汪僞僑務委員會檔案』)【이정희】

왕규흥王奎興, 1906-?

일제강점기 전라남도 광주의 화상(華商). 산동성 모평현 출신. 소학 7년 졸업. 주단포목상점 협원성(協源盛)의 직원. 상업 경력 27년. 1942년 광주중화상회의 이사로 활동하고 있었다.(釜山領事館(1942), 「光州中華商會職員履歷表」, 『汪僞僑務委員會檔案』)【이정희】

왕근당양말공장王根堂洋襪工場

일제강점기 인천 소재 화교의 양말공장. 1925년 설립. 경영자는 왕근당(王根堂)으로 1926년의 연간생산액은 4,480원이었다.(이정희(2018a), 『한반도 화교사』, 동아시아, 409)【이정희】

왕기산王岐山, 생졸년불상

근대 일본 오사카의 화상(華商). 산동성 연태 출신. 오사카 가와구치(川口) 소재의 행잔(行棧)인 덕순화(德順和)에서 종업원으로 일한 후, 태동양행(泰東洋行)의 경영자로 활동했다. 태동양행은 1937년 6월 현재 점원 20명, 객수 20명의 행잔이었다.(이정희(2018a), 『한반도 화교사』, 동아시아, 248)【이정희】

왕남장양복점王南章洋服店

일제강점기 경성 소재 화교의 양복점. 남대문통(南大門通)에 소재했다. 경영자는 왕남장이며, 1923년의 연간매상액은 2만원으로 규모가 가장 큰 화교 양복점이었다.(이정희(2017.12), 「이발소와 양복점으로 본 조선화교의 실태: 1890년대-1940년대를 중심으로」, 『사회와 역사』116, 한국사회사학회, 41-42)【이정희】

왕동당王棟堂, 1881-?

일제강점기 인천의 화상(華商). 산동성 황현(黃縣) 출신. 1942년 주단포목상점 동성영(同盛永)의 경영자로 활동했다.(이정희(2018a), 『한반도 화교사』, 동아시아, 239)【이정희】

왕동원王東原, 1898-1995

중화민국과 대만의 군인 겸 외교관. 안휘성 출신. 북경사범대학과 보정육군군관학교(保定陸軍軍官學校)를 졸업했다. 중국국민당 육군 중장을 역임하고, 일본 패전 후 호북성정부와 호남성정부의 주석을 지냈다. 1949년 대만으로 이주했다. 1951년 10월 제2대 주한대만대사로 임명되어 1961년 2월 1일까지 약 10년간 근무했다. 재임기간 중 한국전쟁을 경험했고, 1954년 1월 중국인민지원군 반공포로 14,000여명을 대만으로 송환하는데 큰 역할을 했다. 대만 귀임 후, 1970년 대만 총통부 국책고문으로 임명되었다. 1971년 미국으로 이주하여 LA에서 타계했다.(바이두; 이정희(2018b), 「화교가 없는 나라」, 동아시아, 238)【이정희】

왕무충중화요리점王懋忠中華料理店

일제강점기 신의주 소재 화교의 중화요리점. 1923년의 연간매상액은 33,000원이었다.(이정희(2018a), 『한반도 화교사』, 동아시아, 291)【이정희】

왕문란王文蘭, 생졸년불상

북한화교. 19세 때 조선으로 이주하여 신의주에서 하역 노동자로 일했다. 1946년 말부터 화교연합회 업무에 참여, 신의주화교연합회 제3분회 위원장, 동 연합회의 조직부장을 지냈다. 1949년 자강도화교연합회 위원장을 지냈다. 한국전쟁 휴전 후 함경남도화교연합회 위원장을 역임했고, 1961년 화교연합회중앙위원회 선전부로 자리를 옮겨 근무했다. 이 시기 북한 노동당에 입당하였으며, 북한 최고인민회의 상임위원회 공로상을 수상했다.(朝鮮華僑聯合會機關報《華訊》)【송우창】

왕문서王文緒, 1880-?

일제강점기 인천의 화농(華農). 산동성 출신. 1930년 인천중화농업회의 임원으로 활동했다.(이정희(2018a), 『한반도 화교사』, 동아시아, 458)【이정희】

왕문전王文田, 생졸년불상

북한화교. 1980년 경 평양의 대학에서 근무하고 있었다.(陳松貴 主編(1997),
『丹東市誌: 1876-1985 第7卷 政黨, 群團, 政權, 政事』, 遼寧民族出版社, 334)【송우창】

왕민가王敏嘉, 1905-?

일제강점기 부산의 화상(華商). 산동성 복산현 출신. 초급소학 3년 졸업.
호떡집의 경영자. 1942년 부산중화상회의 이사로 활동하고 있었다.(釜山
領事館(1942), 「釜山中華商會職員履歷表」, 『汪偽僑務委員會檔案』)【이정희】

왕박구王搏九, 생졸년불상

일본 오사카의 화상(華商). 산동성 연태 출신. 오사카 가와구치(川口) 소
재의 행잔(行棧) 가운데 가장 규모가 큰 덕순화(德順和)의 경영자로 활
동했다. 1906년 설립의 덕순화 내에는 조선화교의 주단포목상점인 영래
성(永來盛)의 지점이 개설되어 있었다.(이정희(2018a), 『한반도 화교사』, 동아시아,
247)【이정희】

왕배王裴, 생졸년불상

중공이 해방초기 북한에 파견한 중요 간부. 1947년 2월 북한의 화교연합
회가 정식으로 결성되자 북조선화교연합총회 수석 조직부장 겸 비서장
을 역임했다.(朝鮮華僑聯合總會機關報《民主華僑》)【송우창】

왕배찬王조贊, 1899-?

일제강점기 산동성 즉묵현(卽墨縣) 거주의 중국인 선원. 군용 정크선에
승선하여 1944년 울산항의 수심을 조사하다 울산헌병분대(蔚山憲兵分
隊)에 발각되어 검거되었다.(이정희(2017.6), 「중일전쟁시기 조선화교의 항일활동」,
『동양사학연구』139, 355-356)【이정희】

왕베드로王彼得, ?-1891

개항기 한성의 화교 건축시공업자. 가톨릭 신자로 세례명은 베드로였다. 용산신학교(1891-1892) 건축시공에 참가했다.(이정희(2017.12), 「조선 화교의 성당건축 시공 활동(1880년대-1930년대): 서울과 대구를 중심으로」, 『교회사연구』51, 한국교회사연구소, 60)【이정희】

왕병경王秉經, 1901-?

일제강점기 충청북도 음성 거주의 화상(華商). 산동성 모평현 출신. 1917년 충북 음성으로 이주하여 호떡집을 개업했다. 1942년 고향 귀국 시 항일단체 일동회(日東會)에 가입하여 활동하다 검거되었다.(이정희(2017.6), 「중일전쟁시기 조선화교의 항일활동」, 『동양사학연구』139, 351)【이정희】

왕병충王秉忠, 생졸년불상

북한화교. 1945년 부친을 따라 북한으로 이주했다. 1947년 북조선화교중학교 사범반에 입학하여 공부했다. 1948년 웅기화교소학(雄基華僑小學)에 배치되어 학생을 가르쳤다. 그 후 북한 노동당에 입당했다. 1956년 신의주중국인인민학교의 교장을 지냈고, 1960년 평안북도화교연합회의 위원, 1961년에는 부위원장으로 각각 임명되어 일했다. 그 후 북한 교원대학(教員大學)에서 학부 과정을 수학하고, 1962년 7월 졸업했다. 졸업후, 신의주중국인중학교의 교장, 평안북도화교연합회의 부위원장 등의 직책을 맡아 일했다.(朝鮮華僑聯合會機關報《華訊》)【송우창】

왕보인王補仁, 1900-?

일제강점기 전라남도 광주의 화농(華農). 산동성 내양현(萊陽縣) 출신. 1942년 광주중화상회의 회장으로 활동하고 있었다.(釜山領事館(1942), 「光州中華商會職員履歷表」, 『汪僞僑務委員會檔案』)【이정희】

왕보장王甫章, 1897-?

일제강점기 경성의 화상(華商). 절강성 봉화현(奉化縣) 출신. 중일전쟁
시기 복장양복점(福章洋服店)의 경영자로 일하면서 경성남방회관 회장,
경성중화상회 감사, 한성화교소학 이사로 활동했다. 1942년 11월 조선화
교 귀국 관광단의 일원으로 중국의 상해, 남경 등지를 방문했다.(京城總領
事館(1942.11.),「朝鮮僑民回國觀光團問題的往來文書」,『汪僞僑務委員會檔案』)【이정희】

왕보정王寶貞, 1878-?

일제강점기 인천의 화상(華商). 산동성 영해현(寧海縣) 출신. 주단포목
수입상점인 덕순복(德順福)의 경영자로 1913년 인천중화상회의 초대 이
사로 선출되어 활동했다.(이정희·송승석(2015),『근대시기 인천화교의 사회와 경제』,
학고방, 97)【이정희】

왕본지王本芝, 1917-?

일제강점기 경성 거주 화교. 산동성 무등현 출신. 중공팔로군 관계자의
지령을 받아 1943년 6월경부터 1944년 1월 중순까지 경성 및 각지의 군
대동원상황, 지원병제도상황, 식량문제 등의 군사기밀 및 경제정보를 탐
지하여 산동성의 중공팔로군에 제보한 혐의로 검거되었다.(이정희(2017.6),
「중일전쟁시기 조선화교의 항일활동」,『동양사학연구』139, 360)【이정희】

왕상주王相周, 1888-?

일제강점기 대구의 화상(華商). 산동성 모평현 출신. 사숙(私塾) 졸업.
중화요리점 경화루(慶和樓)의 경영자. 1942년 대구중화상회의 집행위원
으로 활동하고 있었다.(釜山領事館(1942),「大邱中華商會職員履歷表」,『汪僞僑務委
員會檔案』)【이정희】

왕서금王瑞琴, 1916-?

북한화교이자 중국 귀국화교. 산동성 고밀(高密) 출신. 1939년 이전 조

선으로 이주했다. 친형인 왕서성(王瑞成)에 의지하면서 운산광산(雲山礦山)에서 7년간 일했다. 1946년 말 평양시화교연합회 동구 지부장을 맡았다. 1947년 4월 15일 북한 화교연합회 제1차 대표자대회에서 평양시화교빈농위원장으로 선출되었다. 1948년 6·7월 북한 노동당에 입당했다. 같은 해 8월 1일 평양시화교연합회의 조직과장을 역임했다. 1950년 6월 이전 함경북도화교연합회 위원장 대리, 평양시화교연합회 위원장, 평안북도화교연합회 위원장 등의 직책을 맡았다. 한국전쟁 시기 중국인민지원군 업무에 협력했다. 1953년 2월 조선화교연합회중앙위원회 조직부장을 지냈다. 1953년 3월 북한화교 송화란(宋花蘭)과 결혼했다. 1960년 1월 북한 화교연합회중앙위원회의 부위원장으로 임명되어 일하다가 1962년 12월 귀국했다. 귀국 후, 산동성 제남(濟南)에 배치되어 일했다. 1966년 7월 고밀현(高密縣)으로 돌아와 시구공소사(柴溝供銷社) 부주임을 맡았다. 문화대혁명 때 '특무(特務)'라는 비판을 받으면서 박해를 받았다. 1972년 원가공소사(袁家供銷社)로 자리를 옮겨 부주임으로 일했다. 1979년 이후 고밀현 교련위원(僑聯委員), 고밀현 인대(人大) 대표. 정협 상임위원회 위원으로 선출되어 활동했다. 1983년 퇴직했다.(滕松傑(2002), 「歸僑王瑞琴先生」, 山東省高密市政協文史委員會 編, 『高密文史選粹』, 779-786)【송우창】

왕서방王書房

조선화교 및 한국화교의 별칭. 상술에 능하고 성실하며 신용을 중시하여 당시 화상이 조선의 대중에게 긍정적이고 친근한 이미지를 주었을 것이라 추정케 하는 별명이다. 중국인이 한반도에 정착하기 시작한 시기부터 일제강점기를 거쳐 대한민국 건국 초기까지의 신문 및 소설 등에 투사된 화교에 대한 인식은 대체로 부정적이었다. 임오군란 시 청국 군대와 함께 온 화상을 필두로 쿨리로 이어진 당시의 화교는 복합적인 갈등의 역사적 특수성 속에서 조선인과 일상적으로 마주하기 시작했다. 특히, 1882년 10월 조청상민수륙무역장정 체결 이후 청국 군대의 비호하에 화상의 세력을 확대하려는 과정에서 빚어진 청국 군대와 화상의 불법적이고 강압적인 행동은 근대 민족주의 소통의 통로 역할을 시작한 당시의 신문과 잡지의 주목을 받았고 그러한 행동에 대한 집중적인 보도는 조선의 지식인과 대중의 반감을 초래했다. 이와 대조적으로 왕서방이라는 별칭은 조선의 서민과 화상 간에 부정적인 관계만이 존재하는 것이 아니었다는 것을 추정하게 한다. 예컨대 1933년 왕수복이 부른 대중가요 〈워띠부싱(我的不幸)〉은 타지에서 절약하면서 힘들게 일하며 살아가는 화상의 애환을 노래하였고, 1938년에 발표된 <왕서방연서>에서도 돈을 좋아하기는 해도 혐오의 대상이기보다는 어리숙한 면모를 지닌 장사꾼으로 희화한 화상의 모습이 묘사되었다.(정은주(2018), 「'이방인'에 대한 시선: 해방 이후 한국 언론 담론에 재현된 화교」, 『인문과학』제113집, 112-114)【정은주】

왕서방연서王書房戀書

일제강점기 가수 김정구가 1938년 2월 발표하여 히트한 가요. 당시 조선인은 화교 경영 주단포목상점이 규모가 크고 그 경영자는 큰 부자라 생각했다. 그들의 주요한 판매 상품이 비단이었기 때문에 이러한 가요를 지은 것으로 보인다. 1938년 당시 화교 주단포목상점이 판매하고 있던 비단은 중국산이 아니라 모두 일본산이었다. 가사는 이러하다. "비단이 장사 왕서방 명월이 한테 반해서, 비단이 팔아 모은 돈 퉁퉁 털어서 다 줬소. 띵호와 띵호와 돈이 없어도 띵호와. 명월이하고 살아서 왕서방 기분 좋구나. 우리가 반해서 하하하 비단이 팔아서 띵호와."(이정희(2018b), 『화교가 없는 나라』, 동아시아, 72)【이정희】

왕성홍王成鴻, 1878-?

일제강점기 인천의 화상(華商)이자 화교 지도자. 안휘성(安徽省) 흡현(歙縣) 출신. 1896년 경 조선으로 이주하여 부동산을 관리하는 동순동(同順東)의 지배인으로 활동했으며, 재봉틀 침을 판매하는 동복공(同福公)을 경영했다. 1930년대 인천에 1,839평의 토지를 소유하여 화교 부동산 최대 보유자였다. 인천 남방회관(南幇會館)의 대표, 인천화상상회 임원, 인천화교소학의 교장을 지냈다. 1936년 5월부터 경성총영사관 및 인천판사처의 고문으로 일했다. 인천 발전의 공로로 조선총독부 시정(施政) 5년(1915년) 및 25년(1935년) 기념식 때 표창장을 받았다. 일본인 부인과의 사이에 초춘(初春)과 효의(孝儀)를 두었다. 초춘은 중일전쟁시기 인천화교소학의 교사로 근무했으며, 효의는 인천판사처의 주임으로 근무했다.(이정희(2018.12b),「중일전쟁시기 범한생(范漢生) 경성총영사의 친일활동과 조선화교 사회의 변동」,『중앙사론』48, 179-194)【이정희】

왕성홍부동산회사王成鴻不動産會社

일제강점기 인천 화방정(花房町) 10번지 소재의 부동산회사. 경영자는 왕성홍이었다. 1935년의 소유 부동산의 시가는 15만원에 달해, 화교 가운데 최고의 부동산 소유자였다.(이정희·송승석(2015),『근대시기 인천화교의 사회와 경제』, 학고방, 71)【이정희】

왕세린王世麟, 1903-?

일제강점기 목포의 화상(華商). 산동성 복산현 출신. 현립(縣立) 소학 졸업. 주단포목상점의 경영자. 1942년 목포중화상회의 이사로 활동하고 있었다.(釜山領事館(1942),「木浦中華商會職員履歷表」,『汪僞僑務委員會檔案』)【이정희】

왕세창王世昌, 1913-?

일제강점기 함경남도 원산의 화상(華商). 산동성 복산현 출신. 주단포목상점 홍흥태(鴻興泰)의 경영자. 1942년 원산중화상회의 집행위원으로 활동하고 있었다.(元山領事館(1942),「元山中華商會章程職員履歷表」,『汪僞僑務委員會檔案』)【이정희】

왕소남王少南, 1900-?

일제강점기 인천의 화상(華商). 산동성 모평현(牟平縣) 출신. 1942년 주

단포목상점 지흥동(誌興東)의 경영자로 활동하고 있었다.(이정희(2018a),
『한반도 화교사』, 동아시아, 239)【이정희】

왕수선王守善, 1881-?
중화민국의 외교관. 상해 출신. 일본의 고등공업학교 졸업. 농공상부 주
사 등을 거쳐 1911년 1월부터 1913년 8월까지 주고베총영사관 영사로
근무했다. 1914년 5월 주요코하마총영사로 취임, 1918년 11월 귀국하여
무호관감독(蕪湖關監督) 겸 교섭원으로 근무했다. 1924년부터 1929년까
지 중화민국주경성총영사관의 총영사로 근무했다. 그의 재임 기간 중
남경국민정부의 성립으로 경성총영사관에 청천백일기를 게양하고, 중국
국민당주조선직속지부가 설립됐다. 1936년 8월 고베총영사로 부임하여
1938년 2월 총영사관이 폐쇄될 때까지 근무했다. 중화민국임시정부가
1938년 8월 개설한 고베교무판사처의 주임으로 임명되어 근무했다.(可兒
弘明編(2002), 『華僑・華人事典』, 67-68; 이정희(2018b), 44)【이정희】

왕수정王守正(政), 생졸년불상
중공이 해방초기 북한에 파견한 중요 간부. 1947년 2월 평양화교연합회
의 위원장에 임명되어 일했으며, 북한 화교연합총회의 업무를 겸임했다.
1952년 10월 북한 화교연합총회 제4대 위원장에 임명되어 일했다.(朝鮮
華僑聯合總會機關報《民主華僑》; 楊昭全・孫玉梅(1991), 『朝鮮華僑史』, 中國華僑出版公司,
321-322)【송우창】

왕수창王首昌, 1910-?
일제강점기 경상남도 통영의 화상(華商). 산동성 복산현 출신. 소학 졸
업. 호떡집 경영자. 1942년 통영중화상회의 부회장으로 활동하고 있었
다.(釜山領事館(1942), 「統營中華商會職員履歷表」, 『汪僞僑務委員會檔案』)【이정희】

왕승선王承譔, 1877-?

일제강점기 인천의 화상(華商). 산동성 영성현 출신. 1912년부터 1929년까지 인천중화농업공의회의 회장을 지냈으며, 만취동(萬聚東)의 경영자로 활동했다. 1942년에는 만취동 중화요리점을 경영하고 있었다. 1942년 부인 서씨(徐氏, 1897년생)와 아들 왕헌선(王憲先, 1932년생)과 같이 인천에서 거주하고 있었다.(이정희(2018a), 『한반도 화교사』, 동아시아, 246)【이정희】

왕신일王辛逸, 생졸년불상

북한화교. 1948년 평안남도화교연합회에서 일했다. 1949년 초대 신의주 중국인중학교의 교장으로 임명되었다. 한국전쟁 초기 서울 점령 시 한성화교소학(漢城華僑小學)의 교장을 지냈다. 1950년 9월 말 평양으로 철수한 후, 중국으로 귀국했다.(朝鮮華僑聯合總會機關報《民主華僑》; 기타 자료)【송우창】

왕여현王汝賢, 1896-?

일제강점기 부산의 화상(華商). 산동성 복산현 출신. 사숙 4년 졸업. 중화요리점의 경영자. 1942년 부산중화상회의 이사로 활동하고 있었다.(釜山領事館(1942), 「釜山中華商會職員履歷表」, 『汪僞僑務委員會檔案』)【이정희】

왕영삼王榮三, 1909-?

일제강점기 군산의 화상(華商). 산동성 영성현 출신. 소학4년 졸업. 잡화상점의 경영자. 1942년 군산중화상회의 이사로 활동하고 있었다.(釜山領事館(1942), 「群山中華商會職員履歷表」, 『汪僞僑務委員會檔案』)【이정희】

왕영진王永晉, 1905-2006

중화민국의 외교관. 산동성 영성(榮成) 출신. 1932년 8월 남경국민정부 외교부에서 근무한 것을 시작으로 1937년 경성총영사관 주사, 인천판사처 주사, 부산영사관과 진남포판사처 주사 등을 거쳐 해방 직전에는 원산 영사로 근무했다. 1945년 12월 소련군에 의해 체포된 후 소련과 중국에서 12년간 전범수용소에서 생활하고, 1980년 대만으로 석방된 후, 1993년 한국으로 귀환해 생활하다 2006년 타계했다. 그가 남긴 수기는 2017년 한국에서 『그래도 살아야 했다: 悲慘回憶』로 출판되었다.(왕영진 저, 송승석 역(2017), 『그래도 살아야 했다: 悲慘回憶』, 학고방)【송승석】

왕운룡王運龍, 1907-?

일제강점기 대구의 화상(華商). 산동성 복산현 출신. 소학 졸업. 중화요리점 진성원(鎭盛園)의 경영자. 1942년 대구중화상회의 상무위원으로 활동하고 있었다.(釜山領事館(1942), 「大邱中華商會職員履歷表」, 『汪僞僑務委員會檔案』)【이정희】

왕위교무위원회당안汪僞僑務委員會檔案

중국 남경(南京) 소재 제2역사당안관에 소장된 왕정위(汪精衛) 남경국민정부 교무위원회의 당안. 경성총영사관이 화교 관련 문제를 보고한 당안이 다수 포함되어 있다.(楊韻平(2007), 『汪政權與朝鮮華僑(1940-1945): 東亞秩序之一硏究』, 稻鄕; 이정희(2018a), 45-46)【이정희】

1944년 왕정위 사망 시 조선에 설치된 빈소
(일본 동양문고 소장)

왕위외교부당안汪偽外交部檔案

중국 남경(南京) 소재 제2역사당안관에 소장된 왕정위(汪精衛) 남경국민정부 외교부의 당안. 경성총영사관이 화교 관련 문제를 보고한 당안이 포함되어 있다.(楊韻平(2007), 『汪政權與朝鮮華僑(1940-1945): 東亞秩序之一研究』, 稻鄉; 이정희(2018a), 45-46)【이정희】

왕위행정원당안汪偽行政院檔案

중국 남경(南京) 소재 제2역사당안관에 소장된 왕정위(汪精衛) 남경국민정부 행정원의 당안. 경성총영사관이 화교 관련 문제를 보고한 당안이 포함되어 있다.(楊韻平(2007), 『汪政權與朝鮮華僑(1940-1945): 東亞秩序之一研究』, 稻鄉; 이정희(2018a), 45-46)【이정희】

왕유곤王維堃, 생졸년불상

일제강점기 경성의 화교. 중국 동북 출신. 1916년 경성에 비밀결사 청방(靑幇) 계열의 재가리(在家裡, 裡 혹은 禮) 분회를 설치, 초대 회장으로 활동했다.(이정희(2018.12a), 「조선화교의 민간신앙과 비밀결사」, 『사회와 역사』120, 65)【이정희】

왕유원王維元, 생졸년불상

북한 함흥의 화상(華商). 1949년 6월 중국인민해방군을 위해 2천원을 기부했다.(朝鮮華僑聯合總會機關報《民主華僑》)【송우창】

왕자백王者魄, 1876-?

일제강점기 인천의 화상(華商). 산동성 복산현 출신. 무역업과 여객업을 겸업하는 행잔(行棧) 천합잔(天合棧)의 경영자였다. 1913년 인천중화상회의 초대 의원으로 선출되어 활동했다.(이정희·송승석(2015), 『근대시기 인천화교의 사회와 경제』, 학고방, 97)【이정희】

왕전장王殿章, 1915-1982

부산의 화상. 동창주조창(東昌鑄造廠)의
경영자. 1915년 하북성 교하현에서 태어
나 신의주로 이주하여 주물공장의 직공
으로 일했다. 그 후 대전의 동무주조창
(東茂鑄造廠)에서 일한 후, 해방 후 부산
에서 동창주조창을 설립했다. 부산화교협
회 수석부회장을 지냈다.(李正熙(2009.3),「近
代朝鮮華僑製造業硏究: 以鑄造業爲中心」,『華僑華
人歷史硏究』(2009年3月第1期, 총83권), 中國華僑華
人歷史硏究所, 40-53【이정희】

1965년 유성온천의 왕전장
(1열 왼쪽에서 첫 번째, 왕지성 제공)

왕정건王正乾, 1923-?

북한의 신의주 화교. 산동성 영성(榮成) 출신. 영성현립제6학교(榮成縣
立第六學校) 졸업. 1946년 중공중앙화동국주남포판사처(中共中央華東
局駐南浦辦事處)에서 수송업무를 담당했다. 1947년 9월 평양 소재 북조
선화교중학교의 총무, 1949년 5월 함경북도화교연합회의 위원장에 임명
되어 일했다. 같은 해 하반기 자리를 옮겨 평안북도화교연합회의 위원
장으로 일했다.(朝鮮華僑聯合總會機關報《民主華僑》; 기타 자료)【송우창】

왕정야王靜野, 1910-?

중공이 해방초기 북한에 파견한 중요 간부. 중국 요녕성 요양(遼陽) 출
신. 북경대학 졸업. 1941년 진수변구(晉綏邊區) 제1중학교 교장, 1945년
5월 중국 동북으로 이동하여 그해 12월부터 1946년 4월까지 안산연합중
학교(鞍山聯合中學)에서 일했다. 1946년 가을 경 북한으로 파견되어 화
교 업무를 담당했다. 1947년 2월 북조선화교연합총회 초대 위원장에 임
명되었다. 같은 해 북조선화교중학교의 교장도 함께 맡았다. 1948년 중
국으로 소환된 후 중공 동북공업부(東北工業部)의 교육부문에서 일했

다. 1956년 12월 이후 중국의 야금부(冶金部) 교육사(教育司)의 사장(司長), 중공업부(重工業部) 교육사(教育司)의 사장 등의 요직을 역임했다.(필사자료; 張福榮 編著(2011), 『熱血晉綏』, 山西春秋電子音像出版社, 249-251)【송우창】

왕정유王政維, 생졸년불상
일제강점기 신의주중화상회의 서기. 1937년 10월 23일 군사정보 첩보활동으로 신의주경찰서에 검거되었다.(이정희(2017.6), 「중일전쟁시기 조선화교의 항일활동」, 『동양사학연구』139, 342)【이정희】

왕정의王正義, 생졸년불상
북한 평양의 화상. 해방초기 평양의 화상을 대표하여 화교연합회가 조직한 각종 활동에 참여했다.(朝鮮華僑聯合總會機關報《民主華僑》)【송우창】

왕죽정王竹亭, 1885-?
일제강점기 경성의 화상(華商). 산동성 모평현 출신. 주단포목 수입상점인 덕순복(德順福)의 경영자로 1923년부터 1925년까지 경성중화총상회의 부회장으로 활동했다.(김희신(2017), 「在朝鮮 中華商會의 설립과정과 존재양태: 1912-1931년 경성지역을 중심으로」, 『중국근현대사연구』73, 한국중국근현대사학회, 44; 이정희(2018a), 64)【이정희】

왕지신王志信, 1894-1944
일제강점기 인천의 화농(華農). 산동성 내양현(萊陽縣) 출신. 1918년 경 함경남도 흥남으로 이주하여 3년간 농사를 지은 후, 인천으로 이주하여 채소재배를 했다. 1940년 항일단체 일동회(日東會)에 가입, 인천지역 공장과 정미소를 방화했다. 경찰에 체포되어 재판을 받은 후, 1944년 1월 8일 수감되어 있던 서대문형무소에서 타계했다.(이정희(2017.6), 「중일전쟁시기 조선화교의 항일활동」, 『동양사학연구』139, 352)【이정희】

왕지신중화요리점王志新中華料理店

일제강점기 신의주 소재 화교 고급 중화요리점. 1923년의 연간매상액은 31,200원이었다.(이정희(2018a), 『한반도 화교사』, 동아시아, 291)【이정희】

왕지유王芝有, 1900-?

일제강점기 함경남도 원산의 화상(華商). 산동성 복산현 출신. 주단포목 상점 길창호(吉昌號)의 경영자. 1942년 원산중화상회의 상무위원으로 활동하고 있었다.(元山領事館(1942), 「元山中華商會章程職員履歷表」, 『汪僞僑務委員會檔案』)【이정희】

왕지헌王志軒, 1910-?

일제강점기 인천의 화상(華商). 산동성 봉래현(蓬萊縣) 출신. 1942년 유 풍덕(裕豊德) 인천지점의 경영자로 활동하고 있었다.(이정희(2018a), 『한반도 화교사』, 동아시아, 239)【이정희】

왕초성王招聲, 1910-?

일제강점기 대구의 화상(華商). 산동성 영성현 출신. 사숙(私塾) 졸업. 중화요리점 복경원(福慶園)의 경영자. 1942년 대구중화상회의 후보 감 찰위원으로 활동하고 있었다.(釜山領事館(1942), 「大邱中華商會職員履歷表」, 『汪僞僑務委員會檔案』)【이정희】

왕학란王學蘭, 1856-?

일제강점기 인천의 화상(華商). 산동성 복산현 출신. 주단포목 수입상점 인 금성동(錦成東)의 경영자로 1913년 인천중화상회의 초대 부회장으로 선출되어 활동했다.(이정희·송승석(2015), 『근대시기 인천화교의 사회와 경제』, 학고방, 97)【이정희】

296

왕학정王學政, 1904-?

일제강점기 평양의 화공(華工). 산동성 문등현(文登縣) 출신. 노구교사건 발발 직후 일본군 평양비행 제6연대 소속 비행기의 출동상황 및 군대수송 상황 등을 탐지하여 장의신(張義信) 진남포영사에게 제보한 혐의로 체포되어 징역 2년 6개월을 구형받았다.(이정희(2017.6),「중일전쟁시기 조선화교의 항일활동」,『동양사학연구』139, 343)【이정희】

왕홍년王鴻年, 1870-1946

청국 및 중화민국의 외교관. 절강성 출신. 일본 도쿄제국대학을 졸업. 1916년 주일중화민국공사관 1등비서로 임명되어 근무했다. 1919년 중화민국주경성총영사관의 대리 총영사로 임명되어 1920년까지 근무했다. 1933년 요코하마총영사로 임명되어 활동했다.(바이두; 이정희(2018b),「한반도 화교사」, 동아시아, 44)【이정희】

왕홍성王鴻盛, 1890-?

일제강점기 전라북도 정읍의 화상(華商). 산동성 해양현 출신. 소학 졸업. 중화요리점 경영자. 1942년 정읍중화상회의 이사로 활동하고 있었다.(釜山領事館(1942),「井邑中華商會職員履歷表」,『汪僞僑務委員會檔案』)【이정희】

왕효의王孝儀, 1915-?

중화민국의 외교관. 중일전쟁시기 부산영사관의 서기, 인천판사처의 주임으로 근무했다. 인천화교소학의 교사로 근무하기도 했다. 인천판사처 고문인 왕성홍의 장남이다.(이정희(2018.12b),「중일전쟁시기 범한생(范漢生) 경성총영사의 친일활동과 조선화교 사회의 변동」,『중앙사론』48, 192)【이정희】

왕후덕王厚德, 1891-?

북한화교. 해주의 화농으로서 20년간 채소를 재배했다. 해방 초기 해주

화교소학의 이사를 지냈으며, 학교를 위해 여러 차례 기부를 했다. 1949년 중국인민해방군을 위해 3만원을 기부했다. 1950년 2월 해주시농민대표대회에서 농업생산 모범상을 수상했다. 1950년 7월 한국전쟁 지원금으로 5천원을 기부했다.(朝鮮華僑聯合總會機關報《民主華僑》)【송우창】

왕흥서王興西. 1900-?

인천 및 부산의 화상(華商). 산동성 황현(黃縣) 출신. 1942년 주단포목상점인 복생동(福生東)을 경영하고 있었다. 인천화상상회 상무이사와 인천화교소학 이사를 지냈다. 해방 직후에는 무역회사인 복생동을 경영하면서 1948년 장개석 국민정부 국민대회의 한국대표로 참석, 한국화교의 애로사항을 전달하고 해결을 촉구했다. 한국전쟁 때 부산으로 피난하여 부산화교중학의 제5대 이사장을 지냈다.(이정희·송승석(2015), 『근대시기 인천화교의 사회와 경제』, 학고방, 217)【이정희】

외국인공민증外國人公民證

북한정부가 북한 영내 장기 거주하는 외국인에게 발급한 증명서. 북한의 북조선임시인민위원회는 1946년 8월 '공민증에 관한 결정서'를 공포하고, 북한 영내 외국인에게 임시로 외국인공민증을 발급할 것을 결정했다. 이에 따라 1947년까지 북한화교도 외국인공민증을 발급 받았다. 그 후 북한정부는 외국인공민증과 동일한 외국인체류증(外國人滯留證)을 발급했다. 1958년 이후 북한화교의 북한 국적 취득 선풍이 불면서 1962년까지 80%이상의 화교가 북한국적을 취득했다. 이때 귀화를 단호히 거절한 화교에게는 외국인증(外國人證)이 발급되었다.(鄭慶謨·崔達坤編(1990), 『北韓法令集·第1卷』, 673 - 680; 亮森培(2013.5.22.), 「六十年代朝鮮華僑加入朝鮮國籍事件」; 기타 자료)【송우창】

외국인전재민구호의 결정外國人戰災民救護의 決定

북한정부가 1951년 한국전쟁 기간 중 전재(戰災)의 피해를 입은 외국인

(대부분 북한화교)의 구호에 관한 방침. 북한정부 박헌영 내각부총리 명의로 공포되었다. 주요한 내용은 북한 영내 거주의 외국인 전재민을 적극 구호한다는 것이었다. 1947년 12월 당시 북한 거주 외국인 인구는 화교 4만863명, 일본인 888명, 독일인 16명이었다. 그 후 일본인은 단계적으로 귀국했다. 따라서 이 결정문의 '외국인'은 북한화교를 염두에 둔 것이었다.(國史編纂委員會 編(1990), 『北韓関係史料集』第9卷, 436 · 第24卷, 238)【송우창】

외국인출입국관리법外國人出入國管理法

한국정부가 외국인의 출입국을 규제하기 위해 제정한 법률. 한국정부는 1949년 11월 17일 '외국인의 입국출국과 등록에 관한 법률'을 공포하여 외국인의 출입국을 규제하기 시작했다. 이 법률은 화교에게 1년마다 거주허가의 연장을 받도록 규정했지만, 1963년의 '출입국관리법'은 3년으로 연장했다. 화교는 출국할 때에도 한국정부의 허가를 받아야 했지만, 새로운 출입국관리법의 규정에 따라 신고의 의무는 사라진 대신 재입국허가를 받도록 했다. 재입국 기간은 단수는 1년, 복수는 2년이었다. 화교에 대한 거주허가 기간은 1995년에 5년으로 연장되고, 2002년에 영주자격이 부여되면서 신고의 의무는 사라졌지만, 최근 10년 경과 후 재신고의 의무가 부여되었다.(왕언메이 저 · 송승석 역(2013), 『동아시아 현대사 속의 한국화교』, 학고방, 269-275; 이정희(2018b), 207)【송승석】

외국인토지법外國人土地法

조선총독부와 한국정부가 외국인의 토지 소유를 제약하기 위해 공포한 법률. 조선총독부는 1936년 군사상 중요한 구역에 대해 외국인의 토지 취득을 금지 혹은 제약하기 위해 이 법을 공포했다. 1940년에는 외국인의 토지 취득 금지 및 제한 구역이 보다 확대되었다. 한국정부는 조선총독부의 이 법률에 근거하여 1961년 외국인토지법을 공포하고, 공공의 목적에 필요한 구역의 토지에 대해 외국인의 토지 취득을 금지 혹은 제약을 가할 수 있도록 했다. 이어 1962년 외국인토지법시행령을 공포하고 외국인의 토지 취득 금지 혹은 제한의 구역을 제시했다. 1968년 7월 외국인토지법의 개정안을 공포, 거주를 목적으로 한 200평 이하의 토지, 상업용으로 50평 이하의 토지는 사전신고만으로 소유할 수 있도록 했다. 해당 평수를 초과할 경우는 엄격히 규제했기 때문에 토지의 자유로운 소유는 불가능했다. 이러한 화교를 비롯한 외국인의 토지 취득 상한제는 1999년 '외국인의 토지취득과 관리에 관한 법률' 공포로 철폐되었다. 화교를 위한 조치라기보다 IMF 경제위기로 외국인 자본 유치를 위해 한국의 필요에서 실시한 것이었다.(왕언메이 저·송승석 역(2013), 『동아시아 현대사 속의 한국화교』, 학고방, 295-304; 이정희(2018b), 205-206)【송승석】

외국인토지소유권外國人土地所有權

일제강점기 외국인의 토지소유권을 보장한 법률. 조선 거주 외국인에게는 기본적으로 토지소유권이 부여되어 있었다. 일본 정부가 일본화교를 비롯한 외국인에게 토지소유권을 부여하지 않고 다만 임차권을 인정한 것과 달랐다. 조선총독부는 조선화교를 비롯한 외국인에게 조선민사령(朝鮮民事令)에 근거하여 토지소유권을 부여했다. 조선 정부는 화교를 비롯한 외국인의 내지(內地)에서의 토지소유권을 인정하지 않았지만, 통감부가 1906년 10월 칙령 제65호 토지가옥증명규칙(土地家屋證明規則)을 공포하여 내지에서의 외국인 토지소유권을 합법화했다. 조선총독부는 이 규칙을 일제강점기에도 유지했다. 화교 소유의 토지는 1920년 밭 26만 2,094평, 논 2만 9,562평, 대지 8만 3,072.1평이었다.(이정희(2018a), 『한반도 화교사』, 동아시아, 445·636-637)【이정희】

외국인학교 설립과 운영에 관한 규정外國人學校 設立과 運營에 關한 規程

한국의 초중등교육법 제60조의 2에 정한 대통령령인 본 규정의 현재 명칭은 '외국인학교 및 외국인 유치원의 설립·운영에 관한 규정'이다.

2009년 2월 개정안에는 이전에 금지되던 내국인(한국인)의 외국인학교 입학 자격이 명시되었고, 내국인 졸업생의 국내 학력 인정 범위가 설정됨으로써 외국인학교에서 한국 국적을 가진 학생을 정식으로 모집하는 것이 가능해졌다. 한국 내 다수의 화교학교에 한국인이 입학하여 수학하고 있었던 것은 공공연한 비밀이었거나, 이 개정안으로 인해 공식적으로 한국인의 입학과 그 학력 인정이 허용된 것은 화교학교의 재정난을 덜어주는 하나의 방편으로 여겨진다. 한국과 대만 간의 국교단절 이후, 대만 정부의 재정 지원도 점차 감소하였고 학생들의 등록금이 거의 유일한 학교의 재정원이 되고 있는 상황에서 이와 같이 입학 가능한 학생의 범주가 추가된 것은 화교학교가 그 존폐의 위기에 하나의 대안을 가지게 된 것을 의미한다. 그러나 한국 국적자 가운데에도 외국 거주 기간이 총 3년 이상이어야 입학이 가능하고, 한국국적 학생의 비율을 외국인학교 정원의 30%를 넘지 못하도록 하고 있다. 또한 한국국적으로 귀화한 학생의 경우 입학자격이 한국인에 준하도록 함으로써 외국인학교로 지정된 화교학교라 할지라도 여전히 경영상 여러 어려움을 겪고 있다.(정은주(2015), 「국민과 외국인의 경계: 한국 내 화교의 시민권적 지위에 대한 성격 분석」, 『한국문화인류학』제48집1호, 150; 왕언메이(2015), 「한국 화교학교의 법률적 지위 변화와 생존전략」, 『동남아화교와 동북아화교 마주보기』, 학고방, 137-156)【정은주】

외국환관리법外國換管理法

조선총독부가 1933년 5월 시행한 외환 관리의 법률. 처음에는 외화증권 투자의 형태로 자본의 도피를 방지하기 위해 실시되었다. 그러나 1936년 말부터의 조선 내 물가상승, 중일관계의 악화, 관세율 인상을 전망한 수입증가 경향을 배경으로 조선총독부는 1937년 1월 12일에 상품의 수입을 규제하는 '수입화물대금의 결제 및 외국환은행의 해외 요구에 대해 지불을 제한하는 외국환관리법에 근거한 명령의 건'이라는 부령(府令)을 공포하여, 1개월에 3만원을 초과하는 화물의 수입에 대해 조선총독의 허가를 받지 않으면 화물의 수입에 따른 결제를 허가하지 않았다. 또한 수입업자가 수입화물에 대한 화환(貨換)어음의 결제를 위해서는 수입보고서를 작성하여 총독에 제출할 의무가 부여되었다. 중일전쟁 시기는 외국환관리법이 더욱 강화되어 화교를 비롯한 외국인의 송금액이 200원을 초과하지 못하도록 규제했다.(이정희(2018a), 『한반도 화교사』, 동아시아, 220-221)【이정희】

요은도廖恩燾, 생졸년불상

중화민국의 외교관. 1922년 중화민국주경성총영사관 대리 총영사로 임명되어 1924년까지 근무했다.(이정희(2018b), 「한반도 화교사」, 동아시아, 44)【이정희】

용덕중화민회龍德中華民會

일제강점기 함경북도 경원군 용덕면 화교에 의해 설립된 사회단체. 1937년 1월 중화민국임시정부 수립 후인 1938년 1월 8일 설립됐다.(이정희(2018.12b), 「중일전쟁시기 범한생(范漢生) 경성총영사의 친일활동과 조선화교 사회의 변동」, 『중앙사론』48, 197)【이정희】

용승당湧勝堂

일제강점기 경성 소공동 소재 화교의 이발소. 1910년 12월 현재 종업원은 13명이었다.(이정희(2018a), 『한반도 화교사』, 동아시아, 341)【이정희】

용암포화교·용천화교龍巖浦華僑·龍川華僑

북한 용암포·용천 거주의 화교. 용암포(龍岩浦)는 압록강 하구에 위치한 평안북도 용천군의 중심도시였다. 현지의 화교는 이곳을 용보구(龍寶溝)라 불렀다. 1930년의 인구는 조선인이 3천여명, 일본인이 540명, 화교가 500여명이었다. 해방초기 화교는 100여 가구가 거주, 현지 북한 주민은 '중국거리'로 불렀다. 해방 전 화상 소영발(蕭永發)이 경영하던 상점 항순영(恒順永)은 그의 동생 소영봉(蕭永峰), 소영신(蕭永新) 그리고 아들 소모충(蕭模忠)이 물려받았다. 왕광덕(王光德) 경영의 사진관인 항유화(恒裕和), 임씨(任氏) 일가 경영의 삼합덕(三合德), 복래잔(福來棧)등이 있었다. 중화요리점도 여러 곳 있었다. 화교는 중국의 옷차림과 생활습관을 유지했다. 용암포의 서산(西山)에는 중국인공동묘지가 있었다. 서북쪽 모퉁이에는 중국인민지원군열사능원(中國人民志願軍烈士陵園)이 조성되어 있다. 현지 화교는 매년 이곳에서 성묘를 했다. 1947년 용천군 화교연합회가 용암포에 설립되었다. 1949년에는 이전의 용암포화교소학이 용암포중국인인민학교(龍岩浦中國人人民學校)로 바뀌었고, 학생수는 100여명이었다. 1949년 11월 북한 인민군에게 채소 3,600근을 헌납했다. 한국전쟁 시기 다수의 화교가 중국으로 귀국했다. 잔류한 화상은 전업하여 채소를 재배하여 판매했다. 휴전 후 화상은 상업활동을 재개했다. 1955년까지 중화요리점, 방앗간, 성의점(成衣店), 주물공장을 경영했다. 그 후 협동화 사업이 진행되면서 채소농사를 위주로 한 직업으로 바뀌었다. 1956년 봄 화교의 영풍농업협동조합(榮豐農業協同組合)이 설립되었지만, 1958년 10월 현지 북한사람의 용암포리농업협동조합(龍岩浦里農業協同組合)에 편입되었다. 이 협동조합은 화교 1반과 2반을 만들었다. 반장은 상옥항(相玉恒)과 임하선(林霞先)이었다. 화교 중화요리점 업자로 구성된 압록강식당이 있었다. 1961년의 화교인구는 400여명이었다. 문화대혁명 초기인 1966년 용암포중국인인민학교는 수업을 중단했다. 이 시기 다수의 화교가 귀국했다. 용천화교는 2004년 65호가 거주하고 있었다. 2004년 4월 22일 용천군 기차역폭파사건이 발생, 현지의 화교 1명이 숨지고 6명이 중상을 입었다.(朝鮮華僑聯合總會機關報《民主華僑》; 朝鮮華僑聯合會機關報《華訊》; 陳香林·王桂敏 主編(2018), 『吉林文史資料選輯 第46輯: 朝鮮歸來 下』, 152-156; 기타 자료)【송우창】

용천군화교연합회龍川郡華僑聯合會

북한 용천군 화교의 대표적인 사회단체. 1947년 경 설립. 연합회의 소재지는 용암포(龍岩浦)에 설치되었다. 해방초기 화교를 조직하여 노군운동(勞軍運動)에 참여하였고, 1949년 용암포화교는 중공의 국공내전 지원을 위해 9,245원을 기부했다. 1960년의 위원장은 상옥항(相玉恒), 1980년대 초는 공헌법(孔憲法)이었다.(朝鮮華僑聯合總會機關報《民主華僑》; 朝鮮華僑聯合會機關報《華訊》; 기타 자료)【송우창】

용천중국교민신민회龍川中國僑民新民會

일제강점기 평안북도 용천군 화교의 사회단체. 중화민국임시정부 설립 직후인 1938년 1월 13일 설립됐다.(이정희(2018.12b), 「중일전쟁시기 범한생(范漢生) 경성총영사의 친일활동과 조선화교 사회의 변동」, 『중앙사론』48, 197)【이정희】

용천중국인인민학교龍川中國人人民學校

북한 용천 소재의 화교소학. 1930년 10월 용암포(일제강점기 때는 용천면)에서 화교소학으로 개교했다. 설립 초기의 학생은 20여명이었지만, 점차 학생수가 증가했다. 1935년 6월 6일 중화민국남경국민정부 교무위원회(僑務委員會)에 등록하였고, 1936년 8월 12일 평안북도 도청의 정식 허가를 받았다. 1943년의 학생수는 129명, 교원은 4명이었다. 교장은 소영발(蕭永發)이었다. 1948년 12월의 학생수는 153명, 교사는 8명이었다. 교장은 필서번(畢庶藩)이었다. 4개의 분교(分校)를 설치하고 있었으며, 분교의 학생수는 155명이었다. 북한정부가 1949년 4월 학교를 인수 관리하면서 교명은 용천중국인인민학교로 바뀌었다. 1949년 10월 학교의 고학년 학생은 화농의 농사일을 도왔다. 북한정부는 1949년 9월 용암포화교소학남시분교(岩浦華僑小學南市分校)를 위해 신축 교사를 제공했다. 한국전쟁 기간 중국정부가 파견한 하유전(何維田)과 한서지(韓瑞芝)가 교사로 근무했다. 휴전 후의 학생수는 40-50명이었다. 휴전 후 파견 교원이 중국으로 되돌아가면서 1955년까지 2개 학년이 같은 반에서 수업을 받았다. 1957년 7월의 졸업생은 19명이었다. 1959년 학생은 고철 수집운동에 참여했다. 1959년 8월의 교장은 관은란(管恩蘭)이었다. 학교는 1960년 경 휴가와 주말을 이용해 현지의 협동조합에서 농사일을 도왔다. 1980년경의 교장은 황학림(黃學林)이었다. 2002년 교명은 용천중국인소학교(龍川中國人小學校)로 바뀌었다. 2003년의 학생수는 15명, 교사는 5명이었다. 이 가운데 화교 교사는 3명이었다.(朝鮮華僑聯合總會機關報《民主華僑》; 朝鮮華僑聯合會機關報《華訊》; 陳香林·王桂敏 主編(2018), 『吉林文史資料選輯 第46輯: 朝鮮歸來 下』, 157-162; 이정희(2007), 112)【송우창】

우가빈于嘉濱, 1899-?
일제강점기 경상남도 통영의 화상(華商). 산동성 모평현 출신. 사숙(私塾) 졸업. 호떡집 경영자. 1942년 통영중화상회의 이사로 활동하고 있었다.(釜山領事館(1942), 「統營中華商會職員履歷表」, 『汪僞僑務委員會檔案』)【이정희】

우계청于桂淸, 1900-?
일제강점기 군산의 화상(華商). 산동성 영성현(榮成縣) 출신. 영성현립제4소학 졸업. 중화요리점의 경영자. 1942년 군산중화상회의 회장으로 활동하고 있었다.(釜山領事館(1942), 「群山中華商會職員履歷表」, 『汪僞僑務委員會檔案』)【이정희】

우문기于汶基, 1921-?
중화민국의 외교관. 1942년 인천판사처의 수습서기로 근무하고 있었다.(朝鮮總督府外務課(1942), 『昭和17年 領事館表關係』)【이정희】

우문주于文柱, 1918-?
일제강점기 화교 통역원. 산동성 봉래현 출신. 부산 제2부두 소재 육군 창고 이외 부산의 3개 시설, 경성 및 인천의 4개 시설을 방화했다. 부산 소재 조선화약주식회사(朝鮮火藥株式會社)의 화약저장고의 화약을 절취하려 했으나 미수로 끝났다. 검거되어 재판을 받았다.(이정희(2017.6), 「중일전쟁시기 조선화교의 항일활동」, 『동양사학연구』139, 354)【이정희】

우방림于芳林, 1916-?

북한의 청진화교. 해방초기 청진화교소학의 교장을 지냈다. 1948년 11월 청진시화교노군위원회(淸津市華僑勞軍委員會)의 위원으로 임명되어 일했다. 중국공산당의 국공내전 승전을 위해 2천원을 기부했다.(朝鮮華僑聯合總會機關報《民主華僑》)【송우창】

우영강于永江, 1901-?

일제강점기 부산의 화상(華商). 산동성 모평현 출신. 사숙 2년 졸업. 호떡집의 경영자. 1942년 부산중화상회의 이사로 활동하고 있었다.(釜山領事館(1942),「釜山中華商會職員履歷表」,『汪僞僑務委員會檔案』)【이정희】

우영무于永茂, 1903-?

일제강점기 부산의 화상(華商). 산동성 모평현 출신. 호떡집의 경영자. 1942년 부산중화상회의 이사로 활동하고 있었다.(釜山領事館(1942),「釜山中華商會職員履歷表」,『汪僞僑務委員會檔案』)【이정희】

우영주于英洲, 1896-?

일제강점기 경상남도 통영의 화상(華商). 산동성 모평현 출신. 소학 졸업. 중화요리점 경영자. 1942년 통영중화상회의 회장으로 활동하고 있었다.(釜山領事館(1942),「統營中華商會職員履歷表」,『汪僞僑務委員會檔案』)【이정희】

우장여이발소尤長餘理髮所

일제강점기 경성 남대문통 소재 화교의 이발소 경영자는 우장여였다. 1923년의 연간매상액은 6천원이었다.(이정희(2018a),『한반도 화교사』, 동아시아, 349)【이정희】

우정해于定海, 1908-?

일제강점기 평양의 화상(華商). 산동성 모평현 출신. 중화요리점 동화원

(東華園)의 경영자. 1942년 평양중화상회의 이사장으로 활동하고 있었다. 해방 후 1946년부터 1950년 초까지 형무소에서 복역했다.(京城總領事館(1942), 「平壤中華商會職員略歷表」, 『汪僞僑務委員會檔案』; 中華民国国民政府(汪政権)駐日大使館資料; 王恩美(2008), 『東アジア現代史のなかの韓国華僑: 冷戦体制と'祖国'意識』, 三元社, 153)【송우창·이정희】

우청당于清堂, 1900–?

일제강점기 군산의 화상(華商). 산동성 유현(濰縣) 출신. 소학6년 졸업. 중화요리점의 경영자. 1942년 군산중화상회의 이사로 활동하고 있었다. (釜山領事館(1942), 「群山中華商會職員履歷表」, 『汪僞僑務委員會檔案』)【이정희】

우홍장于鴻章, 1917–1993

인천의 화상(華商)이자 화교 지도자. 부친 우희광(于希光)에 이어 공화춘 중화요리점의 2대째 경영자. 1960년부터 1970년까지 인천화교협회의 회장을 역임했다. 1965년 인천시로부터 명예시민증, 한국정부로부터 여러 차례 감사장을 수여했다.(仁川華商商會(1942.8-9), 『仁川華僑世代別名簿』, 인천시립박물관소장; 기타 자료)【이정희】

우희광于希光, 1877–1949

일제강점기 인천의 화상(華商). 공화춘(共和春) 중화요리점의 설립자. 산동성 모평현 출신. 1942년 현재 미생정(彌生町) 33번지에 거주하고 있었다. 부인은 조씨(趙氏)로 1895년 모평현 출신이었다.(仁川華商商會(1942.8-9), 『仁川華僑世代別名簿』, 인천시립박물관소장)【이정희】

운산북진중국인인민학교雲山北鎭中國人人民學校

북한 운산군 북진 소재의 화교소학. 1930년 4월 설립. 교사는 1,530평으로 주신의주중화민국영사관 및 평안북도청에 등록되었다. 교사는 1명이었다. 1934년 1개 반을 증설했다. 1942년의 학생수는 233명, 교사는 5명이었다. 1943년의 학생수는 153명으로 줄었고, 교사는 3명이었다. 교장은 송옥린(宋玉麟)이었다. 교과과정은 산술(算術), 국어, 수신(修身), 상식, 역사와 지리(史地), 일어(日語), 노작(勞作), 체육, 도화(圖畫)였다. 북한정부가 1949년 4월 학교를 인수관리하면서 교명은 이전의 화교소학에서 운산북진중국인인민학교(雲山北鎮中國人人民學校)로 바뀌었다. 1949년 여름방학 때 학생은 철산휴양소(鐵山休養所)에서 수양활동을 했다. 1949년 11월 현지의 식자반 수강생과 함께《폐철연성강(廢鐵煉成鋼)》연극을 공연했다. 한국전쟁 시기 북진에는 두 개의 화교소학이 설립되었으며, 중국정부가 우영파(于永波), 학구문(郝九文), 우신원(于新媛)을 교사로 파견했다. 1958년 1월 현지의 북한 중학교와 소년 간담회를 개최했다.(朝鮮華僑聯合總會機關報《民主華僑》; 朝鮮華僑聯合會機關報《華訊》; 기타 자료)【송우창】

운산북진중화상회雲山北鎮中華商會

일제강점기 평안북도 운산군 북진지역의 화교 사회단체. 1942년 여선중화상회연합회의 회원이었고, 당시의 회장은 여진산(呂振山)이었다.(이정희·송승석(2015), 『근대시기 인천화교의 사회와 경제』, 학고방, 233)【이정희】

운산북진화교소학雲山北鎮華僑小學

일제강점기 평안북도 운산군 북진면 소재 화교소학. 1930년 설립. 1942년의 학생수는 233명, 교사는 5명이었다. 학생은 주로 금광과 탄광 종사 화공의 자제였다.(이정희(2007), 「중일전쟁과 조선화교」, 『중국근현대사연구』35, 112)【이정희】

울산화교소학蔚山華僑小學

경남 울산에 1967년 설립된 화교소학. 2001년 초등부 학생인원은 55명, 유치부는 8명, 교사 3명이었다. 2009년의 학생수는 6명이었다. 학생수 감소로

폐교되었다.(왕언메이 저·송승석 역(2013), 『동아시아 현대사 속의 한국화교』, 학고방, 376)
【송승석】

웅기중국인인민학교雄基中國人人民學校

북한 웅기 소재의 화교소학. 1948년 12월의 학생수는 68명, 교사는 2명
이었다. 교장은 왕병충(王秉忠)이었다. 북한정부가 1949년 4월 학교를
인수관리하면서 교명은 이전의 화교소학에서 웅기중국인인민학교로 바
뀌었다. 교내에 소년단(少年團)이 조직되어 있었다. 학교의 학생은 1950
년 5월 공채(公債) 600원을 구매했다. 1950년 6월 방학기간에 학습소조
(學習小組)를 조직, 하루 3시간씩 학습하는 시간을 가졌다. 교원은 묘치
국(苗治國)이었다. 한국전쟁 기간 중국정부는 왕문채(王文彩), 양기(楊
奇)를 교사로 파견했다. 1958년 6월 북한정부는 2층 벽돌건물을 새로운
교사로 제공했다. 동시에 풍금, 벽시계, 책걸상 등을 기증했다. 학생은
1958년 교내에서 토끼를 키웠다.(朝鮮華僑聯合總會機關報《民主華僑》; 朝鮮華僑聯
合會機關報《華訊》)【송우창】

웅기화교민회雄基華僑民會

일제강점기 함경북도 웅기지역의 화교 사회단체. 1942년 여선중화상회
연합회의 회원이었고, 당시의 회장은 우배굉(于培浤)이었다.(이정희·송승
석(2015), 『근대시기 인천화교의 사회와 경제』, 학고방, 234)【이정희】

웅기화교소학雄基華僑小學

일제강점기 함경북도 웅기군 소재 화교소학. 1942년 설립. 설립 당시의
학생수는 93명, 교원은 2명이었다. 교장은 손연창(孫連昌)이었다. 학교
교동회의 이사는 왕유당(王維堂) 등 4명이었다.(이정희(2007), 「중일전쟁과 조
선화교」, 『중국근현대사연구』35, 112)【이정희】

원산만두판매조합元山饅頭販賣組合

일제강점기 원산 소재 만두집(호떡집)의 동업단체. 원산 소재 화교 호떡집 35개소가 조직했다. 일본인이 조합장으로 일했으며, 호떡 및 만두의 식료 및 연료 관련 통제물자를 원산부청에서 수령하고 이를 각 점포에 분배했다. 1942년 1월 할당된 밀가루의 배급량이 큰 폭으로 감소하자 조합장은 일부 호떡집의 영업을 취소하려 했다.(이정희(2018a), 『한반도 화교사』, 동아시아, 331)【이정희】

원산시화교연합회元山市華僑聯合會

원산지역 북한화교의 대표적인 사회단체. 해방 당시 원산은 함경남도에 속했고 1946년 9월 강원도의 도청 소재지에 편입되었다. 원산화교는 1945년 10월 소련 점령군의 허가를 받아 원산시화교회(元山市華僑會)를 설립했다. 당시는 최전방(崔殿芳)이 대표를 맡았고, 유자후(劉子厚)와 왕계귀(王繼貴)가 부대표를 맡아 화교 관련 일체의 업무를 처리했다. 1946년 말 원산화교회는 원산시화교연합회로 바뀌었다. 최전방은 계속해서 위원장을 맡았다. 1949년의 화교연합회의 간부는 북한 사람인 김을남(金乙男)이었다. 한국전쟁 시기 중국정부가 파견한 교원 유균지(劉均之)가 화교연합회에 참여하였으며, 휴전 후 위원장을 겸임했다. 1959년의 위원장(委員長)은 조원례(趙元禮)였다. 설립 당시 회교연합회의 부서는 조직부, 선전부, 총무부의 3개 부서로 이뤄져 있었다. 1947년부터 한국전쟁 발발 직전까지 화교연합회의 주요 임무는 토지개혁과 식자반(識字班)의 조직, 화교를 동원하여 중공의 국공내전 지원운동 참여, 화농의 현물세(現物稅) 납부 촉구 등이었다. 1950년 초 농민강습반을 조직하여 농민간부를 양성했다. 수강생은 모두 24명이었다. 한국전쟁 초기 원산시화교연합회 소속 간부인 전기창(田其昌), 담국성(譚國成), 조금성(趙金聲), 우영창(于永昌), 우영성(于永盛) 등 13명은 중국인민지원군(中國人民志願軍)으로 참전했다.(崔殿芳(1986), 「旅朝僑胞話今昔」, 中國人民政治

協商會議遼寧省委員會文史資料研究委員會 編(1986),『遼寧文史資料: 第十壹輯 遼寧帰僑回憶録』, 遼寧人民出版社, 173; 朝鮮華僑聯合總會機關報《民主華僑》【송우창】

원산중국인인민학교元山中國人人民學校

북한 원산 소재 화교소학. 1923년 설립. 학교 소재지는 원산부 춘일정(春日町) 65번지. 이곳은 원산중화회관의 옛터. 원산중화상회는 학교 이사회인 교동회(校董會)를 조직했다. 교장은 교동회가 추천하여 임명했다. 학제는 6년이었다. 1943년의 학생수는 170명, 교원은 6명, 교장은 축소안(祝紹顔)이었다. 교동회(校董會)는 4명 상임이사인 호청안(胡清安), 최전방(崔殿芳), 왕경오(王敬五), 유자후(劉子厚)와 이사 19명으로 구성되었다. 1948년 9월 본교(本校) 및 갈마분교(葛麻分校)의 학생을 합하면 140명이었다. 1949년의 학생수는 180명이었다. 북한정부가 1949년 4월 학교를 인수관리하면서 본교는 원산중국인제1인민학교(元山市中國人第一人民學校), 갈마분교는 원산중국인제2인민학교로 각각 교명이 바뀌었다. 본교의 교장은 범명요(範明耀), 교원은 우영창(于永昌), 전기창(田其昌)이었다. 1949년 8월 북한정부는 교사 건축 자재를 제공, 현지 화교는 원산중국인인민학교건설위원회를 결성하여 교사와 교원주택을 건축했다. 학교 이사회 제도는 한국전쟁 발발 이전까지 유지되었다. 학교는 현지 북한의 학교와 교류회를 개치했다. 한국전쟁 기간 중국정부는 유균지(劉均之)를 교원으로 파견했다. 휴전 후, 유균지는 교장을 맡았다. 1957년 7월 2층 건물의 교사를 새롭게 건축했다. 교육 시설은 6개의 교실과 교장실, 교무실, 회의실, 도서실, 구락부(俱樂部) 등이 있었다. 1960년 7월 폐품수집운동을 전개했다. 문화대혁명 기간 한동안 학교 운영이 중단되었지만, 1971년에 재개되었다. 교장은 서모장(徐寶章), 교원은 신정문(이전 중국조선족)이었다. 같은 해 졸업생은 5명이었다. 1980년 학교는 4년제였고, 중국어 수업은 매주 4시간 배당되어 있었다. 교사는 2층 건물, 교내 면적은 1천㎡였다. 2002년 교명은 원산중국인소학교로 바뀌었다. 2003년의 학생은 15명, 교사는 5명이었다. 교사 가운데 화교 교

원은 3명이었다. 2018년의 재학생은 5명 미만이었다.(朝鮮華僑聯合總會機關
報《民主華僑》; 朝鮮華僑聯合會機關報《華訊》; 이정희(2007), 112)【송우창】

원산중국인인민학교갈마분교元山中國人人民學校葛麻分校

북한 원산시 갈마리 소재 원산화교소학의 분교. 1948년 4월 설립. 교사
는 3칸 초가집으로 교원은 1명, 학생수는 35명이었다. 1948년 9월 갈마
리 화교연합회의 왕준경(王俊卿) 지부장이 교사 신축을 제안, 같은 해
10월 완공되었다. 북한정부가 1949년 4월 학교를 인수관리하면서 교명
은 원산시중국인제2인민학교(元山中國人第二人民學校)로 바뀌었다.
학생수는 69명이었고, 학생은 교복을 제공받았다.(朝鮮華僑聯合總會機關報
《民主華僑》)【송우창】

원산중국인인민학교건설위원회元山中國人人民學校建設委員會

북한 해방초기 원산 소재의 중국인인민학교의 학교 이사회가 교사를 새
로 건축하기 위해 설립한 위원회 조직. 1949년 8월 설립. 건교위원회의
위원장은 최전방(崔殿芳), 검사(檢查)는 후수산(胡壽山), 연락원은 박규
진(樸圭鎭), 우영창(于永昌), 김덕일(金德一)이었다. 보관원(保管員)은
반학발(潘學發), 오봉서(吳鳳書), 최혜미(崔惠美)였다. 계획원(計劃員)
은 총배고(叢培考), 왕준경(王俊卿), 우건정(遇建亭)이었다. 회계(會計)
는 지유정(支維正), 왕귀충(王貴忠), 총배고(叢培考)였다. 감독은 지건
정(遇建亭), 왕준경(王俊卿), 관용하(管龍河)였다. 구매담당원은 한점해
(韓占海), 서로(徐路), 윤무동(尹茂東)였다. 인력배치원은 왕진희(王進
喜), 유의철(劉義哲), 왕복해(王福海), 쇠기(釗起), 변여학(卞汝鶴), 고유
신(高維臣)이었다. 출석점검원은 우영성(于永盛)이었다. 위원회의 규칙
을 제정하여 출근을 관리했다. 1949년 8월 19일 북한정부는 목재를 배급
하여 착공이 시작됐다. 교사와 교원주택이 신속하게 건축되었다.(朝鮮華
僑聯合總會機關報《民主華僑》)【송우창】

312

원산중화기독교회元山中華基督敎會

원산 소재 화교 교회. 1917년 1월 설립. 우신민(于新民) 목사가 1917년 1월 전도를 시작하여 설립하고, 목사로 근무했다. 그 후 1920년대에 요국은(廖國恩) 목사가 부임했으며, 1928년 경 명석동(銘石洞)에 교회를 건축했다. 1930년대 이후의 교회활동은 분명하지 않으며, 현존하지 않는다.(旅韓中華基督敎聯合會(2002), 『旅韓中華基督敎創立九十周年紀念特刊』, 37; 이혜원(2018.9),「재한 구미 선교사의 조선중화기독교회 사역에 대한 일고찰」,『한국기독교와 역사』49, 한국기독교역사학회, 37-38)【이정희】

원산중화회관元山中華商會

일제강점기 원산지역의 화교 사회단체. 1910년대 설립되어 해방 직전까지 활동했다. 1942년 여선중화상회연합회의 회원이었고, 당시의 회장은 전병환(田炳煥)이었다.(이정희·송승석(2015), 『근대시기 인천화교의 사회와 경제』, 학고방, 234)【이정희】

원산청국조계元山淸國租界

1880년대 원산에 조성된 청국조계. 조계의 면적은 9,191.1㎡(2,785평)이었다. 1914년 3월 조계가 폐지된 이후는 원산부의 행정구역에 편입되었다. 처음에는 지나정(支那町), 이후 춘일정(春日町)으로 바뀌었다. 이곳에는 원산영사관, 원산화교소학, 보선당(普善堂) 그리고 화교 상점과 중화요리점이 자리, 원산차이나타운으로 발전했다.(이정희(2018b), 『화교가 없는 나라』, 동아시아, 30; 기타 자료)【이정희】

원산화교元山華僑

북한 원산 거주의 화교. 원산은 한반도 동해안 중부의 항구도시로 해방 전에는 함경남도의 도청소재지였다. 1946년 강원도의 도청소재지로 바뀌었다. 1882년 조청상민수륙무역장정의 체결로 1883년부터 화교의 원산 이주가 시작되었다. 1880년대 후반 원산 청국조계가 조성되었다. 청국조계는 1914년 지나정(支那町)으로 바뀌었고, 그후 다시 춘일정(春日町)으로 바뀌었다. 1930년의 화교인구는 1,218명, 1943년은 1,206명이었다. 해방초기 화교 인구는 800명을 넘었으며, 상업, 주물업, 농업 등에 주로 종사했다. 이 가운데 중화요리점, 잡화점, 주물공장은 시내의 지나정에 자리했다. 화농은 갈마리(葛麻里), 와우리(臥牛里), 춘성리(春城里), 송중리(松中里) 등의 원산시의 교외지역에 거주했다. 1945년 9월경 화상인 최전방(崔殿芳) 등이 원산화교회(元山華僑會)를 결성하고, 1947년에는 새 조직인 회교연합회에 편입되었다. 최전방이 부위원장(副委員長)을 맡았으며, 그뒤 위원장을 맡았다. 손범오(孫範五)가 선전교육과장을 맡았다. 당시의 화농 대표는 유사활(劉仕闊), 화상대표는 왕귀충(王貴忠), 화공대표는 한점해(韓占海), 부녀자대표는 최혜미(崔惠美)였다. 원산 시내에는 화교소학(華僑小學)이 한군데 있었다. 학교 이사회의 이사장은 지유정(支維正)이었다. 1949년 4월 기존의 원산화교소학은 원산중국인인민학교(元山中國人人民學校)로 이름이 바뀌었다. 이외에 갈마리(葛麻里)와 춘성리(春城里)에 분교가 설립되었다. 원산화교는 극단(劇團)을 설립했다. 한국전쟁 기간 최전방 위원장을 비롯한 화교 다수가 집단 귀국했다. 휴전 후 주변의 화교가 원산 시내로 이주했다. 1957년의 화교인구는 400여명이었다. 1956년 화농은 화성농업협동조합(火星農業協同組合)을 설립했다. 위원장은 조원리(趙元里)였다. 화교 음식업 생산판매조합도 설립되었다. 1958년 10월 이후 화교 설립의 협동조합은 모두 현지 북한 주민의 협동조합에 편입되었다. 1960년대 중후반과 1980년대 전반 원산화교는 두 차례에 걸쳐 집단 귀국을 하면서 화교인구는 급격히 감소했다. 2003년의 화교 호수는 48호였다.(宋伍強(2013.7),「植民地朝鮮における華僑商人の経済力分析: 1920年-1937年の元山華僑織物雑貨商を中心に」,『東アジアの思想と文化』第5號, 東アジア思想文化研究會, 148-151; 朝鮮華僑聯合總會機關報《民主華僑》; 朝鮮華僑聯合會機關報《華訊》)【송우창】

원산화교야채판매사元山華僑野菜販賣社

일제강점기 원산 화농(華農) 재배의 채소를 판매하는 동업단체. 1933년 9월 설립. 중화민국주원산영사관과 중국국민당 원산지부가 주도하여 설립했다. 이 판매사는 1935년초 화농 86호와 직원 11명으로 구성되어 있었다. 연간 회비는 5등급으로 나눠 징수됐다. 1935년 경정공설시장(元山京町公設市場) 내에 100평의 공간을 확보하여 화농 재배의 채소를 판매했다.(이정희(2018a), 『한반도 화교사』, 동아시아, 472-473)【이정희】

원생동源生東

개항기 인천 소재 화교의 주단포목 도매상점. 1906년의 직원은 10명이었다.(이정희(2018a), 『한반도 화교사』, 동아시아, 73)【이정희】

원생성源生盛

일제강점기 경성 소재 화교의 주단포목 도매상점. 1923년의 연간매상액은 15만원이었다.(이정희(2018a), 『한반도 화교사』, 동아시아, 69)【이정희】

원성장遠盛長

개항기 진남포 소재 화교의 주단포목 도매상점. 1904년의 직원은 7명이었다.(이정희(2018a), 『한반도 화교사』, 동아시아, 73)【이정희】

원세개袁世凱, 1859–1916

청국 및 중화민국의 군인이자 정치가. 하남성 출신. 1882년 임오군란 진압 당시 오장경(吳長慶) 부대의 참모로 활동했다. 1885년 10월 조선총리교섭통상사의(朝鮮総理交渉通商事宜)의 직함으로 파견되어 1894년 7월 청일전쟁으로 본국으로 귀국할 때까지 약 9년간 조선의 외교와 내정에 깊숙이 개입하며 화상의 상업 활동을 적극적으로 지원했다. 용산상무분서(1886)와 인천 삼리채조계(1887)를 새롭게 설치하고, 화상 동순태(同順泰)의 명의로 조선 정부에 차관을 제공하여 인천-한성 간의 선박 운항권을 획득했다. 청국 초상국 기선 광제호(廣濟號)를 1888년 3월부터 상해-인천(연태 경유) 간의 정기항로 운항을 시작하여 청일전쟁 직전까지 운항시켜 조선 화상의 무역활동에 큰 기여를 했다.(이은자(2008), 「淸末 駐韓 商務署 조직과 그 위상」, 『명청사연구』30, 명청사학회, 372-390; 이정희(2018a), 22-23) 【이정희】

원수원苑綏遠, 생졸년불상

북한 신의주의 화교. 1948년 평안북도화교연합회의 비서로 동 연합회 조직의 제2차 간부훈련반에 참가했다. 1949년 평안북도화교연합회가 전개한 모범운동에서 2등 모범(二等模範) 칭호를 획득했다. 1949년 4월에서 1950년대 사이 신의주시화교연합회의 위원장을 지냈다.(朝鮮華僑聯合總會機關報《民主華僑》)【송우창】

원승루元陞樓

일제강점기 경성 소재 화교의 중화요리점. 경영자는 유기전((劉基田)으로 노구교사건 직후 폐점하고 고향으로 귀국한 후, 1938년 8월 다시 돌아와 재개점을 하려 했지만, 조선총독부가 폐점 후 6개월이 지난 후에는 재개점을 하지 못한다는 방침이 세워져 뜻을 이루지 못했다.(이정희(2018a), 『한반도 화교사』, 동아시아, 325)【이정희】

원육당袁毓棠, 1895-?

중화민국의 외교관. 노구교사건 당시 경성총영사관의 서기로 근무했다. 범한생 경성총영사의 최측근으로 활동하다 중화민국임시정부 참가 선언 후 부산영사관 영사로 영전되었다.(이정희(2018.12b), 「중일전쟁시기 범한생(范漢生) 경성총영사의 친일활동과 조선화교 사회의 변동」, 『중앙사론』48, 178·184·188·191-192)【이정희】

원주중화연합회原州中華聯合會

일제강점기 강원도 원주지역 화교의 사회단체. 1937년 12월 중화민국임시정부 수립 후 설립되었다. 1942년 여선중화상회연합회의 회원이었고, 당시의 회장은 우덕해(于德海)였다.(이정희·송승석(2015), 『근대시기 인천화교의 사회와 경제』, 학고방, 233)【이정희】

원주화교소학原州華僑小學

강원도 원주 소재의 화교소학. 1956년 설립. 2001년 초등부 학생인원은 17명, 유치부는 4명이었다. 교사는 2명이었다. 1999년 한국정부로부터 외국인학교의 인가를 받았다. 학생수 감소로 큰 어려움을 겪고 있지만 아직도 운영되고 있다.(왕언메이 저·송승석 역(2013), 『동아시아 현대사 속의 한국화교』, 학고방, 376)【송승석】

원춘무元春茂

개항기 경성 소재 화교의 주단포목 도매상점. 1906년의 직원은 7명이었다.(이정희(2018a), 『한반도 화교사』, 동아시아, 73)【이정희】

원취성源聚盛

일제강점기 경기도 이천군 장호원(長湖院) 소재 화교의 잡화상점. 1942년 여선중화상회연합회의 회원이었고, 장호원 지역 화교사회의 대표 역할을 했다.(이정희·송승석(2015), 『근대시기 인천화교의 사회와 경제』, 학고방, 232)【이정희】

원태源泰

근대 상해 소재 중국산 마직물 수출상점. 1920-1930년대 조선에 중국산 마직물을 많이 수출했다.(이정희(2018a), 『한반도 화교사』, 동아시아, 111)【이정희】

원태양복점(경성)源泰洋服店(京城)

개항기 및 일제강점기 경성 소재 화교의 양복점. 1897년 한성 정동 86번지에서 개업했다. 인천에 지점을 둘 정도로 규모가 컸다. 창업 당시의 경영자는 절강성 영파부(寧波府) 봉화현(奉化縣) 출신의 대익삼(戴益三)이었다. 1910년의 종업원은 9명이며, 1923년의 연간매상액은 2만원이었다. 경영자는 누원임(樓元任)이었다. 1931년 7월 화교배척사건 때 직접피해를 입었다.(이정희(2017.12), 「이발소와 양복점으로 본 조선화교의 실태: 1890년대-1940년대를 중심으로」, 『사회와 역사』116, 한국사회사학회, 38-41)【이정희】

원태양복점(인천)源泰洋服店(仁川)

개항기 및 일제강점기 경성 소재 원태양복점의 인천지점. 1906년의 종업원은 12명이었다. 경영자는 절강성 출신의 김동경(金同慶)이었다. 1923년의 연간매상액은 7천-8천원이었다. 1927년의 경영자는 김병법(金炳法)으로 절강성 상우현(上虞縣) 출신이었다. 1928년의 경영주는 김병염(金炳炎)이며, 연간매상액은 1만원이었다. 1935년의 경영자는 고림여(高林如)로 절강성 출신이며, 자본금은 5천원이었다.(이정희(2017.12), 「이발소와 양복점으로 본 조선화교의 실태: 1890년대-1940년대를 중심으로」, 『사회와 역사』116, 한국사회사학회, 38-41; 이정희·송승석(2015), 71·169)【이정희】

원태호源泰號

일제강점기 마산 소재 화교의 주단포목 도매상점. 1923년의 연간 매상액은 103,000원이었다.(이정희(2018a), 『한반도 화교사』, 동아시아, 69)【이정희】

원화잔元和棧. 행잔

일제강점기 인천 소재 화교의 소금 수입상점 및 행잔(行棧). 1915년 설립. 지나정(支那町) 38번지에 소재했다. 1928년의 경영자는 양홍구(梁洪九)이며, 1928년의 연간수입은 3천원이었다. 1935년의 경영자는 장진삼

(張晉三)으로 산동성 출신이었다. 자본금은 4만원이었다.(이정희·송승석
(2015), 『근대시기 인천화교의 사회와 경제』, 학고방, 70·170)【이정희】

원화잔元和棧, 운송회사

일제강점기 인천 소재 화교의 운송회사. 지나정(支那町)에 소재했다.
1928년의 경영자는 양홍구(梁洪九)였고, 연간수입은 6천원이었다.(이정희
·송승석(2015), 『근대시기 인천화교의 사회와 경제』, 학고방, 170)【이정희】

원화잔元和棧, 잡화상점

일제강점기 인천 소재 화교의 잡화상점. 지나정(支那町)에 소재했다.
1928년의 경영자는 여가영(呂家嬴), 1928년의 연간매상액은 1만원이었
다.(이정희·송승석(2015), 『근대시기 인천화교의 사회와 경제』, 학고방, 170)【이정희】

원흥덕源興德

일제강점기 평양 소재 화교의 주단포목 및 잡화상점. 1929년의 경영자는
유덕증(劉德增)이었다. 1931년 평양 화교배척사건 때 큰 피해를 입고 문
을 닫았다.(이정희(2018a), 『한반도 화교사』, 동아시아, 204)【이정희】

위석갱魏錫賡, 생졸년불상

중화민국의 외교관. 1930년 경성총영사관의 부영사로 근무하고 있었고,
한성화교소학의 교장을 맡았다. 노구교사건 당시 일본 고베총영사관 영
사로 근무했다. 범한생(范漢生) 경성총영사가 중화민국임시정부 참가
선언을 하자, 국민정부 외교부로부터 경성총영사관 영사 겸무의 지령을
받았지만, 조선총독부의 방해 공작으로 착임하지 못했다.(이정희(2018.12b),
「중일전쟁시기 범한생(范漢生) 경성총영사의 친일활동과 조선화교 사회의 변동」, 『중앙사론』
48, 177·186)【이정희】

위소재魏少齋, 1887-?

일제강점기 경성의 화상(華商). 호북성 황파현(黃陂縣) 출신. 중일전쟁 시기 성의점(成衣店)을 경영하면서 경성 호북동향회관의 회장으로 활동했다. 1942년 11월 조선화교 귀국 관광단의 일원으로 중국의 상해, 남경 등지를 방문했다.(京城總領事館(1942.11.),「朝鮮僑民回國觀光團問題的往來文書」,『汪僞僑務委員會檔案』)【이정희】

위원중화상회渭原中華商會

일제강점기 평안북도 위원지역의 화교 사회단체. 1942년 여선중화상회 연합회의 회원으로 활동했다.(이정희·송승석(2015),『근대시기 인천화교의 사회와 경제』, 학고방, 234)【이정희】

위지문衛志文, 1909-?

일제강점기 전라북도 정읍의 화상(華商). 산동성 복산현 출신. 소학 졸업. 중화요리점 경영자. 1942년 정읍중화상회의 이사로 활동하고 있었다.(釜山領事館(1942),「井邑中華商會職員履歷表」,『汪僞僑務委員會檔案』)【이정희】

유국유劉國儒, 1895-?

일제강점기 평양의 화상(華商). 산동성 영성현 출신. 중화요리점 태원루(泰源樓)의 경영자. 1942년 평양중화상회의 이사로 활동하고 있었다.(京城總領事館(1942),「平壤中華商會職員略歷表」,『汪僞僑務委員會檔案』)【이정희】

유귀성劉貴成, 생졸년불상

북한화교. 청진화교철공소(淸津華僑鐵工所)의 경영자로 일했다. 한국전쟁 시기 북한의 항공기탱크제조기금으로 100만원을 기부했다.(山東省地方史誌編纂委員會 編(1998),『山東省誌: 第79卷 僑務誌』, 山東人民出版社, 92)【송우창】

유길란劉吉蘭, 생졸년불상

북한화교. 강계중국인인민학교(江界中國人人民學校)의 교원으로서 1960년경부터 북한 노동당 관련 각종 학습활동에 적극 참가, 학생을 교육함과 동시에 화교를 대상으로 당의 선전사업을 적극적으로 전개했다. 1961년 6월 자강도교육자적극분자대회(慈江道教育工作者積極分子大會)에서 자강도 인민위원회 위원장 상장을 수여했다. 1962년 7월 강계중국인중학교 천리마작업반의 반장을 맡았으며, 1963년 12월 3일, 강계시의 대의원으로 선출되었다.(朝鮮華僑聯合會機關報《華訊》)【송우창】

유디스 데밍Edith M. Deming, 1882-?

절강성 금화(金華)에서 미국인 조셉 사무엘 아담스(Joseph Samuel Adams) 목사 부부의 슬하에서 태어난 기독교 선교사. 미국 보스턴의 뉴튼신학교(Newton Theological Seminary) 졸업 후 1902년 침례회 여성해외선교부의 파송을 받아 중국 한양(漢陽)과 항주(杭州)에서 6년간 활동했다. 1911년 미국에서 찰스 데밍(Charles S. Deming) 선교사와 결혼했다. 1912년 3월 남편의 선교지인 조선으로 이주하여 화교 선교를 담당했다. 화교 차도심과 1912년 5월 경성중화기독교회를 설립하고, 1917년에는 화교 손래장(孫來

데밍 선교사의 명함
(인천중화기독교회 제공)

章)과 같이 인천중화기독교회를 설립했다. 초창기 조선 각지 중화기독교회의 설립과 각 교회가 구미 각 선교회로부터 재정적 지원을 받는데 큰 역할을 했다.(旅韓中華基督教聯合會(2012), 『旅韓中華基督教創立百年紀念特刊』, 18-27; 이혜원(2018.9), 「재한 구미 선교사의 조선중화기독교회 사역에 대한 일고찰」, 『한국기독교와 역사』49, 한국기독교역사학회, 10-11)【이정희】

유락당柳樂堂, 1880-?

일제강점기 인천의 화상(華商). 산동성 복산현 출신. 중일전쟁시기 주단 포목상점을 경영하면서 인천화상상회 상무이사, 인천화교소학 이사로 활동했다. 1942년 11월 조선화교 귀국 관광단의 일원으로 중국의 상해, 남경 등지를 방문했다.(京城總領事館(1942.11.),「朝鮮僑民回國觀光團問題的往來文書」,『汪僞僑務委員會檔案』)【이정희】

유명화劉明華, 중화요리점

일제강점기 대구 소재 고급 중화요리점. 경영자는 유명화(劉明華)로 1923년의 연간매상액은 3만원이었다.(이정희(2018a),『한반도 화교사』, 동아시아, 291)【이정희】

유문학劉文學, 1902-?

일제강점기 부산 거주 화교 채소 행상. 1938년 조선총독부의 조언비어법(造言飛語罪) 위반으로 금고 6개월의 처분을 받았다.(이정희(2017.6),「중일전쟁시기 조선화교의 항일활동」,『동양사학연구』139, 344)【이정희】

유사선劉斯善, 1894-?

일제강점기 군산의 화상(華商). 산동성 내양현 출신. 사숙(私塾) 2년 졸업. 채소상점의 경영자. 1942년 군산중화상회의 이사로 활동하고 있었다.(釜山領事館(1942),「群山中華商會職員履歷表」,『汪僞僑務委員會檔案』)【이정희】

유사후劉師厚, 1906-?

일제강점기 함경남도 원산의 화상(華商). 산동성 봉래현 출신. 중화요리점 금아원(錦雅園)의 경영자. 1942년 원산중화상회의 집행위원으로 활동하고 있었다.(元山領事館(1942),「元山中華商會章程職員履歷表」,『汪僞僑務委員會檔案』)【이정희】

유성당裕盛堂

일제강점기 인천 소재 화교의 이발소. 내리(內里) 212번지에 소재했다. 경영자는 부곤림(傅坤林)으로 산동성 일조현 출신이었다.(이정희(2018a), 『한반도 화교사』, 동아시아, 350)【이정희】

유성동裕盛東

전라북도 익산시 인화동 주단골목 소재 화교의 주단포목상점. 산동성 복산현 출신의 추립곤(鄒立崑, 1900-1982)이 1935년경 설립했다. 그가 타계한 후 아들 추본기(鄒本沂, 1925-2016)가 이어받았으며, 현재는 3대째인 추적민(鄒積敏)과 그의 부인으로 온양 출신 화교인 유국아(劉菊娥)가 공동경영하고 있다.(이정희(2018b), 『화교가 없는 나라』, 동아시아, 66-68)【이정희】

유성동 경영자인 추적민, 유국아 부부

유성루裕盛樓

개항기 인천 소재 화교의 중화요리점. 1906년의 직원은 11명이었다.(이정희(2018a), 『한반도 화교사』, 동아시아, 73)【이정희】

유성유劉成維, 1911-?

일제강점기 함경남도 원산의 화상(華商). 산동성 복산현 출신. 주단포목상점 화성동(和盛東)의 경영자. 1942년 원산중화상회의 감찰위원으로 활동하고 있었다.(元山領事館(1942), 「元山中華商會章程職員履歷表」, 『汪僞僑務委員會檔案』)【이정희】

유성지裕盛知

일제강점기 강원도 금화(金化) 소재 화교의 잡화상점. 1942년 여선중화상회연합회의 회원 기관이었고, 경영자는 유풍태(柳豊泰)였다.(이정희·송승석(2015), 『근대시기 인천화교의 사회와 경제』, 학고방, 233)【이정희】

유성호裕盛號

개항기 인천 소재 화교의 주단포목 도매상점. 1906년의 직원은 7명이었다.(이정희(2018a), 『한반도 화교사』, 동아시아, 73)【이정희】

유세공劉世恭, 생졸년불상

북한화교. 1949년 함경남도화교연합회의 위원장에 임명되었으며, 1956년 북한 농업협동조합화 시기에 평양의 화농을 동원해 동방홍농업사(東方紅農業社)를 설립하여 사장(社長)을 맡았다. 1958년 10월 농업사와 북한 농업협동조합(農業協同組合)이 합병되자, 평양시 동구 서포농업협동조합(西浦農業協同組合) 부위원장을 맡았다. 반혁명분자(反革命分子) 투쟁에 적극 가담했다. 1960년 12월 북한 전국농업적극분자대회(全國農業積極分子大會)에 참가하여 김일성 수상 상장 및 상품을 수여했다.(朝鮮華僑聯合會機關報《華訊》)【송우창】

유숭흠劉崇欽, 1923-?

일제강점기 평안북도 삭주군(朔州郡) 구곡면(九曲面) 신안동(新安洞) 거주 화교. 중화요리점 의흥원(義興園)의 직원으로 근무하다, 1943년 중공팔로군을 위한 자금지원 혐의로 체포되었다.(이정희(2017.6), 「중일전쟁시기 조선화교의 항일활동」, 『동양사학연구』139, 361)【이정희】

유어만劉馭萬, 1897-1966

중화민국의 교육자 겸 대만의 외교관. 호북성 출신. 청화대학, 미국 위스

콘신대학과 하버드대학에서 공부했다. 귀국 후, 전국기독교청년협회 학생간사, 한중대학(韓中大學) 교수를 지냈다. 1946년 일본 주재 연합국총사령부 중화민국 대표로 임명되어 활동한 후, 1947년 2월부터 주한총영사로 임명되었다. 1948년 한반도에서 외국군 철수를 감시하고 통일과 민주정부 수립을 지원하기 위하여 설치된 UN한국위원회의 중국대표로 임명되어 활동했다. 1950년대 대만의 UN대표부에서 근무한 후, 1957년 쿠바대사로 임명되었다. 1961년 3월 제3대 주한대만대사로 임명되어 1964년 4월 11일까지 근무했다.(대만위키피디아; 이정희(2018b), 「화교가 없는 나라」, 동아시아, 238)【이정희】

유여기柳餘記

근대 상해 소재 중국인 마직물 수출상점. 1920-1930년대 조선에 중국산 마직물을 많이 수출했다.(이정희(2018a), 『한반도 화교사』, 동아시아, 111)【이정희】

유육례劉毓禮, 1896-?

일제강점기 평양의 화상(華商). 산동성 영성현 출신. 잡화상점 만흥덕(萬興德)의 경영자. 1942년 평양중화상회의 상무이사로 활동하고 있었다.(京城總領事館(1942), 「平壤中華商會職員略歷表」, 『汪僞僑務委員會檔案』)【이정희】

유의태劉義泰, 생졸년불상

개항기 한성 용산 거주의 화농(華農). 1899년 1월 용산에서 채소재배를 하다 10여명에게 은양(銀洋) 25원을 도둑맞았다.(이정희(2018a), 『한반도 화교사』, 동아시아, 455)【이정희】

유제창劉濟昌, 1906-?

일제강점기 함경남도 원산의 화상(華商). 산동성 복산현 출신. 무역상점 동태동(同泰東)의 경영자. 1942년 원산중화상회의 집행위원으로 활동하고 있었다.(元山領事館(1942), 「元山中華商會章程職員履歷表」, 『汪僞僑務委員會檔案』)【이정희】

유조빈劉兆斌, 1858-?

일제강점기 인천의 화상(華商). 산동성 영해현(寧海縣) 출신. 잡화상점의 경영자로 1913년 인천중화상회의 초대 의원으로 선출되어 활동했다. (이정희·송승석(2015), 『근대시기 인천화교의 사회와 경제』, 학고방, 97)【이정희】

유지천劉志千, 1904-?

일제강점기 평양의 화상(華商). 산동성 영성현 출신. 중화요리점 식도원(食道園)의 경영자. 1942년 평양중화상회의 상무이사로 활동하고 있었다.(京城總領事館(1942), 「平壤中華商會職員略歷表」, 『汪僞僑務委員會檔案』)【이정희】

유진록劉振祿, 1888-?

일제강점기 대구의 화상(華商). 산동성 모평현 출신. 사숙(私塾) 졸업. 중화요리점 진흥원(振興園)의 경영자. 1942년 대구중화상회의 후보집행위원으로 활동하고 있었다.(釜山領事館(1942), 「大邱中華商會職員履歷表」, 『汪僞僑務委員會檔案』)【이정희】

유창행裕昌行

해방초기 중국 안동(安東)의 화상이 신의주에 설립한 무역회사. 1949년 12월 북한에 항공기탱크제조기금으로 1만원을 헌납했다.(朝鮮華僑聯合總會機關報《民主華僑》)【송우창】

유천劉倩, ?-현재

북한화교. 해방 직전 웅기화교소학의 교원으로 일할 때 반만항일분자

(反滿抗日分子)의 혐의로 투옥되었다. 해방을 맞아 석방되었다. 1947년 7월 북한의 북조선화교연합총회가 조직한 화교 교원 훈련반에 참가했다. 그 후 화교연합총회의 선전부에 배치되어 일했다. 중국으로 귀국하여 국무원 교무판공실에서 일하다 안산(鞍山)에 재배치되었다.(中國人民政治協商會議遼寧省委員會文史資料硏究會 編(1990),『遼寧文史資料選輯第28號: 歸僑的記憶』, 169-191; 기타 자료)【송우창】

유태춘裕泰春
개항기 경성 소재 화교의 주단포목 도매상점. 1906년의 직원은 8명이었다.(이정희(2018a),『한반도 화교사』, 동아시아, 73)【이정희】

유풍덕(경성)裕豐德(京城)
개항기 및 일제강점기 경성 소재 화교 주단포목 수입상점. 산동성 연태 소재의 잡화상점인 유풍덕에 의해 설립되었다. 1906년의 직원은 9명이었다. 1923년의 연간매상액은 157만원. 1938년 연간 매상액은 약 1,000만 원에 달하여 조선화교 최대의 상점이었다. 가장 많을 때의 직원은 30-40명에 달했다. 인천, 부산, 군산 등지에 지점을 개설하여 영업했다.(이정희(2018a),『한반도 화교사』, 동아시아, 69·73)【이정희】

유풍덕(군산)裕豐德(群山)
일제강점기 군산 소재 화교의 주단포목 도매상점. 경성 유풍덕의 군산 지점. 1923년의 연간매상액은 650,000원이었다. 경영자는 이만년(李萬年)으로 1928년의 연간판매액은 375,000원이었다.(이정희(2018a),『한반도 화교사』, 동아시아, 69·139)【이정희】

유풍덕(부산)裕豐德(釜山)
일제강점기 부산 소재 화교의 주단포목 도매상점. 경성 유풍덕의 부산

지점. 경영자는 서서빈(徐序斌)으로 1928년의 연간판매액은 20만원이었다.(이정희(2018a), 『한반도 화교사』, 동아시아, 139)【이정희】

유풍덕(오사카)裕豊德(大阪)

근대 일본 오사카 가와구치(川口, 뒤에 혼덴초(本田町) 소재의 작잠사(柞蠶絲) 판매상점. 연태(煙台)에 본점을 둔 유풍덕과 경성 유풍덕의 일본지점 역할을 했다. 건생잔((乾生棧) 행잔 내에 설치되어 있었다.(이정희(2018a), 『한반도 화교사』, 동아시아, 118)【이정희】

유풍덕(인천)裕豊德(仁川)

일제강점기 인천 소재 화교의 주단포목 도매상점. 미생정(彌生町) 17번지에 소재했다. 경성 유풍덕의 인천지점이었다. 1942년의 경영자는 왕지헌(王志軒), 종업원은 10명이었다.(이정희(2018a), 『한반도 화교사』, 동아시아, 239)【이정희】

유풍덕마직물수입대금송금문제裕豊德麻織物輸入代金送金問題

일제강점기 화교 주단포목 수입상점 경성 소재 유풍덕의 상해 송금을 둘러싼 문제. 유풍덕이 노구교사건 직후 상해의 마직물 수출업자에게 수입대금 송금을 조선총독부에 허가해 달라고 요구했지만, 거절당했다. 유풍덕은 1937년 7월 20일에 5만원, 9월 15일에 55,000원의 송금을 조선총독부에 요구했지만 허가를 받지 못했다. 외국환관리법은 1개월에 3만원을 초과하는 화물의 수입대금 송금은 조선총독의 허가를 받도록 했다. 조선총독부는 유풍덕이 조선화교를 대표하는 화상이자 경영자인 주신구(周愼九)가 경성중화상회장으로서 조선화교를 중화민국임시정부에 참가시키는데 큰 역할을 한 것을 평가, 1938년 1월 상해의 수출업자가 일본화폐를 수령하는 것을 조건으로 송금을 허가하여 이 문제는 일단락됐다.(이정희(2018a), 『한반도 화교사』, 동아시아, 220-223)【이정희】

유풍영裕豊永

일제강점기 함경북도 청진 소재 화교의 주단포목 도매상점. 1923년의 연간매상액은 27,000원이었다.(이정희(2018a), 『한반도 화교사』, 동아시아, 69)【이정희】

유해정劉海亭, 1870-1945

일제강점기 경성의 화교. 거선당의 법사(法師)로 근무했다. 도호(道號)는 합영(合榮)이었다.(이정희(2018.12a), 「조선화교의 민간신앙과 비밀결사」, 『사회와 역사』120, 56)【이정희】

유홍빈劉鴻彬, 1904-?

일제강점기 군산의 화상(華商). 산동성 영성현(榮成縣) 출신. 소학4년 졸업. 주단포목상점의 경영자. 1942년 군산중화상회의 부회장으로 활동하고 있었다.(釜山領事館(1942), 「群山中華商會職員履歷表」, 『汪僞僑務委員會檔案』)【이정희】

유홍재劉洪才, 1955-현재

중화인민공화국의 외교관. 요녕성(遼寧省) 반산현(盤山縣) 출신. 1975년 북경제2외국어학원(北京第二外國語學院) 일본어과 졸업. 1979년 2월 중국공산당에 입당했다. 1975년 중공중앙(中共中央) 대외연락부(對外聯絡部)에 들어가 부처장, 처장, 부국장, 2003년 2월 사무총장 겸 판공청(辦公廳) 주임, 부부장을 각각 역임했다. 2010년 3월부터 2015년 2월까지 주북한대사로 일했다. 귀임 후, 2016년 12월까지 중공중앙대외연락부(中共中央對外聯絡部)의 부부장, 2018년 3월 제13차 전국정협 외사위원회(全國政協外事委員會) 부주임 등으로 일했다.(舒虹·唐恩思 主編(2014), 『星光熠熠: 校友訪談錄』, 中國傳媒大學出版社, 13-18; 바이두)【송우창】

유효명劉曉明, 1956-현재

중화인민공화국의 외교관. 광동성(廣東省) 출신. 1974년 대련외국어학원(大連外國語學院) 영어과를 졸업했다. 같은 해 외교부에 들어가, 1978년부터 1998년까지 외교부 미주, 북미, 대양주사(大洋洲司) 부처장, 처장, 부국장을 각각 역임했다. 주이집트 대사를 역임한 후, 2006년 9월부터 2010년 2월까지 주북한대사를 역임했다. 2010년 주영국대사로 부임했다.(중화인민공화국주북한대사관 홈페이지; 바이두)【송우창】

유효전劉孝全, 1892-?

일제강점기 인천의 화농(華農). 산동성 출신. 1930년 인천중화농업회의 임원으로 활동했다.(이정희(2018a), 『한반도 화교사』, 동아시아, 458)【이정희】

유흔劉忻, 1889-?

중화민국의 외교관. 1942년 진남포판사처의 수습영사로 근무하고 있었다.(朝鮮總督府外務課(1942), 『昭和17年 領事館表關係』)【이정희】

유흥세助興稅

일제강점기 조선총독부가 기생의 화대(花代)에 대해 부과한 세금. 1940년 3월까지는 화대의 14%를 부과하다 4월 1일부터 30%로 인상했으며, 1941년 10월부터는 60%로 인상했다. 화교 경영 고급 중화요리점은 요정을 운영하면서 유흥세를 냈다.(이정희(2018a), 『한반도 화교사』, 동아시아, 328)【이정희】

윤대호允大號

일제강점기 경성 석정동(石井洞) 소재 화교의 양복점. 1910년의 직원은 8명이었다.(이정희(2018a), 『한반도 화교사』, 동아시아, 358-359)【이정희】

윤선왕래상해조선공도합약장정輪船往來上海朝鮮公道合約章程

1883년 11월 조선의 총리각국사무아문(總理各國事務衙門)과 청국의 상해윤선초상총국(上海輪船招商總局) 간에 체결된 협정. 이 협정으로 인천과 상해 간을 왕복하는 정기항로 개설과 초상국 소유 기선의 운항이 결정되었다. 이 장정은 총 7개조로 되어 있다. 매월 1회 상해-인천 간 정기 운항, 정기 기선 운항의 적자분은 조선측이 부담한다는 것, 장정의 기한은 1년으로 한다는 내용이 포함되어 있다.(酒井裕美(2016), 『開港期朝鮮の戰略的外交』, 大阪大學出版會, 137-140; 이정희(2018a), 22; 기타 자료)【이정희】

융화隆和

근대 상해 소재 중국인 마직물 수출상점. 1920-1930년대 조선에 중국산 마직물을 많이 수출했다.(이정희(2018a), 『한반도 화교사』, 동아시아, 111)【이정희】

은혜의여정화인교회恩典之路華人敎會

미국 캘리포니아 로랜드 하이츠(Rowland Heights) 소재 미국 재이주 한국화교의 교회. 영어 명칭은 'Journey of Grace Chinese Church'. 미국 재이주 한국화교인 손선지(孫善志) 목사가 2011년 1월부터 동 지역을 개척, 2012년 미국정부로부터 교회 인가를 받았다. 교인수는 50여명이며, 미국에 재이주한 한국화교가 교인의 중심이다.(손선지(孫善志) 목사 인터뷰)【이정희】

미국 캘리포니아 소재 은혜의여정화인교회(손선지 제공)

을사늑약乙巳勒約

1905년 11월 17일 조선과 일본 간에 맺어진 조약으로 조선은 이 조약으로 외교권이 박탈당했다. 이에 따라 조선 주재 외국의 공사관은 폐지되고 자국의 교민을 보호하기 위한 총영사관 혹은 영사관이 개설되었다. 청국정부는 한성의 공사관을 1906년 2월 폐지하고 그 대신 주한성총영사관을 개설했다. 기존의 인천, 원산, 부산, 진남포영사관은 그대로 유지되었다.(이정희(2018a), 『한반도 화교사』, 동아시아, 26)【이정희】

의발당義發堂

일제강점기 인천 본정(本町) 3정목 1번지 소재 화교의 이발소. 경영자는 산동성 제성현(諸成縣) 출신의 서회의(徐懷義)였다. 종업원은 2명으로 서우장(徐宇章)과 안무길(安茂吉) 모두 산동성 일조현(日照縣) 출신이었다.(이정희(2018a), 『한반도 화교사』, 동아시아, 350·354)【이정희】

의생성義生盛

개항기 및 일제강점기 인천 소재 화교의 서양잡화 수입상점. 1899년 설립. 지나정 35번지에 소재했다. 1906년의 직원은 15명이었다. 1935년의 경영자는 주학림(周鶴林)으로 광동성 출신이었다. 자본금은 8천원이었다.(이정희·송승석(2015), 『근대시기 인천화교의 사회와 경제』, 학고방, 70)【이정희】

의생원義生園

일제강점기 충청남도 서천군 소재 화교의 중화요리점. 종업원은 5명이었다. 1927년 12월 화교배척사건 때 습격을 받아 14.65원의 직접피해를 입었다.(이정희(2018a), 『한반도 화교사』, 동아시아, 309)【이정희】

의생태義生泰

일제강점기 함경북도 청진 소재 화교의 주단포목 도매상점. 1923년의 연간매상액은 229,000원이었다. 1932년 당시의 경영자는 손봉주(孫鳳洲)였다. 1931년 화교배척사건의 영향을 받았지만 폐점하지 않고 1940년대 초까지 계속 영업했다.(이정희(2018a), 『한반도 화교사』, 동아시아, 69·213)【이정희】

의선당義善堂

인천시 중구 북성동 2가 9-13번지 소재 중국식 사원. 인천화교협회 지정 문화유산 제1호. 이 사원은 1893년 경 인천 화도진 근처의 작은 묘우로 창건되었으며, 1928년 경 현재의 자리에 새로운 사원을 건축하여 이전했다. 2006년 1억여 원의 공사비를 들여 대대적인 수리 공사를 실시, 현재에 이르고 있다. 이 사원은 원래 중국의 민간종교인 재리교(在理敎)의 영향을 받아 설립된 것으로 추정된다. 이 사원은 마조(媽祖), 관우(關羽), 호삼태야(胡三太爺), 관음보살(觀音菩薩), 용왕(龍王)의 신단을 모시고 있다. 중국 민간신앙의 신을 모시는 사원일 뿐만 아니라 불우한 화교의 구제활동을 하는 선당(善堂)의 역할도 하여 배신선당(拜神善堂)의 성격을 가지고 있었다. 그 외에 사원의 일부 공간을 화교에게 임대하여 수입으로 삼았다. 사원의 운영은 법사(法師)가 맡았다. 사원은 일제강점기까지 활발히 운영되었지만, 인천화교 경제의 위축과 인구의 감소 등으로 인해 현재는 활동이 거의 없는 상태이다. 사원을 참

인천 중구 소재 의선당 사원

배하는 화교와 관광객의 발걸음이 끊이지 않고 있다. 사원 내에는 각종 편액 22점이 잘 보존되어 있다.(이정희(2018.12a), 「조선화교의 민간신앙과 비밀결사」, 『사회와 역사』120, 41-68; 박현규(2009), 「인천화교 의선당의 모습과 민간신앙 조사」, 『역사민속학』29, 한국역사민속학회; 박현규(2011), 「서울 거선당의 화교 신앙과 현황조사」, 『동북아문화연구』27, 동북아시아문화학회)【이정희】

의성공義成公

일제강점기 대구 소재 화교의 주단포목 도매상점. 경영자는 손중선(孫中選)으로 1923년의 연간매상액은 246,000원이었다.(이정희(2018a), 『한반도 화교사』, 동아시아, 69)【이정희】

의성동義盛東

일제강점기 원산 소재 화교의 주단포목 도매상점. 1942년의 경영자는 풍악인(酆學仁)이었다. 자본금은 1만원, 연간매상액은 143,000원이었다.(이정희(2018a), 『한반도 화교사』, 동아시아, 233)【이정희】

의순동義順東

일제강점기 함경북도 웅기군 소재 화교의 주물공장. 1942년의 경영자는 사국동(謝國棟)이었다. 주요한 생산품은 농기구와 솥이고 자본금은 2만원이었다.(이정희(2018a), 『한반도 화교사』, 동아시아, 400)【이정희】

의순영義順榮

일제강점기 군산 소재 화교의 주단포목 및 잡화상점. 경영자는 유지귀(劉志貴)였다. 1929년 군산의 덕생동(德生東) 화교 주단포목 도매상점으로부터 직물을 조달하고 있었다.(이정희(2018a), 『한반도 화교사』, 동아시아, 142)【이정희】

의순흥義順興

개항기 경성 소재 화교의 주단포목상점. 1906년의 직원은 4명이었다.(이
정희(2018a), 『한반도 화교사』, 동아시아, 73)【이정희】

의원흥義源興

개항기 인천 소재 화교의 주단포목 도매상점. 1906년의 직원은 10명이었
다.(이정희(2018a), 『한반도 화교사』, 동아시아, 73)【이정희】

의정부화교소학議政府華僑小學

경기도 의정부 소재 화교소학. 1963년 설립. 1999년 한국정부로부터 외
국인학교의 인가를 받았다. 2001년 초등부 학생인원은 55명, 유치부는
22명이었다. 교사는 7명이었다. 현재도 운영되고 있다.(왕언메이 저·송승석
역(2013), 『동아시아 현대사 속의 한국화교』, 학고방, 376)【송승석】

의태행(안동)義泰行(安東)

해방초기 중국 안동(安東)의 화상이 신의주에 설립한 무역회사. 1949년
12월 북한에 항공기탱크제조기금으로 5만원을 헌납했다.(朝鮮華僑聯合總會
機關報《民主華僑》)【송우창】

의태행(홍콩)義泰行(香港)

미군정기 인천 소재 무역회사인 만취동과 거래하던 홍콩 소재 산동방
(山東幇) 무역회사. 두 무역회사는 상호 출장원을 파견하여 무역 업무를
처리하거나 수출입 상품의 위탁업무를 대신 처리해 주었다.(이정희(2008.8),
「해방초기 인천화교의 경제활동에 관한 연구」, 『인천학연구』9, 112-113)【이정희】

의합영義合永

일제강점기 함경북도 소재 화교의 주물공장. 1927년 설립. 1928년의 종

업원은 14명, 연간생산액은 2,200원이었다.(이정희(2018a), 『한반도 화교사』, 동아시아, 380)【이정희】

의화공사義和公司

해방초기 중국공산당의 안동 무역국(貿易局)이 신의주에 설립한 무역회사. 1946년 초 설립. 중공 동북해방구(東北解放區)와 북한 간의 무역활동에 종사했다.(中共丹東市委黨史硏究室(1989), 『中共丹東地方黨史大事記: 1928-1949』, 54)【송우창】

의화당義和堂

일제강점기 인천 소재 화교의 목욕탕 겸 이발소. 1913년 설립. 지나정(支那町) 30번지에 소재했다. 1935년의 경영자는 왕홍승(王鴻昇)으로 산동성 문등현(文登縣) 출신이었다. 자본금은 2천원이었다.(이정희·송승석(2015), 『근대시기 인천화교의 사회와 경제』, 학고방, 70)【이정희】

의화성義和盛

일제강점기 인천 소재 화교의 전장(錢莊). 지나정 원화잔(元和棧) 상점 내에 개설되어 있었다. 1928년의 경영자는 마범당(馬範堂)이며, 본점은 산동성 연태에 있었다.(이정희·송승석(2015), 『근대시기 인천화교의 사회와 경제』, 학고방, 176)【이정희】

이가형李可馨, 1890-1978

서울의 화교. 산동성 문등현(文登縣) 소이가촌(小李家村) 출신. 거선당의 법사(法師)로 활동했다. 도호(道號)는 합중(合中)이었다.(이정희(2018.12a), 「조선화교의 민간신앙과 비밀결사」, 『사회와 역사』120, 56)【이정희】

이경문李慶文, 생졸년불상

인천, 부산, 대구에서 활동한 화상(華商). 산동성 출신. 해방 초기 한국 최대의 무역회사인 만취동(萬聚東)의 부사장으로 활동했다. 1.4후퇴 때 부산으로 피난 한 후 무역회사를 설립하여 대 홍콩무역을 했다. 대구로 이주한 후 대구화교협회장(1970-1974년)을 지냈다.(이정희(2018a), 『한반도 화교사』, 동아시아, 245)【이정희】

이계란李桂蘭, 생졸년불상

북한의 평양화교. 1948년 11월 평양시 화교연합회 부녀회 제2기 회장을 역임했다. 평양 화교 여성의 정치학습 참여를 조직화하고, 화교를 동원하여 중공의 후방지원 공작에 적극 참가하도록 하는데 공헌했다.(朝鮮華僑聯合總會機關報《民主華僑》)【송우창】

이공동二公洞

서울 화교가 많이 거주한 수표동, 관수동, 관철동 일대의 별칭. 1970년대 서울도심재개발 사업으로 서울의 화교촌이 헐릴 때까지 서울에서 화교가 가장 많이 거주한 지역은 소공동 일대였다. 종로구 수표동과 관수동 및 관철동 일대는 서울 화교의 초기 정착지로서 화교 인구가 소공동 다음으로 많았던 곳이다. 화교는 이 지역을 제2의 소공동이란 뜻에서 '이공동'이라 불렀다.(정은주(2013), 「차이나타운 아닌 중국인 집거지: 근현대 동아시아 역학 속에 주조된 서울 화교 집단거주지의 지형」, 『서울학연구』 53집, 151)【정은주】

이광화李光華, 1905-?

일제강점기 평양 거주 화공(華工). 하북성 교하현(交河縣) 출신. 노구교 사건 발발 직후 일본군 평양비행 제6연대 소속 비행기의 출동상황 및 군대수송 상황 등을 탐지하여 장의신(張義信) 진남포영사에게 제보한 혐의로 체포되어 징역 2년 6개월을 구형받았다.(이정희(2017.6), 「중일전쟁시기 조선화교의 항일활동」, 『동양사학연구』139, 343)【이정희】

이리중화상회裡里中華商會

일제강점기 전라북도 이리지역의 화교 사회단체. 1942년 여선중화상회 연합회의 회원기관으로 활동했다.(이정희·송승석(2015), 『근대시기 인천화교의 사회와 경제』, 학고방, 233)【이정희】

이문진李文珍, 1893-?

일제강점기 산동성 액현(掖縣) 출신의 인천 화상(華商). 1942년 주단포목상점 동생태(同生泰)의 경영자로 활동했다.(이정희(2018a), 『한반도 화교사』, 동아시아, 239)【이정희】

이발시험理髮試驗

1924년 조선총독부에 의해 도입된 이발영업 자격증 시험. 1919년 일본의 오사카에서 먼저 시행된 것을 조선에 도입한 것이다. 시험 도입의 배경의 하나로 화교 이발업자의 세력을 약화시키기 위한 의도가 있었다. 시험문제는 간단한 해부학, 위생학, 생리학, 소독학 등에 관한 내용이 포함되어 있었다. 시험은 일본어로 시행되었기 때문에 일본인과 조선인에게 유리하게, 화교에게 불리하게 작용했다.(이정희(2017.12), 「이발소와 양복점으로 본 조선화교의 실태: 1890년대-1940년대를 중심으로」, 『사회와 역사』116, 한국사회사학회, 27-28·35)【이정희】

이발영업취체규칙理髮營業取締規則

조선총독부가 1911년 5월 1일 경무총감부령 제6호로 공포한 이발 영업의 규칙. 1901년 일본 경시청령 제11호로 공포된 '이발영업취체규칙'을 근거로 제정되었다. 그해 6월 1일부터 시행된 이 규칙의 제3조는 이발업자는 관할 경찰서에 본적, 주소, 성명, 생년월일, 영업종류, 점포명을 신고하여 인가를 받도록 했다. 제4조는 이발소에 고용된 이발사는 관할 경찰서에 신고하도록 했다. 제5조는 정신병, 폐결핵, 전염성 피부병이 있을 경우는 이발소에서 종사하지 못하도록 규정했다. 제6조는 이발사는 청결한 흰옷을 입을 것과, 손톱을 짧게 깎고 비누로 손을 씻을 것, 그리고 수건은 손님 1명당 하나만 사용하도록 규정했다. 제7조는 소독방법에 대한 규정을 하고, 제8조는 해당 경찰서의 임시 검사를 받도록 규정하여 경찰서의 관리 감독 하에 두려 했다. 제9조는 이발조합의 설립에 관한 규정이다. 이발조합을 설립할 경우는 규약을 설정하여 사무소 소재지 관할 경찰서를 경유하여 경무총장(警務總長)에 신청서를 제출, 인가받도록 했다. 이 규칙은 각 도 경무부령(警務部令)으로 공포되어 1911년과 1912년에는 전국적으로 시행되었다.(이정희(2017.12), 「이발소와 양복점으로 본 조선화교의 실태: 1890년대-1940년대를 중심으로」, 『사회와 역사』116, 한국사회사학회, 26)【이정희】

이방덕李芳德, 1921-?

중화민국의 외교관. 1942년 경성총영사관의 서기로 근무하고 있었다.(朝鮮總督府外務課(1942), 『昭和17年 領事館表關係』)【이정희】

이보산李寶山, 생졸년불상

일제강점기 경성 거주 화교. 거선당의 부지와 기와집 사원을 증여했다. (이정희(2018.12a), 「조선화교의 민간신앙과 비밀결사」, 『사회와 역사』120, 67)【이정희】

이봉서李鳳瑞, 1911-?

일제강점기 대구의 화상(華商). 하북성 교하현 출신으로 대구 소재 주물 공장 쌍화영(雙和永)의 회계로 근무한 후, 중화요리점을 경영했다. 1942년 대구중화상회의 집행위원으로 활동했다. 1939년 6월부터 9월까지 귀향했을 때 중공팔로군으로부터 일본군의 동정탐지, 군사비밀의 사진 입수, 관청과 학교 등의 중요 건조물 방화 등의 지령을 받아 활동했다. 경찰에 검거되어 투옥되었다가 해방과 동시에 출옥했다.(이정희(2017.6), 「중일전쟁시기 조선화교의 항일활동」, 『동양사학연구』139, 357)【이정희】

이빈李濱, 1956-현재

중화인민공화국의 외교관. 김일성종합대학 졸업. 주북한대사관에서 1977
년부터 1982년, 1988년부터 1991년까지 근무했다. 1994년 주한대사관의
참찬으로 임명되었으며, 1997년부터 2001년까지 주북한대사관의 공사
대우 참찬으로 근무했다. 2001년 10월 제3대 주한대사로 임명되어 2005
년 8월까지 근무했다. 귀임 후, 2005년 8월부터 2006년 6월까지 한반도사
무대사와 외교부 아주사(亞洲司) 부사장(副司長)을 지냈다. 2006년 6월
산동성 위해시정부 상무위원 겸 부시장으로 임명되어 근무하다 그해 12
월 중국의 외교기밀을 한국과 미국에 비밀리에 누설했다는 혐의로 체포
되었다.(바이두; 이정희(2018b), 「화교가 없는 나라」, 동아시아, 238)【이정희】

이사신李詞新, 1904-?

일제강점기 경성의 화상(華商). 산동성 모평현 출신. 중일전쟁시기 주단
포목상점을 경영하면서 경성중화상회 상무이사, 북방회관 회장, 한성화
교소학 이사로 활동했다. 1942년 11월 조선화교 귀국 관광단의 총간사로
중국의 상해, 남경 등지를 방문했다.(京城總領事館(1942.11.),「朝鮮僑民回國觀光
團問題的往來文書」,『汪僞僑務委員會檔案』)【이정희】

이삼림李森林, 생졸년불상

북한화교. 1948년 12월 황해도화교연합회의 위원장을 지냈으며, 한국전
쟁 때 귀국했다.(朝鮮華僑聯合總會機關報《民主華僑》)【송우창】

이상성이발소李祥盛理髮所

일제강점기 경성 소재 화교의 이발소. 수은동(授恩洞)에 소재했으며, 경
영자는 이상성이었다. 1923년의 연간매상액은 6천원이었다.(이정희(2018a),
『한반도 화교사』, 동아시아, 349)【이정희】

이상운李尚雲, 1906-?

일제강점기 경상남도 통영의 화상(華商). 산동성 출신. 사숙 졸업. 호떡집 경영자. 1942년 통영중화상회의 이사로 활동하고 있었다.(釜山領事館(1942),「統營中華商會職員履歷表」,『汪僞僑務委員會檔案』)【이정희】

이서명李書冥, 1874-?

일제강점기 경성의 화상이자 화교 지도자. 산동성 황현 출신. 1907년 조선으로 이주했다. 주단포목 수입상점인 유풍덕(裕豊德)의 경영자. 1921년부터 1923년까지 경성중화총상회의 회장을 역임했다.(김희신(2017), 「在朝鮮 中華商會의 설립과정과 존재양태: 1912-1931년 경성지역을 중심으로」,『중국근현대사연구』73, 한국중국근현대사학회, 44; 이정희(2018a), 681)【이정희】

이선방李仙舫, 1891-?

일제강점기 인천의 화상(華商). 산동성 모평현 출신. 1942년 주단포목상점 영성흥(永盛興)을 경영했다. 인천화상상회의 상무이사, 인천화교소학의 이사를 지냈다.(이정희·송승석(2015),『근대시기 인천화교의 사회와 경제』, 학고방, 217)【이정희】

이성덕利盛德

일제강점기 군산 소재 화교의 주단포목 도매상점. 1923년의 연간매상액은 119,000원이었다.(이정희(2018a),『한반도 화교사』, 동아시아, 69)【이정희】

이소호李小虎, 생졸년불상

일제강점기 신의주의 화교. 중일전쟁시기 본국으로 귀국하여 팔로군에 참가, 항일전쟁 중 전사했다.(楊昭全·孫玉梅(1991),『朝鮮華僑史』, 中國華僑出版公司, 301)【이정희】

이수영李樹英, 1930-?

북한화교 교육자. 해방 전 화교소학을 졸업했으며, 1949년 교원양성반 (敎員養成班)에 참가했다. 졸업 후, 청진중국인인민학교에 파견되어 학생을 가르쳤다. 1951년 말 북한 노동당에 입당했다. 나진과 무산의 중국인인민학교의 교장을 지냈다. 1953년 북한 최고인민회의로부터 공로상을 수여했다. 1955년 평양으로 자리를 옮겨 평양제2중국인인민학교의 교장을 역임하고, 1956년 김일성 수상 표창장을 받았다. 1961년 평양교원대학(平壤敎員大學)에 입학했다.(朝鮮華僑聯合會機關報《華訊》)【송우창】

이수영李秀英, 1943-?

한국화교 출신의 1962년 미스유니버스(Miss Universe). 산동성 출신의 부모를 둔 화교 2세로, 인천화교소학을 졸업하고 13세에 대만으로 건너가 타이페이국립예술전문학교 음악과에 진학했다. 부친은 당면공장의 노동자로 일하였고 슬하에 3남 2녀를 두었다. 집안의 맏딸로 어려운 집안 형편에도 스스로 학비를 마련하여 학업을 이어나갈 정도로 생활력이 강했다. 1961년 대만에서《대화만보(大華晩報)》주최로 열린 '미스 차이나'에 출전하여 왕려령(王麗玲), 마유군(馬維君)과 함께 공동 1위를 차지했다. 그 다음해 런던에서 개최된 미스유니버스 대회에선 2위에 오르는 영예를 안았다. 당시 1위 수상자가 규정 위반행위로 발각되어 1위 자격을 상실하였고, 그 때문에 그녀가 1위 수상자를 대신해서 1년간 친선대사로 활동했다. 1962년 1월 25일 한국을 방문했다. 이날 유어만(劉馭萬) 주한 대만대사 부부와 그녀의 가족, 인천화교 200여명이 공항에 나가 환영했다. 이때 "제2의 고향인 한국에 다시 와서 정말 기쁘다."라고 소감을 밝혔다. 내한일정은 26일 박정희 국가재건최고회의 의장 부부 예방을 시작으로 판문점 방문, 방송출연, 미스 차이나의 밤 행사 등으로 이어졌다. 31일 고향 인천에 도착하였고, 수많은 인천화교가 금의환향을 열렬하게 환영했다. 인천화교협회는 내한에 앞서 치밀하게 환영준비를 하였고 인천 체류 기간 동안 환영대회를 성대하게 진행했다. 모교인 인천화교소학 부흥당에서 진행된 환영대회에는 유어만 주한대만대사 부부를 비롯해서 인천시장, 경기도경찰국장, 인천경찰서장, 경기매일신문사장, 경인일보사장, 한국 미스 경기 등이 참석하였고, 약 천여 명의 사람들이 모였다. 이날 만찬은 공화춘(共和春) 중화요리점에서 거행되었다. 당시 한국화교는 그녀가 한국화교의 위상을 세계에 드높였다고 평가했다.(이민주(2016.8), 「한국화교의 자랑, 미스 유니버스 이수영」, 『중국관행웹진』vol.72)【이정희】

이안득李安得, 1910-?

일제강점기 평양의 화상(華商). 산동성 내양현 출신. 주물공장 신연득(新延得)의 경영자. 1942년 평양중화상회의 상무이사로 활동하고 있었다.(京城總領事館(1942), 「平壤中華商會職員略歷表」, 『汪僞僑務委員會檔案』)【이정희】

이연매李延枚, 1925-?

일제강점기 전라북도 금산의 화상(華商). 산동성 모평현 출신. 중화요리점을 경영했다. 고향에 귀국중이던 1943년 4월 11일 산동성 주둔 중공팔로군에게 조선 내 군대수송상황 및 해군기지, 군함의 동향을 제보했다. 조선으로 돌아온 후, 식량사정, 열차 및 기선의 운항 상황, 비행장과 비행기 대수, 군대소재지, 병력 인원을 탐지했다. 조선인에게 중국은 장래 조선을 일본의 질곡으로부터 해방·독립시켜줄 용의가 있다는 뜻을 선전하고 철도 및 교량의 파괴, 주요한 건물의 방화를 모의했다. 경찰에 검거되어 재판을 받았다.(이정희(2017.6), 「중일전쟁시기 조선화교의 항일활동」, 『동양사학연구』139, 359)【이정희】

이옥량李玉良, 1939-현재

북한화교이며 중국 귀국화교이다. 1939년 9월 산동성 평도현(平度縣) 출생. 1941년 함경남도 허천군(虛川郡)으로 이주했다. 1956년 평양중국인고급중학교에 입학했다. 재학 시 화교학생 800여명을 인솔하여 평양 능라도로터리도로건설에 참여했다. 1962년 김일성종합대학에 입학하여 1966년에 졸업했으며, 1967년 2월 중국에 귀국했다. 귀국 후, 중국 길림성 백성시(白城市)의 수동식트랙터공장에 배치되었으며, 1975년 호북성 양번시(襄樊市)의 계량기부품공장의 기술자로 자리를 옮겼다. 1982년 2월 친척을 의지하여 홍콩으로 이주했다. 이주 후, 홍콩태산무역공사(香港泰山貿易公司), 나중에 홍콩태산실업유한공사를 설립하여 한국과 무역을 시작했다. 1990년부터 심천(深圳), 광주(廣州), 대련(大連) 등지에 부동산 투자를 했으며, 장춘시(長春市)에서는 호텔, 음식점, 레저분야에 투자했다. 1995년 홍콩 구룡서구(九龍西區) 각계협회(各界協會)의 명예회장을 맡았으며, 1994년부터 길림성정협위원(吉林省政協委員)으로 활동했다.(楊旭 主編(1999),『中華名流攝影集: 1998年卷』, 改革出版社, 156-157; 기타 자료) 【송우창】

이운천李雲川, 1919~2016

중화인민공화국의 외교관. 본명은 팽정(彭挺). 산동성 견성현(鄄城縣) 출신. 1938년 중국공산당에 입당했다. 산동(山東) 제6구(第六區), 노서북구(魯西北區)의 게릴라사령부 교도관, 중공 운거현위(鄆巨縣委)의 서기, 제녕시(濟寧市) 제3구의 서기, 태서지위원회(泰西地委) 위원 겸 선전부장 등을 역임했다. 중화인민공화국 건국 후 노중남구(魯中南區) 중공당위(中共黨委)의 서기, 중국 공회(工會)의 부주석, 주석, 전국총노조국제부의 부장 등을 역임했다. 1964년 10월 주다호메이대사에 임명되었다. 1970년 3월부터 1976년 6월까지 주북한대사를 지냈다. 그 후 주스위스대사 등을 역임했다. 1982년 국가노동인사부 부부장, 제3차 전인대(全人大)의 대표로 근무했다. 1995년 정년퇴직하여 2016년에 타계했다.(中共鄄城縣委辦公室 編(1993),『鄄城名人名勝名産薈萃』, 136; 중화인민공화국주북한대사관 홈페이지; 바이두)【송우창】

이인지李仁智, 1919-?

일제강점기 산동성 즉묵현 거주의 중국인. 군용 정크선에 승선하여 1944년 울산항의 수심을 조사하다 울산헌병분대(蔚山憲兵分隊)에 발각되어 검거되었다.(이정희(2017.6), 「중일전쟁시기 조선화교의 항일활동」, 『동양사학연구』139, 355-356)【이정희】

이임덕李林德, 생졸년불상

북한의 신의주 화공(華工). 해방 전부터 신의주의 제유공장에서 노동자로 일했다. 신의주화교연합회 결성 초기(1946년 말-1947년 초)부터 화교연합회 업무에 참가했다. 1949년 5월에 신의주화교연합회 1분회 위원장으로 임명되었고, 한국전쟁 휴전 협정 이후는 함경북도화교연합회로 파견되어 일했다. 1956년에는 함경북도화교연합회의 부위원장에 임명되어 근무했다. 1957년에 북한 최고인민회의 상임위원회로부터 3급 훈장을 수여했다. 1960년을 전후하여 함경북도화교연합회의 위원장을 역임했다. 그 후, 북한 국적 취득을 거부한 이유로 중국 국내로 소환되어 산동성 영성(榮成)에 배치되었다.(朝鮮華僑聯合會機關報《華訊》)【송우창】

이재방李在方, 1939-?

대만의 외교관. 대만 국립정치대학을 졸업하고, 한국 건국대학교 학사, 성균관대학교 석사 학위를 취득했다. 주한대만대사관 주사를 역임했으며, 2003년 5월 제3대 주한대북대표부 대표로 임명되어 2006년 6월 10일까지 근무했다. 귀임 후 총통부 국책고문, 외교부 고문 등을 역임하고, 중화항업인원훈련중심(中華航業人員訓練中心)의 이사장으로 근무하고 있다.(이정희(2018b), 「화교가 없는 나라」, 동아시아, 238)【이정희】

이종유李宗儒

대만의 외교관. 2001년 5월 제2대 주한대북대표부 대표로 임명되어 2003

년 5월 20일까지 근무했다.(이정희(2018b), 화교가 없는 나라」, 동아시아, 238)【이정희】

이진군李進軍, 1956-현재

중화인민공화국의 외교관. 강소성(江蘇省) 강음시(江陰市) 출신. 1972년 9월 상해외국어학원(上海外國語學院) 입학, 1974년 3월 독일로 가서 유학했다. 1984년 6월 중국공산당에 입당했다. 1976년 4월부터 중공중앙대외연락부(中共中央對外連絡部)에서 근무했다. 1991년 8월 이후 대외연락부의 처장, 부주임, 국장을 각각 역임했다. 2001년 1월 주미얀마 대사, 2005년 12월 주필리핀 대사에 각각 임명되어 일했으며, 2007년 3월 중공중앙대외연락부 부부장을 지낸 후, 2015년 3월부터 주북한대사로 근무하고 있다.(바이두)【송우창】

이춘관李春官, 1884-?

일제강점기 인천의 화상(華商). 산동성 영해현(寧海縣) 출신. 주단포목상점 의순동(義順東)의 경영자로 1913년 인천중화상회의 초대 의원으로 선출되어 활동했다.(이정희·송승석(2015), 『근대시기 인천화교의 사회와 경제』, 학고방, 97)【이정희】

이춘정李春亭, 생졸년불상

일제강점기 산동성 영성현 출신의 인천화교. 인천부 용강정 27번지에서 호떡집을 경영하다 1927년 12월 화교배척사건 때 습격을 받아 부인 유씨(劉氏)와 아들 이맹자(李孟子, 7세), 딸 이탁녀(李琢女, 5세)는 큰 부상을 당했다. 호떡집도 17.2원의 직접피해를 당했다.(이정희(2018a), 『한반도 화교사』, 동아시아, 309)【이정희】

이태怡泰

개항기 인천 소재 화교의 서양잡화상점. 1906년의 직원은 15명이었다.(이

정희(2018a), 『한반도 화교사』, 동아시아, 73)【이정희】

이태양행怡泰號

개항기 한성 소재 화교의 서양잡화상점. 1889년 한성에서 광동방 화상이 영업하고 있었다. 직원은 4명이었다.(이정희(2018a), 『한반도 화교사』, 동아시아, 71)【이정희】

이태주점怡泰酒店

개항기 한성 소재 화교의 객잔(客棧). 1889년 한성에서 광동방이 영업하고 있었다.(이정희(2018a), 『한반도 화교사』, 동아시아, 71)【이정희】

이태창怡泰昌

일제강점기 부산 소재 화교의 주단포목 도매상점. 1923년의 연간매상액은 5만원이었다.(이정희(2018a), 『한반도 화교사』, 동아시아, 69)【이정희】

이통호利通號

일제강점기 인천과 중국 화북의 연태(煙台), 위해위(威海衛), 대련을 왕복하던 조선 화상 공동 소유의 1,855톤의 기선. 월 4회 왕복운항을 했다. 기선의 운영회사는 이통윤선유한공사(利通輪船有限公司)로 연태에 본점을 두고 있었으며, 1938년 당시 경영자는 인천 화상인 부소우(傅紹禹)였다. 조선화교는 이 기선을 이용하여 해로로 인천과 산동성을 왕복했다. 중일전쟁 직후 일본군에 의해 운항이 금지되었지만, 1938년 6월부터 운항이 재개되었다. 중일전쟁 말기 일본군에 징용되어 파손되었다.(이정희(2008.8), 「해방초기 인천화교의 경제활동에 관한 연구」, 『인천학연구』9, 91-97)【이정희】

익산교민회益山僑民會

일제강점기 전라북도 익산 화교의 사회단체. 중화민국임시정부 수립 직후인 1938년 2월 8일 설립되었다.(이정희(2018.12b), 「중일전쟁시기 범한생(范漢生) 경성총영사의 친일활동과 조선화교 사회의 변동」, 『중앙사론』48, 197)【이정희】

익산화교소학益山華僑小學

전라북도 이리 소재 화교소학. 1947년 이리화교소학(裡里華僑小學)으로 설립. 소무욱(蘇茂旭) 등이 중심이 되어 학교를 설립했다. 1957년 학교 교동회의 이사장은 필가봉(畢可峰), 교장은 소홍성(蕭鴻聲)이었다. 나중에 익산화교소학(益山華僑小學)으로 명칭이 변경되었다. 1957년의 학생수는 88명. 2001년 초등부 학생인원은 19명, 유치부는 13명이었다. 교사는 3명이었다. 학생수 감소로 2000년대 폐교되었다. 학교 부지는 2018년 주현동성당에 매각되었다.(華僑志編纂委員會編(1958), 158; 기타 자료)【이정희】

폐교된 익산화교소학

익순성益順盛

일제강점기 충청북도 제천(堤川) 소재 화교의 잡화상점. 1942년 여선중화상회연합회의 회원 기관으로 활동했다.(이정희·송승석(2015), 『근대시기 인천화교의 사회와 경제』, 학고방, 232)【이정희】

익창성益昌盛

미군정기 인천에 본사를 둔 화교 무역회사. 1948년의 연간 무역액은

8,317만원으로 화교 무역회사 가운데서는 7번째로 규모가 큰 회사였다. 한국전쟁 발발 전후 문을 닫았다.(이정희(2008.8),「해방초기 인천화교의 경제활동에 관한 연구」,『인천학연구』9, 110)【이정희】

익태동益泰東

미군정기 인천에 본사를 둔 화교 무역회사. 1948년의 연간 무역액은 1,776만원으로 화교 무역회사 가운데서는 11번째로 규모가 큰 회사였다. 한국전쟁 발발 전후 문을 닫았다.(이정희(2008.8),「해방초기 인천화교의 경제활동에 관한 연구」,『인천학연구』9, 110)【이정희】

익태영益泰永

일제강점기 함경북도 청진 소재 화교의 주단포목 도매상점. 1931년 화교 배척사건의 영향으로 폐점했다.(이정희(2018a),『한반도 화교사』, 동아시아, 213)【이정희】

익합영益合永

일제강점기 함경북도 청진 소재 화교의 주단포목 도매상점. 1923년의 연간매상액은 201,000원이었다. 1931년 6월 당시의 경영자는 손신경(孫信卿)이었다. 1931년 화교배척사건의 영향을 받았지만 계속 영업했다. 1940년대 초반까지 영업을 계속했다.(이정희(2018a),『한반도 화교사』, 동아시아, 69·213)【이정희】

익흥실업益興實業

서울 소재 화교 무역회사. 중구 명동2가에 본사를 두었다. 1954년의 사장은 공준산(孔俊山)이었다.(華僑志編纂委員會編(1958),『華僑志-韓國-』, 85)【이정희】

인래성仁來盛

개항기 인천 소재 화교의 주단포목 도매상점. 1906년의 직원은 10명이었다.(이정희(2018a), 『한반도 화교사』, 동아시아, 73)【이정희】

인생상仁生祥

일제강점기 인천 중정(仲町) 소재 화교의 잡화상점. 1928년의 경영자는 유신충(劉信忠)이며, 연간매상액은 36,000원이었다.(이정희·송승석(2015), 『근대시기 인천화교의 사회와 경제』, 학고방, 169)【이정희】

인성호仁成號

일제강점기 인천 소재 화교의 싱의점(成衣店). 1929년 설립. 지나정 3번지에 소재했다. 1935년의 경영자는 손성곤(孫盛琨)으로 산동성 출신이며, 자본금은 500원이었다.(이정희·송승석(2015), 『근대시기 인천화교의 사회와 경제』, 학고방, 71)【이정희】

인창공사仁昌公司

미군정기 서울에 본사를 둔 화교 무역회사. 지배인은 사환장(史煥章). 1948년의 연간 무역액은 5억7,887만원으로 화교 무역회사 가운데서는 2번째로 규모가 큰 회사였다. 한국전쟁 발발 전후 문을 닫았다.(이정희(2008.8), 「해방초기 인천화교의 경제활동에 관한 연구」, 『인천학연구』9, 110)【이정희】

인천·부산·원산 청국조계 장정仁川·釜山·元山淸國租界章程

1910년 3월 11일 통감부 외무부장 고마츠미도리(小松綠)와 주한청국총영사 마정량(馬廷良) 간에 체결된 청국조계 관련 조약. 일본은 1905년 을사늑약으로 조선의 외교권을 박탈한 후 완전 식민지화를 기도하게 되는데, 조선에 설치된 청국조계를 철폐하기 위한 정비작업으로 이 조약을 체결했다. 인천 청국조계는 조선과 청국 간에 조약을 체결하여 조성되었지만, 부산과 원산 청국조계는 그렇지 못했다. 또한 청일전쟁 직후 조선정부가 청국과 체결한 모든 조약을 폐기하여 청국조계의 법적 지위는 상실되었다. 1899년 체결된 한청통상조약에는 청국조계 관련 내용이 하나도 포함되어 있지 않았기 때문에 법적으로 상당히 모호한 상태에 있었다. 현실적으로 인천, 원산, 부산의 청국조계에는 다수의 화교가 거주하면서 경제활동을 하고 있었기 때문에 이를 무시할 수는 없었다. 통감부는 이러한 사정을 종합적으로 고려하여 청국주한총영사관과 이 조약을 체결하게 되었다. 이 조약은 총 14개조로 되어 있으며, 내용은 인천 구화상지계장정과 매우 유사하다. 제1조는 각 조계의 위치와 등급을 도면에 표시하고 협소할 때는 확충할 수 있도록 했다. 제2조는 조계의 토지는 경매 방식으로 화교에게 대여하도록 했다. 제3조는 연간 지세는 3개 등급으로 나눠 부과하며 1등지가 3등지에 비해 2배 비싸도록 규정했다. 제4조는 각 청국영사관이 지세를 징수하여 징수액의 3분의 1은 해당 이사관(理事館, 구 일본영사관)에, 3분의 2는 조계 관련 경비에 충당하도록 했다. 제5조는 차지인의 지세납부 방법에 대해 규정했다. 제6조는 이사관의 지권 발급 양식을 규정했다. 제7조는 지권 발급의 수수료를 규정했다. 제8조는 경매를 받은 토지는 이 조약 실시 후 1년 이내에 각 이사관에 청구하도록 했다. 제9조는 각 조계 내의 도로, 교통, 하수구 등은 청국영사관이 관리하도록 하고 수리보수 비용은 지세 수입에서 지출하도록 했다. 제10조는 각 조계의 경비가 부족할 경우는 조계 내 화교가 부담하도록 했다. 제11조 조계 내에 통신, 교통, 상하수도, 전기, 가스 등에 관한 필요 설비를 설치할 수 있도록 했다. 제12조는 조계 거주 화교는 필요한 경우 조선정부의 허가를 받아 조계 전면을 매축하여 부두를 설치할 수 있도록 했다. 제13조는 조계 밖에 화교 공동묘지를 제공하고 보호하도록 하며, 이전을 할 경우는 이사관과 청국영사관이 협의하여 해결하도록 했다. 제14조는 이 조약의 개정은 청국과 일본 양국 정부 위원을 임명하여 협의하도록 규정했다.(이정희·송승석(2015), 『근대시기 인천화교의 사회와 경제』, 학고방, 407-410; 기타 자료)【이정희】

인천광방회관仁川廣幇會館

1893년 인천의 광동성 출신 화상이 조직한 동향단체. 광동성 출신 화상 간의 친목을 도모하고 복리를 증진하는 것이 목적이었다. 빈곤한 동향 인으로 불의의 사고로 인해 사망한 화교에게 관(棺)을 희사(喜捨)하거 나 난민을 구제하는 활동을 했다. 1935년의 이사장은 담정택(譚廷澤)이 었다. 회관 소유의 부동산의 시가는 7천원이었다. 담정택이 노구교사건 직후 중국으로 귀국하면서 회관의 활동은 정지됐다.(이정희·송승석(2015), 『근 대시기 인천화교의 사회와 경제』, 학고방, 76-77·222)【이정희】

인천구화상지계장정仁川口華商地界章程

인천 청국조계의 선립을 위해 조선정부와 청국정부 간에 제결된 장정. 1884년 4월 2일 인천 청국조계 설정을 위해 민영목(閔泳穆) 조선독판교 섭통상사의(朝鮮督辦交涉通商事宜)와 진수당(陳樹棠) 총판조선상무위 원이 체결했다. 총 11개조, 부칙 2개조로 이뤄져 있다. 제1조는 현재의 선린동 일대 지역을 소계로 설정하여 화상의 거주지로 하며, 인구 증가 로 가득 찰 경우는 새로운 조계를 설정하도록 했다. 제2조는 조계 조성 을 위한 공사와 비용에 대한 규정과 조성된 후의 토지는 경매로 화교에 게 빌려주도록 했다. 제3조는 조계 조성 공사 시 조선인과 화교 감독 각 1명의 급료는 각국이 부담하도록 했다. 제4조는 조성된 토지는 상, 중, 하의 3단계로 구분하여 공매(公賣)식으로 영대차지(永代借地) 하도록 했다. 제5조는 공매는 높은 가격을 낸 자에게 부여하도록 했다. 제6조는 토지의 연간 지세는 3등급으로 나눠 바다에 가까운 토지를 1등지로 하 고 가장 먼 토지를 3등지로 했다. 지세는 인천상무분서가 징수하며, 징 수액의 3분의 1을 인천감리서에 납부하고, 3분의 2의 금액은 조계의 각 종 지출 비용으로 유보하도록 했다. 제7조는 토지계약서의 양식에 관한 것이다. 제8조는 조계가 천재지변을 당할 경우 피해 보수는 지세 유보금 액으로 하고, 부족할 경우는 조선정부가 지출하도록 했다. 제9조 인천상무분서는 조계 내 산에서 가까운 3등지에 건축하도록 했다. 제10조는 조계에서 약 10리 떨어진 곳에 화교의 공동묘지를 조성하고 조선정부가 이를 영원히 보호하도록 했다. 제11조는 장정의 개정은 조선정부와 청국의 총판상무위원이 협의하여 하도록 했다. 부칙 2개조는 청국 조계지 내의 해관, 부두, 건물은 모두 다른 곳으로 이전하도록 했다.(이정희·송승석 (2015), 『근대시기 인천화교의 사회와 경제』, 학고방, 402-406)【이정희】

인천남방회관仁川南幫會館

1892년 인천의 안휘성, 절강성, 강소성, 호북성 등의 화남 각 성 출신 화교에 의해 조직된 동향단체. 남방 출신 화상 간의 친목을 도모하고 복리를 증진하는 것이 목적이었다. 빈곤한 동향인으로 불의의 사고로 인해 사망한 화교에게 관(棺)을 희사(喜捨)하거나 난민을 구제하는 활동을 했다. 회관의 운영은 이사회를 통해 이뤄졌다. 1935년의 이사장은 왕성홍(王成鴻)이었다. 별도의 회관은 없어 왕성홍의 자택을 사무실로 했다. 회관 소유 부동산의 시가는 7천원이었다. 1942년의 이사장은 여전히 왕성홍이었으며, 연간 수입은 100원이었다. 남방 출신 화교의 인구 감소로 회관의 활동은 중일전쟁 시기에 들어 거의 없었다. 회관은 해방 이후 자연 소멸되었다.(이정희·송승석(2015), 『근대시기 인천화교의 사회와 경제』, 학고방, 76·222)【이정희】

인천농업공의회仁川農業公議會

1912년 설립된 인천과 부천지역 화농(華農)의 동업단체. 1912년 130호의 화농으로 시작되었으며 1929년에는 200호로 증가했다. 공의회의 간부는 이사 1명, 평의원 9명, 각 지역별로 조장(組長)을 두고 각 화농을 관리했다. 회원의 회비는 1912년 월 0.6원, 1913년 0.8원, 1914년부터 1원, 1926년부터 1.2원, 1929년 1월부터 10월까지 1원이었다. 공의회의 회장은 왕승선(王承謁)이었다. 1929년 공의회의 내분으로 인해 사무가 정지됐다.(이정희(2018a), 『한반도 화교사』, 동아시아, 471)【이정희】

인천농업공의회분규仁川農業公議會紛糾

인천농업공의회가 1929년 11월부터 1934년 7월 인천중화농회가 설립될 때까지 내분으로 업무가 정지된 사건. 분규의 원인은 왕승선(王承譔) 회장이 1912년부터 1929년까지 장기 집권하면서 한 번도 회계 보고를 하지 않은 데 있었다. 왕 회장의 반대파는 공의회의 장부를 조사하여 수입과 지출이 명확하지 않고, 왕 회장 경영의 만취동(萬聚東)에 자금의 일부가 유용되었다고 주장했다. 반대파는 공의회를 대체하기 위해 1930년 7월 16일 인천중화농업회(仁川中華農業會)를 결성하여 왕 회장을 궁지에 몰아넣자, 왕 회장은 이에 대항하여 중화농산조합(中華農産組合)을 결성했다. 양 단체는 공의회의 회계 잔액인 367.17원과 전화기 청산문제의 소유권을 둘러싸고 격렬하게 대립, 경성총영사관과 중국국민당주조선직속지부가 중재에 나섰시만, 숌제 문제가 해결되지 않았다. 결국 공의회의 잔액과 전화기 매각 수입금은 전액 중국의 수재민을 위한 기부금으로 사용하게 됨으로써 일단락됐다. 양 단체 분규의 앙금이 좀체 사라지지 않아 1934년 7월에 가서야 인천중화농회로 통합되었다. 농회의 회장은 우본해(于本海), 부회장은 필중도(畢重道), 간사는 왕문서(王文緖) 외 3명이었다. 우본해 회장은 이전 중화농산조합의 소속이며, 왕문서는 인천중화농업회 소속이었다.(이정희(2018a), 『한반도 화교사』, 동아시아, 490-497)【이정희】

인천산동동향회관仁川山東同鄕會館

1884년 인천에 설립된 산동성 출신의 동향 단체. 지나정(支那町) 52번지에 동향회관이 건축된 연대는 분명하지 않지만 1930년에 증축됐다. 회관은 산동성 출신 화상 간의 친목을 도모하고 복리를 증진하는 것이 목적이었다. 빈곤한 동향인으로 불의의 사고로 인해 사망한 화교에게 관(棺)을 희사(喜捨)하거나 난민을 구제하는 활동을 했으며, 1930년에는 회관 내에 노교소학(魯僑小學)을 부설하여 동향의 자제교육을 실시했다. 회관 내에는 한약실((漢藥室)을 두어 동향 화교의 질병치료도 해주었다. 회관의 운영은 이사회를 통해 이뤄졌다. 이사회의 임원은 이사장 1명,

이사 7명, 간사 5명을 두었다. 임원은 모두 산동성 출신 각 상점의 경영자가 맡았다. 1935년의 이사장은 협흥유(協興裕) 경영주 장은삼(張殷三)이었다. 매년의 경비는 회관 소유 부동산의 임대수입과 동향 소속 각 상점의 기부금으로 유지되었다. 회관 건물의 1935년 시가는 2만원, 그 외 회관 소유 부동산의 시가는 25,000원이었다. 회관 내에 조선화상 공동소유의 기선인 이통호(利通號)의 운영 사무실을 두었다. 1942년의 회장은 사숙당(沙肅堂), 부회장은 조전사(趙甸俟)였다. 간사는 7명을 두었다. 연간 수입은 6천원이었다. 회관 옆에는 해상안전을 위한 마조묘(媽祖廟)를 설치했다. 회관은 한국전쟁 때 폭격을 맞아 큰 피해를 입었으며, 인천화교소학의 기숙사로 사용되었다. 회관 건물은 사라지고 그 자리에 세계미니어처소방차박물관이 들어서 있다.(이정희·송승석(2015),『근대시기 인천화교의 사회와 경제』, 학고방, 71-74·222)【이정희】

인천시민의 날仁川市民의 날

인천시는 1965년부터 6월 1일을 '시민의 날'로 결정하고 이날 각종 기념 행사를 개최했다. 1965년 제1회 시민의 날 행사를 거행한 후, 1968년부터 항도제(港都祭)와 겸해서 진행되었고, 이후에는 '제물포제'로 통합되어 치러졌다. 1974년 인천항 갑문식 도크(仁川港船渠)의 준공을 기념하여 5월 10일을 '시민의 날'로 변경하였다. 1974년은 시민의 날 제정 10년째 되는 해로, 큰 규모로 행사가 진행되었다. 이날 행사에는 인천화교도 참가했다. 인천화교는 한국인천화교협회(韓國仁川華僑協會) 깃발과 함께 태극기와 청천백일기를 높이 들고 거리 퍼레이드에 참가했다. 인천화교학교의 학생들은 화려한 용춤을 비롯하여 사자춤, 악대 공연, 1인 인형극 공연 등 다채로운 문화공연을 선보였다.(이민주(2016.5),「총통 67세 탄신기념 행사」,『중국관행웹진』vol.69)【이정희】

인천신정채소시장仁川新町菜蔬市場

일제강점기 인천부 신정(新町)의 채소시장. 이 채소시장은 인천과 부천

거주 화농(華農)이 재배한 채소를 신
정의 화교 진덕흥(陳德興) 소유의 건
물에서 판매한 것에서 시작됐다. 인천
농업공의회가 1912년 조직되어 이 채
소시장을 관리했다. 1923년 채소시장
에 출점하는 화농은 성수기에 70호, 동
계에 약 20호에 달했다. 1923년의 연간
판매액은 이 채소시장과 내리(內里)의
화교 채소시장을 합해 51,439원이었다.
인천부 수요 상업용 채소의 8할을 차
지했다. 판매된 채소는 무 8,160원, 고
구마 5,760원, 배추 5,500원, 파 5,000원,
가지 4,500원, 참외 및 호박 4,400원, 오

인천 신포시장의 화농 채소 판매 조각상

이 3,750원, 미즈나(水菜) 3,900원, 양배추 2,500원, 우엉 1,650원, 토란
1,050원, 진국(眞菊) 1,000원, 시금치 720원이었다. 인천부청은 이 채소시
장을 공설일용품시장으로 전환하기 위해 1925년 진덕흥 소유 건물을 매
입하고, 1927년 3월부터 공설시장으로 만들었다. 이러한 조치에 대해 인
천농업공의회와 중화민국주인천영사관이 반발하자 채소시장의 20구획
의 자판대는 모두 화교가 차지하는 것으로 되었다. 화교가 채소 공설시
장의 자판대를 모두 독점하는 것에 대해 조선인과 일본인의 반발이 커
지자, 인천부청은 채소시장을 기존의 72평에서 183평으로 확장, 판매자
판을 기존의 20구획에서 30구획으로 늘렸다. 화교에 15구획, 조선인과
일본인 합해 15구획의 판매자판을 제공했다. 이 시장을 관리하는 판매인
조합(販賣人組合)이 1932년 8월 결성되었는데, 5명의 임원 가운데 일본
인 2명이 조합장과 간사, 조선인 1명이 간사, 화교가 부조합장과 간사를
맡았다.(이정희(2018a), 『한반도 화교사』, 동아시아, 470-471 · 482-485)【이정희】

인천여관조합仁川旅館組合

1924년 인천에 설립된 화교 여관의 동업단체. 인천에는 무역업과 여객업을 겸업하는 행잔(行棧)이 다수 존재하여 그곳에는 소무역상인이 다수 투숙했다. 이 조합은 소무역상인에게 각종 서비스를 제공하는 것이 목적이었다. 1942년의 가입 행잔은 10개였다.(이정희·송승석(2015), 『근대시기 인천화교의 사회와 경제』, 학고방, 118·223)【이정희】

인천원염조합仁川原鹽組合

1925년 인천에 설립된 화교 소금 수입상점의 동업단체. 인천은 산동성산 천일염을 대량으로 수입하는 항구였기 때문에 화교 경영 소금 수입상점 및 판매상점이 많았다. 이 조합은 화교 염상(鹽商)의 권익 보호를 위해 중국산 소금 판촉과 산동성에서 소금을 인천에 원활하게 운반하기 위한 범선 확보의 업무를 처리했다. 1942년 이 조합의 활동은 거의 정지된 상태였다.(이정희·송승석(2015), 『근대시기 인천화교의 사회와 경제』, 학고방, 118·223)【이정희】

인천중구생활사전시관仁川中區生活史展示館

인천시 중구 중앙동 소재 전시관. 2018년 4월 6일 개관. 제1관은 대불호텔 전시관, 제2관은 1960년대와 1970년대 인천의 생활사전시관으로 구성되어 있다. 대불호텔 전시관은 우리나라 최초의 서양식 호텔인 대불호텔의 역사를 소개하는 전시관으로 중화루 중화요리점이 이곳에서 1922년부터 약 50년간 영업을 했기 때문에 중화루 관련 유물도 일부 전시하고 있다.(중구생활사전시관 홈페이지)【이정희】

인천중화기독교회仁川中華基督敎會

인천 소재 화교 교회. 유디스 데밍 선교사와 화교 손래장(孫來章)이 1917년 6월 1일 설립. 손래장이 1917년부터 1920년까지 전도사로 활동했다. 1922년 겨울 인천부 화방정(花房町)에 교회를 건축하기 시작, 1924년에 건축 낙성 기념예배를 했다.
1920년대와 30년대에 손래장,
장봉명(張鳳鳴), 왕명삼(王銘
三) 등이 목사로 근무했다. 노
구교사건 이후 다수의 교인이
고향으로 귀국하고, 조선총독
부의 기독교 탄압이 격심해지
면서 교회활동은 많이 위축되

인천중화기독교회 설립 당시의 표지석

었다. 해방 직후의 혼란과 목회자 부재, 그리고 한국전쟁으로 교회는 거
의 기능하지 못했다. 한국인 목사 김응삼(1954)과 이만열(1957-1964)이
담임을 하면서 점차 부흥하기 시작했으며, 그 후 중국인 목사가 부임했
나. 1970년대의 교인수는 100-150명에 달했다. 그러나 1980년대 들어 화
교의 재이주가 증가하면서 교인수가 감소하기 시작, 현재는 50여명으로
줄어들었다. 1924년 건축된 교회는 2002년 철거되어 현재의 건물로 바뀌
었다. 2017년 6월 4일 교회 설립 100주년 기념행사를 거행했다. 현재는
강대위(姜大衛) 목사가 시무하고 있다.(旅韓中華基督教聯合會(2012),『旅韓中華
基督教創立百年紀念特刊』, 96-103; 김교철(2017),「재한 중국인 교회 설립과 발전에 관한 역
사적 고찰」,『복음과 선교』37, 한국복음주의신학선교회, 24-29)【이정희】

인천중화농업회仁川中華農業會

1912년 인천에 설립된 화교 채소상 및 채소재배 농민의 발기로 조직된
동업단체. 처음의 명칭은 중화농업공의회(中華農業公議會)였다. 1934년
에 중화농회의 명칭으로 바뀌었다. 화교 채소상 및 채소재배 농민이 내
는 매월 회비에 의해 운영되었다. 인천에서 화교 채소재배가 시작된 것
은 1887년이었다. 산동성 출신의 왕(王)씨와 강(姜)씨 성을 가진 2명의
화교가 인천항 개항에 따라 채소 수요가 증가한 것에 착안하여 산동성
에서 가져온 채소 종자로 채소를 재배한 것에서 시작됐다. 중화농회의
회원은 1912년 130호의 화농 농가로 시작했으며, 1929년에는 200호로 증

가했다. 농회의 임원은 이사 1명, 평의원 9명, 그리고 각 지역별로 조장을 두고 각 회원 및 채소시장을 관리했다. 회원의 회비는 1912년 0.6원, 1926년 1.2원, 1929년부터 1.0원이었다. 1912년부터 1929년까지의 농회의 회장은 왕승선(王承譔)이었다. 1930년 회원 228명의 거주지 별 분포는 다주면(多朱面)에 전체 회원의 77%가 집중되어 있었다. 회원의 출신지는 전원 산동성이었다. 회원의 산동성 각 현별 분포는 영성현(榮城縣), 모평현(牟平縣), 제성현(諸城縣), 문등현(文登縣), 내양현(萊陽縣), 일조현(日照縣)의 순으로 많았다. 1937년 조직을 개편하여 1942년의 간사장은 곡육송(曲毓松)이었으며, 부간사장 1명을 두었다. 연간 수입은 2천원이었다. 1949년의 회원의 채소경작 면적은 22.2만평, 주로 양배추, 배추, 호박, 가지, 무, 시금치, 파 등을 재배했다. 1949년 농회의 회장은 구우성(救牛成)이었다.(이정희·송승석(2015), 『근대시기 인천화교의 사회와 경제』, 학고방, 110-115·222)【이정희】

인천중화농회仁川中華農會

1912년 인천에 설립된 화교 야채상 및 야채재배 농민의 발기로 조직된 동업단체. 처음의 명칭은 중화농업공의회(中華農業公議會)였다. 1934년에 중화농회의 명칭으로 바뀌었다. 농회는 화교 야채상 및 야채재배 농민에 의한 매월 회비에 의해 운영되고 있다. 인천에서 화교 야채재배가 시작된 것은 1887년이었다. 산동성 출신의 왕(王)씨와 강(姜)씨 성을 가진 2명의 화교가 인천항 개항에 따라 야채 수요가 증가한 것에 착안하여 산동성에서 가져온 야채 종자로 야채를 재배한 것에서 시작됐다. 중화농회의 회원은 1912년 130호의 화농 농가로 시작했으며, 1929년에는 200호로 증가했다. 농회의 임원은 이사 1명, 평의원 9명, 그리고 각 지역별로 조장을 두고 각 회원 및 야채시장을 관리했다. 회원의 회비는 1912년 0.6원, 1926년 1.2원, 1929년부터 1.0원이었다. 1912년부터 1929년까지의 농회의 회장은 왕승선(王承譔)이었다. 1930년 회원 228명의 거주지

별 분포는 다주면(多朱面)에 전체 회원의 77%가 집중되어 있었다. 회원의 출신지는 전원 산동성이었다. 회원의 산동성 각 현별 분포는 영성현(榮城縣), 모평현(牟平縣), 제성현(諸城縣), 문등현(文登縣), 내양현(萊陽縣), 일조현(日照縣)의 순으로 많았다. 1937년 조직을 개편하여 1942년의 간사장은 곡육송(曲毓松)이었으며, 부간사장 1명을 두었다. 연간 수입은 2천원이었다. 1949년의 회원의 채소경작 면적은 22.2만평, 주로 양배추, 배추, 호박, 가지, 무, 시금치, 파 등을 재해뱄다. 1949년의 농회의 회장은 구우성(救牛成)이었다.(이정희·송승석(2015), 『근대시기 인천화교의 사회와 경제』, 학고방, 110-115·222)【이정희】

인천중화반업공회仁川中華飯業公會

해방 직후 인천 소재 화교 중화요리점의 동업단체. 1949년의 회장은 주례기(周禮基)였다. 1949년 당시 인천에는 대형, 소형의 중화요리점이 69개가 영업했다. 주요한 중화요리점은 송죽루(松竹樓, 경영자는 주례기(周禮基), 공화춘(共和春, 우희광(于希光)), 중화루(中華樓, 서덕유(徐悳有)), 만취동(萬聚東, 이경문(李慶文)), 빈해루(濱海樓, 우환흥(于煥興)), 복생루(福生樓, 양복주(揚福州)), 금매원(錦梅園, 임여하(林汝夏)), 평하원(平下園, 주명창(周銘昌))이었다.(이정희·송승석(2015), 『근대시기 인천화교의 사회와 경제』, 학고방, 252)【이정희】

인천중화상무총회장정仁川中華商務總會章程

1913년 제정된 인천중화상회의 규정으로 총 45개조로 이뤄져 있다. 제1조는 인천 거주 북방(北幇), 광방(廣幇), 남방(南幇) 상인이 연합하여 상업을 진흥하기 위해 조직한 것을 밝히고 있다. 제2조는 상회의 사무실을 인천중화회관에 두도록 했다. 제3조는 상회의 직원은 총리(회장) 1명, 협리(부회장) 2명, 의동(상임의원) 4명, 의원(평의원) 17명, 서기 1명, 통역원 1명을 두도록 규정했다. 제4조는 직원의 선거, 제5조는 직원의 임기, 제6조는 총리와 협리의 자격, 제7조와 제8조는 의동의 자격, 제9조부터

제14조까지는 각 직원의 업무 내용 및 권한의 내용, 제15조는 급료에 관한 규정이다. 제16조부터 제18조까지는 월례회, 정기대회, 임시대회 개최에 관한 것이 규정되어 있고, 제19조부터 제27조까지는 총리와 협리의 권리와 회의 진행 방법에 관해 규정되어 있다. 제29조는 월례회와 각 대회의 소집, 출석, 의사진행, 회의의 규칙 등의 규정이다. 제28조와 제30조까지는 화상(華商) 간의 대립 및 충돌 시 처리 방법, 제31조는 화상의 상황(商況)보고 규정이다. 제32조는 각 화상의 생사(生死)와 퇴거 의무의 규정, 제33조는 국경일 휴무 준수에 관한 규정이다. 제34조는 상회 경비 조달을 위한 기부금 모금, 제35조부터 제37조까지는 경비에 관한 규정이다. 제38조는 상무 진작을 위한 체제 구축, 제39조는 화상 간의 협력에 관한 규정이다. 제40조는 군산, 목포에 분회를 설치한다는 규정이다. 제41조는 화상의 법률 및 국기 위반 처벌에 관한 규정, 제42조는 의동, 의원의 처신 및 처벌에 관한 규정이다.(이정희·송승석(2015), 『근대시기 인천화교의 사회와 경제』, 학고방, 372-377)【이정희】

인천중화상회仁川中華商會

1913년 중화상무총회의 명칭으로 설립된 후, 본국 상회법의 개정에 따라 1915년에는 중화총상회, 1929년에는 화상상회 등의 명칭으로 바뀌었다. 이 단체는 원래 화상 간의 친목 도모와 화교경제의 발전을 위한 것이 목적이었지만, 중국의 최말단 행정기관으로서 인천영사관 및 판사처와 긴밀하게 연계되어 있었다. 인천화교 관련 각종 업무를 담당했다. 중화상회의 기능은 크게 6가지였다. 첫째, 영사관과 교민간의 중개 역할 및 상회 상호 간의 연대. 둘째, 상사(商事)의 분쟁 조정과 공단(公斷). 셋째, 상회 운영을 위한 기부금 모금. 넷째, 상회법에 근거한 각종 회의 및 대회의 개최. 다섯째, 화상 사회의 질서유지와 대외공동방위. 여섯째, 학교 등의 공동사업의 경영. 중화상회의 임원 및 직원은 총리(회장) 1명, 협리(부회장) 2명, 이사(상임이사) 4명, 평의원 17명, 서기 1명, 통역원 1명이었다. 중화민국 남경국민정부가 설립된 직후인 1929년 8월 상회법의 개정으로 중화상무총회의 명칭은 화상상회(華商商會)로 바뀌어 해방 직전까지 이 명칭이 존속했다. 중화상무총회는 이사회로 운영되었지만, 화상상회는 위원회로 바뀌었다. 위원회의 임원은 주석 1명, 상무위원 5명, 집행위원 15명, 감찰위원 7명이었다. 주석은 5명의 상무위원 가운데 선출되었다. 1935년 화상상회의 주석은 손경삼(孫景三)으로 중일전쟁 시기까지 계속 맡았다. 화상상회는 각 상점의 기부금과 회비로 유지되었다. 회연(會捐)이라 부르는 회비와 기부금 총수입은 매월 약 245원이었다. 이 총수입으로 상회의 일체의 경비를 충당했다. 인천화상상회의 재산은 인천중화회관 건물과 인천 도화리 225번지의 중화의지 땅 8,416평(시가는 7,995.2원)이었다. 1942년 화상상회의 회장은 여전히 손경삼이었으며, 상무위원은 손경삼, 곽화정(郭華亭), 왕흥서(王興西), 이선방(李仙舫), 왕소남(王少南)이었다. 연산 수입은 4천원, 중화의지 2천평을 관리하고 있었다.(이정희·송승석(2015), 『근대시기 인천화교의 사회와 경제』, 학고방, 85-95·222)【이정희】

인천중화회관仁川中華會館

1887년 초 인천의 북방, 남방, 광방 출신 화상에 의해 설립된 중화회관. 인천의 청국 전보국 부지에 화상이 자금을 갹출하여 1905년 2층의 건물로 건축한 것이 중화회관이었

인천중화회관의 표지석

다. 중화회관의 기능은 크게 7가지이다. 첫째는 제사(祭祀)의 거행과 우의적(友誼的) 집회의 개최. 둘째는 공동묘지인 의지의 관리. 셋째, 사회 공공의 자선사업. 화교 빈민이나 고아 등을 구제하는 등의 사업이다. 넷째, 기부금 갹출. 중화회관의 원활한 운영을 위해 각 방 및 각 화교에게 일정액의 회비를 거두었다. 다섯째, 회관의 공의(公議)에 관한 업무. 사회적, 정치적으로 관련되어 처리하기 어려운 문제는 중화회관이 각 방

의 대표를 모아 공의로서 해결했다. 여섯째, 화교 간 조정 화해의 업무. 화교사회의 화합을 해치고 규칙을 어긴 자를 공의로 재판하고, 각 방 간의 이해대립이나 충돌이 있을 경우 조정 및 화해시키는 역할을 담당했다. 일곱째, 외부의 관민 기관과의 연락 및 교섭의 업무. 대내적으로 각 방 협동에 의한 자치적 행정기관임과 동시에 대외적으로 정치적 교섭기관으로서의 역할을 했다. 1913년 본국의 상회법 개정으로 중화상무총회의 사무실이 중화회관 내에 설치되고, 상무총회와 업무가 거의 겹치면서 점차 중화회관의 명칭은 사라졌다. 중화회관 건물은 노후화로 인한 안전사고의 위험으로 1977년 철거된 후, 현재의 화교협회 건물이 들어섰다.(이정희·송승석(2015), 『근대시기 인천화교의 사회와 경제』, 학고방, 78-84)【이정희】

인천차이나타운仁川中華街

인천 중구 선린동 및 북성동 일대의 차이나타운. 1884년 4월 2일 민영묵 조선독판교섭통상사의와 진수당(陳樹棠) 총판조선상무위원 사이에 체결된 인천구화상지계장정(仁川口華商地界章程)으로 청국조계로 형성되기 시작했다. 인천차이나타운의 명칭은 처음에 청국조계, 조계가 폐지된 이후는 지나정(支那町, 일본명은 시나마치), 중일전쟁 전후하여 미생정(彌生町, 일본명은 야요이마치), 해방 직후인 1946년에는 선린동으로 각각 바뀌었다. 선린동이 북성동에 통폐합되어 현재의 행정명칭은 북성

인천차이나타운의 패루

동으로 되어 있다. 차이나타운이란 명칭은 1990년대 후반 지방자치단체
가 관광명소로 하기 위해 임의로 붙인 것이다. 2010년대 들어 차이나타
운의 영역이 동화마을 방향으로 확대되었다.(권기영·이정희 편(2015), 「인천차이
나타운 우리 안에 품다!」, 『인천, 대륙의 문화를 탐하다』, 학고방, 280-300)【이정희】

인천차이나타운번영회仁川中華街繁榮會

인천차이나타운 소재 상점주가 회원이 되어 2004년 설립한 단체. 차이나
타운의 상점주는 화교와 한국인이 각각 절반을 차지하고 있기 때문에
번영회 회장은 화교와 한국인 각각 1명이 공동회장을 맡고 있다. 번영회
에 가입된 상점은 약 100여개이며 각 회원으로부터 회비를 걷어 운영되
고 있다. 인천차이나타운의 발전을 위해 행정 당국에 각종 요청을 하거
나 불우이웃을 위한 각종 행사 등을 개최하고 있다.(권기영·이정희 편(2015),
「인천차이나타운 우리 안에 품다!」, 『인천, 대륙의 문화를 탐하다』, 학고방, 309-317)【이정희】

인천차이나타운의 축제

인천화교국민헌금운동仁川華僑國民獻金運動

인천중화회관이 중심이 되어 중화민국 건국 초기 본국 정부의 궁핍한
재정을 도와주기 위해 실시한 헌금운동. 1912년 가문연(賈文燕) 인천영
사를 비롯한 영사관원과 화교 77명이 참가하여 총 1,953.5원이 모금됐다.
국민헌금 운동은 황흥(黃興)의 제창으로 시작된 운동으로 중국 국내뿐

아니라 해외 거주 화교도 동참했다.(이정희·송승석(2015), 『근대시기 인천화교의 사회와 경제』, 학고방, 35-36)【이정희】

인천화교배척사건仁川華僑排斥事件

1931년 7월 인천에서 발생한 화교배척사건. 인천은 1931년 화교배척사건의 시발점이었다. 《조선일보》가 1931년 7월 2일 오후 중국 길림성 장춘 만보산 근처에서 조선인 농민이 벼농사를 짓기 위해 수로공사를 하는 과정에서 중국 관헌과 충돌, 조선인 농민이 다수 살상되었다는 호외신문을 발행했다. 이른바 '만보산사건'의 발발이다. 김이삼《조선일보》장춘특파원이 직접 사실을 확인하지 않고 일본주장춘영사관(日本駐長春領事館)으로부터 전해들은 정보로 기사를 쓴 오보였다. 이 호외 기사가 발행된 직후 인천, 서울에서 화교습격사건이 잇따라 일어났다. 3일 오전 1시 10분 인천부 용강정(현 인현동)의 중화요리점이 조선인 5명에게 습격을 받았다. 이어 오전 2시경에는 율목리(율목동), 중정(관동), 외리(경동)의 화교 중화요리점 및 이발소가 습격을 당했다. 오후 3시에는 경성부 광화문 밖에서 화교 2명이 구타를 당했다. 3일 오후가 되면 인천의 화교습격사건은 보다 확대된다. 오후 9시 45분 약 5천명의 군중이 지나정을 습격하려 했고 경찰에 의해 뜻을 이루지 못하자 군중은 화정(신흥동) 부근의 화교 가옥에 투석했다. 내리(내동)의 중화요리점인 평양관 부근에서는 수천명의 군중이 화교 가옥에 투석하는 등 폭력을 휘둘러 경계중인 경찰관 1명과 기마 1마리가 부상당했다. 조선총독부가 무장경찰을 투입하여 진압하자 사태는 진정되었다.(이정희(2016.6), 「1927년 조선화교배척사건의 경위와 실태: 인천화교배척사건을 중심으로」, 『동양사학연구』135, 동양사학회, 283-319)【이정희】

인천화교성당仁川華僑聖堂

인천차이나타운 소재 화교 성당. 1960년 설립. 설립 당시는 선린동성당

이라 했다. 미국 메리놀회 소속 고요셉 신부가
초대 신부로 부임했다. 고요셉 신부는 중국에
서 오랫동안 선교활동을 하여 중국어에 능통했
다. 1966년 성당 건물이 완공되었다. 고요셉 신
부가 노환으로 미국으로 귀국하고, 화교 신자
수의 감소로 1972년에는 해안성당으로 명칭이
바뀌고, 화교와 한국인 합동 성당이 되었다. 그
후 화교 신자가 거의 없어짐에 따라 한국인 성
당이 되었다. 현재의 명칭은 인천해안성당이
다.(인천해안성당 안내 간판; 기타 자료)【이정희】

구 인천화교성당이었던
해안성당

인천화교세대별명부仁川華僑世代別名簿

인천화상상회(仁川華商商會)가 1942년 8-9월 사이 인천화교 263세대,
1,365명의 인적사항을 조사한 명부로 인천시립박물관이 소장하고 있다.
이 명부는 본문 148쪽으로 구성되어 세대번호, 직업, 상호, 성명, 성별,
출생연월일, 본적, 현주소 순으로 구분되어 있다. 이 명부에는 개인의 직
업과 종사하고 있는 상호의 명칭 그리고 생년월일이 기재되어 있어
1942년 당시 인천화교의 직업별 분포, 중화요리점 및 상점의 현황, 각
개인의 중국 출신지를 파악할 수 있는 1차 자료이다.(배성수(2016.2), 「1940년
대 초 인천지역 화교사회의 동향: 인천광역시립박물관 소장 1942년 화교자료의 분석을 중심으
로」, 『인천학연구』24, 인천학연구소; 이정희(2018a), 333)【이정희】

인천화교소학仁川華僑小學

인천 소재 화교소학. 1902년 설립. 중화회관 내에 사숙 형태로 설치되었
지만, 인천영사관이 1914년 3월 근대식 공립학교로 전환시켰다. 1922년
부터 본국정부의 학제 개편에 따라 기존의 초급소학 4년, 고급소학 3년
과정에서 6년제로 바뀌었다. 학생인원이 점차 증가하자 새로운 교사를
1923년 신축하여 이전했다. 새로운 교사는 붉은 벽돌조적 건물로 교실

4칸(間), 강당 1칸(초급1-2년 교실로 사용), 도서실 1칸, 성적실(成績室) 1칸, 화장실 2칸, 교무실 겸 응접실 1칸, 교장 및 이사장실(校役室) 1칸으로 구성되어 있었다. 학교 교동회가 조직되어 학교 운영을 맡았다. 1929년 학교의 연간 수입 가운데 8할은 임대료 수입과 영사관의 수수료 수입이었고, 학비 수입은 전체의 2할을 차지했다. 1930년의 학생인원은 123명, 교직원은 7명이었다. 1930년 6월까지의 졸업생은 77명이었다. 학교의 조직은 1930년 교장 아래 교무(敎務), 훈육(訓育), 사무(事務)를 두고, 교과서는 본국 상해의 상무인서관(商務印書館), 중화서국(中華書局), 세계서국(世界書局)의 3대 출판사의 교과서가 채용됐다. 수업은 북경 표준어로 진행되었다. 1942년의 학생수는 179명, 교사는 9명. 1957년의 학생수는 545명. 2001년은 초등부 학생인원은 201명, 유치부 59명, 총 260명. 교사는 11명이었다.(李正熙(2010.3),「南京國民政府期の朝鮮における華僑小學校の實態: 朝鮮總督府の'排日'敎科書取り締まりを中心に」,『現代中國研究』26, 中國現代史研究會, 19-40; 왕언메이 저·송승석 역(2013), 376)【이정희】

인천화교소학

인천화교소학부평분교仁川華僑小學富平分校

인천 부평 소재 인천화교소학의 분교. 한국전쟁 기간 중 설립. 부평 거주 화교인 필경청(畢鏡淸), 이복규(李福奎)가 중심이 되어 분교 설립을 추진했다. 당시 인천화교자치구공소의 회장이자 인천화교소학의 이사장이었던 여계직(呂季直)도 분교 설립에 적극적으로 협조했다. 부천분교는 다른 분교와 동일하게 저학년에 한하여 수업을 진행했으며, 설립 당시의 학생수는 20여명이었다. 학생수 증가로 새로운 교사 건축이 추진되었다. 1954년 3월 280평의 부지에 새로운 교사가 준공되어 이곳에서 수업을 했다. 학생수 감소로 1986년 7월 폐교됐다.(이민주(2017.1), 「화교학생들의 학군 개척기(3)」, 『중국관행웹진』vol.77)【이정희】

인천화교소학용현분교仁川華僑小學龍峴分校

인천 남구 용현동 소재 인천화교소학의 분교. 한국전쟁 발발 후 인천화교소학이 휴교되면서 용현 거주 화교 자제의 교육을 위해 설립되었다. 용현 거주 화교 왕천광(王泉光)이 자신의 토지 228평과 창고 한 채를 기증하고 인천화교사회의 지원으로 분교가 설립되었다. 다만 교실이 협소한 관계로 저학년들만 용현분교에서 공부하고 고학년들은 그대로 인천화교소학에 다녔다. 설립 당시 분교의 학생수는 60-70명이었다. 행정적으로나 경제적으로 모두 인천화교소학에 예속되어 운영되었다. 1954년 분교의 운영을 담당했던 왕천광이 부산으로 이주하면서 그의 아들 왕소계(王昭楷)가 분교의 사무를 맡았다. 학생수의 증가로 1968년 말 새로운 교사를 건축했다. 당시의 학생수는 100여명이 넘었다. 1987년 학생수 감소로 폐교됐다.(이민주(2016.12), 「화교학생들의 학군 개척기(2)」, 『중국관행웹진』vol.76)【이정희】

인천화교소학주안분교仁川華僑小學朱安分校

인천 주안 소재 인천화교소학의 분교. 1946년 설립. 주안 거주 화농 농가의 농회(農會)가 중심이 되어 설립됐다. 당시의 농회회장인 주종영(周鍾英)이 중심이 되어 화농의 자제들이 주안에서 선린동 화교소학까지 통학하기에 거리가 먼 것을 안타깝게 생각하여 분교 설립을 추진했다. 주안지역 화교는 인천화교소학 및 인천중화상회의 협력 하에 모금활동을 전개, 현재의 석바위 부근에 300여 평의 부지를 마련하고, 이춘분(李春芬) 교사를 초빙하여 정식으로 수업을 시작했다. 주안분교는 설립 초기 인천화교소학과 별개로 대만정부의 승인을 얻어 독자적으로 운영되었으나, 학교운영상황이 나빠져 1951년 8월 인천화교소학에 예속되었다. 1956년 다시 상황이 회복되어 '행정 예속, 경제 독립'의 형태로 유지되었다. 그 후 학생수가 증가하여 교실이 부족하게 되자 1960년 새로운 교사를 건축했다. 화농의 인구가 감소함에 따라 주안분교는 1976년 문을 닫았다.(이민주(2016.11), 「화교학생들의 학군 개척기(1)」, 『중국관행웹진』vol.75)【이정희】

인천화교애국공채매입운동仁川華僑愛國公債買入運動

인천화교가 본국 정부의 재정수지 적자를 보충하기 위해 발행한 국채를 매입한 운동. 1915년 4월 애국공채를 매입한 인천화교는 172명이며, 매입 총액은 9,871.55원이었다. 애국공채의 이자 수입은 각 매입 화교에게 지불되었다.(이정희·송승석(2015), 『근대시기 인천화교의 사회와 경제』, 학고방, 36)【이정희】

인천화교역사관仁川華僑歷史館

인천시 중구 소재의 인천화교의 역사관. 인천시 중구청이 2015년 6월 11일에 개관했다. 한국화교 및 인천화교의 역사와 화교 기증의 유물이 전시되어 있다.【이정희】

인천화교역사문물전시관仁川華僑歷史文物展示館

인천화교협회 내 구 영사관 회의청 건물에 개설된 전시관. 2018년 12월 17일 개관. 인천화교협회가 소장중인 일부 문자 자료와 사진, 도장 등의 비문자 자료를 전시하고 있다. 인천화교협회소장자료는 인천화교협회가 1905년부터 약 100년간 생산한 자료를 인천

인천화교역사문물전시관

대 중국학술원과 공동으로 1년간의 아카이빙 작업을 통해 정리된 것이다.
【송승석】

인천화교영취소맥분상세표仁川華僑領取小麥粉詳細表

인천화상상회(仁川華商商會)가 1942년 4월 인천화교 각 세대에게 밀가루를 배포한 장부로 인천시립박물관이 소장하고 있다. 인천화교의 각 세대별 구성을 파악할 수 있는 1차 자료이다.(배성수(2016.2), 「1940년대 초 인천지역 화교사회의 동향: 인천광역시립박물관 소장 1942년 화교자료의 분석을 중심으로」, 『인천학연구』24, 인천학연구소; 이정희(2018a), 333)【이정희】

인천화교중산중학仁川華僑中山中學

인천 소재 화교 중학. 1957년 설립. 당시의 학생수는 75명이었다. 설립 당시의 이사장과 교장은 여계직(呂季直)이었다. 1964년 고등부가 개설되었다. 2001년 중등부 학생수는 109명, 고등부 학생수는 143명이었다. 교사 인원은 17명이었다. 화교중학의 교사는 1978년 새롭게 건축되었다.(華僑志編纂委員會編(1958), 155; 왕언메이 저·송승석 역(2013), 376)【송승석】

인천화교중산중학교사건축仁川華僑中山中學校舍建築

인천화교중산중학의 교사 건축. 학생수 증가로 인천화교소학과 공동으로 사용해온 교사의 공간이 부족하게 되자, 1977년 당시 인천화교협회 회장 양감민(楊鑑珉)은 화교지도자회의를 소집해 새로운 교사 설립을 결정했다.

인천화교중산중학의 교사

교사 신축부지는 1920년대 지어진 화교소학 교사(단층건물) 자리로 결정되었고, 건축비용은 화교학교 이전부지로 마련해둔 인천시 남구 간석

동 소재의 2,150평을 매각하여 건축비용을 마련했다. 공사는 1977년 11월부터 1978년 5월까지 이어졌고, 5월 12일 완공 기념행사가 성대하게 개최되었다. 건축면적 440평에 달하는 신축 교사는 12개의 교실이 마련되어 6개 학급으로 운영되어 중등부와 고등부 학생을 수용하기에 충분했다. 그 밖에 실험실, 미술실, 음악실, 도서열람실 등이 갖추어졌다.(이민주(2017.2), 「미래를 위한 투자, 인천화교중학건물 신축」, 『중국관행웹진』vol.78)【이정희】

인천화교협회仁川華僑協會

인천지역 화교의 대표적인 사회단체. 1887년 설립된 중화회관에서 시작되어, 본국의 상회법에 근거하여 1913년에 중화상회, 1929년에 화상상회로 명칭이 각각 변경되었다. 해방 후인 1947년에 화교자치구공소로 바뀐 후, 1960년대 초 화교협회로 명칭이 바뀌어 현재에 이르고 있다. 인천화교 협회 관할의 노화교 인구는 약 3천명이며, 각 화교의 회비와 협회 간부의 기부금으로 운영되고 있다. 중화회관의 사무실은 청국 전보국 내의 방을 빌려 사용했으며, 1900년대 초반 중화회관 전용 건물을 세웠다. 이 건물은 1978년 철거되고, 새롭게 건축된 것이 현재의 화교협회 건물이다.(이정희(2018b), 『화교가 없는 나라』, 동아시아, 144)【이정희】

인천화교협회의 건물

인천화교협회소장자료仁川華僑協會所藏資料

인천화교협회가 약 100년 동안 생산한 문헌과 비문헌 자료. 인천화교협회는 인천대학교 중국학술원과 2013년 11월 12일 동 협회 소장 미공개

자료 전수 조사 및 전산화 작업을 위한 정식 조사업무 협약을 체결했다. 한국의 각 지역 화교협회 가운데 이처럼 소장 자료 전체를 연구기관에 공개한 것은 국내 최초이다. 중국학술원과 인천화교협회는 이 협약 체결을 계기로 동 자료에 대해 본격적인 조사 작업에 착수했다. 중국학술원 소속 인원 24명이 약 1년 동안 자료취합 및 클리닝 → 분류 및 목록 작성 → 디지털화(스캐닝, 사진촬영, 이미지보정) → 자료보존처리 바인딩 → 라벨부착 및 진공포장 → 수장고 설치 작업을 순차적으로 진행했다. 중국학술원이 자료 전수 조사 및 전산화 작업을 한 결과, 현재까지 파악된 사료는 문헌 사료 약 1,300건(잡지 및 책 포함), 비문헌 사료(지도, 인감, 사진) 약 600건에 달한다. 이들 자료는 현 인천화교협회의 전신인 인천중화회관, 인천중화총상회, 인천화상상회, 인천중화상회, 남한화교자치구공소, 인천화교자치회, 인천화교사지구, 그리고 인친화교협회의 명칭으로 생성된 것이다. 이 자료의 생성 기간은 가장 빠른 것이 1905년이며 약 100년간에 걸쳐 있다. 이들 자료는 아카이빙 작업을 그쳐 현재 인천화교협회 수장고에 보존되어 있다.(송승석(2015), 「'인천화교협회 소장 자료' 발굴에 대한 小考: 자료의 사료적 가치, 구성 및 활용방안을 중심으로」, 『중앙사론』42, 중앙사학연구소; 이정희·송승석(2015), 『근대시기 인천화교의 사회와 경제』, 학고방, 25-26)【송승석·이정희】

인천화교협회장선거仁川華僑協會長選擧

인천화교협회의 회장을 선출하는 선거. 인천화교협회 제2회 회장, 부회장을 선출하는 선거는 1962년 9월 16일(일) 오전 10시 인천화교소학 교정에서 진행됐다. 회장, 부회장 후보는 총 17명이었다. 후보자 명단은 우홍장(于鴻章), 왕영전(王營田), 모본총(慕本聰), 조가치(刁家治), 왕영화(王永華), 김지성(金志成), 주복유(周福維), 송배기(宋培基), 팽진가(彭晉嘉), 여성원(呂聲遠), 이영은(李永恩), 진수근(陳守勤), 장희성(張希聖), 손진항(孫振杭), 주대문(周大文), 왕소해(王昭楷)였다. 당시 인천화교협회는 화교의 거주지를 7개의 리(里)로 구분하고 이를 다시 53개의

린(隣)으로 구역화하여 관리했다. 각 후보는 각 리린(里隣)에서 추천되었다. 이날 선거에 참여한 화교는 1,129명이었다. 협회의 선거관련 규정에 따르면 투표의 권한이 있는 자는 인천에 6개월 이상 거주하는 만 20세 이상인 남녀 화교였다. 선거 장소에 도착한 화교는 자신이 속한 구역의 명부에 등기를 하고 회장용, 부회장용 투표용지를 각각 2장씩 수령하여 투표를 진행했다. 이날 투표 결과, 전임 회장이던 우홍장(于鴻章)이 다시 회장으로 선출되었고, 진수근(陳守勤)과 조가치(刁家治)가 부회장에 뽑혔다. 우홍장은 946표를 얻어 압도적인 득표를 했다. 우홍장은 이후 1970년까지 협회장을 연임하는 등 인천화교사회의 대표적인 화교지도자로서 활동했다. 우홍장은 당시 유명한 공화춘의 경영자였다. 현재의 협회장 선거도 당시와 비슷한 방식으로 치러지고 있으며, 현재의 회장은 손덕준(孫德俊)이다.(이민주(2016.10),「누가 인천화교사회를 이끌 것인가: 1962년 인천화교협회 회장 선거 다시보기」,『중국관행웹진』vol.74)【이정희】

인천화상면포동업회仁川華商綿布同業會

일제강점기 1924년 인천에 설립된 화교 주단포목상점의 동업단체. 인천의 각 주단포목상점에 의해 조직되었으며, 각 상점의 경영자가 산동성 출신이었기 때문에 산동동향회관 내에 사무실이 설치되었다. 동업회는 화상 주단포목상점 간의 친목과 정보 교류를 도모했다.(이정희·송승석(2015),『근대시기 인천화교의 사회와 경제』, 학고방, 118)【이정희】

인천화상무역협의회仁川華商貿易協議會

일제강점기 1941년 5월 경인(京仁)지역 21개 화교 무역상점에 의해 조직된 동업단체. 조선총독부 관청과의 원활한 업무 진행을 위해 일본인 하타에 토시로(波多江俊郞)를 이사로 앉혔다. 업무는 주로 화상의 수출입 허가 신청의 처리를 담당했다. 회장은 손경삼(孫景三)이었다. 해방 직후 인천화상무역조합(仁川華商貿易組合)으로 명칭이 바뀌었지만, 회장은 여전히 손경삼이 맡았다. 한국전쟁 발발 후 화교 무역회사가 문을 닫으면서 자연히 소멸됐다.(이정희·송승석(2015), 『근대시기 인천화교의 사회와 경제』, 학고방, 223·153)【이정희】

인천화상해산조합仁川華商海産組合

일제강점기 1937년 5월 인천의 해산물 무역상이 설립한 동업단체. 인천의 화상은 인천에 집산된 해산물을 중국, 만주, 관동주에 수출했다. 1937년 5월 현재 인천에서 해산물 수출을 하는 화상은 동화창(東和昌), 지흥동(誌興東), 춘기잔(春記棧), 쌍성발(雙成發), 인합동(仁合東), 만취동(萬聚東), 원화잔(元和棧)이었다. 주요한 수출품은 해삼, 염어, 선어(鮮魚), 건어, 조개, 김 등이었다.(이정희·송승석(2015), 『근대시기 인천화교의 사회와 경제』, 학고방, 150-153)【이정희】

인태동仁泰東

일제강점기 군산 소재 화교의 주단포목 도매상점. 1923년의 연간매상액은 3만원이었다.(이정희(2018a), 『한반도 화교사』, 동아시아, 69)【이정희】

인태항仁泰恒

일제강점기 군산 소재 화교의 주단포목 및 잡화 도매상점. 경영자는 왕수람(王樹嵐)으로 1923년의 연간매상액은 54,000원이었다. 군산의 덕생동(德生東) 주단포목상점으로부터 직물을 조달하고 있었다.(이정희(2018a), 『한반도 화교사』, 동아시아, 69·143)【이정희】

인합동仁合東

일제강점기 인천 소재 화교의 주단포목 수입상점. 지나정(支那町)에 소재했다. 1923년의 연간매상액은 15만원이었다. 1928년의 경영자는 양익지(楊翼之)였고, 연간매상액은 55만원이었다.(이정희·송승석(2015), 『근대시기 인천화교의 사회와 경제』, 학고방, 69·170)【이정희】

인합동仁合東

일제강점기 인천 소재 화교의 해산물 무역상 및 잡화 수입상점. 1894년 설립. 지나정(支那町) 16번지에 소재했다. 1928년의 경영자는 양인성(楊仁盛)으로 연간매상액은 84,000원이었다. 1935년의 경영자는 강자봉(姜肇鋒)으로 산동성 출신이었다. 자본금은 6만원이었다.(이정희·송승석(2015), 『근대시기 인천화교의 사회와 경제』, 학고방, 70·170)【이정희】

인화루仁和樓

일제강점기 부산 소재 화교의 중화요리점. 1923년의 연간매상액은 3천원이었다.(이정희(2018a), 『한반도 화교사』, 동아시아, 291)【이정희】

인화복人和福

일제강점기 인천 소재 화교의 주단포목 수입상점. 1923년의 연간매상액은 36만원이었다.(이정희(2018a), 『한반도 화교사』, 동아시아, 69)【이정희】

인화흥仁和興

일제강점기 신의주 소재 화교의 양말공장. 1925년 설립. 경영자는 필서혜(畢庶惠)였다. 1926년의 직원은 12명, 연간생산액은 4,130원이었다. 1931년 화교배척사건 이후에도 존속하여 중일전쟁 시기에도 영업을 계속했다. 1941년 8월 10일 현재의 직원은 10명이었다.(이정희(2018a), 『한반도 화교사』, 동아시아, 409·435)【이정희】

일동회日東會

일제강점기 인천부 거주 산동성 출신 화교 21명이 만든 항일단체. 1940년 2월 22일부터 1943년 4월 24일까지 약 3년 동안 방화 12건, 군의 첩보제보 2건을 감행했다. 방화로 초래된 재산손해는 약 68만원, 사망자는

2명이 발생했다. 1943년 12월까지 체포된 15명 가운데 9명은 방화, 군기보호법위반, 국방보안법위반의 죄로 경성지방법원에서 재판을 받았다. 이 가운데 4명은 서대문형무소에서 타계했다.(이정희(2017.6), 「중일전쟁시기 조선화교의 항일활동」, 『동양사학연구』139, 348-353; 기타 자료)【이정희】

일등국민一等國民

미군정기 화교가 연합국국민(聯合國國民)으로서 우대받았다는 뜻에서 화교가 사용한 말. 미군정청은 화교의 귀국, 경제활동, 배급 등에서 내국인과 동등 혹은 그 이상의 대우를 하여 한국인의 반감을 샀다.(이정희 (2018a), 『한반도 화교사』, 동아시아, 258)【이정희】

일제강점기 화공문세日帝强占期 華工問題

일제강점기 화공 인구는 1920년대 들어 급증, 조선의 큰 사회문제로 대두했다. 1930년 10월 현재 조선의 토목건축노동자의 인구는 8만4,984명이었는데 이 가운데 조선인은 5만8,720명(전체의 69.1%), 일본인이 1만4,975명(동 17.6%), 화공이 1만1,285명(동 13.3%)으로 화공이 토목선축노동자의 10% 이상을 차지했다. 단순육체노동자로 기술을 그다지 필요로 하지 않는 석공과 토공만을 놓고 보면 7,759명에 달해 조선인 2만3,953명보다 적지만 일본인 1,940명을 훨씬 상회했으며, 조선 전체의 석공 및 토공의 23%를 차지했다. 이외에 공장노동자는 8,678명, 운수교통종사자는 5,742명, 광부는 2,589명, 어부 68명이었다. 중국인 노동자의 조선 이주의 풀(Pull) 요인은 조선총독부의 '경제개발'에 따른 노동력 수요의 증가, 푸시(Push) 요인은 산동성 및 하북성의 천재(天災) 및 군벌 내전에 의한 경제적 곤궁에 있었다. 조선에서는 화공의 급증으로 조선인 노동계의 반발, 조선인과 화공 간의 빈번한 충돌로 화공의 입국제한을 요구하는 여론이 강했지만, 조선총독부는 입국제한조치를 단행하지는 않았다. 조선총독부가 조선인의 만주이주와 재만조선인 박해문제를 고려했기 때문이었다. 중국인의 조선 이주에 관한 입국제한은 만주국이 수립

된 이후인 1934년 9월부터 실시되었다. 이러한 화공 인구의 급속한 증가
는 1927년 화교배척사건, 1931년 화교배척사건을 일으킨 원인(遠因)으
로 작용했다. 화교배척사건으로 화공의 인구가 감소하지만, 점차 회복되
었다. 1933년의 화공 인구는 3만7,732명, 1934년은 4만9,334명, 1935년은
5만7,639명, 1936년은 6만3,981명이었다. 1930년대의 화공 인구의 증가는
조선 북부지역의 '경제개발'로 인해 화공에 대한 왕성한 수요가 있었기
때문이었다. 노구교사건 직후 화공의 인구는 급감했지만, 조선총독부가
국책사업 관련해서는 화공의 입국을 제한하지 않아, 중일전쟁시기 화공
의 인구는 증가하는 추세를 보였다.(김태웅(2016), 『이주노동자, 그들은 우리에게 어
떻게 다가왔나: 일제강점기 중국인 노동자와 한국인』, 아카넷; 이정희(2018a), 『한반도 화교
사』, 동아시아, 579-586; 기타 자료)【이정희】

1931년화교배척사건1931年華僑排斥事件

1931년 7월 조선 전역에서 발생한 화교배척사건. '만보산사건'이라고도
한다. 7월 3일 새벽 인천에서 시작됐다. 조선총독부 경무국(警務局)이
발표한 인적피해는 사망 119명, 중상 45명, 경상 150명이었고, 폭행협박
565건, 방화 104건, 투석기물파손 849건, 호떡비미지불 22건, 채소약탈
23건이었다. 중화민국정부 발표의 피해상황은 사망 142명, 중상 120명,
경상 426명, 재산손실액 416만원이었다. 국제연맹의 《리튼보고서》는 사
망 127명, 부상 392명, 재산손실액 250만원으로 발표했다. 이 사건의 근
인(近因)은 만주 거주 조선인에 대한 중국 당국의 탄압이 오보로 잘못
조선에 전달되어 도화선이 되었으며, 조선총독부의 의도적인 사보타주
가 사건을 확대시켰다. 사건의 원인(遠因)은 조선인의 화교에 대한 평소
감정이 좋지 않았다는 점을 들 수 있다. 화교는 조선에서 화상(華商), 화
공(華工), 화농(華農)으로서 상당한 경제적 세력을 형성하고 있었다. 특
히, 화공은 싼 임금에 일을 성실히 잘 했기 때문에 조선인 노동자를 노
동시장에서 구축해 나갔다. 조선총독부는 화공의 입국을 조선인의 만주
이주문제와 연관시켜 엄격히 제한하지 않았다. 1931년 화교배척사건 발

발 이전 조선인 노동자와 화공 간의 마찰 및 충돌은 이미 위험 수위를 넘고 있었다. 이러한 양 민족 간 갈등을 풀기 위한 상호 소통의 공간도 없었다. 당시 화교는 중국어만 사용하고 조선어를 배우려 하지 않았다. 경제적 거래는 일본어로 했기 때문에 조선어의 필요성을 느끼지 못했던 것이다. 화교학교에서도 정식 과목으로 조선어를 가르치지 않았고 과외 활동으로서 조선어를 가르치는 정도였다. 양 민족 간의 감정의 골은 깊어지고 있는데 상호 소통의 통로가 없었던 것이다. 이 사건 직전 조선의 경제는 1929년 세계대공황의 영향으로 매우 심각한 상황이었다. 조선인 실업자는 급증했다. 조선인은 일제에 의해 정치적으로 억압을 받고 있었고 경제적으로 어려움에 처해 있었지만 이러한 문제해결을 호소할 수 있는 정치적 기관이 거의 없었다. 중화민국정부는 이 사건을 전적으로 일본성부 및 조선총독부에 책임이 있다며, 사건을 방조한 책임지 치벌을 요구하고 희생자에 대한 배상금을 요구했다. 그러나 일본정부는 조선총독부가 화교의 보호에 전력을 다했기 때문에 책임은 없다고 반론하며, 화교 희생자에 대해서는 일부 구휼금을 지급했다. 이 사건 직후 만주사변이 발발하면서 양국 간 이 문제의 협상은 진척되지 못했다.(李正熙 (2012), 『朝鮮華僑と近代東アジア』, 京都大學學術出版社, 417-477; 기타 자료)【이정희】

1927년화교배척사건1927年華僑排斥事件

1927년 12월 조선의 남부지역인 전라도, 충청도, 경기도에서 발생한 화교 배척사건. 조선총독부 경무국(警務局) 발표의 인적 및 물적 피해 정도는 다음과 같다. 화교 습격 건수 702건, 5인 이상 집단 습격 건수 87건, 물적 피해추정액 9,567원, 인적피해는 사망 2명, 중상 11명, 경상 54명이었다. 이 사건 발생은 만주 관헌의 재만조선인에 대한 박해가 직접적인 계기가 됐다. 1927년 12월 7일 전라북도 이리에서 만주 거주 조선인에 대한 중국 관헌의 탄압에 항의하는 집회가 개최되었다. 집회 참가자 가운데 200명은 이날 저녁 화교 상점으로 몰려가 문과 창문을 타격하고 폐점과 퇴거를 강요했다. 각 화교상점은 문을 잠그고 밖으로 나가지 않았기 때문에 중상을 입은 화교는 없었지만, 교외에서 채소를 재배하는 화농(華農)은 구타를 당했다. 경찰은 8일 군중을 진압하기 시작, 주동자 4명을 검거하자 이리 시내는 평온을 되찾았다. 하지만 화교 습격은 인근 전주, 군산으로 확산되었다. 전주에서는 군중 800명이 조선총독부 철도국(鐵道局)에 고용된 화공(華工) 200명을 습격하여 사망 2명, 중상 7명, 경상 10여명이 발생했다. 화교 습격은 9일 전라북도에 이웃한 전라남도와 충청남도로 확산되었고, 12일에는 충청북도, 황해도, 평안남도, 경상북도, 14일에는 경성과 인천에도 발생했다. 인천 지나정(支那町, 현재의 선린동 차이나타운)에 수용된 화교는 전라도, 충청도 그리고 인천 부근에서 피난 온 화교였다. 지나정은 화교의 집단거주지 및 상업지로 군중의 습격으로부터 상대적으로 안전한 곳이었기 때문에 각지에서 피난민이 몰려든 것이다. 인천중화총상회는 피난민을 각 화교 상점 및 중화요리점을 수용소로 사용하여 이들을 배치했다. 금화각(金和閣)에 240여명, 덕생동(德生東)에 40여명, 동화창(東和昌)에 40여명, 유풍덕(裕豊德)에 40여명, 문태흥(文泰興)에 40여명, 금생동(錦生東)에 30여명, 협흥유(協興裕)에 30여명이 각각 수용되었다. 인천은 전국에서 화교의 피해가 가장 심한 지역으로 전국 인적 피해 총 인원의 3할, 물적 피해 총액의 약 6할을 차지했다. 중화민국주경성총영사관은 능만수(凌慢壽) 부영사를 단장으로 경성중화총상회와 인천중화총상회의 임원을 전라도 지역 피해상황을 조사하게 하고, 조선총독부에 엄중한 항의를 했다. 조선총독부 경무국은 피해조사를 했을 뿐 물적·인적피해에 대한 어떠한 보상도 해주지 않았다.(이정희 (2016.6), 「1927년 조선화교배척사건의 경위와 실태: 인천화교배척사건을 중심으로」, 『동양사학연구』135, 283-319; 기타 자료)【이정희】

일흥루壹興樓

일제강점기 인천 소재 화교의 중화요리점. 경영자는 공소복(孔昭福)으로 1927년 화교배척사건 때 습격을 당해 32.62원의 직접피해를 입었다. (이정희(2018a), 『한반도 화교사』, 동아시아, 310)【이정희】

임경우林耕宇, 1891-?

중화민국의 외교관. 중화민국 남경국민정부 주만주국통상대표(駐滿洲通商代表)로 근무하다 1941년 12월 경성총영사(공사대우)로 부임하여 1943년 5월 왕정위 남경국민정부 외교부 호북성(湖北省) 특파원으로 전임했다. 1942년 오무장공사 내에 1931년 화교배척사건 때 희생당한 화교의 위판(位版)을 안치했다.(朝鮮總督府外務課(1942), 『昭和17年 領事館表關係』)【이정희】

임계결林桂潔, 1907-?

일제강점기 전라북도 정읍의 화상(華商). 산동성 서하현 출신. 소학 졸업. 주단포목상점 경영자. 1942년 정읍중화상회의 이사로 활동하고 있었다.(釜山領事館(1942), 「井邑中華商會職員履歷表」, 『汪僞僑務委員會檔案』)【이정희】

임길복중화요리점林吉福中華料理店

일제강점기 충청남도 강경 본정(本町) 소재 화교의 중화요리점. 경영자는 임길복(林吉福)으로 1927년 화교배척사건 때 습격을 받아 부싱을 당했다.(이정희(2018a), 『한반도 화교사』, 동아시아, 309)【이정희】

임덕광林德光, 1911-?

일제강점기 전라북도 정읍의 화상(華商). 산동성 서하현 출신. 소학 6년 졸업. 주단포목상점 경영자. 1942년 정읍중화상회의 회장으로 활동하고 있었다.(釜山領事館(1942), 「井邑中華商會職員履歷表」, 『汪僞僑務委員會檔案』)【이정희】

임동林桐, 1864-?

일제강점기 인천의 화상(華商). 산동성 영해현(寧海縣) 출신. 주단포목상점 화취공(和聚公)의 경영자로 1913년 인천중화상회 초대 의원으로 선출되어 활동했다.(이정희·송승석(2015), 『근대시기 인천화교의 사회와 경제』, 학고방, 97)【이정희】

임복춘林福春, 생졸년불상

북한화교. 1948년 9월 북조선화교중학교에 입학했다. 재학 시 학교의 학생 자치회의 주석을 맡았으며, 학생창조 모범활동에 적극 참가한 공로로 1949년 1월 2등 모범상장을 받았다. 1950년 5월 청진중국인인민학교(淸津中國人人民學校)의 교장에 임명되어 일했으며, 한국전쟁 휴전 후 화교연합회중앙위원회에서 근무했다. 1963년까지 평양화교 직맹위원회(職盟委員會)의 회장, 화교연합회 선전부의 부부장 등의 직책을 맡았다.(朝鮮華僑聯合會機關報《華訊》)【송우창】

임서곤林書坤, 1887-?

일제강점기 전라북도 정읍의 화상(華商). 산동성 서하현 출신. 소학 졸업. 주단포목상점 경영자. 1942년 정읍중화상회의 이사로 활동하고 있었다.(釜山領事館(1942),「井邑中華商會職員履歷表」,『汪僞僑務委員會檔案』)【이정희】

임왕년任旺年, 생졸년불상

북한화교. 산동성 일조(日照) 출신. 7살 때 조선으로 이주했다. 1953년 평양중국인인민학교에서 학생을 가르쳤고, 1958년 북한 국적을 취득했다. 1959년 평양시제1중국인인민학교의 교장을 지냈다. 1960년 평양교원대학(平壤敎員大學)에 입학해 1962년 졸업했다. 졸업 후 평양중국인고급중학교의 교무처장에 임명되어 일했으며, 동시에 평양지구화교노동자학교의 교육업무를 담당했다. 1966-1967년 사이 중국으로 귀국하여 심양(沈陽)에 배치되었다. 문화대혁명 기간 중 비판을 받아 반금시(盤錦市) 대와농장(大窪農場)으로 하방되었다. 그 후 심양으로 소환되었다.(朝鮮華僑聯合會機關報《華訊》)【송우창】

임원통林元通, 1905-?

일제강점기 전라남도 광주의 화상(華商). 산동성 서하현(棲霞縣) 출신.

소학 6년 졸업. 주단포목상점 통풍호(通豊號)의 경영자. 상업 경력 13년. 1942년 광주중화상회의 이사로 활동하고 있었다.(釜山領事館(1942), 「光州中華商會職員履歷表」, 『汪僞僑務委員會檔案』)【이정희】

임인광林仁光, 1920-?

일제강점기 전라북도 정읍의 화상(華商). 산동성 서하현 출신. 소학 졸업. 중화요리점 경영자. 1942년 정읍중화상회의 이사로 활동하고 있었다.(釜山領事館(1942), 「井邑中華商會職員履歷表」, 『汪僞僑務委員會檔案』)【이정희】

임적산任積山, 생졸년불상

일제상섬기 부산의 화상(華商). 주단포목상점 원형리(元亨利)의 경영자로 1923년 부산중화상회의 회장을 맡았다.(이정희(2018a), 『한반도 화교사』, 동아시아, 64)【이정희】

임정평林定平, 생졸년불상

중화민국의 외교관. 노구교사건 당시 일본 요코하마총영사관의 부영사로 근무했다. 범한생 경성총영사가 중화민국임시정부 참가 선언을 하자, 국민정부 외교부로부터 경성총영사관 영사 겸무의 지령을 받았다. 조선총독부의 방해 공작으로 착임하지는 못했다.(이정희(2018.12b), 「중일전쟁시기 범한생(范漢生) 경성총영사의 친일활동과 조선화교 사회의 변동」, 『중앙사론』48, 178·186)【이정희】

임정화林貞華, 1896-?

일제강점기 함경남도 원산의 화상(華商). 화북성 교하현 출신. 주물공장 화경공(華慶公)의 경영자. 1942년 원산중화상회의 집행위원으로 활동하고 있었다.(元山領事館(1942), 「元山中華商會章程職員履歷表」, 『汪僞僑務委員會檔案』)【이정희】

임존현林尊賢

대만의 외교관. 1992년 8월 주한대만대사관이 폐쇄되고, 새로 설립된 주한 대북대표부의 초대 대표로 임명되었다. 1994년 1월 24일 임명되어 2001년 5월 22일까지 근무했다.(이정희(2018b), 화교가 없는 나라」, 동아시아, 238)【이정희】

임치경林治卿, 생졸년불상

북한화교. 1948년 황해도화교연합회의 위원을 지냈다. 1950년 황해도화교연합회의 조직과장에 임명되었으며, 한국전쟁 휴전 후 평안북도화교연합회의 위원장을 역임했다. 1957년 4월 북한 최고인민회의 상임위원회로부터 공로상을 수여했다. 1960년에는 화교연합회중앙위원회의 조직부장을 역임했다.(朝鮮華僑聯合會機關報《華訊》)【송우창】

임풍년林豊年, 1895-?

일제강점기 인천의 화상(華商). 산동성 내양현(萊陽縣) 출신. 1942년 인천의 주단포목상점인 쌍성흥(雙盛興)의 경영자로 활동하고 있었다.(이정희(2018a), 『한반도 화교사』, 동아시아, 239)【이정희】

자강도화교연합회慈江道華僑聯合會

자강도의 대표적인 화교 사회단체. 1949년 1월 자강도가 평안북도에서 분리되면서 설립됐다. 도(道) 화교연합회는 강계시(江界市)에 자리 잡았다. 초대위원장은 왕문란(王文蘭), 조직과장은 왕우윤(王友潤)이었다.(朝鮮華僑聯合總會機關報《民主華僑》; 朝鮮華僑聯合會機關報《華訊》; 陳香林、王桂敏 主編 (2018),《吉林文史資料選輯第46輯: 朝鮮歸來 中》, 225-227)【송우창】

자기단自起團

일제강점기 함경북도 청진을 중심으로 활동한 화교의 항일단체. 중국 화북 중공팔로군 소속 대원이 조선에 잠입하여 화교 장년과 노동자를 규합, 1938년 7월경 청진을 중심으로 자기단을 조직했다. 자기단은 청진을 중심으로 군사정보의 제보, 방화 모략 및 철도 파괴 그리고 평양, 부산지방의 군사정보의 제보를 감행했다. 군사정보 제보는 1938년 7월부터 1941년 11월말까지 15건에 달했다. 제보 내용은 청진항, 나진항, 부산항에 상륙하는 일본 육군부대의 수송상황, 나남, 회령, 평양 등의 병영 및 비행장 등을 촬영하여 이를 화북의 중공팔로군에 통보했다. 자기단에 의한 방화는 1938년 12월 20일경부터 1942년 2월까지 15건에 달했다. 1943년까지 판명된 혐의자는 41명에 달하며 이 가운데 33명이 체포되었다. 체포된 화교 가운데 15명은 1심에서 구형을 받았으며, 18명은 불기소 처분을 받았다.
(이정희(2017.6), 「중일전쟁시기 조선화교의 항일활동」, 『동양사학연구』139, 346-347)【이정희】

자성군중강면화교연합회간부학습위원회慈城郡中江面華僑聯合會幹部學習委員會

북한 자성군 중강면 화교연합회가 1948년 11월 연합회 간부의 사상 수준을 제고하기 위해 만든 간부양성조직. 이 조직의 위원장은 손범오(孫範五)와 낙만령(樂萬齡)이었다. 학습위원은 우전덕(于全德), 이귀진(李貴辰), 조금성(趙金聲), 유보범(劉寶範) 등이었다. 학습 대상은 화교연합회의 소조장(小組長)과 선전원(宣傳員) 이상 간부 및 화교학교의 교원과 학교 이사회의 이사 등이었다.(朝鮮華僑聯合總會機關報《民主華僑》)【송우창】

자성중화상회慈城中華商會

일제강점기 평안북도 자성지역의 화교 사회단체. 1942년 여선중화상회연합회의 회원이었고, 당시의 회장은 강문신(姜文信)이었다.(이정희·송승석(2015), 『근대시기 인천화교의 사회와 경제』, 학고방, 234)【이정희】

자장면炸醬麵

한국의 대표적인 중화요리. 중국 산동성을 비롯한 화북의 민간음식인 작장면(炸醬麵)이 기원. 작장면의 중국어발음이 '자장미엔'이기 때문에 한국에서 '자장면'으로 정착되었다. 요즘 북경에서 팔고 있는 '옛날식 북경 자장면(老北京炸醬麵)'과 한국의 자장면은

자장면

약간 차이가 난다. 옛날식 북경 자장면의 춘장은 짜고 양이 적은 반면, 한국식 자장면은 달고 양이 많은 편이다. 화교에 의해 한국식 자장면으로 개발되었으며, 해방 이후 대중음식으로 정착했다.(이정희(2018a), 『한반도 화교사』, 동아시아, 278)【이정희】

장개석총통추도대회蔣介石總統追悼大會

대만의 장개석 총통이 1975년 4월 5일 89세를 일기로 타계하자, 인천화교

는 인천화교협회 강당에 그의 빈소를 마련하는 등 각종 추모활동을 전개했다. 인천화교협회는 4월 16일 화교학교 운동장에서 추도대회를 거행했다. 이 대회에는 1,800명의 화교와 인천시의 인사가 참석해 장개석에 대한 추모의 뜻을 기렸다. 그해 9월에는 '고 총통 장개석 사진전시회'가 전국적으로 순회 개최되었다.(이민주(2016.6), 「장개석 서거」, 『중국관행웹진』vol.70)【이정희】

장개석총통탄신기념일蔣介石總統誕辰記念日

한국화교가 장개석(1887-1975) 총통의 탄생일인 10월 31일에 맞춰 개최한 기념행사. 1953년 67세 탄신일을 기념하는 행사는 대말타기(高橋)를 비롯하여 화교소학의 학생 율동공연이 있었다. 장수(長壽)를 기원하는 의미를 담은 전통극 '복숭아나무 끌기(推桃)'를 공연하기도 했다. 이 행사는 장개석 총통이 타계하기 전까지 계속 개최되었다.(이민주(2016.4), 「총통 67세 탄신기념 행사」, 『중국관행웹진』vol.68)【이정희】

대구화교중학 교정의 장개석 동상

장거정張居正, 1916-?

일제강점기 경성의 화상(華商). 산동성 유현(濰縣) 출신. 중일전쟁시기 중화요리점을 경영하면서 경성중화요리조합의 부회장으로 일했다. 1942년 11월 조선화교 귀국 관광단의 일원으로 중국의 상해, 남경 등지를 방문했다.(京城總領事館(1942.11.), 「朝鮮僑民回國觀光團問題的往來文書」, 『汪僞僑務委員會檔案』)【이정희】

장계삼양복점張桂森洋服店

일제강점기 경성 소재 화교의 양복점. 태평통(太平通)에 소재했다. 1923

년의 연간매상액은 18,000원이었다.(이정희(2018a), 『한반도 화교사』, 동아시아, 360) 【이정희】

장륙산張毓山, 1892-?

일제강점기 인천의 화농(華農). 산동성 출신. 1930년 인천중화농업회의 임원으로 활동했다.(이정희(2018a), 『한반도 화교사』, 동아시아, 458)【이정희】

장명복張明福, 생졸년불상

북한의 해주 화상(華商). 해방초기 해주화교소학 이사를 지내면서 학교 를 위해 여러 차례 기부했다. 1948년과 1949년 중국공산당의 국공내전 승전을 위해 1만여원을 기부했다.(朝鮮華僑聯合總會機關報《民主華僑》)【송우창】

장명재張明齋, 1909-?

일제강점기 평양의 화상(華商). 산동성 모평현 출신. 중화요리점 신성루 (新盛樓)의 경영자. 1942년 평양중화상회의 이사로 활동하고 있었다.(京 城總領事館(1942),「平壤中華商會職員略歷表」, 『汪僞僑務委員會檔案』)【이정희】

장문영張文英, 1910-?

중화민국의 외교관. 1942년 진남포판사처의 서기로 근무했다. 1944년 6 월부터 원산영사관의 주사로 근무했다.(朝鮮總督府外務課(1942), 『昭和17年 領事 館表關係』)【이정희】

장문유張文有, 1916-?

일제강점기 경기도 거주 화교의 행상. 1938년 조선총독부의 조언비어법 (造言飛語罪) 위반으로 금고 6개월의 처분을 받았다.(이정희(2017.6),「중일전 쟁시기 조선화교의 항일활동」, 『동양사학연구』139, 344)【이정희】

장발륭長發隆

일제강점기 경성 소재 화교의 건축시공회사. 1915년의 경영자는 유은생(劉銀生)이었다.(이정희(2018a), 『한반도 화교사』, 동아시아, 600)【이정희】

장배옥張培玉, 1909~?

일제강점기 대구의 화상(華商). 산동성 문읍(文邑) 출신. 사숙(私塾) 졸업. 중화요리점 부화춘(復華春)의 경영자. 1942년 대구중화상회의 후보 집행위원으로 활동하고 있었다.(釜山領事館(1942), 「大邱中華商會職員履歷表」, 『汪僞僑務委員會檔案』)【이정희】

장복광張福廣, 1901~?

일제강점기 목포의 화상(華商). 산동성 황현 출신. 현립(縣立) 소학 졸업. 잡화상점의 경영자. 1942년 목포중화상회의 이사장으로 활동하고 있었다.(釜山領事館(1942), 「木浦中華商會職員履歷表」, 『汪僞僑務委員會檔案』)【이정희】

장본영張本榮, 1919~?

일제강점기 경성 소재 화교 중화요리점의 직원. 산동성 영성현 출신. 중공팔로군 관계자의 지령을 받아 1943년 6월경부터 1944년 1월 중순까지 경성 및 각지의 군대동원상황, 지원병제도상황, 식량문제 등의 군사기밀 및 경제정보를 탐지하여 산동성의 중공팔로군에 제보한 혐의로 검거되었다. 부인인 장막(張慕, 1925년생)도 같은 혐의로 검거되었다.(이정희(2017.6), 「중일전쟁시기 조선화교의 항일활동」, 『동양사학연구』139, 360)【이정희】

장봉의張鳳儀, 1858~?

일제강점기 목포의 화상(華商). 산동성 황현(黃縣) 출신. 주단포목상점인 영의합(永義合)의 경영자로 1913년 목포중화상회의 초대 회장으로 선출되어 활동했다.(이정희·송승석(2015), 『근대시기 인천화교의 사회와 경제』, 학고방, 97)【이정희】

장봉헌張鳳軒, 생졸년불상
일제강점기 목포의 화상(華商). 주단포목상점 동성장(同盛長)의 경영자로 1923년 목포중화상회의 회장으로 활동했다.(이정희(2018a), 『한반도 화교사』, 동아시아, 64)【이정희】

장서걸張瑞傑, 1929-?
북한의 사리원화교이자 중화인민공화국의 외교관. 산동성 영현(莒縣) 출신. 1948년 평양 소재 북조선화교중학교에 입학하여 졸업했다. 졸업 후, 중공 동북행정위원회주조선상업대표단(東北行政委員會駐朝鮮商業代表團)에서 일했다. 1949년 중국공산당에 입당했다. 1950년 중화인민공화국주북한대사관으로 옮겨 일했다. 귀국 후 중국 외교부(外交部)에서 아주사(亞洲司) 부과장, 처장(處長), 부사장(副司長) 등의 직책을 역임했다. 1980년대 주에티오피아 대사, 주스리랑카 대사를 각각 역임했다. 1992년 한중 수교 협상 때 참여했다. 1994년 정년퇴임했다.(《揚州時報》, 2008.8.27.)【송우창】

장서륜張書倫, 1905-?
일제강점기 대구의 화상(華商). 산동성 모평현 출신. 소학 졸업. 주단포목상점 신태호(新泰號)의 경영자. 1942년 대구중화상회의 후보 집행위원으로 활동하고 있었다.(釜山領事館(1942), 「大邱中華商會職員履歷表」, 『汪僞僑務委員會檔案』)【이정희】

장성증張省曾, 1880-?
일제강점기 인천의 화상(華商). 산동성 복산현 출신. 주단포목상점인 서공순(西公順)의 경영자로 1913년 인천중화상회의 의원으로 선출되어 활동했다.(이정희·송승석(2015), 『근대시기 인천화교의 사회와 경제』, 학고방, 97)【이정희】

장승서張承緒, 1902-?

일제강점기 대구의 화상(華商). 산동성 문읍(文邑) 출신. 사숙(私塾) 졸업. 중화요리점 경화원(慶和園)의 경영자. 1942년 대구중화상회의 후보집행위원으로 활동하고 있었다.(釜山領事館(1942), 「大邱中華商會職員履歷表」, 『汪僞僑務委員會檔案』)【이정희】

장시영張時英, 1857-1921

개항기 및 일제강점기 경성의 화상이자 화교 지도자. 산동성 등주부(登州府) 봉래현(蓬萊縣) 출신. 1888년 조선으로 이주, 1900년 서울 소공동에 직물수입상점인 부리호(傅利號)를 설립했다. 이어 1901년에는 같은 서울 소공동에 동성목창(東成木廠, 후에 東成號), 1903년에는 화교 왕화정(王化廷), 곡명윤(曲明允) 그리고 일본인 모모이 이치이(桃井以一)와 합작하여 청일의성공사(淸日義盛公司)를 각각 설립했다. 이 회사는 평안북도 압록강 일대의 삼림사업 전매권을 조선정부로부터 취득하여 목재 사업을 전개했다. 1906년부터 7년간 북방회관(北幇會館)의 동사(董事)와 1904년 설립된 한성화상총회(漢城華商總會)의 임원을 역임한 후, 1910년대 경성중화상무총회 및 경성중화총상회의 회장을 지냈다. 1907년 중국 환북(晥北) 재해 구제를 위한 구제의연금 모금 때 개인으로서는 최다인 200원(조선화교 기부총액의 10%)을 기부했다. 언더우드 등 서양 선교사는 그를 '중국인 기독교인'으로 불렀다. 동성호(東成號) 건축회사는 경성YMCA회관(1908)과 새문안교회(1910)를 시공했다.(김희신(2017), 「在朝鮮 中華商會의 설립과정과 존재양태: 1912-1931년 경성지역을 중심으로」, 『중국근현대사연구』 73, 한국중국근현대사학회, 44-51; 이정희(2018.12a), 48·56; 이혜원(2018.5.12.), 한국기독교역사학회 제367회 학술발표회 논문)【이정희】

장아보張阿甫, 1911-?

일제강점기 평양의 화상(華商). 절강성 영파(寧波) 출신. 양복점 동흥창(同興昌)의 경영자. 1942년 평양중화상회의 감사로 활동하고 있었다.(京城總領事館(1942),「平壤中華商會職員略歷表」,『汪僞僑務委員會檔案』)【이정희】

장유성張維城, 1894-1941

중화민국의 정치가, 교육자, 외교관. 상해 출신. 북경대학 졸업. 1922년 9월 왕총혜(王寵惠) 내각총리 부비서장을 역임한 후, 1929년 북경 정의통신사(正誼通訊社) 사장에 임명되었다. 그해 주경성중화민국총영사로 임명되어 1931년까지 근무했다. 그의 재임 기간 중인 1931년 7월 화교배척사건이 발생, 이 사건의 미연 방지와 사건 발발 후의 대처에 문제가 있다는 이유로 경질됐다. 주필란드공사관의 대리 공사로 옮긴 후 곧 퇴임했다. 1932년부터 1935년 사이에 상해에서 변호사 업무를 했다. 이때 《조선배화참안》의 영문 책을 편집했다고 하지만 이 책의 소재는 아직 밝혀지지 않고 있다.(바이두; 이정희(2018b),「한반도 화교사」, 동아시아, 44)【이정희】

장은삼張殷三, 생졸년불상

일제강점기 인천의 화상. 산동성 출신. 1920년대와 30년대 인천의 주단 포목 수입상점인 협흥유(協興裕)의 경영자로 활동했다. 1924년 협흥유의 상해출장원으로 파견되어 직물수입 활동을 펼쳤다. 1935년 산동동향회관의 이사장으로 활동했다.(이정희(2018a),「한반도 화교사」, 동아시아, 161-162)【이정희】

장의신張義信, 1899-?

중화민국의 외교관. 노구교사건 당시 진남포영사관의 영사로 근무했다. 영사 가운데 제일 먼저 중화민국임시정부 지지선언을 하고 관할 하의 평안남도와 황해도의 화교를 임시정부에 참가하도록 했다. 그후 원산영사관의 영사로 근무했다. 그의 부친은 일본 화상인 장형(張衡)으로 광동성 중산현(中山縣) 출신이었다. 그는 일본인 모친 아래서 태어나 교육을 받았으며, 경성총영사관의 일본어 통역관으로 외교관에 입문했다.(이정희 (2018.12b), 「중일전쟁시기 범한생(范漢生) 경성총영사의 친일활동과 조선화교 사회의 변동」, 『중앙사론』48, 178-180, 191-192)【이정희】

장인충張仁忠, 1891-1968

서울의 화교. 하북성 문안현(文安縣) 출신. 거선당의 법사(法師)로 근무했다. 도호(道號)는 합의(合義)였다.(이정희(2018.12a), 「조선화교의 민간신앙과 비밀결사」, 『사회와 역사』120, 56)【이정희】

장전중화회관長箭中華商會

일제강점기 함경남도 장전지역 화교의 사회단체. 1942년 여선중화상회연합회의 회원이었고, 당시의 회장은 장종눌(張宗訥)이었다.(이정희·송승석(2015), 『근대시기 인천화교의 사회와 경제』, 학고방, 234)【이정희】

장정연張庭延, 1936-?

중화인민공화국의 외교관. 북경 출신. 북경대학 동어계(東語系) 졸업 후 1958년 외교부에 들어갔다. 외교부 아주사(亞洲司)에서 1958년부터 1963년까지, 주북한대사관에서 1963년부터 1969년까지 근무했다. 귀임 후, 아주사(亞洲司)에서 1969년부터 1976년까지 근무하고 다시 주북한대사관에서 1976년부터 1981년, 1986년부터 1989년까지 근무했다. 귀임 후 아주사(亞洲司) 부사장(副司長)으로 근무하다, 1992년 8월 초대 주한대사로 임명되었다. 1998년까지 근무하고, 퇴임한 후 2001년부터 중한우호협회 부회장으로 활동하고 있다.(바이두; 이정희(2018b), 화교가 없는 나라」, 동아시아, 238)【이정희】

장진기|張晉基, 생졸년불상

북한의 청진화교. 1947년부터 청진화교연합회 업무에 참가했다. 이후 함경북도화교연합회 선전교육과장을 지냈다. 1948년 11월 청진화교노군위원회(淸津華僑勞軍委員會)의 위원으로 임명되었다. 1949년 3월 함경북도화교연합회 군급3등학습모범(郡級三等學習模範) 칭호를 받았다. 한국전쟁 시기 함경북도화교연합회의 위원장을 지냈다. 1953년 2월 화교연합회가 개편되면서 화교연합회중앙위원회의 선전부 부장으로 자리를 옮겼다. 1957년 4월 북한 최고인민회의 상임위원회 3급 국기훈장(國旗勳章)을 수여했다. 1960년 평양특별시화교연합회(平壤特別市華僑聯合會) 위원장을 겸임했다. 1961년 북한 국적을 취득했다.(朝鮮華僑聯合總會機關報《民主華僑》; 朝鮮華僑聯合會機關報《華訊》)【송우창】

장청귀|張淸貴, 1920-?

일제강점기 대구의 화상(華商). 하북성 교하현 출신. 중일전쟁시기 쌍화영 주물공장에서 근무했으며, 선철 부족으로 주물공장이 휴업을 하자, 중화요리점에서 일했다. 대구의 일본군 군사비밀을 탐지하여 중공팔로군에게 제보한 혐의로 경찰에 검거되어 투옥되었다. 해방 직후 출옥했다.(이정희(2017.6), 「중일전쟁시기 조선화교의 항일활동」, 『동양사학연구』139, 357)【이정희】

장충|張忠, 1865-?

일제강점기 인천의 화농(華農). 산동성 제성현 흑석장(黑石庄) 출신. 1898년 조선으로 이주하여 부천군 다주면 용정리에서 채소재배를 했다. 1930년 인천중화농업회의 임원으로 활동했다.(이정희(2018a), 『한반도 화교사』, 동아시아, 458)【이정희】

장태서|張泰瑞, 1901-?

일제강점기 경성의 화교. 산동성 문등현 출신. 중화요리점의 직원으로 일했다. 중공팔로군 관계자의 지령을 받아 1943년 6월경부터 1944년 1월 중순까지 경성 및 각지의 군대동원상황, 지원병제도상황, 식량문제 등의 군사기밀 및 경제정보를 탐지하여 산동성의 중공팔로군에 제보한 혐의로 검거되었다.(이정희(2017.6), 「중일전쟁시기 조선화교의 항일활동」, 『동양사학연구』139, 360)【이정희】

장한신張翰臣, 생졸년불상

일제강점기 목포의 화상(華商). 주단포목상점 영의화(永義和)의 경영자. 1923년 목포중화상회의 부회장으로 활동했다.(이정희(2018a), 『한반도 화교사』, 동아시아, 64)【이정희】

장홍해張鴻海, 1878-?

일제강점기 경성의 화상(華商) 및 화교 지도자. 절강성 영파부(寧波府) 봉화현(奉化縣) 출신. 1895년 한성으로 이주하여 남부(南部) 회현방(會賢坊) 석정동(石井洞)에 상흥호(祥興號) 양복점을 설립했다. 경성 중화상무총회의 의원, 경성중화총상회 부회장(1927-1929), 서소문 소재의 남방회관 설립을 주도하여 회관 대표로 활동했다. 1921년 구국단사건(救國團事件) 때 독립자금과 비밀문서를 상해임시정부에 전달하는 임무를 수행하다 경찰에 체포되기도 했다. 1929년 4월 중국국민당경성지부 수석 정집행위원(正執行委員), 중화노공협회(中華勞工協會) 경성지부장으로 선출되어 활발한 활동을 전개했다.(이정희(2018.12a), 「조선화교의 민간신앙과 비밀결사」, 『사회와 역사』120, 48·56)【이정희】

장흠삼張鑫森, 1953-현재

중화인민공화국의 외교관. 상해 출신. 북경외국어학원 졸업. 주북한대사관의 직원으로 1978년부터 1981년까지 근무했다. 그 후 외교부 홍콩·마카오·대만 관련 부서에서 2002년부터 2005년까지 사장(司長)으로 근무했다. 주아일랜드대사(2005-2007)를 역임한 후, 2010년 3월 제6대 주한대사로 임명되었다. 주한대사로 2013년 12월까지 근무했다.(바이두·〔이정희(2018b), 「화교가 없는 나라」, 동아시아, 238)【이정희】

장희전張希全, 1882-?

일제강점기 경상남도 통영의 화상(華商). 하북성 만현(巒縣) 출신. 사숙(私塾) 졸업. 주물업 종사. 1942년 통영중화상회의 이사로 활동하고 있었다.(釜山領事館(1942), 「統營中華商會職員履歷表」, 『汪僞僑務委員會檔案』)【이정희】

재한조선족신화교在韓朝鮮族新華僑

1992년 한중수교 이후 한국으로 정착하고 중국 국적을 보유한 재한조선족을 가리킨다. 재한조선족의 인구는 1991년 125명에서 2006년에는 22만명, 2016년에는 34만명으로 급증했다. 한족 신화교와 재한조선족 인구를 합하면 한국 거주 전체 외국인 인구의 5할을 차지한다. 재한조선족의 급속한 인구증가는 한국정부의 정책과 관련이 있다. 한국정부는 2004년 재외동포법을 개정하여 재한조선족에게도 외국적동포의 지위를 부여, 한국 입국, 거주, 취업이 이전보다 훨씬 쉬워졌다. 외국적동포의 지위 획득은 2005년 고용허가제, 2008년 3년 체류가 가능한 방문취업제(H-2), 2008년 장기체류 자격이 가능한 재외동포(F-4) 자격 부여로 이어져 정착이 이전에 비해 훨씬 용이해졌다. 이때부터 인구가 급증하기 시작했다.

연변조선족자치주의 연변대학 본관

재한조선족의 거주지는 수도권에 전체 인구의 84%가 집중되어 있다. 한족 노화교와 신화교에 비해 수도권 집중도가 더 높은 편이다. 대림차이나타운은 재한조선족 집단거주지의 상징적인 지역이다. 재한조선족의 거주 자격은 방문취업이 66.7%로 압도적으로 높은데 이것은 외국적동포의 지위와 관련이 있다. 그 다음은 영주(F-5) 22%, 결혼이민(F-6) 5.1%였다. 한족 신화교와 완전히 다른 양상을 보여준다. 재한조선족의 사회단체는 한족 신화교와 달리 많이 조직되어 있다. 이것은 재한조선족에게 외국적동포의 지위가 부여되어 안정된 체류가 보장된 영향이 크다. 유학생단체로는 2003년에 설립된 '재한조선족유학생네트워크'가 있다. 재한조선족사회를 대표하는 사회단체에는 중국동포한마음협회, 재한동포연합총회가 있다. 이외에 봉사단체, 취미여가동호회단체, 노인단체, 여성단체, 경제단체, 문화예술단체, 다문화단체 등 다양한 사회단체가 조직되어 활동하고 있다.(박우(2017), 「재한'조선족'집거지 사업가에 대한 사회학적 연구」, 서울대학교박사학위논문; 김용선(2017), 「대림동 중국동포타운 지역활성화 연구」, 한국외국어대학교 박사학위논문; 이정희(2018b), 218-219)【이정희】

적흥영積興永

일제강점기 인천 소재 화교의 정육점. 1915년 설립. 신정 7번지에 소재했다. 1935년의 경영자는 장적방(張積芳)으로 산동성 출신이었다. 자본금은 1천원이었다.(이정희·송승석(2015), 『근대시기 인천화교의 사회와 경제』, 학고방, 71)【이정희】

전광희錢廣禧, 생졸년불상

중화민국의 외교관. 1909년 진남포영사관 서기로 근무했다. 1909년 영사 부재 시 영사대리로 광량만염전에 동원된 화공문제 때 일본측의 진남포 이사청(영사관)과 협상했다.(이정희(2018a), 『한반도 화교사』, 동아시아, 543-562)【이정희】

전금근錢金根, 1882-?

일제강점기 인천의 화상. 절강성 출신. 순태상(順泰祥) 양복점의 경영자로 1913년 인천중화상회의 의원으로 선출되어 활동했다.(이정희·송승석 (2015), 『근대시기 인천화교의 사회와 경제』, 학고방, 97)【이정희】

전미한화연의총회全美韓華聯誼總會

미국에 재이주한 한국화교가 1996년 설립한 각 지역 연의회의 중앙단체. 미국에 재이주한 한국화교 및 그 가족은 약 15,000명으로 추정되고 있다. 이 중앙단체에 소속된 연의회는 12개 단체이다. 비정기적으로 미국에 재이주한 한국화교의 주소록을 정리한 《전미한화통신록(全美韓華通訊錄)》을 발행하고 있다.(李正熙(2010), 「韓國華僑社會組織硏究: 以同鄕組織和華僑協會爲中心」, 『近30年來東亞華人社團的新變化』, 廈門大學出版社, 330-333)【이정희】

전미한화통신록全美韓華通訊錄

전미한화연의총회(全美韓華聯誼總會)가 발행하는 미국 재이주 한국화교의 주소록. 2000년과 2005년 통신록을 발행했다. 2000년 통신록의 총편집은 왕조화(王祖華), 발행인은 오금주(吳金柱)였다. 2005년 통신록에는 대만과 캐나다 재이주 한국화교도 포함되었다.(全美韓華聯誼總會 編(2000·2005), 『全美韓華通訊錄 2000·2005』, 全美韓華聯誼總會)【이정희】

《전미한화통신록》의 표지

전병환田炳煥, 1909-?

일제강점기 함경남도 원산의 화상(華商). 화북성 교하현 출신. 주물공장 동흥공(同興公)의 경영자. 1942년 원산중화상회의 회장으로 활동하고 있었다.(元山領事館(1942), 「元山中華商會章程職員履歷表」, 『汪僞僑務委員會檔案』)【이정희】

전성동全盛東

일제강점기 강원도 회양군 금강구 소재 화교의 주단포목 및 잡화상점. 경영자는 곡기모(曲紀模)였다. 1928년 경성 소재의 금성동, 서풍덕(瑞豊德)으로부터 주단포목을 조달했다.(이정희(2018a), 『한반도 화교사』, 동아시아, 130) 【이정희】

전신電訊

북한의 화교연합총회의 선전교육부가 1947년 북한화교를 대상으로 발행한 비공식 선전 간행물. 1948년 6월 《민주화교(民主華僑)》로 명칭이 바뀌었다.(朝鮮華僑聯合總會《民主華僑》)【송우창】

전우戰友

북한정부가 설립한 전우사(戰友社) 발행의 중국어 간행물. 1951년 6월 21일 간행. 매주 월요일과 목요일에 발행되었다. 한국전쟁 시기 주로 북한에 파견된 중국인민지원군(中國人民志願軍)에게 한국전쟁의 상황을 알렸다. 휴전 후, 내용은 북한과 중국의 건설 및 북한화교의 상황을 담은 기사로 채워졌다. 1958년 10월 중국인민지원군이 전원 철수한 뒤에도 1959년 12월까지 발행되었다.(朝鮮《戰友》出版社《戰友》)【송우창】

전우사戰友社

북한정부가 한국전쟁에 파견된 중국인민지원군에게 한국전쟁의 전황을 알려주려는 목적에서 설립한 신문사. 이 신문사는 1951년 6월 21일 《전우(戰友)》 창간호를 발행했다. 사내 직원은 북한사람 이외에 북한 측의 요청을 받은 중국인민지원군의 정치부에서 파견된 주배(朱培), 서덕명(徐德明), 차범순(車範純) 등도 근무했다. 당시 중국정부가 북한에 파견한 화교학교 교사가 원고 정리 작업에 참여했다. 이중에는 신의주중국인중학교의 장계창(張啟昌) 교장과 유조수(俞潮水) 교무주임, 전천중국인인민학교(前川中國人人民學校)의 위연유(魏連有) 교원과 개성중국인인민학교의 강증문(姜增文) 교원이 있었다. 1958년 10월 중국인민지원군이 완전 철수하면서 신문사도 1959년 12월 문을 닫았다.(中國外交部檔案資料; 朝鮮《戰友》出版社; 《戰友》)【송우창】

전장錢莊

중국의 전통적인 금융기관. 명대에는 은의 유통과 관련하여 은과 동전의 교환을 담당했다. 청대에는 은과 동전 교환 이외에 전표(錢票), 은표(銀票)와 같은 교환권의 발행, 예금과 대부, 그리고 송금업무를 담당하는 전장도 나타났다. 인천에는 화교의 전장이 개설되어 있었으며, 대체로 연태, 상해, 대련에 본점을 둔 전장의 지점이었다. 1930년대 들어 모두 소멸한 것으로 보인다.(이정희·송승석(2015), 『근대 인천화교의 사회와 경제』, 학고방, 176)【이정희】

전주동화회全州東和會

일제강점기 전주지역의 화교 사회단체. 1938년 1월 15일 전주에서 설립되었다. 얼마가지 않아 해산되고 중화상회로 명칭이 바뀌었다.(이정희(2018.12b), 「중일전쟁시기 범한생(范漢生) 경성총영사의 친일활동과 조선화교 사회의 변동」, 『중앙사론』48, 197)【이정희】

전주중화상회全州中華商會

전라북도 전주지역의 화교 사회단체. 1942년 여선중화상회연합회의 회원으로 당시의 회장은 왕건일(王乾一)이었다.(이정희·송승석(2015), 『근대시기 인천화교의 사회와 경제』, 학고방, 233)【이정희】

전주화교소학全州華僑小學

전라북도 전주 소재 화교소학. 1947년 설립. 윤전승(尹傳昇), 임국량(任

國良), 왕낙화(王樂華) 등이 중심이 되어 설립했다. 1957년 교장은 왕학지(王學智)였다. 1956년의 학생수는 52명. 2001년 초등부 학생인원은 12명, 유치부는 15명, 총 27명. 교사는 2명. 학생수 감소로 2000년대 폐교되었다. 현재는 중국어 학원으로 운영되고 있다.(華僑志編纂委員會編(1958), 『華僑志-韓國-』, 156; 왕언메이 저·송승석 역(2013), 학고방, 376)【송승석】

폐교된 전주화교소학

전천군화교연합회前川郡華僑聯合會

북한 전천군 지역 화교의 대표적인 사회단체. 1947년 결성. 위원장은 우덕강(尤德剛)이었다. 연합회 내에는 총무, 선전, 조직 부문이 설치되어 있었다. 연합회 산하에 지부를 두었다.(친필원고자료)【송우창】

전희맹田希孟, 1908-?

일제강점기 평양의 화상(華商). 산동성 모평현 출신. 중화요리점 홍승루(鴻陞樓)의 경영자. 1942년 평양중화상회의 이사로 활동하고 있었다.(京城總領事館(1942), 「平壤中華商會職員略歷表」, 『汪僞僑務委員會檔案』)【이정희】

정덕鄭德, 1875-?

일제강점기 함경북도 함흥부 동천면(東川面) 용흥리(龍興里) 거주의 화교. 1934년 2월 주택 1동을 건축한 후, 인근 거주의 화교 아동 15-16명을 모아 교육을 했다. 함흥경찰서는 1935년 6월 24일 항일교육을 했다는 혐의로 그를 체포했다.(「중국인 강사 1명을 검거」, 『동아일보』, 1935년 6월 29일)【이정희】

정도덕丁道德, 생졸년불상

개항기 한성의 화교. 1907년 경 거선당의 부지와 기와집 사원을 증여했다.(이정희(2018.12a), 「조선화교의 민간신앙과 비밀결사」, 『사회와 역사』120, 67)【이정희】

정무시丁懋時, 1925-?

대만의 외교관. 운남성 출신. 프랑스 파리대학을 졸업했다. 주사이공총영사관에서 근무한 후, 행정원 신문국 국장을 지냈다. 1979년 8월 제8대 주한대만대사로 임명되어 1982년 12월까지 근무했다. 귀임 후, 1987년 대만의 제9대 외교부장에 임명되어 1988년 7월까지 근무했다. 그 후 1988년 8월부터 대만의 주미대표부 대표로 1994년 9월까지 근무했다. 귀임 후, 대만의 국가안전회의 비서장, 총통부 비서장 등의 요직을 두루 거쳤다.(대만위키피디아; 이정희(2018b), 화교가 없는 나라」, 동아시아, 238)【이정희】

정무총감통첩제30호政務總監通牒第30號

조선총독부 정무총감이 1911년 3월 14일 각 지방장관에 하달한 통첩. 통첩의 제목은 '청국인 노동자 내지 거주 허가에 관한 건'이다. 이 통첩으로 화공의 내지 거주 허가는 기존의 지방장관에서 경찰서로 관할이 바뀌어 이전보다 거주허가를 받기가 용이해졌다.(이정희(2018a), 『한반도 화교사』, 동아시아, 477)【이정희】

정설송丁雪松, 1918-2011

중화인민공화국의 외교관이자 해방초기 북한화교 업무를 담당한 중요 인물. 사천성 파현(巴縣) 출신. 1938년 연안항일군정대학(延安抗日軍政大學)에서 공부했다. 1942년부터 섬감녕변구정부 비서(陝甘寧邊區政府秘書), 중공중앙 서북국 조사연구실 연구원(中共中央西北局調査研究室研究員)으로 일했다. 1946년부터 1949년까지 남편인 조선인 정률성을 따라 북한으로 이주했다. 해방초기 북한 공산당 황해도선전부(黃海道宣傳部)의 간부로 일하다 1946년 3월 황해도 토지개혁 운동에 참가했다. 1946년 11월 북한 노동당 중앙교무위원회비서장(中央僑務委員會祕書長), 1948년부터 1949년 4월까지 북한 화교연합총회 제2대 위원장으로 임명되었다. 그후 중공동북행정위원회주조선상업대표단의 대표로 일했다. 중화인민공화국 건국 후 신화사 평양분사의 사장, 중국 국무원 외사판공실 비서장, 중국 인민대외우호협회 부회장을 각각 역임했다. 1972년 중화인민공화국 최초의 여성대사로 임명되어 네덜란드와 덴마크에서 직무를 수행했다. 제6·7차 전국정협위원(全國政協委員)으로 근무했다. (楊保筠 主編(2001), 『華僑華人百科全書: 人物卷』, 中國華僑出版社, 116-117; 應揚 主編 (1988), 『中外名人情侶辭典』, 北方婦女兒童出版社, 577-581)【송우창】

정신丁信. ?-2003

산동성 출신의 중화기독교회 목사. 해방 직후 인천중화상회의 통역으로 일하면서 화상의 권익 보호활동을 펼쳤다. 한국전쟁 때 대만으로 이주하여 신학교에서 공부한 후, 1962년 대구중화기독교회의 목사로 부임하여 1974년까지 근무했다. 부임 후 대구화교협회 부회장으로 근무하기도 했다. 1974년부터 1978년까지 한성중화기독교회의 목사를 지낸 후 캐나다로 이주하여 그곳에서 타계했다.(이정희(2018a), 『한반도 화교사』, 동아시아, 254)【이정희】

정신 목사(가운데 안경 쓴 인물, 양춘상(楊春祥) 제공)

정영화程永華, 1954-현재

중화인민공화국의 외교관. 길림성 출신. 주일대사관에서 1977년부터 1983
년, 1989년부터 1992년, 그리고 1996년 공사 대우 참찬으로 임명되어 2000
년까지, 공사로 2003년부터 2006년까지 근무했다. 2006년부터 2008년까지
주말레이시아대사로 임명되어 2008년 10월까지 근무했다. 2008년 10월
제5대 주한대사로 임명되어 2010년 1월까지 근무했다. 2010년 1월 주일대
사로 임명되었다.(바이두; 이정희(2018b), 화교가 없는 나라」, 동아시아, 238)【이정희】

정원간丁元幹, 1907-?

일제강점기 경성의 화상(華商). 산동성 봉래현 출신. 중일전쟁시기 중
화요리점을 경영하면서 경성중화상회 상무이사, 경성중화요리음식조
합의 회장, 한성화교소학의 이사, 동대문화교친목회장으로 활동했다.
1942년 11월 조선화교 귀국 관광단의 부단장으로 중국의 상해, 남경 등
지를 방문했다.(京城總領事館(1942.11.), 「朝鮮僑民回國觀光團問題的往來文書」, 『汪僞僑
務委員會檔案』)【이정희】

정유분鄭維芬, 생졸년불상

일제강점기 경성중화상회의 서기 겸 통역. 1930년대 중반 중국국민당주
조선직속지부의 지부장을 지냈다. 1937년 경성총영사관 오색기 환기사
건 때 헌병대에 구속된 외교관과 화교의 석방에 큰 기여를 했다.(이정희
(2018.12b), 「중일전쟁시기 범한생(范漢生) 경성총영사의 친일활동과 조선화교 사회의 변동」,
『중앙사론』48, 183-186)【이정희】

정읍중화상회井邑中華商會

일제강점기 전라북도 정읍지역 화교의 사회단체. 1942년 여선중화상회
연합회의 회원으로 당시의 회장은 강지수(權芝修)였다.(이정희·송승석
(2015), 『근대시기 인천화교의 사회와 경제』, 학고방, 233)【이정희】

404

정읍화교소학井邑華僑小學

전북 정읍 소재 화교소학. 1947년 설립. 임계결(林桂潔)이 중심이 되어 설립했다. 1957년 학교 교동회의 이사장은 임계결, 교장은 손문량(孫文亮)이었다. 1957년의 학생수는 80명. 학생수 감소로 폐교되었다.(華僑志編纂委員會編(1958), 『華僑志-韓國-』, 156)【이정희】

정의鄭義, 1936–현재

중화인민공화국의 외교관. 광서성 빙상(憑祥) 출신. 1949년 중국인민해방군 연계검변종대(演桂黔邊縱隊)에 참가했다. 1952년 중국공산당에 입당했다. 1959년까지 광서성위원회(廣西省委) 판공청(辦公廳) 부과장 등을 역임했다. 1959년부터 1963년까지 광서대학(廣西大學) 외국어과에서 공부했다. 1963년부터 1974년까지 외교부 미국호주사(美澳司) 간부, 1974년 광서장족자치구(廣西壯族自治區) 외사판공실(外事辦公室) 부처장, 부주임, 주임을 각각 역임했다. 1983년 이후 계림시위원회(桂林市委) 부서기(副書記), 시장, 광서장족자치구정부 부주석을 지냈다. 1990년 6월부터 1993년 9월까지 주북한대사를 지냈다. 귀임 후, 1993년 제8차 전인대(全人大) 상무위원회 부비서장(副秘書長), 홍콩특별행정구준비위원회(香港特別行政區籌委會) 주임, 위원을 각각 역임했다. 1998년 제9차 전인대(全人大) 대표, 외사위원회(外事委員會) 부주임 위원으로 일했다.(중화인민공화국주북한대사관 홈페이지; 바이두)【송우창】

정의경鄭儀敬, 1910–?

일제강점기 함경남도 원산의 화상(華商). 산동성 모평현 출신. 주단포목상점 동순성(東順盛)의 경영자. 1942년 원산중화상회의 집행위원으로 활동하고 있었다.(元山領事館(1942), 「元山中華商會章程職員履歷表」, 『汪僞僑務委員會檔案』)【이정희】

정이초鄭以初, 1879-?

일제강점기 경성 및 인천의 화상(華商). 광동성 향산현(香山縣) 출신. 서양잡화상점인 덕흥호(德興號)의 경영자로 1913년 인천중화상회의 부회장으로 선출되어 활동했다. 1915년경 경성으로 이전하여 목재상인 조창(兆昌)을 설립했다. 1915년부터 1916년까지 경성중화상무총회의 부회장을 역임했다.(이정희·송승석(2015), 97; 김희신(2017), 「在朝鮮 中華商會의 설립과정과 존재양태: 1912-1931년 경성지역을 중심으로」, 『중국근현대사연구』 73, 한국중국근현대사학회, 44)【이정희】

정주중화상회定州中華商會

일제강점기 평안북도 정주지역 화교의 사회단체. 1942년 여선중화상회 연합회의 회원으로 당시의 회장은 장자명(張子明)이었다.(이정희·송승석(2015), 『근대시기 인천화교의 사회와 경제』, 학고방, 234)【이정희】

정주화교소학定州華僑小學

일제강점기 평안북도 정주군 소재 화교소학. 1943년 설립. 1944년의 학생수는 28명, 교사는 1명이었다.(이정희(2007), 「중일전쟁과 조선화교」, 『중국근현대사연구』35, 112)【이정희】

정현지程顯志, 1891-?

일제강점기 전라남도 광주의 화상(華商). 산동성 서하현(棲霞縣) 출신. 소학 6년 졸업. 주단포목상점 협성흥(協盛興)의 경영자. 상업 경력 22년. 1942년 광주중화상회의 이사로 활동하고 있었다.(釜山領事館(1942), 「光州中華商會職員履歷表」, 『汪僞僑務委員會檔案』)【이정희】

정현충鄭賢忠, 1905-?

일제강점기 군산의 화상(華商). 산동성 모평현 출신. 소학4년 졸업. 주단포목상점의 경영자. 1942년 군산중화상회의 이사로 활동하고 있었다.(釜

山領事館(1942), 「群山中華商會職員履歷表」, 『汪僞僑務委員會檔案』)【이정희】

정흥덕正興德

미군정기 인천에 본사를 둔 화교 무역회사. 경영자는 왕국정(王國禎)이었다. 1948년의 연간무역액은 3억6,201만원으로 화교 무역회사 가운데 5번째로 규모가 큰 회사였다. 한국전쟁 발발 전후 문을 닫았다.(이정희(2008.8), 「해방초기 인천화교의 경제활동에 관한 연구」, 『인천학연구』9, 110)【이정희】

제동복철공소齊同福鐵工場

일제강점기 충청남도 소재 화교의 주물공장. 1924년 설립. 경영자는 제동복이었다. 1928년의 연간생산액은 2만4,765원이었다. 1931년을 전후하여 문을 닫았다.(이정희(2018a), 『한반도 화교사』, 동아시아, 380)【이정희】

제시금제도提示金制度

조선총독부가 1934년 9월 1일부터 실시한 중국인 대상 입국세. 이 제도는 중국인이 100원 이상의 현금을 소지하지 않고, 취직처가 확실하지 않으면 입국이 금지됐다. 100원은 1937년 당시 호떡 1개가 2전, 밀가루 1포대가 50전하는 때였기 때문에 상당한 금액이었다. 이 제도는 중국인의 조선 이주를 제한했기 때문에 조선화교의 사회단체는 철폐를 요구했지만, 해방 때까지 계속 실시되었다. 일본정부는 일본 국내 입국 중국인에 대해 이 제도를 1920년대 초반 도입하여 시행했다.(이정희(2018a), 『한반도 화교사』, 동아시아, 481; 기타 자료)【이정희】

제일루第一樓

일제강점기 경성 소재 화교의 고급 중화요리점. 종로에 소재했다. 관수동에 지점이 개설되어 있었다. 1922년의 경영자는 이별정(李筏亭)이며, 1923년의 연간매상액은 12,000원이었다. 1921년 5월 29일 이재근(李載

407

根) 등 조선인 독립운동가 5명이 독립운동 군자금 마련을 위해 모의하다 체포된 곳이다.(이정희(2017.6),「조선화교의 중화요리점 연구: 1880년대-1920년대를 중심으로」,『사회와 역사』114, 한국사회사학회, 73-84)【이정희】

제주화교소학濟州華僑小學

제주도 소재 화교소학. 1951년 설립. 1957년의 학생수는 19명이었다. 2001년 유치부 학생은 10명. 교사는 1명이었다. 2006년의 학생수는 4명이었다. 학생수 감소로 2000년대 후반 폐교되었다.(華僑志編纂委員會編(1958), 『華僑志-韓國-』, 157)【이정희】

제천화교소학堤川華僑小學

충청북도 제천 소재 화교소학. 1956년 설립. 1957년 학교 교동회의 이사장은 이모요(李慕堯), 교장은 조증경(趙增慶)이었다. 1957년의 학생수는 20명. 2001년 초등부 학생인원은 10명. 교사 인원은 2명. 학생 감소로 2000년대에 폐교되었다.(華僑志編纂委員會編(1958), 159; 왕언메이 저·송승석 역(2013), 376)【송승석】

조경정趙敬亭, 1910-?

일제강점기 경상남도 통영의 화상(華商). 산동성 내양현 출신. 소학 졸업. 중화요리점 경영자. 1942년 통영중화상회의 이사로 활동하고 있었다.(釜山領事館(1942),「統營中華商會職員履歷表」,『汪僞僑務委員會檔案』)【이정희】

조령덕趙令德, 1920-1980

중공이 해방초기 북한에 파견한 중요 간부. 산동성 유산(乳山) 출신. 1946년 남포(南浦)로 파견되어 중공중앙화동국남포판사처에서 일했다. 남포시화교연합회의 비서를 지냈다. 1948년 말 북조선화교중학교의 교도주임(教導主任)으로 일했다. 그 후 북조선화교연합총회의 조직부장,

1949년 4월부터 연합총회의 제3대 위원장을 역임했다. 1949년 북한화교를 대표하여 중국인민정치협상회의 제1차 전국회의에 참석했다. 1951년 귀국 후, 중국화교사무위원회(中國華僑事務委員會)에서 일했다. 1965년부터 1969년 사이 미얀마와 프랑스 주재 대사관으로 파견되어 1등비서로 일했다. 그 후 중국 외교부에서 내근하다 1975년부터 1980년까지 주태국대사관으로 파견되어 총영사로 근무했다.(楊保筠 主編(2001),『華僑華人百科全書: 人物卷』, 中國華僑出版社, 692)【송우창】

조명륜趙明倫, 1919-?

중화민국의 외교관. 1942년 경성총영사관의 서기로 근무하고 있었다.(朝鮮總督府外務課(1942),『昭和17年 領事館表關係』)【이정희】

조미수호통상조약朝美修好通商條約

1882년 5월 조선과 미국 간에 체결된 조약. 이홍장의 주선으로 1882년 5월 22일 제물포에서 조선 측 전권대신(全權大臣) 신헌(申櫶)과 미국 측 전권공사 슈펠트(Robert W. Shufeldt) 간에 전문 14관(款)으로 이루어진 조약을 체결했다.(이정희(2018a),『한반도 화교사』, 동아시아, 19; 기타 자료)【이정희】

조부귀이발소趙富貴理髮所

일제강점기 경성 소재 화교의 이발소. 황금정 4정목 310번지에 소재했다. 경영자는 조부귀였다. 1931년 7월 화교배척사건 때 군중의 투석으로 유리 16장이 파손되는 피해를 입었다.(이정희(2017.12),「이발소와 양복점으로 본 조선화교의 실태: 1890년대-1940년대를 중심으로」,『사회와 역사』116, 한국사회사학회, 35)【이정희】

조상하포사건潮商夏布事件

일제강점기 경성의 화교 주단포목상점과 상해의 조주상인(潮州商人) 간 마직물 수출입 거래와 관련한 사건. 서태호(瑞泰號), 덕순복(德順福)

과 같은 경성 소재 화교 주단포목상점이 1922년 수입한 광동성 조주산 마직물이 타 지역 제품보다 광택도 내구력도 떨어진데도 가격은 비슷해 조선인 소비자의 신뢰를 잃어버렸다. 이들 상점은 조주산 마직물을 수출한 상해의 조주상인에게 제품의 가격인하를 요구했지만, 이를 거부하여 문제가 표면화 됐다. 경성중화상회와 경성총영사관이 상해총상회(上海總商會)와 중화국화유지회(中國國貨維持會)에 연락을 취해, 두 단체가 문제해결의 중개역할에 나섰다. 상해총상회는 상해의 조혜회관(潮惠會館)에 중재 해결을 요구, 상해의 산동회관(山東會館)에서 조방(潮幇) 대표 2명과 산동방 대표 4명 사이에 협의가 이뤄져 조주산 마직물 수입으로 입은 손실액 11만원을 경성의 화교 주단포목상점과 상해의 조주상인이 절반씩 부담하는 것으로 결론이 나 문제는 해결되었다.(이정희(2018a), 『한반도 화교사』, 동아시아, 109-111)【이정희】

조석구趙錫九, 1904-?

일제강점기 대구의 화상(華商). 하북성 교하현 출신. 고향에서 소학을 졸업하고 조선으로 이주한 후, 대구의 쌍화영 주물공장의 경영자로 근무하면서 1942년 대구중화상회의 상무위원으로 활동했다. 중일전쟁 시기 귀향 중 중공팔로군에게 대구 주둔 일본군의 병력, 동원상황, 병력수송상황, 인구, 주요기관 등의 정보를 제공했다. 조선에 돌아온 후 수차례에 걸쳐 일본군의 병력동원 및 수송상황을 탐지하여 중공팔로군에 제보했다. 경찰에 검거되어 고문을 받은 후유증으로 해방 후 석방되었지만 얼마 지나지 않아 타계했다.(이정희(2017.6), 「중일전쟁시기 조선화교의 항일활동」, 『동양사학연구』139, 357-358)【이정희】

조선면사포상연합회朝鮮綿絲布商聯合會

일제강점기 조선에 일본산 면직물을 판매하는 일본인 상인의 동업단체. 사무실은 경성에 있었다. 일부 조선인 포목상도 연합회 회원으로 가입되어 있었다. 1929년에 『조선면업사(朝鮮綿業史)』를 발행했다. 경성의

화교 주단포목상점과 일본산 면직물 공급과 관련 긴밀한 관계에 있었
다.(이정희(2018a), 『한반도 화교사』, 동아시아, 225; 기타 자료)【이정희】

조선상업은행朝鮮商業銀行

1899년 조선 왕실 및 조선인 상인을 중심으로 한성에 설립된 은행. 처음
에는 대한천일은행(大韓天一銀行)을 설립되어 1911년 조선상업은행으
로 명칭이 바뀌었다. 대한천일은행의 첫 거래자는 화교 주단포목 수입
상점인 유풍덕(裕豊德)이었다. 1928년 화교에 대한 대출액은 11만원이
었다.(이정희(2018a), 『한반도 화교사』, 동아시아, 128; 기타 자료)【이정희】

조선청과물배급통제규칙朝鮮靑果物配給統制規則

조선총독부가 1943년 9월 30일 총독부령 302호로 공포한 청과물 배급
관련 규칙. 조선총독부는 채소의 공정가격제 도입 이후에도 채소 부족
이 심각해지자, 채소 배급제를 실시했다. 채소는 1943년 11월 20일부터
각 호의 인원에 따라 배급되기 시작했다. 채소배급제의 실시에 맞춰 화
농을 비롯한 농민에 대한 강제공출도 시작되었다.(이정희(2018a), 『한반도 화교
사』, 동아시아, 526)【이정희】

조선총독부각국영사관왕복철朝鮮總督府各國領事館往復綴

조선총독부 외사과(外事課)와 조선 주
재 각국 총영사관 및 영사관과 교환한
왕복문서. 한국 국가기록원이 소장하고
있다. 이 문서 가운데 중화민국주경성
총영사관과 교환한 왕복문서가 다량
포함되어 있다. 한일강제병합조약 체결
전후 시기, 1928년부터 1942년까지 시기

『조선총독부각국영사관왕복철』의
표지

의 문서가 남아있지만, 그 이외 시기의 문서는 아직 정리되어 공개되고 있지 않다.(이정희(2018a), 『한반도 화교사』, 동아시아, 43; 기타 자료)【이정희】

조선총독부령제17호朝鮮總督府令第17號

1910년 10월 1일 공포된 조선총독부의 부령. 이 부령은 통감부령 제52호에 규정된 외국인 노동자를 농업, 어업, 광업, 토목, 건축, 제조, 운반, 인력거, 하역노동, 기타 잡업에 관한 노동에 종사하는 자로 규정했다.(이정희(2018a), 『한반도 화교사』, 동아시아, 477)【이정희】

조선총독부외사과朝鮮總督府外事課

일제강점기 조선 주재 외국 총영사관 및 영사관과 교섭을 담당한 조선총독부의 기관. 을사늑약으로 조선의 외부(外部)가 폐지되면서 통감부는 대신 외사국(外事局)을 설치했다. 외사국 산하에 외사1과, 외사2과, 서무과, 번역과의 4개 과를 두었다. 조선총독부는 1910년 10월 총무부(總務部) 산하에 외사국을 두고, 1912년 4월에는 외사과로 바꾸면서 조선총독부 관방(官房, 비서실)에 두었다. 외사과는 1938년에 외부무(外務部), 1939년에 외사부(外事部)로 각각 승격되었다.(이정희(2018a), 『한반도 화교사』, 동아시아, 43-44)【이정희】

조선화교연합회중앙위원회朝鮮華僑聯合會中央委員會

북한 각 지역에서 결성된 화교연합회의 중앙단체. 1953년 2월 설립. 전신은 북조선화교연합총회. 1953년 2월 14일, 북한 노동당이 화교연합총회를 조선화교연합회중앙위원회로 개편할 것을 지시하여 개칭됐다. 초창기 중앙위원회의 간부는 중공에서 파견된 간부가 모두 국내로 소환되면서 북한화교가 맡았다. 주요 간부는 위원장에 마옥성(馬玉聲), 부위원장에 송옥귀(宋玉貴), 조직부장에 왕서금(王瑞琴), 선전부장에 장진기(張晉基), 기관지 《화신(華訊)》의 사장에 왕지벽(王之璧)이 맡았다. 위원은 임치경(林治卿), 후귀원(侯貴元), 여지서(呂枝瑞), 심신문(沈信文), 이임덕(李林德), 조추광(趙秋光), 육원준(陸遠俊) 등으로 구성되어 있었다. 1954년 당시의 중앙위원회의 소재지는 평양 모란봉구 모택동광장(毛澤東廣場)부근이었다. 1954년 중앙위원회의 기관지로《화신(華訊)》을 발간했다. 1957년 중앙위원회 산하에는 10개 도(道)(평양특별시 포함)의 연합회가 설치되어 있었으며, 34개 시·군 연합회, 8개 분회(分會), 144개 지부(支部), 291개 소조(小組)가 설치되어 있었다. 연합회 소속 인원은 7,283명이었다. 소조장(小組長) 이상 간부는 705명이며 이 가운데 화교업무를 전업으로 하는 간부는 40명이었다. 중앙위원회는 위원장과 부위원장을 각각 한명씩 두고, 그 아래에 총무부, 선전부, 조직부를 설치했다. 각 부 산하에는 과(科)가 설치되어, 간부는 81명에 달했다. 도화교연합회는 평양, 평안북도, 평안남도, 함경북도, 함경남도, 강원도, 황해북도, 황해남도, 자강도, 양강도에 설치되어 있었다. 각 도의 화교연합회는 위원장, 부위원장을 각 1명씩 두었고, 지도원을 2-3명 두었다. 각 도화교연합회는 모두 18명의 간부가 있었다. 도화교연합회 산하에는 시·군 화교연합회가 설치되어 있었다. 시·군 화교연합회에는 위원장, 조직위원, 선전위원을 두고, 각 시·군의 연합회가 지부를 지도했다. 1958년 화교연합회는 북한 노동당중앙조직부(勞動黨中央組織部)가 이끌었다. 같은 해 북한정부는 화교연합회중앙위원회 청사에 회의실, 오락실, 체육실 등을 갖춘 2층 건물을 새로 건축해주었다. 이 시기 화교연합회중앙위원회에는 20여명이 근무했다. 뒤이어 북한화교가 북한국적을 취득하면서, 북한정부는 1961년 각 도화교연합회의 직능을 폐지시켰다. 1966년부터 1976년 사이의 문화대혁명 시기, 북한정부는 화교연합회에 대한 자금지출을 금지, 화교연합회의 업무는 차질이 빚어졌다. 1970년 4월 주은래(周恩來)의 북한 방문으로 화교연합회는 다시 업무를 시작했지만, 중국 국내의 교무(僑務)기관이 마비되고 연합회의 자금문제도 해결되지 않아 조직의 완전한 회복은 어려웠다. 1976년 화교연합회중앙위원회의 위원장인 마옥성(馬玉聲)이 사망한 후는 1983년 5월까지 조직 지도원인 여지서(呂枝瑞)가 대리 위원장을 맡았다. 1983년 5월 화교연합회중앙위원회 조직이 개편되면서 새종항(賽宗恒)이 위원장, 북한사람인 안병환(安秉煥)이 부위원장 겸 조직부장을 각각 맡았다. 지도원은 가광륙(賈廣陸), 선전부장은 육원준(陸遠俊), 선전부지도원은 장경파(張景波)였다. 2011년의 부위원장은 양작군(梁作軍), 2018년의 위원장은 새철군(賽鐵軍)이었다. 화교연합회의 주요 임무는 시기에 따라 달랐다. 협동조합 및 사상개조화 시기(1954-1965)는 화교를 북한의 사회주의 건설에 동원하고, 협동조합에 가입시키고, 조선어 교육의 강화와 화교의 북한국적 취득 독려 등이었다. 문화대혁명 시기(1966-1976)는 화교연합회가 기능을 상실했다. 이 시기는 주로 북한의 정책을 선전하고, 화교의 호소와 요구를 북한정부에 전달하는 역할을 했다. 북한화교의 국내 친족 방문을 위한 비자발급의 업무를 했다. 중국의 개혁개방 이후는 화교의 귀국 정착 및 친척 방문 등의 비자업무, 화교 자녀의 국내 취학 보조, 화교의 조국관광단 참여 등의 사업을 실시했다.(吉林省地方誌編纂委員會 編(2009), 『吉林省誌: 第11卷, 政事誌/僑務』, 吉林人民出版社, 38; 中國外交部檔案資料; 朝鮮華僑聯合會機關報《華訊》; 陳香林·王桂敏 主編(2018), 『吉林文史資料選輯 第46輯: 朝鮮歸來』)【송우칭】

조선화교의 각방별인구분포朝鮮華僑의 各幇別人口分布

1931년 10월 현재 산동성 출신은 조선화교 전체의 81.8%를 차지했다. 그 다음으로 요녕성 8.7%, 하북성 7.2%, 길림성 0.7%로 많았다. 산동성을 포함한 북방(北幇) 출신자가 전체의 98.4%를 차지했다. 절강성, 호북성, 강소성, 하남성, 호남성, 안휘성, 복건성을 포괄한 남방(南幇)은 전체의 1.2%, 광동성 출신은 전체의 0.3%에 불과했다. 이러한 인구분포는 광동성 및 복건성 화교가 중심인 동남아화교 및 일본화교와 비교된다.(이정희(2018b), 『화교가 없는 나라』, 동아시아, 134)【이정희】

조선화교의 농업朝鮮華僑의 農業

조선화교의 화농은 주로 채소재배를 했다. 화농의 채소재배는 1887년 인천에서 시작되어 전국으로 확산되었다. 주로 대도시 주변에서 상업용 채소를 재배했다. 1930년 화농 호수는 3,331호, 인구는 1만3,489명, 1943년은 4,438호·2만3,119명에 달했다. 화농의 인구가 조선화교의 총인구에서 차지하는 비중은 1930년에 19.9%, 1943년에 30.5%를 차

평양의 화교 채소 행상(朝鮮總督府(1932))

지했다. 화농은 대도시 및 지방의 중요도시의 채소 공급에서 높은 비중을 차지, 조선의 만성적인 채소공급 부족 해결에 큰 기여를 했다. 화농 생산의 채소는 조선인 및 조선 거주 일본인 농민이 생산하는 채소보다도 값이 싸고 품질이 우수했다. 화농 채소재배의 특징은 근면함, 풍부한 자연비료의 사용, 집약적인 채소재배, 뛰어난 채소재배 기술, 우량의 중국산 종자의 사용 등에 있었다. 화농 생산의 채소는 화교 채소판매 네트워크에 지탱되어 원활히 판매되었다. 1927년과 1931년 화교배척사건, 노구교사건으로 화농의 인구가 감소했지만, 사건이 진정된 후에는 다시 증가하는 추세를 보였다. 이러한 화농의 채소재배는 조선 해방 후 한국과 북한에서도 계속되었다.(이정희(2018a), 『한반도 화교사』, 동아시아, 443-475)【이정희】

조선화교의 양말제조업朝鮮華僑 洋襪製造業

화교 양말 제조업은 1920년대 신의주를 중심으로 발달했다. 신의주의 화교 주단포목상점의 상업자본 및 대안(對岸)인 안동의 양말 제조공장의 산업자본에 의해 1920년대 조선 내의 양말수요 증가에 힘입어 공장이 설립됐다. 평양의 조선인 양말공장보다 직공의 싼 임금, 여공의 다수 고용 및 장시간 노동 등으로 인한 생산비 절감으로 비교적 값싼 제품을 생산하여 평양의 화교 주단포목상점의 유통망을 통해 조선 각지에 판매하여 평양의 조선인 양말제조업을 위협할 정도까지 발전했다. 그러나

1920년대 후반 평양의 조선인 양말제조업의 자동식 양말직조기의 도입, 직공의 임금 인하 등의 조치로 화교 양말제조업은 쇠퇴하기 시작했으며, 1931년 7월 화교배척사건으로 큰 타격을 입었다. 신의주 화교 양말공장의 생산품을 판매하던 평양의 화교 주단포목상점이 큰 피해를 입고 파산하면서 판로가 막혀버렸다. 이 영향을 받아 신의주의 화교 양말공장은 잇따라 문을 닫았으며 1935년에는 2개소, 1940년에는 1개소만 남아 거의 몰락했다.(李正熙(2009.3),「日本帝國主義下在朝中國人の靴下製造業に關する硏究」,『京都創成大學紀要』9-2, 京都創成大學成美學會, 59-80; 이정희(2018a), 406-437)【이정희】

조선화교의 인구朝鮮華僑의 人口

1883년의 화교인구는 166명에서 10년 뒤인 청일전쟁 발발하기 직전인 1893년에는 2,182명으로 급증했다. 청일전쟁으로 많은 화교가 본국으로 귀국하지만 일본과 청국 간의 강화 이후 다시 돌아온 화교와 새롭게 이주한 화교의 인구가 증가, 1907년에는 7,739명에 달했다. 일제강점이 되던 1910년에는 1만1,818명으로 1만명을 처음으로 넘었다. 조선화교는 이해 처음으로 일본화교의 인구를 상회, 해방 때까지 일본화교의 인구보다 많았다. 각 시기별로 차이는 나지만 대체로 조선화교가 일본화교보다 2배~3배 더 많았다. 1920년대 들어 조선화교 인구는 노동자와 농민 인구의 급속한 유입으로 급증했다. 1920년 2만3,939명에서 1925년에는 2배 많은 4만6,196명, 1930년에는 6만7,794명에 달했다. 그 후 1931년 7월 발생한 화교배척사건과 만주사변의 영향으로 화교의 인구는 급감하지만, 1933년부터 점차 인구가 회복. 1936년에는 1930년 수준을 거의 회복했다. 1937년 7월 발발한 노구교사건으로 화교의 절반이 귀국하지만, 다시 가족단위로 되돌아오는 화교가 증가, 1944년에는 7만여명으로 증가했다. 일제강점기 외국인 인구 가운데 9할 이상은 화교로 절대 다수를 차지했다. 화교 이외의 외국인은 서양 선교사가 대부분이었다.(李正熙(2008.3),「在韓華僑の人口に關する考察(1883-1949年)」,『京都創成大學紀要』8-2, 京都創成大學成美學會, 115-124; 이정희(2018b), 34)【이정희】

조선화교의 주단포목상점朝鮮華僑의 綢緞布木商店

조선화교의 주단포목상점은 1880년대부터 서울과 인천에 개설되기 시작, 일제강점기 때는 큰 세력을 형성했다. 한성과 인천에 광동성과 산동성에서 진출한 화교 주단포목상점이 잇따라 개업했다. 이들 주단포목상점은 대부분 중국 현지의 상업자본의 투자에 의해 설립됐다. 조선의 대표적인 주단포목상점으로 명성을 날린 서울과 인천의 유풍덕(裕豊德), 덕순복(德順福), 영래성(永來盛), 금성동(錦成東)은 모두 산동성 연태(煙台)에 본점을 두었다. 주단포목 수입상점은 상해에서 영국산 면직물, 중국산 비단과 삼베를 대량 수입해 판매했다. 조선 시장 진출이 빨랐던 일본인 주단포목상점을 맹렬히 추격, 점차 시장을 빼앗아 갔다. 1930년 전국의 화교 주단포목상점은 2,116개에 달해 일본인 상점 714개보다 훨씬 많았다. 당시 조선인 주단포목상점은 8,302개였다. 화교 주단포목상점은 조선 전체의 상점 가운데 약 20%, 연간 판매액은 조선 전체 판매액의 30%를 차지했다. 일제강점기 조선의 2대 상업은 의(衣)와 식(食)을 담당하는 주단포목상과 곡물상이었다. 상업의 양대 축의 하나인 주단포목상 시장의 20-30%를 화교가 장악했던 것이다. 화교가 주단포목상의 상권을 장악한 원인은 크게 3가지이다. 첫째, 화교 주단포목상점이 독점적으로 수입한 비단과 모시삼베는 중국 특산물이었다. 두 상품은 조선의 대중 수입품 가운데 늘 상위에 랭크되는 수입품에 속했다. 조선에서 생산된 두 상품은 가격경쟁력과 품질경쟁력에서 도저히 중국산을 따라잡을 수 없었다. 둘째, 화교의 탄탄한 무역망을 들 수 있다. 서울과 인천의 대형 주단포목상점은 상해에 지점을 설치하거나 출장원을 파견해 중국인 경영 상점에서 중국산 삼베와 비단을 값싸게 독점적으로 수입했다. 이러한 화상 무역망은 매우 폐쇄적으로 운영되었기 때문에 조선인과 일본인 상인이 참가하는 것은 거의 불가능했다. 셋째, 조선 내에 거미집 같은 화교 판매망의 구축이다. 서울과 인천의 대형 주단포목상점을 정점으로 각 지역의 주요 도시에 화교 도매상, 각 군 지역에 화교 소매상이 포진해 있었다. 화교 주단포목상점은 면 단위까지 침투했으며 산간

지역은 화교 행상을 통해 판매했다. 이들 화교 주단포목상점은 상호 유기적으로 연계하면서 상호협력시스템을 구축하고 있었다. 그러나 조선총독부의 중국산 견직물과 마직물에 대한 고관세 부과, 1931년 화교배척사건으로 인한 화교 주단포목상점의 판매망 위축, 그리고 중일전쟁 시기 전시통제경제로 인해 해방 직전 대형 주단포목상점은 거의 사라졌다.(이정희(2018a), 『한반도 화교사』, 동아시아, 55-242)【이정희】

조선화교의 주물업朝鮮華僑鑄物業

조선화교 주물공장은 1910년대 신의주에 처음으로 설립되어 조선 전역으로 확산되어 주로 솥을 제조했다. 안동(安東, 현재의 단동) 소재 중국인 주물공장이 신의주에 진출하면서 시작됐다. 1927년에는 전국에 44개의 공장이 있었으며, 생산량은 37만5,441개의 솥, 생산액은 57

평양의 화교주물공장(朝鮮總督府(1932))

만1,716원이었다. 화교 주물업 종사자는 대부분 하북성 교하현(交河縣) 및 인근 지역 출신이었다. 교하현은 명대와 청대 '주조의 고향'으로 불릴 만큼 주물업이 발달한 지역이었다. 화교 주물공장은 1920년대와 30년대 조선 솥 시장의 7할을 차지했다. 저임금의 화교 직공, 뛰어난 기술력을 바탕으로 값싸면서도 양질의 제품을 생산했다. 1931년 7월 화교배척사건 때 문을 닫는 주물공장도 있었다. 중일전쟁 시기 주요한 원료인 선철과 코크스가 조선총독부에 의해 군수품으로 지정되어 원료난으로 문을 닫는 공장이 많아 실제로 운영되는 공장은 10여개에 불과했다.(李正熙(2009.3), 「近代朝鮮華僑製造業研究: 以鑄造業爲中心」, 『華僑華人歷史研究』(2009年3月第1期), 中國華僑華人歷史研究所, 40-53)【이정희】

418

조선화교의 학교교육朝鮮華僑의 學校教育

조선1902년 인천중화회관 내 사숙 형태의 교육기관이 설립된 것이 화교학교의 시작이다. 1909년에는 한성의 중화회관 내에 같은 사숙 형태의 교육기관이 설치되었으며, 1912년에 부산, 1915년에 신의주에 각각 설치되었다. 중화민국 북경정부 수립 후, 경성총영사관과 각 영사관이 주도하여 근대식 교육제도를 도입, 화교소학으로 발전해 나갔다. 1920년대에 화교 인구가 상대적으로 많은 대도시인 원산, 평양, 해주, 청진 등지에 화교소학이 각각 설치되었다. 1930년대 북부지역에 화공과 화농 인구가 급증하자, 그 자제를 위해 운산북진화교소학, 신의주화공소학, 신의주화농소학 등이 설립되었다. 노구교사건 발발 후 조선화교 인구의 절반이 중국으로 귀국하면서 화교소학 가운데 문을 닫는 학교가 많았다. 하지만, 조선화교가 중화민국임시정부와 왕정위 남경국민정부의 인민이 되면서 중국에서 가족 단위로 되돌아 온 화교가 증가, 그들의 자제 교육을 위해 각지에 화교소학이 설립되었다. 중일전쟁 시기 화교사회의 노력과 조선총독부의 협조로 14개의 화교소학이 새롭게 설치되었다. 해방 직전 조선화교의 화교소학은 29개교, 학생인원은 3천여명에 달했다. 소학 졸업생의 증가로 중등교육의 필요성이 높아지면서 조선화교사회의 모금으로 경성에 설립된 것이 광화중학(光華中學)이었다. 화교소학의 교과서 내용은 중화민국 각 정부의 교육이념에 따라 상이했다. 북경정부(1912-1927)는 도덕교육을 존중하여 실업교육(實業教育), 군국민교육(軍國民教育)으로 이를 뒷받침하여 미감교육(美感教育)으로 도덕을 완성한다는 교육이념을 가지고 있어 별다른 이념교육은 없었기 때문에 교과서에도 그대로 반영되었다. 그러나 남경국민정부는 삼민주의(三民主義)와 국민당에 의한 당화교육(黨化教育)을 근간으로 하는 민족주의 교육을 적극 추진, 이러한 교육이념을 적극 교과서에 반영했다. 조선의 화교소학은 본국에서 발행된 교과서를 사용했기 때문에 조선총독부는 '항일'의 내용이 포함된 교과서를 수입금지하거나 압수하는 등의 탄압을 가했다. 남경국민정부 경성총영사관과 각 영사관은 화교소학을 관리하기 위해 학교 교동회 제도를 도입했다. 노구교사건 발발 이후, 북경에 수립된 친일의 중화민국임시정부는 중일친선, 당화교육 배제, 반공을 근간으로 한 교육이념이었기 때문에 남경국민정부 시기의 교과서는 새로운 교과서로 교체되었다. 왕정위 남경국민정부도 임시정부의 교육이념을 계승, 그러한 경향의 교과서는 해방 직전까지 사용됐다. 경성총영사관과 각 영사관은 각 화교소학에 보조금을 지급하면서 교동회를 장악, 교사와 학생을 정치 행사에 동원했다. 화교소학의 교과과정은 일본어 강의가 대폭 증가하고, 삼민주의 관련 과목은 수신 과목으로 대체되었다.(李正熙 (2010.3), 19-40; 이정희(2007.9), 107-129; 송승석(2012), 「1945년 이전 인천의 화교교육과 화교사회: 인천화교소학을 중심으로」, 『역사교육』124, 역사교육연구회)【이정희·송승석】

조영수호통상조약朝英修好通商條約

1883년 11월 조선과 영국 간에 체결된 조약. 청일전쟁 후 조선정부가 청국과 맺은 조약을 일방적으로 파기함에 따라 화교는 무조약국민이 되어 영국주청국공사관을 통해 조선화교의 보호를 요청했다. 공사관은 이를 수용하고 영국주조선총영사관을 통해 1895년 9월 조신정부에 화교보호를 할 뜻을 전달, 조선정부는 즉각 이를 수용했다. 조선화교는 한청통상조약이 발표되기 전까지 이 조약의 적용을 받았다.(이정희(2018a), 『한반도 화교사』, 동아시아, 24; 기타 자료)【이정희】

조자선趙子先, 1906-?

일제강점기 산동성 즉묵현(卽墨縣) 거주의 중국인 선원. 군용 정크선에 승선하여 1944년 울산항의 수심을 조사하다 울산헌병분대(蔚山憲兵分隊)에 발각되어 검거되었다.(이정희(2017.6), 「중일전쟁시기 조선화교의 항일활동」, 『동양사학연구』139, 355-356)【이정희】

조중상인마포거래분쟁朝中商人麻布去來紛爭

일제강점기인 1920년 경성의 화교 주단포목상점과 조선인 주단포목상점 간의 마포 거래를 둘러싼 분쟁. 조선인 주단포목상점은 화교 주단포목 수입상점으로부터 중국산 마포를 선물로 매입했다. 그러나 제1차세계대전이 끝난 후 전후 불황이 몰아닥쳐 마포의 시장 가격이 이전의 절반으로 하락, 조선인 주단포목상점은 상당한 손해를 입게 되면서, 화교 주단포목 수입상점에게 마포 매입 가격의 인하와 결재기간의 연장을 요구했다. 화교 주단포목 수입상점이 이를 거절하면서 양자 간에 분쟁이 발생했다. 경성상업회의소의 중개로 양자가 교섭을 한 결과, 조선인 주단포목상점측이 마포 계약 상품의 절반 이내를 화교 주단포목 수입상점측에게 인도하든지 이들 상품의 가격 하락에 따른 손실액의 절반 이내를 화교 주단포목 수입상점측이 부담하는데 합의하여 문제는 해결되었다.(이정희(2018a),『한반도 화교사』, 동아시아, 133-134)【이정희】

조청상민수륙무역장정朝淸商民水陸貿易章程

1882년 10월 4일 조선과 청국 간에 체결된 장정. 이 협정으로 중국인의 조선 이주와 거주 및 상업 활동 그리고 양국 간 무역이 해로를 통해 본격적으로 이뤄지게 되었다. 이 협정은 서문과 총 8개조로 이뤄져 있다. 서문에서 조선이 청국의 속방(屬邦)임을 분명히 밝히면서 이 협정의 내용은 기타 외국과 균점하지 않는다고 했다. 제1조는 양국은 개항장에 공관을 설치하고 상무위원을 상호 파견하여 자국민을 보호하도록 했다. 제2조는 중국인이 조선 개항장에서 범죄를 저지를 경우는 청국의 상무위원이 재판할 뿐 아니라 중국인에 상해를 가한 조선인도 청국 상무위원과 상의하여 재판하도록 했다. 반면, 조선의 상무위원은 청국에서 범죄를 저지른 조선인과 중국인을 재판할 권리가 부여되지 않는 이른바 불평등조약이었다. 제3조는 관세는 정해진 법률에 따를 것과, 조선의 평안도와 황해도 그리고 산동성, 봉천성 간의 양국 어민의 어업은 자유롭게 할 수 있도록 했다. 제4조는 양국 상민은 각국의 개항장에 거주하면서 무역 및 상업활동을 영위할 수 있도록 했고, 중국인 상민에게 한성과 양화진에서 장사할 수 있는 권리를 부여했다. 다만, 중국인 상민이 개항

장 이외의 내지(內地)에서의 상업활동은 조선 지방관의 허가를 받도록
했다. 제5조는 육로무역을 위해 압록강 대안의 책문과 의주, 두만강 대
안의 혼춘과 회령을 개시(開市)하도록 하고, 이를 위한 협정을 체결하기
로 했다. 제6조는 양국 상민이 무기를 운반, 판매할 시는 처벌하도록 하
고, 중국인 상민이 조선에서 홍삼을 마음대로 운반하지 못하도록 했다.
제7조는 청국은 윤선과 병선을 조선에 파견할 권리를 부여했다. 제8조는
상기의 약정을 개정할 시는 조선 국왕과 청국의 북양대신이 상의하여
하도록 했다.(이정희·송승석(2015), 389-394; 김종원(1983), 「조청상민수륙무역장정의 체결
과 그 영향」, 국사편찬위원회 편, 『한국사』16)【이정희】

조치원중화신민연합회鳥致院中華新民聯合會

일제강점기 충청남도 조치원 지역 화교의 사회단체. 193/년 12월 중화민
국임시정부 수립 후 설립되었다. 1942년 여선중화상회연합회의 회원이
었고, 당시의 회장은 두창소(杜昌紹)였다.(이정희·송승석(2015), 『근대시기 인천
화교의 사회와 경제』, 학고방, 232)【이정희】

조치원화교소학鳥致院華僑小學

충청남도 조치원 소재 화교소학. 1949년 설립. 소은석(蕭恩錫)이 중심이
되어 인천화교 왕흥서(王興西), 추본행(鄒本行) 등의 재정적 협조를 얻
어 학교를 설립했다. 1957년 학교 이사회의 이사장은 초화당(初華堂),
교장은 소가덕(蕭家德)이었다. 1957년의 학생수는 32명이었다. 학생수
감소로 폐교되었다.(華僑志編纂委員會編(1958), 『華僑志-韓國-』, 158)【이정희】

조학수趙學洙, 1899-?

일제강점기 평양의 화상(華商). 산동성 유현(濰縣) 출신. 가구상점 산성
(山城)의 경영자. 1942년 평양중화상회의 감사로 활동하고 있었다.(京城
總領事館(1942), 「平壤中華商會職員略歷表」, 『汪僞僑務委員會檔案』)【이정희】

조학해趙學海, 1897-?

일제강점기 군산의 화상(華商). 산동성 액현(掖縣) 출신. 소학 4년 졸업. 주단포목상점의 경영자. 1942년 군산중화상회의 이사로 활동하고 있었다.(釜山領事館(1942), 「群山中華商會職員履歷表」, 『汪僞僑務委員會檔案』)【이정희】

종극문宗克文, 1922-1993

중화인민공화국의 외교관. 북경 출신. 1937년 중국공산당에 입당했다. 1940년 연안중앙당교(延安中央黨校)에서 학습한 후, 중공 섬감녕변구(陝甘寧邊區) 정부의 연구원(硏究員)을 지냈다. 1948년 이후 중공 흑룡강성위원회(黑龍江省委) 정책연구실 조장, 성위원회(省委) 부비서장(副秘書長), 성외사판공실(省外事辦公室)주임을 각각 역임했다. 1963년 말 외교부로 이동하여 1970년 이후 주체코슬로바키아 대사, 주시에라리온 대사, 주세네갈 대사을 역임한 후, 1982년 8월부터 1987년 8월까지 주북한대사를 역임했다. 본국 귀임 후, 흑룡강성 제5·6기 정협(政協) 부주석을 지냈다. 1993년 3월 북경에서 타계했다.(中國人民政治協商會議黑龍江省綏化市委員會文史資料委員會 編(1989), 『綏化文史資料 第二輯』, 22; 중화인민공화국주북한대사관 홈페이지; 바이두)【송우창】

종덕발宗德發

일제강점기 부산의 화상(華商). 호떡집을 경영하다 1942년 들어 밀가루 배급이 감소하자 영업 및 생활이 날로 곤궁해져 자살했다.(이정희(2018a), 『한반도 화교사』, 동아시아, 331)【이정희】

주관남周冠南, 1912-?

중화민국의 외교관. 1942년 경성총영사관의 수습영사로 근무하고 있었다. 1943년 6월부터 해방 직전까지 신의주영사관의 영사로 근무했다.(朝鮮總督府外務課(1942), 『昭和17年 領事館表關係』)【이정희】

주단포목상점綢緞布木商店

주단은 비단을 말한다. 포목은 견사(絹絲)를 사용하지 않고 제직한 면포(綿布)와 마포(麻布)를 가리킨다. 주단포목상점은 비단, 면포, 마포를 판매하는 상점을 말한다.(이정희(2018a), 『한반도 화교사』, 동아시아, 115-116)【이정희】

익산의 주단포목상점 거리

주대의周大義, 생졸년불상

북한화교. 1948년 11월 해주시화교연합회의 위원장과 해주화교소학의 이사를 맡고 있었다. 화교학교에 기부를 많이 했다. 한국전쟁 때 중국으로 귀국했다.(朝鮮華僑聯合總會機關報《民主華僑》)【송우창】

주리치朱理治, 1907-1978

중국의 혁명가이자 경제 금융 전문가. 본명은 주명훈(朱銘勳)이며 강소성 남통현(南通縣) 출신이다. 1926년 북경의 칭화대학에 입학하여 1927년 4월 중국공산당에 가입했다. 1936년 중공동북군공작위원회비서장(中共東北軍工作委員會秘書長), 중공중앙주동북군특파원(中共中央駐東北軍特派員)으로 일했다. 1943년 3월 중공중앙당학교(中共中央黨校)에 입학했다. 1946년 초 중공북만분국비서장(中共北滿分局秘書長)을 역임하고 같은 해 7월 북한에 파견되어 평양에 중공중앙동북국주북조선판사

424

처(中共中央東北局駐北朝鮮辦事處)를 결성했다. 같은 해 9월부터 동북
국주북조선전권대표(東北局駐北朝鮮全權代表)의 직책을 맡았다. 1948
년 10월 귀국 후 1949년 9월까지 중공중앙동북국위원(中共中央東北局委
員), 1949년 7월부터 1951년 6월까지 중국동북은행총경리(中國東北銀行
總經理)를 각각 역임했다. 1957년 4월 중앙재경소위원회위원(中央財經
小組成員)으로 활동했다. 1965년 11월부터 1966년 12월까지 중공중앙화
북국서기처서기(中共中央華北局書記處書記)를 역임했다. 문화대혁명
때 공개비판을 받았다. 1977년 5월부터 1978년 4월까지 하북성혁명위원
회부주임(河北省革命委員會副主任)과 제5차 전국인민대표대회대표(全
人大代表), 제5차 전국인민정치협상회의상임위원(全國政協常委) 등의
직책을 맡았다. 1978년 4월 9일 병사했다. 해방초기 북한화교를 위해 상
당한 역할을 담당했다. 1946년 8월부터 1948년 10월까지 동북국주북조선
판사처대표 재임 시 북한 노동당의 요청을 받아들여 북조선화교연합회
(北朝鮮華僑聯合會)를 조직하는데 협력했다.(中共中央黨史硏究室第一硏究部
編(2005), 『中國共産黨第七次全國代表大會代表名錄』, 中共黨史出版社, 608-610)【송우창】

주몽령周夢齡, 1867-?

일제강점기 인천의 화상(華商). 광동성 개평현(開平縣) 출신. 서양잡화
상점인 의생성(義生盛)의 경영자로 1913년 인천중화상회의 의원으로 선
출되어 활동했다.(이정희·송승석(2015), 『근대시기 인천화교의 사회와 경제』, 학고방, 97)
【이정희】

주무송朱撫松, 1915-2008

중화민국과 대만의 외교관. 호북성 출신. 호강대학(滬江大學) 졸업 후,
영국 런던대학에서 유학했다. 귀국 후, 중국국민당중앙 선전부국제선전
처에서 일했으며, 행정원신문국 비서 등을 역임했다. 대만으로 이주한
후, 주캐나다대만대사관 공사, 스페인대사, 브라질대사 등을 지낸 후,

1975년 3월 제7대 주한대만대사로 임명되어 1979년 8월 18일까지 근무했다. 귀임 직후, 외교부장(한국의 외무부장관)으로 임명되어 1987년까지 근무했다. 외교부장 근무시인 1986년부터 총통부 국책고문으로 근무했다.(대만위키피디아; 이정희(2018b), 238)【이정희】

주문현周文賢. 1905-?

일제강점기 대구의 화상(華商). 산동성 모평현 출신. 사숙(私塾) 졸업. 중화요리점 영화원(永和園)의 경영자. 1942년 대구중화상회의 후보 감찰위원으로 활동하고 있었다.(釜山領事館(1942),「大邱中華商會職員履歷表」,『汪僞僑務委員會檔案』)【이정희】

주보흥朱寶興. 생졸년불상

북한화교. 1949년 5월 평안남도화교연합회의 조직과장을 맡고 있었으며, 평양특별시화교연합회의 위원장을 겸임했다. 같은 해 8월 평안남도화교연합회의 위원장을 맡았으며, 한국전쟁 때 귀국했다.(朝鮮華僑聯合總會機關報《民主華僑》)【송우창】

주석구周錫九. 1875-?

일제강점기 인천의 화상(華商). 산동성 영성현(榮成縣) 출신. 1942년 행잔 천합잔(天合棧)의 경영자로 근무하고 있었다.(이정희(2018a),『한반도 화교사』, 동아시아, 239)【이정희】

주신구周愼九. 생졸년불상

일제강점기 조선화교를 대표하는 화상(華商)이자 화교 지도자. 1909년부터 1917년까지 미쓰이물산 경성출장소와 공동으로 고려인삼을 중국에 수출하는 업무를 담당했다. 그후, 주단포목 수입상점인 유풍덕(裕豊

德)으로 옮겨 동 회사를 최대의 조선화교 주단포목상점으로 발전시켰다. 1930년대 들어 최고 경영자로 취임했다. 노구교사건 때 경성중화상회 회장으로 근무하고 있었으며, 1938년 2월 조직된 여선중화상회연합회(旅鮮中華商會聯合會)의 초대 회장을 역임했다. 한성화교소학의 이사로도 활동했다. 중일전쟁 말기 중국으로 귀국했으며 해방 직후 한국으로 되돌아와 무역상으로 활동했다.(이정희(2018.12b), 「중일전쟁시기 범한생(范漢生) 경성총영사의 친일활동과 조선화교 사회의 변동」, 『중앙사론』48, 180·193-198)【이정희】

주지서周之緒, 1899-?

일제강점기 대구의 화상(華商). 산동성 영성현 출신. 사숙(私塾) 졸업. 호떡집 동해원(東海園)의 경영자. 1942년 대구중화상회의 후보 집행위원으로 활동하고 있었다.(釜山領事館(1942), 「大邱中華商會職員履歷表」, 『汪僞僑務委員會檔案』)【이정희】

주진박周振璞, 1913-?

일제강점기 인천 화교. 산동성 모평현 출신. 1941년 7월 중순 귀향 시 중공팔로군에 가입하고 군사훈련과 선전첩보의 훈련을 받았다. 모평현 남현촌(南峴村) 동색(東塞) 자택에서 경성방면의 식량상황, 항공 병력의 현황, 치안상황과 민심의 동향 그리고 경성에서 화북방면으로 이동하는 군대의 출병상황을 중공팔로군에게 제보했다. 조선으로 돌아온 후, 1944년 1월 중순경까지 경성, 인천방면 각종의 군사기밀을 탐지하여 5회에 걸쳐 중공팔로군에게 제보했다. 검거되어 재판을 받았다.(이정희(2017.6), 「중일전쟁시기 조선화교의 항일활동」, 『동양사학연구』139, 359-360)【이정희】

주진성周振聲, 1917-?

일제강점기 인천 화교. 산동성 모평현 출신. 항일활동을 하다 검거된 주진박(周振璞)의 동생. 1943년 2월 귀향 시 중공팔로군에 가입, 인천 방면의 식량배급의 상황, 치안상황, 민심의 동향, 병력 인원과 병력이동 상황, 그리고 항공 병력의 현황 등을 제보했다. 4월 상순 조선에 돌아온 후, 조선내의 군대이동 상황, 항공 병력의 현황, 징병, 식량 등의 주요 사항에 관한 정황을 중공팔로군에게 제보했다. 검거되어 재판을 받았다.(이정희 (2017.6), 「중일전쟁시기 조선화교의 항일활동」, 『동양사학연구』139, 359-360)【이정희】

주한사관보존당안駐韓使館保存檔案

대만 중앙연구원 근대사연구소가 소장하고 있는 근대 조선 주재 청국 및 중화민국 외교기관이 생산한 낭안. 이 당인은 각 시기 조선 주재 청국 및 중화민국의 외교대표자가 당안의 발신인 혹은 수취인으로 되어 있다. 당안의 청말 시기(1882-1911)는 2004년, 중화민국 시기(1912-1937)는 2006년에 각각 중앙연구원의 홈페이지에 공개되었다.(이정희 (2018a), 『한반도 화교사』, 동아시아, 43; 기타 자료)【이정희】

『주한사관보존당안』의 표지

중강무역장정中江貿易章程

조선과 청국 간에 1883년 4월에 체결된 육로 무역협정. 봉천(奉天)무역장정이라고도 한다. 조선 정부가 승인한 것은 1883년 9월이었다. 장정은 개시장 이외의 내지 행상의 제한, 압록강 어로 금지, 상점 및 창고 건설의 금지, 세관 및 세무 관리원의 설치 등을 규정했다.(酒井裕美(2016), 『開港期朝鮮の戰略的外交』, 大阪大學出版會, 162; 이정희(2018a), 21; 기타 자료)【이정희】

중강중국인인민학교中江中國人人民學校

북한 자성군 중강 소재의 화교소학. 1948년 정식 설립. 해방 전 중강에는 화교 아동을 위한 사숙(私塾)이 개설되어 있었다. 해방초기 중강면에는 100여 호의 화교가 거주하고 있었으며, 전체의 90% 이상의 호수는 채소

농사를 지었다. 1948년 4월 중강화교소학이 설립되었으며, 학생은 70-80명이었다. 학교 교동회의 이사장은 우□일(于□一)이며, 이사는 서경진(徐景振), 우연지(于蓮池)였다. 북한정부가 1949년 4월 학교를 인수관리하면서 교명은 중강중국인인민학교(中江中國人人民學校)로 바뀌었다. 1949년 9월 화교 가장회의(家長會議)를 개최하여 교사를 건축하기로 결정, 같은 해 11월 준공되었다. 교장은 손범오(孫範五)가 맡았다. 한국전쟁 시기 중국은 왕세후(王世厚)와 추내림(鄒迺林)을 교사로 파견했다. 1959년 겨울 자강도 도내 11개교가 강계, 중강, 만포의 3개 화교소학에 통폐합되었다. 이에 따라 중강중국인인민학교의 학생수는 증가했다. 1961년 6월의 교장은 장괴원(張魁元)이 맡았으며, 교원은 장수영(張秀英)이었다.(朝鮮華僑聯合總會機關報《民主華僑》; 朝鮮華僑聯合會機關報《華訊》; 기타 자료)【송우창】

중강진중화상회中江鎮中華商會

일제강점기 평안북도 중강군(中江郡) 중강진 지역 화교의 사회단체. 1942년 여선중화상회연합회의 회원으로 당시의 회장은 왕경지(王經之)였다.(이정희·송승석(2015), 『근대시기 인천화교의 사회와 경제』, 학고방, 233)【이정희】

중공동북국주북조선판사처나진분처中共東北局駐北朝鮮辦事處羅津分處

중일전쟁 승전 후, 중공중앙동북국주평양판사처가 나진(羅津)에 설립한 분처. 대외적으로는 평양이민공사나진분공사(平壤利民公司羅津分公司)로 불렸다. 나진은 북한 동해안의 항구도시로 철도로 부설되어 평양, 남양과 연결되어 있었다. 해상 운수 노선은 대련, 홍콩, 일본, 러시아와 연결되어 있었다. 주임은 주홍승(朱鴻升), 부주임은 여량병(呂亮屛)이었다. 나진분처의 직원은 100여명이며, 하역노동자는 500여명이었다. 주요 임무는 북만과 북한 간의 교역품인 식량(糧食), 식염(食鹽), 포목(布匹) 등을 수송하는 것과, 홍콩, 상해, 대련에서 온 중공 인사를 순조롭게 국경을 넘을 수 있도록 편의를 제공하는 것, 그리고 만포, 신의주에서 오는 중공의 인원과 물자를 운송하는 것이었다.(呂明輝(2013), 『朝鮮支援中國東北解放戰爭紀實』, 白山出版社, 85-86)【송우창】

중공동북국주북조선판사처남포분처中共東北局駐北朝鮮辦事處南浦分處

중일전쟁 승전 후 중공중앙동북국주평양판사처(中共中央東北局駐平壤辦事處)가 남포에 개설한 분처(分處). 대외적으로 평양이민공사남포분공사(平壤利民公司南浦分公司)으로 불렸다. 남포(당시는 진남포(鎭南浦))는 북한 서해안 대동강 하구에 위치, 평양으로부터 50km 떨어져 있다. 중일전쟁 승전 후 국민당군이 중공의 동북 근거지를 고립시킨 상황에서 남포는 동북 근거지와 대련, 산동, 화북을 서로 연결해주는 중요한 해상 통로였다. 중공중앙화동국교동공서(中共中央華東局膠東公署)는 1945년 12월 궁화헌(宮和軒)과 조령덕(趙令德)을 남포로 부임시켜 '교동공상국 및 여순대련재정위원회 주남포판사처(膠東工商局和旅大財委駐南浦辦事處)'를 설립했다. 궁화헌과 조령덕은 화교 경영의 중화요리점인 연영루(連榮樓)를 빌려 업무를 개시, 대외적으로 홍리공사(洪利公司)라 불렀다. 이 시기 판사처에는 궁화헌, 안운포(安雲浦), 왕정건(王正乾), 장의경(張義卿) 등 10여명이 근무하고 있었으며, 책임자는 궁화헌이었다. 주요 임무는 산동 특산물을 북한의 휘발유 등의 물자로 물물교환하는 것이었다. 북한 간부의 소개로 궁화헌은 김일성(金日成)과 회견을 하고 물물교환 관련 사안의 승인을 얻어내, 지방정부와 비교적 큰 규모의 무역을 시작했다. 중공중앙동북국주평양판사처(中共中央東北局駐平壤辦事處)가 1946년 8월 설치된 후 화동국(華東局) 소속 남포판사처(南浦辦事處)는 동북국남포판사처(東北局南浦分處)로 명칭이 변경되었다. 동북국은 주력(周力)을 판사처에 파견했다. 개편 후 남포분처는 대련(大連)과 북만(北滿)간의 인적·물적 자원의 중계작업을 주요 임무로 했다. 중국 동북지역이 중공에 의해 점령되고, 산동성의 국공내전이 더욱 치열해지면서 남포분처의 업무는 북한에서 구매한 군수물자를 대련을 통해 산동성의 연태(煙台)로 운송하는 것으로 바뀌었다. 요심전투(遼沈戰役)가 끝난 후 남포분처는 평양판사처(平壤辦事處)로 편입되었으며, 궁화헌이 평양판사처의 업무를 담당했다.(呂明輝(2013), 『朝鮮支援中國東北解放戰爭紀實』, 白山出版社, 77-82)【송우창】

중공동북국주북조선판사처만포분처中共東北局駐北朝鮮辦事處滿浦分處

중일전쟁 승전 후, 중공중앙동북국주평양판사처(中共中央東北局駐平壤辦事處)가 만포에 개설한 분처. 대외적으로 평양이민공사만포분공사(平壤利民公司滿浦分公司)로 불렀다. 만포는 북한 자강도에 위치한 도시로 대안은 중국 길림성 집안현(集安縣, 이전은 輯安縣)이다. 해방 당시 만포와 집안 사이에는 철도 교량이 놓여 있었다. 만포는 북만과 남만을 대련과 이어주는 중요한 통로였다. 이 때문에 평양판사처는 이곳에 만포분처를 설립했다. 주임은 왕작번(王作藩), 부주임은 감붕문(甘朋文)이었다. 만포분처는 만포역 부근에 위치해 있었다. 중공이 8만 위안을 들여 2층 건물의 국일여관(國一旅館)을 구입하여 사무실로 사용했다. 건물 입구의 간판은 이민공사(利民公司)로 달려 있었다. 분처는 역에 전용 창고를 보유하면서 주로 남만의 식량을 북한에 들여와 무역을 했다. 당시 만포에는 제4후방의원(第四後方醫院)이라는 중공 운영의 병원과 집안현 정부 주만포판사처가 설립되어 있었다.(呂明輝(2013), 『朝鮮支援中國東北解放戰爭紀實』, 白山出版社, 82-84)【송우창】

중공동북국주북조선판사처신의주분처中共東北局駐北朝鮮辦事處新義州分處

중일전쟁 승전 후, 중공중앙동북국주평양판사처(中共中央東北局駐平壤辦事處)가 신의주에 개설한 분처. 대외적으로 평양이민공사신의주분공사(平壤利民公司新義州分公司)로 불렀다. 신의주는 북한의 서북부 국경도시로 압록강 대안은 안동(현재의 단동(丹東))으로, 양 지역 간에는 철도가 부설되어 연결되어 있었다. 경의선의 종착역은 신의주이며,

평양과 연결되어 있었고, 다시 남포(南浦), 만포(滿浦), 중강(中江), 나진(羅津), 남양(南陽) 등지로 이어졌다. 이 때문에 평양판사처(平壤辦事處)는 신의주에 분처를 설립했다. 분처의 주임은 이장경(李長庚), 부주임은 왕선성(王先成)이었다. 신의주분처의 주요 임무는 국공내전의 신개령전투(新開嶺戰役)에서 운송되어 온 중공군 부상자의 안치, 1946년 10월 전후 안동지역에서 철수한 중공군의 인원 및 물자의 처리, 남만(南滿)과 북만(北滿)을 왕래하는 중공 인사의 접대였다. 평양에 중화인민공화국주북한대사관이 1950년 8월 개설되면서 동북행정위원회주조선상무대표단(東北行政委員會駐朝鮮商務代表團)의 직원이 국내로 소환되었지만, 신의주분처의 직원은 1950년 10월이 되고 나서야 철수했다.(呂明輝 (2013), 『朝鮮支援中國東北解放戰爭紀實』, 白山出版社, 85)【송우창】

중공동북행정위원회주조선상업대표단中共東北行政委員會駐朝鮮商業代表團

중공중앙동북국주북조선판사처를 토대로 설립된 중공동북행정위원회의 북한 주재 대표기관. 1949년 2월 중공중앙동북국주북조선판사처가 정식으로 폐지된 후, 잔여 직원이 모체가 되어 같은 해 3월 동북행정위원회주조선상업대표단이 설립되었다. 대표단의 주요 간부는 문사정(文士楨), 예울정(倪蔚庭), 정설송(丁雪松), 제광(齊光)이었고, 나중에 궁화헌(宮和軒)이 들어와 업무를 지도했다. 대표단의 주요 임무는 중국 동북과 북한 간의 경제 및 무역협상, 경제 및 무역협정의 체결, 그리고 기타 외교사무의 처리였다. 중화인민공화국주북한대사관 설립에 따라 대표단의 임무는 종료되었다. 대표단 해체 시 소수의 직원은 대사관에 잔류하고, 나머지 직원은 국내로 소환 되었다.(楊昭全·孫艷姝(2013), 『當代中朝中韓關係史』, 吉林文史出版社, 24-25)【송우창】

중공중앙동북국주북조선판사처中共中央東北局駐北朝鮮辦事處

중일전쟁 승전 후 중국 동북 소재 중공중앙동북국이 평양에 개설한 대표기관. 별칭은 '동북국 주평양판사처(東北局駐平壤辦事處)'. 대외적으로 '평양이민공사(平壤利民公司)'라고도 했다. 중공동북국은 1946년 6월 북한 지역을 후방기지로 국공내전에서 남만(南滿) 작전을 유리하게 진행한다는 방침을 세웠다. 같은 해 7월 주리치(朱理治)는 중국동북민주연합군(中國東北民主聯軍)의 부사령관인 소경광(蕭勁光)과 함께 평양에 도착했다. 북한 공산당과 북한 주둔 소련 사령부의 동의하에 업무를 개시했다. 판사처는 해방 전까지 중화요리점이던 동화원(東華園)에 설치되었다. 동화원의 원래의 책임자는 우정해(于定海)였다. 소재지는 평양 대동강 서안 연강대가 채관리(釵貫里) 104번지. 나중에 동화원은 중공동북행정위원회주조선상업대표단의 사무실로 사용되었다. 평양 이외에 남포, 신의주, 만포, 나진에 분처를 각각 개설했다. 판사처는 비서과, 상무과, 운수과, 회계과, 총무과를 두었고, 무선기도 설치했다. 직원은 약 100명으로 조선어와 러시아어 통역원도 배치되었다. 주요한 인사로는 주리치 외에 문사정(文士楨), 예위정(倪蔚庭), 이사경(李思敬), 주력(周力) 등이 있었다. 판사처의 주요 업무는 중공 동북 해방구와 북한 간의 무역 및 경제협력을 추진하는 것이었다. 또한 북한정부의 요청을 받아들여 북한화교 관련 업무에도 참가했다. 국공내전이 중국공산당 측에 유리하게 전개되자, 동북국은 1948년 9월 판사처의 철수를 결정했다. 같은 해 10월 주리치는 일부 간부를 인솔하고 귀국, 판사처는 1949년 2월 정식으로 폐지되었다. 잔여 직원은 중국동북행정위원회주조선상무대표단을 조직했다.(宋伍强(2011),「第二次世界大戰後朝鮮における華僑管理機構の成立」,『星陵台論集』43-3, 86-88; 기타 자료)【송우창】

중국과 북한 간의 영사조약中國과 北韓 間의 領事條約

중국과 북한 간에 1985년 11월 체결된 영사관 증설 조약. 중국의 외교부장인 오학겸(吳學謙)과 북한의 외무상인 김영남 간에 체결되었으며, 정식 명칭은 '중화인민공화국과 조선민주주의인민공화국 영사조약'이다.

이 조약은 1986년 7월 2일 발효되었다. 이에 따라 1986년 9월 6일 주심양 북한총영사관(駐沈陽北韓總領事館)이 개설되었다. 총영사관의 관할 지역은 요녕성, 길림성, 흑룡강성이었다. 중국은 1987년 7월 1일 청진에 총영사관을 개설했다. 동 총영사관의 관할지역은 함경북도, 함경남도, 양강도이다. 1998년과 1999년 북중 양국은 두 차례에 걸쳐 영사협의를 진행했다. 주요 의제로는 변경지역 북한주민의 불법 월경(越境)의 범죄, 북중 영사조약의 집행 상황과 주홍콩북한총영사관 개설과 관련된 사항 등이었다.('中國領事工作'編寫組 編(2014), 『中國領事工作 上』, 世界知識出版社, 164-165)

【송우창】

중국 길림성 도문과 북한 남양의 국경

중국국민당주조선직속지부中國國民黨駐朝鮮直屬支部

일제강점기 중국국민당 중앙이 경성에 설립한 직속지부. 1927년 4월 17일 경성에서 국민당 경성지부 설립대회가 거행되어, 정(正) 집행위원 6명, 후보 집행위원 4명, 정 감찰위원 3명, 후보 감찰위원 1명 등 총 14명의 임원이 선출되었다. 정집행위원은 장홍해(張鴻海), 정유분(鄭維芬), 사도소(司徒紹), 주세현(周世顯), 오정계(吳庭桂), 이용우(李龍雨). 후보 집행위원은 황보천(黃寶泉), 누효초(樓曉初), 담우향(譚雨鄕). 정감찰위원은 담걸생(譚傑生), 이금래(李金來), 진조상(陳兆祥). 후보 감찰위원은 한진고(韓振高)였다. 경성지부는 원래 국민당 도쿄지부(東京支部)의 하부기관으로 설립되었는데 도쿄지부가 장개석의 상해 반공쿠데타를 비판하자, 경성지부는 분리독립을 선언했다. 국민당 중앙은 1929년 1월 경성에 주조선직속지부를 설립하고 초대 지부장은 중화민국주경성총영사관의 부영사인 계달(季達)이 맡았다. 2대 지부장은 왕공온(王公溫), 3대 지부장은 정유분(鄭維芬)이었다. 조선화교의 당원수는 1930년경 정식당원만 3천명에 달했다. 그러나 1931년 화교배척사건, 조선총독부의 탄압 등으로 1933년의 당원수는 767명, 1934년에는 284명으로 감소, 노구교사건을 전후한 시기는 거의 유명무실한 단체로 전락했다. 대도시에 분부(分部), 소도시에 통신처(通訊處)가 각각 설치되었다. 주요한 활동은 정기모임을 통해 삼민주의(三民主義)를 선전하는 데 있었다.(李正熙 (2010), 「近代朝鮮華僑の社會組織に關する研究」, 『京都創成大學紀要』10, 101-103)【이정희】

중국국민당주조선직속지부공주분부中國國民黨駐朝鮮直屬支部公州分部

일제강점기 중국국민당주조선직속지부의 공주 분부. 1929년 4월 설립. 1931년의 당원수는 18명이었다. 1934년경 폐쇄되었다.(李正熙(2010), 「近代朝 鮮華僑の社會組織に關する研究」, 『京都創成大學紀要』10, 101)【이정희】

중국국민당주조선직속지부광주분부中國國民黨駐朝鮮直屬支部光州分部

일제강점기 중국국민당주조선직속지부의 광주 분부. 1929년 4월 설립. 1931년의 당원수는 39명, 1934년의 당원수는 6명이었다. 노구교사건을 전후하여 폐쇄되었다.(李正熙(2010), 「近代朝鮮華僑の社會組織のに關する研究」, 『京 都創成大學紀要』10, 101)【이정희】

중국국민당주조선직속지부대구분부中國國民黨駐朝鮮直屬支部大邱分部

일제강점기 중국국민당주조선직속지부의 대구 분부. 1930년대초 설립. 1934년의 당원수는 8명이었다. 노구교사건을 전후하여 폐쇄되었다.(李正 熙(2010), 「近代朝鮮華僑の社會組織に關する研究」, 『京都創成大學紀要』10, 101)【이정희】

중국국민당주조선직속지부수원통신처中國國民黨駐朝鮮直屬支部水原通處

일제강점기 중국국민당주조선직속지부의 수원 통신처. 1930년대초 설립. 1934년의 당원수는 4명이었다. 노구교사건을 전후하여 폐쇄되었다.(李正熙 (2010),「近代朝鮮華僑の社會組織に關する硏究」,『京都創成大學紀要』10, 101)【이정희】

중국국민당주조선직속지부원산분부中國國民黨駐朝鮮直屬支部元山分部

일제강점기 중국국민당주조선직속지부의 원산 분부. 1929년 12월 설립. 1931년의 당원수는 38명, 1934년의 당원수는 31명이었다. 노구교사건을 전후하여 폐쇄되었다.(李正熙(2010),「近代朝鮮華僑の社會組織に關する硏究」,『京都創成大學紀要』10, 101)【이정희】

중국국민당주조선직속지부전주통신처中國國民黨駐朝鮮直屬支部全州通處

일제강점기 중국국민당주조선직속지부의 전주 통신처. 1930년대초 설립. 1934년의 당원수는 5명이었다. 노구교사건을 전후하여 폐쇄되었다.(李正熙 (2010),「近代朝鮮華僑の社會組織に關する硏究」,『京都創成大學紀要』10, 101)【이정희】

중국국민당주조선직속지부조치원분부中國國民黨駐朝鮮直屬支部鳥致院部

일제강점기 중국국민당주조선직속지부의 조치원 분부. 1929년 2월 설립. 주단포목상점을 경영하는 소은석(蕭恩錫, 1906-1982)이 중심이 되어 설립했다. 1933년의 당원수는 33명이었다. 노구교사건을 전후하여 폐쇄되었다.(李正熙(2010),「近代朝鮮華僑の社會組織に關する硏究」,『京都創成大學紀要』10, 101)【이정희】

중국국민당주조선직속지부청진분부中國國民黨駐朝鮮直屬支部淸津分部

일제강점기 중국국민당주조선직속지부의 청진 분부. 1929년 10월 설립. 1931년의 당원수는 172명이었다. 1934년 경 폐쇄되었다.(李正熙(2010),「近代朝鮮華僑の社會組織に關する硏究」,『京都創成大學紀要』10, 101)【이정희】

중국국민당주조선직속지부평양분부中國國民黨駐朝鮮直屬支部平壤分部

일제강점기 중국국민당주조선직속지부의 평양 분부. 1931년 1월 설립. 1931년의 당원수는 80명으로 타 지부에 비해 많은 편이었고, 활동도 활발했다. 1934년의 당원수는 6명이었다. 노구교사건을 전후하여 폐쇄되었다.(李正熙(2010), 「近代朝鮮華僑の社會組織に關する硏究」, 『京都創成大學紀要』10, 101)【이정희】

중국국민당주조선직속지부함흥분부中國國民黨駐朝鮮直屬支部咸興分部

일제강점기 중국국민당주조선직속지부의 함흥 분부. 1930년 11월 설립. 1931년의 당원수는 65명이었다. 1934년 경 폐쇄되었다.(李正熙(2010), 「近代朝鮮華僑の社會組織に關する硏究」, 『京都創成大學紀要』10, 101)【이정희】

중국국민당주한국직속지부中國國民黨駐韓國直屬支部

해방 이후 서울에 설치된 중국국민당 중앙이 설치한 한국직속지부. 1951년 12월 23일 설립. 설립 당시의 목적은 한국화교를 반공구국(反共救國) 활동에 동원하는데 있었다. 5·16군사쿠데타 이후 외국 정당의 국내 활동이 금지되자 명칭을 교민복무위원회(僑民服務委員會)로 바꾸었다. 서울 명동 2가 중국대사관 앞의 2층 직속지부 건물은 1956년 7월 23일 완공됐다. 현재는 2층만 사용하고 있다.(왕언메이 저·송승석 역(2013), 『동아시아 현대사 속의 한국화교』, 학고방, 380-384)【송승석】

서울 명동 소재 중국국민당주한국직속지부의 건물

중국의 개혁개방정책과 북한화교中國의 改革開放政策과 北韓華僑

중국은 1978년 12월 개혁개방정책을 도입하여 시행했다. 북한은 중국의 이러한 정책 도입을 자본주의를 추구한다고 비난하면서 북한화교를 냉대했다. 이로 인해 1985년까지 4천여명의 북한화교가 중국으로 귀국했다. 1982년 9월 김일성의 중국 방문 이후 북중관계가 개선되면서 귀국화교 수는 감소했다. 1985년경부터 신의주화교는 북중 개인무역에 참가하기 시작하고, 평양화교도 참가했다. 1990년경 청진 등 기타지역의 화교도 이러한 개인무역을 전개했다. 그후 신의주와 평양의 화교는 중국 단동으로 상업망을 확대했고, 청진화교는 지리적으로 가까운 연변조선족자치주 지역에 거점을 확보했다.(宋伍强(2016),「改革開放初期的朝鮮華僑歸國問題」,『華僑華人歷史研究』第1期, 中國華僑華人研究所, 66-67; 인터뷰자료)【송우창】

중국인초급중학교에 관한 규정中國人初級中學校에 關한 規程

북한정부가 1950년 4월 8일 작성한 화교중학 관련 규정. 당시 북한 영내 화교소학이 87개인데 비해 화교중학은 2개(평양과 신의주) 밖에 없는 현실을 감안, 필요에 따라 각지에 3년제의 화교 초급중학교를 설립한다는 내용이었다. 규정은 전문 7장 65조로 구성되어 있다. 제1장은 총칙, 제2장은 교육사업 조직, 제3장은 학생의 권리와 의무, 제4장은 기구와 운영, 제5장은 재정과 재산, 제6장은 학교 내 단체, 제7장은 야간초급중학교에 관한 내용이다. 규정에는 화교 초급중학교의 교육방침은 중화인민공화국의 건설에 필요한 유능한 인재 양성에 두었다. 이를 위한 애국사상교육, 민족문화교육을 강화해야 한다고 명기되어 있다. 학제, 교육방법 관련 규정은 북한 교육성이 모든 것을 결정하도록 했다. 이 규정은 한국전쟁 발발로 중지되었다.(朝鮮教育省(1950.4.8.),「中國人初級中學校規程」; 朝鮮華僑聯合會機關報,『民主華僑』)【송우창】

중국인학교 관리에 관한 결정서中國人學校 管理에 關한 決定書

북한정부가 1949년 3월 11일 중공동북행정위원회 및 북한의 화교연합총회와 협의를 한 후 발표한 화교학교 관련 중요한 결정서. 해방 후 북한의 화교학교는 화교연합회 주도 하에 1949년 2월까지 다수 설립되어, 화교소학은 87개교, 중학은 1개교에 달했다. 재학생 수는 6,883명이었다. 이 시기 화교학교의 수입원은 수업료와 기부금 밖에 없었기 때문에 운영자금이 문제였다. 1948년 이후 북한으로 파견된 중공 간부가 국내로 소환되면서 화교학교를 관리할 인력이 부족했다. 이러한 문제의 해결책으로 중공동북행정위원회 및 화교연합총회와 북한정부는 화교학교 관리에 관한 협의를 했다. 북한정부는 협의의 결과, 1949년 3월 11일 '중국인학교 관리에 관한 결정서'를 공포했다. 7개 조항의 결정서의 내용은 다음과 같다. 1949년 4월 1일부터 북한정부가 화교학교의 관리를 한다는 점, 화교학교 교육시설을 보장한다는 점, 각급 행정기관의 교육 담당 부서에 화교학교 담당자를 배치한다는 점, 중국인 교사 양성소를 설치, 학교 교수 요강의 제정, 학교 운영비용 및 교직원의 월급과 식량의 지급. 이후 화교소학의 명칭은 중국인인민학교, 화교중학은 중국인중학교로 바뀌었다.(國史編纂委員會(1990), 『北韓關係史料集·第21卷』, 363-365; 朝鮮華僑聯合總會 機關報《民主華僑》)【송우창】.

중국재한교민협회中國在韓僑民協會

2002년 중국대륙을 지지하는 한국화교가 서울에 설립한 사회단체. 당시의 명칭은 한성중국교민협회(漢城中國僑民協會)였다. 2008년 현재의 명칭으로 바뀌었다. 이 단체는 중국 국적을 가진 재한 중국인이 모두 참여할 수 있다. 중국대사관의 적극적인 지원을 받으면서 국무원 산하 교무판공실의 지원으로 각종 행사를 주관하고 있다. 기본적으로 대만을 지지하는 한성화교협회와 대립하기도 하지만, 협력하기도 한다.(이정희(2018b), 『화교가 없는 나라』, 동아시아, 144; 기타 자료)【이정희】

중국청년단中國靑年團

일제강점기인 1940년 12월 평양에서 조직된 화교의 항일단체. 이 단체는 평양을 중심으로 조선의 경제 및 기타에 관한 정보 및 군사상의 비밀을 탐지하여 중공팔로군에 제보하는 활동을 하다 조선총독부 당국에 발각되어 단원이 체포되었다. 단장은 유목재(劉穆齊), 부단장은 정춘성(鄭春成)이며, 단원은 국경량(鞠慶良), 곡광주(曲光州), 유전걸(劉傳傑), 우지란(于芝蘭), 왕지영(王之榮), 오도재(吳道財), 축심의(祝心儀), 담문원(譚文元), 유개경(劉開經), 왕운장(王雲章), 왕지홍(王之鴻), 전홍진(錢鴻珍) 등이었다. 전원 체포되어 1944년 재판을 받았다.(이정희(2017.6), 「중일전쟁시기 조선화교의 항일활동」, 『동양사학연구』139, 347-348)【이정희】

중림공사中林公司

서울 중구 태평로 2가 40번지에 본사를 둔 화교 무역회사. 1954년의 사장은 임심산(林深山)이었다.(華僑志編纂委員會編(1958), 『華僑志-韓國-』, 85)【이정희】

중미화교교육위원회中美華僑教育委員會

대만정부가 1954년 설치한 화교교육 관련 기구. 1953년 당시의 미국 부통령이었던 닉슨이 동남아시아를 순방하면서 아시아에서의 냉전적 연대를 위해 대만의 화교교육에 대한 지원을 약속하면서 설치되었다. 장개석 국민당정부는 본토 수복을 위한 기지인 대만이 화교의 고향이 아니라는 딜레마를 해소하기 위해 '화교-혁명-건국'을 일체로 하는 정치적 담론 하에, '귀국관광'과 '귀국교육' 등 화교에 대한 우호적인 정책을 마련했다. 특히 교육은 화교의 지원을 얻는 데 핵심적인 역할을 할 것으로 간주되었다. 중미화교교육위원회의 활동은 1954년 하반기부터 미국의 전폭적인 재정 지원에 힘입어 진행되었다. 이를 통해 대만정부는 대만의 대학에 유학 오는 화교학생뿐 아니라 그들을 수용하는 대학에도 재정적인 인센티브를 제공했으며, 대만의 유수 대학은 해외 화교학생을 받아들이기 위해 일정한 수의 자리를 마련했다. 또한 해외의 화교학교에 교사를 파견하고, 학생과 교사의 '모국' 방문을 장려하는 등의 지원을 아끼지 않았다.

'귀국관광'은 국민당 정부의 전폭적인 재정지원 하에 주로 방학을 이용하여 학생의 대만방문을 지원했다. 구국단(救國團) 등의 명칭 하에 학생이 대만을 방문하여 캠프, 강연회, 국토 종단 등의 활동에 참여하도록 지원하였다. 이러한 지원책으로 한국화교 출신의 학생은 고등학교 교육까지 한국 내의 화교학교에서 수학한 후, 대만의 대학진학을 우선적으로 고려할 수 있는 환경이 마련되었다. 귀국방문 프로그램은 학생과 교사가 대만에 대한 '조국'의식을 고취하고 대만의 실정을 제대로 알 수 있는 계기를 제공했다. 그러나 이러한 프로그램은 1990년대 중반경부터 지원이 줄어들기 시작했고 2000년 민진당 정부가 들어서면서 지원이 중단되었다.(정은주(2013a),「디아스포라와 민족교육의 신화: 한국의 중국인 디아스포라 교육실천에 대한 민족지적 연구」,『한국문화인류학』제46집1호; 정은주(2015)「국민과 외국인의 경계: 한국 내 화교의 시민권적 지위에 대한 성격 분석」,『한국문화인류학』제48집1호, 127)【정은주】

중앙상공주식회사中央商工株式會社

일제강점기인 1911년 경성의 조선인 자본으로 설립된 경성직뉴회사(京城織紐會社)가 전신인 면직물 제조공장. 1917년 경성방적(京城紡績)을 설립한 김성수(金性洙, 1891-1955)가 인수, 1925년 회사명이 중앙상공으로 바뀌었다. 이 회사는 1944년 경성방적에 합병되었다. 화교 주단포목상점 화흥태(華興泰)는 1929년 이 회사로부터 면직물을 조달했다.(이정희(2018a),『한반도 화교사』, 동아시아, 135)【이정희】

중일관세협정中日關稅協定

1930년 5월 6일 중국과 일본 간에 체결된 관세협정. 이 협정은 일본 및 조선의 대중수출품 가운데 면직물, 해산물에 부과된 종래의 세율을 3년 동안, 중국의 대일본 및 조선 수출품 가운데 견직물 및 마직물에 부과된 종래의 세율을 3년 동안 각각 유지하도록 했다. 이에 따라 1924년 7월 시행된 중국산 견직물에 대한 사치품관세는 그대로 시행되었다.(이정희(2018a),『한반도 화교사』, 동아시아, 163-164)【이정희】

중정도서관빌딩관리위원회中正圖書館大廈管理委員會

현재의 한성화교협회 건물을 관리하는 위원회 조직. 서울 명동2가 105번지에 한성화교협회 건물을 건축했다. 1974년 12월 23일 기공하여 1975년 7월 완공했다. 당시 화교협회가 1,740만원을 출자하고, 북방회관이 1,000만원, 광동회관이 700만원, 남방회관이 1,100만원을 각각 출자했다. 출자에 참가한 협회와 각 회관이 건물을 관리하기 위해 중정도서관빌딩관리위원회를 조직했다. 현재 위원회에는 한성화교협회와 남방회관만이 참가하고 있다.(鞠柏嶺(2017),『沒有國家的難民』, 韓華春秋出版社, 45-51; 이정희(2018b), 136)【이정희】

중조임시통항무역판법中朝臨時通航貿易辦法

1946년 11월 미군정청과 중화민국 정부 간에 체결된 무역협정. 이 무역판법은 쌍방의 교역을 물물교환제를 기본으로 미국 달러 결제로 한다는 것을 골자로 하였다. 한국의 무역선이 중국 영해에 진입할 때는 미국 성조기를 달 것과 조인협정의 방식을 취하지 않고 양국이 명령으로써 공포하기로 하는 등 무역협정으로서는 여러 문제점을 내포하고 있었다.(이정희(2008.8), 「해방초기 인천화교의 경제활동에 관한 연구」, 『인천학연구』9, 106)【이정희】

중한무역中韓貿易

미군정기 인천에 본사를 둔 화교 무역회사. 1948년의 연간 무역액은 5,420만원으로 화교 무역회사 가운데서는 9번째로 규모가 큰 회사였다. 한국전쟁 발발 전후 문을 닫았다.(이정희(2008.8), 「해방초기 인천화교의 경제활동에 관한 연구」, 『인천학연구』9, 110)【이정희】

중화노공협회中華勞工協會

일제강점기 화공 간의 연락, 생활향상, 고용주와 화공 간 분쟁의 미연 방지를 목적으로 1929년에 설립된 화공(華工) 단체. 총본부는 경성에 두

었고, 각 도에 지부를 두었다. 청진, 평양, 원산, 함흥, 인천에 지부가 각
각 설치되었다. 회원은 화공 및 화공과 관련있는 자로 하였고, 필요한
경우는 일본인의 가입도 인정했다. 회원은 보통회원과 특별회원으로 분
류하고 화공 및 화공과 관련이 있는 자가 보통회원이 되며 회비는 매월
30전이었다. 임원은 회장 1명, 간사장 1명, 간사 3명으로 구성되었다. 협
회는 회원이 된 화공에 대해 각종 편의의 제공과 구제조치를 취했다. 회
원인 화공 대신에 관할의 경찰서에 노동자 거주 신청을 해주고, 업무 중
부상을 당할 경우는 회원을 대신하여 고용주와 일체의 교섭을 했다. 그
이외 의료비 및 식비 등을 부담함과 동시에 상당의 위문금을 지급했다.
화공이 질병으로 노동을 할 수 없을 경우는 치료비와 관련 비용을 모두
부담하며 귀국 시에는 상당의 여비를 지급했다. 회원의 화공이 공사계
약 기간 중 이유 없이 도주하든지 다른 공사장으로 이직할 경우는 회원
자격을 취소했다.(이정희(2018a), 『한반도 화교사』, 동아시아, 580-581)【이정희】

중화노공협회인천지부中華勞工協會仁川支部

일제강점기 중화노공협회의 인천지부. 1930년 5월 설립. 인천지부장은
왕효법(王效法)이었다.(이정희(2018a), 『한반도 화교사』, 동아시아, 492)【이정희】

중화루(군산)中華樓(群山)

일제강점기 군산 소재 화교의 중화요리점. 1923년의 연간매상액은 8,900
원이었다.(이정희(2018a), 『한반도 화교사』, 동아시아, 291)【이정희】

중화루(나남)中華樓(羅南)

해방초기 북한 나남 소재의 화교 중화요리점. 1949년 8월 현지의 화교소
학 건축비로 3,500원을 기부했다.(朝鮮華僑聯合總會機關報《民主華僑》)【송우창】

중화루(인천)中華樓(仁川)

인천의 대표적인 중화요리점. 1915
년 설립. 1922년 음력 2월 구 대불
호텔(현재의 중구생활사전시관 자
리)에서 확장 개업했다. 소재지
의 주소는 일제강점기 때 본정
(本町, 현재의 중앙동) 18번지였

인천 중화루의 간판(인천시립박물관 제공)

다. 1935년의 경영자는 뇌문조(賴文藻)로 산동성 복산현 출신이었다.
자본금은 16,000원으로 중화요리점 가운데서는 가장 많았다. 중화루 건
물은 1935년 현재 66평의 대지에 3층 건물로 54칸의 방을 두고 있었다.
1935년 당시 부동산 가격은 33,000원으로 당시 화교 소유 부동산 가운데
단일 물건으로는 최고의 가격이었다. 1942년의 경영자는 뇌문소의 아들
인 뇌성구(賴盛久)였다. 종업원은 25명으로 공화춘과 송죽루보다 많았
다. 뇌성구는 부인 이(李)씨와 미생정(구 지나정) 52번지에 거주했다. 종
업원의 출신지별 분포는 복산 12명, 봉래 2명, 영성 6명, 추서 3명, 제성
1명, 모평 1명으로 복산 출신이 압도적으로 많았다. 지배인 우세지(于世
祉)도 복산 출신이었다. 종업원의 연령별 분포는 40대 4명, 30대 7명, 20
대 12명, 10대 2명이었다. 해방 후에도 같은 자리에서 영업을 이어갔다.
1948년의 경영자는 서덕유(徐悳有)로 바뀌었다. 중화루는 경영 악화로
1970년 초 문을 닫았다. 1980년대 초 공화춘(共和春)의 경영자였던 우홍
장(于鴻章)의 아들 우심진(于心辰)을 대표로 양감민(楊鑑珉), 정관성(鄭
官聲) 등이 현재의 중앙동 4가 7-1번지에서 다시 문을 열어 영업하고 있
다. 현재는 인천화교협회장인 손덕준(孫德俊)이 경영하고 있다.(김창수
(2010.8),「인천 대불호텔·중화루의 변천사 자료연구」,『인천학연구』13, 275-316; 이정희·송승
석(2015), 70; 이정희(2019.4.9.),「중화루 간판·편액을 문화재로 지정하자」,『인천일보』)【이정희】

중화루(인천)中和樓(仁川)

일제강점기 인천 소재 화교의 중화요리점. 경영자는 왕일례(王日禮)로

1927년 12월 화교배척사건 때 습격을 당해 14.4원의 직접피해를 입었다. (이정희(2018a), 『한반도 화교사』, 동아시아, 310)【이정희】

중화루(평양)中和樓(平壤)

일제강점기 평양 소재 화교의 중화요리점. 1931년 7월 화교배척사건 때 큰 피해를 입었다.(이정희(2018a), 『한반도 화교사』, 동아시아, 206)【이정희】

중화민국거류지폐지협정中華民國居留地廢止協定

1913년 11월 22일 경성에서 조선총독부 외사과장 고마츠 미도리(小松綠)와 중화민국 주조선총영사 부사영(富士英) 사이에 맺어진 청국조계 철폐 협정. 일본은 1910년 8월 일제강점 후 공동조계와 청국조계 철폐를 위한 작업에 들어가게 되는데, 청국조계는 1912년 중화민국의 건국으로 명칭이 중화민국거류지로 바뀌었다. 고마츠 외사과장과 부사영 총영사는 몇 차례의 협의를 거쳐 총 6개조의 협정을 체결했다. 제1조는 중화민국 거류지를 폐지하고 각 행정구역에 편입하도록 했다. 제2조는 거류지의 행정사무를 해당 지방관청에서 하도록 했다. 제3조는 거류지 거주의 영대차지권을 가진 화교는 이를 소유권으로 변경할 수 있도록 했으며, 만약 변경하지 않을 경우 차지료를 납부하도록 했다. 제4조는 영대차지권을 소유권으로 변경한 화교는 일본인 및 조선인과 동등한 세금이 부과되도록 규정했다. 제5조는 영대차지권을 가진 화교는 해당 관공서에 등기를 하도록 했다. 제6조는 화교의 공동묘지는 자신들이 조선총독부의 법규에 따라 관리하도록 했다.(이정희·송승석(2015), 『근대시기 인천화교의 사회와 경제』, 학고방, 411-412)【이정희】

중화민국정부(왕정위정권)주일대사관당안中華民國國民政府(汪精衛政權)駐日大使館檔案

일본 도쿄 소재 동양문고(東洋文庫)가 소장하고 있는 왕정위(汪精衛) 남경국민정부 주일 대사관의 당안. 당안 가운데는 일본과 조선 소재 각 영사관의 영사를 소집한 회의의 자료, 경성총영사관이 대사관에 보고한 자료 등이 포함되어 있다.(이정희(2018a), 『한반도 화교사』, 동아시아, 46)【이정희】

중화민국주경성총영사관오색기환기사건中華民國駐京城總領事館五色旗煥事件

일제강점기 중화민국주경성총영사관의 국기를 오색기로 바꿔 게양한 사건. 범한생(范漢生) 경성총영사 주도로 1937년 12월 27일 오후 3시부터 다음날 오후 1시 25분 사이에 청천백일기를 하강하고 중화민국임시정부의 오색기를 강제로 게양했다. 범한생은 조선총독부 및 조선군헌병대사령부의 무력지원을 받아 강제로 국기 교체를 했다. 총영사관의 관원과 한성화교소학의 교사 등이 오색기 게양을 저지하는 과정에서 6명이 체포되어 헌병대사령부로 연행되었다. 체포된 자는 소어군(蘇馭群) 부영사, 엽준개(葉俊愷) 주사, 팽운태(彭運泰) 한성화교소학 교원, 동장지(董長志) 경성제대 중국어강사, 양옥지(梁玉芝), 임학농(林學農)이었다. 이들은 곧 석방되었다. 총영사관의 오색기 게양 후, 조선 주새 각 영사관은 오색기로 바꿔 달았으며, 화교사회의 임시정부 지지선언도 이어졌다.(이정희(2018.12b), 「중일전쟁시기 범한생(范漢生) 경성총영사의 친일활동과 조선화교사회의 변동」, 『중앙사론』48, 180-185)【이정희】

중화민국주부산영사관中華民國駐釜山領事館

1912년 중화민국 건국 후 개관한 영사관. 경상도와 전라도 지역 화교의 보호와 행정업무를 담당했다. 1912년부터 북경정부, 1927년 남경국민정부, 1937년 중화민국임시정부, 1940년 왕정위 남경국민정부의 부산영사관으로 기능했다. 1942년 현재 영사 1명, 주사 1명, 서기 1명, 서무 2명, 급사 3명이 근무하고 있었다. 해방 직후 미군정청에 의해 폐쇄되었다. 장개석 국민당정부가 대만으로 이전한 후 재개되지 않다가 1974년에 다시 설치되었다. 1992년 8월 한국과 대만이 단교하면서 폐쇄된 후, 2005

년에 주부산대북대표부판사처(駐釜山臺北代表部辦事處)가 개설되었
다.(이은자(2015), 「中華民國 前期(1912-1927) 駐朝鮮領事館組織:人的構成의 측면을 중심으
로」, 『중국근현대사연구』66, 한국중국근현대사학회, 1-16; 朝鮮總督府外務課(1942), 『昭和17
年 領事館表關係』, 朝鮮總督府)【이정희】

중화민국주신의주영사관中華民國駐新義州領事館

1912년 신의주에 개설된 중화민국의 영사관. 청국 신의주영사관은 1911
년 8월 25일 개설되었다. 평안북도 지역 화교의 보호와 행정업무를 담당
했다. 1912년부터 북경정부, 1927년 남경국민정부, 1937년 중화민국임시
정부, 1940년 왕정위 남경국민정부의 영사관으로 기능했다. 소재지는 신
의주부 진사정(眞砂町) 4-1번지. 1942년 현재 영사 1명, 주사 2명, 서기
2명, 급사 4명이 근무하고 있었다. 해방 직후 소련군에 의해 폐쇄되었
다.(朝鮮總督府外務課(1942), 『昭和17年 領事館表關係』, 朝鮮總督府; 이은자(2015), 「中華
民國 前期(1912-1927) 駐朝鮮領事館組織:人的構成의 측면을 중심으로」, 『중국근현대사연구』
66, 한국중국근현대사학회, 3)【이정희】

중화민국주원산영사관中華民國駐元山領事館

1912년 원산에 개설된 중화민국의 영사관. 관할지역은 함경남도, 함경북
도, 강원도였다. 관할지역이 광대하여 남경국민정부 외교부는 청진에 영
사관을 설치했다. 청진영사관은 함경북도를 주로 관할했다. 일본정부가
이를 인정하지 않았으며, 1936년 청진영사관을 강제로 폐쇄했다. 원산영
사관은 해방 직후 폐쇄되기 까지 함경도와 강원도를 관할했다.(이은자
(2015), 「중화민국 전기(1912-1927) 駐朝鮮領事館 조직: 인적구성의 측면을 중심으로」, 『중국
근현대사연구』66, 한국중국근현대사학회, 1-31; 이정희(2018a), 22)【이정희】

중화민국주인천영사관中華民國駐仁川領事館

1912년 설립된 중화민국의 영사관. 1930년 4월 청진영사관 신설로 인해
본국 정부의 명령으로 폐쇄된 후, 대신 경성총영사관의 판사처가 개설

되어 해방 직전까지 운영되었다. 일본의 패전으로 왕정위 남경국민정부
가 해체되자 자동적으로 폐쇄되었다.(이은자(2015), 「중화민국 전기(1912-1927) 駐
朝鮮領事館 조직: 인적구성의 측면을 중심으로」, 『중국근현대사연구』66, 한국중국근현대사학
회, 1-26; 이정희(2018a), 496-497)【이정희】

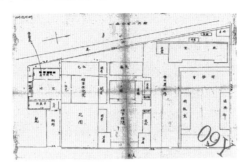

주인천영사관의 건물 배치도(『주한사관보존당안』 수록)

중화민국주진남포영사관中華民國駐鎭南浦領事館

1912년 중화민국정부가 진남포에 개설한 영사관. 원래 이 영사관은 1899
년 한청통상조약 체결 직후인 1900년 청국정부에 의해 개설되었다. 평안
남도 지역 화교를 관리, 보호했다. 1912년 중화민국 북경정부, 1927년에
는 중화민국남경정부, 1937년에는 중화민국임시정부, 1940년에는 왕정
위 중화민국 남경국민정부의 영사관으로 각각 바뀌었다. 해방 직후 폐
쇄되었다.(이은자(2015), 「중화민국 전기(1912-1927) 駐朝鮮領事館 조직: 인적구성의 측면
을 중심으로」, 『중국근현대사연구』66, 한국중국근현대사학회, 3-26; 李正熙(2012), 『朝鮮華僑
と近代東アジア』, 京都大學學術出版社, 577)【이정희】

중화민국한국화교협회中華民國韓國華僑協會

대만에 재이주한 한국화교가 2003년 11월 대북(臺北)에 설립한 사회단
체. 대만에 재이주한 한국화교는 15,000여명으로 추정되고 있다. 1980년
대 '한국화교귀국협회'라는 사회단체가 조직되었지만, 참가자가 적어 얼
마 지나지 않아 해산되었다. 화교 진광증(陳廣增)을 중심으로 2003년에

설립한 것이 이 단체이다. 협회의 회원은 약 2천명. 주요한 업무는 재이주한 한국화교에게 직업소개, 출입국관리문제해결, 결혼소개 등의 활동을 하고 있다.(李正熙(2010.7),「韓國華僑社會組織硏究: 以同鄕組織和華僑協會爲中心」,『近30年來東亞華人社團的新變化』, 廈門大學出版社, 313-338; 이정희(2018b), 148)【이정희】

중화시보中華時報

한국화교 발행의 신문. 1953년 12월 8일 창간. 한국인 주협(朱協) 명의를 빌어 발행했으며, 신문사의 실질적 책임자는 왕세유(王世有)와 유국화(劉國華)였다. 신문 발간 3년째 접어들어 재정 곤란과 인사 마찰이 발생, 1955년 5월 정간됐다.(국백령(鞠柏嶺)인터뷰)【이정희】

중화신민연합회中和新民聯合會

일제강점기 평안남도 중화지역 화교의 사회단체. 1937년 중화민국임시정부 수립 후 설립되었다. 1942년 여선중화상회연합회의 회원이었고, 당시의 회장은 장명제(張明齊)였다.(이정희·송승석(2015),『근대시기 인천화교의 사회와 경제』, 학고방, 233)【이정희】

중화요식업협회中華料食業協會

한국 소재 화교 경영 중화요리점의 동업단체. 1955년 서울에 처음으로 설립되었으며, 각 지역에 지부가 조직되었다. 이 협회는 1965년 중화요식업총회로 명칭이 바뀌고, 한국인의 요리조합과 통폐합되어 사라졌다.(이정희(2018b),『화교가 없는 나라』, 동아시아, 141)【이정희】

중화원中華園

일제강점기 경성 소재 화교의 중화요리점. 경영자는 왕종인(王宗仁)으로 노구교사건 직후 폐점하고 고향으로 귀국한 후, 1938년 8월 다시 돌아와 재개점을 하려 했지만, 조선총독부가 폐점 후 6개월이 지난 후에는

재개점을 하지 못한다는 방침을 세워 뜻을 이루지 못했다.(이정희(2018a),
『한반도 화교사』, 동아시아, 325)【이정희】

중화의中和義

일제강점기 황해도 재령 소재 화교의 주단포목 및 잡화 도매상점. 산동
성 황현(黃縣) 출신의 왕유중(王維重), 왕극형(王克亨), 왕극태(王克泰),
왕흔당(王欣堂), 왕연형(王延亨) 등이 합과(合夥)로 설립했다. 1930년
경성 소재의 화교 주단포목 수입상점인 금성동, 유풍덕, 영래성, 덕순복,
복성창(複盛昌) 그리고 인천 소재의 화교주단포목 수입상점인 금성동,
복성잔, 영래성으로부터 직물을 구입했다. 1931년 화교배척사건 이후 영
업부진과 자금부족으로 문을 닫고 귀국했다. 경영자가 경성과 인천의
주단포목 수입상점의 외상을 갚시 않고 고향으로 귀국, 주단포목 수입
상점으로부터 소송을 당했다.(이정희(2018a), 『한반도 화교사』, 동아시아, 81·129·
200-201)【이정희】

중화의지(인천가족공원)中華義地(仁川家族公園)

1980년대에 들어 인천 구월지
구 토지구획정리사업이 시행
되면서 만수동 소재 중화의지
는 부평공설묘지(인천가족공
원의 전신)로 재 이장하게 되
었다. 이전까지는 독자적인 묘
역을 조성, 운영해왔던 중국인

인천가족공원 내의 광동성 출신 화교의 묘역

공동묘지는 이때부터 사실상 한국인공동묘지라 할 수 있는 부평 인천가
족공원 한쪽에 세를 얻듯 더부살이를 시작하게 되었다. 당초 인천시 보
건사회국은 만수동 중국인묘지에 있던 총 2,873기의 분묘를 청학동 인천
외국인묘지와 부평공설묘지에 분산 안치할 계획이었지만, 인천시 도시

계획국은 인천외국인묘지 일대가 도심지로 변화할 가능성이 예상되고, 아울러 분산안치 계획이 화교들이 거센 반발과 현지 주민들의 반대를 초래할 것이라며 부평공설묘지에 집단 안장할 것을 주장했다. 결국 도시계획국의 제안대로 중국인공동묘지는 1988년부터 3차에 걸쳐 부평공설묘지로 이장하게 되었다. 이장 당시 인천가족공원 내 중국인묘역의 부지는 약 60,000㎡이고, 분묘 수는 총 2,866기(무연묘 1,900기 포함)였다. 그러나 인천시는 2002년부터 2021년까지 인천가족공원의 재정비를 통해 장사시설을 확충하고 환경생태를 복원해 궁극적으로 시민공원으로 만드는 계획을 추진 중에 있다. 이 사업의 일환으로, 현재 중국인묘역은 봉분은 모두 사라지고 대신에 납골당에 봉안되어있다.(송승석·이정희(2015), 『인천에 잠든 중국인들: 인천화교협회소장자료를 중심으로』, 학고방, 167-176)【송승석】

중화의지(인천내리)中華義地(仁川內里)

인천 내리 소재의 화교공동묘지. 1884년 4월 조선과 청국 간에 체결된 인천구화상지계장정(仁川口華商地界章程)에 따라 청국조계의 설치와 함께 청국인공동묘지(淸國義地)를 조성할 수 있게 되었다. 그러나 이 장정이 체결되기 이전에 이미 인천 내리 6번지 일대에 청국인 묘지가 존재했다. 언제부터 이곳에 청국인 무덤들이 들어서게 되었는지는 명확하지 않지만, 1895년 이전에 조성된 것은 확실해 보인다. 청일전쟁 당시 전사한 청국 병사들을 매장한 것을 계기로 자연발생적으로 조성되었다는 설도 있고, 본래는 조선인 묘역이었는데 개항 이후 화상들이 이곳에 자신들의 가묘를 설치하기 시작했다는 설도 있다.(송승석·이정희(2015), 『인천에 잠든 중국인들: 인천화교협회소장자료를 중심으로』, 학고방, 87-96)【송승석】

중화의지(인천도화동)中華義地(仁川道禾洞)

인천 내리에 소재했던 중국인공동묘지는 1912년경 인천부(仁川府) 다소면(多所面) 화동(禾洞) 즉, 지금의 도화동 일대로 이전했다. 당시에는

'우각리(牛角里) 신의지(新義地)'란 별명으로 불리기도 했다. 당시 조선총독부는 식민지개발과 조계철폐작업의 일환으로, 비교적 도심부에 위치해있던 내리의 중국인공동묘지를 시 외곽으로 이전하고자 했다. 청정부의 입장에서도 새롭게 확장된 공동묘지 부지를 확보하는 것이 미래를 위해서도 유리할 것이란 판단에 이에 동의했다. 이 신(新) 묘역은 조선총독부외사국장과 주한중화민국총영사 간에 조인된 '재조선중화민국거류지폐지에 관한 협정'에 따라 조성된 정식 중화의지였다. 조선총독부로부터 불하받았을 당시에는 약 6,500평이었지만 이후, 인천중화총상회가 인근 부지를 추가로 매입하게 되면서 1921년경에는 8,874평으로 확장되었다.(송승석·이정희(2015), 『인천에 잠든 중국인들: 인천화교협회소장자료를 중심으로』, 학고방, 97-113)【송승석】

중화의지(인천도화동)공지를 둘러싼 법정소송
中華義地(仁川道禾洞)空地를 둘러싼 法廷訴訟

만수동으로의 중화의지 이전을 확정한 시점에 남은 도화동 공지(空地)에 대한 소유권 문제가 발생하게 되었고 결국 소송으로까지 이어졌다. 1962년부터 인근에 소재한 인천성광학원(仁川聖光學園, 인천선인학원의 전신)이 이곳에서 무단으로 흙을 채굴하고 급기야는 아예 교사(校舍)를 신축하고 나선 것이 문제의 발단이었다. 인천화교협회는 당연히 인천시에 이에 대한 의법 조치를 요청했다. 이에 인천시는 이 부지가 인천화교협회 소유임을 재확인해줌과 동시에 이곳에 세워진 성광학원 교사를 불법건축물로 규정하고 자진 철거토록 명령했다. 성광학원이 시정조치에 불응하자, 사법당국인 경찰서는 성광학원에 대한 기소의견으로 검찰에 사건을 송치했다. 그러나 검찰이 기소유예 처분을 내리자, 성광학원은 오히려 인천화교협회를 상대로 이 공지에 대한 '원인무효에 의한 소유권 이전등기 말소청구' 소송을 제기했다. 결국 법원은 소유권 등기 이전이 제대로 이루어지지 않았고 해방 이전에 이미 법에 따른 소유권 취득 허가절차를 거치지 않았다는 성광학원 측의 의견을 받아들여 원고

승소판결을 내렸다. 이로써 인천화교협회는 대대로 중국인공동묘지로 사용되어 왔고 당연히 자신들의 공유재산으로 여겨왔던 도화동 공지를 하루아침에 빼앗기는 격이 되었다.(송승석·이정희(2015), 『인천에 잠든 중국인들: 인천화교협회소장자료를 중심으로』, 학고방, 143-166)【송승석】

중화의지(인천만수동)中華義地(仁川萬壽洞)

1950년대 말, 인천도시계획이 확정되면서 인천 도화동에 소재했던 중화의지는 1959년부터 만수동 일대로 이전하게 되었다. 묘역 이전 작업이 완료되기까지는 이후로도 수년이 더 걸렸다. 정확한 소재지는 인천시 남동구 만수동 산6-2번지이고, 면적은 구획정리지구 내 6,614평과 공원묘지 내 41,692평을 포함해 총 48,306평이었다. 매장된 화교무덤의 수는 1978년 현재 유연묘(有緣墓) 1,391기(基), 무연묘(無緣墓) 1,482기를 포함해 총 2,873기였다.(송승석·이정희(2015), 『인천에 잠든 중국인들: 인천화교협회소장자료를 중심으로』, 학고방, 114-120)【송승석】

중화인민공화국주광주총영사관中華人民共和國駐光州總領事館

1992년 한중 수교 이후 설립된 중화인민공화국의 총영사관. 2007년 개설. 전라도 거주 화교의 관리와 보호활동을 펼치고 있다. 전라도 거주 노화교와 신화교의 인구는 2016년 말 현재 22,000명이었다.(이정희(2019.2.21.), 「일대일로와 한반도화교화인」, 『一帶一路與東亞細亞交流』, 2019년도 국립인천대학 중국학술원 국제학술회의)【이정희】

중화인민공화국주부산총영사관中華人民共和國駐釜山總領事館

1992년 한중 수교 이후 설립된 중화인민공화국의 총영사관. 1993년 개설. 경상도 거주 화교의 관리와 보호활동을 펼치고 있다. 2002년 총영사관 빌딩이 완공되었다. 관할 지역 화교 거주자는 2016년 12월 말 현재 노화교와 신화교를 포함하여 6만여명이었다.(이정희(2019.2.21.), 「일대일로와 한반도화교화인」, 『一帶一路與東亞細亞交流』, 2019년도 국립인천대학 중국학술원 국제학술회의)【이정희】

중화인민공화국주북한대사관中華人民共和國駐北韓大使館

중화인민공화국이 평양에 설립한 외교기관. 소재지는 평양시 모란봉구
(牡丹峰區) 개선문대로(凱旋門大街) 장촌동(長村洞)이다. 대사관의 주
요 관할 지역은 평양시, 개성시, 남포시, 평안남도, 평안북도, 황해남도,
황해북도, 자강도, 강원도이다. 대사관은 정치처, 신문공공외교처(新聞和
公共外交處), 영사부(領事部), 경상처(經商處), 문화처(文化處) 등의 부
서를 설치해 놓고 있다. 이 가운데 영사부는 북한화교의 비자, 여권, 증명,
화교 귀국 방문 및 조사 연구, 정착 허가 등의 업무를 담당하고 있다.
북한정부 외무성 영사국(領事局) 및 출입국관리국과 화교 관련 업무를
교섭하면서 화교의 권익을 보호하는 활동을 하고 있다. 대사관은 매년
춘절에 맞춰 환영 만찬을 개최하고, 연간 2차례 관할 지역의 화교를 순시
하는 활동을 펼치고 있다. 중화인민공화국은 1949년 10월 6일 북한과 국
교를 수립했다. 양국 수교 이전, 북한에는 중공동북행정위원회주조선상
업대표단이 개설되어 있었으며, 상업대표단의 전신은 중공중앙동북국주
북조선판사처였다. 한국전쟁 발발 직후 중화인민공화국은 1950년 7월 10
일 채군무(柴軍武) 등을 북한에 파견, 대사관 설립 업무를 추진했다. 상
업대표단 직원 대부분은 중국 국내로 소환되었으며, 소수의 직원만이 남
아서 대사관 설치 작업을 진행했다. 대사관 설립 시 채군무(柴軍武) 등은
처음에 평양국제호텔(平壤國際酒店)에 체재하면서 대사관 개설 작업을
추진했다. 북한정부가 법무성 소속 사무동을 중국 측에 제공하여 이곳을
대사관 관사로 사용했다. 예지량(倪志亮)이 1950년 8월 12일 초대 북한대
사로 부임했다. 대사관이 한국전쟁으로 1950년 10월 10일 철수를 하면서,
예지량 대사와 채군무 등은 희천(熙川)으로, 다른 팀의 직원은 만포(滿
浦)로 철수했다. 중국인민지원군의 참전 후 전세가 역전되자, 대사관은
1951년 초 평양 서북의 외곽으로 돌아왔다. 대사관 철수 2개 팀 가운데
예지량 대사 팀은 평양의 근지리(根地里)에서 근무하고, 다른 팀은 중국
외교단을 따라 활동했다. 2개 팀은 한국전쟁 휴전협정 체결 후에 통합되
었다. 대사관은 1953년 말 이전의 대사관 부지로 옮겨 업무를 했다. 대사

관 직원의 인원이 증가하자, 북한정부는 평양시 북단에 부지를 별도로 마련하여 대사관 건축물을 신축, 1955년 말 완공되었다. 예지량 대사가 1952년 3월 귀임한 후, 1955년 1월 반자력(潘自力) 대사가 새로 부임할 때까지 감야도(甘野陶)가 줄곧 대사 대리로 대사관을 관리했다.(李同成·喩明生 主編(2005), 『中國外交官在亞洲』, 上海人民出版社, 351-364)【송우창】

중화인민공화국주제주총영사관中華人民共和國駐濟州總領事館

1992년 한중 수교 이후 설립된 중화인민공화국의 총영사관. 2012년 개설. 제주도 거주 화교의 관리와 보호활동을 펼치고 있다. 2016년 말 현재 제주도 거주 노화교와 신화교의 인구는 1만여명이었다.【이정희】

중화인민공화국주한국대사관中華人民共和國駐韓國大使館

1992년 한중 수교 이후 개설된 중화인민공화국의 대사관. 이전의 대만대사관 부지를 그대로 사용하고 있다. 대사관 건물은 이전 대만대사관 건물을 철거하고 새로 신축, 2014년 1월 입주했다. 대사관 관할지역은 경기도, 충청도, 강원도이다. 이 지역 거주 노화교와 신화교의 인구는 2016년 말 현재 50여만명이었다.(이정희(2019.2.21.), 「일대일로와 한반도화교화인」, 『一帶一路與東亞細亞交流』, 2019년도 국립인천대학 중국학술원 국제학술회의)【이정희】

서울 명동 소재 주한중국대사관

중화인민공화국주청진총영사관中華人民共和國駐淸津總領事館

중화인민공화국정부가 1987년 7월 1일 청진에 개설한 총영사관. 총영사관의 소재지는 함경북도 청진시 신암구역 천마동(天馬洞) 천마산여관(天馬山賓館) 4층. 양국 정부는 1986년 9월 15일 청진총영사관 설치를 위한 협의를 개시, 다음해 7월 정식 개관했다. 관할지역은 함경남도, 함경북도, 양강도, 나선특별시이다. 화교의 단기 귀국 비자와 조사 연구 및 북한의 지방정부 화교 관련 부서와 교섭하여 화교 사무를 처리하는 업무를 담당한다. 4월과 10월 함경남도, 함경북도 각지의 중국인민지원군 열사묘의 성묘, 10월 국경일과 춘절에 맞춰 화교 초청 만찬회 개최, 관내의 화교 가정 순시, 그리고 북한의 지방행정기관의 각종 기념행사 참석 등의 활동을 한다. 1985년경 북한 거주 화교는 6천여명, 중국 거주 북한 사람은 8,700여명이었다. 중국정부는 1984년 10월 지국 교민보호를 위해 북하 측에 영사조약 체결을 제의, 양국이 협의를 진행, 1985년 11월 26일 영사조약을 체결했다.('中國領事工作'編寫組 編(2014), 『中國領事工作·上』, 世界知識出版社, 164-165; 중화인민공화국주북한대사관 홈페이지; 중화인민공화국외교부 홈페이지)【송우창】

중화흥中和興

일제강점기 인천 소재 화교의 황주(黃酒)양조장. 1926년 설립. 지나정(支那町) 11번지에 소재했다. 1935년의 경영자는 중화루 경영자인 뇌문조(賴文藻)였다. 자본금은 1,500원이었다.(이정희·송승석(2015), 『근대시기 인천 화교의 사회와 경제』, 학고방, 71)【이정희】

중흥中興

일제강점기 신의주 소재 화교의 양말공장. 1920년 설립. 경영자는 양요중(楊耀中)이었다. 1926년 현재 종업원은 20명, 연간생산액은 9,760원이었다. 1931년 7월 화교배척사건의 영향으로 문을 닫았다.(이정희(2018a), 『한반도 화교사』, 동아시아, 409)【이정희】

증광전曾廣銓, 1871-1940

청국의 외교관. 호남성 출신. 증국번(曾國藩)의 손자. 영국공사관의 참찬으로 근무한 후, 주조선공사관의 공사로 1905년 2월부터 1906년 2월까지 근무했다.(바이두; 이정희(2018b), 「한반도 화교사」, 동아시아, 44)【이정희】

증광훈曾廣勛, 생졸년불상

중화민국의 외교관. 노구교사건 당시 남경국민정부의 인천판사처 주임이었다. 범한생(范漢生) 경성총영사가 중화민국임시정부 참가를 권유하자 거절하고 본국으로 귀국했다.(이정희(2018.12b), 「중일전쟁시기 범한생(范漢生) 경성총영사의 친일활동과 조선화교 사회의 변동」, 『중앙사론』48, 180-186)【이정희】

증성관曾盛館

일제강점기 전라북도 전주 소재 화교의 중화요리점. 1927년 12월 화교배척사건 때 습격을 받아 34.5원의 직접피해를 입었다.(이정희(2018a), 『한반도 화교사』, 동아시아, 308)【이정희】

증성화曾盛和

일제강점기 인천 소재 화교의 주단포목 및 잡화상점. 내리(內里)에 소재했다. 1928년의 경영자는 여영매(呂榮梅)이며, 연간매상액은 17,000원이었다.(이정희·송승석(2015), 『근대시기 인천화교의 사회와 경제』, 학고방, 169)【이정희】

증소찬曾昭璨, 1906-?

일제강점기 경상남도 통영의 화상(華商). 산동성 액현(掖縣) 출신. 사숙(私塾) 졸업. 주단포목상점 경영자. 1942년 통영중화상회의 이사로 활동하고 있었다.(金山領事館(1942), 「統營中華商會職員履歷表」, 『汪僞僑務委員會檔案』)【이정희】

증순덕增順德

일제강점기 대구 소재 화교의 잡화상점. 본정(本町)에 소재했다. 산동성 황현(黃縣) 출신의 서명재(徐明齋)에 의해 합과(合夥)로 개업했다. 자본주는 지부(芝罘) 소재의 증태덕(增泰德), 황현의 자산가인 수등운(隨登雲) 등이었다. 서명재는 1930년 빌린 돈을 갚지 않고 황현으로 귀향하여 문제가 발생했다. 대구 소재 쌍화영(雙和永) 주물공장 등에게 빌린 금액은 1931년 말 당시 이자를 포함하여 3,879.99원이었다. 채무 보증인은 장인암(張仁菴)이었다. 증순덕 이전의 상호명은 화순리(和順利)였다.(이정희(2018a), 『한반도 화교사』, 동아시아, 80)【이정희】

증태덕增泰德

일제강점기 인천 소재 화교의 전장(錢莊). 지나정 소재 화교 경성의 동화창(東和昌) 내에 개설되어 있었다. 1928년의 경영자는 왕서문(王西門), 본점은 상해에 있었다. 1930년대 초 폐점했다.(이정희·송승석(2015), 『근대시기 인천화교의 사회와 경제』, 학고방, 176)【이정희】

지건번遲建藩, 생졸년불상

서울화교. 1927년 열하(熱河) 출생. 부친(1890-1951)은 1900년대 초 연태에서 한반도로 이주하여 직물 행상을 했다. 축적한 재산으로 전라도에 주단포목상점을 개설했다. 1933년 연태에 거주하면서 상점을 방문한 적이 있었다. 1939년 일본 오사카에서 유학했다. 한국전쟁 때, SC지대 소속으로 참전하여 중공군의 정보를 수집하는 활동을 했다. 한성화교협회, 의선당문화회에서 간부로 활동했다.(이정희(2018a), 『한반도 화교사』, 동아시아, 118)【이정희】

지부芝罘

근대 산동성의 도시. 현재의 연태(煙台). 근대시기 서양인과 일본인이

주로 이 지명을 사용하고, 중국인은 연태를 사용했다. 1858년 체결된 천진조약(天津條約)에 의해 1863년 개항된 항구도시였다. 개항 이후 발해만의 큰 무역항으로 번영했다. 개항 직후 외국인이 무역 및 상권을 장악하고 있었지만 점차 중국인 상인이 외국인으로부터 상권을 회복했다. 1890년 지부 소재 300개소의 도매상 가운데 외국인 상점은 10년 전 20개소에서 7개소로 감소한 반면, 기타는 모두 중국인 소유의 상점이었다. 중국인 소유 상점은 광동방, 복주방(福州幇), 영파방(寧波幇)상점이 전체의 20-30%, 산동방 상점이 70-80%를 각각 차지하면서 지부의 상권을 장악했다. 지부와 인근 지역의 상업자본은 경성과 인천에 주단포목상점과 잡화상점 등을 개설하여 영업활동을 전개했다.(이정희(2018a), 『한반도 화교사』, 동아시아, 79-80; 기타 자료)【이정희】

중국 산동성 연태의 구 시가지

지흥동(경성)誌興東(京城)

일제강점기 경성 소재 화교의 주단포목 수입상점. 1923년의 연간매상액은 18만원이었다.(이정희(2018a), 『한반도 화교사』, 동아시아, 69)【이정희】

지흥동(인천)誌興東(仁川)

일제강점기 인천 소재 화교의 주단포목 수입 및 잡화 수입 상점. 1899년 설립. 지나정(支那町) 43번지에 소재했다. 1923년의 연간매상액은 10만원이었다. 1928년의 경영자는 손장영(孫長榮)이며, 연간매상액은 216,000원이었다. 1935년의 경영자는 왕소남(王少楠)으로 산동성 출신이었다. 자본금은 5만원이었다. 1942년에는 화방정(花房町) 20번지로 이전했으며, 왕소남이 여전히 경영자였다. 당시의 종업원은 14명이었다.(이정희·송승석(2015), 『근대시기 인천화교의 사회와 경제』, 학고방, 70·170)【이정희】

진강주업공소鎭江綢業公所

근대 중국 진강 소재 중국인의 견직물 제조 및 판매 회사의 동업단체. 상해의 견직물수출업자를 통해 조선에 소주산(蘇州産) 견직물을 수출했다. 조선총독부가 중국산 견직물에 대한 수입관세를 인상할 때 중국에서 반대운동에 적극 참가했다.(이정희(2018a), 『한반도 화교사』, 동아시아, 97)【이정희】

진계규陳繼葵, 1870-?

일제강점기 인천의 화상(華商)이자 화교 지도자. 산동성 복산현 출신. 주단포목 수입상점인 영래성(永來盛)의 경영자로 1913년 인천중화상회의 초대 회장으로 선출되어 활동했다.(이정희·송승석(2015), 『근대시기 인천화교의 사회와 경제』, 학고방, 97)【이정희】

진남포중화상회鎭南浦中華商會

일제강점기 평안남도 진남포지역 화교의 사회단체. 1942년 여선중화상회연합회의 회원이었고, 당시의 회장은 손련방(孫連芳)이었다.(이정희·송승석(2015), 『근대시기 인천화교의 사회와 경제』, 학고방, 233)【이정희】

진남포중화소채도매및판매조합鎭南浦中華蔬菜批發及販賣組合

진일제강점기 진남포 거주 화농(華農) 재배 채소의 판매조합. 1942년 5월에 설립됐다.(이정희(2018a), 『한반도 화교사』, 동아시아, 525)【이정희】

진남포화교소학鎭南浦華僑小學

일제강점기 평안남도 진남포 소재 화교소학. 1919년 설립. 1930년의 학생수는 24명, 교사는 1명이었다. 1942년의 학생수는 83명, 교사는 2명이었다.(이정희(2007),「중일전쟁과 조선화교」,『중국근현대사연구』35, 112)【이정희】

진남포화교소학교과서압수사건鎭南浦華僑小學敎科書押收事件

일제강점기 진남포화교소학에서 발생한 교과서 압수 사건. 진남포경찰서가 1936년 2월 이 학교를 조사하여 '배일적' 문구가 포함된 교과서를 압수했다.(李正熙(2010),「南京國民政府期の朝鮮における華僑小學校の實態」,『現代中國研究』26, 19-40)【이정희】

진덕영晉德永

일제강점기 청진 소재 화교의 주단포목 도매상점. 1923년의 연간매상액은 15만원이었다. 1932년 당시의 경영자는 왕건보(汪乾甫)였다. 1931년 화교배척사건의 영향을 받았지만 폐점하지 않고 계속 영업했다.(이정희(2018a),『한반도 화교사』, 동아시아, 69·213)【이정희】

진무춘陳茂春, 1873-?

일제강점기 대구의 화상(華商). 하북성 보정(保定) 출신. 사숙(私塾) 졸업. 중화요리점 덕성관(德盛館)의 경영자. 1942년 대구중화상회의 후보 감찰위원으로 활동하고 있었다.(釜山領事館(1942),「大邱中華商會職員履歷表」,『汪僞僑務委員會檔案』)【이정희】

진방림陳芳林, 1905-?

일제강점기 신의주중화상회의 사환(使喚). 노구교사건 직후 신의주지역 군사정보를 신의주영사관의 김조혜(金祖惠) 영사에 전달한 혐의로 경찰서에 체포되어 조선총독부의 군기보호법 위반으로 징역 2년을 구형받았다.(이정희 (2017.6), 「중일전쟁시기 조선화교의 항일활동」, 『동양사학연구』139, 342)【이정희】

진베드로陳彼得, 생졸년불상

개항기 조선 거주 화교의 건축시공업자. 가톨릭 신자로 세례명은 베드로였다. 시공에 참가한 건축물은 명동성당(1892-1898), 샬트르성바오로수녀원(1897-1900), 계산성당 (1901-1903), 풍수원성당(1909-1910) 등이 있다.(이정희(2017.12), 「조선 화교의 성당건축 시공 활동(1880년대-1930년대): 서울과 대구를 중심으로」, 『교회사연구』51, 한국교회사연구소, 61-64)【이정희】

진베드로가 시공에 참가한 명동성당

진복산秦福山, 1912-?

일제강점기 신의주영사관의 사환. 노구교사건 직후 신의주 지역 군사정보를 신의주영사관의 김조혜(金祖惠) 영사에 전달한 혐의로 경찰서에 체포되어 조선총독부의 군기보호법 위반으로 징역 2년 6개월을 구형받았다.(이정희(2017.6), 「중일전쟁시기 조선화교의 항일활동」, 『동양사학연구』139, 342)【이정희】

진상통陳祥通, 1910-?

일제강점기 함경남도 원산의 화상(華商). 산동성 모평현 출신. 주단포목상점 합흥동(合興東)의 경영자. 1942년 원산중화상회의 집행위원으로 활동하고 있었다.(元山領事館(1942), 「元山中華商會章程職員履歷表」, 『汪僞僑務委員會檔案』)【이정희】

진수당陳樹棠, 생졸년불상

광동성 출신의 청국 외교관. 주샌프란시스코총영사를 지낸 후 1883년 9월 한성상무공서의 총판조선상무위원으로 임명되었다. 한성에 상무공서를 설치하고 화상을 육성했다. 흥선대원군의 심복이자 당시 세도가였던 포도대장 이경하를 임오군란의 책임을 물어 귀양보내고, 그의 집이 있던 낙동, 현재의 명동 2가 현 중화인민공화국주한대사관 자리에 상무공서를 설립했다. 1884년 인천구화상지계장정을 체결하여 인천에 청국조계를 설정했으며, 인천과 상해 간의 정기항로를 개설했다. 진수당의 임기 중 각종 특혜에 힘입어 1883년 한성의 화상 인구는 101명(마포 포함)에서 1884년에는 356명으로 크게 증가했다. 화상의 인구가 증가하자, 상무공서 옆의 조선인 주택 142칸을 사들여 중화회관을 건축했다. 조선과 청국과의 통상 업무뿐 아니라, 조선의 일본 및 서구열강과의 외교에도 개입하였으나, 갑신정변 이후 일련의 사건에 적극적으로 대처하지 못한 책임을 물어 경질되었다.(정은주(2013), 「차이나타운 아닌 중국인 집거지: 근현대 동아시아 역학 속에 주조된 서울 화교 집단거주지의 지형」, 『서울학연구』53집, 136-138; 이은자(2008), 「淸末 駐韓 商務署 조직과 그 위상」, 『명청사연구』30, 명청사학회, 364-372]【정은주】

진영작陳永綽, 생졸년불상

대만의 외교관. 2006년 6월 제4대 주한대북대표부 대표로 임명되어 2010년 6월 30일까지 근무했다.(이정희(2018b), 「화교가 없는 나라」, 동아시아, 238]【이정희】

진유광秦裕光, 1916–1999

서울의 화상이자 화교 지도자. 1917년 신의주 출생. 원적은 산동성 일조(日照). 3살 때 부친을 따라 고향인 산동성으로 가서 사숙에서 7년간 공부했다. 그후 청도(靑島) 예현중학(禮賢中學, 4년제)을 졸업했다. 20세까지 산동에서 머무르다 1937년 경성으로 이주했다. 경성 이주 후 영등포에서 중화요리점 홍승루(鴻陞樓)를 경영했다. 화교단체에 적극 참가했다. 한성화교자치구부구장(漢城華僑自治區副區長, 1955-1960), 한화일보 부사장(1958), 한성화교협회장(1969-1971, 1973-1975), 중화요식업총회장과 감사를 역임했다. 조선화교와 한국화교의 역사와 애환을 1979년 한국《중앙일보》에 「화교」를 제목으로 연재했다. 1983년 대만의 중화민국한국연구학회(中華民國韓國研究學會)가 『여한60년견문록: 한국화교사화(旅韓六十年見聞錄: 韓國華僑史話)』의 제목으로 번역, 출판했다. (진유광 저·이용재 역(2012), 『중국인 디아스포라: 한국화교 이야기』, 한국학술정보; 이정희 (2018a), 286)【이정희】

진장경陳長庚, 1925-?

북한의 평양화교. 화교연합회 및 농업협동조합(農業協同組合)의 간부로 일했다. 1938년 부친을 따라 신의주를 거쳐 원산에 이주했다. 그후 평양으로 이주하여 해방직전에는 농업 노동자로 일했다. 1947년 평양화교연합회소조장(平壤華僑聯合會小組長)으로 북조선화교연합총회(華僑聯合總會)가 조직한 청년훈련반(靑年訓練班)에서 학습했다. 그후 평양화교연합회에서 일했으며, 1953년 평양화교연합회분회위원장(平壤華僑聯合會分會委員長)을 역임했다. 같은 해 5월 북한 노동당에 가입했다. 1955년 화농을 조직하여 영광농업사(永光農業社)를 설립하고 사장(社長)으로 일했다. 1958년 10월 농업사와 현지의 북한 주민 협동조합(協同組合)이 통합되어 만들어진 평양시임흥협동조합(平壤市林興協同組合)의 부위원장을 지냈다.(朝鮮華僑聯合會機關報《華訊》)【송우창】

진장상陳長祥, 1927-?

북한의 원산화교. 1927년 1월 산동성 일조(日照)에서 출생했다. 부친을 찾아 1946년 원산으로 이주, 송천리(松川里)에서 부친과 농사를 지었다. 1950년 말 중국인민지원군(中國人民志願軍)이 원산을 다시 수복했을 때, 정찰병으로 참전했다. 상감령전투(上甘嶺戰鬪)에서 공을 세워 연대

464

본부의 표창을 받았다. 오성산전투(五聖山戰鬪)에서 큰 부상을 당해 시력을 상실했다. 1955년 4월 부대에서 제대, 송천리(松川里)로 돌아와 부친과 채소밭을 경작했다. 1956년 10월 북한의 조선맹인동맹협회(朝鮮盲人同盟協會)에 가입하고, 협회의 당조직을 통해 북한 여성과 결혼했다. 1급영예군인(一級榮譽軍人)으로 선정되어 북한정부로부터 무상으로 식량을 지원받았다.(許寶璋(1990),「一位令人尊敬的華僑老人」, 吉林省華僑歷史學會編, 『吉林省華僑歷史學會第三次論文討論會資料匯編: 朝鮮華僑在抗美援朝戰爭中的貢獻專集』, 53)【송우창】

진조간陳祖侃, 1891-?

중화민국의 외교관. 노구교사건 당시 남경국민정부 부산영사관의 영사로 근무하고 있었다. 범한생(范漢生) 경성총영사가 중화민국임시정부 참가 선언을 하자, 국민정부 외교부는 그를 조사하기 위해 진조간 영사를 경성총영사 대리로 임명했다. 그러나 조선총독부의 방해 공작으로 경성총영사관 착임을 하지 못하고 일본을 경유하여 중국으로 귀국했다. (이정희(2018.12b),「중일전쟁시기 범한생(范漢生) 경성총영사의 친일활동과 조선화교 사회의 변동」,『중앙사론』48, 177-178)【이정희】

진주화교소학晉州華僑小學

경상남도 진주 소재 화교소학. 1948년 설립. 양지영(楊枝榮), 엽덕복(葉德福), 손희량(孫喜亮) 등에 의해 설립되었다. 1957년 학교 교동회의 이사장은 손희량, 교장은 손략량(孫略亮)이었다. 1957년의 학생인원은 30명. 학생수 감소로 폐교되었다.(華僑志編纂委員會編(1958),『華僑志-韓國-』, 158)【이정희】

진태익晉泰益

일제강점기 신의주 소재 화교의 양말공장. 1925년 설립. 경영자는 이준목(李峻目)이었다. 1926년 현재 종업원은 12명, 연간생산액은 7,395원이었다. 1931년 7월 화교배척사건의 영향으로 문을 닫았다.(이정희(2018a), 『한반도 화교사』, 동아시아, 409)【이정희】

진화(화교)소학振華(華僑)小學

일제강점기 신의주 소재 화교소학. 1920년대 후반 신의주부 상반정(常盤町)에 설립되었다. 1930년의 학생수는 30명, 교사는 1명이었다. 노구교사건 이전에 폐교되었다.(朝鮮總督府警務局(1931), 『外事關係統計』, 朝鮮總督府, 45-48)【이정희】

진화상사進和商事

서울 소재 화교 무역회사. 중구 다동 108번지에 소재했다. 1954년의 사장은 공영전(孔英山)이었다.(華僑志編纂委員會編(1958), 『華僑志-韓國-』, 85)【이정희】

진흥춘晉興春

일제강점기 신의주 소재 화교의 양말공장. 1925년 설립. 경영자는 임수성(林樹聲)이었다. 1926년 현재 종업원은 10명, 연간생산액은 5,497원이었다. 1931년 화교배척사건 이후에도 존속하여 중일전쟁 초기에도 영업을 계속하다 문을 닫았다.(이정희(2018a), 『한반도 화교사』, 동아시아, 409)【이정희】

진흥항晉興恒

일제강점기 신의주 소재 화교의 양말공장. 1926년 설립. 경영자는 이병렴(李秉廉)이었다. 1926년 현재 종업원은 12명, 연간생산액은 7,925원이었다. 1931년 화교배척사건의 영향으로 문을 닫았다.(이정희(2018a), 『한반도 화교사』, 동아시아, 409)【이정희】

집창호集昌號

일제강점기 경성 소재 화교의 한약재 수입 및 판매 상점. 경영자는 경성 중화상회장이자 여선중화상회연합회장인 사자명(司子明)이었다. 1928년의 연간 판매액은 116,000원이었다.(이정희(2018a), 『한반도 화교사』, 동아시아, 180)【이정희】

짜장면박물관炸醬麵博物館

인천시 북성동 1가 38-1번지 소재의 자장면 관련 박물관. 2012년 4월 28일 개관. 2층 벽돌조 건물로 면적은 68평이다. 이 역사관은 인천의 대표적인 중화요리점이었던 공화춘의 건물을 리모델링하여 만든 것이다. 기획전시실과 6개의 일반 전시실로 구성되어 있다. 자장면 관련 역사와 공화춘의 장부 등이 전시되어 있다.(짜장면박물관 홈페이지)【이정희】

인천차이나타운 소재의 짜장면박물관

짱깨

한국인이 중국인을 비하할 때 사용하는 속어. '짱개'라고도 한다. 이 속어는 주단포목상점의 지배인을 뜻하는 장궤(掌櫃)에서 유래됐다. 조선인이 주단포목상점의 종업원들이 지배인을 중국어로 '짱꾸이'라고 부르는 것을 듣고 '짱깨'로 와전된 것으로 추정된다.(이정희(2018b), 『화교가 없는 나라』, 동아시아, 71)【이정희】

짱꼴라

한국인이 중국인을 비하할 때 사용하는 속어. 일본어의 'チャンコロ'
(창꼬로)에서 와전됐다. 일본이 대만을 식민통치할 때 한족 중국인을 비
하하여 말할 때 창꼬로(淸國奴)라 불렀다. 일본인에 의해 조선에 전해져
조선인이 발음하기 편한 '짱꼴라'로 변형된 것으로 추정된다.(이정희(2018b),
『화교가 없는 나라』, 동아시아, 71)【이정희】

차도심車道心, 1872-1945

경성의 화상이자 화교 기독교 지도자. 산동성 해양(海陽) 출신. 1890년 경 한성으로 이주한 후, 조선인 여성 김성덕과 결혼했다. 1923년 경성 서대문정(西大門町)에서 규모가 큰 중국 한약재 수입상점을 경영했다. 1912년 5월 유디스 데밍(Edith Derming) 선교사를 만나 경성YMCA회관에 공간을 빌려 화교 주일예배를 드렸는데, 이것이 현 한성 중화기독교회의 시작이다. 이 교회의 장로로 근무하면서 교회 발전에 큰 공헌을 했다.(旅韓中華基督敎聯合會(2012), 『旅韓中華基督敎創立百年紀念特刊』, 30-31)【이정희】

미국 소재 차도심의 묘비
(이민우 제공)

차호중화상회遮湖中華商會

일제강점기 함경남도 이원군 차호지역 화교의 사회단체. 1942년 여선중화상회연합회의 회원으로 활동하고 있었다.(이정희·송승석(2015), 『근대시기 인천화교의 사회와 경제』, 학고방, 234)【이정희】

참깨빵芝麻餠

중국빵의 일종. 속에 팥고물을 넣고 겉에 깨를 묻힌 빵이다. 화교 호떡집

에서 주로 판매했다.(진유광 저·이용재 역(2012), 125; 이정희(2018a), 277)【이정희】

채성문柴成文, 1915-2011

중화인민공화국의 군인 겸 외교관. 원래의 이름은 채군무(柴軍武)이며 하남성 수평현(邃平縣) 출신이다. 1937년 10월 팔로군(八路軍)에 입대하고 그해 중국공산당에 입당했다. 중일전쟁시기 중국인민항일군정대학 학원대 부정치 지도원(中國人民抗日軍政大學學員隊副政治指導員), 팔로군 전방총지휘부 참모처 계장(八路軍前方總指揮部參謀處股長)을 맡아 국공내전의 화북전투에 참전했다. 그후 산서·하북·산동·하남예 비군구 정보처 부처장(晋冀魯豫軍區情報處副處長), 중원군구 사령부 대리참모장(中原軍區司令部代參謀長), 제2야전군 사령부 정보처장(第二野戰軍司令部情報處處長) 등을 지냈다. 중화인민공화국 선국 후 시남군사령부 정보처 처장(西南軍司令部情報處處長)에 취임했다. 한국전쟁 발발 후 주북한대사관의 참찬으로 파견되어 대사관 설립 관련 업무를 처리했다. 1951년 7월 채성문(柴成文)으로 개명한 후, 중국인민지원군 조선정전담판대표단 비서장(中國人民志願軍朝鮮停戰談判代表團秘書長), 한국전쟁의 군사정전위원회 위원(軍事停戰委員會委員)을 역임하고, 본국으로 1955년 1월 귀국했다. 1956년 중국인민해방군으로 복귀하여 1961년 소장(少將)으로 진급했다. 1982년 은퇴했다.(譚錚(1992), 『中國人民誌願軍人物錄』, 中共黨史出版社, 529)【송우창】

천덕양행天德洋行

서울 및 인천 소재 화교 무역회사. 경영자는 광동성 출신의 정가현(鄭家賢)이었다. 1948년의 연간무역액은 7,570만원으로 화교 무역회사 가운데서는 8번째로 규모가 큰 회사였다. 한국전쟁 휴전 이후에도 영업을 계속했다.(이정희(2008.8), 「해방초기 인천화교의 경제활동에 관한 연구」, 『인천학연구』9, 110)【이정희】

천생동泉生東

일제강점기 인천 소재 화교의 당면공장. 1928년 설립. 송판정(松坂町) 1정목 3번지에 소재했다. 1935년의 경영자는 양충정(楊忠貞)으로 산동성 출신이었다. 자본금은 5천원이었다.(이정희·송승석(2015), 『근대시기 인천화교의 사회와 경제』, 학고방, 70)【이정희】

천성영天成永

일제강점기 충청북도 괴산(槐山) 소재 화교의 잡화상점. 1942년 여선중화상회연합회의 회원 기관으로 활동했으며, 경영자는 송전초(宋田初)였다.(이정희·송승석(2015), 『근대시기 인천화교의 사회와 경제』, 학고방, 232)【이정희】

천성흥天盛興

일제강점기 인천 소재 화교의 잡화상점. 내리(內里)에 소재했다. 1928년의 경영자는 황연필(黃延弼)이며, 연간매상액은 8만원이었다.(이정희·송승석(2015), 『근대시기 인천화교의 사회와 경제』, 학고방, 169)【이정희】

천안중화친목회天安中華親睦會

일제강점기 충청남도 천안지역 화교의 사회단체. 1942년 여선중화상회연합회의 회원이었고, 당시의 회장은 장홍윤(張鴻潤)이었다.(이정희·송승석(2015), 『근대시기 인천화교의 사회와 경제』, 학고방, 232)【이정희】

천안화교소학天安華僑小學

충청남도 천안 소재 화교소학. 1949년 설립. 한국전쟁 후인 1956년 천안 시가지 정비 때 학교를 이전했다. 조문영(曹文英) 교장이 중심이 되어 새로운 교사 건축에 나서, 장홍윤(張鴻潤) 등이 다액을 기부했다. 1957년 학교 교동회의 이사장은 조해당(刁海堂), 교장은 조문영이었다. 1957년의 학생수는 37명. 1999년 한국정부로부터 외국인학교 인가를 받았다.

2001년 초등부 학생인원은 10명, 유치부는 2명, 총 12명. 교사 인원은 2명이었다. 학생수 감소로 2006년 9월 휴교에 들어가 2011년 12월 정식으로 폐교됐다.(華僑志編纂委員會編(1958), 158; 왕언메이(2015), 「한국 화교학교의 법률적 지위 변화와 생존 전략」, 『동남아화교와 동북아화교 마주보기』, 학고방, 124)【송승석】

천양상사泉洋商事

서울 소재 화교의 무역회사. 서대문구 서대문동에 소재했다. 1954년의 사장은 손운오(孫運五)였다.(華僑志編纂委員會編(1958), 『華僑志-韓國-』, 85)【이정희】

천태루天泰樓

해방초기 북한 회령 소재의 화교 중화요리점. 1949년 9월 북한 인민군 가족 위문을 위해 2천원을 헌납했다.(朝鮮華僑聯合總會機關報《民主華僑》)【송우창】

천합잔天合棧, 주단포목상점

일제강점기 인천 소재 화교의 주단포목 도매상점. 지나정(支那町)에 소재했다. 1928년의 경영자는 이성삼(李省三)으로 연간매상액은 37,000원이었다. 1942년의 경영자는 주석구(周錫九)였고, 종업원은 9명이었다.(이정희·송승석(2015), 『근대시기 인천화교의 사회와 경제』, 학고방, 170)【이정희】

천합잔天合棧, 통관대리점

일제강점기 인천 소재 화교의 통관대리점. 지나정에 소재했다. 1928년의 경영자는 장신경(張信卿)이며, 연간 수입은 3천원이었다.(이정희·송승석(2015), 『근대시기 인천화교의 사회와 경제』, 학고방, 170)【이정희】

천합잔天合棧, 행잔

일제강점기 인천 소재 화교의 행잔(行棧). 1900년 설립. 지나정 34번지에 소재했다. 1928년의 경영자는 장신경(張信卿), 연간수입은 3,800원이었다. 1935년에도 장신경이 경영자였다. 자본금은 3만원이었다.(이정희·송승석(2015), 『근대시기 인천화교의 사회와 경제』, 학고방, 70·170)【이정희】

천화덕天和德

일제강점기 원산 소재 화교의 주단포목 도매상점. 1923년의 연간매상액은 103,000원이었다.(이정희(2018a), 『한반도 화교사』, 동아시아, 69)【이정희】

천화륭天和隆

일제강점기 원산 소재 화교의 주단포목 도매상점. 1923년의 연간매상액은 25,000원이었다.(이정희(2018a), 『한반도 화교사』, 동아시아, 69)【이정희】

천화성天和盛

일제강점기 인천 소재 화교의 전장(錢莊). 지나정(支那町) 소재 천합잔(天合棧) 행잔 내에 개설되어 있었다. 1928년의 경영자는 마범당(馬範堂)이었다. 본점은 대련(大連)에 있었다.(이정희·송승석(2015), 『근대시기 인천화교의 사회와 경제』, 학고방, 176)【이정희】

천화태天和泰

일제강점기 원산 소재 화교의 중화요리점. 1923년의 연간매상액은 26,000원이었다.(이정희(2018a), 『한반도 화교사』, 동아시아, 292)【이정희】

천흥목포天興木舖

일제강점기 인천 소재 화교의 목재소. 1921년 설립. 화방정(花房町) 10번지에 자리했다. 1935년의 경영자는 유덕운(劉德雲)으로 산동성 출신이었다. 자본금은 3천원이었다.(이정희·송승석(2015), 『근대시기 인천화교의 사회와 경제』, 학고방, 70)【이정희】

청국주부산상무분서淸國駐釜山商務分署

개항기 부산에 설치된 청국의 영사관. 초대 영사는 진위혼(陳爲焜)으로 1884년 6월 업무를 개시했다. 청일전쟁 직후인 1894년 7월 25일 조선정부가 청국정부와 체결한 조청상민수륙무역장정을 일방적으로 폐기하여 분서는 폐쇄되었다. 1899년 한청통상조약 이후 부산영사관으로 재개관했으며, 1912년 중화민국 건국 이후 중화민국주부산영사관으로 바뀌었다.(이은자(2008), 「淸末 駐韓 商務署 조직과 그 위상」, 『명청사연구』30, 명청사학회, 370; 이정희(2018a), 22-23)【이정희】

청국주용산상무분서淸國駐龍山商務分署

개항기 1886년 한성 용산에 설치된 청국의 영사관. 청일전쟁 직후인 1894년 7월 25일 조선정부가 청국정부와 체결한 조청상민수륙무역장정을 일방적으로 폐기하여 분서는 폐쇄되었다. 마지막 영사는 당소의(唐紹儀)였다.(이은자(2008), 「淸末 駐韓 商務署 조직과 그 위상」, 『명청사연구』30, 명청사학회, 378-382; 이정희(2018a), 22)【이정희】

청국주원산상무분서淸國駐元山商務分署

청국이 개설한 원산 영사관. 1884년 9월 업무를 개시했다. 초대 영사는 유가총(劉家驄)이었다. 청일전쟁 직후인 1894년 7월 25일 조선정부가 청국정부와 체결한 조청상민수륙무역장정을 일방적으로 폐기하여 분서는 폐쇄되었다. 1899년 한청통상조약 체결 이후 영사관으로 재개관했다. 1912년 중화민국주원산영사관으로 바뀌었다. 함경남도, 함경북도, 강원도의 화교를 관리 및 보호했다.(이은자(2008), 「淸末 駐韓 商務署 조직과 그 위상」, 『명청사연구』30, 명청사학회, 371; 이정희(2018a), 22)【이정희】

청국주인천상무분서淸國駐仁川商務分署

1883년 설립된 청국의 인천 영사관. 초대 영사는 이내영(李乃榮)으로

1883년 11월 업무를 개시했다. 청일전쟁 직후인 1894년 7월 25일 조선정부가 청국정부와 체결한 조청상민수륙무역장정을 일방적으로 폐기하여 분서는 폐쇄되었다. 1899년 한청통상조약 체결 후 영사관으로 재개관했으며, 1912년 중화민국주인천영사관으로 바뀌었다.(이은자(2008), 「淸末 駐韓 商務署 조직과 그 위상」, 『명청사연구』30, 명청사학회, 368-370; 이정희(2018a), 22)【이정희】

청국주한성상무공서淸國駐漢城商務公署

1883년 한성에 설립된 청국의 공사관. 1883년 10월 초대 상무위원으로 진수당(陳樹棠)이 착임했다. 1885년 2월 공서관(公署館)이 준공됐다. 원세개가 조선총리교섭통상사의(朝鮮総理交渉通商事宜)의 직함으로 파견됨에 따라 명칭이 한성총리공서(漢城總理公署)로 바뀌었다. 청일전쟁 직후인 1894년 7월 25일 조선정부가 청국정부와 체결한 조청상민수륙무역장정을 일방적으로 폐기하여 공서는 폐쇄되었다. 1899년 한청통상조약 체결 후 청국공사관이 설치되었으며, 그 산하에 한성총영사관이 개설됐다.(이은자(2008), 「淸末 駐韓 商務署 조직과 그 위상」, 『명청사연구』30, 명청사학회, 364-390; 이정희(2018a), 21-22)【이정희】

청도사건靑島事件

1931년 8월 18일 산동성 청도에서 중국인과 거주 일본인 사이에 발생한 충돌 사건. 쌍방에 다수의 부상자가 발생, 일본의 반중감중이 더욱 악화되는 계기로 작용했다. 이 사건은 중국과 일본 정부 간 1931년 조선화교 배척사건의 해결을 둘러싼 협상에도 영향을 주었다.(이정희(2018a), 『한반도 화교사』, 동아시아, 193; 기타 자료)【이정희】

청상보호규칙淸商保護規則

청일전쟁 직후 조선정부가 무조약국민이 된 화교를 관리하기 위해 공포한 규칙. 1894년 12월 중순 공포되어 시행됐다. 청국이 보유하고 있던 영사재판권의 회수(回收), 중국인의 조선 이주 및 거주의 제한, 이주의 등록제 실시 등을 골자로 했다. 1894년 8월 공포된 일본정부의 칙령 제 137호를 참고하여 제정되었다.(야스이 산기치 저·송승석 역(2013), 『제국일본과 화교: 일본·타이완·조선』, 학고방, 120-125)【송승석】

청양중화신민회青陽中華新民會

일제강점기 충청남도 청양지역 화교의 사회단체. 1942년 여선중화상회 연합회의 회원이었고, 당시의 회장은 서희송(徐希松)이었다.(이정희·송승석(2015), 『근대시기 인천화교의 사회와 경제』, 학고방, 232)【이정희】

청주화교소학淸州華僑小學

충청북도 청주 소재 화교소학. 1951년 설립. 의성상(衣成祥), 손명삼(孫明三), 주문수(周文琇), 소영택(蕭永澤) 등이 중심이 되어 설립했다. 1957년 학교 교동회의 이사장은 석용담(汐龍譚), 교장은 소영현(蕭永賢)이었다. 1957년의 학생수는 117명. 2001년의 학생수는 12명, 교사는 2명이었다. 학교는 수동에서 개교를 했으며, 1970년대 현재의 사직동으로 옮겼다. 1999년 6월 한국정부로부터 외국인학교 인가를 받았다. 2010년 7월 학생수 감소로 휴교한 이후 장기간 운영되지 않다가 2018년 3월 정식으로 문을 닫았다.(華僑志編纂委員會編(1958), 156; 왕언메이 저·송승석 역(2013), 『동아시아 현대사 속의 한국화교』, 학고방, 376)【송승석】

청주화상조합회淸州華商組合會

일제강점기 충청북도 청주지역 화교의 사회단체. 1942년 여선중화상회 연합회의 회원이었고, 당시의 회장은 왕순덕(王純德)이었다.(이정희·송승석(2015), 『근대시기 인천화교의 사회와 경제』, 학고방, 232)【이정희】

청진시화교연합회清津市華僑聯合會

북한 청진지역 화교를 대표하는 사회단체. 1946년 말에서 1947년 초에 결성되었다. 위원장은 우방림(于芳林), 선전교육과장은 장진기(張晉基)였다. 1980년대 초의 위원장은 왕봉기(王鳳岐)였다. 1947년부터 1950년 6월 사이에 시화교연합회 산하에는 3개의 분회(分會)를 두었다. 이 가운데 제2 분회장은 정숙운(鄭淑雲), 도동(道洞) 분회장은 왕발성(王發盛)이었다. 1948년 11월 중공의 승전을 축하하는 동북해방대회(東北解放大會)의 조직, 중공의 국공내전 전선(前線) 지원운동을 전개했다.(朝鮮華僑聯合總會機關報《民主華僑》)【송우창】

청진중국인고등중학교清津中國人高等中學校

북한 청진 소재의 화교중학. 함경남북도와 양강도 소재 화교소학 졸업생이 진학했다. 북한의 4개 고등중학의 하나. 북한정부가 1972년 가을 고등의무교육(高等義務教育)을 시행하면서 1974년경 청진중국인중학교가 청진중국인고등중학교로 승격됐다. 2002년 9월 교명은 청진중국인중학교(清津中國人中學校)로 바뀌었다. 2003년의 학생은 소학부(小學部)와 중학부(中學部)를 합해 총 75명, 교원은 33명이었다. 이 가운데 화교 교사는 5명이었다. 2013년 교명은 청진중국인고급중학교(清津中國人高級中學校)로 개칭되었다.(楊昭全·孫玉梅(1991), 『朝鮮華僑史』, 中國華僑出版公司, 316-317; 慕德政(2001), 「朝鮮華僑教育的歷史回顧」, 『華僑華人歷史研究』2001年第4期)【송우창】

청진중국인인민학교清津中國人人民學校

북한 청진 소재의 화교소학으로 본교와 분교로 구성되었다. 청진화교소학은 1930년 설립되었고, 설립 당시 학교의 주소는 청진부 신암 북성정(北星町) 100번지였다. 당시의 학생수는 26명이었고, 노우구(盧禹九)가 교학을 담당했다. 1934년 포항동(浦項洞) 북산(北山) 밑 조선인 토지 300

평을 매입, 1935년 9월 중화상회 회관과 화교학교 교사를 건축했다. 학생
수는 60여명이었다. 1943년의 학생수는 122명, 교원은 5명이었다. 교장은
우명헌(于明軒), 학교 이사회인 교동회(校董會)의 이사장은 우위의(于爲
儀), 부이사장은 노담청(魯潭清), 상무이사는 우명헌(于明軒), 임일동(林
日東), 장희문(張希文), 조수산(趙壽山), 이진산(李鎭山), 이사는 우방림
(于芳林) 등 9명이었다. 해방 후 포항동 소재 화교소학은 1947년 수업을
재개했다. 청진시화교연합회는 1947년 청암면(青岩面) 직하리(稷下里)
소재 화교연합회 사무실 내에 별도의 화교소학을 열었다. 1948년 12월
학생수는 178명이었고, 교원은 4명이었다. 교장은 손행문(孫杏文), 학교
이사회 이사는 송자경(宋子卿), 두덕산(杜德山) 등이었다. 북한정부가
1949년 4월 학교를 인수관리하면서 두 학교 모두 교명은 중국인인민학교
로 바뀌었다. 북한정부는 직하리의 화교소학에 새로운 교사(校舍)를 배
정해 주었다. 당시의 학생수는 240명으로 증가했다. 교장은 임복춘(林福
春)이었다. 학교는 학부형회(學父兄會)를 조직했고, 위원장은 유지초(劉
志超), 위원은 최인당(崔仁堂), 손영귀(孫榮貴) 등이 담당했다. 원래의
이사회 이사인 송자경 등도 학부형회에 가입했다. 학교는 소그룹학습경
연대회와 표창대회를 개최하여 학생의 학습을 강화했다. 현지 북한의 학
교와 친목교류회를 개최했다. 1949년 말부터 1950년 초 사이 화교연합회
와 학부형회는 송평(松坪)에 분교를 설립하기로 결정했다. 학부형회는
12만원의 교사 신축 기금을 마련했다. 한국전쟁 시기 중국정부는 왕세란
(王世蘭), 맹번신(孟繁新) 등의 교사를 파견했다. 1952년 임시로 청진중
국인중학교가 세워졌다. 1953년 11월 중학교가 평양으로 옮겨진 후 학교
건물(단층건물, 교실 9개)은 화교소학이 사용했다. 송평중국인인민학교
와 직하중국인인민학교가 포항동 중국인인민학교에 합병되어 팽성문(彭
成文)이 교장을 맡았다. 1959년 9월 청진중국인중학교(淸津中國人中學
校)가 설립되었으며, 중국인인민학교는 중학교에 합병되었다. 1961년 포
항동 화교소학 옆에 중학교 신축 교사가 준공되었다.(朝鮮華僑聯合總會機關
報《民主華僑》; 朝鮮華僑聯合會機關報《華訊》; 이정희(2007), 112)【송우창】

청진중국인중학교淸津中國人中學校

북한 청진 소재의 화교중학. 함경남북도(咸鏡南北道)와 양강도(兩江道) 소재 화교소학 졸업생이 진학했다. 한국전쟁 시기 평양중국인중학교가 평양에서 철수하면서 일부 교사와 학생은 청진으로 피난했다. 1952년 여름 청진중국인중학교가 설립됐다. 중국정부는 두 차례에 걸쳐 왕건지(王建智) 등 3명의 교사를 파견했다. 왕건지가 이 학교의 교장을 맡았다. 1953년 11월 청진중국인중학교가 평양으로 다시 이전하면서 왕건지는 평양중국인중학교의 교장을 맡았다. 이때 청진에는 화교소학만이 있었다. 1959년 8월 평양중국인고급중학교에서 노진기(盧振琪), 한국현(韓國鉉), 원숙영(袁淑榮) 그리고 평양중국인고급중학교 제1회 졸업생인 팽작명(彭作明), 장계태(張繼泰), 조영순(趙永順), 왕충굉(王忠宏), 팽작만(彭作滿)이 청진중국인중학교의 교원으로 임용되어 청진중국인중학교는 1959년 9월 1일 재개되었다. 현지의 화교소학은 중학교에 합병되었다. 교장은 노진기, 부교장은 팽성문이 맡았다. 1959년 9월의 학생수는 270명, 교사는 5명, 총무는 1명이었다. 재개교 당시 중학교는 포항동의 중국인인민학교 교실을 당분간 빌려 수업을 했다. 중학생과 소학생이 오전과 오후로 나눠 수업을 진행했다. 교사가 부족하여 한 교사가 여러 과목을 가르쳤다. 당시 학생은 반나절은 교사 신축 건설에 동원되었다. 기숙사가 없어 학생은 화교의 집에서 숙식했다. 1959년 11월 학교 인근의 기관유치원에서 임시적으로 숙식을 했다. 북한정부는 학교에 경리부장, 조리사, 차부(車夫)를 파견했다. 1959년 말 학교는 학생 기숙사와 식당을 증축하였다. 건설 경비는 모두 북한정부가 부담했다. 1960년 팽성문(彭成文)이 교장, 이광일(북한사람)이 부교장을 맡았다. 북한사람 교사는 이방원, 우습근, 이성원(이전 중국조선족) 등이 있었다. 1961년 9월 2층의 교사가 새롭게 준공되었다. 건축 면적은 2,700㎡였다. 교사 시설은 교실, 물리화학실험실, 김일성혁명사적실, 식당, 기숙사, 축구장, 농구장, 배구장 등이 있었다. 학제는 인민부(소학부) 6년, 초중부(중학부) 3년의 9년제였다. 1961년 교직원은 39명, 학생수는 530명이었다. 같은 해 12개반과 4개의 교육연구조(教研組)가 천리마작업반을 쟁취하기 위한 운동에 참가했다. 1960-1962년 사이의 교과과정은 중국어강의(중국지리, 중국역사, 기하학, 동물학, 식물학)와 조선어강의(조선어, 조선역사, 지리, 정치, 러시아어)가 있었다. 당시 소학부 학생은 100여명, 초중부 학생은 3개 학년 450명이었다. 1961년 12월 마옥성(馬玉聲)이 학교를 방문하여 학생의 조선어수업 강화를 강조했다. 북한사람 이일광(李日光)이 교무주임을 맡았다. 1962년의 교과내용은 현지의 북한의 학교와 똑같았으며, 중국어 과정만이 달랐다. 1960년부터 중학 졸업생 가운데 일부는 시험을 통해 평양중국인고급중학교에 진학했으며, 대부분은 현지 농장이나 공장에 취업했다. 1966년 이후 학교는 문화대혁명의 영향을 받아 한때 문을 닫았으며, 1971년 수업을 재개했다. 당시의 화교 교원은 장건용(張建勇), 장명순(張明順), 왕성위(王聖偉), 왕소행(王素行)이었다. 1972년 북한정부가 고등의무교육(高等義務教育)을 실시하면서 1974년 교명은 청진중국인고등중학교(清津中國人高等中學校)로 바뀌었다.(朝鮮華僑聯合總會機關報《民主華僑》; 朝鮮華僑聯合會機關報《華訊》; 陳香林·王桂敏 主編(2018), 『吉林文史資料選輯 第46輯: 朝鮮歸來 下』, 236-242)【송우창】

청진중국인중학교건교50주년기념행사清津中國人中學校建校50周年紀念行事
북한 청진 소재의 청진중국인중학교가 2009년 개교 50주년을 맞아 각종 기념행사를 개최했다. 학교는 9월 1일 축하행사를 개최했다. 내빈은 중국 측에서 중국국무원교판(中國國務院僑辦) 문화사(文化司)의 이민(李民) 부자장(副司長), 길림성외사교무판공실(吉林省外事僑務辦公室) 교정처(僑政處)의 초부년(肖富年) 처장 등 20여명과 중화인민공화국주청진총영사관의 동민걸(董敏傑) 총영사가 참석했다. 그리고 중국 국내 동문 50여명, 북한 국내 거주 졸업생, 퇴직 교사, 전임 교장 등 500여명이 참석했다. 9월 3일 모든 축하행사가 종료됐다.(중국 귀국 북한화교 인터뷰자료)【송우창】

청진중화민회清津中華民會

일제강점기 함경북도 청진지역 화교의 사회단체. 1937년 12월 중화민국 임시정부 수립 후 설립됐다. 1942년 여선중화상회연합회의 회원이었고, 당시의 회장은 우위의(于爲儀)였다.(이정희·송승석(2015), 『근대시기 인천화교의 사회와 경제』, 학고방, 234)【이정희】

청진화교清津華僑

북한 청진 거주의 화교. 청진은 북한 동북부의 항구도시로 함경북도의 도청소재지이다. 청진이 1908년 개항을 하면서 화교의 본격적인 이주가 이뤄졌다. 1930년의 청진 화교인구는 1,402명, 1943년은 2,887명이었다. 1947년 초 함경북도화교연합회가 설립되었다. 초대 위원장은 박신재(樸辛哉), 선전교육과장은 장진기(張晉基)였다. 화교는 해방초기 농업, 주물공장, 중화요리점, 그리고 잡화점 등에 종사했다. 주요한 화상은 두덕전(杜德田), 곡홍완(曲鴻緩), 송자옥(宋子玉), 한전서(韓殿瑞) 등이었다. 위씨(魏氏) 일가가 경영하는 2층 건물의 신흥루(新興樓)와 3층 건물의 신태루(新泰樓) 중화요리점이 있었다. 1949년 청진중국인인민학교(清津中國人人民學校)의 학생수는 230여명이었다. 한국전쟁 기간 청진화교의 귀국자 수는 비교적 소수였다. 1955년 봄부터 청진의 화농은 선진(先進), 신화(新華), 송화(松華), 쌍성(雙成)의 4개 농업협동조합을 설립했다. 중화요리점 경영 화교는 음식점 생산판매협동조합을 조직했다. 화교 주물업자는 주물 생산협동조합을 조직했다. 1958년 10월 이후 화교의 각 분야 협동조합은 북한의 국영체제에 편입되었다. 이 시기 농업협동조합의 위원장이던 정숙운(鄭淑雲)은 한국과 내통한 혐의로 투옥되었다. 그후 호덕성(郝德成)과 초씨(肖氏)가 화농 측 대표를 맡았다. 1959년 9월 청진에 중국인중학교(中國人中學校)가 설립되었으며, 학생수는 270명이었다. 1958년 이후 청진에 방적공장, 공작기계 공장 등이 새롭게 들어서면서 청진화교뿐 아니라 타 지방의 화교도 청진으로 이주하여 일하면서 인구는 더욱 증가했다. 1960년대 초·중반과 1980년대 초반 청진화교

ㅊ

는 두 차례 집단 귀국을 함으로써 인구는 급감했다. 1985년부터 소수의 청진화교가 중국 상품을 판매하기 시작했다. 1990년경부터 북중 간 개인 소규모 무역업에 종사했다. 2000년의 화교인구는 350명, 2003년의 호수는 113호였다.(조선총독부통계자료; 朝鮮華僑聯合總會機關報《民主華僑》; 朝鮮華僑聯合會機關報《華訊》; 기타 자료)【송우창】

체류외국인관리방식滯留外國人管理方式

한국정부의 체류 외국인에 대한 관리방식. 대한민국 <헌법> 제6조 제2항에 외국인은 "국제법과 조약이 정하는 바에 의하여 그 지위가 보장된다."고 규정되어 있다. 정부 수립 후, 1949년 11월에 법률 제65호로 '외국인의 입국·출국과 등록에 관한 법률'을 제정하였으나, 한국정부가 본격적으로 외국인을 관리하기 시작한 것은 1963년 출입국관리법이 제정되면서부터이다. 동법은 외국인을 '대한민국 국적을 가지지 아니한 자'로 정의하고 18세에 이른 화교를 비롯한 외국 국적자에게 외국인 등록을 의무화하였으며, 외국인을 거주자와 비거주자로 구분하고 거주자에게 다양한 체류기간을 허용한다. 중화민국(대만) 국적을 보유한 대다수의 화교는 출국 후 재입국을 하기 위해서는 반드시 출입국관리법의 관련 규정에 따라 입국 심사를 받고, 2002년 영주자격이 생기기 전까지는 일정 기간마다 체류 자격을 다시 얻어야 했다. 거주 허가는 1998년까지는 3년을 상한으로 하는 거주자격(F-2)이었다가 1998년부터 2002년 영주자격이 신설되기 전까지는 5년 상한의 거주자격(F-5)을 부여받아, 3-5년마다 주기적으로 거주 자격을 갱신해야 했다. 1990년대 말에 이르러 한국정부의 외국인 관련 정책은 거주자로서의 권리와 경제활동 및 사회복지 혜택을 개방하고 확장하는 방식으로 전환되었다. 2002년 화교를 주요 수혜자로 하여 만든 영주자격의 신설은 그 대표적인 사례이다. 2005년 8월 '공직선거법' 개정으로 2006년 5월 지방선거에서 처음으로, 영주자격을 얻은 지 3년이 지난 19세 이상의 외국인에게 투표권이 부여되었다. 2006년 지방선거 시 선거권을 부여받은 외국인 총 6,579명 가운데 99%에 달하는 6,511명이 화교였다. 2000년대 들어 외국인 노동자와 결혼이민자, 외국 국적 동포에 이어 해외유학생도 증가하자, 한국정부는 2007년 5월 '출입국관리국'을 '출입국·외국인정책본부'로 명칭을 바꾸고 기존의 출입국 관련 업무 외에 외국인에 대한 사회통합 문제까지 다루게 했다. 2007년 처음으로 외국인 관련 법이라 명시한 '재한외국인처우기본법'이 등장했고 국무총리를 위원장으로 하는 '외국인정책위원회'가 구성되었다. 그 외, 2004년 '외국인고용허가제', 2006년 '외국국적동포방문취업제', 결혼이주자와 그 자녀를 위한 '다문화가족관련서비스·생애주기별 맞춤형서비스' 방안이 마련된 데 이어, 2008년에는 '다문화가족지원법'이 제정되어 한국인 남성의 가족이 되는 결혼이민자와 그 자녀들을 한국사회에 통합하려는 법적 의지가 천명되었다.(정은주(2015) 「국민과 외국인의 경계: 한국 내 화교의 시민권적 지위에 대한 성격 분석」, 『한국문화인류학』제48집1호, 138-139·141-142· 146)【정은주】

초세유初世裕, 1896-?

일제강점기 경상남도 통영의 화상(華商). 산동성 액현(掖縣) 출신. 사숙(私塾) 졸업. 주단포목상점 경영자. 1942년 통영중화상회의 이사로 활동하고 있었다.(釜山領事館(1942), 「統營中華商會職員履歷表」, 『汪僞僑務委員會檔案』)【이정희】

초약우焦若愚, 1915-현재

중화인민공화국의 외교관. 하남성(河南省) 엽현(葉縣) 출신. 1936년 중국공산당에 입당했다. 화북대학(華北大學) 정치경제학과 졸업. 중일전쟁 시기 진찰기(晉察冀) 지역과 기열료(冀熱遼)지역에서 장기간 근무했다. 1948년 11월 이후 심양시(沈陽市)의 부시장, 시장, 심양시의 중국공산당 제1서기(書記)를 역임했다. 1965년 12월부터 1970년 3월까지 주북한대사를 지냈다. 이어 주페루대사, 주이란대사 등을 역임했다. 1979년 10월 이후 제8 기계공업부(第八機械工業部)의 부장, 북경시장, 중공중앙기율검사위원회(中共中央紀律檢查委員會) 위원 등을 역임했다. 2012년 제18차 전인대(全人大)의 대표를 지냈다.(林英海·葛紀謙 主編(2006), 『河南當代人物辭典』, 河南當代人物辭典編輯委員會, 200; 중화인민공화국주북한대사관 홈페이지; 바이두)【송우창】

총배은叢培恩, 1904-?

일제강점기 함경남도 원산의 화상(華商). 산동성 문등현 출신. 채소판매상점 천흥창(天興昌)의 경영자. 1942년 원산중화상회의 감찰위원으로 활동하고 있었다.(元山領事館(1942), 「元山中華商會章程職員履歷表」, 『汪僞僑務委員會檔案』)【이정희】

최광전崔廣銓, 1904-?

일제강점기 대구의 화상(華商). 산동성 해양현 출신. 사숙(私塾) 졸업. 주단포목상점 광화순(廣和順)의 경영자. 1942년 대구중화상회의 후보 집행위원으로 활동하고 있었다.(釜山領事館(1942), 「大邱中華商會職員履歷表」, 『汪僞僑務委員會檔案』)【이정희】

최광종崔廣鐘, 1892-?

일제강점기 대구의 화상(華商). 산동성 해양현 출신. 사숙(私塾) 졸업. 중화요리점 영풍원(永豊園)의 경영자. 1942년 대구중화상회의 후보 집행위원으로 활동하고 있었다.(釜山領事館(1942), 「大邱中華商會職員履歷表」, 『汪僞僑務委員會檔案』)【이정희】

최선덕崔善德, 1906-?

일제강점기 부산의 화상(華商). 산동성 복산현 출신. 초급소학 졸업. 중화요리점의 경영자. 1942년 부산중화상회의 이사장으로 활동하고 있었다.(釜山領事館(1942), 「釜山中華商會職員履歷表」, 『汪僞僑務委員會檔案』)【이정희】

최이권崔以權

일제강점기 경성 거주 조선인 수필가. 조선어 잡지《동광》1932년 7월호에 「중국야채상인」을 제목으로 한 수필을 게재했다. 이 수필은 화교 채소 행상의 근면한 모습을 담았다. 경성의 화교 채소 행상이 1920년대 초에 판매한 연간판매액은 20여만원이었고, 이 금액은 당시 경성부내 채소 소비총액의 1할을 차지했다.(이정희(2018a), 『한반도 화교사』, 동아시아, 474)【이정희】

최전방崔殿芳, 1911~?

북한의 원산 화상이자 화교지도자. 해방 직전 원산의 동흥성(同興盛)의 경영자로 일했다. 1942년 원산중화상회의 집행위원으로 활동하고 있었다.해방초기 원산화교회위원장(元山華僑會委員長)을 맡아 북한의 원산(元山)과 주변지역 화교 관리업무를 맡았다. 1946년 말 결성된 강원도화교연합회(江原道華僑聯合會)의 부위원장, 위원장을 각각 역임했다. 한국전쟁 시기 중국 귀국 후, 안동시정치협상회의(安東市政治協商會議)의 상무위원을 오래 동안 지냈다. 1984년 1월 요녕성귀국화교연합회(遼寧省歸國華僑聯合會)의 제3차 위원회 부주석을 역임했다.(中華民國國民政府(汪政權)駐日大使館檔案; 華僑華人百科全書編集委員會 編(1999), 『華僑華人百科全書·僑鄕卷』, 中國華僑出版社, 63; 中共遼寧省委組織部·中共遼寧省委黨史研究室·遼寧省檔案館 編(1995), 『中國共産黨遼寧省組織史資料: 1923-1987』, 1733; 元山領事館(1942), 「元山中華商會章程職員履歷表」, 『汪僞僑務委員會檔案』)【송우창】

최전전崔傳典, 1904~?

일제강점기 군산의 화상(華商). 산동성 모평현 출신. 소학 6년 졸업. 주단포목상점의 경영자. 1942년 군산중화상회의 이사로 활동하고 있었다.
(釜山領事館(1942), 「群山中華商會職員履歷表」, 『汪僞僑務委員會檔案』)【이정희】

추견鄒堅, 1922-2004

중화민국과 대만의 군인 겸 외교관. 복건성 출신. 사천성도육군군관학교

(四川成都陸軍軍官學校) 졸업, 영국 그리니치황가해군대학 및 해군전과학교에서 유학했다. 대만 해관전과학교 교장, 해군구축함대장, 해군총사령(總司令) 등을 역임했다. 1986년 8월 제10대 주한대만대사로 임명되어 1990년 9월까지 근무했다. 귀임 후 총통 국책고문으로 임명되었다.(대만위키피디아; 이정희(2018b), 「화교가 없는 나라」, 동아시아, 238)【이정희】

추립기鄒立圻, 1917-?
일제강점기 목포의 화상(華商). 산동성 문등현 출신. 현립(縣立) 소학 졸업. 중화요리음식점의 경영자. 1942년 목포중화상회의 이사로 활동하고 있었다.(釜山領事館(1942), 「木浦中華商會職員履歷表」, 『汪僞僑務委員會檔案』)【이정희】

추배시鄒培詩, 1870-?
일제강점기 군산의 화상(華商)이자 화교 지도자. 산동성 황현(黃縣) 출신. 화교 주단포목 도매상점인 금생동(錦生東)의 경영자. 1913년 군산중화상회의 초대 의원으로 선출되어 활동했다. 1923년 군산중화상회의 회장을 맡고 있었다.(이정희(2018a), 『한반도 화교사』, 동아시아, 64)【이정희】

추세의상점雛世義商店
일제강점기 대구 소재 화교의 주단포목 도매상점. 경영자는 추세의였다. 1923년의 연간매상액은 6만원이었다.(이정희(2018a), 『한반도 화교사』, 동아시아, 69)【이정희】

추은보鄒恩普, 1896-?
일제강점기 대구의 화상(華商). 산동성 황현 출신. 사숙(私塾) 졸업. 중화요리점 덕원영(德源永)의 경영자. 1942년 대구중화상회의 후보 감찰위원으로 활동하고 있었다.(釜山領事館(1942), 〈大邱中華商會職員履歷表〉, 『汪僞僑務委員會檔案』)【이정희】

축소안祝紹顏, 1902-?

일제강점기 함경남도 원산의 화상(華商). 산동성 모평현 출신. 주단포목상점 덕태흥(德泰興)의 경영자. 1942년 원산중화상회의 상무위원으로 활동하고 있었다.(元山領事館(1942), 「元山中華商會章程職員履歷表」, 『汪僞僑務委員會檔案』)【이정희】

춘기잔春記棧

일제강점기 인천 소재 화교의 행잔(行棧). 1899년 설립. 지나정(支那町) 35번지에 소재했다. 1928년의 경영자는 손축삼(孫祝三)이며, 연간수입은 4,100원이었다. 1935년의 경영자는 조적훈(曺積勳)으로 산동성 출신이었다. 자본금은 15,000원이었다.(이정희·송승석(2015), 『근대시기 인천화교의 사회와 경제』, 학고방, 70·170)【이정희】

춘발당春發堂

일제강점기 인천 소재 화교의 이발소. 1928년 설립. 지나정(支那町) 41번지에 소재했다. 1935년의 경영자는 유세제(游細弟)로 호북성(湖北省) 출신이었다. 자본금은 1천원이었다.(이정희·송승석(2015), 『근대시기 인천화교의 사회와 경제』, 학고방, 71)【이정희】

춘성영春盛永

일제강점기 평양 소재 화교의 주단포목 및 잡화 도매상점. 1923년의 연간매상액은 156,000원이었다. 1929년의 경영자는 장경현(張景賢)이었다. 1931년 평양 화교배척사건 때 큰 피해를 입고 문을 닫았다.(이정희(2018a), 『한반도 화교사』, 동아시아, 69·204)【이정희】

춘성흥春盛興

일제강점기 평양 소재 화교의 주단포목 및 잡화 도매상점. 1923년의 연간매상액은 14만원이었다. 1929년의 경영자는 유율헌(劉聿軒)이었다. 1931년 평양 화교배척사건 때 큰 피해를 입고 문을 닫았다.(이정희(2018a), 『한반도 화교사』, 동아시아, 69·204)【이정희】

춘장春醬

콩을 주원료로 소금을 섞어 발효시켜 캐러멜색소를 넣어 숙성시킨 음식을 말한다. 자장면의 필수 식재이다. 근대 화교 중화요리점은 춘장을 직접 담가서 자장면을 판매했지만, 해방 이후 춘장이 공장에서 대량생산됨에 따라 이를 구입하여 자장면을 판매하는 방식으로 바뀌었다.(이정희(2018a), 『한반노 화교사』, 동아시아, 278)【이성희】

춘천화교소학春川華僑小學

강원도 춘천 소재 화교소학. 1978년 설립. 1980년대 초 학생수는 100여명에 달했다. 화교 인구의 감소로 2001년 학생수는 2명. 교사 인원은 1명이었다. 2000년대 폐교했다.(이정희(2017), 「강원도 화교사회의 형성과 변화」, 『한림일본학』30, 한림대일본학연구소, 120·132)【이정희】

춘해루春海樓

일제강점기 인천 소재 화교의 중화요리점. 경영자는 곡경해(曲鏡海)로 1927년 12월 화교배척사건 때 습격을 당해 222.58원의 직접피해를 입었다.(이정희(2018a), 『한반도 화교사』, 동아시아, 310)【이정희】

춘화태春和泰

개항기 부산 소재 화교의 주단포목 도매상점. 1906년의 직원은 11명이었다.(이정희(2018a), 『한반도 화교사』, 동아시아, 73)【이정희】

충주중화공회忠州中華公會

일제강점기 충청북도 충주지역 화교의 사회단체. 1942년 여선중화상회연합회의 회원이었고, 당시의 회장은 잡화상점 동생태(東生泰)의 경영자가 맡았다.(이정희·송승석(2015), 『근대시기 인천화교의 사회와 경제』, 학고방, 232)【이정희】

충주화교소학忠州華僑小學

충청북도 충주 소재 화교소학. 1952년 설립. 1957년 학교 교동회의 이사장은 이개복(李介福), 교장은 손덕혜(孫德惠)였다. 1957년의 학생인원은 23명. 2001년 초등부 학생수는 5명, 교사는 2명이었다. 학생수 감소로 2000년대 폐교됐다.(華僑志編纂委員會編(1958), 157; 왕언메이 저·송승석 역(2013), 『동아시아 현대사 속의 한국화교』, 학고방, 376)【송승석】

충청도화교협회연의회忠淸道華僑協會聯誼會

충청남도와 충청북도 소재 각 화교협회가 1993년 설립한 연합 사회단체. 충청도 소재 화교협회가 지역 화교인구의 감소로 문을 닫거나 제대로 운영되지 못함에 따라 이 단체를 설립하여 활동하고 있다.(이정희(2018b), 『화교가 없는 나라』, 동아시아, 144)【이정희】

취선각聚仙閣

일제강점기 군산 소재 화교의 중화요리점. 1927년의 경영자는 왕소원(王昭垣)으로 산동성 영성현(榮成縣) 출신이었다. 종업원은 4명. 1927년 12월 화교배척사건 때 큰 피해를 입었다.(이정희(2018a), 『한반도 화교사』, 동아시아, 307)【이정희】

취성호聚成號

개항기 및 일제강점기 경성 소재 화교의 주단포목 수입상점. 산동성 연태 소재 동취항(同聚恆)의 지점으로 설립되었다. 자본주는 산동성 등주부(登州府) 영해주(寧海州) 양마도(養馬島) 출신의 손방신(孫方臣), 경영자는 같은 양마도 출신의 손이산(孫嶧山)이었다. 1906년의 직원은 9명이었다.(이정희(2018a), 『한반도 화교사』, 동아시아, 73·76-80)【이정희】

취원화聚源和

일제강점기 인천 소재 화교 주단포목 도매상점. 1923년의 연간매상액은 180,000원이었다.(이정희(2018a), 『한반도 화교사』, 동아시아, 69)【이정희】

칙령제137호勅令第137號

일본정부가 청일전쟁 후 무조약국민이 된 화교를 관리하기 위해 1894년 8월 4일 공포한 칙령. 7월 31일 청국이 일본에 대해 국교 단설을 선언, 청일수호조규(淸日修好條規)가 무효가 됨에 따라 일본 거주 화교 보호의 제도적 장치가 없어졌다. 이 칙령 공포 후 일본화교의 재판은 주일 미국공사관에 의해 이뤄졌다. 칙령제137호는 조선정부가 1894년 11월 공포한 보호청상규칙(保護淸商規則)의 모델이 되었다.(야스이 산기치 저·송승석 역(2013), 『제국일본과 화교: 일본·타이완·조선』, 학고방, 87-89; 이정희(2018a), 23)【송승석】

칙령제352호勅令第352號

일본정부가 외국인의 내지잡거를 허용하면서 단순 육체노동자가 대량으로 일본에 유입하는 것을 미연에 방지하기 위해 1899년 8월 4일부터 실시한 칙령. 제1조는 "외국인은 조약 혹은 관행에 의해 거주의 자유를 가지지 못한 자라 하더라도 종전의 거류지 및 잡거지 이외에서 거주, 이전, 영업, 기타의 행위를 할 수 있다. 다만, 노동자는 특히 행정관청의 허가를 받지 않으면 종전의 거류지 및 잡거지 이외에 거주 또는 기타의 업무를 할 수 없다."라고 되어 있다. 제2조는 "앞의 조 제1항을 위반한 자는 100원 이하의 벌금에 처한다."라고 되어 있다.(야스이 산기치 저·송승석 역(2013), 『제국일본과 화교: 일본·타이완·조선』, 학고방, 91-94; 이정희(2018a), 581-582)【송승석】

칠평화교소학七坪華僑小學

일제강점기 평안북도 칠평면 소재 화교소학. 1942년 설립. 1942년의 학생수는 35명, 교사는 2명이었다.(이정희(2007), 「중일전쟁과 조선화교」, 『중국근현대사연구』35, 112)【이정희】

코스트Eugene-Jean George, 高宜善, 1842-1896

파리 외방전교회로부터 조선에 파견된 신부. 명동수녀원(1888-1889), 명동주교관(1889-1890), 명동성당(1892-1898), 약현성당(1891-1892)의 설계를 담당했다. 화교 건축시공업자가 이들 건축물의 시공을 담당했다. 1896년 한성에서 장티푸스로 타계했다.(이정희(2017.12), 「조선 화교의 성당건축 시공 활동(1880년대-1930년대): 서울과 대구를 중심으로」, 『교회사연구』51, 한국교회사연구소, 45-60)정희(2018a), 『한반도 화교사』, 동아시아, 592)【이정희】

탕화천湯華川, 1927-?

북한화교이자 군인. 1927년 신의주 출생. 1947년 신의주화교소학의 교사로 근무했고, 같은 해 중국인민해방군에 참가하여 군인이 되었다. 1949년 공군부대로 전입되어 1950년 말 공군 섬격항공병(殲擊航空兵) 3사중대장(三師中隊長)에 임명되었으며, 그 후 대대장(大隊長)이 되었다. 중화인민공화국 공군 창설에 참여했다.(黃王奇 主編(2009), 『鐵血僑魂: 抗美援朝時期的軍中'華僑兵'』, 遼寧省華僑歷史學會, 165; 張慶京(1990),「華僑飛行員湯華川」, 吉林省華僑歷史學會 編, 『吉林省華僑歷史學會第三次論文討論會資料匯編: 朝鮮華僑在抗美援朝戰爭中的貢獻專集』, 42-43)【송우창】

태고양행한국지사太古洋行韓國支社

영국계 자본인 태고양행(Butterfield & Swire Co.)이 해방 직후 한국에 설치한 지사. 화교 무역회사인 만취동의 본사인 인천 신포동과 지사인 서울 소공동에 각각 지사의 사무실을 개설했다. 당시 홍콩에 본점을 둔 태고양행은 홍콩과 인천 간 기선을 운항하여 한국과 홍콩 간 무역에 큰 기여를 했다. 한국지사에는 태고양행 본사에서 파견된 직원 2-3명이 상주하면서 이 회사 소속 정기선의 여객, 화물 및 해상보험 업무를 취급했다. 주요한 기선은 소주호(蘇州號), 호남호(湖南號), 남창호(南昌號), 사천호(四川號) 등이었다.(이정희(2018a), 『한반도 화교사』, 동아시아, 249)【이정희】

태동상회泰東商會

일제강점기 부산 소재 화교의 주단포목 도매상점. 1923년의 연간매상액은 5만원이었다.(이정희(2018a), 『한반도 화교사』, 동아시아, 69)【이정희】

태안양행泰安洋行

일제강점기 평양 소재 화교의 주단포목 및 서양잡화 도매상점. 1923년의 연간매상액은 18만원이었다. 1929년의 경영자는 양배창(楊培昌)이었다. 자본주는 이태호(怡泰號), 바스토(E. S. Barstow, 미국인), 메온크리프(R. W. Meoncriff, 영국인), 바네스(T. W. Vaness, 영국인)로 1913년의 연간매상액은 6만원에 달했다. 1931년 7월 6일 밤 화교배척사건 때 현금 4천원과 시가 1,500원 상당의 다이아몬드를 도난당했다. 이 사건으로 큰 피해를 입고 문을 닫았다.(이정희(2018a), 『한반도 화교사』, 동아시아, 69·204)【이정희】

태원루泰源樓

일제강점기 평양 소재 화교의 중화요리점. 1931년 7월 화교배척사건 때 큰 피해를 입었다.(이정희(2018a), 『한반도 화교사』, 동아시아, 206)【이정희】

태창상泰昌祥

일제강점기 인천 소재 화교의 해산물 무역상점 및 잡화 수입상점. 1928년 설립. 내리(內里) 209번지에 소재했다. 1935년의 경영자는 손장영(孫長榮)으로 산동성 출신이었다. 자본금은 1만원이었다.(이정희·송승석(2015), 『근대시기 인천화교의 사회와 경제』, 학고방, 70)【이정희】

태화루泰和樓

일제강점기 전라북도 전주 소재 화교의 중화요리점. 1927년 12월 화교배척사건 때 습격을 받아 181.2원의 직접피해를 입었다.(이정희(2018a), 『한반도 화교사』, 동아시아, 308)【이정희】

통감부령제52호統監府令第52號

통감부가 1910년 8월 29일 공포한 외국인 노동자 관련 부령. 정식 명칭은 '조약에 의해 거주의 자유가 없는 외국인에 관한 건'이다. 당시 전체 외국인의 93.1%가 화교였기 때문에 이 부령은 실질적으로 화교를 규제하기 위한 조치였다. 이 부령에 의해 화교는 개항장 이외의 지역에서 거주 및 노동을 하려면 지방장관에게 허가를 받아야 했으며, 이를 위반할 경우는 100원 이하의 벌금에 처해졌다. 그러나 이 명령은 조선인의 만주이주 때문에 조선총독부가 제대로 시행하지 않았다.(야스이 산기치 저·송승석역(2013), 『제국일본과 화교: 일본·타이완·조선』, 학고방, 189-192; 이정희(2018a), 28-30·477)【송승석】

통관국경성출장소通關局京城出張所

1906년 경성에 신설된 통관국의 출장소. 1907년 7월부터 업무를 개시했다. 1908년 조선철도와 일본철도가 철도 연대 수송을 시작하면서 일본의 수입품이 인천 및 부산세관을 거치지 않고 곧바로 경성에 도착하게 됨으로써 경성세관의 비중이 높아졌다. 경성의 화교 주단포목 수입상점의 일본산 견직물 및 면직물 수입은 경성세관을 통해 많이 이뤄졌다.(이정희(2018a), 『한반도 화교사』, 동아시아, 116)【이정희】

통주사건通州事件

1937년 7월 29일 발생한 기동방공자치정부(冀東防共自治政府) 보안대와 일본군 수비대 간의 충돌 사건. 일본군이 7월 30일 구원부대를 파견하여 통주를 수복함으로써 충돌은 끝났다. 이 사건은 중일전쟁을 확대하는 데 큰 계기를 제공했다. 이 사건 직후 조선화교의 본국 귀국이 본격적으로 이뤄지기 시작, 10월까지 화교 인구의 절반이 귀국했다.(이정희(2018a), 『한반도 화교사』, 동아시아, 218-219)【이정희】

통천신민회通川新民會

일제강점기 강원도 통천지역 화교의 사회단체. 1942년 여선중화상회연합회의 회원이었고, 당시의 회장은 손사영(孫士永)이었다.(이정희·송승석 (2015), 『근대시기 인천화교의 사회와 경제』, 학고방, 233)【이정희】

팽성문彭成文, 생졸년불상

북한화교. 해방 직전 경성의 화교중학인 광화중학(光華中學)의 학생이
었다. 1945년 해방 후 고향인 청진으로 돌아와 1947년부터 청진화교소학
(淸津華僑小學) 및 청진시화교연합회에서 근무했다. 1948년 나진화교소
학의 교장, 한국전쟁 휴전 후 청진중국인인민학교의 교장으로 각각 임명
되어 일했다. 1959년 9월 청진중국인중학교가 설립되자 중학교 교무주임
을 겸임했다. 나중에 교장에 임명되었다. 1961년 2월 함경북도화교연합회
의 부위원장으로 임명되어 겸임했다. 1967년 청진중국인중학교가 수업
정지된 후 중국으로 귀국했다.(朝鮮華僑聯合會機關報《華訊》; 기타 자료)【송우창】

팽식귀彭式貴, 1912-?

일제강점기 평양의 화상(華商). 산동성 영성현 출신. 중화요리점 영명관
(永明館)의 경영자. 1942년 평양중화상회의 감사로 활동하고 있었다.(京
城總領事館(1942),「平壤中華商會職員略歷表」,『汪僑僑務委員會檔案』)【이정희】

팽운태彭運泰, 생졸년불상

일제강점기 경성 거주 화교소학의 교원. 노구교사건 당시 한성화교소학
의 교원으로 근무했다. 1936년 9월 9일 한성화교소학에 부임하여 경성총
영사관 오색기 환기사건 때 반대하다 조선군헌병대사령부에 연행되었
으며, 석방된 후 중국으로 귀국했다. 장개석 국민정부 교무위원회 교무

월보사(僑務月報社)가 발행하는 잡지 《화교동원(華僑動員)》에 환기사건의 경과를 보고한 글을 게재했다.(이정희(2018.12b),「중일전쟁시기 범한생(范漢生) 경성총영사의 친일활동과 조선화교 사회의 변동」,『중앙사론』48, 181-183)【이정희】

팽작명彭作明, 1935-현재

북한화교이자 중국 귀국화교. 원적은 산동성 기수(沂水). 1935년 12월 청진 출생. 1958년 평양중국인고급중학교를 졸업하고 학교에 남아 학생을 가르쳤다. 1959년 청진중국인중학교의 교사로 일하다 1967년 중국으로 귀국했다. 1968년 길림성 부여화교농장(扶餘華僑農場)에 배치되어 일했다. 1975년 길림성 백성전곽이라사자치현 정유공장 자제학교(白城前郭爾羅斯自治縣煉油廠子弟學校)에서 교도주임(敎導主任)으로 일했다. 1986년 정유공장 물자공급과로 자리를 옮겼으며, 얼마 지나지 않아 정유공장 기공학교(技工學校)가 설립되자 부교장으로 임명되었다. 1992년 중국공산당에 입당했으며, 1994년 퇴직했다.(林明江 主編(2011),『報效祖國獻靑春: 吉林歸僑口述錄』, 中國華僑出版社, 218-224)【송우창】

평문학平文學, 1912-?

일제강점기 평양 거주 화공(華工). 봉천성(奉天省) 출신으로 국적은 만주국. 화공 양춘정(楊春亭)이 군사기밀을 수집하고 있는 것을 알면서도 수차례에 걸쳐 자택에 숨겨준 혐의로 체포되어 징역 2년을 구형받았다.(이정희(2017.6),「중일전쟁시기 조선화교의 항일활동」,『동양사학연구』139, 343)【이정희】

평안남도중화신민연합회平安南道中華新民聯合會

일제강점기 평안남도 지역 화교 사회단체의 연합단체. 1937년 12월 중화민국임시정부 수립 직후인 1938년 1월 25일 설립되었다.(이정희(2018.12b),「중일전쟁시기 범한생(范漢生) 경성총영사의 친일활동과 조선화교 사회의 변동」,『중앙사론』48, 197)【이정희】

평안남도화교연합회平安南道華僑聯合會

북한 평안남도(평양시 제외) 지역의 화교를 대표하는 사회단체. 1946년 11월 결성. 사무실은 평양시에 두었다. 1948년의 위원장은 송옥귀(宋玉貴), 조직과장은 주보흥(朱寶興)이 맡았다. 1949년 8월의 위원장은 주보흥(朱寶興), 1951년의 위원장은 왕서금(王瑞琴), 왕서금은 평양시화교연합회 위원장을 겸임했다. 선전교육과장은 여흔(呂欣)이었다. 1957년의 부위원장은 손범오(孫範五)였다. 1949년 평안남도의 화교 인구는 8천여 명. 1947년부터 1950년 6월 사이 화교연합회는 남포시, 승호군, 안주군, 용강군, 순천군, 성천군, 양덕군, 강동군, 강서군, 덕천군, 회창군, 개천군, 문덕군 등지에 설치되었다. 1948년 남포시화교연합회의 부위원장은 도신지(陶新之), 1957년 승호군의 위원장은 왕점성(王占成), 순천군의 위원장은 이청파(李清波)였다.(朝鮮華僑聯合總會機關報《民主華僑》; 朝鮮華僑聯合會機關報《華訊》)【송우창】

평안북도화교연합회平安北道華僑聯合會

평안북도 지역 북한화교의 대표적인 사회단체. 1946년 말 결성되었으며, 사무실은 신의주시에 두었다. 초대 위원장은 이종박(李從樸)이었다. 1949년 초의 위원장은 소병서(蘇炳緒), 1949년 5월의 위원장은 왕정건(王正乾), 부위원장은 주자방(朱子芳), 선전교육과장은 두봉명(杜鳳鳴), 총무과장은 해영도(解英圖)였다. 1957년의 위원장은 임치경(林治卿), 부위원장은 후귀원(候貴元), 1961년의 부위원장은 왕병충(王秉忠)이었다. 2014년의 위원장은 왕택주(王澤柱)가 맡았다. 1947년부터 1950년 6월 사이 도화교연합회(道華聯會) 산하에 신의주시에 4개 분회, 15개 군에 화교연합회가 설치되었다. 의주군의 위원장은 호감발(胡鑑發)이었고, 뒤에 동장령(東長嶺)이 맡았다. 운산군은 유경삼(劉景三), 벽동군은 주봉춘(朱鳳春), 희천군은 임기산(任岐山), 위원군은 왕보괴(王寶魁), 삭주군은 은덕모(殷德茂)가 각각 위원장을 맡았다. 휴전 후 용천군의 위원장은 양용풍(楊永豐), 그 후 육가창(陸家昌)이 위원장을 맡았다. 1958년 운산군의 위원장은 장부추(張賦秋), 정주군은 비영화(費榮華), 삭주군은 윤취욱(尹翠煜), 위원군은 왕모규(王保奎)였다. 1961년 용천군의 위원장은 상옥항(相玉恒)이었다. 1966년 위원군의 위원장은 강복림(姜福林), 그뒤 강전문(姜殿文)이 맡았다. 한국전쟁 이전의 업무는 농민호조조(農民互助組)의 조직, 생산계획(生產計劃) 작성 등의 방식을 통해 현지 화교농업생산을 지도했다. 그리고 식자반(識字班) 등을 통해 선전과 교육 활동을 추진했으며, 북한정부에 협조하여 화교학교 운영에 참여하고, 화농을 조직하여 현물세(現物稅)를 제때 납부하도록 하는 운동을 펼쳤다. (朝鮮華僑聯合總會機關報《民主華僑》; 朝鮮華僑聯合會機關報《華訊》; 기타 자료)【송우창】

평안환平安丸

1924년 6월 인천과 상해 간 개설된 왕복항로 운항의 기선. 1,580t의 기선으로 1928년에 연간 18회 운항했다. 이 항로는 조선우선(朝鮮郵船)이 조선총독부의 명령으로 개설됐다. 조선우선이 이 기선을 운항했다. 인천을 기점으로 부산, 진남포, 청도(靑島), 군산, 목포에 교차 기항했다.(이정희 (2018a), 『한반도 화교사』, 동아시아, 112)【이정희】

평양양말쟁의平壤洋襪爭議

일제강점기 평양 소재 양말공장 조선인 노동자의 노동쟁의. 1925년 4월 발생한 쟁의는 신의주 소재 화교 양말공장이 발전하면서 평양의 조선인 양말공장이 이에 대항하기 위해 조선인 노동자의 임금을 인하하면서 촉발됐다. 평양 소재 화교 경영의 경흥공창(구(舊)공신상회)에 고용된 10명의 화공(華工)도 이 쟁의의 원인의 하나였고, 쟁의 장기화의 원인으로 작용했다.(李正熙(2009.3),「日本帝國主義下在朝中國人の靴下製造業に關する硏究」,『京都創成大學紀要』9-2, 京都創成大學成美學會, 59-80; 이정희(2018a), 414-418)【이정희】

502

평양중국인고급중학교平壤中國人高級中學校

북한 평양 소재의 화교중학. 북한 최초의 화교중학으로 1974년경까지 북한 전국의 화교학생을 받아들였다. 북한의 북조선화교연합총회가 1947년 9월 북조선화교중학교를 설립했다. 북한정부가 1949년 4월 학교를 인수관리하면서 교명은 평양중국인중학교로 바뀌었다. 한국전쟁 시기 전황에 따라 여러 차례 이전한 뒤, 북한정부는 1953년 12월 평양중국인중학교를 다시 개교했다. 1955년 9월 중학교가 평양중국인고급중학교로 승격되었으며, 당시의 교장은 왕건지(王建智)였다. 북한정부는 1955년 400여만원을 들여 2층 기숙사 건물을 지었다. 건축면적은 800㎡ 규모로 230여명을 수용할 수 있었다. 다시 1956년 1천여만원의 경비를 들여 3층의 교사건물을 신축했다. 건축면적은 2,748㎡ 규모로 1957년 9월 준공했다. 교육시설은 교실 17개, 실험실, 교무실, 강당, 체육실 등이 있었다. 교학의 기기설비는 중국정부가 기증한 것이었다. 1957년 고급중학교의 초중(初中)은 13개반, 고중(高中)은 5개반, 학생수는 522명이었다. 교사는 1953년 17명에서 51명으로 증가했다. 왕항민(王恒敏)이 교장을 맡았다. 1957년의 학교 운영예산은 650여만원이었다. 1955년부터 1966년 사이 4천여명의 졸업생을 배출했다. 이 가운데 100명에 가까운 졸업생은 북한의 30여개 대학에 진학했다. 1958년과 1959년 졸업생 가운데 17명은 중국 소재의 대학에 진학했으며, 졸업 후 북한에 되돌아와 학교에서 교원으로 일했다. 1958년 이후 교사와 학생은 '북한을 건설하는 것이 조국을 건설하는 것(建設朝鮮就是建設祖國)'이라는 슬로건 하에 북한의 건설에 참여했다. 1961년 북한정부는 보통교육성령제17호(普通敎育省令第17號)를 시행, 중국인학교는 모두 북한 교육성이 제정한 교수요강과 교과안, 그리고 교과서로 교육을 실시해야 했다. 1961년 8월 왕항민(王恒敏) 등 중국인 교사 4명이 귀국했다. 1961년 9월 김성원(金成元, 북한사람)이 교무주임(敎務主任)을 맡았다. 1962년 5월의 교장 대리는 김웅렬(金雄烈, 북한사람), 민청위원장(民靑委員長)은 고만실(高滿實, 북한사람), 민청부위원장은 정학의(鄭學義)였다. 1963년 3월의 교장은 이엄순

(李嚴順, 북한사람)이 맡고 있었다. 교원은 북한사람과 화교로 구성되어 있었다. 1955년부터 1963년 사이 중국에서 파견된 교사는 다음과 같다. 중국어 담당교사에는 고근여(高瑾茹), 섭수봉(聶秀峰), 노진기(盧振琪), 유지유(劉誌儒), 수학 담당교사에는 손병권(중국조선족), 한국현(중국조선족), 역사 담당교사에는 곽진(郭真), 허춘구(許春九), 지리교사에는 이덕빈(李德斌), 물리 담당교사에는 유진가(劉振家), 노성무(魯成武), 관언(關堰), 화학 담당교사에는 마덕영(馬德榮), 생물 담당교사에는 원세영(袁世榮), 곽정방(郭靜芳), 장홍빈(張洪斌), 체육 담당교사에는 왕문군(王文君), 미술 담당교사에는 주서아(朱瑞娥)가 있었다. 같은 시기 근무하고 있던 화교 교사는 다음과 같다. 팽작명(彭作明), 장계태(張繼泰), 난홍유(蘭洪裕), 왕굉우(王宏宇), 왕발미(王發美), 황수란(黃秀蘭)(상기의 5명은 세1회 졸업생 출신), 송문산(宋文山), 허정(許靜), 이소걸(李紹傑), 유건위(劉建偉)(상기의 4명은 제2회 졸업생), 진원훈(秦元勛), 계용정(季永正), 가광례(賈廣禮), 팽방란(彭芳蘭)(상기의 4명은 제1회 혹은 제2회 졸업생), 왕은생(王恩生), 고언무(賈彦武), 왕석원(王錫源), 장연가(張衍佳)(상기의 4명은 제3회 졸업생), 장복린(張福林), 반운봉(潘雲鵬)(상기의 2명은 북한의 대학 출신), 장지동(張智東), 채영수(蔡盈秀). 1966년 9월 북한사람 교사가 학교를 떠난 후 임시방학을 했으며, 1967년 2월 학교가 다시 수업을 재개했지만, 고중부(高中部)는 취소되었다. 화교 교사는 4명, 초중부(初中部)의 학생은 100여명이었다. 1967년 10월 북한사람 교사가 2번째로 학교를 떠나면서 북한정부는 학교에 대한 월급과 배급 지급을 중단했다. 이때에는 화교연합회 및 각 화교가 자체 자금을 조달해 학교를 운영했다. 화교 교사인 송문산(宋文山), 황수란(黃秀蘭), 왕은생(王恩生), 반운봉(潘雲鵬) 등은 1970년 4월까지 근무했다. 1971년 북한사람 교사가 학교로 되돌아와 새롭게 관리하게 되면서 학교는 정식으로 수업을 재개했다. 이 시기의 수업은 모두 조선어로 진행되었다. 교과목은 북한의 일반학교와 동일했다. 중국어 과목은 유지되었지만, 하루 한 시간만 진행되었다. 1972년 가을 북한정부는 고중의무교육

504

(高中義務教育)을 실시, 1974년부터 학교 명칭은 평양중국인고등중학교로 개칭되었다. 교사는 20명, 학생수는 200여명이었다. 2002년 가을 학교는 중국인중학교(中國人中學校)로 다시 개칭되었다. 2003년의 학생수는 126명, 교원은 28명이었다. 교원 가운데 화교는 5명이었다. 2013년 교명은 평양중국인고급중학교(平壤中國人高級中學校)로 개칭되었다.(陳香林·王桂敏 主編(2018), 『吉林文史資料選輯 第46輯: 朝鮮歸來』; 教育大辭典編纂委員會 編(1992), 『教育大辭典: 第4卷 民族教育, 華僑華文教育, 港澳教育』, 上海教育出版社, 380; 慕德政(2001), 「朝鮮華僑教育的歷史回顧」, 『華僑華人歷史研究』2001年第4期; 朝鮮華僑聯合會機關報《華訊》)【송우창】

평양중국인고급중학 설립 9주년기념 학생사진
(조선화교망 홈페이지)

평양중국인교원양성소平壤中國人敎員養成所

북한정부 교육성이 1949년 화교학교 교사의 교육수준을 높이기 위해 평양중국인중학교(平壤中國人中學校)에 개설한 양성소. 북한정부는 1949년 3월 11일 '중국인학교 관리에 관한 결정서'를 공포했다. 그 제4조 규정으로 재직중인 화교 교원의 교육수준을 향상시키기 위해 평양중국인중학교 내에 중국인교원양성소를 설치했다. 1950년 1월에 제1기 수강생을 모집했다. 수강생 중에는 새종항(賽宗恒), 왕봉환(王鳳還) 등이 있었다. 훈련기간은 6개월이었다. 1950년 10월 수강생 가운데 30명이 중국으로 귀국, 심양시동북실험학교(沈陽市東北實驗學校)에서 공부를 계속했다. 1951년 7월 30명의 수강생이 북한으로 되돌아와 북한 각지의 화교학교에 배치되었다. 1954년 봄 평양중국인중학(平壤中國人中學)은 제1기 화교교원 양성반을 개최했으며, 수강생은 38명이었다. 이후는 평양중국인함수사범학교(平壤中國人函授師範學校)가 양성반을 맡았다.(國史編纂委員會 編(1990), 『北韓関係史料集: 第21卷』, 363-365; 慕德政(2001), 「朝鮮華僑教育的歷史回顧」, 『華僑華人歷史研究』, 中國華僑華人歷史研究所)【송우창】

평양중국인인민학교平壤中國人人民學校

북한 평양 소재의 화교소학. 본교와 분교가 있었다. 해방 전 평양에는 3곳의 소학이 개설되어 있었다. 이중 평양화교소학은 1927년 설립되어 1930년의 학생수는 28명, 교사는 2명, 교장은 왕현(王鉉)이었다. 1943년의 학생수는 165명, 교사는 3명이었다. 교장은 제보서(齊寶瑞)였다. 1928년 2월 동평양화교소학(東平壤華僑小學)이 설립되었다. 1943년의 학생수는 125명, 교원은 2명이었다. 선교화교소학(船橋華僑小學)은 1940년경 설립되었다. 1943년의 학생수는 102명, 교사는 2명이었다. 1948년 12월 현재 평양지역에는 화교소학의 본교 이외에 6곳의 분교(分校)가 개설되어 있었다. 학생수는 본교 129명, 제1분교 86명, 제2분교 73명, 제3분교 44명, 제4분교 65명, 제5분교 30명, 제6분교 54명이었다. 교과목은 산술, 구어, 상식, 음악, 노작(勞作), 습자(習字), 연구(連句), 미술 등 9개였다. 북한정부가 1949년 4월 학교를 인수관리하면서 교명이 평양중국인인민학교로 바뀌었다. 1949년 말의 학생수는 692명이었다. 북한정부는 평양 제5인민학교의 교사를 중국인제1인민학교(中國人第一人民學校)에 넘겨주었다. 이 학교의 교장은 석만록(石萬祿)이었으며, 1960년 당시 보통강구역에 있었다. 한국전쟁 기간 평양에는 2개의 화교소학이 개설되어 있었다. 중국정부는 구양상옥(歐陽相玉), 왕덕장(王德章), 장귀학(張魁學), 진점(陳店), 우도(于濤), 왕경락(王敬樂) 등을 평양화교소학에 교사로 파견했다. 1959년 5월 평양제2중국인인민학교의 교장은 이수영(李樹英)이 맡았으며, 제1중국인인민학교의 교장은 1960년 2월에는 임왕년(任旺年), 교무주임은 여향현(呂向賢)이 각각 맡았다. 1960년 4월 제2중국인인민학교의 교무주임은 이승호(李勝浩, 북한사람), 제3중국인인민학교의 교장은 왕흥복(王興複)이 맡았다. 강동중국인인민학교가 새로운 교사로 옮겨 평양제4중국인인민학교로 개칭되었다. 이 학교의 교장은 오경호였다. 2002년 가을 학교의 명칭은 평양중국인소학교(平壤中國人小學校)로 바뀌었다. 2003년 평양에는 두 곳에 화교소학이 있었다. 평양사동중국인소학교(平壤市寺洞中國人小學校)의 학생수는 14명, 교사는 4명(이중 화교 교사 1명)이었다. 평양대성산중국인소학교(平壤大城山中國人小學校)의 학생수는 7명, 교사는 4명(이중 화교교사는 1명)이었다.(朝鮮華僑聯合總會機關報《民主華僑》; 朝鮮華僑聯合會機關報《華訊》; 余以平 (1984.8), 「朝鮮華僑教育初探」, 『華僑教育』第 2 輯, 暨南大學華僑研究所, 98-106)【송우창】

평양중국인제2인민학교제1분교平壤中國人第二人民學校第一分校

북한 평양 강남(江南)지구 소재 화교소학의 분교. 강남분교라 불렀다. 1947년부터 1948년 사이에 설립되었다. 설립 초기의 학교는 민가의 초가집에서 수업을 했다. 1949년 11월 북한정부가 80만원을 보조하고 현지 화교가 공사를 담당, 1950년 1월 30일 교사를 신축했다. 당일 정오 12시 새로운 교사의 낙성식이 개최되었다.(朝鮮華僑聯合總會機關報《民主華僑》)【송우창】

평양중국인중학교平壤中國人中學校

북한 평양 소재의 화교중학으로, 북한 각 지방의 화교소학 졸업생이 이 학교에 진학했다. 1960년 이후 주로 평안남도 소재 화교소학의 졸업생이 이 학교에 진학했다. 학교의 전신은 1947년 9월 설립된 북조선화교중학교(北朝鮮華僑中學校)이었다. 북한정부가 1949년 4월 학교를 인수관리하면서 교명은 평양중국인중학교(平壤中國人中學校)로 바뀌었다. 당시의 교장은 장계창(張啟昌)이었다. 북한정부가 관리를 맡은 초기에는 학제, 교과과정 등은 바꾸지 않았으며, 조선어과정을 추가하여 북한사람 교원을 늘렸다. 한국전쟁이 발발하자 학교는 구장군(球場郡)으로 이전했다. 같은 해 10월 학내의 교원양성소의 수강생은 중국으로 철수하여 심양시동북실험학교(沈陽市東北實驗學校)에서 공부를 계속했다. 1951년 6월 평양중국인중학교(平壤中國人中學校)와 신의주중국인중학교(新義州中國人中學校)가 합병되자, 신의주에서는 신의주중국인중학교를 다시 열었다. 당시의 교장은 장계창(張啟昌)이 맡았다. 1951년 9월 중국정부는 고봉기(高鳳岐), 주성(周誠), 고결문(高潔文), 호패란(胡佩蘭), 팽세보(彭世輔)를 교원으로 파견했다. 당시의 학생은 100여명이었다. 1952년 12월의 학생수는 32명이었다. 1953년 2월 신의주중국인중학교가 문을 닫으면서 장계창 등 교사는 대부분 귀국했다. 1952년 여름 북한정부는 청진과 중강(中江)에 새로 중국인중학교를 개설했다. 두 학교의 학생은 100명이 되지 못했다. 1953년 11월 북한정부는 청진과 중강의 화교중학을 평양으로 이전시켰다. 1953년 12월 25일 평양 서구 성미암리(城眉岩里)에 개교했다. 1953년 두 개 반의 학생은 60여명, 교사는 17명이었다. 교장은 왕건지(王建智)였다. 중국정부는 1954년 연이어 20여명의 교사를 파견했다. 이 가운데에는 왕항민(王恒敏), 노진기(盧振琪), 유진가(劉振家), 한국현(韓國鉉), 손병권(孫秉權), 마덕영(馬德榮)등이 있었다. 1954년 9월 학교는 보통강 대타령동(大駝嶺洞)으로 이전했다. 당시의 학생수는 150여명이었다. 중학부의 1학년은 2개 반(1개 반 45명), 2학년과 3학년은 각 1개 반. 이중 3학년 학생은 10여명이었다. 학생 관리는 상급생이 저학년 학생의 학습 및 생활을 지도하는 것으로 이루어졌다. 매주 생활회의를 열었으며, 학기말에는 생활검토회와 생활총화회를 열었다. 1955년 7월 제1회 중학 졸업생을 배출했다. 1955년 9월에는 중국인중학교를 토대로 평양중국인고급중학교(平壤中國人高級中學校)를 설립하였고, 중학교는 고급중학교에 편입되었다.(陳香林·王桂敏 主編(2018),『吉林文史資料選輯 第46輯: 朝鮮歸來』; 慕德政(2001), 「朝鮮華僑教育的歷史回顧」, 『華僑華人歷史研究』2001年第4期; 余以平(1984.8), 「朝鮮華僑教育初探」, 『華僑教育』第2輯, 暨南大學華僑研究所, 98-106)【송우창】

평양중국인함수사범학교平壤中國人函授師範學校

북한정부가 북한 화교학교 교사의 실력을 증진시키기 위해 평양중국인고급중학교(平壤中國人高級中學校) 내에 부설한 교육기구. 먼저 1950년 상반기 평양중국인중학교 내에 평양중국인교원양성소(平壤中國人教員養成所)가 설립되었다. 한국전쟁 휴전 후 중국인중학교는 각지의 화교 교원을 양성하는 임무를 계속 담당했다. 1956년 12월 평양중국인고급중학교(平壤中國人高級中學校)가 교내에 일종의 통신학교인 함수사범학교(函授師範學校)를 부설했다. 수업 방식은 통신교육과 방학단기 학습반으로 이뤄졌다. 양성반은 매년 8월에 열어 초고급(初高級) 2개반을 편성하여 교육했다. 1959년 8월에는 20일간 강습코스를 실시했는데, 각지의 화교학교 교장과 교원 132명이 참가했다. 1963년까지 300여명의 화교소학 교사를 배출했다. 1964년 폐지되었다.(朝鮮華僑聯合總會機關報《民主華僑》; 朝鮮華僑聯合會機關報《華訊》)【송우창】

평양중화기독교회平壤中華基督教會

일제강점기 평양 소재의 화교 교회. 1923년 설립. 손래장(孫來章)의 전도로 설립되었다. 처음에는 방을 빌려 소학을 설립하여 운영했다. 설립 후의 교회 활동은 분명하지 않다. 현존하지 않는다.(旅韓中華基督教聯合會(2002), 『旅韓中華基督教創立九十周年紀念特刊』, 38)【이정희】

평양중화상회平壤中華商會

일제강점기 평양지역 화교의 사회단체. 1923년 당시의 조직은 회장, 부회장 각 1명, 이사 6명이었다. 당시의 회장은 양봉파(梁鳳坡), 부회장은 왕수정(王壽廷)이었다. 1931년의 회장은 맹헌시(孟憲詩)였다. 1942년 여선중화상회연합회의 회원이었고, 당시의 회장은 손중조(孫中朝)였다.(이정희・송승석(2015), 『근대시기 인천화교의 사회와 경제』, 학고방, 233)【이정희】

평양중화신민회平壤中華新民會

일제강점기 평양지역 화교의 사회단체. 중화민국임시정부 수립 후인 1938년 1월 13일 새롭게 설립되었다. 곧 해체되어 평양중화상회로 통폐합되었다.(2018.12b),「중일전쟁시기 범한생(范漢生) 경성총영사의 친일활동과 조선화교 사회의 변동」,『중앙사론』48, 197)【이정희】

평양특별시화교부녀회平壤特別市華僑婦女會

북한 평양시화교연합회 산하의 화교 부녀자의 사회단체. 1947년 결성. 부녀회는 평양시화교연합회 직속 기관으로 산하에 분회(分會)를 설치했다. 각 분회에는 분회장, 선전위원, 조직위원을 각각 한명씩 두었다. 분회 내에는 소조(小組)를 두고 소조장(小組長)이 책임자였다. 1948년 11월 부녀회의 개편으로 소조장 이상의 간부는 40여명이었나. 집행위원은 이계란(李桂蘭, 회장), 우위지(于偉芝), 위수영(魏秀英), 이옥곤(李玉坤), 양결영(梁潔英), 은수영(殷秀英), 한옥수(韓玉秀), 우묘란(于妙蘭) 등 9명이었다. 주요 업무는 부녀식자반(婦女識字班)의 조직, 중공지원의 노군운동(勞軍運動) 참가, 북한의 생산노동 참여 등이었다. 한국전쟁 발발 후 귀국자 증가로 부녀회는 해체되었다.(朝鮮華僑聯合總會機關報《民主華僑》)【송우창】

평양특별시화교연합회平壤特別市華僑聯合會

북한 평양지역의 화교를 대표하는 사회단체. 1946년 11월 결성. 조직의 직책에는 위원장, 부위원장, 선전교육과장 등을 두었다. 초대 위원장은 왕수정(王守正), 1947년의 위원장은 송옥귀(宋玉貴)였다. 위원은 장계방(張繼芳), 여흔(呂欣, 선전교육과장) 등이 맡았다. 1949년의 위원장은 주보흥(朱寶興), 1951년의 위원장은 왕서금(王瑞琴, 평안남도화교연합회 위원장 겸임)이었다. 1953년 9월의 위원장은 왕수근(王守勤)이었다. 1950년대 후반의 위원장은 왕서금(王瑞琴)이 맡았다. 1958년의 위원장은 장진기(張晉基), 부위원장은 손범오(孫範五)가 맡았다. 1946년 말부터 1950년 6월까지 평양시화교연합회 산하에 6개의 분회(分會)가 설치되었다. 1948년 12월 각 분회의 인원은 본시(本市) 995명, 대타령(大駝嶺) 901명, 서평양(西平壤) 910명, 동평양(東平壤) 745명, 사동(寺洞) 587명, 임원면(林原面) 230명이었다. 각 지부(支部)에는 지부장과 선전원이 있었다. 지부 아래에는 소조(小組)를 두었으며, 소조장(小組長)이 책임자였다. 1948년 10월 화교연합회의 개선(改選)에서 선출된 지부 이상의 간부는 모두 82명이었다. 이 가운데 대타령 분회장은 장계방, 강동 분회장은 왕서금, 서평양 분회장은 송덕합(宋德合), 본시 분회장은 왕정의(王正義)였다. 1958년의 분회 간부는 진장경(陳長庚), 송서국(宋書菊), 장충훈(張忠訓), 우치해(于治海) 등이었다. 평양시화교연합회는 1948년 11월 노군위원회(勞軍委員會)를 설립하여 중공의 국공내전 지원 운동을 펼쳤다. 한국전쟁 시기의 주요한 화교 관련 업무는 구호물자의 분배, 토지의 회수와 분배, 호적통계, 귀국신청서 작성 등이었다. 1951년 초 평양시화교연합회는 한번에 300명의 화교를 동원, 중국인민지원군에게 통역 서비스를 제공했다. 화교연합회는 50여명의 화교 청년을 중국인민지원군에 참전시켰다.(朝鮮華僑聯合總會機關報《民主華僑》; 朝鮮華僑聯合會機關報《華訊》)【송우창】

평양화교平壤華僑

북한 평양 거주의 화교. 1885년경 화교 행상(行商)이 평양을 드나들며 장사를 했다. 1930년 평양화교의 인구는 3,534명, 1943년은 3천여명에 달했다. 1946년 11월경 평양에 북조선화교연합총회가 결성되었으며, 별도로 평양시의 화교연합회와 평안남도화교연합회도 결성되었다. 해방초기 평양화교의 직업은 외식업, 잡화점, 채소재배 등이었다. 1948년 12월의 화교인구는 4천명 이상으로 증가했다. 이 가운데 평양시의 본시(本市)에 995명, 대타령(大駝嶺)에 901명, 서평양(西平壤)에 910명, 동평양(東平壤)에 745명, 사동(寺洞)에 587명, 임원면(林原面)에 230명이 거주하고 있었다. 1949년 평양에는 모두 7곳의 화교소학과 1곳의 화교중학이 설립되어 있었다. 학생수는 800명에 달했다. 1950년 7-8월 전쟁으로 인한 화교의 사상자는 50여명에 달했다. 1952년부터 평양화교의 중국 귀국이 대량으로 이뤄졌다. 휴전 후, 일부 교외지역 화교는 평양 시내로 이주했다. 1955년부터 1957년 말까지 평양의 화농은 홍광(紅光, 1955년 2월 설립), 선봉(先鋒, 1955년 봄 설립), 영광(永光, 1955년 봄 설립), 동방홍(東方紅, 1956년 2월 설립) 등 5개의 협동조합을 설립했다. 1955년 당시 평양에는 화교 음식점 62곳이 있었다. 같은 해 8월 일부 화교 잡화점 및 음식점 운영자가 공동으로 평양화교 유리제품 생산협동조합을 만들었다. 다른 화상은 평양 각 구역 단위로 4개의 음식점 생산판매조합을 설립했다. 1959년부터 평양중국인고급중학교 졸업생은 김일성종합대학 등 명문대학에 진학하기 시작했다. 대학 졸업생은 전공에 따라 북한의 각 기관 단위에 배치되었다. 1960년대 들어 평양화교가 단체로 귀국하면서 화교인구가 급감했다. 1980년대 후반 평양화교는 북중 간 개인 소규모 무역에 종사하기 시작했다. 평양의 화교인구는 2000년에 1,258명, 2003년에는 340호가 거주하고 있었다.(朝鮮華僑聯合總會機關報《民主華僑》; 朝鮮華僑聯合會機關報《華訊》; 기타 자료)【송우창】

평양화교반공애국청년보위단平壤華僑反共愛國靑年保衛團
해방초기 평양지역 화교와 북한사람으로 조직된 반북(反北) 단체. 1949년 4월 20일 평양 교외에서 조직. 단장은 위서방(魏緒舫, 1923생, 전 국민당 군인), 부단장은 북한 사람 김명국과 화교 강(姜)씨. 초기의 대원은 북한 사람 520명, 화교 50명. 1950년에는 북한 사람 800여명, 화교 200여명에 달했다. 1950년 12월 화교 대원으로 '중국인특별수색대'를 조직했다.('華僑華人百科全書'編輯委員會 編(1999), 『華僑華人百科全書: 社團政黨卷』, 中國華僑出版社, 405; 기타 자료)【송우창】

평양화교배척사건平壤華僑排斥事件

일제강점기 1931년 7월 평양에서 발생한 화교 배척사건. 평양은 1931년 화교배척사건의 최대의 피해지였다. 조선총독부 경무국 발표의 화교 사망자 119명 가운데 평양이 96명으로 압도적으로 많았다. 중상자 45명 가운데 33명이 평양부에서 발생했으며, 경상자 150명 가운

평양사건 직후의 시내의 모습(일본 위키피디아)

데 63명이 평양부에서 발생했다. 타 지역에 비해 평양에 이렇게 큰 피해가 발생한 원인은 평양은 인천과 같이 화교의 집단거주지가 없었고 화교는 구시가에서 조선인과 잡거하며 상점을 경영하고 있었다는 점이다. 경찰은 화교를 미리 안전한 장소로 피신을 시킬 필요가 있었고, 평양중화상회도 당국에 요청했지만 무시당했다. 평안남도의 치안 관계자는 최대의 피해가 발생한 7월 5일 밤 무사안일의 극치였다. 평양의 치안을 책임지고 있던 소노다 히로시(園田寬) 평안남도지사, 야스나가 노보루(安永登) 평안남도 경찰부장, 후지와라 키조(藤原喜藏) 평안남도 내부부장이 5일 밤 대폭동이 일어나고 있던 바로 그 시간, 연회에 참석하고 있었고, 지사와 내무부장은 요정에서 유흥을 즐기고 있었다. 화교습격사건은 다음날 6일에도 이어졌다.(李正熙(2012), 『朝鮮華僑と近代東アジア』, 京都大學學術出版社, 436-447)【이정희】

평양화교소학平壤華僑小學

일제강점기 평양 소재 화교소학. 1927년 설립. 화교 유문지(劉文智), 요춘덕(姚春德) 등이 중심이 되어 설립했다. 1930년의 학생수는 22명, 교사는 1명이었다. 1942년의 학생수는 165명, 교사는 3명이었다.(이정희(2007), 「중일전쟁과 조선화교」, 『중국근현대사연구』35, 112)【이정희】

평양화교소학교과서압수사건平壤華僑小學敎科書押收事件

일제강점기 평양경찰서 고등계(高等係)가 1936년 2월 평양화교소학을 조사하고, 남경국민정부 검인 교과서 가운데 '배일적' 문구가 포함된 부흥상식독본(復興常識讀本) 이외 3종의 교과서 400책을 압수했다.(李正熙(2010), 「南京國民政府期の朝鮮における華僑小學校の實態」, 『現代中國研究』26, 19-40)【이정희】

평양화교채소상점平壤華僑蔬菜商店

한국전쟁 시기 북한 평양화교가 동업하여 개설한 채소상점. 1951년 3월 평양화교인 송문산(宋文山) 등 3명이 동업하여 개설했다. 소재지는 중화인민공화국주북한대사관 인근의 2층 건물. 현지 화농 재배의 채소를 구입하여 중국인민지원군(中國人民志願軍)에게 판매했다. 1952년 봄 이 상점은 주변의 화농과 주문계약을 체결했다. 양덕(楊德), 회창(檜倉), 사리원, 평산(平山) 등지에 주둔한 지원군의 부대도 이 상점에서 채소를 구매했다. 상점은 휴전이 될 때까지 운영되었다.(宋克忠(1990), 「專為誌願軍服務的華僑素菜商店」, 吉林省華僑歷史學會 編, 『吉林省華僑歷史學會第三次論文討論會資料匯編: 朝鮮華僑在抗美援朝戰爭中的貢獻專集』, 37)【송우창】

평화각平和閣

일제강점기 인천 소재 화교의 중화요리점. 경정(京町) 334번지에 소재했다. 1942년의 경영자는 주명창(周銘昌)이었고, 종업원은 9명이었다.(이정희(2018a), 『한반도 화교사』, 동아시아, 335)【이정희】

포원천包源泉, 1917-?

일제강점기 평양의 화상(華商). 산동성 복산현 출신. 주단포목상점 덕유동(德裕東)의 경영자. 1942년 평양중화상회의 감사로 활동하고 있었다.(京城總領事館(1942), 「平壤中華商會職員略歷表」, 『汪僞僑務委員會檔案』)【이정희】

포장업包裝業

서울화교의 직업의 하나로 포장운송업을 말한다. 1970년대 한국의 의류업이 성장하면서 한국화교 중에는 1980년대 초중반부터 일명 '보따리 장사'를 본격적으로 하는 이들이 생겨났다. 보따리 무역은 값싼 임금을 바탕으로 생산된 의류 등의 제품을 도매로 구입하여 해외 출국 시에 휴대 반출하여 판매하는 방식이다. 중화요리점 업계의 불황을 경험하면서 이전부터 대만을 왕래하며 물품을 팔던 경험이 있던 화교는 대거 보따리 무역으로 몰려들었다. 이와 더불어, 1980년대 한국사회의 관광산업을 위한 기반이 마련되면서 해외로부터 직접 물품을 구매하러 온 보따리상인을 도매시장으로 안내하는 가이드 및 그들이 주문한 의류를 박스에 담아 운송해주는 포장업이 화교들간에 성행하기 시작했다. 해외 중국계 상인이 남대문과 동대문 도매시장에서 구입한 상품을 해외로 운송하기 위해 박스에 포장하는 포장업체는 도매시장이 위치한 회현동과 함께 김포공항과 가까운 연남동 일대에 들어서, 1999년에 회현동과 연희동 일대의 포장운송센터는 100여개에 달했다. 연남동 주위에는 이들을 위한 화교 전용 금융기관인 화교신용협동조합이 생겨났고, 회현동과 연남동에는 해외 보따리상인을 위한 숙박업도 성황을 이루었다.(정은주(2013), 「차이나타운 아닌 중국인 집거지: 근현대 동아시아 역학 속에 주조된 서울 화교 집단거주지의 지형」, 『서울학연구』53집, 158-159)【정은주】

포항화교소학浦項華僑小學

경상북도 포항 소재 화교소학. 1952년 설립. 1957년 학교 교동회의 이사장은 왕문옥(王文玉), 교장은 공헌평(孔憲評)이었다. 1957년의 학생수는 20명이었다. 학생수 감소로 폐교되었다.(華僑志編纂委員會編(1958), 『華僑志-韓國-』, 158)【이정희】

풍문웅馮文雄, 1912-?

중화민국의 외교관. 광동성 출신. 1938년 1월 신의주영사관의 주사로 임명되어 활동하다, 해방 당시 경성총영사관의 영사로 근무했다. 미군정청에 체포되어 1946년 12월 상해고등법원검찰처로 이송되어 한간재판(漢奸裁判)을 받았다. 모친은 일본인이었다.(이정희(2018.12b), 「중일전쟁시기 범한생(范漢生) 경성총영사의 친일활동과 조선화교 사회의 변동」, 『중앙사론』48, 185·188·191)【이정희】

풍미豊美

인천 소재 화교의 중화요리점. 동순동(同順東) 경영자 한봉명(韓鳳鳴)의 아들 한성전(韓聖典)이 현재의 자리에서 1957년 개업했다. 제2대는 그의 셋째 아들인 한중화(韓中華), 현재는 그의 부인과 아들이 경영하고 있다.(권기영·이정희(2015), 『인천, 대륙의 문화를 탐하다』, 학고방, 318-321)【이정희】

풍성화豊盛和

일제강점기 충청남도 홍성군 광천면 소재 화교의 주단포목상점. 점원은 두상모(杜尙謨) 등 3명이었다. 1931년 화교배척사건 직후 거래가 잘 이뤄지지 않아 폐점했다.(이정희(2018a), 『한반도 화교사』, 동아시아, 199)【이정희】

풍위정馮煒庭, 1884-?

일제강점기 경성의 화상(華商). 광동성 개평현(開平縣) 출신. 호떡집을 경영하면서 경성 광동동향회관의 회장, 경성화교소학 이사로 활동했다. 1942년 11월 조선화교 귀국 관광단의 일원으로 중국의 상해, 남경 등지를 방문했다.(京城總領事館(1942.11.), 「朝鮮僑民回國觀光團問題的往來文書」, 『汪僞僑務委員會檔案』)【이정희】

풍학인酆學仁, 1894-?

일제강점기 함경남도 원산의 화상(華商). 산동성 문등현 출신. 주단포목상점 의성동(義盛東)의 경영자. 1942년 원산중화상회의 감찰위원으로

활동하고 있었다.(元山領事館(1942), 「元山中華商會章程職員履歷表」, 『汪僞僑務委員會檔案』)【이정희】

필가모畢可謨, 생졸년불상

북한 신의주의 화상. 해방초기 신의주화교의 상인대표로 북한의 화교연합회(華僑聯合會)가 조직한 각종행사에 참가했다.(朝鮮華僑聯合總會機關報 《民主華僑》)【송우창】

필가천畢可賤, 1891-?

일제강점기 신의주의 화상(華商). 산동성 영성현 출신. 호떡집 신화당(新華堂)을 경영했다. 산동성 문등현 소재 중공팔로군에게 선박 구입자금으로 1943년 8월 두 차례에 걸쳐 1,500원을 송금한 혐의로 체포되었다.(이정희(2017.6), 「중일전쟁시기 조선화교의 항일활동」, 『동양사학연구』139, 361)【이정희】

필한청畢漢淸, 1881-?

일제강점기 신의주의 화상(華商). 산동성 영성현 출신. 잡화점 홍증원(鴻增源)을 경영했다. 산동성 문등현 소재 중공팔로군에게 1943년 두 차례에 걸쳐 2,100원을 송금한 혐의로 체포되었다.(이정희(2017.6), 「중일전쟁시기 조선화교의 항일활동」, 『동양사학연구』139, 361)【이정희】

하공산何孔珊, 1900-?

일제강점기 대구의 화상(華商). 산동성 문읍(文邑) 출신. 사숙(私塾) 졸업. 중화요리점 인성루(仁盛樓)의 경영자. 1942년 대구중화상회의 후보 집행위원으로 활동하고 있었다.(釜山領事館(1942),「大邱中華商會職員履歷表」,『汪僞僑務委員會檔案』)【이정희】

하덕의夏德義, 1899-?

일제강점기 대구의 화상(華商). 산동성 문읍(文邑) 출신. 사숙(私塾) 졸업. 호떡집 덕성원(德盛園)의 경영자. 1942년 대구중화상회의 집행위원으로 활동하고 있었다.(釜山領事館(1942),「大邱中華商會職員履歷表」,『汪僞僑務委員會檔案』)【이정희】

하무헌賀武軒, 1908-?

일제강점기 대구화교. 산동성 모평현 출신. 소학 졸업. 중화요리점 군방각(群芳閣)의 직원으로 일했다. 1942년 대구중화상회의 집행위원으로 활동하고 있었다.(釜山領事館(1942),「大邱中華商會職員履歷表」,『汪僞僑務委員會檔案』)【이정희】

하수봉夏秀峰, 생졸년불상

중공이 해방초기 북한에 파견한 중요 간부. 황해도화교연합회의 초대 위원장을 역임했다.(楊昭全·孫玉梅(1991),『朝鮮華僑史』, 中國華僑出版公司, 321)【송우창】

하전기何傳岐, 1910-?

일제강점기 대구의 화상(華商). 산동성 문읍(文邑) 출신. 소학 졸업. 호떡집 평화원(平和園)의 경영자. 1942년 대구중화상회의 후보 집행위원으로 활동하고 있었다.(釜山領事館(1942),「大邱中華商會職員履歷表」,『汪僞僑務委員會檔案』)【이정희】

학덕청郝德青, 1906-1993

중화인민공화국의 외교관. 산서성(山西省) 평요현(平遙縣) 출신. 1927년 여름 중국공산당에 입당했다. 1929년 북평대학(北平大學) 법학원 정치계(法學院政治系)에 입학했다. 1930년 8.1시위 시 체포되었다. 1943년 연안중앙당교(延安中央黨校)에서 정풍학습(整風學習)에 참가했다. 중일전쟁 승전 직후《진수일보(晉綏日報)》의 사상, 1946년 중국공산당 진수분국(晉綏分局)의 서기장에 각각 임명되었다. 1949년 겨울 하룡(賀龍)의 부하로 정치비서 겸 천서북군정위원회(川西北軍政委員會)의 비서장에 임명되었다. 1952년 초 성도시위원회(成都市委) 제1서기로 임명되었으며, 1954년 가을 주헝가리대사에 임명되었다. 1961년 8월 주북한대사로 임명되어 1965년 11월까지 근무했다. 그 후 주노르웨이대사, 주네덜란드대사, 주이란대사를 각각 역임했다. 대사 근무 기간 이외의 5년간 국무원 외사판공실(外事辦公室) 부주임을 지냈다. 1971년 중국인민외교학회(中國人民外交學會) 회장, 1978년 제5차 전인대(全人大) 상무위원, 1983년 제6차 전인대대표, 상무위원 등을 각각 역임했다. 1990년 말 정년퇴직, 1993년에 타계했다.(山西新軍歷史資料叢書編審委員會(1993),『山西新軍決死第二縱隊文獻資料』, 中共黨史出版社, 415-416; 중화인민공화국주북한대사관 홈페이지)【송우창】

학진산郝珍山, 1871-1927

일제강점기 전라북도 삼례군의 화상(華商). 산동성 모평현(牟平縣) 대학가촌(大郝家村) 출신. 호떡집을 경영하다 1927년 12월 화교배척사건 때 습격을 받고 사망했다. 연간 수입은 600원으로 생활 정도는 중등이었다. 유족은 장남 학가량(郝家良), 차남 학가복(郝家福)이 있었다.(이정희(2018a), 『한반도 화교사』, 동아시아, 307)【이정희】

학홍등郝鴻騰, 1902-?

일제강점기 목포의 화상(華商). 산동성 봉래현 출신. 현립(縣立) 소학 졸업. 중화요리점의 경영자. 1942년 목포중화상회의 부회장으로 활동하고 있었다.(釜山領事館(1942), 「木浦中華商會職員履歷表」, 『汪僞僑務委員會檔案』)【이정희】

한견도韓見都, 1904-?

일제강점기 산동성 즉묵현(卽墨縣) 거주의 중국인 선원. 군용 정크선에 승선하여 1944년 울산항의 수심을 조사하다 울산헌병분대(蔚山憲兵分隊)에 발각되어 검거되었다.(이정희(2017.6), 「중일전쟁시기 조선화교의 항일활동」, 『동양사학연구』139, 355-356)【이정희】

한국 노화교의 인구韓國老華僑의 人口

해방 이후 조선화교는 한국화교와 북한화교로 분단되었다. 해방 당시 한국화교의 인구는 약 12,000명이었다. 북한의 정정불안과 중국 대륙의 국공내전으로 한국에 이주하는 중국인이 1만여명에 달해, 한국화교의 인구는 1949년 2만명을 넘었다. 그 후 한국화교 인구는 자연증가의 변화만 있었다. 1976년 32,436명으로 최고를 기록한 후, 그 이후는 미국 이민법 개정과 화교경제의 침체 그리고 한국정부 및 사회의 차별 등으로 미국, 대만 등지로 재이주하는 화교가 증가. 지속적으로 감소하는 추세를 보였다. 한국 노화교의 현재 인구는 15,000명으로 추정된다.(이정희(2018b), 『화교가 없는 나라』, 동아시아, 35)【이정희】

한국 신화교의 인구韓國新華僑의 人口

1992년 8월 한중 수교 이후 중국 대륙에서 한국으로 이주하여 정착한 중국 국적의 중국인을 노화교와 구분하여 신화교라 부른다. 한국의 신화교에는 한족 신화교와 재한조선족 신화교가 있다. 한국의 신화교 인구는 1995년 19,192명으로 노화교 인구와 거의 비슷했다. 신화교의 인구는 2000년에 58,984명, 2015년에 568,025명으로 급증했다. 한족 신화교의 인구는 1995년 11,825명에서 2015년 187,934명으로 18배가 증가했다. 재한조선족신화교의 인구는 2000년 32,443명에서 2015년에 38만여명으로 증가했다.(이정희(2018b), 『화교가 없는 나라』, 동아시아, 37)【이정희】

한국의 화교학교교육韓國의 華僑學校教育

한국의 화교학교 교육은 해방 직후부터 곧바로 시행되었다. 해방 직전 남한지역의 화교학교는 한성, 인천, 부산, 대구, 군산화교소학의 5개 화교소학과 광화중학 1개교가 전부이고 그 이외의 24개교는 북한지역에 자리했다. 5개의 화교소학은 곧바로 교육을 재개했으며, 장개석 국민정부 주한성총영사관 주도로 1947년 화교 거주 지역을 48개 자치구로 분할하고 각 자치구에 화교소학 설립을 추진하면서 화교소학이 각 지역에 탄생했다. 1957년에는 전국에 35개 화교소학과 3개 화교중학(한성, 인천, 부산화교중학)으로 증가했다. 화교소학의 학생수는 4,152명, 화교중학의 학생수는 754명, 총 4,906명이었다. 화교 총인구의 2할을 학생이 차지했다. 1968년의 화교소학은 48개교로 증가하여 10년 전에 비해 13개교가 증가했다. 화교소학과 졸업생의 증가로 새롭게 대구와 광주에 화교중학이 설립되어 5개의 화교중학으로 증가했다. 각 중학에 고등부가 설치되었다. 그러나 1970년대 들어 화교가 대만, 미국 등지로 재이주하면서 화교학교의 학생수가 감소했으며, 이에 따라 폐교되는 화교학교가 속출했다. 2001년의 화교소학은 27개교, 화교중학은 4개교로 1968년에 비해 화교소학은 21개교, 화교중학은 1개교(광주화교중학 폐교) 각각 감소했다.

학생수는 화교소학 1,626명, 화교중학 1,416명으로 총 3,042명이었다. 1968년에 비해 약 40% 감소했다. 2000년대 들어 학생수가 지속적으로 감소하면서 2018년 12월 현재 운영되고 있는 화교소학은 11개교, 화교중학은 4개교에 불과하다. 한성화교소학과 화교중학, 인천화교소학과 화교중산중학 이외의 화교학교는 학생인원의 급감으로 학교운영이 어려워 문을 닫을 위기에 처해 있다. 화교학교 사용의 교과서는 대만정부가 편찬하여 제공한 것이다. 수업은 북경 표준어로 진행된다. 학교 교동회(校董會) 조직이 학교 운영 전반을 관할하며, 이사는 대부분 지역 화교 명망가들이 담당하고 있다. 대만정부는 교무위원회 및 주한대북대표부를 통해 각 화교학교의 교동회를 통해 관할해 왔지만, 재정지원이 감소하면서 큰 영향력을 행사하지는 못하고 있다. 화교학교는 1977년 12월 31일 개정된 출입국관리법에 의해 '외국단체'로 등록되었고, 한국정부 교육부의 관리를 받도록 되었다. 이러한 조치는 한국인 학생의 입학을 금지하려는 목적이 있어 교육부가 실제로 통제하지는 않았다. 한국정부가 1999년 3월 8일 '각종 학교에 관한 규칙'을 개정하여 화교학교는 교육부의 인가를 받으면 '각종학교'의 지위를 획득할 수 있게 되었다. '각종학교'의 지위를 획득해도 한국의 일반학교와 같은 재정지원을 받을 수 없어 학생의 학비와 화교의 기부금으로 학교가 운영되기 때문에 각 학교는 재정적으로 큰 어려움을 겪고 있다. 대만정부가 1990년대 들어 대만화(臺灣化) 교육을 시행, 각 학교는 혼란을 겪고 있다. 최근 중국의 영향력이 점차 강해지면서 화교학교는 번체자 대신 간체자 도입, 중국 대륙의 교과서 도입을 신중히 검토하고 있는 중이다.(왕언메이(2015), 「한국 화교학교의 법률적 지위 변화와 생존 전략」, 『동남아화교와 동북아화교 마주보기』, 학고방; 이정희(2018b), 『화교가 없는 나라』, 동아시아, 159-162)【이정희】

한국전쟁 시기 북한화교의 집단귀국韓國戰爭時期北韓華僑의 集團歸國

한국전쟁 시기 북한에서 중국으로 귀국한 화교는 3만여명에 달했다. 첫 집단귀국은 1950년 8월 평양에 피난 온 서울화교 20여명의 귀국이었다.

1950년 9월 15일 인천상륙작전 이후 10월 말 중국인민지원군이 한국전
쟁에 참전하면서 중국정부는 북한에서 생활이 곤란한 화교에게만 귀국
비자를 발급했다. 1950년 11월부터 1951년 8월까지 귀국한 화교는 1,702
명이었다. 이러한 제한조치는 1952년 4월까지 지속됐다. 1952년 5월 중
국정부는 귀국을 희망하는 화교의 요구를 수용한다는 방침을 세웠다.
이때부터 북한화교의 집단귀국이 본격적으로 시작됐다. 제1차 집단귀국
의 인원은 1952년 5월과 6월 사이 3천여명에 달했다. 2차 집단귀국의 인
원은 그해 7월부터 11월까지 1,138호가 귀국수속을 마쳤다. 이 시기의
귀국화교는 대부분 신의주를 거쳐 귀국했다. 3차 집단귀국의 인원은
1952년 11월부터 1953년 1월 사이 2,839호, 1만65명이었다. 1953년 2월부
터 같은 해 6월까지 3천여호의 화교가 추가로 귀국했다. 그 결과 1953년
말 북한화교의 인구는 한국전쟁 발발 이전의 30%에 해당하는 1만1,839
명밖에 남지 않았다.(宋伍强(2014),「關于朝鮮戰爭期間朝鮮華僑的歸國問題」, 袁丁 主
編,『近代以來亞洲移民與海洋社會』, 廣東人民出版社, 218-222)【송우창】

한국전쟁 시기 북한의 화교중학韓國戰爭時期北韓의 華僑中學

한국전쟁 발발 직후 화교학교는 대부분 정지됐다. 평양과 신의주의 화
교중학도 운영 중지를 하지 않을 수 없어 재학생의 일부는 중국 요녕성
(遼寧省)과 길림성(吉林省)의 몇몇 학교로 보내졌다. 북한정부는 1951
년 중국인인민학교(中國人人民學校)의 재개를 결정, 같은 해 9월 수업
을 개시한 학교는 20여개교, 학생수는 약1천여명에 달했다. 재개한 학교
는 산간지역이나 지하에 설치된 학교였다. 1952년 청진과 자강도의 중강
군에 중국인중학교(中國人中學校)가 설립됐다. 중학교의 교장은 각각
왕건지(王建智)와 왕세후(王世侯)였다. 2개교의 학생수는 100여명, 교사
는 10명이었다. 교사는 대부분 중국에서 파견되었다. 북한정부는 학생 1
인당 하루 600g의 식량과 5원의 식비를 제공했다.(陳國華(1992),『先驅者的脚
印: 海外華人教育三百年 1690-1990』, Royal kingsway Inc., 358-359 · 390; 慕德政(2001.12),「朝
鮮華僑教育的歷史回顧」,『華僑華人歷史研究』, 中國華僑華人歷史研究所】【송우창】

524

한국중화총상회韓國中華總商會

한국화교가 1995년 설립한 사회단체. 원래 설립 당시의 명칭은 한국화교 경제인협회였다. 이 협회는 2004년 한국중화총상회로 명칭을 바꿔 2005년 서울에서 세계화상대회를 공동개최했다.(이정희(2018b), 『화교가 없는 나라』, 동아시아, 144-145; 기타 자료)【이정희】

한국화교대표자회의韓國華僑代表者會議

주한대만대사관이 1949년 12월 10일과 11일 서울 대사관에 전국 화교 대표 160명을 소집하여 개최한 회의. 소육린(邵毓麟) 대사는 회의석상에서 화교의 밀무역을 염두에 두고 한국의 법률을 잘 지킬 것을 당부했다. 회의에서 한중친선을 위해 다음의 4가지가 결의되었다. 첫째, 화교는 한국의 반공전선에 동참한다. 둘째, 태평양조약의 촉진을 위해 한국 대통령, 필리핀 대통령, 그리고 타국의 지도자에게 메시지를 보낸다. 셋째, 한국군의 비행기 구입을 위해 기부금을 모금한다. 넷째, 38선에 위치한 한국 보안군과 군병원에 위문단을 파견한다.(이정희(2018a), 『한반도 화교사』, 동아시아, 261)【이정희】

한국화교의 농업韓國華僑의 農業

해방 후 한국화교의 농민은 계속하여 채소농사를 지었다. 화농은 주로 인천과 부천지역에서 채소농사를 지었다. 1948년 4월 말 인천의 화농 호수는 215호, 1,520명이 22만2,000평의 농지에서 채소를 재배했다. 호당약 1천 평의 채소밭을 경작하고 있었다. 경작 총면적 가운데 약 10%에 해당하는 21,000평의 경작지는 미군정청의 신한공사(新韓公司)가 관리하는 이전 일본인 소유의 귀속농지였다. 화농은 일제강점기 때 조선인과 일본인 지주로부터 차지료를 지불하고 채소를 재배하는 것이 일반적이었다. 이전 일본인 지주에게 농지를 빌어 채소재배를 하던 화농은 일본인 지주가 본국으로 귀국하자 농지의 소유권을 두고 문제가 발생했다.

미군정청은 이러한 경작지에 대해 1948년 5월 여러 차례 검토한 결과 화농에게 경작권만을 인정하고 소유권은 일체 인정하지 않는 것으로 방침을 정했다. 일제강점기 때 화농은 부동산과 농지의 소유권을 가지고 있었지만 1961년 외국인토지법의 시행을 전후하여 농지 소유를 제약받았다. 화농은 새로운 농지를 취득할 때 한국인 명의를 빌어 등기한 경우가 많았는데 나중에 한국인에게 사기를 당한 사례도 많았다. 이러한 제도적인 제약이 화농의 채소재배를 위축시킨 면은 부인할 수 없지만, 한국인 농민의 채소재배 현대화의 영향도 빼놓을 수 없다. 한국정부는 각 면에 농촌지도소를 설립, 한국인 농민에게 전문적인 채소재배 기술을 지도, 다양한 품종의 고품질 채소를 생산할 수 있게 되었다. 이러한 이유로 인해 1970년대 들어 화농은 거의 사라지고 말았다.(李正熙·金桂淵·崔孝先(2007 1),「韓國社會の韓國華僑に對する差別に關する歷史的考察」,『京都創成大學紀要』7, 京都創成大學成美學會, 151-152; 이정희(2018b), 110-111)【이정희】

한국화교의 지방참정권韓國華僑의 地方參政權

한국정부가 영주사격을 보유한 화교를 비롯한 외국인에게 지방자치단체의 수장 및 의원의 선거에 투표할 수 있게 한 권리. 영주자격을 보유한 화교는 2005년 '영주외국인에 대한 외국인 지방참정권 부여 법안'에 따라 지방참정권을 행사할 수 있게 되었다. 2006년 5월 실시된 통일지방선거에 투표권이 부여된 화교는 6,516명이었다. 화교의 지방참정권 부여는 화교의 법적권리를 신장하려는 목적이 아니라 일본정부가 재일한국인에게 지방참정권을 부여하기 위한 의도가 깔려 있었다. 일본은 아직도 외국인의 지방참정권을 부여하지 않고 있다.(이정희(2018b),『화교가 없는 나라』, 동아시아, 207; 기타 자료)【이정희】

한국화교의 한국전쟁 참전韓國華僑의 韓國戰爭參戰

한국전쟁 기간 중 적지 않은 수의 화교가 대한민국을 위해 참전하였으며, 이는 '중공' 중국인민지원군의 한국전쟁 개입과 궤를 같이했다. 한국어와 중국어를 다 구사할 수 있는 장점을 살려 전쟁터에서 중국인민지원군을 만나면 북한사람 행세를 하고 북한군을 만나면 중국인민지원군 행세를 하면서 지원군 관련 첩보를 수집하거나 납치 혹은 포로가 된 지원군을 심문하는 역할도 수행했다. 육군 4863부대 SC(Seoul Chinese) 지대(支隊)는 대표적인 화교 참전 부대로, 1951년 1월 200명 규모로 결성되어 1953년 9월까지 활동했다. 이들은 12명 단위로 조를 편성해 육군첩보부대에 분산 배치되었으며 육해공의 모든 루트를 이용해 적 후방에 침투하여 군사정보를 수집하는 것을 임무로 하여 황해도의 연백과 해주지역, 강원도의 철원과 평강 지역의 후방 침투, 평안남도의 성천과 순천지역의 공중투하 작전, 함경북도 함흥 북방의 해상침투에 의한 정보활동을 수행했다. 외국인 신분이기 때문에 휴전 후 위로 및 보상금 등이 주어지지는 않았다. 다만, 참전 화교 가운데 53명이 1971년 12월 종군기장을 수여했고, 10명이 1975년 9월에 보국포장을 받았다. SC지대 이외에도 육군 제1사단 15연대 수색중대에도 170여명의 화교청년이 편입되어 활약했다. 수색중대에서 활동한 참전 용사 가운데 도연명을 비롯한 생존 화교 13명은 한국정부로부터 화랑무공훈장을 받았다.(정은주(2018), 「'이방인'에 대한 시선: 해방 이후 한국 언론 담론에 재현된 화교」, 『인문과학』113집, 117-118)【정은주】

한국화교주사연의회韓國華僑廚師聯誼會

한국화교 요리사의 동업단체. 1986년 설립. 중화요리 기술의 연구와 전파를 목적으로 활동하고 있다.(이정희(2018b), 『화교가 없는 나라』, 동아시아, 141)【이정희】

한미수교100주년기념행사韓美修交百週年記念行事

한미 수교 100주년을 기념하여 인천에서 개최된 행사. 인천은 1882년 조미수호통상조약이 체결된 장소이기 때문에 인천시는 체결 100주년이 되는 1982년 대대적인 행사를 개최했다. 인천시는 조약 체결 장소로 알려진 화도진(花島鎭)의 대대적인 복원공사를 추진하고 공원으로 조성했다. 인천시는 5월 21일 인천 올림포스호텔 대연회장에서 인천의 미국인과 주요인사 등이 참석한 가운데 전야제 행사를 진행하였고, 자유공원 및 수봉공원 등에서 불꽃놀이를 개최하는 등 각종 축하행사를 마련했다. 인천화교는 이날을 맞이하여 차이나타운 부근 대로에서 인천 시내 18개 학교 및 단체 등이 참가한 가장(假裝) 퍼레이드에 인천화교협회와 인천화교학교도 참가했다. 행렬 참가 인천화교학교의 교사와 학생은 용춤과 사자춤을 선보여 인천 시민들로부터 갈채를 받았다.(이민주(2017.6), 「인천화교와 한미수교 100주년 기념행사」, 『중국관행웹진』vol.82)【이정희】

한반도화교韓半島華僑

한반도에 이주하여 정착한 중국 및 대만 국적의 중국인. 중국인의 조선 이주는 고대까지 거슬러 올라갈 수 있지만, 중국인의 정체성을 유지하면서 사회단체와 경제활동을 전개한 것은 근대 이후였다. 중국인의 본격적인 조선 이주는 1882년 10월 조선과 청국 간에 체결된 조청상민수륙무역장정에 의해 이뤄졌다. 이때부터 1945년 8월 해방 때까지를 조선화교라 부른다. 조선화교는 1882년부터 일제강점 이전까지의 개항기와 1910년 한일강제병합조약 체결 이후부터 해방때까지 한반도에 거주하는 화교가 포함된다. 해방과 동시에 한반도가 남과 북으로 분단됨에 따라 화교도 똑같이 분단된다. 38선 이남 거주의 화교는 한국화교, 38선 이북 거주의 화교는 북한화교라 부른다. 한국전쟁을 거쳐 휴전선을 중심으로 이남은 한국화교, 이북은 북한화교가 된다. 1992년 한중 수교 이후 한국에 이주한 중국인을 신화교(新華僑)라 부른다. 다시 신화교에는 한족신화교(漢族新華僑)와 조선족신화교(朝鮮族新華僑)로 구분된다. 조선화교 및 그 후손이 중국 및 대만 국적을 보유한 자를 한국 및 북한 노화교(老華僑)라 부른다. 한반도 거주 중국인으로서 조선, 한국, 북한의 국적을 취득한 자를 화인(華人)이라 부르지만 그 수는 화교에 비해 많지 않다.(이정희(2018b), 『화교가 없는 나라』, 동아시아, 18)【이정희】

한봉명韓鳳鳴, 1892-?

일제강점기 및 해방초기 인천의 화상(華商). 산동성 문등현 출신. 무역회사 동순동(同順東)의 경영자로 활동했다. 해방 직후 일본 도쿄 신주쿠(新宿)로 이주하여 그곳에서 국수공장을 경영했다.(이정희·송승석(2015), 『근대시기 인천화교의 사회와 경제』, 학고방, 248)【이정희】

한성전韓聖典, 1923-1997

인천의 화상(華商). 산동성 문등현(文登縣) 출신. 동순동(同順東)과 풍미 중화요리점의 경영자. 부인은 강씨(姜氏)로 무역회사 만취동(萬聚東) 발행의 주권 5주를 소유하고 있었다.(이정희·송승석(2015), 『근대시기 인천화교의 사회와 경제』, 학고방, 248)【이정희】

한성중화기독교회漢城中華基督教會

서울 소재 화교 교회. 데밍 선교사와 화교 차도심(車道心)이 협력하여 1912년 5월 경성YMCA 회관에서 설립. 1913년 4월 이가풍(李柯風) 목사가 임명되어 1915년까지 근무했다. 우신민(于新民) 목사가 1915년 10월

여한중화기독교회연합회 주최의 여름 캠프

임명되어 1916년까지 근무했다. 좌문규(左文奎) 목사가 1917년 5월 목사로 임명되었다. 장승권(張承權) 목사가 1926년 3월 임명되었다. 그후 손래장(孫來章) 목사가 부임하여 노구교사건 직후까지 근무했다. 노구교사건 직후 손래장 목사를 비롯한 다수의 교인이 본국으로 귀국하여 교회 운영은 큰 어려움에 처했다. 손래장 목사가 1940년 다시 교회로 돌아와 시무했지만, 조선총독부의 교회 탄압 등으로 인해 교회 운영은 제대로 이뤄지지 못했다. 해방 직후 사회정치적 혼란과 화교 목회자의 부재

로 중국에서 선교활동의 경험이 있는 한국인 목사 등이 시무했으며, 맥클레인 선교사도 교회 운영에 적극 참가했다. 1960년대 중반 들어 대만에서 전도자를 초청, 목회활동을 담당했으며, 1970년대 들어 한국화교 출신 목사가 목회활동을 했다. 정신(丁信) 목사는 1974년부터 1978년까지, 유전명(劉傳明) 목사는 1975년부터 2018년까지 시무했다. 2002년에는 교회 설립 90주년 기념행사, 2012년에는 교회 설립 100주년 행사를 거행했다. 두 행사를 치른 후, 『여한중화기독교창립90주년기념특간(旅韓中華基督敎創立百年紀念特刊)』과 『여한중화기독교회100년기념특간(旅韓中華基督敎創立百年紀念特刊)』을 발행했다. 현재 주일 예배의 참석 인원은 100여명이며, 노화교 이외에 신화교와 한국인 교인으로 구성되어 있다.(旅韓中華基督敎聯合會(2012), 『旅韓中華基督敎創立百年紀念特刊』, 28-41; 김교철(2017), 「재한 중국인 교회 설립과 발전에 관한 역사석 고찰」, 『복음과 선교』37, 한국복음주의신학선교회, 13-52)【이정희】

한성중화회관漢城中華會館

개항기 한성 소재 화교의 사회단체. 1884년 한성상무공서 주도로 한성의 화상에 의해 설립되었다. 한성 각 동향회관 간의 갈등을 조정하고 화교 사회 전체의 공익을 도모하기 위해 설립됐다. 한성에는 북방회관, 광방회관, 남방회관의 3개의 동향단체가 있었다. 1904년 한성에 화상총회가 설립된 이후 중화회관의 업무는 실질적으로 화상총회로 이관되었다.(김희신(2010), 「청말(1882-1894년) 한성 화상조직과 그 위상」, 『중국근현대사연구』46, 한국중국근현대사학회, 58-63; 이정희(2018b), 137)【이정희】

한성호韓晟昊, 1927-2018

화교 한의사이자 한국화교 지도자. 중국 산동성 출신. 1940년대 말 한국으로 이주하여 한의사로 일했다. 한국 역대 대통령 및 총리 등 고위급 인사를 치료한 것으로 알려져 있다. 특히, 노태우 전 대통령과의 인연으로 1988년 4월 대통령 밀사와 같은 자격으로 산동성의 강춘운(姜春雲) 성장(省長)을 만나 중국정부와 비공식적 접촉을 통해 한중수교를 위한 물밑 작업을 수행했다. 그해 6월 김우중 대우그룹 회장을 단장으로 한 경제무역사절단을 고문의 자격으로 이끌고, 강춘운 성장과 회담을 가졌으며, 뒤이어 요녕성, 북경 등지를 방문하여 양국 외교관계의 서막을 여는 데 기여했다. 한국과 산동성 간의 경제무역협력을 이끌어 내는데도 기여했다는 평가를 받고 있다. 이러한 공로로 1993년 2월 외국인으로서는 처음으로 노태우대통령으로부터 국민훈장동백장을 수여했다.《한화천지(韓華天地)》의 발행인, 달마불교회의 회장을 역임했다. 친대륙계 사회단체인 중국재한교민협회(中國在韓僑民協會)의 설립을 주도하고 그 회장을 역임했다.(정은주(2018), 「'이방인'에 대한 시선: 해방 이후 한국 언론 담론에 재현된 화교」, 『인문과학』 제113호, 126-127; 張雅文(1998), 『韓國總統的中國'御醫': 打開中韓通道的秘密使者』, 作家出版社)【정은주】

한성화교소학漢城華僑小學

서울 소재 화교소학. 1909년 설립. 한성중화상회 내에 사숙 형태로 설립되었지만, 경성총영사관이 1916년 9월 관리를 맡게 되면서 공립학교가 되었다. 학교 부지도 총영사관 내로 이전되었다. 1930년의 학생수는 152명, 교사는 5명이었다. 학교 교동회(校董會)가 1930년 조직되어 학교 운영을 맡았다. 초대 이사에는 경성중화총상회장인 궁학정(宮鶴汀), 상무

서울의 한성화교소학

(常務)인 사도소(司徒紹), 누원임(樓元任), 장홍해(張鴻海), 왕공온(王公溫), 모연정(牟燕亭), 조겸익(趙謙益) 등이 맡았다. 1930년의 교장은 경성총영사관 부영사인 위석갱(魏錫賡)이 맡고 있었다. 1930년 학교의 연간수입은 4,400원으로 중화총상회의 부동산임대료 수입이 전체 수입의 7할을 차지했다. 학비 수입은 많지 않았다. 학교 시설은 1930년 사무실 1칸, 교실 3칸, 기숙사 1칸, 도서실 1칸, 체육관 1칸, 화장실 1칸, 판매부 1칸, 자료실, 운동장이었다. 학생수가 점차 증가하자 1930년 학교 증축 공사가 이뤄졌다. 1942년의 학생수는 420명, 교사는 11명. 1957년의 학생수는 1,025명이었다. 1957년의 이사장은 장도춘(張道春), 교장은 우선삼(于選三)이었다. 2001년의 학생수는 초등부 550명, 유치부 64명, 교사 32명이었다.(李正熙(2010), 「南京國民政府期の朝鮮における華僑小學校の實態」, 『現代中國研究』26, 19-40; 왕언메이 서·송승석 역(2013), 374-380)【이정희】

한성화교중학漢城華僑中學

서울 소재 화교중학. 명동의 한성화교소학 내에 1948년에 중등부, 1955년에 고등부를 각각 설치했다. 1957년의 이사장은 손성찬(孫盛燦), 교장은 차도안(車道安)이었다. 1957년의 학생수는 441명이었다. 학생수의 증가로 명동의 교사로는 수용이 어려워지자, 1968년 연희동에 새로운 교사를 건축하여 1969년에 이전했다. 2001년 중등부의 학생수는 380명, 고등부의 학생수는 475명, 교사는 61명이었다.(華僑志編纂委員會編(1958), 155; 왕언메이 저·송승석 역(2013), 『동아시아 현대사 속의 한국화교』, 학고방, 374-380)【송승석】

한성화교중학 회국반과 한대반漢城華僑中學 回國班과 韓大班

한성화교중학(중고등학교 과정 통합)이 고등부 3학년을 대상으로 개설한 입시 특설반. 한성화교중학은 1주일에 3시간을 한국어 수업하는 것을 제외한 모든 교과를 대만의 커리큘럼과 교과서에 따라 수업을 진행한다. 한성화교중학은 한국의 대학 진학을 희망하는 고등부 3학년을 대상으로 한국대학반(韓大班)과 대만의 대학 진학을 희망하는 학생을 위한 회국반(回國班)을 개설했다. 한대반은 1970년대 한국의 대학에 진학하려는 학생이 생기면서 운영하기 시작했으나, 특례입학 제도로 인해 대학 입학을 하는 과정에서는 크게 필요하지 않아 곧 유명무실해졌다. 1990년대 들어 한국의 대학에 진학하는 학생의 수가 증가한 반면, 한국의 대학 수업에 적응하지 못하고 휴학 및 중퇴하는 학생이 많아지면서 한국 대학에서의 적응을 돕기 위해 1994년 한대반을 다시 개설, 회국반과 같이 운영하였다. 대만에서 화교에게 신분증 발급해주던 제도가 폐지된 1994년부터 고등부 3학년 대상의 한 대반을 2학년부터 운영하기도 했다. 이러한 한대반의 증설로 한국인 교사와 한국어로 대화하는 것을 화교학교 내에서 공공연히 허용하게 됨으로써 학생들의 중국어 실력 하락의 중요한 원인이라는 지적이 제기되었다. 이에 따라 다시 한 대반은 고등부 3학년만을 대상으로 했다. 한대반 학생은 한국의 대학 수업에 잘 적응할 수 있도록 몇몇 한국의 교육 과목을 선택하여 수업을 듣는다.(정은주 (2013a), 「디아스포라와 민족교육의 신화: 한국의 중국인 디아스포라 교육실천에 대한 민족지적 연구」, 『한국문화인류학』제46집 1호, 163-164)【정은주】

한성화교협회漢城華僑協會

서울화교의 대표적인 사회단체. 1884년 중화회관으로 시작하여 1904년 화상총회, 1915년 중화총상회, 1929년 중화상회, 1947년 자치구공소로 각각 명칭이 변경된 후, 1960년대 초 한성화교협회가 되었다. 협회의 건물은 원

한성화교협회의 건물

래 현 협회 건물의 맞은편에 위치해 있었지만, 경성중앙우편소의 확장 때문에 1940년 수표정의 토지와 환지되어 그곳에 협회 건물이 있었다. 자치구공소 건물은 한국전쟁 때 화교 피난민의 임시 거주지로 되면서 휴

전 후 명동의 대만대사관 부지 내의 한옥 건물에 임시 거처를 마련했다. 한성자치구공소에서 한성화교협회로 바뀐 후인 1969년 명동 소재의 중국국민당주한직속지부인 교무복무위원회 건물 1층을 임대하여 사무실로 사용했다. 대만 정부 소유의 명동2가 105번지에 북방회관, 남방회관, 광방회관과 함께 출자하여 1975년 7월 중정도서관빌딩을 건축하고, 이 빌딩에 한성화교협회 사무실을 설치하여 지금에 이르고 있다. 1992년 한중 수교와 한국과 대만의 국교단절, 그리고 2002년 중국대륙을 지지하는 중국재한교민협회(中國在韓僑民協會)의 설립으로 여러 어려움에 직면하고 있다. 한성화교협회는 점차 증가하는 한국 내 중국의 영향력을 무시할 수 없어 2003년 서울 주재 대만의 대북대표부의 반대에도 불구하고 중국대사관에 사회단체 정식 등록을 마쳤다. 중국대사관은 한성화교협회에 화교의 중국 비자업무 권한을 부여했다.(鞠柏嶺(2017), 『沒有國家的難民』, 韓華春秋出版社; 이정희(2018b), 143)【이정희】

한일강제병합조약과 조선화교韓日强制倂合條約과 朝鮮華僑

일본이 1910년 8월 29일 조선을 강제적으로 병합한 조약. 이 조약으로 조선이 모든 외국과 체결한 조약이 무효가 됨으로써 한청통상조약도 자동적으로 폐지되었다. 이 조약에 포함되어 있던 청국의 영사재판권은 자동적으로 상실되었다. 그러나 일본정부가 조선과 이해관계를 가지고 있는 서구 열강을 의식하여 10년간 관세율을 유지, 이 기간 동안 화교의 무역업은 아무런 영향을 받지 않았다. 세금은 기본적으로 일본인 및 조선인과 똑같이 부과되었다. 1914년 3월 청국조계가 폐지되면서 기존의 모든 권리가 사라졌지만, 조계 내 차지자(借地者)에게는 소유권 혹은 영대차지권이 부여되었기 때문에 차이나타운으로 발전할 수 있는 계기가 마련됐다. 화교의 거주와 영업활동은 기존과 같이 보장받았으며, 노동자의 거주와 취업활동은 지방장관의 허가를 받도록 함으로써 제약을 받았다.(李正熙(2008.11), 「'日韓倂合'과 朝鮮華僑: 地位の變化を中心に」, 『華僑華人研究』5, 日本華僑華人學會, 48-68; 이정희(2018a), 28)【이정희】

한일은행韓—銀行

1906년 조선인 상업자본에 의해 한성에 설립된 은행. 1926년의 자본금은 200만원. 이 은행은 1931년 호서은행(湖西銀行)과 합병하여 동일은행(東一銀行)으로 바뀌었으며, 1943년에는 한성은행(漢城銀行)에 합병되었다. 한성은행은 경성본점, 관수동지점, 남대문지점, 동대문지점, 군산지점, 함흥지점, 강경·논산지점, 예산지점 등을 두었다. 이 은행은 화상(華商)과 거래가 많은 은행 중의 하나였다. 1928년 말 화교에 대한 대출액은 24만원으로 조선식산은행(朝鮮殖産銀行)에 이어 2번째로 많았다. 주로 어음할인을 통해 거래가 이뤄졌다.(이정희(2018a), 『한반도 화교사』, 동아시아, 123)【이정희】

한일은행중역회결의록韓—銀行重役會決議錄

1920년대와 1930년대 한일은행(韓一銀行)의 고액 대출자에 대한 임원회의 결의록으로 한국금융사박물관(韓國金融史博物館)에 소장되어 있다. 이 결의록에는 조선인에 대한 대출 결정뿐 아니라 화상에 대한 대출 결정의 기록이 상당수 포함되어 있어, 화상(華商)의 경제활동을 파악하는 데 1차 자료이다. 대출은 대부분 어음할인을 통해 이뤄졌다.(이정희(2018a), 『한반도 화교사』, 동아시아, 47)【이정희】

한족신화교漢族新華僑

1992년 한중 수교 이후 한국에 이주한 한족 출신의 화교. 신화교의 인구는 1996년 17,387명에서 2016년에는 207,259명으로 증가했다. 2016년 한족 신화교의 거주 자격 가운데 비중이 높은 순서는 유학 22.4%, 방문동거 21.2%, 영주 12.4%, 결혼이민 11.8%, 거주 8.6%가 그 뒤를 이었다. 한족 유학생은 한국 전체 외국 유학생의 6할을 차지할 정도로 높은 비중을 차지한다. 한족 신화교의 거주지는 수도권에 전체의 6할이 거주한다. 경상도 15.6%, 충청도 10.2%, 전라도 7.1%, 제주도 4.3%가 그 뒤를 이었다. 한족 신화교의 사회단체는 매우 적다. 한국에서 유학하고 박사학위를 취득한 중국인이 '재한중국인유학생박사연합회'를 조직하여 활동하고 있다. 회원은 100여명이다. 한국의 각 대학에는 중국유학생회가 조직되어 있고 각 유학생회의 연합단체인 재한중국유학생회가 결성되어 있다. 한국의 각 대학에 근무하는 한족 출신(중국적 조선족도 포함되어 있음) 교수는 233명으로 중국학 및 중국어 수요 증대로 증가하는 추세이다. 경남지역에는 경남중국인교사연합회가 결성되어 지역 대학과 공자학원에 근무하는 교사가 정기적인 모임을 갖고 있다.(이정희(2018b), 『화교가 없는 나라』, 동아시아, 215-217)【이정희】

한중문화韓中文化

한국화교 간행의 월간 잡지. 1974년 5월 14일 창간호를 발행했나. 발행인은 한국인 최덕신(崔德新)이었다. 편집인은 장호강(張虎崗), 인쇄인은 원양희(元良喜), 총경리는 주유산(朱維珊), 주간은 왕세유(王世有)였다. 발행처의 주소는 서울 중구 명동2가 91번지였다. 얼마가지 않아 정간되었다.(국백령((鞠柏嶺)인터뷰)【이정희】

한중일보韓中日報

한국화교 발행의 신문. 1972년 5월 기존의 《한화일보》를 최봉렬(崔鳳烈)이 인수, 발행인 겸 사장으로 취임하면서 '한·중 두 나라의 문화교류와 우의증진에 기여함'을 사시(社是)로 같은 해 8월 제호를 《한중일보》로 바꾸었다. 이후 대만에 지사를 설치하고 대만 《중앙통신(中央通信)》으로부터 기사를 공급받고, 한국과 대만 양국의 발전상 및 화교 관련 소식을 담은 기사를 게재했으며, 한국과 대만뿐 아니라 일본, 동남아, 유럽, 미국 등지에도 배포됐다. 대만 교무위원회(橋務委員會)의 화교에 대한 지원 등의 결정 사항을 보도하거나 화교협회 인사들이 대만의 주요 인사들과 접견하는 내용이 주로 실렸다. 2005년 8월 23일자 신문의 발행

편집 및 인쇄인은 김영태(金榮泰), 사장은 강수동(姜樹棟)이었다. 4면의 지면이었다. 삼성그룹의 자금 지원으로 운영되다, 지원금 착복 관계로 지원금이 끊어지면서 2007년 5월 발행이 중단됐다.(정은주(2013a), 「디아스포라와 민족교육의 신화: 한국의 중국인 디아스포라 교육실천에 대한 민족지적 연구」, 『한국문화인류학』제46집1호, 161-162; 국백령(鞠柏嶺)인터뷰)【정은주·이정희】

《한중일보》의 지면

한청통상조약韓淸通商條約

1899년 9월 11일 조선과 청국 간에 맺어진 평등한 조약. 1899년 2월 15일 한성에서 제1차 회의를 개최한 이래 6개월간 협의를 거듭한 끝에 체결됐다. 청일전쟁 발발 직후 조선정부가 조청상민수륙무역장정을 비롯한 양국 간에 체결된 모든 조약을 일방적으로 파기하면서 양국 간 국교는 단절되었다. 청국의 한성상무공서와 인천, 원산, 부산의 상무분서는 모두 폐쇄되었다. 화교의 보호는 영국주조선총영사관이 대신 맡아 처리했다. 이러한 상태에서 조선화교의 보호가 제대로 이뤄지지 않자, 청국정부는 새로운 조약 체결에 나섰다. 1899년 2월부터 한성에서 조선 측 대표인 외부대신 박제순(朴齊純)과 청국 측 대표인 전권대신 서수붕(徐壽朋) 사이에 수차례의 협의 끝에 조약이 체결되었다. 조약은 서문과 15개 조로 이뤄져 있다. 서문에 양국의 수뇌를 동등한 황제로 표기했다. 제2조는 상대국의 수도와 개항장에 공사관과 영사관을 설치하고 외교관을 파견하도록 했다. 제3조는 양국의 상민에 의한 무역은 상호 타국과 같은 최혜국대우를 부여하도록 했다. 제4조는 양국 상민이 상대국의 개항장에서 토지를 임차하여 거주하면서 상업 활동을 할 수 있도록 했으며, 다만 개항장 이외의 내지(內地)에서 거주하거나 창고 개설을 금지했다. 제5조는 양국 모두 영사재판권을 부여함으로써, 조선측의 입장에서 조청상민수륙무역장정보다 개선된 조약이었다. 제6조는 내지 거주와 창고 개설은 금지했지만, 상업 활동은 내지 여행권을 소지하면 가능하도록 했다. 제13장은 양국의 군함의 개항장 및 미개항장의 입항을 허용했다. (야스이 산기치 저·송승석 역(2013), 『제국일본과 화교: 일본·타이완·조선』, 학고방, 126; 이정희·송승석(2015), 395-401)【이정희】

한화공론韓華公論

한국화교 간행의 월간 잡지. 1966년 8일 창간. 《한화춘추(韓華春秋)》가 정간된 후, 새로운 잡지명으로 출발했다. 한화공론편집위원회가 발간했다. 주간은 화교 국백령(鞠柏嶺), 발행인은 한국인 송재록(宋在祿)이었다. 대만의 대북, 일본의 도쿄, 홍콩에 판사처를 두었다. 잡지 사무실은 서울 중구 명동 2가 51번지였다. 얼마가지 못해 정간됐다.(국백령((鞠柏嶺)인터뷰)【이정희】

한화용망친의회韓華龍岡親誼會

한국화교의 사회단체. 1961년 서울에서 조직되었다. 이 친의회는 삼국지에 등장하는 유비, 관우, 장비, 조자룡의 네 개 성(姓)의 전설적 의사친족 관계에 의해 결성된 사회단체이다. 이 연의회는 세계용망친의회 대회에 참가하고 있지만 활발한 활동을 펴고 있지는 못하다.(이정희(2018b), 『화교가 없는 나라』, 동아시아, 137)【이정희】

한화일보韓華日報

한국화교 발행의 신문. 정간된 《중화시보(中華時報)》가 1957년 3월 23

일 《한화일보》로 복간됐다. 발행인은 한국 국적을 취득한 손일승(孫日昇)이었다. 신문 판권 소유권을 둘러싼 법률 분규로 1959년 《중화시보》의 발행인이었던 한국인 주협(朱協)에게 넘어갔다. 그 뒤 중국국민당주한직속지부로 경영권이 이양되어 발행되다 1974년경 정간되었다.(국백령(鞠柏嶺)인터뷰)【이정희】

한화천지韓華天地

한국화교 발행의 계간 잡지. 1996년 11월 창간. 2002년 6월에 62호를 발행했다. 발행인은 한화천지잡지사(韓華天地雜誌社)였다. 잡지사의 회장은 한성호(韓晟昊), 부회장은 설영흥(薛榮興), 감사장은 정걸(鄭傑), 부감사장은 왕중권(王中權), 발행인 겸 편집인은 한립표(韓立彪), 사장은 왕작인(王作人), 수석 부사장은 마세린(馬世麟)이었다. 발행처의 소재지는 서울시 강남구 신사동 신동화 빌딩 301호였다. 발행이 중단된 상태.

(韓華天地雜誌社 編(2002.6),『韓華天地』; 국백령((鞠柏嶺)인터뷰)【이정희】

한화춘추韓華春秋

한국화교 간행의 월간 잡지. 1964년 6월 15일 창간호 발행. 한화춘추편집위원회가 발간했다. 주간은 화교 국백령(鞠柏嶺), 발행인은 한국인 송재록(宋在祿)이었다. 대만의 대북, 일본의 도쿄, 홍콩에 판사처를 두었다. 잡지 사무실은 서울 중구 충무로 3가 86번지였다. 한국화교사회의 문제와 주한대만대사관에 대한 비판적인 기사를 많이 게재했다. 1966년 4월까지 12호를 발간하고 정간됐다.(국백령((鞠柏嶺)인터뷰)【이정희】

한화통신韓華通訊

한성화교협회 발행의 월간지. 2002년 6월 1일 창간. 창간호의 발행인은 한성화교협회장인 양덕반(楊德磐), 편집은 두서부(杜書溥)였다. 한성화교발행이지만 서울화교 소식만 아니라 한국화교 전체의 소식을 게재하고 있다. 2019년 4월 1일 발행의 지면은 202호였다. 지면은 4면으로 구성되어 있다. 《한중일보》 정간 이후 한국화교 유일의 언론이다.(국백령(鞠柏嶺)인터뷰)【이정희】

《한화통신》의 지면

함경남도화교연합회咸鏡南道華僑聯合會

북한 함경남도 지역 화교의 대표적인 사회단체. 1947년 결성. 사무실은 함흥시(咸興市)에 설치. 1949년의 위원장은 유세공(劉世恭), 1957년의 위원장은 왕문란(王文蘭)이 맡았다. 1961년의 부위원장은 마소흔(馬紹忻)이 맡았다. 1947년부터 1950년 6월 사이 흥남시, 함주군, 혜산군, 단천군, 풍산군, 북청군, 홍원군, 삼수군, 신포군, 고원군, 덕성군, 허천군 등지에 화교연합회 조직이 설립되었다. 1949년 함흥시의 위원장은 손진산(孫鎮山), 풍산군의 위원장은 이문선(李文選)이 맡았다. 한국전쟁 휴전 후 함경남도화교연합회는 강원도화교를 함께 관할했다. 1959년 6월 12일부터 14일까지 각 시군의 화교연합회 책임자 회의가 개최되었다. 회의의 주요 의제는 화교의 사상교육 강화와 사회주의 의식 제고, 그리고 위생의식 제고였다.(朝鮮華僑聯合總會機關報《民主華僑》; 朝鮮華僑聯合會機關報《華訊》)【송우창】

함경북도화교연합회咸鏡北道華僑聯合會

북한 함경북도 지역의 화교를 대표하는 사회단체. 1946년 말에서 1947년 초에 결성. 사무실은 청진시(淸津市)에두었다. 초대 위원장은 박신재(樸辛哉), 1948년 말의 위원장 대리는 왕서금(王瑞琴)이 맡았다. 1949년의 위원장은 왕정건(王正乾), 선교교육과장은 장진기(張晉基)가 맡았다. 한국전쟁 시기는 장진기가 위원장을 맡았다. 1956년의 부위원장은 이임덕(李林德), 1959년부터 이임덕이 위원장을 맡았다. 부위원장은 후귀원(候貴元)이었다. 1961년 팽성문(彭成文)이 부위원장을 맡았고, 1980년의 위원장은 왕봉기(王鳳岐)였다. 2008년의 위원장은 임기영(林基榮), 조직위원은 송승민(宋升民)이었다. 1947년부터 1950년 6월 사이 도화교연합회는 청진시에 두었고, 그 이외에 나남시, 무산군, 회령군, 경흥군, 길주군, 종성군, 온성군, 연사군, 유선군, 나진군, 김책시, 경성군, 웅기군, 경원군, 명천군, 부령군 등지에 화교연합회 조직이 설치되었다. 1949년 나남시의 위원장은 위계곤(威啟崑), 경성군의 위원장은 윤명덕(尹明德), 회령군의 위원장은 손장무(孫長武)였다. 1959년 종성군의 위원장은 장명의(莊明宜), 1960년 길주군의 위원장은 단개운(單開雲), 1961년 무산군의 위원장은 장금위(張錦偉), 김책시의 위원장은 총혜주(叢惠珠)였다.(朝鮮華僑聯合總會機關報《民主華僑》; 朝鮮華僑聯合會機關報《華訊》)【송우창】

함흥중국인인민학교咸興中國人人民學校

북한 함흥 소재 화교소학. 1940년경 설립. 1942년의 학생수는 96명, 교원은 3명이었다. 교장은 국정산(鞠靜山)이었다. 해방초기의 교사는 시내에 있었다. 교육설비는 빈약했다. 북한정부가 1949년 4월 인수관리하면서 교명은 이전의 화교소학에서 함흥중국인인민학교로 바뀌었다. 1949년 9월 1일 현지의 제3인민학교(第三人民學校)로 이전하여 4개의 교실을 빌려 수업을 진행했다. 같은 해 10월 제3인민학교 학생과 교류회를 가졌다. 학교는 소년단(少年團)을 설립했다. 새로 조직된 학부형회가 학교이사회를 대체했다. 1950년 겨울방학 때 학생은 현지의 동학(冬學)에 참여하여 아동 교사의 역할을 했다. 1957년부터 정기적으로 학생을 조직하여 화교농업사(華僑農業社)에서 농사일을 도왔다. 1959년 8월의 교장은 유보명(劉寶明)이었다. 1960년 10월 12일 학교 교직원은 집회를 열어 천리마교원단체(千里馬教員團體) 쟁취 활동에 참여하기로 결정했다. 1960년 12월의 교장은 마소흔(馬紹忻), 교무주임은 서가덕(徐家德), 민청위원장(民青委員長)은 신동수(申東洙)였다. 교원은 왕수기(王樹琦), 유화옥(劉化玉), 주배림(周培林), 왕평진(王平珍)이 맡았다. 1961년 4월 학생은 주말과 방학기간을 이용해 현지 공장과 농장에서 노동에 참여했다. 학교는 문화대혁명의 영향으로 1967년 운영을 중지했다가 1971년 수업을 재개했다. 2002년 교명이 함흥중국인소학교(咸興中國人小學校)로 바뀌었다.(朝鮮華僑聯合總會機關報《民主華僑》; 朝鮮華僑聯合會機關報《華訊》)【송우창】

함흥중화상회咸興中華商會

일제강점기 함경남도 함흥지역 화교의 사회단체. 1942년 여선중화상회 연합회의 회원이었고, 당시의 회장은 왕신오(王愼五)였다.(이정희·송승석 (2015), 『근대시기 인천화교의 사회와 경제』, 학고방, 234)【이정희】

함흥화교소학咸興華僑小學

일제강점기 함경남도 함흥 소재 화교소학. 중일전쟁시기에 설립. 1942년 의 학생수는 96명, 교사는 3명이었다.(이정희(2007), 「중일전쟁과 조선화교」, 『중국 근현대사연구』35, 112)【이정희】

합과合夥

중국 전통의 공동 출자에 의한 기업형태. 합고(合股)라고도 한다. 과(夥)와 고(股)는 주권과 투자액을 가리킨다. 출자자는 일정 연한(보통 1-3년)을 한정하여 일정액의 주권을 가지며, 보통 경영에 참가하지는 않는다. 경영은 지배인에게 맡기는 것이 보통이다. 출자자는 서로 혈연, 지연으로 연관되어 있다. 자본을 제공하는 자를 동가(東家), 노동을 제공하는 자를 서가(西家)라고 한다. 조선화교 경영의 상점과 중화요리점 그리고 주물 공장은 대부분 합과였다.(이정희(2018a), 『한반도 화교사』, 동아시아, 76-82; 기타 자료) 【이정희】

합성장合盛長

일제강점기 대구 소재 화교의 주단포목 도매상점. 경영자는 왕우삼(王友三)으로 1923년의 연간매상액은 150,000원이었다.(이정희(2018a), 『한반도 화교사』, 동아시아, 69)【이정희】

합흥동合興東

일제강점기 원산 소재 화교의 주단포목 도매상점. 1942년의 경영자는 진상통(陳祥通)이었다. 자본금은 1만원, 연간매상액은 143,000원이었다.(이정희(2018a), 『한반도 화교사』, 동아시아, 233)【이정희】

합흥동合興東

일제강점기 원산 소재 화교의 중화요리점. 1923년의 연간매상액은 15,000원이었다.(이정희(2018a), 『한반도 화교사』, 동아시아, 292)【이정희】

항공기탱크제조기금헌납운동航空機탱크製造基金獻納運動

북한의 조국보위후원회(祖國保衛後援會)는 1949년 겨울 전국민을 대상으로 항공기탱크제조를 위한 기금 모금 참가를 호소했다. 북한의 화교연합총회는 같은 해 11월 하순 화교의 헌납운동 참가에 나섰다. 한 달간의 화교 기부 총액은 185만859.80원에 달했다. 각지의 기부자 가운데 1만원 이상의 기부자 및 상호명과 기부액은 다음과 같다. 평안북도 소재 의태(義太) 5만원, 신화대리점(新華代理店) 3만원, 영무행(永茂行) 3만원, 굉풍(宏豐) 3만원, 유창행(裕昌行) 1만원. 평안남도 거주의 국자구

(鞠子九) 2만원, 국경량(鞠慶良) 2만원, 최은동(崔恩東) 1만원. 강원도 소재의 동흥공(同興公) 1만원, 금집성(金聚成) 1만원. 함경북도 거주의 송자옥(宋子玉) 1만원, 한전서(韓殿瑞) 1만원, 곡홍완(曲鴻緩) 1만원, 동일관(東一館) 1만원. 황해도 거주의 위래성(魏來盛) 1.2만원, 왕후덕(王厚德) 1만원, 모종신(慕宗申) 1만원. 1950년 1월 11일 화교연합총회는 기부금을 조국보위후원회의 총부(總部)로 보냈다.(朝鮮華僑聯合總會機關報《民主華僑》)【송우창】

항승동恒昇東

근대 상해 소재 중국인 마직물 수출 상점. 1920-1930년대 조선에 중국산 마직물을 주로 수출했다.(이정희(2018a), 『한반도 화교사』, 동아시아, 111)【이정희】

항흥화恒興和, 양말공장

일제강점기 신의주 소재 화교의 양말공장. 주단포목상점 항흥화가 1926년에 설립했다. 경영자는 유월루(柳月樓)로 1926년 현재의 종업원은 13명이었다. 연간생산액은 7,260원. 1931년 7월 화교배척사건의 영향으로 문을 닫았다.(이정희(2018a), 『한반도 화교사』, 동아시아, 409)【이정희】

항흥화恒興和, 주단포목상점

일제강점기 신의주 소재 화교의 주단포목 도매상점. 1923년의 연간매상액은 28,000원이었다. 1926년에 양말공장 항흥화를 설립했다.(이정희(2018a), 『한반도 화교사』, 동아시아, 69)【이정희】

해주중국인인민학교海州中國人人民學校

북한 해주 소재 화교소학. 1928년 해주화교소학으로 설립. 1942년의 학생수는 69명, 교원은 2명이었다. 당시의 교장은 손학령(孫鶴齡)이었다.

1945년 말 문을 닫았다가 다시 재개되어, 1946년 초 중공에서 파견된 간부 주자방(朱子芳)이 교장으로 부임했다. 1949년 1월 해주의 본교(本校) 학생은 61명, 교사는 2명이었다. 교장은 여초(呂超)였다. 새롭게 설립된 분교(分校)의 학생수는 49명, 교사는 1명이었다. 1949년 1월 해주화교는 학교를 위해 모금활동을 펼쳤다. 장명복(張明福), 왕수운(王秀雲), 왕륜광(王倫光), 왕후덕(王厚德), 왕후개(王厚介), 모종심(慕宗深)은 각각 500원을 기부했다. 주대의(周大義)는 100원을 기부했다. 북한정부가 1949년 4월 학교를 인수하여 관리한 후, 교명은 해주중국인인민학교(海州中國人人民學校)로 바뀌었다. 같은 해 4월 16일 화교 교사는 해주시인민위원회(海州市人民委員會)로부터 임명장을 받았다. 학생 관리는 북한의 학생규칙(學生規則)에 의거하여 이뤄졌으며, 학교 내에 소년단(少年團)이 개설되었다. 1949년 12월 새로운 교사(校舍)가 준공되었다. 당시의 교장은 여초(呂超)였다. 소년단은 1950년 2월 북한 인민군 건군 2주년을 축하하기 위해 격려 편지를 보냈으며, 북한군의 항공기탱크제조기금 모금활동에도 참가했다. 한국전쟁 기간 학교는 송화(松禾)로 이전했다. 중국정부에서 파견된 교사 이성귀(李盛貴)가 학생을 가르쳤다. 1957년 5월 학생을 조직하여 현지의 화교 협동조합에서 농사일을 도왔다. 북한학생과 함께하는 교류 만찬회에도 참가했다. 북한정부는 1957년 학교를 재건했다. 교실, 도서실, 교무실, 숙직실, 창고 등이 마련되었다. 1960년 11월의 교장은 이광민(李光民)이 맡고 있었다. 같은 해 학교는 천리마교원단체(千里馬敎員團體) 쟁취 활동에 참가했다.(朝鮮華僑聯合總會機關報《民主華僑》;朝鮮華僑聯合會機關報《華訊》; 기타 자료)【송우창】

해주중화신민연합회海州中華新民聯合會

일제강점기 황해도 해주지역 화교의 사회단체. 1937년 12월 중화민국임시정부 수립 후 설립되었다. 1942년 여선중화상회연합회의 회원이었고, 당시의 회장은 손학령(孫鶴齡)이었다.(이정희·송승석(2015),『근대시기 인천화교의 사회와 경제』, 학고방, 233)【이정희】

해주화교소학海州華僑小學

일제강점기 황해도 해주 소재 화교소학. 1928년 설립. 해주육영소학(海州育英小學)으로 불리기도 했다. 1930년의 학생수는 12명, 교사는 2명이었다. 1942년의 학생수는 59명, 교사는 2명이었다.(이정희(2007), 「중일전쟁과 조선화교」, 『중국근현대사연구』35, 112)【이정희】

해주화교소학교과서압수사건海州華僑小學教科書押收事件

일제강점기 조선총독부 당국이 황해도 해주화교소학 사용의 교과서 가운데 '항일' 내용이 포함된 교과서를 압수한 사건. 황해도경찰부의 고등과(高等課)와 해주경찰서 고등계(高等係)는 1935년 12월 3일 오전 10시 해주화교소학을 현장 조사, 각종 서류와 교과서 전부를 철저히 수사하고 '항일' 분서 및 교과서 등을 압수했다.(李正熙(2010), 「南京國民政府期の朝鮮における華僑小學校の實態」, 『現代中國研究』26, 19-40)【이정희】

해천개철공장解天愷鐵工場

일제강점기 충청남도 소재 화교의 주물공장. 1924년 설립. 경영자는 해천개였다. 1928년의 연간생산액은 11,021원이었다. 1931년을 전후하여 문을 닫았다.(이정희(2018a), 『한반도 화교사』, 동아시아, 380)【이정희】

해흥덕海興德

일제강점기 인천 소재 화교의 제화점. 1916년 설립. 지나정(支那町) 21번지에 소재했다. 1935년의 경영자는 왕가해(王嘉海)로 산동성 출신이었다. 자본금은 2천원이었다.(이정희·송승석(2015), 『근대시기 인천화교의 사회와 경제』, 학고방, 71)【이정희】

행잔行棧

중국 전통의 아행(牙行)이 근대에 들어 상업 환경과 제도의 변화로 변

형된 객잔 겸 무역회사. 산동성 대외무역에서 외국인 상인과 화상 간에 개항장과 내륙 상업을 연계하는 중개상의 역할을 했다. 행잔은 교역의 중개 역할과 위탁대리 교역업무를 담당하여, 근대 산동성의 상업 발달에 큰 기여를 한 것으로 평가받고 있다. 행잔은 산동성 뿐 아니라 산동인이 이주한 해외에도 개설되었는데, 근대 인천과 오사카 가와구치(川口)에 개설되어 활발한 활동을 전개했다.(許淑眞(1984), 「川口華商について」, 『日本近代とアジア: 文化の交流と摩擦』, 東京大學出版會; 이정희(2018a), 247)【이정희】

허보유許寶瑜, 생졸년불상

북한 운산북진의 화교. 해방 전 경성의 광화중학(光華中學)에서 공부한후, 일본의 전과대학(專科大學)에서 공부했다. 졸업 후 북한으로 돌아와 화교소학(華僑小學)에서 학생을 가르쳤다. 1950년 중국 정부의 방침에 따라 귀국해, 심양교사자격훈련반(沈陽師資訓練班)에서 수학했다. 1951년 7월 중국정부에 의해 평양중국인인민학교에 파견되어 교사로 일했다. 그 후 화교연합회중앙위원회로 자리를 옮겨 일했다. 1960년경 화교연합회의 기관지인 《화신(華訊)》의 책임자로 일했다.(朝鮮華僑聯合總會機關報《民主華僑》; 朝鮮華僑聯合會機關報《華訊》)【송우창】

허작기許作棋, 1921-?

일제강점기 부산 거주 화교. 산동성 봉래현 출신. 1941년 부산 마키노시마(牧之島) 소재 조선중공업주식회사(朝鮮重工業株式會社) 및 기타 몇 개소의 산업시설에 방화를 한 혐의로 검거되었다.(이정희(2017.6), 「중일전쟁시기 조선화교의 항일활동」, 『동양사학연구』139, 354-356)【이정희】

허태신許台身

청국의 외교관. 1901년부터 1905년까지 주조선청국공사관의 공사로 활동했다.(이정희(2018b), 「한반도 화교사」, 동아시아, 44)【이정희】

허희영許希榮, 1866-?

일제강점기 인천의 화상(華商). 절강성 출신. 양복점 신륜기(新倫記)의 경영자로 1913년 인천중화상회의 의원으로 선출되어 활동했다.(이정희·송승석(2015), 『근대시기 인천화교의 사회와 경제』, 학고방, 97)【이정희】

협생성協生盛

일제강점기 인천 소재 화교의 잡화상점. 1928년 설립. 내리(內里) 212번지에 소재했다. 1935년의 경영자는 임기총(林基叢)으로 산동성 출신이었다. 자본금은 4천원이었다.(이정희·송승석(2015), 『근대시기 인천화교의 사회와 경제』, 학고방, 71)【이정희】

협성흥協成興

일제강점기 함경남도 갑산 소재 화교의 잡화상점. 1942년 여선중화상회연합회의 회원이었고, 당시의 경영자는 장진익(張振翼)이었다.(이정희·송승석(2015), 『근대시기 인천화교의 사회와 경제』, 학고방, 234)【이정희】

협승동協勝東

일제강점기 신의주 소재 화교의 양말공장. 1924년 설립. 경영자는 왕보가(王寶家)였다. 1926년의 종업원은 29명, 연간생산액은 13,260원이었다. 1931년 7월 화교배척사건의 영향으로 문을 닫았다.(이정희(2018a), 『한반도 화교사』, 동아시아, 409)【이정희】

협태창協泰昌

일제강점기 인천 소재 화교의 주단포목 수입상점. 지나정(支那町)에 소재했다. 1923년의 연간매상액은 40만원이며, 1928년의 경영자는 왕기진(王耆陳)이었다. 1928년의 연간매상액은 46만원이었다.(이정희·송승석(2015), 『근대시기 인천화교의 사회와 경제』, 학고방, 69·170)【이정희】

협흥유(군산)協興裕(群山)

일제강점기 군산 소재 화교의 주단포목 도매상점. 인천 협흥유의 지점. 1923년의 연간매상액은 64,000원이었다. 1928년의 경영자는 장신오(張愼五)이며, 1928년의 연간판매액은 269,000원이었다.(이정희(2018a), 『한반도 화교사』, 동아시아, 69·139)【이정희】

협흥유(인천)協興裕(仁川)

일제강점기 인천 소재 화교의 주단포목 수입상점. 1916년 설립. 지나정(支那町) 20번지에 소재했다. 1923년의 연간매상액은 21만원이었다. 1928년의 경영자는 장은삼(張殷三)이며, 연간매상액은 34만원이었다. 1935년의 경영자는 장은삼이며, 자본금은 7만원이었다. 상점 내에 전장(錢莊) 협흥유(協興裕)를 개설하고 있었다. 장은삼은 1935년에 인천산동동향회관의 이사장을 맡고 있었다.(이정희·송승석(2015), 『근대시기 인천화교의 사회와 경제』, 학고방, 70·170·176)【이정희】

혜산중국인인민학교惠山中國人人民學校

북한 혜산 소재의 화교소학. 1948년 12월의 학생수는 84명, 교사수는 2명이었다. 교장은 왕덕영(王德榮)이었다. 북한정부가 1949년 4월 학교를 인수관리하면서 교명은 혜산중국인인민학교로 바뀌었다. 학교 소년단은 1958년 7월 소위생(小衛生) 선전대(宣傳隊)를 조직하여 화교에게 선전활동을 펼쳤다. 1959년 4월 토끼 기르기, 폐품수집, 해바라기 심기 등의 활동을 적극적으로 전개했다. 교원은 가광신(賈廣信), 곡광형(曲廣馨)이 맡았다. 1961년 1월의 교장은 송철겸(宋喆兼, 북한사람)이었다. 문화대혁명 초기 학교 경영은 혼란에 빠졌으며, 1971년 이후 재개했다. 1980년 전반기 화교의 집단 귀국으로 학생수가 급감, 학교 운영은 1990년경 정지됐다.(朝鮮華僑聯合總會機關報《民主華僑》; 朝鮮華僑聯合會機關報《華訊》; 기타 자료)【송우창】

혜산중화회관惠山中華會館

일제강점기 함경남도 혜산지역 화교의 사회단체. 1937년 12월 중화민국 임시정부 수립 후 설립되었다. 1942년 여선중화상회연합회의 회원으로 당시의 회장은 추육덕(鄒育德)이었다.(이정희·송승석(2015), 『근대시기 인천화교의 사회와 경제』, 학고방, 234)【이정희】

호금수胡金壽, 1896-?

일제강점기 부산의 화상(華商). 산동성 봉래현 출신. 사숙 3년 졸업. 호떡집의 경영자. 1942년 부산중화상회의 이사로 활동하고 있었다.(釜山領事館(1942),「釜山中華商會職員履歷表」,『汪僞僑務委員會檔案』)【이정희】

호남호湖南號

홍콩 태고양행(太古洋行) 소속의 기선. 미군정기 한국과 홍콩을 왕래한 선박. 한국전쟁 발발로 운항이 정지되었다.(이정희(2008.8),「해방초기 인천화교의 경제활동에 관한 연구」,『인천학연구』9, 111)【이정희】

호내발胡乃發, 1907-?

일제강점기 인천의 화상(華商). 산동성 문등현(文登縣) 출신. 1942년 만취동의 경영자로 근무했다.(이정희(2018a),『한반도 화교사』, 동아시아, 246)【이정희】

호떡胡餅

호떡을 판매하는 음식점. 대체로 2-3명의 종업원을 두고 소규모로 영업했다. 1930년 10월 현재 조선의 화교 호떡집은 1,139개에 달했다. 조선인으로부터 큰 인기를 끌었기 때문에 경영은 매우 순조로웠다. 해방 후 한국에서도 화교 경영 호떡집이

부산 상해가 호떡집 판매의 호떡

영업을 계속했지만 점차 사라져 현재는 인천과 부산의 차이나타운에 일부 남아 있을 뿐이다.(이정희(2018a), 『한반도 화교사』, 동아시아, 277·284)【이정희】

호떡집

호떡을 판매하는 음식점. 대체로 2-3명의 종업원을 두고 소규모로 영업했다. 1930년 10월 현재 조선의 화교 호떡집은 1,139개에 달했다. 조선인으로부터 큰 인기를 끌었기 때문에 호떡집의 경영은 매우 순조로웠다. 해방 후 한국에서도 화교 경영 호떡집이 영업을 계속했지만 점차 사라져 현재는 인천과 부산의 차이나타운에 일부 남아 있을 뿐이다.(이정희(2018a), 『한반도 화교사』, 동아시아, 277·284)【이정희】

호인화교상무회好仁華僑商務會

일제강점기 함경남도 호인지역 화교의 사회단체. 1942년 여선중화상회연합회의 회원이었고, 당시의 회장은 이동헌(李同憲)이었다.(이정희·송승석(2015), 『근대시기 인천화교의 사회와 경제』, 학고방, 234)【이정희】

호청안胡淸安, 1893-?

일제강점기 함경남도 원산의 화상(華商). 산동성 서하현(棲霞縣) 출신. 중화요리점 사해원(四海園)의 경영자. 1942년 원산중화상회의 상무위원으로 활동하고 있었다.(元山領事館(1942), 「元山中華商會章程職員履歷表」, 『汪僞僑務委員會檔案』)【이정희】

호혜무역互惠貿易

미군정기 인천 소재 화교의 무역회사. 1948년의 연간무역액은 5억2,861만원으로 화교 무역회사 가운데서는 3번째로 많았다. 한국전쟁 발발 전후 문을 닫았다.(이정희(2008.8), 「해방초기 인천화교의 경제활동에 관한 연구」, 『인천학연구』9, 110)【이정희】

홍방紅幫

절강성 영파부(寧波府) 봉화현(奉化縣) 소재 봉화강(奉化江) 양안(兩岸)의 30개 촌(村) 출신의 양복점 직인을 말한다. 이 지역은 중국 양복점 및 직인의 고향으로 통한다. 이 지역 출신 중국인은 조선과 일본에 이주한 후, 양복점을 창업하여 큰 성공을 거두었다.(이정희(2018a), 『한반도 화교사』, 동아시아, 357)【이정희】

홍빈洪斌, 1909-?

중화민국의 외교관. 1942년 경성총영사관의 영사로 근무하고 있었다.(朝鮮總督府外務課(1942), 『昭和17年 領事館表關係』)【이정희】

홍성루鴻盛樓

일제강점기 전라북도 고창 소재 화교의 잡화상점. 1942년 여선중화상회연합회의 회원기관으로 경영자는 왕홍성(王鴻盛)이었다.(이정희·송승석(2015), 『근대시기 인천화교의 사회와 경제』, 학고방, 233)【이정희】

홍성중화상회洪城中華商會

일제강점기 충청북도 홍성지역 화교의 사회단체. 1942년 여선중화상회연합회의 회원이었고, 당시의 회장은 유상의(劉常義)였다.(이정희·송승석(2015), 『근대시기 인천화교의 사회와 경제』, 학고방, 232)【이정희】

홍순루鴻順樓

일제강점기 군산 소재 화교의 중화요리점. 1927년 12월 화교배척사건 때 큰 피해를 입었다.(이정희(2018a), 『한반도 화교사』, 동아시아, 307)【이정희】

홍순복洪順福

개항기 경성 소재 화교의 주단포목 도매상점. 1906년의 직원은 11명이었

다.(이정희(2018a), 『한반도 화교사』, 동아시아, 73)【이정희】

홍승루鴻陞樓

일제강점기 평양 소재 화교의 중화요리점. 1923년의 연간매상액은 5,760원이었다. 1931년 7월 화교배척사건 때 큰 피해를 입었다.(이정희(2018a), 『한반도 화교사』, 동아시아, 206·291)【이정희】

홍신동鴻牲東

개항기 부산 소재 화교의 주단포목 도매상점. 1906년의 직원은 9명이었다.(이정희(2018a), 『한반도 화교사』, 동아시아, 73)【이정희】

홍창동鴻昌東

개항기 원산 소재 화교의 주단포목 도매상점. 1906년의 직원은 6명이었다.(이정희(2018a), 『한반도 화교사』, 동아시아, 73)【이정희】

홍창영鴻昌永

개항기 원산 소재 화교의 주단포목 도매상점. 1906년의 직원은 6명이었다.(이정희(2018a), 『한반도 화교사』, 동아시아, 73)【이정희】

홍흥동鴻興東

일제강점기 원산 소재 화교의 주단포목 도매상점. 1942년의 경영자는 왕세창(王世昌)이었다. 자본금은 15,000원, 연간매상액은 179,000원이었다.(이정희(2018a), 『한반도 화교사』, 동아시아, 233)【이정희】

화교간부훈련반華僑幹部訓練班

북한의 화교연합회가 각 부문의 화교 간부의 업무 수준을 제고하기 위

해 개설한 훈련반. 훈련반의 전신은 1947-1948년 개최된 북한화교 공농
간부훈련반(工農幹部訓練班)과 교사훈련반(敎師訓練班)이었다. 화교
간부훈련반은 1949년 7월 개설되어 수강생은 63명, 학습시간은 40여일
이었다. 훈련반 개설의 목적은 화교 간부의 혁명사상 수준을 제고하기
위해서였다. 1950년 이후 중단되었다가 1958년 재개되었다. 수강생은 화
교연합회의 직원, 화농과 화공도 포함되었다. 훈련반의 주임은 왕균생
(王均生)이었다. 훈련반은 화교연합회중앙위원회와 각 도 위원회에서
동시에 개최되었다. 중앙위원회는 매년 여름과 겨울에 각각 1회씩 개최
되었다. 훈련의 내용은 농업사(農業社)의 경영관리, 재정관리, 노동조직,
노동보수 등에 관한 것이었다. 매회 참가 인원은 50여명이었다.(朝鮮華僑
聯合會機關報《華訊》)【송우창】

화교계연소華僑戒煙所

북한의 북조선화교연합회가 해방초기 화교의 아편 흡연 금지를 위해 설
립한 시설. 해방 이전 북한화교 가운데 아편을 흡연하는 화교가 있었다.
북조선화교연합회는 1948년 아편흡연금지운동을 전개, 원산 등지에 계
연소가 만들어졌다. 아편흡연금지운동에는 각지의 화교학교 학생도 동
원되었다. 한국전쟁 시기인 1953년 중국으로 집단 귀국한 화교 11,209명
가운데 아편흡연자는 110명이었다.(朝鮮華僑聯合總會機關報《民主華僑》; 기타 자
료)【송우창】

화교극단華僑劇團

북한 화교연합회가 해방초기 화교를 위한 선전 수단으로 조직한 예술단
체. 최초의 극단은 1947년 9월 북조선화교중학교 내에 조직된 학생극단.
그 후 1957년까지 잘 알려진 화교극단은 남포화교극단, 신의주화교청년
극단, 원산화교극단, 용암포화교극단, 사리원화교소학 아동극단, 평양시
화교교원훈련반 극단, 평양이동극단, 청진화교 임시극단 등이었다. 각

극단의 소속 인원은 수십명 정도. 극단은 지방화교를 중심으로 춘절, 5.1 노동절 등의 명절이나 기념일에 공연했다. 주요한 공연 제목은《백모녀(白毛女)》,《참군보가(參軍保家)》,《부처식자(夫妻識字)》,《형매개황(兄妹開荒)》,《이이부부전변(李二夫婦轉變)》 등이었다. 화교뿐 아니라 북한 사람에게도 공연을 했다. 1958년 이후 활동이 정지되었다.(朝鮮華僑聯合總會機關報《民主華僑》; 朝鮮華僑聯合會機關報《華訊》)【송우창】

화교농업사간부훈련반華僑農業社幹部訓練班

북한 화교연합회가 1950년대 중·후반 화교 협동조합원 간부의 능력을 제고하기 위해 설치한 훈련반. 화농이 조직한 농업사가 1955년부터 증가하자, 화교연합회는 1957년 6월 농업사의 간부 훈련반을 개설했다. 학습 기간은 1개월이었다. 1958년부터는 화교간부훈련반(華僑幹部訓練班)이 농업사의 간부 교육을 맡았다.(朝鮮華僑聯合會機關報《華訊》)【송우창】

화교농업호조조華僑農業互助組

북한의 화교연합회가 해방초기 농업생산을 독려하기 위해 설립한 화교 농민 조합의 상호협조 소그룹. 북한은 1947년 농업경제계획을 시행, 1948년 봄 농업생산량 제고를 위해 화교연합총회는 각 도·시·군의 화교연합회를 통해 화농의 호조조(互助組)를 만들도록 지시했다. 특히, 황해도, 함경북도, 평안북도 등지의 화농이 적극성을 표명했다. 호조조는 임시호조조와 상시호조조로 나뉘었다. 1948년 당시는 각 조 소속 인원은 몇 명에 불과했지만, 1949년에는 10여명으로 증가했다. 1950년 한국전쟁 발발 이후 사라졌지만, 1954년 다시 부활했다.(朝鮮華僑聯合總會機關報《民主華僑》)【송우창】

화교복무華僑服務

미군정기 인천 소재 화교의 무역회사. 1948년의 연간 무역액은 2억2,741

만원으로 화교 무역회사 가운데서는 6번째로 규모가 컸다. 한국전쟁 발발 전후 문을 닫았다.(이정희(2008.8), 「해방초기 인천화교의 경제활동에 관한 연구」, 『인천학연구』9, 110)【이정희】

화교송금제한華僑送金制限

조선총독부가 화교의 본국 송금을 제한한 조치. 1936년 제정된 외환관리법 시행규칙에 의해 화교를 비롯한 외국인의 해외 송금액은 500원 이하로 제한했다. 중일전쟁 이후 화교의 송금이 중국국민당과 중국공산당의 군자금으로 유출되는 것을 방지하기 위해 1941년 8월부터 송금 한도액을 200원으로 대폭 낮췄다. 화교가 본국에 귀국할 때도 200원 이상 휴대하여 가져갈 수 없도록 조치했다. 이러한 송금의 제한은 화교의 송금으로 가계를 유지하던 고향의 가족에게 큰 어려움을 초래, 가족 단위로 조선으로 이주하는 중국인이 증가, 조선화교 인구 증가로 나타났다.(이정희(2007), 114-115; 김종호·이정희(2018.6), 「일본의 대동아공영권 성립과 화교 송금시스템의 변화」, 『중국근현대사연구』78집, 한국중국근현대사학회, 59-83)【이정희】

화교절華僑節

대만정부가 1952년 10월 21일 개최한 세계화교대회(全球華僑大會)를 기념하기 위해 제정한 경축일. 당시 대만정부는 세계 화교들의 지지를 얻기 위해 화교관광단 조직, 화교학생 귀국교육 등 다방면으로 적극적인 화교정책을 펼치고 있었다. 화교절은 이러한 화교 정책의 일환으로 제정되었다. 한국화교는 1953년부터 화교절 행사를 개최했다. 초창기 화교절 행사에는 화교의 연극, 화교가(華僑歌) 제창, 대말타기 등 다양한 공연 프로그램이 이어졌으며, 대만정부 군대위문기금을 마련하기 위해 '1원 모금운동'을 벌이기도 했다. 최근에는 화교 인구 감소로 화교절 행사의 규모는 대폭 축소되었으나 이날에 맞춰 화교 친목회 모임을 가지는 등의 활동을 전개하고 있다.(이민주(2016.3), 「화교절 행사」, 『중국관행웹진』vol.67)【이정희】

화교행상華僑行商

개항기 및 일제강점기 화교 주단포목상점과 잡화상점이 없는 산간벽지와 정기시장을 돌며 직물과 잡화를 판매한 화교 상인. 1930년 10월 현재 조선 각지의 화교 행상은 738명이었다.(이정희(2018a), 『한반도 화교사』, 동아시아, 153)【이정희】

화교협회華僑協會

주한대만대사관이 1960년대 초반 만든 한국화교 자치구 조직의 새로운 명칭. 대만대사관은 '자치'라는 명칭이 한국에서 오해를 초래하기 쉽다고 판단, 1962년까지 전국의 자치구 조직을 화교협회 조직으로 바꾸었다. 화교협회 조직의 규칙 제4조에 대만대사관 영사부의 지도, 감독 하에 일체의 업무를 추진하는 것이 명문화되어 화교협회는 사실상 대사관의 하부 행정기관으로 기능했다. 1968년 현재 전국에 50개의 화교협회가 있었다. 최근 화교 인구의 감소로 폐쇄되는 화교협회가 증가하고 있다. 화교협회 조직이 제대로 운영되는 곳은 한성, 인천, 부산, 대구화교협회 정도이다.(왕언메이 저·송승석 역(2013), 『동아시아 현대사 속의 한국화교』, 학고방, 355-358; 이정희(2018b), 143)【송승석】

화기호和記號

일제강점기 충청남도 강경 소재 화교의 주단포목 및 잡화 도매상점. 경영자는 소연화(蕭延華)였다. 군산의 덕생동(德生東) 화교 주단포목상점으로부터 직물을 조달하고 있었다.(이정희(2018a), 『한반도 화교사』, 동아시아, 143)【이정희】

화문한성일보華文漢城日報

해방 후 한국에서 발행된 최초의 중국어 신문. 해방 후 안재홍, 송지영 등이 1946년 창간한 《한성일보》가 발행자. 주한중화민국대사관이 이 신문을 접수하여 《한성화문보(漢城華文報)》로 바뀌었다. 처음에는 주간지로 발행되다 화교 왕공온(王公溫)에 의해 일간으로 바뀌었다. 당시의 신문명은 한성중화일보(漢城中華日報)였다. 사장은 안재홍, 부사장은 왕공온과 왕흥서(王興西), 주필은 위보산(魏保山)이 맡았다. 이 신문은 한국전쟁 발발로 정간되었다.(국백령((鞠柏嶺)인터뷰)【이정희】

화문한성일보의 광고(조선은행조사부(1949), Ⅱ-76)

화미헌華美軒

일제강점기 인천 소재 화교의 중화요리점. 1927년 12월 화교배척사건 때 습격을 당해 14.4원의 직접피해를 입었다.(이정희(2018a), 『한반도 화교사』, 동아시아, 310)【이정희】

화상규조華商規條

당소의(唐紹儀) 주조선총상동(駐朝鮮總商董)이 1896년 8월 한성에서 제정한 조선화교의 준수 규칙. 주요한 내용은 조선 상인에게 외상판매를 하지 말 것, 인천에 입항하는 자는 해당 동향회관에 보고하고 집조(執照, 내지여행권)을 신청할 것, 조선 내지(內地)에서 상업에 종사하려는 자는 큰 상호(商號)를 통해 집조를 신청할 것 등이었다.(楊昭全·孫玉梅(1991), 『朝鮮華僑史』, 中國華僑出版公司, 112-113; 이정희(2018a), 24-25)【이정희】

화상의 밀무역華商의 密貿易

미군정기 화상이 세관을 거치지 않고 행한 무역. 해방초기 한국의 화상은 중국 대륙의 국공내전으로 인한 각종 물자수요가 왕성해짐에 따라 미군의 군수물자를 밀수출하는 사례가 많았다. 밀무역으로 적발된 화교가 전체 적발자수에서 차지하는 비중은 1946년 55%, 1947년 11%, 1948년 21%를 각각 차지했다. 미군정청은 1946년 11월 11일 조선해안경비대를 창설하여 밀무역 방지에 나섰다.(이정희(2018a), 『한반도 화교사』, 동아시아, 256-262)【이정희】

화상준수장정華商遵守章程

인천중화회관이 1912년 5월 4일 공포한 인천 거주 화교의 준수 규칙. 일제강점 후 화교를 둘러싼 정치환경이 변화함에 따라 인천중화회관이 화교사회의 기율을 잡기 위해 만들었다. 이 규칙은 총 8개조로 되어 있다. 제1조는 인천항으로 입항하여 거주하는 화교는 전원 10일 이내에 중화회관에 보고하도록 했다. 제2조는 화교는 중화회관이 발행하는 적패(籍牌, 거주등록증)를 수령하도록 했다. 제3조는 타 지역으로 이주하는 화교는 이주 5일전까지 중화회관에 보고하도록 했다. 제4조는 화교 상점이 점원을 내지(內地)나 타지로 파견할 때는 중화회관에 보고하도록 했다. 제5조는 화교의 출생 및 사망이 발행했을 경우는 바로 중화회관에 보고하도록 했다. 제6조는 질병을 앓고 있는 화교는 다카기병원(高木病院)에서 진찰을 받도록 했다. 제7조는 점포 및 주택 그리고 거리의 도랑 등의 청소를 철저히 하여 위생을 철저히 하도록 했다. 제8조는 점포, 주택, 주방을 건축하거나 수리할 때의 돌, 진흙 등을 운반할 때는 중화회관과 상의하도록 했다.(이정희·송승석(2015), 『근대시기 인천화교의 사회와 경제』, 학고방, 58)【이정희】

화성동和盛東

일제강점기 원산 소재 화교의 주단포목 도매상점. 1942년의 경영자는 유성유(劉誠維)였다. 자본금은 5천원, 연간매상액은 64,000원이었다.(이정희 (2018a), 『한반도 화교사』, 동아시아, 233)【이정희】

화성서옥華星書屋

중화인민공화국주북한대사관이 2014년 9월 관내에 설치한 도서실. 서재에는 2천여 권의 도서가 비치되어 있으며, 북한화교에게 대여해 주고 있다. 매주 수요일 오후 개방.(중화인민공화국주북한대사관 홈페이지)【송우창】

화성호和成號

일제강점기 대구 소재 화교의 주단포목 도매상점. 경영자는 조곤생(趙崑生)이었다. 1923년의 연간매상액은 180,000원이었다.(이정희(2018a), 『한반도 화교사』, 동아시아, 69)【이정희】

화성흥和盛興

일제강점기 인천 소재 화교의 잡화상점. 1917년 설립. 내리(內里) 212번지에 소재했다. 1935년의 경영자는 온난정(溫蘭亭)으로 산동성 출신이었다. 자본금은 2천원이었다.(이정희·송승석(2015), 『근대시기 인천화교의 사회와 경제』, 학고방, 71)【이정희】

화순성和順盛

일제강점기 인천 소재 화교의 전장(錢莊). 지나정(支那町) 소재 원화잔(元和棧) 행잔 내에 개설되어 있었다. 1928년의 경영자는 마범당(馬範堂)이며, 본점은 산동성 연태에 있었다.(이정희·송승석(2015), 『근대시기 인천화교의 사회와 경제』, 학고방, 176)【이정희】

화신華訊

북한의 화교연합회가 평양에서 간행한 중국어 기관지. 주로 조선화교연합회중앙위원회의 선전부가 집필하였다. 책임자는 허보유(許寶瑜), 부책임자는 왕지벽(王之璧)이었다. 화교연합회중앙위원회는 1953년 5월 1일

월간《선전참고자료(宣傳參考資料)》를 소책자로 발행했다. 발송 부수는 200부였다. 1956년 3월 발행의 제35호부터 10일간(日刊)의 활판인쇄 소책자 형식으로 바뀌었다. 1957년 1월 발행의 64호부터 명칭이《화신(華訊)》으로 바뀌었다. 1959년 9월 5일부터 매월 5일간(日刊)으로 한 부당 6전을 받았다. 1958년 당시 매 호 1,200부가 발행되었다.《화신(華訊)》은 모두 4쪽 분량으로 구성되어 있었다. 1면은 북한, 중국, 소련 등의 사회주의 국가의 발전상을 소개했다. 2면은 북한 국내 및 한국 각지의 지역 상황을 소개했다. 3면은 북한화교를 소개했으며, 4면은 자료, 인터뷰 등의 내용이 게재되었다. 화교연합회는 화교인구가 많은 지역에《화신(華訊)》통신소조(通訊小組)나 통신원(通訊員)을 배치하고, 지역의 화교 관련 원고를 기관지에 제공했다. 1958년부터 북한화교의 북한 국적 취득현상이 두드러지면서 김일성은 1959년 7월 1일 평양대성농업협동조합(平壤大城農業協同組合)을 시찰하고, 화농의 작업을 지도했다. 이후《화신(華訊)》은 북한의 혁명과 정책, 북한화교의 북한 사회주의 건설 참여 관련 내용을 많이 소개했다. 1959년 10월부터 '김일성 원수 항일유격대의 투쟁 이야기'(金日成元帥抗日遊擊隊의鬪爭故事)를 연재했다. 1960년 1월 1면에 처음으로 조선어를 사용했다. 1964년 7월에 정간되었다.(朝鮮華僑聯合會機關報《華訊》)【송우창】

화원영和源永

일제강점기 강원도 강릉 소재 화교의 주단포목 도매상점. 1931년 화교배척사건 직후 거래가 잘 이뤄지지 않아 폐점했다.(이정희(2018a),『한반도 화교사』, 동아시아, 198)【이정희】

화창태華昌泰

일제강점기 인천 소재 화교의 제화점. 1916년 설립. 지나정(支那町) 23번지에 소재했다. 1935년의 경영자는 왕경삼(王景三)으로 산동성 출신이었다. 자본금은 1천원이었다.(이정희·송승석(2015), 『근대시기 인천화교의 사회와 경제』, 학고방, 71)【이정희】

화창호和昌號

근대 상해 소재 중국인의 양복점. 1896년 강보신(江輔臣)에 의해 개업한, 중국 최초의 양복점. 경영자 강보신은 절강성 영파부(寧波府) 출신이었다.(이정희(2018a), 『한반도 화교사』, 동아시아, 357)【이정희】

화취공和聚公

일제강점기 인천 소재 화교의 주단포목 수입상점. 1899년 설립. 지나정(支那町) 6번지에 소재했다. 1923년의 연간매상액은 405,000원이었다. 1935년의 경영자는 산동성 출신의 양익지(楊翼之)로 자본금은 5만원이었다. 나중에 화취창(和聚昌)으로 상호명이 바뀌었다. 1942년의 경영자는 여전히 양익지였고, 종업원은 10명이었다.(이정희·송승석(2015), 『근대시기 인천화교의 사회와 경제』, 학고방, 69-70)【이정희】

화취성和聚盛

근대 상해 소재 중국인의 마직물 수출 상점. 1920-1930년대 조선에 중국산 마직물을 많이 수출했다.(이정희(2018a), 『한반도 화교사』, 동아시아, 111)【이정희】

화태호和泰號

일제강점기 인천 소재 화교의 주단포목 수입상점. 지나정(支那町)에 소재했다. 1923년의 연간매상액은 10만원이었다. 1928년의 경영자는 손금보(孫金甫)였다.(이정희·송승석(2015), 『근대시기 인천화교의 사회와 경제』, 학고방, 170)【이정희】

화흥공華慶公

일제강점기 원산 소재 화교의 주물공장. 해안통(海岸通)에 소재했다. 1942년의 경영자는 임탁화(林卓華)였다. 주요한 생산품은 발동기, 솥, 농기구, 광산도구 및 선박용구였다. 자본금은 4만원이었다.(이정희(2018a), 『한반도 화교사』, 동아시아, 400)【이정희】

화흥공사和興公司

서울 소재 화교 무역회사. 중구 다동 108번지에 소재했다. 1954년의 사장은 최인당(崔仁堂)이었다.(華僑志編纂委員會編(1958), 『華僑志-韓國-』, 85)【이정희】

화흥동華興東

일제강점기 신의주 소재 화교의 주단포목 도매상점. 1923년의 연간매상액은 46,000원이었다.(이정희(2018a), 『한반도 화교사』, 동아시아, 69)【이정희】

확인신용장선수제確認信用狀先手制

미군정청이 1947년 7월 중순부터 시행한 무역제도. 한국에서 외국에 수출할 경우는 수입을 희망하는 국가의 무역업자로부터 신용장을 먼저 받은 후 수출하도록 했다. 이 제도는 해외 통상망을 가진 화교 무역회사에게 유리하게 작용, 한국인 무역회사로부터 반발이 심했다. 1948년 1월 31일부터 신탁선적제(信託船積制)로 바뀌었다. 화교 무역회사는 미군정기 한국의 대 중화권 무역에서 전체 무역의 7할을 독점했다.(이정희(2018a), 『한반도 화교사』, 동아시아, 250)【이정희】

환영반공의사위원회歡迎反共義士委員會

주한대만대사관의 지시로 인천화교가 조직한 중국인민지원군 반공포로 환영위원회. 한국전쟁 기간 중 중국인민지원군 가운데 포로가 된 병사는 21,000여명이었다. 이 가운데 14,000여명은 중공이 아닌 대만을 선택했다. 왕동원(王東原) 주한대만대사는 한국화교에게 이들을 대만으로 송환하기 위한 환영위원회 조직을 지시, 인천화교자치구공소의 여계직(呂季直)이 회장을 맡았다. 인천화교는 1954년 1월 23일 인천항에 집결하여 반공포로에게 꽃과 선물, 편지 등을 전달하는 등 성대한 환송식을 개최했다.(이민주(2016.1), 「한국전쟁 중국인민지원군 포로 대만송환」, 『중국관행웹진』 vol.65)【이정희】

황경집黃景集, 1858-?

일제강점기 인천화교. 의선당의 초대 법사(法師)로 1916년경부터 1946년경까지 근무했다. 도호(道號)는 합경(合卿). 의선당의 발전에 크게 공헌했다. 의선당 사원에는 그에게 기증된 각종 편액이 다수 보존되어 있다.(이정희(2018.12a), 「조선화교의 민간신앙과 비밀결사」, 『사회와 역사』120, 53·55)【이정희】

황경집에게 기증된 편액

황극성黃克誠, 1875-?

일제강점기 인천의 화상(華商). 산동성 영해현(寧海縣) 출신. 주단포목상점인 원생동(源生東)의 경영자로 1913년 인천중화상회의 의원으로 선출되어 활동했다.(이정희·송승석(2015), 『근대시기 인천화교의 사회와 경제』, 학고방, 97)【이정희】

황박군黃博群, 1897-?

중화민국의 외교관. 1942년 경성총영사관의 부영사로 근무하고 있었으며 해방 직전까지 부영사로 활동했다.(朝鮮總督府外務課(1942), 『昭和17年 領事館表關係』)【이정희】

황석영黃錫榮, 1861-?

일제강점기 인천 화상(華商). 강서성(江西省) 덕화현(德化縣) 출신. 1913년 인천중화상회의 이사로 선출되어 활동했다.(이정희·송승석(2015), 『근대시기 인천화교의 사회와 경제』, 학고방, 97)【이정희】

황영금이발소黃永金理髮所

일제강점기 경성 소재 화교의 이발소. 봉래정(蓬萊町)에 소재했다. 경영자는 황영금으로 1923년의 연간매상액은 5천원이었다.(이정희(2017.12), 「이발소와 양복점으로 본 조선화교의 실태: 1890년대-1940년대를 중심으로」, 『사회와 역사』116, 한국사회사학회, 30)【이정희】

황운천운수점黃雲川運輸店

일제강점기 인천 소재 화교의 통관대리점. 본정(本町)에 소재했다. 화교의 인천해관 수출입 통관의 서비스를 제공했다. 1928년의 경영자는 황운천이며, 1928년의 연간수입은 1,200원이었다.(이정희·송승석(2015), 『근대시기 인천화교의 사회와 경제』, 학고방, 169)【이정희】

황주중화신민회黃州中華新民會

일제강점기 황해도 해주지역 화교의 사회단체. 1937년 12월 중화민국임시정부 수립 직후 설립되었다. 1942년 여선중화상회연합회의 회원이었고, 당시의 회장은 이순지(李順芝)였다.(이정희·송승석(2015), 『근대시기 인천화교의 사회와 경제』, 학고방, 233)【이정희】

황해도중화신민연합회黃海道中華新民聯合會

일제강점기 황해도 지역 신민회(新民會) 단체의 연합조직. 중화민국임시정부를 지지하여 1938년 1월 3일 조직되었다.(이정희(2018.12b), 「중일전쟁시기 범한생(范漢生) 경성총영사의 친일활동과 조선화교 사회의 변동」, 『중앙사론』48, 197)【이정희】

황해도화교연합회黃海道華僑聯合會

황해도 지역 북한화교의 대표적인 사회단체. 1946년 말 해주시에 설립되었으며, 초대 위원장은 하수봉(夏秀峰)이었다. 1948년의 위원장은 이삼림(李森林)이며, 위원은 장거천(張巨川), 조현신(趙賢臣), 여초(呂超), 임치경(林治卿), 왕진송(王振松), 왕적지(王適之)였다. 1949년의 선전과장은 이청파(李淸波), 조직과장(組織科長)은 임치경(林治卿)이었다. 1948-1949년 사이 해주시 이외에 황주군, 신막군, 사리원시, 송림시, 은률군, 장연군, 송화군, 신천군, 안악군, 재령군, 평산군, 곡산군, 연안군, 장간군, 서흥군, 청단군, 옹진군, 백천군, 평천군에 화교연합회가 설립되었다. 해주시화교연합회의 위원장은 주대의(周大義), 부위원장은 왕립발(王立發), 재령군의 위원장은 한보삼(韓寶森), 장연군의 부위원장은 이만년(李萬年), 안악군의 위원장은 양진의(楊振義), 황주군의 위원장은 손춘생(孫春生), 사리원시의 위원장은 정리공(丁履貢)이었다. 1948년 11월 황해도화교연합회는 화교를 적극 동원하여 중공의 국공내전 전선 지원을 위한 운동에 참여했다. 1950년 6월 27일 시·군위원장회의를 소집했다. 회의 내용은 학습반(學習班)의 재편, 생산지도 강화, 한국전쟁의 지원에 관한 것이었다. 1957년 황해도는 황해남도(黃海南道)와 황해북도(黃海北道)로 나뉘었다. 이에 따라 황해도연합회도 2개로 분리되었다. 황해북도화교연합회는 사리원시에, 황해남도화교연합회는 해주시에 각각 설치되었다. 1958년 황해남도화교연합회의 부위원장은 여지서(呂枝瑞), 1960년의 지도원(指導員)은 조추광(趙秋光)이었다. 1966년 황해북도화교연합회의 위원장은 20살 나이의 은배지(殷培誌)였다. 문화대혁명 초기 화교연합회 간부는 화교연합회중앙위원회와 중화인민공화국주북한대사관이 조직한 활동에 참가했으며, 은배지의 집을 거점으로 정기적으로 모주석어록(毛主席語錄)을 학습했다.(朝鮮華僑聯合總會機關報《民主華僑》; 朝鮮華僑聯合會機關報《華訊》; 陳香林·王桂敏 主編(2018), 『吉林文史資料選輯 第46輯: 朝鮮歸來 中』, 165)【송우창】

회국교생호적등기판법回國僑生戶籍登記辦法

대만정부가 1967년부터 해외 화교에게 호적을 부여할 수 있게 한 법률. 이 판법은 대만 내에서 합법적인 신분으로 학업과 일을 할 수 있도록 호적등록을 하여 국민신분증을 발급받을 수 있도록 규정했다. 이는 대만인과 동등한 시민권을 누리며 대학교육을 받고 졸업 후 합법적으로 일할 수 있게 한 제도적 장치이다. 회국(回國)이라는 개념은 나고 자란 곳에 다시 돌아감을 의미할 때 사용하는 귀국(歸國)과 조금 다른 개념으로, 여기저기 돌다가 결국 돌아간다는 뉘앙스를 지니고 있다. 대만정부는 대만에서 해외로 나갔다가 돌아오는 대만 화교가 아닌 해외 거주 중국인을 수용하는 의미에서 회국이라는 단어를 사용했다. 서울 소재 한성화교중학도 대만의 대학에 진학하려는 반을 '회국반(回國班)'이라 명명했다. 이 제도는 1994년 폐지됨으로써 부모에게 대만 호적이 있지 않는 한 대만으로 진학한다고 해도 신분증을 받을 수 없게 되었다. 이로써 대만 국적을 지닌 재한화교 중 많은 이들이 현재 대만 내에서 시민권을 가질 수 없는 아이러니에 봉착하게 되었다.(정은주(2013a), 「디아스포라와 민족교육의 신화: 한국의 중국인 디아스포라 교육실천에 대한 민족지적 연구」, 『한국문화인류학』 제46집 1호, 148-149; 정은주(2015) 「국민과 외국인의 경계: 한국 내 화교의 시민권적 지위에 대한 성격 분석」, 『한국문화인류학』제48집1호, 129)【정은주】

회령무역장정會寧貿易章程

조선과 청국 간에 1883년 7월에 체결된 육로 무역협정. 길림(吉林)무역장정이라고도 한다. 조선 정부가 이 협정을 승인한 것은 1883년 12월이었다. 장정은 개시장 이외의 내지 행상의 제한, 상점 및 창고 건설의 금지, 세관 및 세무 관리원의 설치 등을 규정했다.(秋月望(1991), 「朝中間の三貿易章程の締結經緯」, 『朝鮮學報』115; 이정희(2018a), 21; 기타 자료)【이정희】

회령중국인인민학교會寧中國人人民學校

북한 회령 소재 화교소학. 1939년 11월 회령정화소학(會寧正華小學)의 교명으로 설립됐다. 1943년의 학생수는 38명, 1948년 12월의 학생수는 77명이었다. 북한정부가 1949년 4월 학교를 인수관리하면서 교명은 회령중국인인민학교(會寧中國人人民學校)로 바뀌었다. 한국전쟁 기간 중 중국정부는 교사 조영각(趙英閣)과 고경문(高慶文)을 파견했다. 1957년의 졸업생은 22명이었다. 1958년 4월 학교 소년단원(少年團員)은 80명이 넘었다. 학교는 1958년부터 정기적으로 학생을 조직하여 과외시간을 이용해 사회노동에 참여했다. 당시의 교원은 왕숙방(王淑芳)과 장연향(莊連香)이었다. 1960년 당시 6개 학년의 학생수는 100여명이었다. 교장은 장명치(莊明治)가 맡았다. 1962년 1월 학교의 화교 교사는 조선어학습에 박차를 가했다. 1966년의 교장은 손효선(孫孝先)이었다. 1995년경 운영이 중지되었다.(朝鮮華僑聯合總會機關報《民主華僑》; 朝鮮華僑聯合會機關報《華訊》; 기타 자료)【송우창】

회령화교민회會寧華僑民會

일제강점기 함경북도 회령지역 화교의 사회단체. 1942년 여선중화상회 연합회의 회원이었고, 당시의 회장은 사지인(謝志仁)이었다.(이정희·송승석(2015), 『근대시기 인천화교의 사회와 경제』, 학고방, 234)【이정희】

회령화교소학會寧華僑小學

일제강점기 함경북도 회령군 소재 화교소학. 1939년 설립. 1942년의 학생수는 38명, 교사는 1명이었다.(이정희(2007), 「중일전쟁과 조선화교」, 『중국근현대사연구』35, 112)【이정희】

회영루會英樓

해방초기 북한 회령 소재의 화교 중화요리점. 1949년 9월 북한 인민군 가족 위문을 위해 1,500원을 헌납했다.(朝鮮華僑聯合總會機關報《民主華僑》)【송우창】

568

후창중국인인민학교厚昌中國人人民學校

북한 후창 소재 화교소학. 1943년 4월 설립. 후창중화상회의 이사인 반서려(潘書鉊)와 이연복(李延福) 등이 6천여 원을 기부하여 설립되었다. 설립 당시의 학생수는 31명, 교원은 1명이었다. 설립 초기의 교육여건은 매우 빈약했다. 해방 후 후귀원(侯貴元)이 교사를 담당했고, 그뒤 장복성(張福生)이 맡았다. 북한정부가 1949년 4월 학교를 인수관리하면서 교명은 후창중국인인민학교로 바뀌었다. 북한정부는 현지의 북한의 중학교 교사를 중국인학교에 제공해 주었다. 학교의 시설은 교실, 교무실, 기숙사, 운동장이었다. 1949년 4월 교내에 소년단(少年團)이 개설되었다. 소년단 산하에 위생부(衛生部), 호조부(互助部), 선전부(宣傳部), 오락부(娛樂部) 등이 설치되었다. 학부형회(學父兄會)가 설립되었다. 위원장은 오상지(吳相芝)였다. 한국전쟁 휴전 후의 교장은 장영(張英), 교원은 2명이 재직했다. 수업은 1·3·5학년과 2·4·6학년으로 2개 반으로 나뉘어져 진행됐다. 이 시기의 학생수는 16명이었다. 1957년의 교장은 백량개(白良開)였다. 1959년 이후 학교는 학생을 조직하여 정기적으로 제초, 아주까리와 해바라기 재배 작업을 했다. 북한정부는 1962년 교복을 제공했다. 1966년의 교장은 김향봉(이전 중국조선족)이었다.(朝鮮華僑聯合總會機關報《民主華僑》; 朝鮮華僑聯合會機關報《華訊》; 기타 자료)【송우창】

후창화교소학厚昌華僑小學

일제강점기 평안북도 후창면 소재 화교소학. 1943년 설립. 1944년의 학생수는 31명, 교사는 1명이었다.(이정희(2007), 「중일전쟁과 조선화교」, 『중국근현대사연구』35, 112)【이정희】

흥남중화상회興南中華商會

일제강점기 함경남도 흥남지역 화교의 사회단체. 1942년 여선중화상회연합회의 회원이었고, 당시의 회장은 유자연(由子淵)이었다.(이정희·송승석(2015), 『근대시기 인천화교의 사회와 경제』, 학고방, 234)【이정희】

흥발당興發堂

일제강점기 인천 소재 화교의 이발소. 1932년 설립. 중정(仲町) 3정목 2번지에 소재했다. 경영자는 오화생(吳和生)으로 호북성(湖北省) 광제현(廣濟縣) 출신이었다. 1933년 궁정(宮町) 13번지로 이전하여 영업을 계속했으며, 자본금은 1천원이었다.(이정희(2017.12), 「이발소와 양복점으로 본 조선화교의 실태: 1890년대-1940년대를 중심으로」, 『사회와 역사』116, 한국사회사학회, 31-35)【이정희】

흥성영興成永

일제강점기 경기도 수원군 성호면 오산리 355번지 소재 화교의 주단포목 및 잡화 도매상점. 경영자는 진경유(陳慶有)이며, 1930년 경성의 영래성(永來盛)으로부터 주단포목을 조달하고 있었다. 1931년 화교배척사건으로 그해 12월 폐점했다.(이정희(2018a), 『한반도 화교사』, 동아시아, 129·197)【이정희】

흥성화興盛和

일제강점기 인천 소재 화교의 행잔(行棧). 지나정(支那町)에 소재했다. 1928년의 경영자는 유윤생(劉潤生)이며, 1928년의 연간수입은 5,200원이었다.(이정희·송승석(2015), 『근대시기 인천화교의 사회와 경제』, 학고방, 170)【이정희】

흥창공사興昌公司

미군정기 서울 소재 화교의 무역회사. 한국전쟁 발발 전후에 문을 닫았다.(이정희(2008.8), 「해방초기 인천화교의 경제활동에 관한 연구」, 『인천학연구』9, 114)【이정희】

흥태복興泰福

일제강점기 인천 소재 화교의 잡화상점. 1926년 설립. 지나정(支那町) 42번지에 소재했다. 1935년의 경영자는 강채남(姜采南)으로 산동성 출신이었다. 자본금은 5천원이었다.(이정희·송승석(2015), 『근대시기 인천화교의 사회와 경제』, 학고방, 71)【이정희】

색인

총색인

색인

574

색인

577

색인

색인

582

색인

583

584

색인

색인

색인

591

색인

색인

조선화교 · 한국화교 · 북한화교 · 화교일반 별 색인

색
인

색인

603

색인

607

색
인

색인

611

색인

615

618

색인

색인

색인

626

색인

628

한국어문헌

1. 연구서 및 사료

강진아(2018), 『이주와 유통으로 본 근대 동아시아 경제사: 동순태호 담걸생 이야기』, 아연출판부.

국사편찬위원회 편(1990), 『북한관계사자료: 제21권』, 국사편찬위원회.

국사편찬위원회 편(1990), 『북한관계사자료: 제9·24권』, 국사편찬위원회.

권기영·이정희 편(2015), 「인천차이나타운 우리 안에 품다!」, 『인천, 대륙의 문화를 탐하다』, 학고방.

송승석·이정희(2015), 『인천에 잠든 중국인들: 인천화교협회소장자료를 중심으로』, 학고방.

야스이산기치 저·송승석 역(2013), 『제국일본과 화교: 일본·타이완·조선』, 학고방.

양필승·이정희(2004), 『차이나타운 없는 나라』, 삼성경제연구소.

왕언메이 저·송승석 역(2013), 『동아시아 현대사 속의 한국화교』, 학고방.

왕영진 저·송승석 역(2017), 『그래도 살아야 했다: 悲慘回憶』, 학고방.

유홍준(2017), 『나의 문화유산답사기 10』, 창비.

이정희(2018a), 『한반도 화교사』, 동아시아.

이정희(2018b), 『화교가 없는 나라』, 동아시아.

이정희·송승석(2015), 『근대 인천화교의 사회와 경제: 인천화교협회소장자료를 중심으로』, 학고방.

조선교육성(1950.4.8.), 『중국인초급중학교규정』.

정경모·최달곤 편(1990), 『북한법령집』제1·2권, 대륙연구소.

조선은행조사부(1949), 「재한화교의 경제적 세력」, 『경제연감 1949년판』, 조선은행.

조세현(2013), 『부산화교의 역사』, 산지니.

2. 논문

김교철(2017), 「재한 중국인 교회 설립과 발전에 관한 역사적 고찰」, 『복음과 선교』37, 한국복음주의신학선교회.

김용선(2017), 「대림동 중국동포타운 지역활성화 연구」, 한국외국어대학교 박사학위논문.

김종원(1983), 「조청상민수륙무역장정의 체결과 그 영향」, 국사편찬위원회 편, 『한국사』16.

김종호·이정희(2018.6), 「일본의 대동아공영권 성립과 화교 송금시스템의 변화」, 『중국근현대사연구』78집, 한국중국근현대사학회.

김중규(2010), 「화교학교의 역사를 통해서 본 화교문화의 형성과 변화」, 『지방사와 지방문화』13-1, 역사문화학회.

김창수(2010.8), 「인천 대불호텔·중화루의 변천사 자료연구」, 『인천학연구』13, 인천대학교인천학연구원.

김태웅(2016), 『이주노동자, 그들은 우리에게 어떻게 다가왔나: 일제강점기 중국인 노동자와 한국인』, 아카넷.

김희신(2010), 「청말(1882-1894년) 한성 화상조직과 그 위상」, 『중국근현대사연구』46, 한국중국근현대사학회.

김희신(2015), 「오무장공사의 유래와 한국사회에서의 위상」, 『중국학보』74, 한국중국학회.

김희신(2017), 「在朝鮮 中華商會의 설립과정과 존재양태: 1912-1931년 경성 지역을 중심으로」, 『중국근현대사연구』73, 한국중국근현대사학회.

박우(2017), 「재한'조선족'집거지 사업가에 대한 사회학적 연구」, 서울대학교 박사학위논문.

박현규(2009), 「인천화교 의선당의 모습과 민간신앙 조사」, 『역사민속학』29,

한국역사민속학회.

박현규(2011), 「서울 거선당의 화교 신앙과 현황조사」, 『동북아문화연구』27, 동북아시아문화학회.

박현규(2011.10), 「서울 오무장공사의 역사와 현황 고찰」, 『중국사연구』74, 중국사학회.

송승석(2012), 「1945년 이전 인천의 화교교육과 화교사회: 인천화교소학을 중심으로」, 『역사교육』124, 역사교육연구회.

송승석(2015), 「'인천화교협회 소장자료' 발굴에 대한 小考: 자료의 사료적 가치, 구성 및 활용방안을 중심으로」, 『중앙사론』42, 중앙사학연구소.

왕언메이(2015), 「한국 화교학교의 법률적 지위 변화와 생존 전략」, 『동남아화교와 동북아화교 마주보기』, 학고방.

이민주(2015), 「한국전쟁 시기 한국화교의 구제활동 연구: 인천화교협회소장자료를 중심으로」, 한국방송통신대학교 석사학위논문.

이용재(2012.6), 「재벌과 국가권력에 의한 화교 희생의 한 사례 연구」, 『중앙사론』35, 중앙사학연구소.

이은자(2008), 「淸末 駐韓 商務署 조직과 그 위상」, 『명청사연구』30, 명청사학회.

이은자(2012), 「인천삼리채 중국조계 한민가옥철거 안건연구」, 『동양사학연구』118, 동양사학회.

이은자(2013), 「한·중 근대외교의 실험, 1895-1905년」, 『중국근현대사연구』58, 한국중국근현대사학회.

이은자(2015), 「중화민국 전기(1912-1927) 駐朝鮮領事館 조직: 인적구성의 측면을 중심으로」, 『중국근현대사연구』66, 한국중국근현대사학회.

이정희(2005), 「20세기 전반기 대구지역 화교의 경제활동(1905-1955년)」, 『대구사학』80, 대구사학회.

이정희(2006), 「대구화교 100년의 역사」, 『대구화교정착100주년기념자료집』, 대구화교정착100주년기념사업회.

이정희(2007), 「중일전쟁과 조선화교」, 『중국근현대사연구』35, 한국중국근현대사학회.

이정희(2008.8),「해방초기 인천화교의 경제활동에 관한 연구」,『인천학연구』 9, 인천대학교인천학연구원.

이정희(2016.6),「1927년 조선화교배척사건의 경위와 실태: 인천화교배척사건 을 중심으로」,『동양사학연구』135, 동양사학회.

이정희(2017),「강원도 화교사회의 형성과 변화」,『한림일본학』30, 한림대일 본학연구소.

이정희(2017.12),「이발소와 양복점으로 본 조선화교의 실태: 1890년대-1940년 대를 중심으로」,『사회와 역사』116, 한국사회사학회.

이정희(2017.12),「조선 화교의 성당건축 시공 활동(1880년대-1930년대) 서울과 대구를 중심으로」,『교회사연구』51, 한국교회사연구소.

이정희(2017.12),「조선화교 중화요리점의 실태: 1927-1945년의 시기를 중심으 로」,『경제사학』41-3, 경제사학회.

이정희(2017.6),「조선화교의 중화요리점 연구: 1880년대-1920년대를 중심으 로」,『사회와 역사』114, 한국사회사학회.

이정희(2017.6),「중일전쟁시기 조선화교의 항일활동」,『동양사학연구』139, 동양사학회.

이정희(2018.12),「북한화교가 겪은 8·15 해방과 한국전쟁」,『작가들』67, 다인아트

이정희(2018.12a),「조선화교의 민간신앙과 비밀결사」,『사회와 역사』120, 한 국사회사학회.

이정희(2018.12b),「중일전쟁시기 범한생(范漢生) 경성총영사의 친일활동과 조선화교 사회의 변동」,『중앙사론』48, 중앙사학연구소.

이정희(2019.2.21.),「일대일로와 한반도화교화인」,『一帶一路與東亞細亞交 流』, 2019년도 국립인천대학교 중국학술원 국제학술회의 발표논문.

이혜원(2018.5.12.),「화교 개신교인 건축청부업자의 한국 근대 미선계 건축시 공활동」, 한국기독교역사학회 제367회 학술발표회 논문.

이혜원(2018.9),「재한 구미 선교사의 조선중화기독교회 사역에 대한 일고찰」, 『한국기독교와 역사』49, 한국기독교역사학회.

정은주(2013a),「디아스포라와 민족교육의 신화: 한국의 중국인 디아스포라 교육실천에 대한 민족지적 연구」,『한국문화인류학』제46집1호, 한국문

화인류학회.

정은주(2013), 「차이나타운 아닌 중국인 집거지: 근현대 동아시아 역학 속에 주조
　　된 서울 화교 집단거주지의 지형」, 『서울학연구』 53집, 서울학연구소

정은주(2015) 「국민과 외국인의 경계: 한국 내 화교의 시민권적 지위에 대한
　　성격 분석」, 『한국문화인류학』 제48집 1호, 한국문화인류학회.

정은주(2018), 「'이방인'에 대한 시선: 해방 이후 한국 언론 담론에 재현된
　　화교」, 『인문과학』, 연세대학교 인문학연구원.

한동수(2009), 「인천 청국조계지 내 공화춘의 역사변천에 관한 연구」, 『중국학
　　보』 60, 한국중국학회.

홍성찬(2009.3), 「일제하 한일 무역 네트워크 형성의 한 양상」, 『동방학지』
　　145, 연세대학교 국학연구원.

3. 인터뷰 및 기타

국백령(鞠柏嶺) 인터뷰.
손영문(孫永文) 인터뷰.
부극정(傅克正) 인터뷰.
손선지(孫善志) 인터뷰.
중국 귀국 청진화교 인터뷰.
필가신(畢可信) 인터뷰.
《중국관행웹진》, 《韓華通訊》, 《동아일보》, 《매일신문》.

중국어문헌

1. 연구서 및 사료

陳松貴 主編(1997), 『丹東市誌: 1876-1985 第7卷 政黨, 群團, 政權, 政事』,
　　遼寧民族出版社.

陳國華(1992), 『先驅者的腳印: 海外華人教育三百年 1690-1990』, Royal kingsway
　　Inc.

陳香林・王桂敏 主編(2018),『吉林文史資料選輯第45輯: 朝鮮歸來 上』.

陳香林・王桂敏 主編(2018),『吉林文史資料選輯第46輯: 朝鮮歸來 中』.

陳香林・王桂敏 主編(2018),『吉林文史資料選輯第47輯: 朝鮮歸來 下』.

崔殿芳(1986),『旅朝僑胞話今昔』.

釜山華僑聖堂(2013.3.24.),『釜山華僑聖堂建堂五十周年』.

教育大辭典編纂委員會 編(1992),『教育大辭典: 第4卷 民族教育, 華僑華文教育, 港澳教育』, 上海教育出版社.

吉林省地方誌編纂委員會 編(2009),『吉林省誌: 第11卷 政事誌/僑務』, 吉林人民出版社.

吉林省華僑歷史學會 編,『吉林省華僑歷史學會 第三次論文討論會資料 匯編: 朝鮮華僑在抗美援朝戰爭中的貢獻專集』.

鞠柏嶺(2017),『沒有國家的難民』, 韓華春秋出版社.

郭洪仁 主編(2003),『遼陽市誌』第4卷, 中央文獻出版社.

'華僑華人百科全書'編輯委員會 編(1999),『華僑華人百科全書: 社團政黨卷』, 中國華僑出版社.

華僑問題研究會 編(1956),『華僑人口參考資料』

湖南省地方誌編纂委員會 編(1995),『湖南省誌: 第三十卷人物誌』, 湖南出版社.

華僑志編纂委員會 編(1958),『華僑志-韓國-』.

華僑協會總會華僑大辭典編輯委員會 編(2000),『華僑大辭典』, 華僑協會總會.

華僑華人百科全書・教育科技卷編集委員會(1999),『華僑華人百科全書・教育科技卷』, 中國華僑出版社.

華僑華人百科全書編集委員會 編(1999),『華僑華人百科全書・僑鄉卷』, 中國華僑出版社.

黃王奇 主編(2009),『鐵血僑魂: 抗美援朝時期的軍中'華僑兵'』, 遼寧省華僑歷史學會.

梁必承・李正熙(2006),『韓國, 沒有中國城的國家: 21世紀型中國城的出現背景』, 清華大學出版社.

李靖宇 主編(1989),『社會主義政治體制大辭典』, 沈陽出版社.

林明江 主編(2011),『報效祖國獻青春: 吉林歸僑口述錄』, 中國華僑出版社.

李同成·喻明生 主編(2005),『中國外交官在亞洲』, 上海人民出版社.

旅韓大邱中華基督敎會(2017),『旅韓大邱中華基督敎會創立六十週年紀念特刊』.

旅韓中華基督敎聯合會(2002),『旅韓中華基督敎創立九十周年紀念特刊』.

旅韓中華基督敎聯合會(2012),『旅韓中華基督敎創立百年紀念特刊』.

呂明輝(2013),『朝鮮支援中國東北解放戰爭紀實』, 白山出版社.

全美韓華聯誼總會 編(2000·2005),『全美韓華通訊錄 2000·2005』, 全美韓華聯誼總會.

仁川華商商會(1942.8-9),『仁川華僑世代別名簿』, 仁川市立博物館所藏.

宋克忠(1990),『專爲誌願軍服務的華僑素菜商店』.

山東省地方史誌編纂委員會 編(1998),『山東省誌: 第79卷 僑務誌』, 山東人民出版社.

山東省乳山市地方史誌編纂委員會 編(1998),『乳山市誌』, 齊魯書社.

山西新軍歷史資料叢書編審委員會(1993),『山西新軍決死第二縱隊文獻資料』, 中共黨史出版社.

舒虹·唐恩思 主編(2014),『星光熠熠: 校友訪談錄』, 中國傳媒大學出版社.

譚錚(1992),『中國人民誌願軍人物錄』, 中共黨史出版社.

萬京華(2009.2),『新華社平壤分社創建始末』, '新聞與寫作'新華社新聞研究所.

王大良 編著(2015),『中華姓氏簡史叢書: 溫姓簡史』, 江西人民出版社.

吳殿堯·宋霖(2007),『朱理治傳』, 中共黨史出版社.

西安市地方誌編纂委員會 編(2006),『西安市誌第七卷: 社會,人物』, 西安出版社.

星火燎原編輯部 編(2006),『中國人民解放軍將帥名錄』第一卷, 解放軍出版社.

新華通訊社史'編寫組 編(2010),『新華通訊社史』第1卷, 新華出版社.

徐友春 主編(2007),『民國人物大辭典增訂版 上』, 河北人民出版社.

楊保筠 主編(2001),『華僑華人百科全書: 人物卷』, 中國華僑出版社.

楊建民(1966),『楊建民備忘錄: 祖業事蹟冊』.

楊旭 主編(1999),『中華名流攝影集: 1998年卷』, 改革出版社.

楊韻平(2007), 『汪政權與朝鮮華僑(1940-1945)

東亞秩序之一研究』, 稻鄕.

楊昭全·孫艷姝(2013), 『當代中朝中韓關系史』, 吉林文史出版社.

楊昭全·孫玉梅(1991), 『朝鮮華僑史』, 中國華僑出版公司.

外交部總務司(1942), 『外交公報』第61期.

應揚 主編(1988), 『中外名人情侶辭典』, 北方婦女兒童出版社.

張福榮 編著(2011), 『熱血晉綏』, 山西春秋電子音像出版社.

中共丹東市委黨史研究室(1989), 『中共丹東地方黨史大事記: 1928-1949』.

中共遼寧省委組織部·中共遼寧省委黨史研究室·遼寧省檔案館 編(1995),
        『中國共產黨遼寧省組織史資料: 1923-1987』.

中共鄆城縣委辦公室 編(1993), 『鄆城名人名勝名產薈萃』.

中共濟寧市市中區委黨史研究室 編著(2006), 『中共濟寧市市中區地方史
        第1卷』, 中共黨史出版社.

中共中央黨史研究室第一研究部 編(2005), 『中國共產黨第七次全國代表大
        會代表名錄』, 中共黨史出版社.

中共中央組織部·中共中央黨史研究室 編(2004), 『中國共產黨歷屆中央委
        員大辭典: 1921-2003』, 中共黨史出版社.

'中國領事工作'編寫組 編(2014), 『中國領事工作 上』, 世界知識出版社.

中國人民政治協商會議遼寧省委員會文史資料研究委員會 編, 『遼寧文史
        資料: 第十一輯 遼寧歸僑回憶錄』, 遼寧人民出版社.

中國人民政治協商會議遼寧省委員會文史資料研究會 編(1990), 『遼寧文史
        資料選輯第28號: 歸僑的記憶』.

中國人民政治協商會議益陽縣委員會文史資料研究委員會 編(1986), 『益陽
        文史資料』第3輯.

中國人民政治協商會議遼寧省委員會文史資料研究委員會 編(1986), 『遼寧
        文史資料: 第十壹輯 遼寧帰僑回憶錄』, 遼寧人民出版社.

中國人民政治協商會議黑龍江省綏化市委員會文史資料委員會 編(1989),
        『綏化文史資料 第二輯』.

周南京主編(1993), 『世界華僑華人詞典』, 北京大學出版社.

周南京 主編(1999·2000·2001·2002), 『華僑華人百科全書』(1-12卷), 中國華
　　僑出版社.

庄炎林·伍杰(1997), 『華僑華人僑務大辭典』, 山東友誼出版社.

2. 논문

李正熙(2009.3), 「近代朝鮮華僑製造業硏究: 以鑄造業爲中心」, 『華僑華人
　　歷史硏究』(2009年3月第1期), 中國華僑華人歷史硏究所.

李正熙(2010), 「韓國華僑社會組織硏究: 以同鄕組織和華僑協會爲中心」,
　　『近30年來東亞華人社團的新變化』, 厦門大學出版社.

慕德政(2001), 「朝鮮華僑教育的歷史回顧」, 『華僑華人歷史硏究』, 中國華
　　僑華人歷史硏究所.

慕德政(2003), 「旅朝華僑與朝鮮経济」, 『韓華學報』第2輯, 韓華學會.

亮森培(2013.5.22.), 「六十年代朝鮮華僑加入朝鮮國籍事件」.

宋達(1988.5), 「旅居平壤的幾件事」, 『遼寧僑史』創刊號, 遼寧省華僑歷史學會.

宋伍强(2014), 「關于朝鮮戰爭期間朝鮮華僑的歸國問題」, 袁丁 主編, 『近代
　　以來亞洲移民與海洋社會』, 廣東人民出版社.

宋伍强(2016), 「改革開放初期的朝鮮華僑帰國問題」, 『華僑華人歷史硏究』
　　第1期, 中國華僑華人硏究所.

滕松傑(2002), 「歸僑王瑞琴先生」, 山東省高密市政協文史委員會 編, 『高密
　　文史選粹』.

元山領事館(1942), 「元山中華商會章程職員履歷表」, 『汪僞僑務委員會檔案』.

余以平(1984.8), 「朝鮮華僑教育初探」, 『華僑教育』第 2 輯, 暨南大學華僑研
　　究所.

孫玉梅(1990), 「朝鮮華僑在抗美援朝戰爭中的貢獻」, 吉林省華僑歷史學會
　　編『吉林省華僑歷史學會 第三次論文討論會資料匯編: 朝鮮華僑在
　　抗美援朝戰爭中的貢獻專集』.

張慶京(1990), 「華僑飛行員湯華川」, 吉林省華僑歷史學會 編, 『吉林省華僑
　　歷史學會第三次論文討論會資料匯編: 朝鮮華僑在抗美援朝戰爭中
　　的貢獻專集』.

3. 기타

中國外交部檔案資料.
中華民國國民政府(汪政權)駐日大使館檔案資料.
《韓華天地》,《華訊》,《民主華僑》,《揚州時報》,《戰友》.

일본어문헌

1. 연구서 및 사료

石川亮太(2017),『近代アジア市場と朝鮮: 開港・華商・帝國』, 名古屋大學出版會.

李正熙(2012),『朝鮮華僑と近代東アジア』, 京都大學學術出版社.

王恩美(2008),『東アジア現代史のなかの韓国華僑: 冷戦体制と'祖国'意識』, 三元社.

華僑華人の事典編輯委員會(2017),『華僑華人の事典』, 丸善.

笠井久義(1992),『畫文集 望鄉』, 國書刊行會

可兒弘明・斯波義信・遊仲勳 編(2002),『華僑・華人事典』, 弘文堂.

菊池一隆(2011),『戰爭と華僑』, 汲古書院.

京城總領事館(1942),「平壤中華商會職員略歷表」,『汪僞僑務委員會檔案』.

京城總領事館(1942.11.),「朝鮮僑民回國觀光團問題的往來文書」,『汪僞僑務委員會檔案』.

酒井裕美(2016),『開港期朝鮮の戰略的外交』, 大阪大學出版會.

朝鮮總督府(1924),『朝鮮に於ける支那人』, 朝鮮總督府.

朝鮮總督府(1929.3),「朝鮮に於ける外國人の經濟力」,『朝鮮經濟雜誌』, 京城商工會議所.

朝鮮總督府(1932),『調査資料第43輯生活狀態調査(其4) 平壤府』, 朝鮮總督府.

朝鮮總督府外務課(1942),『昭和17年 領事館表關係』, 朝鮮總督府.

朝鮮總督府警務局(1931),『外事關係統計』, 朝鮮總督府.

日本商工興信所 編(1935),『日本商工興信要錄: 朝鮮滿州 昭和9年版』.

日本商工興信所(1936), 『日本商工興信要録』.

釜山領事館(1942), 「光州中華商會職員履歷表」, 『汪僞僑務委員會檔案』.

釜山領事館(1942), 「群山中華商會職員履歷表」, 『汪僞僑務委員會檔案』.

釜山領事館(1942), 「大邱中華商會職員履歷表」, 『汪僞僑務委員會檔案』.

釜山領事館(1942), 「木浦中華商會職員履歷表」, 『汪僞僑務委員會檔案』.

釜山領事館(1942), 「釜山中華商會職員履歷表」, 『汪僞僑務委員會檔案』.

釜山領事館(1942), 「井邑中華商會職員履歷表」, 『汪僞僑務委員會檔案』.

釜山領事館(1942), 「統營中華商會職員履歷表」, 『汪僞僑務委員會檔案』.

リン・パン 編・遊仲勳 監 譯(2012), 『世界華人エンサイクロペディア』, 明石書店.

2. 논문

秋月望(1991), 「朝中間の三貿易章程の締結經緯」, 『朝鮮學報』115, 朝鮮學會.

李正熙(2008.3), 「在韓華僑の人口に關する考察(1883-1949年)」, 『京都創成大學紀要』8-2, 京都創成大學成美學會.

李正熙(2008.11), 「'日韓倂合'と朝鮮華僑: 地位の變化を中心に」, 『華僑華人研究』5, 日本華僑華人學會.

李正熙(2009.3), 「日本帝國主義下在朝中國人の靴下製造業に關する研究」, 『京都創成大學紀要』9-2, 京都創成大學成美學會.

李正熙(2009.10), 「朝鮮開港期における中國人勞動者問題: '大韓帝国'末期廣梁灣鹽田築造工事の苦力を中心に」, 『朝鮮史研究會論文集』46, 朝鮮史研究會.

李正熙(2010), 「南京國民政府期の朝鮮における華僑小學校の實態: 朝鮮總督府の『排日』教科書取り締まりを中心に」, 『現代中國研究』第26號, 中國現代史研究會.

李正熙(2010), 「近代朝鮮華僑の社會組織に關する研究」, 『京都創成大學紀要』10, 京都創成大學成美學會.

李正熙(2011.5), 「近代朝鮮における中國農民の野菜栽培に關する研究: 京

畿道を事例として」,『史林』94-3, 京都大學大學院文學研究科內史
學研究會.

李正熙·金桂淵·崔孝先(2007.1),「韓國社會の韓國華僑に對する差別に關
する歴史的考察」,『京都創成大學紀要』7, 京都創成大學成美學會.

許淑眞(1984),「川口華商について」,『日本近代とアジア: 文化の交流と
摩擦』, 東京大學出版會.

宋伍強(2010),「朝鮮戰爭後における朝鮮華僑の現地化について」,『華僑
華人研究』第7號, 日本華僑華人學會.

宋伍強(2011),「第二次世界大戰後朝鮮における華僑管理機構の成立」,『星
陵台論集』43-3, 兵庫縣立大學.

宋伍強(2013.7), 「植民地朝鮮における華僑商人の經濟力分析: 1920年
-1937年の元山華僑織物雜貨商を中心に」, 『東アジアの思想と文
化』第5號, 東アジア思想文化研究會.

3. 기타

日本外交史料館資料.

영어문헌

Lynn Pan general editor(1998), The Encyclopedia of the Chinese Overseas,
Cambridge: Harvard University Press.

중국 각 정부의 한반도 주재 외교기관 및 외교 대표

1. 청국 주조선 외교기관 수장, 직함, 재임기간

진수당(陳樹棠, 총판조선상무위원, 1883-1885)

원세개(袁世凱, 총리교섭통상사의, 1885-1894.7)

당소의(唐紹儀, 조선총상동, 1895-1896)

당소의(唐紹儀, 한성총영사, 1896-1898)

탕필현(湯筆賢, 대리한성총영사, 1898-1899)

서수붕(徐壽朋, 주한공사, 1898-1901)

허대신(許台身, 주한공사, 1901-1905.2)

증광전(曾廣銓, 주한공사, 1905.2-1906.2)

마정량(馬廷良, 주한총영사, 1906.2-1911)

2. 중화민국 주경성총영사 및 재임기간

마정량(馬廷良, 1912-1913)

부사영(富士英, 1913-1919)

왕홍연(王鴻年, 1919-1920)

마정량(馬廷良, 1920-1922)

료은도(廖恩燾, 1922-1924)

왕수선(王守善, 1924-1929)

장유성(張維城, 1929-1931)

노춘방(盧春芳, 1931-1934)

범한생(范漢生, 1934-1941)

임경우(林耕宇, 1941-1943)

마영발(馬永發, 1943-1944.5)

풍문웅(馮文雄, 1944.5-1945.8)

3. 대만의 주한대사·주한대북대표 및 재임기간

유어만(劉馭萬, 주한성총영사, 1947.2- ?)

소육린(邵毓麟, 주한대사, 1949.7.25.-1951.9.4.)

왕동원(王東原, 주한대사, 1951.10.2.-1961.2.1.)

유어만(劉馭萬, 주한대사, 1961.3.8.-1964.4.11.)

양서소(梁序昭, 주한대사, 1964.4.30.-1967.2.13.)

당내건(당종)(唐乃建(唐縱), 주한대사, 1967.2.22.-1970.9.18.)

라영덕(羅英德, 주한대사, 1970.9.27.-1975.2.20.)

주무송(朱撫松, 주한대사, 1975.3.10.-1979.8.18.)

정무시(丁懋時, 주한대사, 1979.8.30.-1982.12.31.)

설육기(薛毓麒, 주한대사, 1983.2.23.-1986.7.31.)

추견(鄒堅, 주한대사, 1986.8.20.-1990.9.7.)

김수기(金樹基, 주한대사, 1990.9.18.-1992.8.24.)

임존현(林尊賢, 주한대북대표, 1994.1.24.-2001.5.22.)

이종유(李宗儒, 주한대북대표, 2001.5.20.-2003.5.20.)

이재방(李在方, 주한대북대표, 2003.5.25.-2006.6.10.)

진영작(陣永綽, 주한대북대표, 2006.6.14.-2010.6.30.)

양영빈(梁英斌, 주한대북대표, 2010.9.6.-2014.5)

석정(石定, 주한대북대표, 2014.7-2018.9)

당전문(唐殿文, 주한대북대표, 2018.9-현재)

4. 중화인민공화국 주한대사 및 재임기간

장정연(張庭延, 주한대사, 1992-1998)

무대위(武大偉, 주한대사, 1998.4-2001.11)

이빈(李濱, 주한대사, 2001-2005.8)

영부괴(寧賦魁, 주한대사, 2005.9-2008.10)

정영화(程永華, 주한대사, 2008.10-2010.1)

장흠삼(張鑫森, 주한대사, 2010.3-2013)

구국홍(邱國洪, 주한대사, 2014.4-현재)

5. 중화인민공화국 주북한대사 및 재임기간

예지량(兒志亮, 1950.8-1952.3)

반자력(潘自力, 1955.1-1956.2)

교효광(喬曉光, 1956.4-1961.7)

학덕청(郝德靑, 1961.8-1965.11)

초약우(焦若愚, 1965.12-1970.3)

이운천(李雲川, 1970.3-1976.6)

여지선(呂志先, 1976.9-1982.2)

종극문(宗克文, 1982.8-1987.8)

온업담(溫業湛, 1987.10-1990.5)

정의(鄭義, 1990.6-1993.9)

교종회(喬宗淮, 1993.9-1997.3)

만영상(萬永祥, 1997.4-2000.3)

왕국장(王國章, 2000.4-2001.12)

무동화(武東和, 2001.12-2006.8)

유효명(劉曉明, 2006.9-2010.2)

유홍재(劉洪才, 2010.3-2015.2)

이진군(李進軍, 2015.3-현재)

편저자소개

이정희李正熙

인천대 중국학술원 교수. 일본 교토대 문학박사(동양사학 전공). 대표 저서에 『한반도화교사』, 『朝鮮華僑と近代東アジア』 등이 있다. 중국 칭화대 화상연구중심 특별초빙연구원(교수), 싱가포르 남양이공대 화예관(華裔館) 국제자문위원으로 활동하고 있다.

송승석宋承錫

인천대 중국학술원 교수. 연세대학교 문학박사. 대표 저서에 『인천에 잠든 중국인들』, 『그래도 살아야 했다』 등이 있다.

송우창宋伍强

중국 광동외어외무대학(廣東外語外貿大學) 교수. 일본 효고현립대 경제학 박사. 주요 연구성과에 「朝鮮戦争後における朝鮮華僑の現地化について」, 「改革開放初期朝鮮華僑歸國研究」 등이 있다. 중국 광동화교역사학회의 이사로 활동하고 있다.

정은주鄭恩娃

인천대 중국학술원 교수. 미국 하버드대 사회인류학 박사. 「'이방인'에 대한 시선: 해방 이후 한국 언론 담론에 재현된 화교」 등 한국화교의 교육, 정체성, 시민권, 거주지 등에 대한 연구를 해왔다. 공저로 『동아시아 연구, 어떻게 할 것인가』가 있고, 재미화교와 재미한인 비교연구를 진행하고 있다.

한반도화교사전

2019. 6. 1. 1판 1쇄 인쇄
2019. 6. 14. 1판 1쇄 발행

편저자 이정희·송승석·송우창末伍强·정은주
발행인 김미화 **발행처** 인터북스 **주소** 서울시 은평구 연서로20길 11
전화 02.356.9903 **이메일** interbooks@naver.com **출판등록** 제2008-000040호
ISBN 978-89-94138-61-9 93910 **정가** 50,000원

이 도서의 국립중앙도서관 출판예정도서목록(CIP)은 서지정보유통지원시스템 홈페이지(http://seoji.nl.go.kr)와
국가자료공동목록시스템(http://www.nl.go.kr/kolisnet)에서 이용하실 수 있습니다. (CIP제어번호 : CIP2019022129)